《当代中国人物传记》丛书

书名手迹：邓小平

# 羅榮桓傳

《罗荣桓传》编写组　著

当代中国出版社
Contemporary China Publishing House

**图书在版编目（CIP）数据**

罗荣桓传 /《罗荣桓传》编写组著 . --4 版 . -- 北京 : 当代中国出版社 , 2007（2024.7 重印）
（当代中国人物传记丛书）
ISBN 978-7-80092-051-6

Ⅰ . ①罗…　Ⅱ . ①罗…　Ⅲ . ①罗荣桓（1902~1963）—传记　Ⅳ . ① K825.2

中国版本图书馆 CIP 数据核字（2006）第 131053 号

出 版 人　王　茵
责任编辑　陈立旭　任小平　陈德仁
责任校对　康　莹
装帧设计　北京华子图文设计公司
出版发行　当代中国出版社
地　　址　北京市地安门西大街旌勇里 8 号
网　　址　http://www.ddzg.net
邮政编码　100009
编 辑 部　（010）66572264
市 场 部　（010）66572281　66572157
印　　刷　北京润田金辉印刷有限公司
开　　本　720 毫米 × 1060 毫米　1/16
印　　张　25.25 印张　6 插页　插图 53 幅　405 千字
版　　次　2015 年 7 月第 4 版
印　　次　2024 年 7 月第 6 次印刷
定　　价　52.00 元

# 《罗荣桓传》编写组

组　　长　刘　汉

副 组 长　黄　瑶

成　　员　尹　健　白　刃　李　圭　李维民

杨国庆　李志经　邹世勇　王　洪

赵文翰　潘天嘉　赵守忠　陈去疾

毕秀芝　刘群法　孙剑云　王宏伟

黄　敏

撰 稿 人　黄　瑶　李维民　潘天嘉　杨国庆

白　刃　李志经

# 出版说明

1982年，中共中央书记处讨论通过、中共中央宣传部发文布置在全国范围内编写出版《当代中国》丛书。根据编写计划，《当代中国》丛书依内容共分为五类，人物传记是其中之一。由于人物传记涉及方方面面，情况繁杂，且编写时间长，1991年人物传记从《当代中国》丛书中分立出来，确定为《当代中国人物传记》丛书。

《当代中国人物传记》丛书编辑委员会在丛书总序中说：

“二十世纪的中国，是一个风云际会、英杰辈出的时代。正是伟大的时代造就出灿若群星的历史伟人；也正是历史伟人们艰苦卓绝的奋斗历程和忘我建树的光辉业绩，才能充分地体现着潮流之所趋、人心之所向，才最深刻最生动地反映着奔腾前进的伟大时代。他们一生的业绩，恰恰构成了从旧中国到新中国这一旷古未有的历史性大变革的缩影。正因为这样，修撰作为中华人民共和国缔造者的一代杰出历史人物的传记，其意义自是远远超越记述个人身世的范围。这套传记丛书，无疑应当看作是，当代中国千百万爱国志士、革命先驱的杰出代表用毕生的血和汗谱写出的挽救祖国、振兴中华的可歌可泣的历史画卷，它将是永远矗立于世世代代人民心中的革命丰碑。《当代中国人物传记》丛书中的每一部传记，都可读作当代中国的救国史，中华人民共和国的开国史、建国史；每一部传记都可读作结束中国苦难危亡命运的革命史，披荆斩棘建设社会主义的奠基史、创业史。”

“《当代中国人物传记》丛书，首批编撰的是中华人民共和国建国时期的开国元勋和各方面的最杰出人士的传记。这批传记的主人公将包括：党和国家的主要领导人（其中毛泽东、周恩来、刘少奇、朱德、邓小平、陈云的传记，将由中共中央文献研究室编写、出版)、人民军队中功勋卓著的元帅、参与新中国创建大业的各民主党派的领导人和各方面的著名爱国人士、贡献突出的著名科学家、文学家和艺术家，以及为中国民主革命事业和社会主义事业做出重大贡献的国际主义战士，等等。毫无疑问，他们既是当代中国最卓越的代表，同时也是彪炳千秋青史的历史巨人。当然，如同一切历史人物一样，我们时代的杰出代表也不可能不受到历史条件的限制，也必然会具有这样那样的弱点、短处，一生中也不免会发生这样那样的某些过失。但是，所有这些，当如日月之蚀，堂堂正正公之于众亦无损于他们形象的光辉。他们为中华民族创建的功业，他们的革命精神、高尚情操，他们的鸿才睿智、嘉言懿行，无不震古铄今，垂范后世。这是中华民族一份永远值得倍加珍摄的宝贵精神财富。”

“愿人们从这部《当代中国人物传记》丛书中，以这些历史人物的光辉业绩为典范，学习他们的革命献身精神、爱国主义情操和坚定的社会主义信念，为中华民族的历史伟业做出更大的贡献。”

我社有幸承担了《当代中国人物传记》丛书的编辑出版工作，自1991年以来陆续出版了一批中华人民共和国开国元勋的传记，获得很好的社会影响。我们将继续按照丛书的编辑出版方针，把《当代中国人物传记》丛书编辑出版工作做好，以飨读者。

书中图片绝大部分为本书编写组提供，因时间仓促等，有的图片未能注明著作权，特致歉。请相应著作权人知晓后，与当代中国出版社总编室联系(电话：010-66572131)，以便我们再版时准确署名及支付稿酬。

**当代中国出版社**

**2021年11月**

罗荣桓（孟昭瑞摄于 1957 年）

# 目　录

# 第一章　青少年时代

## 第一节　童　年

1902年11月26日（农历壬寅年十月二十七日），罗荣桓诞生于湖南省衡山县寒水乡鱼形镇南湾村（今属衡东县）。

这一年，是八国联军打进北京城的第三年。这个时代的中国历史，每一页都浸透了斑斑血迹。古老的中国，正承受着难堪的屈辱和欺凌。

罗荣桓的祖父罗汇吾，自幼读书，可始终没有考上秀才，终身以教馆为业，去世时只给后代留下了一斗谷的田。

罗荣桓的父亲罗国理自幼跟父亲读书，还写得一手好字，他不到20岁，父亲就去世了。为了维持家庭生活，他只得继承父业，当了一名童蒙塾师。1890年以后，罗国理的孩子一个接一个出世。他这个穷教书匠入不敷出，只得弃教经商。他借了三吊铜钱，在南湾开了一个罗永隆字号的杂货铺，不久又兼卖中草药。罗国理的家道开始走向小康。他添置了一些田产后，又逐渐跻身于乡绅之列。不久，当上了黑田罗氏的征首（即族长）和乡里的团总。他出头筹集资金在南湾修建了一座异山亨祠，以纪念罗氏12世的祖先罗异山。到罗荣桓两三岁的时候，罗国理举家迁至异山亨祠居住。

罗荣桓的母亲姓贺。娘家几代都是长工。她一生养育了六男二女，罗荣桓在兄弟间排行第五。

罗荣桓的母亲是一位典型的中国劳动妇女，为人善良勤劳，而又笃信神佛，深得姑嫂妯娌们的尊重。罗氏的家谱上称誉她"外柔内刚"、"明达机警"，是"寒林一枝之秀"。从日后罗荣桓的身上，可以看到他所受到的母亲性格的影响。

罗荣桓诞生后，父亲按照祖谱的字辈，给他取名慎镇，字雅怀，号宗人。他上小学时，校长为他改名荣桓。

罗荣桓的故乡——衡山县[①]，位于湖南省东部湘江中游。著名的南岳衡山高耸于县西天际，像一位阅尽沧桑的老人，俯视着纵贯全县、由南向北奔腾而去的湘江。湘江两岸，丘陵起伏。山坡上，橘林、茶圃、油茶园错落其间。一块块土坪

---

① 1966年，衡山县湘江以东地区，包括罗荣桓的故里——南湾，析置为衡东县。

上，是绿茵茵的水稻田。这是一个风景秀丽而又十分富饶的地区。

罗荣桓生长的地方——南湾，是僻处衡山县东面，离攸县很近的一个小村镇。镇子里只有一条二百多米长的狭窄的南北街道。一条叫水圳的小溪把小街割为两截。小溪之上架有石桥。溪流从桥下向西流出约有一箭之遥折而向南，与街道平行，到达街口又掉头西去。南湾之得名，就是因为有这一条蜿蜒曲折的水圳。罗荣桓的家——异山享祠，在南湾南头，大门朝东，房后不远就是水圳。

罗荣桓 6 岁时，家庭受人诬陷，吃了冤枉官司。罗国理惨淡经营的杂货铺便一蹶不振。在打官司期间，原来和罗家过从甚密的乡绅有的再不登门，有的路上碰见了转过脸去装没有看见，有的更乘机落井下石。经常走动的亲戚只剩下了罗荣桓的舅舅家。舅舅是当长工的，既无钱又无势，对罗家的官司自然帮不上手，可是却经常来嘘寒问暖，不时送一点红薯、鲜包谷，使罗家，同样也使罗荣桓感到温暖。罗荣桓经常到舅舅家去玩。每逢母亲要拿些盐米去接济舅舅家，罗荣桓就自告奋勇去跑腿。在舅舅家，他和表哥们一道上山砍柴、割草、放牛、翻红薯藤，学习了不少农业活路，也培养了同农民之间的感情。

1910 年，罗荣桓 8 岁。罗国理送他到私塾读书。因为小时候，父亲就教过他《三字经》《百家姓》，还教他背过一些唐诗，他学起来并不感到吃力。但是，那时的私塾只教读书，不讲解词句的意思。他每天都要被迫去念那些不知所云的什么“大学之道，在明明德”，感到十分枯燥无味。时间长了难免同其他同学一样，思想开小差，做做小动作。有一天，老师出去了，罗荣桓拿出一张毛边纸，专心致志地叠一只小船。他精神非常集中，把一切都忘掉了，周围念书的声音又大了起来，他也没有发觉。这时，冷不防从他的背后伸过一只手来，把他叠的玩意儿抽走了。他以为又是哪一位同学开玩笑，头也不回就骂了一句。这一下可闯了大祸。罗荣桓只听得一声怒吼：“放肆！”他回头一看，原来是老师。结果是可想而知的。罗荣桓伸出手来，这手被竹戒尺打肿了，回家连筷子也拿不住。这次挨打，他永远也忘不了。直到晚年，他还对孩子们讲这件事，谆谆告诫孩子们：“现在不会有竹戒尺打我们了，可是如果不自觉，不好好学习，将来要后悔的。社会的‘戒尺’是会惩罚我们的。”

这件事太伤罗荣桓的自尊心了，他对这种侮辱人的体罚非常反感。但他体会到，要使别人尊重自己，必须自爱、自重。尽管当时书塾的教育方法很不好，但是他在学习中仍然严格要求自己，以后他的学习成绩一直名列前茅。

罗荣桓识字多了，就不满足于在书塾学习的那一点东西了。他的求知欲望越来越旺盛。好在他家里从祖父辈起就留下了不少书籍。他变成了一个读书迷，一有空就捧着一本书。

罗国理是征首，家里经常有乡绅们来访。每逢客人到，家里都要端上用茶叶、芝麻、豆子、盐和生姜调成的“泡茶”，捧出配有花生、炸脆片、猫耳朵的“奂茶”招待。罗国理还要陪客人说一些“恭喜发财”之类的客套话。罗荣桓却非常厌恶这一套繁文缛礼。客人一进堂屋，他就转身走进书房。那些士绅对此很不以为然。有的还故作关切地对罗国理说："理先生，你这个崽冒得用呢！"

封建的社会、家庭生活，给罗荣桓的精神上增添了巨大压力，使他形成了沉默和内向的性格，喜欢从书籍之中寻求乐趣。一个炎夏的中午，人们都午睡了，他却爬到池塘边一棵树上，聚精会神地读起书来。由于精力过分集中，一不小心竟然跌进池塘里，弄得浑身湿透。从此家里有人就叫他"书呆子"。

对于罗荣桓酷爱读书，他的母亲并不反对。可罗荣桓一读就是半宿，母亲怕他累坏身体，每逢夜深人静，都要察看，催罗荣桓睡觉。罗荣桓也有办法对付。他早就把被子松开，放下帐子，一听到母亲的脚步响，赶紧把灯灭了，钻进蚊帐。等母亲的脚步声远去，他再起来，把灯点上，又孜孜不倦地读起书来。由于他经常在夜间小油灯下读书，到上中学时就成了近视眼，戴上了眼镜。

辛亥革命爆发后的第三年，在罗荣桓家斜对过的壶山享祠，兴办了罗氏岳英小学。罗荣桓插入高小一年级。这所学校除了教国文外，还开设了算术、常识等课程，为罗荣桓打开了新的知识之窗。

学习了自然科学知识，罗荣桓对过去听来的神鬼故事不再相信了。以前他听大人讲，南湾北头关帝庙里的关帝老爷最有灵验。人们到了这红脸绿袍的神像跟前，只能恭恭敬敬地叩头。谁个要是用手指头指一指它，就是大不敬，就会肚子疼，更不用说去用手摸了。罗荣桓对这个传说产生了怀疑，就和一个要好的同学商量，去试它一试。在关帝生日的头一天傍晚，他背着盛有狗屎牛粪的粪筐悄悄溜进了关帝庙。按照当地的习惯，关帝老爷肚子里是放着盐茶米谷的。他们把米谷等掏空，再把狗屎牛粪塞进去。第二天，他们又来到庙里观察。这一天，关帝跟前香烟缭绕，善男信女们络绎不绝地来到庙里，虔诚地拈香叩头，祈求平安。时间不长，就有人闻到关帝身上散发出来臭味，经过寻找，发现了关帝肚子里的秘密。这一来，如同一勺凉水倒进了滚开的油锅，不少人忙不迭地向关帝老爷叩头，连呼："作孽！作孽！""罪过！罪过！"

罗氏岳英小学的旧址

关帝庙事件之后，南湾平安无事，什么也没有发生。从此，罗荣桓更不信神佛了。以后不管是每年阴历七月十五焚香点烛接祖神，还是到县里罗氏总祠吃祭酒、进城到孔庙分胙肉，他父亲要带他去，他都一概拒绝。

在岳英小学，校长罗炳文不仅注意向同学们传播自然科学知识，而且还注意灌输爱国主义思想。早在读私塾的时候，罗荣桓就念过民国以后修订过的《三字经》，知道了“同光[①]后，宣统弱；我中国，地日削”。进高小后，上地理课，他更明白了中国地形宛如一片时时遭受蚕食的桑叶。中国又像一块糕饼，列强正环伺于周围，随时准备扑将上来，豆剖瓜分……。他对于历史上那些救国救民的志士仁人，比如坚贞不屈的苏武、投笔从戎的班超、闻鸡起舞的祖逖、精忠报国的岳飞——直到为了维新变法慷慨就义的谭嗣同等，都非常景仰。

1915 年，罗荣桓读高小二年级时，老师出了个《论大禹治水三过家门而不入》的题目，让同学们作文。罗荣桓在他的文章中颂扬了大禹的高贵品德，表示要学习大禹不辞劳苦、坚忍不拔的精神，为救国救民做一番事业。校长罗炳文读了这篇文章，很是高兴，便圈点加批，把它作为范文贴到墙上，供同学们观摩学习。

1917 年，罗荣桓高小毕业。[②]这位 15 岁的少年，在一些具有新思想的老师影响之下，开始关心国家大事了。

## 第二节　中学时代

罗荣桓自高级小学毕业后，正赶上军阀混战，兵荒马乱，衡山老百姓一日数惊，纷纷逃难。罗荣桓只得重新读私塾，他的学业时断时续。1919 年夏，罗荣桓才到长沙去读中学。他所进的谊群补习学校，不久改名为协均中学。柳直荀是该校创办人之一，他是由毛泽东、蔡和森等发起和组织的新民学会的会员。

中学时代的罗荣桓

当时，正值五四运动之后，在近代史上历来就是维新势力与保守势力激烈斗争场所的长沙，这时也掀起了风起云涌的反帝、反封建的新文化运动，民主和科学的新思潮日益高涨。知识界组织的各种不同政治倾向的社会团体犹如雨后春笋，其中既有以毛泽东为代表的以改造中国与世界为宗旨的“新民学会”，也有宣扬三民主义、国家社会主义、无政府主义或是主张“科学救国”“教育救国”“实业救国”的团体。他们通过出书印报，宣传各自的观点，进行激烈的争论。因此，市面上的书刊可以说是五花八门。这一切使这位刚从农村来的青年感

① 同，指同治；光，指光绪。
② 当时高小学制三年。

到满目清新，甚至有点眼花缭乱。于是，他就像那久旱的禾苗吸收雨露一样，贪婪地汲取新思想、新知识……

当罗荣桓来到长沙时，军阀张敬尧任湖南督军已经一年多了。张敬尧通过滥发纸币、横征暴敛，造成“担米需钱百串，斤盐需银四两，人非淡食，即属绝粮。民不聊生，至于此极”[①] 的局面。张敬尧腐朽、残暴的统治，激起各界人士的强烈反抗。

1919 年 12 月初，张敬尧悍然镇压学生和工人举行的抵制日货的游行示威。为张敬尧的暴行所激怒，长沙各界群众联合起来举行了声势浩大的驱张运动。全市所有的中等以上学校和部分小学宣布总罢课，并发表了“张毒一日不去湘，学生一日不返校”的驱张宣言。总罢课后，罗荣桓返回故乡。他进中学的第一学期，便参加了抵制日货和驱张运动，第一次受到反帝反封建斗争的洗礼。

罗荣桓还乡时，家里正忙着过年和为罗国理夫妇做五十大寿。罗荣桓看到那堂屋里为父母制作的“艾令同庆”[②] 的寿匾，正在上着最后一道油漆。可是，直到此时，有一件事他还蒙在鼓里，原来罗国理已决定要乘着做寿和过年的机会，为罗荣桓完婚。女方是一位贫家的女儿，比罗荣桓大两岁，名叫颜月娥。罗荣桓不同意。可是他如果违抗父命，就要同家庭决裂。刚刚 17 岁的罗荣桓还做不到这一点，因为他想继续读书，而他在经济上还不能独立，只好按照“父母之命”的祖传老例当了“新郎”。

罗国理为什么迫不及待地为才 17 岁的儿子完婚呢？除了旧的习惯势力外，更重要的是罗国理希望罗荣桓能继承家业。罗国理六个儿子中，知书识字的是老三罗壬甲、老五罗荣桓、老六罗湘。罗湘当时年纪尚小，罗壬甲身体不好，并于这一年去世。罗壬甲的早逝是促使罗国理为罗荣桓完婚的重要因素。罗国理把继承家业的希望寄托在罗荣桓身上。他认为，为罗荣桓娶了媳妇，就可以把儿子拴在家里，从而使永隆号能够复兴。可是，罗荣桓的志向是学习科学知识，探寻真理。他当然不同意他父亲的安排，去当永隆号杂货铺的什么老板。因此，他同父亲、同家庭的矛盾日益发展起来，接二连三地发生了冲突。

罗家和一切封建家庭一样，历来奉行“女子无才便是德”的原则，不让女孩子读书识字。罗荣桓受了男女平等思想的影响，对家庭这种做法也很不满意。他竭力主张让妹妹满姑和侄女桂英去读书，为此同父亲罗国理反复说理，终于使父亲同意满姑和桂英去上学。

虽然罗国理在这个具体问题上让了步，但是父子之间的隔阂却越来越大。有一次，攀子嘴村有几个罗姓的农民犯了族规，罗国理把本族各房的男子召集到祠堂里，宣布要打这几个农民的板子。罗荣桓也去了。他对此十分反感，忍不住挺身而出责问他父亲：“你何事打人？”罗国理说：“因为他们犯了族规。”罗荣桓

---

① 见 1918 年 12 月《旅沪湖南协会上南北当局书》。

② 古人称 50 岁为艾。

又问他父亲："×××（一个同族的读书人）也犯了族规，你为么子不打？你不公道！"在罗荣桓的反对下，这顿板子硬是没有打成。

罗荣桓的性格本来就比较沉静，加上他同家庭的矛盾越来越多，他在家里越发显得郁郁寡欢。家里人对他很不理解，有的就说他"成天背着个手，噘着个嘴，像是谁欠了他二百钱似的"。虽然罗荣桓同这个家庭在经济、生活上一时还脱离不了联系，但已经是貌合神离，他同父亲在思想上的距离越来越远了。

罗荣桓每逢寒暑假回乡，在家里感到格格不入，便把视野由家庭转向南湾的社会。

1921 年暑假，罗荣桓学习了长沙学生联合会的榜样，邀集衡山东乡土字和梦字[①]地区的同学，在南湾街上一个饭铺里，成立了土梦学友联合会，罗荣桓被公推为会长。这个联合会的宗旨是"联络感情，增长知识，移风易俗，促进社会"。

当时，在教育界有一种"教育救国"的主张，认为社会政治经济的不均等，是由于教育不普及，因此，主张教育平民化。在他们的倡导下，在长沙成立了一些政治倾向不同的平民补习学校。协均中学一开始也是这样一所补习学校。

罗荣桓也受到这种思潮的影响。在他的倡议下，土梦学友联合会决定以主要力量开展平民教育运动。为此，他们利用岳英小学的教室，办了一所农民夜校，开设国文、算术两门课程。罗荣桓教算术。在教学中，他宣传了科学和民主的思想，受到农民的欢迎。

当然，无论是组织土梦学友联合会也好，开展平民教育运动、办农村夜校也好，都没有也不可能触动封建制度的根本。不过，这些活动仍然有其积极意义。因为它使罗荣桓结识了一些农民，并为后来 1926 年到 1927 年间南湾地区农民运动的兴起准备了条件。

从 1919 年到 1923 年，罗荣桓一直在协均中学读书。他学习比较认真、刻苦，对数理和英语特别喜爱。为了证明一道较难的几何题，他常常废寝忘食。一直到他晚年，基本的几何定理他还记得清清楚楚。

经过四年中学学习，他立志将来要当一名建筑师，为祖国建设高楼、架设大桥。

1921 年，柳直荀担任了协均中学校长。他不断地将自从中国共产党成立以来，在湖南蓬勃发展的工人运动状况向同学们作介绍。罗荣桓从中受到鼓舞，进一步认识到民众大联合的力量，并且积极参加了反帝反封建的群众运动。

1923 年 3 月，罗荣桓和同学们一道，在柳直荀带领下参加了长沙各界六万多人要求归还旅顺、大连，否认"二十一条"的示威游行。4 月，以郭亮为主席的湖南外交后援会号召对日本实行经济绝交。罗荣桓又走向街头积极参加了演讲

---

① 衡山县按朝、宗、于、海、九、江、孔、殷、沱、潜、既、道、云、土、梦、作、乂 17 个字划分地区。

和搜查日货。

6 月 1 日，日本水兵在湘江边向进行爱国活动的群众开枪，打死两人，打伤数十人，制造了震惊全国的“六一”惨案。日本水兵的暴行激起了长沙各界群众的义愤。罗荣桓积极投身到反日爱国运动中去。他参加了 6 月 1 日当晚和第二天工人和学生抬着被害工人、学生尸体的大游行，参加了 6 月 4 日的追悼大会和会后向省政府的请愿。继张敬尧、谭延闿执掌湖南大权的临时省长赵恒惕宣布实行戒严令，准备镇压群众。罗荣桓也被列入“不法学生”的黑名单，被迫离开长沙。以往他回乡大都是乘坐日本戴生昌公司的小火轮。为了维护民族尊严，罗荣桓响应湖南外交后援会对日经济绝交的号召，毫不犹豫地弃船不坐，步行回乡，一连走了几天旱路。

## 第三节　在北京和青岛

1923 年夏，罗荣桓接到一位同学的北京来信。信上说，有几位在北京师范大学毕业的湖南籍学生，为了帮助在京准备投考大学的湖南同学补习功课，利用骡马市大街烂漫胡同湖南会馆的房舍，办了一个补习学校。罗荣桓立即向他父亲提出，要到北京去。罗国理因为生意不好，也拿不出多少钱。罗荣桓只带了很少一点路费就上路了。

到了北京，罗荣桓口袋里只剩下一些毫子和铜板。他不敢吃会馆里的包伙，只能在街上买一点玉米饼子或是烤白薯充饥。

一天，罗荣桓身上一个铜板也没有了，他想到有一个衡山的名流在北京当国会议员，而身上正好有他的地址。他打算找这个同乡借一点钱作考大学的报名费，也暂时维持生活，待到家里寄钱来再偿还。他风尘仆仆地在一个胡同里找到了这位阔同乡的公馆，敲开了大门。罗荣桓问门房，主人在不在家？那门房先不搭腔，而是从头到脚地打量着这个穷学生，然后粗鲁地说了声“不在”，便“砰”地关上了大门，让罗荣桓吃了一个闭门羹。

这件事给罗荣桓以很大的刺激。全国解放后，他常和身边的工作人员谈起，说：“在旧社会，那真是侯门深似海。现在，党和人民给了我们这么高的地位，我们一定要热情接待每一位来访的同志，人家只要找我，你们都不能挡驾。”

左盼右盼，家里终于寄来一点钱。但是一个铜板得当两个铜板花。为了省一点钱，同学们和他商量，决定在伙房买主食，大家凑份子自己炒菜。尽管生活艰苦，可罗荣桓的学习非常刻苦。他每天早晨总是很早就起床，洗漱后到院子里念英文，他特别喜爱英文版的《林肯传》。林肯的几篇演说词他读得很熟。

对于林肯的资产阶级民主主义主张，罗荣桓当时很感兴趣。但是他的思想尚未定型，仍然在探索。他积极参加了在湖南会馆内外发生的社会政治活动，并用批判的眼光审视着各色各样的政治主张，以决定自己的取舍。

一个傍晚，湖南的反动政客易家樾来到湖南会馆召开同乡会，为赵恒惕歌功颂德，鼓吹“联省自治”，并在会上散发小册子。经过“六一”惨案的湖南同学都了解赵恒惕的“联省自治”实质上是军阀割据，完全是欺骗。罗荣桓和与会的同学不顾易请来的警察的威胁，愤怒地高呼：“易家樾滚出去！”同学们有的关了电灯，有的往台上扔凳子。易家樾见势不妙，只得夹起皮包狼狈而逃。

1924年1月，曾经以中国社会党的名义，到苏联混了一趟并吹嘘曾见过列宁的江亢虎，到北京来大讲其将费边派的“社会主义”、无政府主义和孔子的学说烩于一锅的所谓社会主义。他一连讲了三天。罗荣桓第一天听完后，对同在湖南会馆补习功课的同学张沈川说：“莫名其妙，他恐怕是在吹牛皮。”第二天就不再去听讲。事情果不出罗荣桓所料，江亢虎很快露出狐狸尾巴。他竟跑进故宫去朝拜溥仪，吹捧“逊帝英明，前途有望”，从而彻底暴露了他的真面目。

1924年4月下旬，印度诗人泰戈尔来到北京。罗荣桓和同学们去参加了欢迎大会。在会上泰戈尔讲了以印度文化和中国文化为代表的东方文明，鼓吹用仁爱来消除“人世间愁苦不平之气”。回来以后，罗荣桓发表了不同的看法，他认为仅仅凭借“东方文明”的“仁爱”，是不能富国强兵和抵制帝国主义侵略的。

1924年6月，补习学校的功课结束。这时恰好山东私立青岛大学预科到北京招生。学校是新办的，设工、商两科。罗荣桓报了名。考试发榜，罗荣桓、张沈川等七八名同学被录取。

罗荣桓等来到青岛时，正值中伏，一路奔波，早已疲惫不堪。可一进青岛大学校门，迎面吹来阵阵的海风，便觉得暑气顿消。罗荣桓纵目观看，只见山坡上，一幢幢红瓦灰砖的楼房掩映在疏密有致的绿树繁花之间，远处蓝天下是烟波浩渺的碧海。罗荣桓听着那海风吹拂树木的沙沙声，将湿润的空气深深吸进肺腑，不禁心旷神怡……

罗荣桓和张沈川都为能在如此幽美的环境里读书而感到庆幸。后来听当地同学介绍，才知道这个学校的校址，在德国占领时期叫“俾斯麦兵营”。日本占领后仍然驻扎军队，不过改了名字，叫“万年兵营”。中国北洋军阀政府尽管在国内大动干戈，在接收青岛时却对国际上声言，要“化干戈为玉帛”。把这所兵营改为学校就成了化为“玉帛”的象征。

这个学校的发起人和第一任校长高恩洪，是当时的胶澳督办。此人是吴佩孚的老师，当过北洋政府的交通总长，是一个以直系军阀为靠山的反动官僚。1924年10月，曹锟、吴佩孚倒台。高恩洪只好卷起铺盖滚蛋。继任的校长宋传典是靠在洋行经营花边、发网生意大发横财的买办。他因为投靠流氓成性的“狗肉将军”、山东军务督办张宗昌，又成为官僚。他和大部分教职员都是基督教徒，使这所大学增添了一些西方的色彩。这所学校规矩很严，制定了若干烦琐的通则和规则，规定凡“私充报馆访事或主笔者”、“干预国家政治及地方词讼者”、“加入党派不肯脱离者”、“聚众要挟罢课辍业者”均予以开除。①

① 引自《私立青岛大学一览》，1925年1月私立青岛大学铅印。

罗荣桓和张沈川等都感到这个学校政治空气沉闷。但是又感到有这样一个学习机会不容易，都想认真读点书，求得真才实学，以便在使中国富强的事业中贡献自己的力量。

罗荣桓个子比较高，在教室里坐在后排。每逢上课，他都端端正正地坐着，戴着厚厚的近视镜吃力地看着教授们在黑板上书写的公式，专心致志地听课。课后认真地做作业。两年中，他的功课经常保持95分以上的好成绩。

可是，在那祖国命运危在旦夕的年代，他又实在是无法静下心来读书。他接二连三碰到一些看来虽小但却颇为触目惊心的事情，从这些事情可以清清楚楚地看到日本侵略者的魔影依然笼罩着整个青岛。

1925年清明节后一个晴朗的星期天，正是樱花盛开的时节，罗荣桓和几位同学到学校后面的汇泉山散步赏花。这时，恰好是日本人的樱花节。当时住在青岛的各式各样的日本人很多是全家出动，携带着留声机、照相机和美酒佳肴来到开满樱花的山上欢度日本人的节日。罗荣桓等一路上只见那手持酒壶喝得醉醺醺的日本男人，梳着高髻、穿着漂亮和服、脚蹬木屐的日本女人，还有那不怕春寒、已经穿了裙子和短裤、活泼健壮的日本孩子，三五成群、络绎不绝地来到山上，兴高采烈、旁若无人地尽情欢乐。在路上见不到几个中国人，即使有，也是很寒碜地避在路边。路两旁，樱花盛开，在耀眼的阳光下，白的像炫目的白雪，粉红的像是一堆堆火烧云。

天气再好也没有了，樱花开得又娇又艳，但是罗荣桓和同学们却怎么也提不起兴致来。杜甫有这样的诗句：“感时花溅泪，恨别鸟惊心。”他们当时的心情与杜甫的描绘大体相似。樱花是娇艳的，但他们只感到它开得骄横刺目，盛气凌人。日本人过节是欢乐的，但他们只感到难堪。公园是在中国的土地上，但他们却感到似乎是在外国。罗荣桓一路上闷闷不乐，脚步越走越沉重。走着走着他对同学们说：“回去吧，我们不看这个樱花了。”同学们似乎都在等着这一句话，于是

1925年罗荣桓在青岛大学读书时，在樱花树前留影

大家掉转头，急匆匆地离开了汇泉山。身后送来的是留声机里日本歌女妖里妖气的歌声夹杂着一阵阵纵情的狂笑。

又过了些时候，日本海军主力舰“比睿”号访问青岛。为了炫耀武力，日方邀请青大师生登舰参观。

参观军舰，这是第二次了。不久前中国北洋海军的军舰“海圻”号在青岛停泊时，同学们也曾去参观过。这艘军舰是清朝政府买来英国的旧商船改装的，尽管设置有炮，却不能打，一打就会把船身震裂。但它却是中国北洋海军最大的军舰，看上去倒也威风凛凛。同学们这次又来参观日本军舰，都想实地比较一下双方军舰的优劣。

参观的队伍一到码头，远远地就可以看到高大的银灰色的军舰矗立在岸边。日本的海军旗正高高地飘扬。走到跟前，只见舰身刚经过油漆，炮衣都卸掉了。炮位上的日本水兵穿着浆洗得笔挺的制服，昂首挺立，不时向这支参观队伍投射过鄙夷的目光。

同学们登舰后默默地参观，默默地倾听着朝鲜同学将日本军官的介绍译成汉语。参观过程中没有鼓掌的，也没有提问的，气氛十分沉闷、压抑。

返校后，同学们议论纷纷。

有的同学悲愤地说：“我们中国的军港，让他们耀武扬威！”

“他们这是想用武力来压我们。”另一位同学接了一句。

“我国的‘海圻’号，都老掉牙了。相比之下……唉！”有的痛心疾首。

有的皱着眉摇着头说：“中国的海军已经腐化到极点了。看看那日本军舰，在中国领水到处游弋，如入无人之境。国家前途实在是不堪设想。”

罗荣桓仔细倾听着大家的议论，也感慨地说：“中国一个四万万五千万人口的大国，有着漫长的海岸线，应当有强大的海军。”

同学陈举问罗荣桓：“应当有，可什么时候能有啊？我一点儿也看不出来。”

何时才能有呢？罗荣桓当时也答不上来。其实，建设海军，实际上是国家富强这个老问题的一个组成部分。他学的是工科，因而，很自然地感到，要使中国富强，必须发展工业。

当时，有一些实业界人士在上海组织了一个“三友实业社”，生产的毛巾花色品种多，质量比较好，在提倡国货的气氛下，许多人踊跃购买，销路不错，起到了一些抵制洋货的作用。罗荣桓、张沈川等看到这种实业救国或许是使中国富强的一种办法。于是，他们经过酝酿，发起组织了一个“三民实业社”，吸收同学们投资，每股五元。共筹集了二三百元资金，聘请了一位技师，负责筹办。不久，生产出了纱布、药棉、墨水、肥皂、蜡烛等日用品。罗荣桓很高兴，立即给南湾老家寄了一大包肥皂。他写信告诉家里，这是同学们兴办的“实业社”自己做的，不要再叫它洋碱了，应该叫它肥皂，是我们中国自己制造的肥皂。

但是，罗荣桓这种喜悦心情十分短暂。在当时中国整个民族工业都受到帝国主义的排挤、压迫的情况下，这几个年轻学生仅仅凭着一股爱国热情兴办起来的小小的手工作坊，怎么可能同帝国主义的垄断资本竞争呢？不到一年，这个实业社就维持不下去了，罗荣桓和同学们连股本也未能收回。

## 第四节　在“五卅”运动中

1925年春，在青岛、在全国范围内又掀起了反帝爱国革命运动的高潮。

4月，在上海工人大罢工的影响下，为了抗议日本资本家阻止工人建立工会，开除、逮捕和私刑拷打工会活动分子，青岛3万多纱厂工人举行了大罢工。在日本资本家要求下，山东军务督办张宗昌下令拘禁了工会工作人员。于是，引起了5月25日的又一次大罢工。5月28日，胶澳督办温树德调集3000多人的军队，包围纱厂，枪杀工人，当场打死8人，17人受重伤，轻伤的更多。有的工人躲进下水道，日本资本家竟然堵上棉花包，把工人活活闷死。

日本帝国主义和张宗昌血腥镇压工人的罪行，激起了青岛各界人士的无比义愤。在中国共产党的领导下，由胶济铁路总工会发起，邀集全市各群众团体成立了“青岛惨案后援会”（上海发生“五卅”惨案的消息传来后，又改为“青沪惨案后援会”），组织广大群众罢工、罢市、罢课、游行示威。在这汹涌澎湃的革命高潮中，青岛大学的学生们也立即行动起来，冲破了学校当局的种种阻挠，组织了学生会，张沈川、罗荣桓都被推选为负责人，并决定从5月31日起开始罢课。

在学生会的负责人中有一位商科同学彭明晶，是四川安岳县人。他在成都读书时曾受到恽代英的教诲，思想进步。他生性活泼，口才又好，与罗荣桓一静一动，性格迥然不同，可却是知心好友。学生会成立后，他们更是形影不离。同学们反映，在哪里看到彭明晶，就能在哪里找到罗荣桓。

学生会成立之后，立即建立了总务、财务、写作、讲演、募捐、演剧等组，开始分头活动。罗荣桓负责讲演和演剧组的工作。他根据每位同学的特长和爱好分派了任务。他白天带领着讲演队到街头巷尾散发传单、小报，演讲“青沪惨案”情况，募集救济金，慰问死难者的家属……，晚上又参加演剧队的工作。罗荣桓和彭明晶还受青岛学联的委托，分赴北京、上海，向两市人民报告青岛惨案的真相。在整个“五卅”运动期间，罗荣桓全身心地投入了抗日爱国运动，表现了满腔爱国热忱和出色的组织工作能力，赢得了同学们的钦佩和尊敬。由于他谦和持重，不露锋芒，同学们将他比做为建立东汉王朝立了大功，而在诸将论功时每每退避大树下的冯异，称他为“大树将军”。

青岛人民这场轰轰烈烈的抗日爱国运动，最后被日本帝国主义勾结中国军阀镇压下去了。7月初，胶澳督办温树德秉承张宗昌的旨意，用武力强行解散了“青沪惨案后援会”，到处疯狂地抓人、杀人。中共青岛四方支部书记李慰农和《公民报》记者胡信之等多人被捕。李、胡在狱中通过青岛大学附中的一位美术教员通知张沈川和罗荣桓说，敌人几次审讯都问到了他们，要他们赶快转移。在这一片白色恐怖之中，由铁路工会的负责人傅书堂、伦克忠等安排，罗荣桓和张沈川化了装，到高密农村暂避了一个时期。他们回校得知，李慰农和胡信之已经惨遭张宗昌的杀害。

这一年的夏天，青岛异常闷热，政治空气更加沉闷，令人窒息，罗荣桓经常睡不着觉。他经常半夜里爬起床来，走到走廊上，面对着灰蒙蒙的大海，任凭海风吹乱自己的头发，吹得浑身发凉。

他经常与同学们探讨国家的前途和个人的出路。教育救国、实业救国都试过了，但都没有走通。看来因为参加“五卅”运动，青岛大学本科也进不去了。怎么办？他曾想去美国留学。他同好友张沈川、彭明晶谈过这个打算，也向家里写过信。寒假期间他返回家乡又向罗国理提及此事。罗国理考虑，一族之中出一个大学生，好比是出了个进士，很不容易。既然儿子已经读大学了，不如成全他去留学。罗国理准备卖掉部分土地，为罗荣桓筹集路费。但是因为买方乘机压价，田没有卖成，罗荣桓没有实现赴美留学的打算。他返校后仍在反复思索自己应该走的道路，并与同学们进行认真的探讨。

一天，他在寝室里同陈举谈起军阀混战、民不聊生的情况，两人都感到天下兴亡，匹夫有责。谈了一会，双方都陷入了沉思。罗荣桓在来回踱步，突然，他停下脚步，盯住坐在床上的陈举，问道：

“你的人生观是怎样的呢？”

“我的人生观？”陈举停顿了一下，然后坦率地说：“我要为人类谋幸福，绝不损人利己。我坚决反对‘男儿不能流芳百世，亦当遗臭万年’这句老话。”

罗荣桓点点头，又问道：“你打算做些什么事情呢？”陈举回答：“我家生活并不富裕，父母节衣缩食让我读书。我只想当一个铁路工程师，为国家多修几条铁路，自己的生活也能有保障。我就是这个志愿。”

罗荣桓坐到对面的床上，仔细地听着陈举的话，然后又问：“如今军阀混战，天下大乱，你这个志愿如果落空了怎么办？”

“如果落空了，我还有补救的办法。”陈举带着憧憬的神情说：“我可以去当文学家，用文学作品去唤醒世人，造福人类。这作用可能比当工程师还要大。”

罗荣桓打破沙锅问到底：“如果这也实现不了呢？”

陈举回答不出，泄气地说：“那……我就当个失败的英雄吧，反正不做遗臭万年的事。”

罗荣桓摇摇头意味深长地说：“国家政治腐败，弄不好是要亡国的。到那时候就谈不上什么英雄不英雄了。”

罗荣桓这么一说，两人都沉默了。过了一会，陈举反问罗荣桓：

“那你打算做些什么事呢？”

罗荣桓抬起头，扶一扶眼镜，恳切地说：“我也想当工程师——当个建筑师。我原本以为实业就能救国。可是，随时随地都有恶势力阻碍着，使你的美妙计划成为泡影。现在看起来，首先要跟恶势力搏斗，否则，什么事也做不成。”

“太激烈了，太激烈了！”陈举连连摇头，“你如果去斗，身家性命会有危险。

我们是读书来的，不是来闯祸的。”

罗荣桓淡淡一笑，便不再说话了。

怎么同恶势力搏斗呢？罗荣桓根据自己这几年参加爱国运动的经验，和张沈川、彭明晶等反复探讨，认识到依靠少数人不行，要有民众的大联合。他看到，自从 1924 年国共合作以来孙中山依靠中国共产党的帮助，对国民党进行了改组，使暮气沉沉的国民党出现了新的气象。1925 年 3 月 12 日，孙中山逝世，举国哀悼，形成一个广泛的宣传国民革命的政治运动。罗荣桓由此对政党问题发生了兴趣。一天，他同陈举就此事进行了讨论。

陈举持有一些知识分子中常见的清高思想，他说：“我认为还是不参加政党好。”

“为什么？”罗荣桓亲切地问道。

“古今中外，哪一个政党不是争权夺利，假公济私？不参加政党，还可以安安静静地当铁路工程师。参加了政党，麻烦就多了。”

陈举所说的政党指的是北洋军阀豢养的一些政客结成的党派，诸如自由党、进步党、政学系之类。陈举这番话并没有将改组后的国民党、更没有将新兴的共产党包括在内。在当时，国民党和共产党都被张宗昌视为洪水猛兽，统称之曰：“过激党”，一经查获就格杀勿论。在这种政治空气下面，罗荣桓自然还不便挑明这个问题。他微微一笑，启发道：

“你对于每一个政党，都仔细研究过吗？”

“没有，也没有这个必要。”陈举颇为理直气壮地回答。

罗荣桓轻轻地摇摇头，说：“一个人的力量是有限的，众人联合起来，力量就大了。如果能把以往政党不好的一面改正过来，在对付恶势力方面还是必要的。”

“政党能改正它不好的方面？我不信。总而言之，我是不参与党争的。我清心寡欲，超然物外。”

“你超然物外？如果国势大乱，妨碍了你当工程师可怎么办？”罗荣桓笑眯眯地问道。

“那，那我就学陶渊明，归——去——来——兮！”陈举边说边晃动着脑袋。

罗荣桓看到再争论下去也没有什么意思，便摆摆手说：“你先不忙作结论，应当仔细研究研究。”

以往陈举经常看到罗荣桓和彭明晶、张沈川等左倾同学在一起。他又看到罗荣桓脑后的枕骨长得比较突出。便曾开玩笑地说罗有“反骨”。在这次谈话中，他更摸清了罗的思想脉搏，于是走到门口看看门外无人，又走回罗荣桓身边，俯耳低声说：“老兄，你啊，就是有反骨！”

“你这个人！”罗荣桓哈哈一笑，拍拍陈举的肩膀，没有再说什么。

罗荣桓是怎么看的呢？这时，已经实现了国共合作，正在准备进行北伐的革命策源地——广州，已经像磁石一样吸引着他。他和同学张沈川商量，准备结业考试结束后，立即去广州投考中山大学本科。他打算到广州去亲自经受一番革命风雨的洗礼，继续寻找拯救中国的真理。

## 第五节 从广州到武汉

1926年6月，罗荣桓在青岛大学预科结业。他和张沈川一道由青岛乘货轮南下。临行之前，一位在“五卅”运动中结识的姓柳的朋友建议他们先到上海去找当时上海学联负责人、上海大学附中主任侯绍裘，再请侯介绍他们去广州。这位朋友认识侯绍裘，为罗荣桓、张沈川写了一封介绍信。

罗荣桓、张沈川到上海找到侯绍裘。侯在了解了他们在青岛参加爱国反帝斗争的情况以后，对他们说：“现在黄埔军校正在招生。如果你们要上黄埔，我写封介绍信就可以。按你们的情况，可以不用考试。”

这时，罗荣桓、张沈川并不了解这位看来十分文静的侯先生是国民党江苏省党部负责人，更不晓得他就是中共江浙区委书记。而他们当时还是想读书，并没有从军的思想准备。罗荣桓又感到自己是深度近视眼，从军也不一定合适。他同张沈川小声商量了一下，婉言谢绝了侯绍裘的好意，仍然准备去投考中山大学本科。

在上海停留了几天后，罗荣桓等继续乘货轮南下。这艘货轮统舱都在水下，密不透风，又闷又热，旅客挤得像罐头里的沙丁鱼，一个挨一个，有人不断地呕吐，空气污浊不堪。一路上，罗荣桓和张沈川很少待在船舱里。他们经常登上甲板，倚着船栏，眺望祖国的辽阔海疆。

船过舟山群岛，风浪很大，他们的身体随着船身上下颠簸，心潮随之而激荡。他们回顾了这两年多走过的路程：长沙、北京、青岛、上海，现在轮船正乘风破浪向南航行……他们在中国东部绕了一个大圈，如今终于奔向向往已久的革命策源地，心情又怎能不激动呢？

船在厦门停泊了半天，罗荣桓和张沈川登岸游览。他们来到鹭江边，隔海眺望着风景秀丽的鼓浪屿。只见日光岩下，一片浓绿，山坡上一幢幢若隐若现的小洋房，姿态各异，争奇斗妍。色调比青岛海滨更为明朗、热烈。罗荣桓、张沈川都不禁为这浓郁的南国风光而心醉，但是当他们想到这块宝地依然有帝国主义的租界时，当他们看到鹭江中夹杂在各国商船里的日本军舰时，又不禁皱起了眉头，罗荣桓气愤地对张沈川说：“你看，又是日本军舰！中国沿海一带好地方，从大连、天津、青岛、上海一直到这里，都被列强占完了。”

7月间的一天，货轮由辽阔的伶仃洋进入虎门，只见环绕虎门要塞的一道白粉墙上，书写着异常醒目的十个大字：“打倒帝国主义！打倒军阀！”

见到这一巨大的标语，旅客们的精神都为之一振。罗荣桓、张沈川听旅客说，这里就是林则徐销烟处。他们回想从鸦片战争以来中国所遭受的凌辱，人民所遭受的苦难，抚今思昔，都深深感到一个翻天覆地的大革命时代确实已经来临了，革命正在向他们招手。

船在白鹅潭停泊后，罗荣桓、张沈川乘小舢板登岸，在珠江边一个小巷子里，找到了一家设备简陋的小旅馆，安顿了下来。

罗荣桓到达广州，正是北伐战争进行得如火如荼、取得节节胜利的时候。7月上旬，国民革命军大举北伐，很快攻占罗荣桓的家乡——衡山县。7月12日攻克长沙……

罗荣桓、张沈川刚放下行李，就兴奋地走上街头，他们想尽快地领略这革命策源地的风采。

在几条热闹的大街上，他们看到两旁高楼矗立，人行道上都覆有遮雨的廊檐，来往行人如织。在商店的橱窗里、电线杆和支撑廊檐的水泥柱上，张贴着红红绿绿的标语："打倒列强！""打倒吴佩孚！""打倒孙传芳！""工农兵联合起来！""维护三大政策！"有的地方还搭了庆祝北伐胜利的松枝牌楼。《号外》、《捷报》的叫卖声此起彼落。在马路上不时可以看到唱着"打倒列强除军阀"歌曲的国民革命军队伍，回广州的省港大罢工工人队伍和打着"援助北伐募捐讲演队"的横幅的学生队伍，有的正向市民演讲和募捐。到处是一片喜气洋洋、热气腾腾的景象，同张宗昌血腥统治下的死气沉沉的青岛形成鲜明的对照。

罗荣桓和张沈川兴冲冲地走进书店，买了不少宣传国民革命、介绍苏联的书籍和研究中国农民运动及土地问题的报刊、小册子，从书店出来，罗荣桓双手捧着一大摞书，高兴地连声对张沈川说："好啊！这下可好了！"在他厚厚的眼镜片后面，两只眸子闪动着兴奋喜悦的光芒。

一回到旅馆，罗荣桓顾不上复习功课，如饥似渴地阅读买来的书籍。

"路漫漫其修远兮，吾将上下而求索。"为了寻找救国救民的真理，罗荣桓跑了多少地方，又试验过多少办法啊！到了广州，他终于找到了！他看到了迅速发展的革命形势和工农大众在革命中表现出来的无比威力。他兴奋地对张沈川说："现在看清楚了，帝国主义和军阀、土豪劣绅就是把中国搞得国弱民穷的恶势力。要打倒恶势力，必须以俄国为师，把广大工农商学兵各界民众联合起来，而唯有共产党才能担当此任。"他和张沈川相约，要勇敢地投身到时代的洪流中去，争取加入中国共产党。

罗荣桓在思想发生巨大变化的情况下，认识到北伐需要大量青年从军，他虽然因为自己是近视眼，不宜投考黄埔，却多次写信给他弟弟罗湘和土梦学友联合会的同学们，招呼他们到广州来，投考黄埔军校，报效革命。

罗荣桓报考中山大学，因为第二外国语——德语——不及格，未被录取。张沈川考上了中山大学文科。罗荣桓仍然留在广州，一面等罗湘来，一面多看点革命书籍，思考一些问题。他常到中山大学去。当时，张沈川与许多共产党员关系密切，罗荣桓也深受他们的影响，对革命形势保持着清醒的认识。

10月份，罗湘和十几位同学从湖南来到广州，罗荣桓帮他们办理了进黄埔军校的报名、考试手续。当罗湘即将入学的时候，罗荣桓鉴于当时国民党左派和右派的斗争已日趋尖锐，再三嘱咐罗湘，在参加政治运动时，要明辨是非，不要上自称是"总理信徒"的右派的当。

把罗湘送进黄埔军校后不久，11 月间，罗荣桓返回故乡。这时，湖南省的农民运动正迅猛发展，全省已有 50 多个县成立了农民协会，会员发展到 130 多万。衡山又是湖南农民运动发展得比较好的县份，农民协会已普及到全县大部分地区。罗荣桓感到世道确实不同了，昔日的泥脚巴子已经挺起了胸膛，扬眉吐气；而那些绅士们却像经霜的秋叶，蔫蔫地低下了脑壳。

罗荣桓一回到家，街坊四邻纷纷前来看望，向他打听北伐的情况。一些农会积极分子又邀请他参加农会工作，罗荣桓欣然从命，随即便把全部精力都投入到动员农民参加农会的工作中去，连抱一抱刚刚满月的女儿都没有空。他走东家、访西家，上屋里进、下屋里出，跑遍了南湾周围大大小小的屋场。他没有大学生的架子，总是笑眯眯地认真听取乡亲们的意见，帮他们拿主意。他还受农友的委托，到县城找到县农民协会的负责人，汇报了南湾的情况，领受了指示。

不久，衡山梦字九区农民协会在南湾罗氏定德公祠召开了成立大会，会后进行了庆祝游行。

接着，农会又委托罗荣桓发动和组织了南湾女界联合会和儿童团，开展了为支援北伐进行募捐、破除迷信和妇女放脚、剪发等活动。有一次，土豪劣绅罗凤梧唆使打手打死向他募捐的一名儿童团员，罗荣桓领导群众对他进行了坚决斗争，打开了罗凤梧的谷仓和钱柜，将罗凤梧的谷子和钱，一部分作为被打死的儿童团员的抚恤金，一部分分给了贫苦农民。

1927 年 1 月，湖南各地纷纷开展镇压土豪劣绅和反革命分子的运动，农民运动达到发展的高峰。在这一有利的形势下，通过处理被害儿童团员的事件，南湾地区的群众阶级觉悟普遍提高，农会、女界联合会、儿童团等组织进一步巩固。同衡山县其他地区一样，在南湾也出现了“一切权力归农会”的政治局面。

高涨的革命形势使罗荣桓在革命道路上迈出了新的一步。在“五卅”运动中，他经受了反对帝国主义的民族斗争的风雨，如今的农民运动又将他推到了反封建的阶级斗争的潮流里。这两次革命运动的洗礼，使他在风雨中成长起来，为他日后作为一个革命家提供了初步而又有重要意义的经验。

4 月上旬，罗荣桓收到彭明晶的来信。信中说，他参加了北伐宣传队，已随北伐军由广州来到武昌，转入武昌中山大学，建议罗荣桓也到武昌来读书。彭明晶这封信不禁使罗荣桓怦然心动，这时，他与父兄的矛盾已经很尖锐了。罗国理知道罗凤梧等人的势力依然存在，罗荣桓今天把他们得罪了，将来他们定会报复，家庭还有可能因受他连累而再吃官司。他常常骂儿子忤逆不孝，急于把他赶走，罗荣桓在这个家里是再也待不下去了。而他此时对上大学的夙愿也未能完全忘怀。于是，4 月 14 日他动身去武汉。

这时，蒋介石发动“四一二”反革命政变的消息还没有传到偏僻的南湾，但土豪劣绅已经蠢蠢欲动，罗荣桓常常处于地主分子罗凤梧、萧罗仙等的监视之中。为避免意外，他在这一天夜里，由一名农会积极分子老萧护送，秘密出发。临行前，他回到屋里看看已经熟睡的刚刚半岁的小女儿，俯下身去亲了一亲，然后告别了家人，就上路了。

他和老萧顺着崎岖的小路，登上了南湾西面的金觉峰。这时，明月仍然悬挂在西天。罗荣桓停下脚步，转过身来深情地巡视着哺育了他的山河大地。在东方，雷公坳的山顶仿佛已露出一抹微光。而南湾一带的屋宇、田野、林木、河流却仍然沉浸在朦胧的夜色之中。罗荣桓伫立良久，然后转过身来，匆匆地踏上征途。在金觉峰上，他投下了对家乡的最后一瞥。从此，他南征北战，踏遍了祖国的山山水水，却再也没有回过南湾。

罗荣桓到达武汉后，通过补考，插入武昌中山大学理学院一年级读书。当时已是蒋介石发动“四一二”反革命政变以后，大革命处于危险之中，学校师生全力投入了紧张的革命工作，课上得很少。

这时，武汉从外表看革命气氛依然非常浓厚，但实际上已经危机四伏。武汉国民政府所管辖的地区，仅限于湘、鄂、赣三省，已处于新旧军阀的四面包围之中。在武汉内部，由于帝国主义的破坏和资本家采取对立态度，商品奇缺，粮食紧张，百物腾贵，人心惶惶，陷于严重的经济危机。与此同时，武汉国民政府领导人汪精卫为了策划“清共”，向革命力量步步紧逼，而中共党内的右倾投降主义者却在资产阶级右派的进攻面前节节退让……，在武汉的政治舞台上，乌云翻滚，眼看着一场摧残革命的暴风雨就要来临。革命队伍中的许多不坚定分子被蒋介石的屠刀和武汉险象环生的局面所吓倒，纷纷脱离了革命。

就在这暴风雨即将来临的时候，罗荣桓却像海燕一样，展开了翅膀。到了武汉以后，他经彭明晶介绍，5月，加入中国共产主义青年团，担任了武昌中大支部的组织干事，不久转为中共党员。

7月初，罗荣桓被湖北省委分配到通城县做农运工作。他把心爱的教科书、英汉辞典，还有计算尺等都送给了同学，毅然放弃了当建筑师的志愿，毫不犹豫地服从了组织的决定，对吃苦、牺牲作了充分的思想准备。

临行前，他给家里写了两封信，一封是给父母的。他通知家里，再也不要给他写信了，因为他行踪不定，且生死难卜。他希望家里能帮助他赡养颜月娥母女的生活。如果颜月娥改嫁了，就帮助他把女儿抚养成人。另一封是给颜月娥的，他告诉颜月娥，为了革命，他走了，不知道何年何月才能回家。为了不耽误颜月娥的青春，希望她改嫁。为此，罗荣桓宣布解除他们之间的夫妻关系。罗荣桓考虑到颜月娥的处境，又补充了几句，她是否离开罗家，一切由她自己做主，既不强迫她留下，也不强迫她离开。

信寄了出去，罗荣桓割断了同家庭的关系。他将在几天里出发，奔向新的战斗岗位。

# 第二章　投身秋收起义

## 第一节　通城暴动

1927 年 7 月 15 日，汪精卫公开叛变革命，对革命者进行了血腥大屠杀。

蒋介石、汪精卫的屠刀吓破了一些懦夫的胆。报纸每天都辟出专栏登载变节者脱离中国共产党的启事。但是，烈士们的鲜血却激起了革命者更加昂扬的斗志。他们，正如毛泽东所说："从地下爬起来，揩干净身上的血迹，掩埋好同伴的尸首，他们又继续战斗了。"彭明晶和罗荣桓就是这样一种坚定的共产党人。此时，彭明晶已被留在武汉市委从事地下工作。罗荣桓同这位同窗三年的战友分手时，依依惜别，一遍遍地互相嘱咐，互相勉励……。罗荣桓怎能料到，此次分手便是永别！1927 年秋，这位才华横溢的年轻的共产党员在武汉不幸遭敌人杀害。

不久，罗荣桓就上路了。由于各个车站盘查很严，他只坐了一段火车便开始步行。

一路上，罗荣桓的心情同半年前在家乡搞农民运动时相比，已经迥然不同了。投身于疾风骤雨式的农民运动中的兴奋激动，此刻变成了满腔悲愤。罗荣桓后来回忆说："那时就是气愤，不服气。"① 好端端的革命局面不复存在了，千万革命者倒在敌人的屠刀之下，他这口气怎么能咽得下去！

经过几天跋涉，7 月下旬的一天，罗荣桓到达通城。未暴露共产党员身份的县长王武扬等向他介绍了当地的社会情况。

自从北伐军进入通城后，农民运动发展得迅猛异常。1927 年 5 月，由于已经倒戈的国民革命军独立十四师师长夏斗寅的叛军残部流窜到通城，地主豪绅一度乘势向革命势力进行了反扑。但不久农民运动的形势有了好转。"七一五"汪精卫叛变以后，形势就更加恶化了。在通城县城里，县的武装掌握在代表豪绅利益的团防局长刘秀波的手里，反动势力占了上风。可在乡下大部分地区还是农会当家。原国民党省党部特派员汪玉堂是中共党员，正在乡下组织农民自卫军。王武扬要求罗荣桓以农会特派员名义在两三天内下乡，协助汪玉堂组织农民自卫军。王又将民政股长谭梓生介绍给罗荣桓，让罗随谭一道下乡。

---

① 罗荣桓 1956 年 10 月 17 日在解放军政治学院召开的座谈会上的讲话。

在谈话中，罗荣桓了解到谭梓生原来是上海政法大学学生。1927年北伐军攻克他的家乡安徽旌德后，他被任命为旌德县长。“四一二”蒋介石叛变以后，他在家乡不能存身，跑到武汉，又由湖北省党部介绍到通城工作。

过了一天，罗荣桓、谭梓生下乡同汪玉堂会合，开始进行农民自卫军的组建工作。

这一工作同罗荣桓在家乡搞的农民运动比较起来已经深入了一大步。当时，你死我活的武装斗争已经提上了议事日程，随时都要准备流血牺牲了。因为农民生怕已被打倒的土豪劣绅回来进行报复，积极分子都愿意武装自卫，而夏斗寅的溃兵在通城四乡又扔下了不少枪支，武器是现成的，所以，农民自卫军的组建工作一开始进行得比较顺利。上千的农民报名参加了自卫军，枪也有了二三百支。这时，传来了南昌起义的消息，斗争形势更为紧张。刘秀波已在城内加强了戒备。四个城门一落日就上锁，白天只留下一个窄窄的通道供行人出入。又过了不久，上级派人来鄂南传达了中央“八七会议”关于实行土地革命和武装反抗国民党反动派的总方针和湖北省委的秋收起义计划，要求各地9月10日以前开始起义，以“推翻武汉的统治，彻底消灭封建势力，而建立农民协会的政权”。

罗荣桓和王武扬、汪玉堂等研究了如何执行省委计划的问题。大家感到，解决刘秀波的民团是一个关键。如果调农民自卫军攻城，刘秀波将城门一关，势必要强攻。但是，农军一无重武器，二缺训练，很难完成这一任务。

正当他们还拿不出办法的时候，由原崇阳县民团改编而成的崇阳农民自卫军一百多人受国民党第十三军的压迫南下了。这支队伍的领导人是原崇阳县团防局长叶重开。他派人到通城找汪玉堂接头。汪要求叶重开立即率部隐蔽驻扎在通城县城西面的铁柱岭。汪又派人通知王武扬秘密出城，和罗荣桓、谭梓生、叶重开一道研究行动方案，决定智取通城。

8月20日上午，叶重开由十几名卫兵前呼后拥，押着由一个自卫军伙夫装扮的“犯人”，来到通城西门。这时城门已紧紧关闭。

叶重开下了马，大声嚷着要见刘团总。门卫见来人是个当官的，便将城门开了一道缝，把叶放了进去。叶重开递上了印有崇阳县团防局长官衔的名片，说抓住了一个通城的共产党，要亲自押交刘团总。门卫信以为真，把城门打开。叶重开带着这十几个人径直奔向县衙门，在早已隐蔽在衙门附近的通城的中共党员的配合下，活捉了刘秀波，缴了民团的枪。

当天下午，在通城县衙门口召开了通城、崇阳农民自卫军成立大会。大会由王武扬主持。他首先宣布通城、崇阳农民自卫军正式成立，并向弟兄们介绍了自卫军的领导人。自卫军总指挥是王武扬，党代表是罗荣桓，参谋长是刘继宋。在会上宣布将残害农友、血债累累的刘秀波枪决，并没收他和其他几个土豪的财产，一部分分给群众，一部分充作军用。

会后，自卫军的干部们又研究了具体分工。队伍里缺一个管账先生。大家感到罗荣桓是大学生，建议由他兼管财务。罗荣桓一贯不善于也不喜好理财。但是他考虑到管账也是革命的需要，愉快地接受了这一任务。于是，他除了做党代表外，又兼管着一只盛钱的小箱子，走到哪里就提到哪里。

罗荣桓身材比较高大，戴着一副深度近视眼镜，穿着还是从武汉带来的旧中山装，在队伍里特别显眼。虽然他刚来，对战士还不熟悉，但是战士们却很快就认识了他。有的称他“党代表”，有的还不懂得什么叫“党代表”，见他穿中山装，戴眼镜，又管钱，就称他“先生”。

农民自卫军的旗帜打出来了，但是缺乏懂得军事的干部，缺乏弹药，有些枪支是坏的，需要修理……

当自卫军的几位干部一起研究如何解决这些问题时，曾在国民革命军第六军当过营长的刘继宋提出，这些问题可以请驻扎在修水的江西省防军暂编第一师协助解决。这个师的师长余洒度[①]是共产党员，黄埔第二期的，是刘继宋的同学。

听了刘的介绍，大家知道这支部队就是国民革命军第四集团军第二方面军总指挥部警卫团。团长卢德铭是共产党员。南昌起义时，卢德铭带着队伍由武昌乘船东下，准备到南昌同叶挺、贺龙会合。在江中，通过侦察得悉张发奎已在九江布防，乃命令部队从阳新黄颡口登岸。到江西奉新后，得知叶、贺部已经南下，便西撤进山，同湖南平江工农义勇军和浏阳工农义勇军取得联系。部队开到奉新后，卢团长去武汉向中央请示，部队交给营长余洒度指挥，随后部队进驻修水，以受编不受调为条件，接受江西朱培德“江西省防军暂编第一师”的番号，由余洒度任师长，平江农军负责人余贲民任副师长，下设两个团，以警卫团主力和平江农军编为第一团，以浏阳农军和警卫团一部编为第三团。

通城、崇阳农民自卫军决定派刘继宋、罗荣桓和谭梓生三人去修水联络。于是，他们便风尘仆仆赶到修水。这时在暂编第一师师部当文书的谭政接待了他们。他问明情况后，立即向余洒度报告。余答应给他们派两名教官，拨给少量弹药，同时还告诉他们，如果敌情紧张，可以将部队开到修水来。

罗荣桓一行刚刚回到通城，得悉国民党的第十三军正由北面向通城进逼。为了保存革命力量，8 月底，通城、崇阳农民自卫军在罗荣桓、叶重开等的率领下离开通城向修水转移。

出发时已近白露，可南方的“秋老虎”却仍在施展着淫威。火辣辣的太阳直射下来，把山间的石头、树木、杂草都烘烤得散发着热气。队伍行进在山路上，像是钻进了一口大烤箱，人不断地出汗……。罗荣桓背着包袱，提着装有二三百光洋的箱子，跟随队伍翻山越岭，走了整整一天，他的上衣布满了斑斑汗渍。

傍晚，队伍来到通城最东面的村镇——麦市。战士们走得燥热难耐，刚宣布休息，还不等干部下令，大家都跑到镇南的黄龙河边喝水。水喝足了，又纷纷脱去衣服，扑通扑通跳进河里洗澡，洗完后，穿上衣服，一屁股坐在地上，一个个

---

① 余洒度 1927 年 10 月脱离红军，后辗转到上海，随即脱党。1931 年在上海被国民党特务逮捕后投敌。1933 年任国民党第六十一军政训处少将处长，因贩毒被蒋介石下令枪决。

都不想动了。

罗荣桓和叶重开等看到部队已十分疲劳，便决定就地宿营。罗荣桓和一些战士住在一个祠堂里。他的头一沾箱子就睡着了。

拂晓，罗荣桓睡得正酣，忽然听到外面枪声大作，大家立即爬起来冲了出去。原来昨晚在北山坡上曾出现化装成放牛人的崇阳地主武装侦探，由于没有经验，谁也没有在意。当夜崇阳地主武装就勾结了国民党部队从东、北、西三面包围了麦市。

罗荣桓提着箱子和叶重开招呼战士们向东突围。天亮后，集合队伍，三停已去两停，原来收编的通城民团大部分跑散了。罗荣桓这位投笔从戎的大学生，参加暴动没有几天，在他第一次参加的战斗中便碰上敌人袭击遭受挫折，一开始未免有点发蒙，但他还是竭力使自己镇静下来，一面跑，一面收拢队伍。他又同叶重开商量了一下，便率领着剩下的一百多人继续向修水转移。王武扬在战斗中与部队失去联系。1934 年病逝于安徽安庆。

这一天天气更热，山路也更加崎岖。罗荣桓提着沉重的箱子，一路上不断地倒手。刚走了十几里路，就热得舌敝唇焦，嗓子里像是在冒烟。刚刚打了败仗之后的这种酷暑山地行军，显得更加令人燥热难耐。然而，这比起罗荣桓日后漫长征途上的艰险来说，又只不过是一段小小的序曲罢了。

下午，在翻一座大山的时候，有两个农军士兵跑到罗荣桓跟前，指着他手里提的箱子说："先生，我们来帮你扛吧。"罗荣桓摇摇头说："不用，我自己可以提。"一个农军士兵抢上两步，一面从罗荣桓手里夺箱子，一面说："你先生是识文断字的，哪里提得动。还是我们帮你扛吧。"罗荣桓看这两人很面熟，知道是队伍里的弟兄，挡不住他们连说带抢，箱子便被他们拿过去了。

傍晚，队伍到达修水县桃树港宿营。罗荣桓去找这两个士兵，但是这两个家伙已经逃之夭夭了。

丢了这二三百块钱，罗荣桓心情非常懊丧。他后来经常提起这件事。1937 年 5 月，罗荣桓对他的夫人林月琴说："那个时候，思想单纯得很，以为大家都是来革命的，都是一样的同志嘛！其实，并不都是来革命，混饭吃的、找出路的，大有人在。那个时候，我们都是'秀才'造反，脱不了书呆子气。一个知识分子要成为坚定的革命者，不经过一番磨炼是不行的。"

这是罗荣桓的自我解剖。毛泽东对这件事又有不同的评价。在延安时，有一次毛泽东接见林月琴，向林月琴说："老实"是罗荣桓一个很大的特点。听了毛泽东的话，林月琴就讲了这件事。毛泽东听了哈哈大笑。他对林月琴说："你看，他非常老实，可又很善于总结经验，他从这件事就悟出了一个真理。因此他对是非、对正确和错误鉴别得特别分明。"

## 第二节　从秋收起义到文家市集结

罗荣桓、叶重开等率领农军继续东行。第二天清晨，到修水，余洒度从一团抽调了四五十名老兵做骨干，将这支农军编为师部特务连。由原警卫团的排长谭希林任连长，叶重开任副连长。罗荣桓仍沿袭在农军的职务，任党代表。

编队以后，师部给连里补充了一些武器。因为枪支少，罗荣桓领到了一口系了红缨的大刀。当他佩上大刀时，不禁莞尔一笑。去年在上海，侯绍裘曾建议他和张沈川进黄埔军校，但是被他们婉言谢绝了。想不到过了一年，他这个戴眼镜的大学生还是当了兵。这难道是偶然的吗？不，偶然性之中存在着必然性。俗话说，逼上梁山。面对着蒋介石、汪精卫的血腥屠杀，革命者怎能不拿起刀枪？党的“八七会议”决议和湖北省委关于秋收起义的计划，正是反映了革命人民的要求，同时也给一切革命者指明了方向：推翻帝国主义、新旧军阀、地主豪绅的统治，要靠枪杆子。于是，罗荣桓就拿起了武器，而他参加并领导的通城暴动也就汇入了秋收起义的洪流。

罗荣桓当了兵。但是，部队里的一切对于他几乎都是新的课题。摆在他面前的一个迫切问题是：究竟应当怎样当好党代表。他向警卫团的老兵谭希林等请教。过去警卫团只有团里才有党代表，谭希林等处于基层，对于如何当好连队的党代表，也讲不出所以然来。不过，他们还是向罗荣桓介绍了警卫团团长卢德铭的一些优良作风。

他们告诉罗荣桓，卢团长是从叶挺独立团出来的，他的作风同其他军官有明显的不同。别的团长、营长，一般都有小伙房，吃饭讲究四菜一汤。卢团长却同士兵吃一样的伙食。号房子时，卢团长总是先尽部队，团部的住房往往比较差。卢团长从来不带卫士。有人曾向他建议，出门时带个把人，一来安全，二来办个什么事情也方便一些。可卢团长拒绝了，他说：“你们不都是我带的人吗？有什么事你们难道不帮我办吗？我生活在弟兄们中间，只要弟兄们安全了，我个人的安全又有什么问题呢？”卢团长对部队讲话，经常说：“弟兄们！你们的生命就是我的生命。”他平时吃苦在前，享乐在后；战时冲锋在前，退却在后；深得弟兄们的爱戴。

罗荣桓听了战友们的介绍，知道卢德铭指挥部队，不仅仅是依靠发号施令，更不是依靠打骂，而是依靠自己的模范作用。一切事情他都走在前头，让大家照自己的样子做。所以大家都发自内心地尊重他。罗荣桓便以共产党员卢德铭为榜样，成为人民军队第一批连党代表之一，开始了中国人民军队首创的连党代表的实践。

与罗荣桓到达修水几乎同时，全权负责湘赣边界秋收起义的中共湖南省委前敌委员会书记毛泽东在安源张家湾召集会议，决定以暂编第一师为工农革命军第一师，作为秋收起义的主力。第一团和第三团建制不变，另以安源工人纠察队及萍乡等地农民武装编为第二团。

按张家湾会议决定的起义计划，9 月 9 日各路同时开始行动。第一团攻平江，第二团取萍乡、醴陵，第三团打浏阳。得手后，向西发展，然后以长沙工农起义为内应，相机夺取长沙。9 月 8 日，卢德铭回到部队，任起义部队的总指挥。

9 月 9 日清晨，师部和第一团以第二营、第三营、第一营和师部的序列出发，10 日占领朱溪，随即进入湖南平江，准备与当时驻扎在龙门的余洒度新近收编的夏斗寅残部邱国轩团合攻长寿街。

当罗荣桓、谭希林等率领特务连随师部到达龙门时，得悉邱部叛变，在金坪向第一团突然袭击，部队受到很大损失。

师部听到先头部队在金坪失利的消息后，命令后续部队南下，去攻浏阳。这一带多崇山峻岭，这时已过中秋。山区的早晚，虽然有了凉意，可白天仍然非常燠热。山中草木丛生，蚊子大而多，许多战士染上了疟疾。部队无医无药，病号也只好硬撑着行军。沿途村庄不多，人烟稀少，经常寻不到粮食，只好以南瓜充饥。有一些人吃不了这个苦，经不住失败的考验，一路上纷纷开小差。

罗荣桓走在队伍的后面负责收容。他除了和大家一样饥渴劳累之外，还加上眼神不好，看不清崎岖的山路，走起来高一脚低一脚，不是被石头碰了脚趾头，就是崴了脚。但是，他顾不上这些，仍然坚持帮病号、帮掉队的战士背枪，鼓励他们坚持下去。这时，入党仅仅四个月的罗荣桓尽管已决心革命到底，可是，这一支小小的起义部队，在强大敌人的重重包围之中，究竟要到哪里落脚，能不能坚持下去，怎样才能坚持下去，罗荣桓和大家一样，还心中无数。无论是他的模范作用还是苦口婆心的说服，都未能遏制开小差之风，而这也正是当时包括罗荣桓在内的许多干部十分焦虑的问题。

9 月 17 日，部队转移到铜鼓县排埠和浏阳县孙家段一带，与毛泽东和在东门市受挫的第三团会合。部队休整了一天，谭希林调往第一团第一营，特务连长由浏阳县工会主席朱建胜担任。因为当时尚未在连队建立党代表制度，罗荣桓改任师部参谋，仍随特务连行动，与朱共同负责指挥特务连。

9 月 19 日，部队到达文家市，与攻浏阳失利的第二团余部会合。起义部队原本有 5000 余人，仅师部和第一团便有 2000 多人，3 个团先后受挫后，这时还剩下 1000 余人。特务连还剩下七八十人，随师部住进了文家市西头的里仁学校。

当天晚上，毛泽东不顾旅途疲劳，连夜在师部召开了扩大到营以上干部参加的前敌委员会。在会上，毛泽东分析了形势，认为这时攻打长沙已不可能，建议部队改变计划，迅速脱离平江、浏阳地区，沿罗霄山脉南下，寻找落脚点，保存和发展革命力量。会议接受了他的主张。

第二天清晨，全师 1000 余人在里仁学校的操场开会，毛泽东讲了话。由于他是中共第五届中央委员和中央临时政治局候补委员，人们此时都称他毛委员。毛泽东说，这次秋收起义我们打了几个败仗。这不要紧，胜败乃兵家常事，我们还留有队伍。俗话说，留得青山在，不愁没柴烧嘛。现在需要好好总结这次起义的经验。我们分成几路，力量分散了，但是敌人力量却很集中。结果我们打了败仗。秋收起义原来计划是攻长沙的。长沙好不好呢？长沙好。但是现在那还不是我们蹲的地方。我们不能去打大城市，去打交通要道了。现在要找个地方休养生息。

说到这里，毛泽东稍稍提高了嗓音。他说，同志们，革命总是要发展的，总是要胜利的。我们现在力量很小，好比是一块小石头。蒋介石好比是一口大水缸。可我们这块小石头总有一天要打烂蒋介石那口大水缸。因为老百姓在我们这一边。有了群众，就有了天下。而我们要得到群众的拥护，有一个条件，这就是要整顿纪律。对老百姓的东西，一个鸡蛋也不能拿，一根禾草也不要动。只要我们和群众结合在一起，就会如鱼得水，立于不败之地……

罗荣桓过去没有见过毛泽东，但老早就听说过这个名字了。1919 年他刚到长沙读中学，在驱张运动中，他就知道毛泽东是湖南一位著名的群众领袖。他还知道，今年年初，毛泽东曾到湖南衡山等县考察过农民运动。罗荣桓受湖北省委农民部派赴通城之前，还读过他的《湖南农民运动考察报告》，对这个报告考察内容之翔实，观点之鲜明，说理之透辟，文笔之犀利，留有深刻的印象。

此刻，正当罗荣桓为部队缺乏明确的前进方向而焦虑的时候，听到了毛泽东形象生动、深入浅出的讲话，感到像是久渴之后饮进了甘泉。罗荣桓感到毛泽东这个讲话完全合乎客观事实而又闪耀着睿智的光芒。这是罗荣桓第一次见到毛泽东和听毛泽东的讲话。从这时开始，罗荣桓便非常尊重和敬仰毛泽东。他所以尊重和敬仰毛泽东，是因为他从革命实践中日益认识到毛泽东的思想里包含着既丰富又深刻的真理。

## 第三节　三湾改编

开完大会，部队下午就从文家市出发了。

因为朱建胜是浏阳人，熟悉当地情况，师部分配他和罗荣桓打前站。朱建胜招呼罗荣桓来到文家市街上，一面搞点饭吃，一面打听道路。他们来到当时才 14 岁的杨勇的家里。朱建胜同杨家很熟。他向杨勇介绍了罗荣桓，说他是师部的参谋，原来是武汉的大学生。然后，朱建胜去买菜，罗荣桓向杨勇详细打听了去上栗市的道路。两人吃了饭，就上路了。

按师部原来的计划，部队到上栗市后便折而向南，过萍乡，进莲花。但是朱建胜和罗荣桓到达上栗市后便听人说，萍乡街上和车站都驻扎了军队。大队到达上栗市以后，他们便将此情况向师部报告。

毛泽东决定，部队转向东南，经小枧，9 月 22 日到芦溪宿营。第二天清晨，以第三团、第一团的序列前进，不料第三团走错了路，跟进的第一团在芦溪附近的一个三岔路口，遭敌人伏击。部队仓促应战，伤亡很大。卢德铭不幸中弹牺牲。

部队怀着悲愤的情绪继续转移，进入了武功山区。为了摆脱敌人，每天天不亮就出发，日落后方才宿营。9 月 25 日冒雨攻入莲花，摆脱敌人尾追。9 月 29 日到达永新县三湾村。

罗荣桓还没有进村，就看到三棵几抱粗的大树，其中两棵是樟树，一棵是枫香树，郁郁森森，很有气派。走到树下，是一块坪。这就是后来十分著名的枫树坪。在枫树坪北面散布着几十户人家，这在山区也算得一个大村子了。可部队进村后，却不见有人。原来老表们听说来了兵，都躲进了深山。

部队刚住下，毛泽东要求，各单位立即分头上山，向群众做宣传工作。与此同时，前敌委员会开会研究部队整编问题。

罗荣桓按照师部的指示，带着特务连到山上喊话，向老表们说明我军的性质，动员老表们回来。老表们听了喊话半信半疑，先让一些老人回来看望。他们一看，猪啊鸡啊……什么也没有丢，战士们说话十分和气，老人们又兴冲冲地上了山。第二天，老表们纷纷回来了，山村里顿时热闹起来。

就在这一天，部队在枫树坪整编，一个师缩编为一个团。余洒度宣布了干部名单：团长陈浩；一营长黄子吉，党代表宛希先；三营长张子清，副营长伍中豪，党代表何挺颖；特务连连长曾士峨，党代表罗荣桓。另成立军官队和卫生队各一。接着毛泽东讲了话。

他说，现在是官多兵少，枪多人少，不利于作战。因此要整编。要建立后方，放下担子，轻装上阵。多余的军官全部上军官队，伤病员归卫生队管理，其余同志编入部队。

他又说，一路上有些人不辞而别了。要走最好打一个招呼。现在宣布，愿留则留，不愿留下的可以请假回去。凡回去的根据路途远近发给路费。希望走的同志回到家乡要坚持革命。将来如果愿意，还可以再回来。

毛泽东接着宣布，为了加强党的领导，要把支部建在连上。连以上设党代表。营、团建立党委。整个部队由前敌委员会领导。他还提出，在部队内要实行民主制度，官长不准打骂士兵，废除烦琐的礼节，士兵有开会说话的自由。连队经济公开，官兵待遇平等，吃一样的饭，穿一样的衣。为了保障士兵的民主权利，建立各级士兵委员会。士兵委员会对军官有监督权，军官做错了事，士兵委员会可以提出批评以至予以制裁。

毛泽东最后说："同志们，现在敌人只是在我们后面放冷枪，没有什么了不起！……大家都是娘生的，敌人他有两只脚，我们也有两只脚……，贺龙同志两把菜刀起家，现在当了军长，带了一军人。我们不只是两把菜刀，我们有两个营，还怕干不起来吗？……你们都是起义出来的，一个可以当敌人十个，十个可以当他一百个。我们现在有这样几百人的队伍，还怕什么，失败是成功之母，没有挫折和失败，就不会有成功和胜利。"

毛泽东的话像阵阵春风，吹进了战士们的胸膛，把大家心头的火苗又吹旺了。战士们尽管个个都是面黄肌瘦，又疲惫，又憔悴，但这时眼睛里又闪烁着希望的光芒。队伍解散以后，大家纷纷议论：

"毛委员不怕，我们还怕什么？"

"贺龙两把菜刀起家，我们几百个人还怕起不了家？"

罗荣桓听着同志们议论，亲眼看到这支快垮的部队终于又振作起来，不由露出会心的微笑。他在 1957 年回顾在我军建军史上这一具有重大意义的历史事件时写道："三湾改编，实际上是我军的新生，正是从这时开始，确定了党对军队的领导。当时，如果不是毛泽东同志英明地解决了这个根本性的命题，那么，这支部队便不会有政治灵魂，不会有明确的行动纲领，旧式军队的习气，农民的自由散漫作风，都不可能得到改造，其结果即使不被强大的敌人消灭，也只能变成流寇。当然，三湾改编也只是开始奠定了新型的革命军队的基础，政治上、思想上的彻底改造，是一个长期斗争的过程。”从此，罗荣桓便积极参加了毛泽东领导的这一创建新型革命军队的全部过程。

10 月 3 日，部队由三湾出发，当天下午到达宁冈县的古城。

宁冈是深山之中天高皇帝远的偏僻小县。它历来是被压迫的农民结义啸聚的场所。民国以来，朱聋子①的义军，出没其间；后来，王佐、袁文才又继之而起，一个在山上，一个在山下，互相呼应，杀富济贫。

宁冈的古城，又名老三街，曾经是县治所在地，位于深山之中，只有一条短短的石板路，荒凉破败，人烟稀少。

曾经作为县治的古城尚且如此荒僻，山上更可想而知。眼看着要在这样的地方安家，那些思想动摇的军官，心里不禁凉了半截。这时，又有几十人请了“长假”。其中有些人以后仍然坚持了革命，有的却消极起来，甚至当了叛徒。

后来，罗荣桓曾将部分人因吃不了苦而动摇离队的过程称为“自然淘汰”。经过这一淘汰，部队已不足千人，但它却更为精粹了。

## 第四节 进军井冈山

部队进驻古城的当天，毛泽东在文昌宫里召开了前敌委员会扩大会议，决定联络王佐、袁文才部队，争取在袁、王驻地井冈山安家。在会议上，毛泽东指出，现在党在部队里还没有扎根。为了把支部建到连上，各单位要积极吸收先进分子入党。罗荣桓出席了这次会议。

10 月 7 日，部队从古城出发，当天下午，到达茅坪一带。这里已是井冈山脚下了。

部队驻下后，立即建立留守处和后方医院，安置伤员。为了揭穿国民党制造的共产党已被消灭的谎言，扩大工农革命军的影响，并对罗霄山脉中段地区做社会调查，10 月 10 日左右，毛泽东决定部队沿湘赣边界南下进行游击活动。因为郭亮在北伐时期曾任湖南总工会主席，在群众中有很高声望，部队向湖南边界活动，即以“郭亮团长”的名义，到处贴布告，刷标语。罗荣桓在行军中亲自提了石灰桶子，拿着用笋壳和棕毛缠起的笔，和战士们一道在墙上书写“打倒蒋介石！”“打倒新军阀！”“打倒土豪劣绅！”“打倒帝国主义！”等标语。

部队经宁冈大陇、湖南酃县十都，10 月中旬到达酃县水口。

第二天晚上，罗荣桓和各连的党代表都到团部驻地叶家祠堂的楼上，参加了由毛泽东亲自主持的全团第一批新党员欧阳健、赖毅、李恒、鄢辉等六人的入党

---

① 民国初期，井冈山地区活动的农民武装首领。

仪式。仪式结束后，毛泽东要求各连党代表都要积极培养发展新党员，照这个样子给新党员举行入党宣誓。

几天后，茶陵方向有两团敌军向水口移动。前委决定兵分两路。由团长陈浩、团党代表何挺颖等率第一营二连、三连为一路，经安仁袭扰茶陵，毛泽东率领第三营、第一营一连和团部特务连继续沿湘赣边界南下。

仿效毛泽东已做出的榜样，在途中，罗荣桓除做宣传工作外，把更多的精力放在连队建党上面。当时，特务连除罗荣桓、曾士峨和副连长张宗逊外，一个党员也没有。为了迅速在连队建立党支部，罗荣桓行军时一面帮助战士们背枪，一面同他们拉家常，了解情况，物色和培养发展对象。很快，罗荣桓熟悉了全连每一个战士的经历、家庭和思想状况，并从中选择了八名发展对象，让他们填写了入党表格。

10 月 22 日，部队进驻江西省遂川县的大汾。晚上，特务连在一个阁楼上举行了第一次入党宣誓仪式。在会场的一侧放了一张方桌，桌沿压了一张红纸，红纸一直垂到地面，上面用毛笔写 C.C.P 三个英文字母和入党誓词："牺牲个人，严守秘密，阶级斗争，努力革命，服从党纪，永不叛党。"在红纸上面压着一盏油灯。在方桌前面放了几张破旧的条凳。

罗荣桓早早就来到会场，他招呼那八位新党员在条凳上就座。不一会，毛泽东在曾士峨、张宗逊陪同下也来到了会场。

这时，夜幕已经降临。罗荣桓点起了油灯。那灯光缓缓地跳动，映着桌上的红纸，泛着红光，使人感到十分温暖。

入党仪式开始。罗荣桓首先解释了 C.C.P 三个字母就是英文的"中国共产

当年参加井冈山斗争的部分同志合影。前排左起：罗荣桓、谭希林、陈光、杨立三、陈士榘、宋裕和；后排左一为赵尔陆、左四为孙开楚、左六为毛泽东

党”的缩写，又讲解了六句誓词的意义。接着，他请八位新党员逐个谈了自己的经历和入党动机，然后，他请毛泽东带领大家宣誓。党员们都站起来，举起右手，随着毛泽东逐句诵读誓词。声音粗犷而又坚定，使这简单朴素的入党仪式显得非常庄严。

仪式结束后，罗荣桓请毛泽东讲话。毛泽东听到这八位同志对党的认识、入党动机都谈得比较好，很高兴。他点点头，对大家说：从现在开始，你们就是共产党员了。共产党员现在要为推翻地主豪绅统治，建立民主共和国，将来要为实现社会主义、共产主义而奋斗。你们在群众中要发挥模范作用、先锋作用和骨干作用。要紧密地团结群众，及时向组织反映部队情况……

毛泽东和罗荣桓等党代表在水口、大汾等地发展了人民军队最早的一批士兵党员，有了这批党员，“支部建在连上”才开始落到了实处。对于这件事，罗荣桓非常重视，给予很高的评价。他在1956年回忆道：“党的支部建在连上，小组深入到班排，现在看起来没有什么，但是从总结历史经验来看，意义是伟大的。大革命时期的国民革命军中，也有些党代表是共产党人，有的部队也有我们党的组织，但并没有把党的基层组织深入到连队去。陈独秀不重视军事工作，甚至反对军事工作，放弃党对军队的领导，致使后来党代表都被赶出来了，主要原因就是没有建立党的基础……。毛主席提出支部建立在连上，小组设在班排，与群众直接联系，这对于加强党对军队的领导起了决定的作用。”

散会后，罗荣桓、曾士峨和张宗逊将毛泽东送走，然后又分头到各排查铺。当他们回连部时，地上已经凝结了一层浓重的露水。罗荣桓打开线毯铺在地上，招呼曾士峨、张宗逊躺下。三个人挤在一起又回顾了这一天的工作，对明天的工作进行了安排。等他们入睡的时候，鸡已经叫了头遍。

罗荣桓刚刚睡着，忽然被一阵枪声惊醒，他们三人一跃而起，立即招呼紧急集合，把部队带出了村。这时天已拂晓，只听得四下枪声不断，但是敌情不明。后来才知道，敌人是当地反动武装萧家璧的靖卫团。

这种遭敌人突然袭击的情况对罗荣桓来说已经不是第一次了。在麦市遭到敌人的突然袭击时，听到枪响，还有点紧张。现在已经多少摸到了一些规律。他后来说打仗有点像小时候捉蛇，刚开始不免有点害怕，但一掌握了规律就没有什么了。

罗荣桓在周围密集的枪声中，敏锐地感觉到，在这种敌情不明的情况下，关键是首先占领制高点。他向路边一个山头一指，大声喊道：“跟我来，占领这个山头！”说着就领头往山上冲。这山上杂树丛生，脚底下乱石累累。罗荣桓用大刀拨开面前的树枝藤蔓，脚底下踩着高低不平的乱石，一个劲向上攀登。到了半山腰，忽听得啪啦一声，原来一根被拨开的树枝又弹了回来，打到罗荣桓的脸上，把眼镜给刮掉了，落到了草丛里。

“糟啦！”罗荣桓焦急地蹲下身去摸了一阵，但没有找到眼镜。这时战场上的形势瞬息万变，一秒钟也不能耽搁。他顾不得找眼镜，又向山顶冲去。当快到达山顶时，罗荣桓忽听得山那边咋咋呼呼。原来是敌人快占领山头了。他连忙指挥战士们投弹，同时，将自己的一颗手榴弹甩了出去。随着轰隆轰隆的爆炸声，敌人死的死，伤的伤，剩下的吓得又滚下山去。

天大亮了。工农革命军占领了几个山头。可往四下一看，到处都有敌人。再同敌人纠缠下去显然不利，毛泽东命令部队分散撤退，到荆竹山集合。这时，第三营已同团部失去了联系。他们在张子清和伍中豪率领下继续南下到湘南去了。

罗荣桓和曾士峨带着两个排随毛泽东向井冈山方向转移，一直到黄坳，才停了下来，一面休息，一面收集失散人员。

罗荣桓看到这两个排三十多人稀稀拉拉分散坐在地上，肚子早就饿得咕咕叫，可伙食担子已经跑丢了。罗荣桓只好和曾连长凑几个钱，带了几个战士到老乡家里找来一些剩饭和泡菜辣椒。罗荣桓和几个战士把饭箩抬到一块空地上，招呼毛泽东和战士们来吃饭。战士们架好了枪，走到饭箩跟前，每人分得一瓢饭，但是却没有碗筷，有人用手捧着吃，毛泽东穿着长衫，便用衣襟兜着，然后用"两双半"抓饭吃。

等大家都吃饱了，饭箩已经送还老乡，毛泽东站起身来，向空地走了几步，双脚并拢，身体笔挺，精神抖擞地对大家说："现在来站队了。我站头一名。请曾连长喊口令。"罗荣桓立即入列，自动向毛泽东看齐。曾士峨也双手握拳，跑步走到指挥位置，虎虎有生气地下达了"立正"的口令。这时，战士们都抬起头来，他们为毛委员和连长、党代表坚强、镇定的情绪所感染，纷纷提枪入列……

就在这个时候，第一营一连和张宗逊带着的另一个排也到了，罗荣桓让张宗逊带一个排掩护毛泽东先走。队伍随后出发，于当天傍晚到达长满翠竹的荆竹山宿营。这时，已与王佐部队取得了联系，王佐派人到荆竹山来迎接部队上山。

第二天一早，部队出发前，毛泽东在队前讲了话。他要求大家遵守三项纪律：一、行动听指挥；二、筹款要归公；三、不乱拿群众一个红薯。毛泽东说："我们是共产党领导的军队，只有严格遵守这三项纪律，我们才能搞好同山上群众和王佐部队的关系，才能在井冈山立足。"这就是后来对人民军队建设具有重大意义的三大纪律的开端。

10 月 27 日部队到达井冈山的腹地——茨坪。随后，去茶陵袭扰的第一营二连、三连在陈浩、何挺颖率领下，也到达井冈山归队。工农革命军终于把红旗插上了井冈山。

# 第三章　从连党代表起步

## 第一节　在茶陵和遂川

11月的井冈山，天气越来越冷，战士们的生活也越来越艰苦。他们吃的顿顿都是见不到一点油星、尝不出多少咸味的南瓜汤。他们身上的破旧单衣早已抵御不住那砭骨的山风。夜里睡觉没有被子，大家都钻到稻草堆里。进了屋，只见稻草不见人。起夜、换岗时，如果不小心，就会踩着别人的脑壳。

11月中旬，赶上了国民党新军阀李宗仁对唐生智的战争，湘赣边界各县敌人兵力空虚。毛泽东决定乘机打下茶陵，以解决冬装和给养，并扩大部队的影响。这时，毛泽东需要继续做袁文才、王佐的工作，还不能下山。他委托团长陈浩和第一营党代表宛希先指挥这次行动。为了便于指挥，特务连划归第一营建制，改称第四连。临行前，毛泽东又吩咐罗荣桓在沿途注意进行社会调查并搜集报纸，及时送上山来，以便分析研究外面的形势和敌人的动向。以后，罗荣桓非常注意为毛委员搜集报纸，把它作为自己的一项经常性的任务。

11月18日，工农革命军攻占茶陵。因为大家对建立新政权没有经验，于是，就照葫芦画瓢，仍然按旧政府的规矩办事。陈浩等人考虑到谭梓生曾经当过安徽旌德县长，就让他当了县长。谭梓生也就忙于升堂审案，印发布告，通知各界一体交税完粮……，而没有去宣传群众、组织群众。毛泽东知道这一情况后，立即来信批评了不做群众工作的错误做法，并决定成立茶陵县工农兵政府，由原来隐蔽在茶陵一个书店里的党员谭震林任主席。原县长谭梓生返回部队。1930年他回故乡转赴上海，不幸被捕，在南京雨花台英勇就义。

毛泽东的信到达茶陵后，中国井冈山地区第一个工农兵政府成立，群众工作开始活跃起来。

就在这时，国民党新军阀李唐战争停止了。国民党第八军一个团来攻茶陵，工农革命军上午抗击住了敌人数次进攻。下午，与团部隔断联系的第三营从湘南回来，也参加了战斗。黄昏时打退了敌人。但是，敌人仍在源源不断向茶陵增兵。当晚，部队撤出了茶陵。

在茶陵，罗荣桓买了一副眼镜。可因为没有条件验光，度数不对，他戴上还不很适应。撤出茶陵时，天已经黑了，他掉了队，只得随殿后的第二连行动。以后，直到抗战时期，他的眼镜经常坏，深受其苦。

队伍开到砻市，毛泽东召开了前敌委员会。由于团长陈浩等人企图拉队伍投敌，前委重新任命了干部：团长张子清，团党代表何挺颖，团参谋长朱云卿，罗荣桓调往第三营九连任党代表。

第二天，部队在砻市河边一块坪上召开大会。毛泽东讲了话，他总结了茶陵战斗的经验教训，在充分肯定部队作战英勇顽强的同时，也批评了不打土豪筹款、不做群众工作的错误。他着重强调，革命军队不能光是打仗，一定要做群众工作。他宣布工农革命军有三大任务：一、打仗消灭敌人；二、打土豪筹款子；三、做群众工作，帮助群众建设根据地。

罗荣桓对毛泽东提出的三大任务非常重视，有深刻的体会。他在 1957 年所写的《秋收起义与我军初创时期》一文中指出："毛泽东同志主张，把武装斗争、土地革命、建立根据地三者紧密结合起来。在武装的支持下，进行土地革命，这就使广大农民群众更容易发动；没有武装，便不能进行有效的土地革命。但是，假如武装不和土地革命结合，不是以土地革命为武装斗争的内容，那么有了武装也会陷于失败。同时，武装斗争、土地革命，如果不和建设根据地结合起来，土地革命的成果便不能巩固，武装便不能在群众中生根立足，容易受到敌人的打击而失败。革命武装、土地革命、革命根据地，这三者的结合，就是当时毛泽东同志革命战略思想的中心。"

1928 年 1 月 4 日早晨，毛泽东又亲自率领第一营和第三营下山。临行前，他站在一个土堆上对部队说：弟兄们，上一次三营跑到湘南，跟南昌起义的队伍联系上了。这说明我们不是孤立的。我们有信心在井冈山安家。为了这个目的，必须把周围的敌人一点点吃掉或是赶走。现在我们又要出发了。上次是向西，这次是向东。我们都知道，井冈山西面是湖南，东面就是江西。俗话说，没有湖南人不成军队，没有江西人不成买卖。湖南出兵多，能打仗。可江西就不同了。那里的国民党军队大半是客军，战斗力比较弱。我们就来他个雷公打豆腐——专拣软的欺。这次要去的地方叫遂川，那里土豪很多，可反动武装不强。我们要到那里筹款子，发动群众……

1 月 4 日下午，部队占领大坑。萧家璧的靖卫团望风而逃。第二天一早，工农革命军占领遂川。

毛泽东命令部队以连为单位分散到县城和县城周围的各个圩镇，发动群众，打土豪。

九连进驻县城西南的草林圩。这个圩镇有六百多户人家，二百多家店铺。九连驻下后，罗荣桓将连队按班排划分成小组，命令他们分头到各村镇进行宣传和开展社会调查。

部队撒开还不到两天，草林圩的大街小巷和周围各个村庄都贴满了红红绿绿的标语："打倒反动派！""打倒土豪劣绅！""打倒贪官污吏！""中国共产党万岁！"

老表们一开始不晓得这是什么队伍，都远远地站在一边，用惊疑的眼光打量着，就是不敢靠近。当战士们走过去要同他们攀谈时，他们就躲开。过了几天，老表们发现这支队伍不扰百姓，说话和气，同以往驻过的任何队伍都不一样。慢慢的，一些小孩和老汉敢于凑到跟前来。随之，青壮年也敢于同战士们打招呼，群众工作的局面逐渐打开了。经过初步调查，罗荣桓对草林圩周围哪些家是土豪已经胸中有数。

草林圩最大的土豪叫黄礼瑞，他有9100多担谷子的田，好几千亩山林。在草林圩上开了鸦片烟馆、钱庄、油行，还有当铺，控制了草林圩地区的经济命脉。他的大儿子黄寅谷在萧家璧的靖卫团当队长。在工农革命军来到草林之前，黄家父子就放出风来，说谁接待了工农革命军，将来要满门抄斩。总之，这是一个在草林圩一跺脚地皮乱颤的家伙，是一个亦绅亦官亦商的恶霸。

罗荣桓决定就拿这家伙开刀。他带了一个小组来到草林南面的旺岗村。还没有进村，远远地就可以看到一座绿荫覆盖的大院落。高大的院墙周围，耸立着三个大炮楼，虎视眈眈地俯视着院落四周的低矮民房。在炮楼的拱卫下，是一片黑压压的重楼叠屋——这就是黄礼瑞的巢穴，此时黄礼瑞已逃之夭夭。部队进去后，罗荣桓吩咐战士们将他家库房里堆放的粮食、布匹、光洋，还有那一缸一缸泡在茶油里的腊肉、腊鱼、腊鸡等年货，都封存起来。同时，他又派人到圩里，把从他家的当铺中起出来的衣服被褥、金银首饰等，都一一查清退还原主。

罗荣桓除亲自参加打土豪外，还及时搜集各组汇报，掌握情况，解决存在的问题。

在一次汇报中，二排这个组反映，他们在车源村一家土豪门口贴了命令他缴纳罚款的字条，几天过后，不见动静，也不知土豪的下落。他们向一个放牛娃打听，知道这户土豪藏起来后不放心，又派了长工回来探望。

罗荣桓听了汇报，稍微想了一下，对二排的同志说，可以找这长工打听土豪的下落。二排的同志站起身正准备走，罗荣桓又嘱咐他们，为了避免日后土豪进行报复，对长工可以采用假逮捕的办法。

当天下午，二排的同志跑到一座茅草房里找到了长工，用绳子将他松松地捆起，然后咋咋呼呼把他带到连部。那长工不知所以，吓得脸都白了，走路时不断地哆嗦。

当战士们把那个长工解到连部时，罗荣桓命令立即松绑，然后端来一碗开水，亲切地对他说："老表，你受惊了！坐下，坐下！"那长工被绑了来，却又碰上这位戴着眼镜的和气的"长官"，越发感到莫名其妙。他不安地坐在凳子的边边上，接碗时手哆嗦得把水洒了一地。

罗荣桓笑眯眯地对他说："老表，你不要害怕。今天没有别的事，就是请你来随便谈谈。"停了一会，罗荣桓又问他："你吃了饭没有？"

那长工摇摇头。

罗荣桓拍拍他的肩膀："那你先去吃饭，吃了饭我们再好好谈谈。"说完，又吩咐通信兵："你先带他到伙房去吃饭，给他加一个菜。"

那长工吃了饭，心情不紧张了，回到连部后，罗荣桓请他坐到火塘边，同他一面烤火，一面像聊家常一样亲切地谈起来。罗荣桓先问他家里有几口人，生活怎么样，从什么时候开始当长工的，土豪对他怎么样……然后深入浅出地向他讲了一些革命道理，希望他帮助工农革命军做一点事。罗荣桓又向他解释了把他绑来的原因。

罗荣桓亲切的话语说到了那淳朴的长工的心里。他的疑惧心理打消了，他看到工农革命军为他的安全竟然考虑得如此周到，非常感动，很快讲出了那土豪全家躲藏的地点。

当晚，罗荣桓派了一个班去一个小山村捉土豪。战士们还没有进村，村子里的狗就叫了起来。那狡猾的土豪溜掉了。但战士们在一座小阁楼上的稻草堆里，却搜出了他的小老婆。

罗荣桓让老表们传出话去，只要那土豪三天以内交出一千块钱来，就可以放掉他的小老婆。那土豪到时候果然乖乖地交来了一千块大洋。

各组打土豪得来的粮食、光洋，还有衣服、布匹都收拢来，在一个院子里堆得满满的。罗荣桓根据上级指示，决定一部分上交，一部分就地分给群众。但是老表们怕土豪将来报复，谁也不敢要。罗荣桓又吩咐战士们在夜里将东西挨家挨户悄悄送到老表家里去。

为了进一步发动群众，罗荣桓又在草林圩召开了群众大会。在会上，罗荣桓对老表们宣布，为了让老表们过个好年，现在将从黄礼瑞等土豪家没收来的粮食和腊肉分给大家。他说，只要大家团结一致同土豪斗争，就不怕土豪报复。老表们看到分的东西人人有份，知道土豪即便回来也无法报复，才高高兴兴地收下了。

经过反复做工作，群众的觉悟提高了，胆子也逐渐大了起来。再打土豪时，有的后生甚至敢于挑着箩筐来帮助工农革命军运东西了。

腊月二十二，毛泽东来到草林圩。他对当地的群众工作比较满意。他指示，一定要保护商人利益。罗荣桓认真执行了毛泽东的指示。他吩咐住在商店里的战士，不准在柜台上睡觉。他还派战士们挨家挨户敲开商店的大门，向中小商人宣传，鼓励他们照常营业。商人们听了宣传，又看到工农革命军买卖公平，秋毫无犯，都放了心。草林圩的大部分店铺纷纷开门营业。腊月二十四过小年又赶上逢圩，成千上万的老表都挑了笋干、茶叶、板栗、茶油、花生、金橘等山货前来赶圩。人山人海，熙熙攘攘，好不热闹。

不过，在打土豪时，因为各班分散活动，有时也出现了差错。有一次四班去打一家土豪。这家土豪早跑掉了，留下了搬不走的相当漂亮的院落。高高的围墙，樟树的浓荫覆盖着庭院，几进房屋都是前廊后厦，显得十分有气势。四班长在这家土豪的大门上贴了一张条子，限令土豪在三天之内送来一千块钱，否则，就要将这座房子烧掉。三天过后，土豪并没有把钱送来。于是，班长就领着战士们把这座房子点着了。恰好，这时土豪从外面传话回来说，请不要烧他的房子，钱凑够了就送来……可是，这座房子已成废墟，只在夹墙里发现了几箩筐已经熏黑的银毫子。罗荣桓很不满意，他用少有的严厉口吻责问四班长："好好的房子为什么要烧呢？"四班长辩解道："已经贴了条子了，如果不烧，他们就不送钱。烧他一两家，他们才送呢。这是杀鸡给猴看的。"罗荣桓连连摇头："什么杀鸡给猴子看，你这叫鸡飞蛋打！房子将来还可以分给老表们住嘛！钱，你还可以慢慢要。现在房子烧了，一千块钱要不来，在群众中也造成了不好的影响。"

罗荣桓立即抓住这件事，在全连进行教育，让大家都接受教训。以后，九连再也没有发生过这种烧屋事件。

转眼之间春节快到了。毛泽东决定将部队都集中到城里过春节。每个战士发两身单军衣和五块大洋。罗荣桓入伍将近半年了，才终于脱下那身破烂的学生装，换上了虽然做工粗糙，但终究是崭新的灰布军衣。

在城里，毛泽东又召集党代表开会，听取了各连的汇报，然后针对各连提出的问题，指出了六项注意：一、上门板；二、捆铺草；三、说话和气；四、买卖公平；五、借东西要还；六、损坏东西要赔。

正月初二，遂川工农兵政府成立。过年加上庆祝工农兵政府成立，真是喜上加喜。成立大会一散，分得了胜利果实的群众敲锣打鼓，有的耍龙灯、走旱船，有的踩高跷，喜气洋洋地来到大街上。他们唱道：

过新年，过新年，
今年不比往常年。
共产党军来到了，
你分谷子我分田。

过新年，过新年，
今年不比往常年。
共产党军来到了，
打倒萧家璧，活捉罗浦泉！

听到老表们欢乐的歌声，罗荣桓开心地笑了。

去年今日，罗荣桓正在家乡搞农民运动。那时获得的经验对于今年今日在草林圩做群众工作，无疑有很大的帮助。可是，这两时两地的农民运动有非常明显的差别，正如老表们编歌子唱的："今年不比往常年。"在草林圩打土豪、分田地比起在南湾给土豪戴猪脑壳帽游行来，运动是更加深入了。

南湾、草林圩，同是农村，何以有这么大的差别？关键在于有没有枪杆子。在南湾，枪杆子并未真正掌握在农民手中，而如今在草林圩，却有了工农革命军作为群众的向导和后盾。这一鲜明的对比说明了：毛泽东所说"枪杆子里面出政权"乃是颠扑不破的真理。

但是，有了枪杆子，群众也不会自然而然地发动起来，还要靠做艰苦细致的发动群众工作。打下茶陵时，固然也有枪杆子，可是开始并未发动群众。等到真正建立了工农兵政权，敌人又到了，致使冬衣、给养问题都未能解决。

将茶陵和遂川的情况两相比较，说明了工农革命军每到一地，都必须尽快发动群众、建设政权。后来，在抗日战争和解放战争时期，罗荣桓就是这样做的。无论是在阜平、在晋西、在山东还是在东北，他一直都把发动群众建设政权抓得很紧很紧。

## 第二节　朱毛会师前后

工农革命军继占领遂川之后，又于2月间攻克宁冈新城，歼敌一个营。井冈山根据地就像那刚刚破土的新笋，显露出勃勃生机。可是，到3月间又出现了一股政治寒流，去年11月14日中共中央发表的包含有"左"倾错误的《政治纪律决议案》传到了井冈山。决议案指责工农革命军"没有执行屠杀土豪劣绅的策略"，错误地给毛泽东以"开除中央临时政治局候补委员"和"撤销其现在省委委员资格"的处分。这一情况传到井冈山后，又误为"开除党籍"。于是，毛泽东改任师长，并按湘南特委的决定，率部队下山，去支援湘南起义。

3月18日，毛泽东率领工农革命军到中村一带集结。部队在这里进行了一周的军事和政治整训。

罗荣桓参加秋收起义之前是一介书生。参加起义军之后，形势却将他推上了硝烟弥漫的战场。他只能从战争中学习战争，对部队的一套，从战场到操场，从队列到内务的管理等，逐渐地熟悉起来。到中村后，他和战士们在一起出操上课，这是罗荣桓第一次接受军事训练，时间虽短，可对他来说，却是作为一个革命军人不可缺少的课程。

这时，罗荣桓当连党代表已近半载，到九连来也快三个月了。当他刚到九连时，战士们看到他戴一副眼镜，平时又不太爱说话，都有点怕他。可同他一接触才晓得他脾气极好，一点架子也没有，从没有见到他发火，所以都愿意和他接近。

每个连队，总有几个调皮的战士。三营就有这么几位，爱给人起绰号。他们给所有连干部都起了绰号，将罗荣桓叫做"大脑壳"。陈正春连长听到后很恼火，将那些叫绰号的战士狠狠地训了一顿。但罗荣桓反而为他们说情。罗荣桓说，当然他并非赞成起绰号，可是也不认为叫个绰号就会影响干部的尊严或威信。罗荣桓认为，作为党代表，做好工作当然要有威信，可要让人服气，关键又在发挥自己的模范作用和先锋作用。这是党代表必须具备的基本条件。如果没有这一条，也就建立不起威信来。

罗荣桓从当连党代表开始便坚持了一条：凡是要求士兵做到的，自己首先做到，以自己的模范行动作为无声的命令。打仗冲锋时，他和陈连长肩并肩站在队伍的最前头，退却时又在最后面负责掩护。行军时，他的肩头经常扛着几支病号或是掉队战士的枪。宿营时，他每夜都要查铺，逐个将战士们的夹被盖好。每逢发零用钱，他和连长、司务长又总是最后去领。他自己病了，咬着牙坚持工作，可战士病了，他却要一天几趟嘘寒问暖，还要吩咐伙房给做香喷喷的病号饭……

罗荣桓到九连时间不长便赢得了干部、战士的爱戴，绰号自然没有人再叫了。战士们有什么心里话，比如想家了，或是对谁有意见了，都愿意和他谈。而他不管什么话都耐心听下去，并根据不同情况，或是给予善意的批评，或是提出一些建议。他逐渐成为战士们离不开的知心朋友。有时，团里、营里开会，他离开连队也不过几天工夫，战士们便非常想念他，甚至三三两两地到连部打听他什么时候回来。有一次，他到营部开会回来晚了，伙房一位小鬼给他留了饭。罗荣桓吃饭时，这个小鬼坐在一旁目不转睛地看着。罗荣桓奇怪地放下饭碗，问他："你还没有吃吧？"小鬼笑着摇摇头说："我已经吃饭了，全连除了你都吃饭了。"罗荣桓又疑惑地望着他，他笑眯眯地说："没有事，你吃吧。"于是，罗荣桓又端起了饭碗。不一会，罗荣桓便发现碗底有东西，挖出来一看，原来是一块腊肉。罗荣桓夹起肉半开玩笑地说："哈，你给我埋了地雷啦！"

"千里之行，始于足下"，罗荣桓后来成了元帅。他的路程就是从深受士兵爱戴的连党代表开始的。他是红军最早的优秀的连党代表之一。在不到三个月的时间里，他把九连的工作搞得既生龙活虎又扎扎实实。"强将手下无弱兵"，在九连涌现了一批优秀的干部。例如六班长寻淮洲，到五次反"围剿"时已任红七军团的军团长，1934 年 12 月于北上抗日途中，在安徽太平县谭家桥作战时牺牲。又如一排长王良，1932 年 3 月任红四军军长，同年 6 月在福建长汀县大禾地区（今属武平县）打一个土围子时不幸牺牲。这些干部的成长是党的培养的结果，也是同罗荣桓的启发教育分不开的。

在中村整训期间，罗荣桓被调到八连任党代表。他离开九连时，大家都依依不舍，许多战士流了泪。

罗荣桓到八连后，立即扎到群众中去，逐个找干部、战士谈话，认真倾听大家的反映和意见。他在了解情况的基础上，积极而又慎重地进行党的发展工作。当时战士们的家庭大部分在白区，要了解清楚他们的历史情况十分困难。而罗荣桓对此要求很严。他向张令彬等党员反复交代："你们当介绍人要特别注意通过谈话把被介绍人的家庭成分、重要的社会关系和本人的经历搞清楚。"他十分注意党员的模范带头作用，强调每一个党员都应当冲锋在前，退却在后；吃苦在前，享受在后。那时连队很穷，没有碗筷。饭熟了，由伙夫捏成饭坨，一人一个，还经常不够吃。每逢开饭，罗荣桓就带着几个党员去看枪，等大家分了饭坨，才去吃。有时没有了，就饿一顿。

罗荣桓还召开支部大会对全连党员进行分工，以帮助非党同志，特别是情绪易于波动的战士。当时，周昆[①]在这个连当战士，常常想家。罗荣桓便让班长张

① 此人后来曾任红军第八军团军团长、一一五师参谋长，1938 年携款潜逃，不知去向。

令彬帮助他。有一天夜里，周昆放哨，突然下起了瓢泼大雨。张令彬连忙找了一块油布跑到哨位，同他共顶这块油布，在狂风暴雨和山洪倾泻的咆哮声中站完了这一班岗……在罗荣桓的具体指导下，八连的党员在巩固部队、执行战斗任务、做群众工作等方面都起到了骨干作用。

罗荣桓一直非常注意发挥支部的战斗堡垒作用，认为唯有如此，才能体现“支部建在连上”的重大意义。一直到后来罗荣桓担任总政治部主任时，他都始终把做好这件事作为政治工作的根本任务。

为了提高战士的政治觉悟，在紧张的战斗环境中，罗荣桓经常见缝插针，利用早晚点名时间进行教育。他的讲话都是从连队的实际出发的，简明扼要，针对性很强，从不啰唆，受到战士们的欢迎。

在中村整训时，罗荣桓除自己对连队进行教育外，有时还请毛泽东到连里来讲话。毛泽东是一请就到，到了就讲。他的讲话很有风趣，深入浅出。他一讲话，部队就好带了。当时部队一天五分钱的伙食钱也不能保证，已取消发饷。而毛泽东的讲话比发饷还更受战士们的欢迎。因此，他一到连队来，战士们就开玩笑地说：“毛委员又来‘发饷’了。”罗荣桓到八连不久，八连的面貌便有了明显的变化。

1928 年 4 月下旬，朱德、陈毅率领南昌起义部队余部和湘南起义农军近一万人到井冈山，与毛泽东率领的秋收起义部队合编为工农革命军（不久改称工农红军）第四军，由朱德任军长，毛泽东任党代表，王尔琢任参谋长。下设三个师八个团。共产党在第四军设置军委，由毛泽东任军委书记。[①] 5 月底由于山上人太多，粮食无法解决，湖南农军大部应湘南特委的要求返回湘南。红四军又取消师的番号，缩编为四个团，即第二十八团（由南昌起义保留下来的部队编成）、第二十九团（由宜章农军编成）、第三十一团（由秋收起义部队编成）、第三十二团（由袁文才、王佐部队编成）。罗荣桓任第三十一团第三营党代表。三营营长是伍中豪。

朱毛会师，军威大震，很快粉碎了江西之敌杨如轩的第二十七师的“进剿”，第一次占领永新，成立永新革命政府。部队分散到各区发动群众。红军前锋——罗荣桓等率领的第三营一部已经到达天河，震动了吉安。

这时，有的单位纪律松弛。在干部中有些人的旧习气还比较严重，有斗纸牌的，有逛窑子的，有搜俘虏腰包发洋财的，还有乱拿群众东西的。这些情况由于当时中央和湖南省委盲动主义的错误指导而变本加厉。撤出永新时，有的部队对工商业“一律没收”，把卖油粑粑的挑子、剃头的刀子和中药铺的戥子都搬回井冈山了。

毛泽东知道这一情况后，非常生气，严厉指责这是土匪、流寇的行为。一个雨天，他召集连以上党代表在茅坪开会，专门讨论纪律问题。在会上他重申了3 月间在桂东县沙田村宣布的三大纪律六项注意。他说：军纪是军队的命脉。人

---

① 5 月间，毛泽东被选为湘赣边界特委书记，四军军委书记改由陈毅担任。11 月间，由朱德任军委书记。

无命脉则亡，军无命脉必败。连李自成军队也有纪律，他不是讲“奸一民妇，如奸我母”吗？我们红军是共产党的军队，怎么能不讲纪律呢？他对违反纪律的行为十分愤慨，讲得很激动。党代表们夹着雨伞认真倾听，大家都感到心里沉甸甸的。毛泽东讲完后请大家发言。罗荣桓作了有准备的发言。他讲了三营也有违反纪律的情况，有的士兵把药店里的冰片装进了腰包，在遂川还发生过烧房子的事。他认为，在考虑纪律问题时，必须设身处地为群众着想。他说：“我们都是出来革命的，家里都有父母兄弟姐妹，如果有一支队伍跑到我们家乡，随便拿东西，不守纪律，搞得鸡犬不宁，我们家里能高兴吗？同样，如果我们不守纪律，群众就会反对我们。他们还会把这种事情传出去，造成很坏的影响。离开了群众的支持，我们就很难立足。”罗荣桓的发言给大家留下了深刻的印象。其他党代表也纷纷发言，表示要坚决执行三大纪律六项注意。

红军撤出永新后，又向湖南方向转移，占领了当时南京国民政府主席谭延闿的故乡茶陵县的高陇。当深受谭家压迫的群众自发地点着了谭家的房子时，罗荣桓等进行劝阻，只烧坏了他家的祠堂。

5月中旬，敌师长杨如轩从永新出动，企图进犯宁冈。红军回师长途奔袭，在草市坳重创敌第七十九团，再次占领永新，击伤杨如轩。

6月上旬，江西敌军又调集五个团，以第九师师长杨池生为总指挥对井冈山实行又一次“进剿”。红军在龙源口地区歼敌一个团、击溃两个团，粉碎了敌人的“进剿”。根据地人民赞扬道：“不费红军三分力，打败江西两只羊[①]。”

这时，井冈山根据地发展到了全盛时期。“支部建在连上”、我军的三大任务、三大纪律六项注意等建军的原则都陆续总结出来，红军建设业已初具规模。

罗荣桓也随着红军的成长而成长起来。在打破敌人第一次“会剿”的整个过程中，他率领的第三营始终在毛泽东直接领导下活动。毛泽东注重调查研究、注重连队工作的作风给罗荣桓留下了深刻的印象。到1956年，他回忆说：“红军时期，毛主席常是一到宿营地，就留下党代表、指导员，要他们汇报，问他们连队里发生了什么情况，有什么问题，不厌其烦地了解连队的情况，帮助解决问题。”

在这一阶段，罗荣桓也从毛泽东精辟分析敌情、形成英明的作战方案和灵活指挥作战中得到了很大的教益，学会了如何指挥打仗。后来，他成为人民解放军的元帅，他的军事才能，最初就是从井冈山这所“军事大学”学得的，而毛泽东便是他最敬佩的老师。

## 第三节 在基层实行军队内的民主主义

1928年6月间，湘赣两省敌人酝酿对井冈山进行“会剿”。这时，中共湖南省委为执行中共中央提出的，割据北起鄂南，南迄粤北，包括湘东北、湘东、湘

① 指杨池生和杨如轩。

南、赣西北、赣西、赣南并与东江连接起来的盲动主义计划，制订了湘南第二次武装起义计划，要求红四军主力出击湘南。6 月 30 日，湘赣边界特委、红四军军委和永新县委举行联席会议，讨论湖南省委的指示，认为条件不利，红四军主力不宜到湘南去。7 月 4 日，湘敌进占宁冈县砻市、新城。为击破敌人的“会剿”，朱德、陈毅率领第二十八团、第二十九团攻克酃县，迫使湘敌撤回。第二十九团的官兵绝大部分是湘南起义的宜章县的农民，有浓厚的家乡观念。部队开到酃县后，他们看到离家乡近了，要求“回家割稻子”。于是，团的士兵委员会越权下令：“打回湘南去！”而随队行动的湖南省委代表杜修经附和并且导扬了这种错误行动。军委未能劝阻。7 月 17 日，第二十八团随第二十九团向湘南进军，打郴州先胜后失利，第二十九团自由行动，跑回宜章。

消息传到井冈山，正率领第三十一团与进犯永新的敌人周旋的毛泽东立即召开干部会议研究对策，决定由毛泽东率三营南下，去接第二十八团回井冈山；朱云卿、何挺颖率一营和第三十二团守山。

伍中豪、罗荣桓率领三营随毛泽东从九陂出发，冒着酷暑，翻山越岭，赶到桂东县城。在一个夜间，正在行军，突然遭到敌人袭击。罗荣桓在队伍后面负责收容，眼看着部队被打散了，同毛泽东、伍中豪失去了联络，心里非常焦急。天亮后集合队伍，罗荣桓看到毛泽东、伍中豪，还有各连队伍陆续到达集合地点，心里的一块石头才落了地。伍中豪命令各连整队清查人数，结果只丢了一个担架兵。

8 月下旬，毛泽东率领第三十一团三营来到桂东同第二十八团会合。

在返回井冈山的途中，第二十八团二营营长袁崇全叛变，打死了军参谋长王尔琢。至此，第二十九团散掉，王尔琢牺牲，同时根据地也缩小到井冈山脚，山下各县全部被敌人占领，遭到严重破坏。这就是分兵冒进湘南造成的恶果，史称“八月失败”。

9 月 26 日，部队返回井冈山。罗荣桓发现在桂东打散的那一位担架兵早已返回井冈山了。三营这次远征湘南，行程数百里，打了十几仗，却没有一个开小差的，创造了巩固部队的新纪录，成为拖不垮、打不烂的红色铁军。

这时，已是深秋。天气越来越冷，山上的生活也越来越艰苦了。井冈山周围的土豪都打遍了，零用钱开始是每月一块，越减越少，后来只剩下了每天五分钱的伙食钱，最后连这也难乎为继，红米、南瓜也不能保证天天吃上，有时不得不以野菜充数。

更困难的是，由于敌人严密封锁，食盐简直比金子还要贵重。不仅长期淡食使得战士们四肢无力，而且医院内洗伤口的食盐水都很难供应。为了解决吃盐的问题，罗荣桓带领几个连的司务长和战士搜集老墙土，放在水里一泡，滤出水来熬硝盐。这种盐在菜里放少了不咸，放多了又苦，但也只能是聊胜于无了。

眼看严冬将近，可战士们的冬衣还没有着落。他们的夏衣破了，没有布补，便剪下裤腿、袖管做补丁。久而久之，军服都成了短衣短裤，而且破烂不堪……罗荣桓和战士们一样，冷了白天可以晒晒太阳，晚上睡觉便钻稻草堆。最难耐的是冬雨连绵的日子，那真是寒冷彻骨，令人坐立不宁……

尽管天气越来越冷，可山下却不时传来令人兴奋的好消息。11 月份，湘军和赣军有部分官兵起义，拉上井冈山，分别编为特务营（营长毕占云）和独立营（营长张威）。12 月下旬，由平江起义部队编成的红五军第一、第三纵队共八百多人在军长彭德怀和党代表滕代远率领下，也来到了井冈山。

1929 年 1 月上旬，红四军前委、红四军、红五军军委和湘赣边界特委举行联席会议。会议正传达党的第六次代表大会的文件，山下传来敌人又要进行“会剿”的消息。蒋介石调集了湘赣两省六个旅，共三万人马，兵分五路，向井冈山发动进攻。会议决定分兵。由彭德怀、滕代远率红五军和红四军第三十二团守山。毛泽东、朱德、陈毅率第二十八团、第三十一团和特务营突围下山，转移到赣南敌后，“使敌人穷于应付，不能实现其两省会剿之计划，企图围韩（魏）救赵，影响边界，以解井冈山之围”。[①]

部队跳出敌人对井冈山的包围圈后，罗荣桓吩咐各连沿途张贴早在井冈山便已印好的，由毛泽东起草的著名的四言布告：“红军宗旨，民权革命，赣西一军，声威远震……”

罗荣桓十分赞赏这一布告。直到红四军召开了党的七次代表大会后，毛泽东离开了红四军，罗荣桓还常常谈起它。当时在一营的陈士榘还记得，罗荣桓行军时曾对他说，只有毛泽东才能起草出这样一份通俗易懂、观点鲜明地阐述红军宗旨和政策的布告。

红军在向赣南进军途中张贴布告，既是为了宣传、扩大政治影响，也是为了引起敌人注意。但是敌人很狡猾，只有李文彬部和刘士毅部两个旅前来追赶。井冈山之围并未全解。部队随即南下占领大余。几天后，赣军李文彬突然来攻。红军来不及集中便仓促应战，结果打了败仗，部队散成几坨。第二十八团党代表何挺颖、独立营营长张威牺牲。

红军分散撤出战斗后，边整理队伍边向赣南山区转移。敌人穷追不舍。红军几次阻击都未打好，只得且战且走。这一路多是人迹罕至的大山，战士们日复一日地披荆斩棘、攀悬崖、走绝壁，几乎得不到群众的帮助，体力消耗极大，一个个又黑又瘦。罗荣桓除了黑瘦，还加上满脸胡须，显得那眼镜越发大了。当时正值数九隆冬，大雪纷飞，山山岭岭一片白茫茫。罗荣桓在全营最后负责收容。他经常带领着担架并亲自扶着负了伤的战士踏雪前进，身后留下了一串看不到头的脚印和血迹。而敌人就像是饥饿的群狼，贪婪地嗅着血腥，轮番向前追赶。为了摆脱敌军，红军每天半夜便出发，一天要走百里左右方才宿营。队伍经广东南雄边境入江西全南、龙南、定南地区，转而向东到寻乌，又转而北上，经福建边境，2 月上旬到江西会昌、瑞金境内。2 月 9 日，是阴历除夕，部队仍得不到休息。三营极度疲惫的干部、战士纷纷向罗荣桓建议，向上级反映，只有打一仗打

① 杨克敏（即杨开明）:《关于湘赣边苏区情况的综合报告》1929 年 2 月 25 日。

垮追兵，部队才能得到休整补充。罗荣桓感到大家说得有道理，便到前委反映。此时，毛泽东、朱德等正决定打敌人的伏击，以摆脱被动局面。

第二日凌晨，红四军以大部兵力荫蔽占领大柏地附近敌必经之路两侧的阵地，以特务营、独立营与敌接触。在特务营、独立营引诱下，敌刘士毅部进入伏击圈。下午，陈正春、罗荣桓率第三十一团三营与第二十八团三营夹击敌人。到11日凌晨打扫战场，得知敌人大部被歼。红四军俘虏敌团长以下800余人，缴枪800余支。由于枪太多，背不了，有些坏枪就砸烂丢进河里。宣传员们编了顺口溜，唱道："一到大柏地，碰上刘士毅。两个三营包抄快，敌人就缴械。缴到九响铳，就往河里送。"

大柏地战后，红四军摆脱了被敌人尾追的局面。

到这时为止，红军下山已有一个来月。红军在强敌尾追之下，披荆斩棘，爬冰卧雪，走了一千多里路，同追兵打了几十仗，除大柏地战斗外，大都又是被动仗……可第三营不仅绝少开小差的，而且难能可贵地保持了旺盛的战斗情绪。

要问部队何以如此巩固，原因是多方面的，支部建在连上，对部队进行了强有力的政治工作是许多因素中最重要的因素。罗荣桓作为连、营党代表，在具体实践毛泽东所制定的方针政策方面作出了忠诚的努力。

毛泽东在《井冈山的斗争》一文中指出："事实证明，哪一个连的党代表较好，哪一个连就较健全，而连长在政治上却不易有这样大的作用。"① 毛泽东在这里对连队党代表的作用作了很高的评价。而罗荣桓正是一位在巩固部队、提高部队战斗力方面起了很大作用的党代表。

在巩固部队方面，罗荣桓按照毛泽东的指示，扎扎实实做了大量工作，其中很重要的一条是肃清封建残余，提倡民主主义，尊重士兵人格，不打骂士兵。这从现在的眼光看，似乎是理所当然，不足为奇，但在当时讲，却是一个创举。

红四军的主力第二十八团和第三十一团都是由国民革命军脱胎而来的。这些部队虽然经受了大革命的洗礼，但有些军官中军阀主义习气仍然相当严重。他们认为，"三句好话不如一个巴掌"，"马鞭子下面出好兵"。官长打骂士兵、老兵打骂新兵，几乎成为家常便饭。罗荣桓对这种作风非常看不惯。他从在读书塾挨了老师一顿戒尺之后，就非常讨厌这种侮辱人格的体罚。他在中学和大学读书期间又长期接受了资产阶级民主主义思想的熏陶，对于封建主义的体罚肉刑更加深恶痛绝。参加秋收起义以来，他从来没有打骂过士兵。士兵有了过失，在批评时连重话也很少。他常常说："响鼓不用重锤敲。"对下级和士兵，他总是循循善诱，耐心启发诱导。他为了扭转打骂士兵的坏习气，在第三营进行了不疲倦的斗争。

1928年初冬，第三营驻在永新。一天傍晚，刮起了凛冽的西北风，气温急剧下降，池塘里结上了薄冰。九连四班放哨回来，因为无火可烤，大家都钻进稻草堆。一个个瑟瑟缩缩地当了"团长"，冻得怎么也睡不着。一位俘虏过来的

---

①《毛泽东选集》第1卷，人民出版社1991年版，第64页。

永新籍战士建议烧老乡一点柴草来烤火。班长黄永胜告诉他："老乡的东西不能动！"这位战士耸着肩膀，缩着脖子，双脚在地上来回跳动，把两只手放在嘴边哈气，无可奈何地出屋去了。不一会，他从老表院里抱了一捆柴火高高兴兴地进了屋。他一面大声招呼大家来烤火，一面就抽出一把柴，蹲在地上烧了起来。黄永胜让他送回去，这位战士没有理他，仍然蹲在那儿往火堆里加柴。

黄永胜猛然从铺上爬起来，几步走到这战士跟前，把他手中的柴火一把夺过来扔到地上，再次命令他把柴火送回去。这位战士仍然蹲在那里。黄永胜骂他，他不服，站起身来和黄永胜顶嘴。黄感到触犯了自己的尊严，伸手打了他一个耳光。这位战士没有还手，捂着脸扭过头像孩子一样伤心地哭了起来。

屋里其他战士听到班长和这位战士争吵，都愣愣地坐在铺上，看到班长打了人，也不敢说班长的不是，都去批评那位挨了打的战士，说他不该违犯群众纪律，不该顶撞班长。但是他们那惶惑的目光却流露出对班长的不满。为了打破僵局，另一位战士把火熄灭，将柴火抱走了。等他回来后，黄永胜向全班训话。他引用了过去在警卫团学来的一句话说：

"军人以服从命令为天职，今后大家都要服从命令！"

他训完话命令熄灯睡觉。一时间，屋子里只听那挨打战士不时发出的抽泣声。这时风住了，又下起了绵绵细雨，那滴滴答答的雨声，彻夜也没有停。

第二天一早，雨仍然不住地下，天气阴冷而潮湿。罗荣桓打着雨伞，踩着泥泞来到九连。连长曾振平忙招呼他坐下烤火。罗荣桓一面同曾连长聊天，一面脱下潮湿的上衣放在火上烤。那衣服上的虱子碰到热气，纷纷掉进火里，响起一阵阵轻微的噼啪声。罗荣桓听曾连长汇报了黄永胜打人的事，便命令传令兵去把黄永胜找来。

黄进屋，看到罗党代表，拘谨地敬了一个礼。罗荣桓招呼他坐下，然后单刀直入地问他："听说你昨天晚上打人啦？你何事打人啊？"

黄永胜辩解道："那个战士违犯了群众纪律，又不服从命令，我才打了他一巴掌。"

罗荣桓边听边披上已经烤干的上衣。他耐心地听完黄的话，说："哦，这么说来你打人是对的喽。"他把手放在火上烤着，停了一会，又抬起头看看黄永胜说："我问你一个问题，不知道你想过没有。你当班长，如果不打人，有没有法子把全班带好？"

黄答不上来。

"怎么？你没有想过吧？我再问你，如果你是当兵的，犯了一点错误，班长动手打你，你的心里会好受吗？"

黄低下脑袋，一句话也说不出。

罗荣桓接着耐心地说："毛委员再三讲，靠拳头来代替教育，那是不能解决问题的。同志们有了缺点和错误，要反复向他们讲道理，使他们明白为什么错了。要以理服人，不能以力服人。口服不如心服，只有心服了，才能自觉遵守纪律。

你今后无论如何也不要打人了。你回去好好想一想，看看我讲的道理对不对。”

在罗荣桓的耐心教育下，黄永胜承认了错误。

当时，士兵委员会有时也摆脱不了体罚这种封建军队坏作风的影响。对犯了过错的官长，他们也用体罚的办法来对付。九连的曾连长就曾因违犯群众纪律而被士兵委员会打了屁股。罗荣桓发现这一问题后，赶到九连来处理。这时，恰好士兵委员会又决定要打排长曹响的手板。

曹响原来是湖南起义农军的一个大队长，“八月失败”以后将他调到九连当排长。他认为这是降级使用，心里很不高兴。其实，因为他没有受过军事训练，当排长也是不太称职的。每逢他带操，口令总是喊不到点子上。做示范动作，连个“枪上肩”也做不好。他一带操，有些战士就忍不住要笑。他一见战士笑就骂，谁要不服就打。他还有一个毛病就是爱赌钱。在红军里既没有纸牌，也没有牌九，他赌瘾发作时就悄悄找几个人用一个铜板猜字背。输赢也不大，就是分来的一点伙食尾子。曹响赌钱的事很快被士兵委员会发现了。士兵们早就对曹响的军阀主义不满了，这一回岂能轻轻放过。连的士兵委员会决定，当众给他以打手心的处罚。

罗荣桓到九连，知道这件事后，把士兵委员会的委员们找来开会。他仔细听取了委员们关于曹响情况的汇报，然后问大家：

“官长打士兵对不对？”

大家异口同声地回答：“不对。”

罗荣桓点点头，“是啊，官长打士兵是要记过扣发零用钱的。官长打士兵不对，可士兵打官长难道对吗？官长打士兵要受处分，士兵打官长就不受处分，你们看，这样做公道吗？”

一位委员嘟嘟囔囔地说：“可他赌钱啦！”另一位委员又补充了一句：“他动不动就吹胡子瞪眼睛，骂起人来可难听了。”

“那也不能打啊！”罗荣桓耐心地说，“无论是官长打士兵，还是士兵打官长都解决不了问题嘛！他有缺点错误，大家可以批评他，教育他，为什么要打呢？你们这一打，他今后在连里怎么工作？”

在罗荣桓的耐心说服下，九连士兵委员会终于撤销了打曹响手板的决定。

罗荣桓不仅大力发扬政治民主，反对打骂士兵，而且十分注意发扬经济民主，坚持在物质生活上官兵一律平等。他在当连党代表期间对连队伙食抓得很紧。他要求每天的正副采买都由班里轮流选派，正采买由各班正、副班长轮流担任，从另一个班选一位战士当副采买，必须两人同行，以便互相监督。他还要求司务长在士兵委员会监督下及时清理、公布账目。凡是发衣服、分伙食尾子和零用钱，他都要求先战士后干部，干部和党员必须做到吃苦在前，享受在后。

在士兵委员会成立初期，由于受到农民小生产者狭隘思想的影响，出现了平均主义和极端民主化的情绪。打土豪领来几个鸡蛋、一瓶酒也要全连平分。但罗荣桓认为，这同军阀主义残余比较起来，还不是主要问题。1956 年他回忆这一段历史时指出：“……当时的主要问题是必须坚决反掉旧军队的一套带兵方法，奠定新型的官兵关系——阶级的团结。部队的实际情况是民主不够，而不是什么极端民主化和平均主义的问题。因此，只有这样做，才能更彻底更有效地肃清军阀残余。有了民主，才能提高群众觉悟，这才能建立巩固的集中。农民的极端民主化和平均主义思想是容易克服的。”“后来由于干部处处以身作则，作风民主，士兵受到感动，他们从实践中也知道了无法绝对平均，觉得那样做没有什么好处，便逐渐改变过来，在自觉的基础上爱护干部，听从指挥了。”

毛泽东在《井冈山的斗争》一文中写道：“红军的物质生活如此菲薄，战斗如此频繁，仍能维持不敝，除党的作用外，就是靠实行军队内的民主主义。”[①]

坚持实行民主主义，使战士认识到自己就是革命队伍中的主人翁，从而成为自觉的战士，这正是罗荣桓经常考虑、大力抓好的一件主要工作，也正是第三营成为拖不垮、打不烂的红色铁军的重要原因。

①《毛泽东选集》第1卷，人民出版社1991年版，第65页。

# 第四章　古田会议前后

## 第一节　古田会议以前

1929年3月中旬，红四军歼灭土著军阀福建省防军第二混成旅郭凤鸣部两个团，攻占长汀，打开了闽西局面。在长汀，部队番号作了改变。团改称纵队，营改称支队，连改称大队。第二十八团主力编为第一纵队，第二十八团余部和特务营编为第二纵队，第三十一团编为第三纵队。第三纵队司令伍中豪，党代表蔡协民。罗荣桓任第三纵队第九支队（即原三十一团三营）党代表，九支队长是张宗逊。

6月下旬，红四军第三次打下龙岩后，召开了红四军党的第七次代表大会。在会上围绕党对军队的领导问题进行了一些争论。这一争论早在井冈山时期即已产生，有的人对党支部决定连队的问题有怀疑，有的党员认为党的严格纪律约束了个人自由。此外，虽然经过了“八月失败”，但建立根据地的思想尚未为当时红军领导人所普遍接受。

关于这次争论，罗荣桓在1956年回忆说：“有的高级干部、知识分子感到约束很大。一切重大问题由党来决定，这当然是对的，在今天看来是不成问题的，党员自然要服从党的决定。但在那时候，这个问题却没有解决。一切要经过支部，一切权力归于党，引起了许多同志不满。但毛主席对原则问题是不让步的。七次代表大会所争论的主要就是这个问题，就是有一些人存在着不满情绪。”

与这一问题相联系，会议还争论了究竟是政治部出布告，还是司令部对外，政治部隶属于司令部。在会上，还有人认为，民主了半天，最后还是党代表集中，是“自上而下的民主制”，实际上是家长制。他们主张实行“自下而上的民主制”，一切问题都由大家来讨论决定，如此等等。

从秋收起义以来，罗荣桓便在毛泽东领导下工作，他亲自贯彻执行了毛泽东的许多主张。例如，支部建在连上，实行党代表制，三大纪律六项注意，部队要做群众工作，要建立根据地等，这些主张完全切合部队实际情况，效果都是明显的。毛泽东关于反对流寇主义、反对单纯军事观点、反对极端民主化的思想都是正确的、无可怀疑的。不这样做，就会失败。“八月失败”就说明了这一点。而毛泽东关于加强党对军队领导的主张牵涉到要把红军建设成一支什么样的军队，更是必须坚持的。因此，在红四军“七大”会议上，罗荣桓发言表示坚决拥护毛泽东的主张。但是，这种意见在会议上只占少数。会议改选陈毅为前委书记，毛泽东离开红四军，到闽西特委指导工作。

7月底，蒋介石发动闽、粤、赣三省的第一次“会剿”，红四军决定，第一纵队和第四纵队①留在闽西坚持斗争，第二纵队和第三纵队出击闽中。与此同时，陈毅赴上海向中央汇报红四军的状况和红四军“七大”中的分歧意见。

由于闽中群众工作没有基础，出师不利，朱德决定，回师闽西。9月，第二、三纵队和第一、四纵队会师后打垮土著军阀福建暂编第二旅卢新铭部，攻占上杭。9月下旬，在上杭召开了红四军党的第八次代表大会。

这时，由于实行了否定民主集中制的“由下而上的民主制”，实际上是极端民主化，问题无论巨细都毫无准备地拿到会场上争，往往争论终日得不到一个结论。

红四军“八大”在这种极端民主化的气氛中开幕以后，“为了一个红军法规中的党代表权力问题，讨论了两天仍旧没法解决”。②这次会在无组织状态下开了三天，毫无结果，引起许多同志不满。在会上，罗荣桓等发言，要求将毛泽东请回来领导红四军。但是，毛泽东仍然留在闽西。

10月上旬，中央要求红四军乘两广军阀混战、粤北空虚的机会，向东江地区出击。当这一指示到达红四军时，两广军阀混战已经停止。然而因为消息闭塞，前委仍然照中央指示执行，率第一、二、三纵队开往东江地区。

10月22日，陈毅从上海返回部队，带来了他根据周恩来多次谈话和中央军事会议精神所写、经周恩来审定的指示信（即九月来信）。指示信肯定了红四军的斗争经验，要求前委维护朱德、毛泽东的领导，明确指出，毛泽东应仍为前委书记。

10月25日红四军攻入梅县后，撤出稍事休整。10月31日又返转来打梅县。罗荣桓率领九支队打进了北门。敌军凭借街道两旁的楼房，用手榴弹、机关枪封锁街道。我军队形拥挤，又无工事掩蔽，伤亡达二百多人。罗荣桓腰部右肋骨下，被子弹打穿，负了重伤。谭政、孙开楚两人冒着弹雨，将他抬下了火线。

罗荣桓被敌人的子弹打中，这已经不是第一次了。在井冈山时期的一次战斗中，他正带领战士们与敌人激战，突然感到胸前似乎被人打了一拳。他也没有在意。战斗结束后，他才发现自己上衣的口袋已经烧破了。他一摸口袋，那作为零用钱发给他的一块银元居然还在。他把这银元掏出来，摊在手心，回想着方才的战斗情景，一切都明白了，原来子弹正好打在银元上。他摇摇头，道一声“惭愧”，不禁哑然失笑。他后来诙谐地对家里人说：“要不是这块银元保驾，那一次我已经去见马克思了。”

罗荣桓躺在担架上，随着打了败仗的队伍匆匆北撤。当时部队里连纱布、碘酒也没有，医务人员只好随便找上点白布将他的伤口裹上。殷红的鲜血早就把裹伤口的白布浸透了。在崎岖的山路上，担架不住地颠簸，引起罗荣桓伤口一阵阵

① 1929年1月由闽西地方红军编成。

② 熊寿祺：《红四军状况报告》1930年5月16日。

剧痛。他咬紧牙关，还不时安慰为他的伤势焦虑的医务人员。

队伍撤到寻乌，才找到碘酒纱布。11 月 23 日，红军收复汀州，红四军前委召开会议，决定请毛泽东速回红四军主持前委工作。同日，罗荣桓住进了汀州傅连暲开办的福音医院。自从红四军 1929 年 3 月打下汀州后，傅便倾心革命，带领医院积极救治红军伤病员。由于红军当时尚无较稳定的根据地，红四军撤离汀州后，医院仍留在汀州，利用教会和红十字会名义及傅在当地上层人物中的关系，继续掩护和医治红军伤病员。

这时，罗荣桓的伤口已基本愈合，但因为负伤时失血过多，身体仍然十分虚弱。为了给罗荣桓补血，加强营养，傅连暲天天让他吃猪肝，可又不让他吃一点辣椒，因辣椒是有刺激性的东西。罗荣桓住了十天院，几乎天天都吃不放一点辣椒、盐也放得不多的猪肝汤。他既衷心地感谢傅医生对他的关心，可又感到实在有点吃腻了。后来他经常对傅连暲开玩笑说："你的猪肝我可是吃够了。"傅便双手一摊，无可奈何地说："当时为了加强营养，除了猪肝，我是什么也拿不出啊！"

11 月 26 日，毛泽东回到红四军前委。28 日，前委召开了扩大会议，决定部队整训，同时准备召开红四军党的第九次代表大会。

12 月初，罗荣桓出院归队，随即率领第三纵队第九支队来到连城新泉，参加部队整训，军部也驻在这里。

在此期间，毛泽东集合了一批党代表，用半个多月时间，召开了多次座谈会，进行调查研究，为召开红四军党的第九次代表大会作准备。罗荣桓自始至终参加了这些会议，并积极反映了部队的情况。他讲了废止肉刑，反对打骂士兵的问题。他说，第九支队有一位军官，打人很凶，士兵就送了他一个绰号，叫"铁匠"。这个典型写进了古田会议的决议。

12 月中旬，部队由新泉开往古田，罗荣桓等党代表又参加了毛泽东召集的会议，逐条讨论，起草了红四军党的第九次代表大会决议草案。

12 月 28 日，红四军党的第九次代表大会，即著名的"古田会议"在古田的溪背村廖氏宗祠召开，毛泽东作了关于大会八个决议草案的报告，朱德作了军事报告，陈毅传达了中央九月来信并就禁止枪毙逃兵问题作了发言。由于大会八个决议草案是会前经过充分酝酿，集体讨论后由毛泽东起草的，因此很顺利地为大家所一致通过，这就是《中国共产党红军第四军第九次代表大会决议案》，即"古田会议决议"。在这一决议中，毛泽东系统地总结了红四军建军的经验，确立了人民军队建设的根本原则，奠定了红军政治工作的基础，使红军得以肃清一切旧军队的影响而成为一支新型的人民军队。

大会接着改选了红四军前委。这次大会提出，候选人必须具备"政治观点正确、工作积极、有斗争历史"三个基本条件，才能当选为委员。会议经过充分酝酿，选举了毛泽东、朱德、陈毅、李任予、黄益善、罗荣桓、林彪、伍中豪、谭震林、宋裕和、田桂祥十一人为正式委员，杨岳彬、熊寿祺、李长寿三人为候补委员。在前委 1930 年 1 月 6 日向中央的报告中指出："此次选举精神，一洗以前的故习……内中如宋裕和（湘南农民）、李长寿（独立团老兵）、田桂祥（湘南农民）、黄益善、罗荣桓五位同志皆系作下层工作，以观念正确，斗争积极，经前委介绍而当选。”

罗荣桓的一贯表现和在古田会议前后的作用得到了毛泽东的称赞。在古田期间，有一次，毛泽东和刚从上海调来的前委秘书冯文彬在散步，这时罗荣桓恰巧从一旁走过。毛泽东指着罗荣桓对冯文彬说：“这个同志是个人才，是一位很好的领导干部，对这个同志，我们发现晚了。”

古语说：“桃李不言，下自成蹊。”沉静稳重的罗荣桓就是不言的桃李。由于他不露锋芒，便很难脱颖而出。人们发现他的才干就需要一个过程，连以知人善任著称的毛泽东都对他发出了“发现晚了”的慨叹。

## 第二节　在第二纵队

古田会议结束后不久，朱德率红四军第一、三、四纵队从古田出发，进军江西。毛泽东率第二纵队断后，同时改组了这个纵队的领导机构：曾士峨任司令，罗荣桓任政治委员①，原二纵队五支队党代表罗瑞卿任纵队政治部主任。

这支部队的骨干力量是原军部的特务营。它是由国民党起义部队编成的。在起义之初，队伍里有不少士兵是既扛步枪又带大烟枪的“双枪”兵。为了将这支队伍改造成为真正的人民军队，前委派去了各级党代表，补充了一批经过革命战争锻炼的战士，建立了党支部和士兵委员会，从组织上完全改变了旧军队的一套，为部队的进一步改造打下了基础。

但是，浓厚的旧军队的思想作风，不是一朝一夕能够清除的。这支队伍里，有不少人还没有认识到红军党代表制度的重要性。对党代表重视与否，完全是看人行事。党代表如果能打仗，他们就伸出大拇指，说一声“兄弟佩服”，十分尊重；否则，就看不起，甚至骂党代表是“卖狗皮膏药的”。也有不少人认为军队的任务就是打仗，群众工作是地方干部的事，顶多也只不过是政治干部的事。他们非常不情愿到闽赣交界的山区来，感到这个地方田少石头多，吃的尽是番薯，生活太苦。他们最高兴的是闯州过府，因为进了城就可以大吃大喝。有少数流氓习气严重的还想乘此去赌钱、逛窑子。在管理教育上，一方面打骂士兵的现象普遍存在，枪毙逃兵的事件时有发生；另一方面又有些由旧军队来的干部对战士的缺点错误姑息迁就，说什么“当兵的能打仗就行，平时马虎点没有关系”，个别人看到士兵赌钱，不仅不制止，反而要赢了钱的请客。

第二纵队所以会存在这些问题，客观原因是刚起义不久，要改变旧作风旧习气非一日之功，而主观原因则是由于纵队缺乏坚强的领导核心。这个纵队原来的党代表张恨秋去年下半年刚从上海调来，没有经过实际锻炼。他调到二纵队不

---

① 根据中央九月来信，此时党代表已改称政治委员。

久，正赶上打土豪杀猪，便亲自提了灯笼去照明，嘴里还不住地吆喝：“猪肝归我，猪肝归我。”在群众中造成了不好的影响。他来不久，部队去打梅县。编进队伍里的一批原卢新铭部的俘虏兵，天天有开小差的。他不是设法加强政治工作去巩固队伍，而是采用枪毙逃兵的办法，部队出发前常常要枪毙逃兵放在大路上示众。但这样做仍然制止不住士兵逃亡。打梅县失利后，二纵队的六七百名从旧军队过来的士兵几乎跑光了。

罗荣桓一到职，就在毛泽东的亲自指导下，向部队传达了古田会议决议，组织大家认真学习和贯彻，以此作为改造这支部队的关键。

按照罗荣桓的指示，各支部逐条对照决议检查了本部队和本支部存在的问题。在检查过程中，有些人有抵触情绪，党员们就以决议为武器，对他们进行说服教育，批评帮助。检查结束后，各支部又把检查的结果向全体党员公布，发动群众讨论。干部和党员自觉的自我批评精神和坚定不移的斗争决心，对全体指战员是很大的鼓舞。这样，就从上到下造成了反不良倾向的气氛，一个轰轰烈烈的群众运动开展起来了。打骂士兵、不尊重党的领导、不愿做群众工作、搜俘虏腰包、乱拿群众的东西乃至吃喝嫖赌等不良倾向和坏人坏事都被揭发出来，并受到批评纠正。

在运动过程中，罗荣桓经常深入到各支队和大队去，一面了解情况，一面加强具体指导。他发现，赌钱、抽大烟、逛窑子这些流氓行为已逐渐克服，不过还有少数流氓习气严重的人仍在偷偷摸摸地干。有几个赌鬼赌钱时，派人在门口放哨。他们在自己的腿上拴上绳子，绳头交给放哨的，政委一来，放哨的一拉绳子，里面就赶紧收摊子。

针对这个情况，罗荣桓又及时在全纵队提出“反流氓行为”的口号，发动群众对有严重流氓行为的人开展严肃的思想斗争。这些人大部分在群众的帮助和监督下改邪归正了。个别人屡教不改，混不下去了，就开了小差。不过，这种人走了，反而会使部队更加纯洁。

同反流氓行为比较起来，反对打骂士兵、枪毙逃兵就要困难得多了。有些军官认为打骂士兵是带兵之必需，而逃兵就是“反革命”，应当枪毙。这两种在古田会议决议中已明确指出是“带有盲动主义性质的”错误行为，在部队内部还颇有市场。

在井冈山时期，罗荣桓曾同打骂士兵这种军阀残余作了长期的、不知疲倦的斗争。至于枪毙逃兵的现象，在井冈山上还没有发生过，但下山之后，随着老骨干伤亡、俘虏成分不断补充进来，便时有发生并日益严重了。

为了彻底纠正枪毙逃兵现象，罗荣桓召集了多次会议，对一些思想不通的干部进行说服。他首先指出，枪毙逃兵是封建军阀压迫士兵的办法，革命军队绝对不能采取。

罗荣桓指出，士兵逃跑大多数是因为怕苦、想家；有的请假不准，不辞而别；有的是因为干部管理方法不当……对这些人主要是教育问题。即使是拖枪逃跑，也要具体分析。如果将枪拖到兄弟部队或是赤色区域，也还是没有死罪；只有拖枪投敌才能以反革命论处。

根据前委规定，罗荣桓宣布，今后士兵想回家的，可以先做思想工作，劝他们不要回去。如果劝说无效，可以准假并发给路费，告诉他们做秘密工作的方法，叫他们回去从事农民运动、工人运动乃至白军士兵运动，今后什么时候归队都表示欢迎。罗荣桓指出，所以要这样做是由红军的性质决定的。红军既然是工人、农民志愿组织的武装，就不能强迫。捆绑不成夫妻，用强制的方法并不能巩固部队。打梅县后，第二纵队几乎天天枪毙逃兵，还是跑掉那么多人，就是一个证明。

在反不良倾向的基础上，罗荣桓又领导全纵队建立了定期检查古田会议决议贯彻执行情况制度和党课教育、士兵教育制度，同时健全了支委会、支委和小组长联席会、支部大会、小组会和党员定期向小组长作汇报等制度。

在传达贯彻古田会议决议过程中，罗荣桓还学习了毛泽东给林彪的复信（即《星星之火、可以燎原》）。林彪对形势的悲观估量是有一定的代表性的。早在井冈山上，罗荣桓就听到过“红旗打得多久”的议论，但要对其进行说服却颇为费力。读了这封信，他感到有了澄清悲观情绪，进行形势教育的锐利武器。这封信对他思想影响很大。直到 1945 年春天，他在担任山东分局书记时，还将此信印发给山东军区各战略区负责人，并加按语说：“该信是有历史意义的重要文献，是马列主义者观察问题与掌握形势的典型”，要求大家研究学习。

在工作中，罗荣桓和罗瑞卿密切配合，很快互相熟悉起来。罗瑞卿 1929 年初受中共中央派遣由上海赴闽西组建当地红军。他未参加过井冈山斗争，罗荣桓经常向罗瑞卿讲秋收起义和井冈山斗争的情况。受林彪和江青反革命集团迫害的罗瑞卿，1972 年在被监禁时回忆道：

> 在中央苏区时，我们就不断听到罗（荣桓）宣传主席领导正确的故事，如秋收暴动、三湾改编、井冈山斗争如何艰苦，天天红米南瓜，主席如何教育部队忍耐坚持……
>
> ……虽然这些宣传，还是带着单纯的朴素的性质，但他是满腔热情的……对我们也起了一定的教育作用。

罗荣桓和罗瑞卿在性格上各有特点。罗荣桓沉静、稳重，罗瑞卿爽朗、干脆，但配合十分默契，建立了深厚的友谊。后来，因为他俩都姓罗，又先后任第二纵队、红四军政委，同志们为了区别起见，便称呼罗荣桓为大罗，罗瑞卿为小罗。

1930 年 2 月下旬，红四军在江西吉安以东的水南、施家边歼灭蒋介石的嫡系部队一个旅。部队随即转入赣南分兵发动群众。

三四月间，罗荣桓等率领第二纵队到达赣南的安远、寻乌地区。这时，在毛泽东直接领导下，经过罗荣桓等政治干部不断的实践和总结经验，已形成了一整套比较成熟的群众工作“七部曲”，即：第一步分发土豪的谷物给贫雇农以发动群众；第二步进行口头和文字宣传、化装讲演、召开群众大会以宣传群众；第三步建立工会、农会等以组织群众；第四步组织赤卫队以武装群众；第五步建立党的支部或区委以领导群众；第六步举办群众领袖、党的干部训练班以训练群众；第七步分配土地、建立工农民主政权。这七步，每一步都要进行调查研究，使做群众工作的过程同时成为调查研究的过程。

第二纵队经过贯彻古田会议决议，掌握了这“七部曲”，群众工作出现了崭新的气象。部队走到哪里，标语就贴到哪里。部队一驻下，战士们主动地向群众宣传打土豪、分田地的革命道理，调查土豪劣绅的罪恶。部队打了土豪，除完成筹款任务外，把全部东西都分给了群众。每次出发前，大街小巷都打扫得干干净净。支部还派人挨家挨户检查群众纪律，看看借了东西还了没有，损坏了东西赔了没有。这样，红军的政治影响扩大了，军民关系也更加密切了。队伍一出发，村里的男女老少都恋恋不舍，齐集村头夹道欢送。

几个月的工夫，第二纵队的面貌发生了显著的变化，引起了前委的重视和注意，罗荣桓等的工作得到了前委的赞扬。1930 年 5 月，赴上海党中央出席全国红军会议的红四军代表熊寿祺在给中央的报告中指出：“二纵队过去没有很好的上级干部，军事政治都无中心，因此战斗力差于一、三纵队。最近上级干部已另换人，二纵队又复兴起来了。”

## 第三节　深入第三纵队

1929 年春天以后，红四军利用国民党各派军阀连续混战的有利时机，转战赣南闽西，获得很大发展，又组建了红六军、红十二军。1930 年 6 月间，中共中央政治局会议在上海召开，以李立三为代表的“左”倾冒险主义在中央占了统治地位。“立三路线”命令集中全国红军进攻中心城市，“会师武汉”、“饮马长江”。按照中共中央决定，红军在汀州整编，组建了第一军团（开始曾称第一路军），朱德任总指挥、毛泽东任政治委员。下辖红四军、红三军（原红六军）、红十二军。罗荣桓代理红四军政治委员。

早在 2 月陂头会议[①] 以后，朱德、毛泽东便不再兼任红四军军长和政委的职务，而任命林彪为红四军军长，潘心源（即彭清泉）为红四军政委、四军军委书记。但当时潘作为中央巡视员正在湘赣边界和红五军中活动，不能到四军任职，乃由熊寿祺代理军委书记。4 月 1 日，红四军打下广东南雄后，熊作为红四军代表赴上海出席全国红军代表会议。前委即重新物色四军政委的人选。

林彪打仗很稳重也很灵活，擅长于出敌不意，打敌人的伏击。但个性很强，不愿听取别人批评。别人颇难同他共事。自从他担任第二十八团团长以来，同各届党代表大都搞不好关系。陂头会议后，四军政委实际空缺。作为红四军政委，

① 2 月 7 日在吉安县陂头镇召开的红四军、五军、六军和赣西特委负责人联席会议。第五军彭德怀等为赣江所阻，未出席。

除必须具备立场坚定、观念正确、有丰富的政治工作经验等基本条件外，还要有宽广的胸怀。既要有坚定的原则性，在非原则问题上又要有容人的度量，善于忍让、谅解，以利于搞好和林彪的团结。毛泽东建议由罗荣桓代理四军政委，前委同意毛泽东的建议。

红四军共有三个纵队。第一纵队是老二十八团，战斗力很强。二纵队经过罗荣桓等近半年的辛苦工作，也赶上来了。三纵队原是老三十一团。在汀州整编时，为了加强由闽西地方红军编成的第十二军的战斗力，已将其成建制调到十二军，而将原十二军的第二、三纵队调入红四军组成新的第三纵队。当罗荣桓到任时，比较弱的就是这个纵队。部队转移到江西后，这个纵队有许多福建籍战士因家乡观念严重，纷纷开小差。第十九大队在汀州原有一百八九十人，到了瑞金，只剩下七八十人。兵员不足，他们只好打了一面“扩大红军”的三角旗子，沿途招募，又补进了不少江西籍的战士。罗荣桓非常注意对这支新部队的培养、锻炼。到瑞金后，罗荣桓便把行李搬到第三纵队，深入部队进行调查研究。

一天，他带了三位干事、一位勤务兵、一位马夫来到第三纵队的特务大队。

经过同战士们一道生活，罗荣桓发现，部队扩大以来，团结问题突出起来了。这个大队的大队长是湖南老乡，爱吃辣椒。政委是广东人，偏偏不爱吃辣椒。买菜的时候，大队长经常嘱咐司务长买辣椒，要挑那种又红又尖的，越辣越好。大队长这种爱好得到了同样喜欢吃辣椒的江西籍的战士支持，可却遭到不爱吃辣椒的政委和福建籍战士的反对。这位大队长又有点军阀残余，古田会议以后打人固然不敢了，嘴里骂骂咧咧的却仍然是家常便饭，而政委也不肯忍让。于是，吵架就不可避免了。

罗荣桓了解这一情况后，出席了大队的支委会和士兵委员会。在支委会上，大家又扯起了吃不吃辣椒的问题。罗荣桓发了言，他说：“我们这个大队有江西人，也有福建人，还有广东人、湖南人，来自四面八方。要不是革命，大家谁也不认识谁。革命使我们成了阶级弟兄，我们一定要团结，不团结，工作搞不好，仗也不能打好。所有的共产党员都应该在团结方面起模范作用。我们湖南有这样一首民歌：‘一根竹竿容易弯，三扎麻绳扯断难，众人拾柴火焰高，齐心团结金不换。’这说明了团结的重要。团结，这是一个出发点，有了这个出发点，一些具体问题，像吃辣椒的问题就好解决了。大家应当互相谅解、互相照顾。今后可以少买点辣椒，单炒，爱吃辣椒的湖南人、江西人的需要就可以满足了。但是，不要放到菜里头，这样也照顾到了福建人的不同的口味。”

经过罗荣桓的耐心教育，这个大队几个干部都作了自我批评，表示今后一定要团结起来。

罗荣桓离开特务大队后，又走访了几个大队，发现福建人和江西人之间的团结问题普遍存在，除生活习惯不同外，语言不通也是造成隔阂的原因之一。

针对这一情况，罗荣桓召开了专门研究和解决团结问题的政工会。罗荣桓在会上说：“福建的同志刚从地方上出来，讲话别人听不懂，他们坐在一起是很自然的。这不是什么小宗派、小集团，当然，福建的同志也要学国语，你们干部今后向部队讲话，要学着讲国语，不要讲土话。在这个问题上，干部也要用自己的带头作用去影响战士。今后，部队还会不断发展，五湖四海的人都会碰到。如果不会讲国语，指挥部队就会发生困难。”

会后，由于各级党组织的重视，团结问题很快解决了。而不会打仗的问题又突出了起来。红一军团由广昌转移到兴国集结后，于 7 月 11 日北上。路过吉水的一个夜间，红四军正以第一、二、三纵队的序列行军。三纵队一些新战士看到前面有人打手电筒，不知道是怎么回事，都慌里慌张往路边的树林子里躲。乱了好一阵子才把队伍整理好。7 月 24 日部队进驻樟树镇后，一、二纵队在赣江边警戒，三纵队驻在镇子里。也是在一个夜间，一、二纵队发现江里有敌人的汽划子，便用机枪扫射。三纵队一些新战士听到机枪响，又乱了起来，用当时的语言讲，就是发了一阵“妖风”。于是，有人编了顺口溜，嘲笑这支新部队“走路走不动，打仗发妖风”。

罗荣桓发现这一问题后，吩咐三纵队政委张赤男将大队以上的政治干部找来开会。在会上，罗荣桓针对部队这种惊慌失措的现象进行了严肃的批评。他说：“一个手电筒就把我们搞散了，听到机枪响就发妖风，怎么行呢！”听到罗政委的批评，大家都低下了头，感到非常惭愧。他们说，许多战士连手电筒也没有见过，连机枪响也没有听过，根本没有打过大仗。罗荣桓听完他们的解释，口气缓和了一些。他耐心地说：“打仗，谁也不是从娘肚子里生下来就会的，都是学会的。兵要靠干部带。”他要求干部以自己在战斗中的模范作用影响和教育战士，要手把手地教，通过放哨、夜行军等活动锻炼新同志的胆量，提高他们的信心和勇气。后来，在文家市战斗前，罗荣桓又到三纵队进行动员，这一仗，三纵队打得很好。通过这次战斗的洗礼，这支新部队逐渐锻炼出来。

在樟树，罗荣桓返回军部。这时，在红军中开始建立青年工作。为此，将共青团兴国县委书记肖华调入红四军任专职的青年委员。当时，肖华才 14 岁。罗荣桓同他亲切交谈，耐心地教他怎样开展工作。

罗荣桓首先引导肖华认识红军青年工作的特点，他说：“这次毛委员调你到红四军做青年工作，这可与地方团的工作有区别呀。地方上主要是打土豪、分田地，组织儿童团、少先队，搞扩大红军和参战；而部队团的工作作为党的助手，却着重于对青年士兵进行共产主义教育，鼓舞战斗意志。要一切服从战争需要。”

罗荣桓要求肖华立即着手建立各纵队和支队的团组织，配齐青年干部，建立连队的团支部和小组，再逐步健全团的生活。他要求青年工作要符合青年的特点。他说：“生龙活虎是青年人的特点，青年工作就要符合这个特点，要朝气蓬勃、生动活泼，不要死死板板的，要开展多样化的文娱体育活动。要发动团员密切联系群众。团员在各项工作中特别是在战斗中要起先锋模范作用。要组织团员和青年学习军事技术和党的政策。要组织团支部做好帮助掉队战士和巩固部队的工作……”

在罗荣桓的具体指导下，肖华利用行军作战的间隙，积极开展工作。在各级政治机关共同努力下，在一个多月的时间里，军、师、团各级普遍建立了共青团的组织。红四军的青年工作很快出现了新的局面。

## 第四节　在打AB团[①]的日子里

1930 年 7 月下旬，按照中共中央决定，红一军团进逼南昌郊区。8 月 1 日，毛泽东派少数部队到牛行车站鸣枪纪念“八一”，但并未进攻南昌，而是率部西去，于 8 月 23 日，和由红五军扩编而成的红三军团在浏阳县永和市会师，组建了红一方面军，由朱德任总司令，毛泽东任总政治委员、总前委书记。这时，得悉潘心源已返回上海，不可能到四军任职，乃正式任命罗荣桓为红四军政委。

9 月上旬，按照“立三路线”统治的中共中央 6 月间的命令，第一方面军攻长沙，不克。毛泽东劝导部队转向江西，于 10 月 4 日攻占吉安，随即北上。沿途在袁州、峡江、罗坊召开多次会议，讨论行动方针。毛泽东主张放弃打大城市，转到赣江以东广大赤色地区作战，然而一部分领导干部受“立三路线”的影响，仍然主张攻打南昌、九江。会议就此展开争论。据何长工回忆，罗荣桓在这几次会议上发言不多，但表示完全拥护毛泽东的正确主张。最后，毛泽东等终于说服了主张打大城市的一些领导干部。这时，传来了蒋介石调动十万人马向红军逼近的消息。第一、三军团先后渡过赣江，准备采用“诱敌深入赤色区域，待其疲惫而歼灭之”的方针，以粉碎敌人的“围剿”。

部队撤到宜黄时，各军都开展了肃清 AB 团的斗争。这是在红军中开展的第一次大规模的肃反斗争。由于总前委对敌情估计错误，加之缺乏经验，没有正确的政策和方法，一时间，部队中出现了乱捕乱杀的现象。

在这一期间，罗荣桓正在部队检查反“围剿”的政治工作。他听说政治部的几个部长，甚至还有刚从十师调来的一个小勤务员也被抓了起来，便匆匆赶回军部。这时，军部已转移到黄陂、小布以东的钓峰。罗荣桓一下马便听取了政治部的简单汇报，然后来到押“犯人”的临时拘留所。

罗荣桓一进门，便看到一个小战士蹲在墙角哭哭啼啼，那瘦小的肩膀不住地颤动。这是一个还没有发育成熟的孩子，在“犯人”中特别显眼。罗荣桓走到他跟前，和蔼地问：

“小鬼，你告诉我，是怎么回事？”

小战士一见是罗政委，慌忙站起身来，用袖子擦擦眼睛，抽泣着说：“我就是帮他们买了半斤花生米和一斤白酒……”说着说着，他像受了欺负的孩子见到了妈妈，哭得更伤心了。

---

① AB 团，1927 年初在江西成立的一个反共秘密组织，其主要任务是排斥在国民党江西省各级党部中的共产党人和国民党左派。“四一二”反革命政变前，此组织即解散。

罗荣桓皱起了眉，“你不要哭，慢慢地讲。你叫什么名字，在哪儿工作，帮谁买了花生米和酒？”

小战士一面不住地抽泣，一面告诉罗荣桓，他叫王东保，原来在十师宣传队。十师宣传队有几个AB团被杀掉了。他就是给他们买的花生米和酒。

罗荣桓长长地嘘了一口气，指着王东保责问陪他前来的保卫干部：“这是一个小孩子，怎么会是AB团？”

不等这个干部回答，罗荣桓便立即下令：“把他放了！”后来罗荣桓把他要去当了勤务员。

处理完王东保等人的问题，他又听负责审讯的干部汇报说，有“犯人”交代，副官游邦栋也是AB团。罗荣桓决定亲自听取对他的审讯。

游邦栋来后，矢口否认自己是AB团，负责审讯的干部打断他的话，冷冷地对他说：“你不要再狡辩了，×××已经交代了……”

听了这个话，游邦栋感到自己浑身有嘴也说不清，他转向罗荣桓，急切地说：“罗政委，这真是天大的冤枉。我不是AB团。如果我是，”这时他从桌上抢过一把刀，罗荣桓还没有反应过来，他决断地说，“就像这个手指！”说着，他手起刀落，砍断了自己的左手小指……

罗荣桓连忙吩咐警卫员把他带下去找医生进行包扎。事后，他严肃批评了游邦栋自残的错误做法，把他释放了。

这时，又有人反映，军部特务营政委陈志坚打AB团很不得力，右倾手软，说不定本人就是AB团。肖华是二十军发源地兴国县人，据说兴国县的AB团最多，所以肖华也有AB团的嫌疑。罗荣桓不同意这种捕风捉影的猜测，将他们保护起来。

与此同时，打AB团在各师已经普遍开展起来了。部队撤到宁都县境时，军政治部通知第十二师师长萧克和政委张赤男说，十二师的宣传队长和一个宣传员是AB团。于是，师里立即将这两人逮捕。提审时，这两个人不承认，一用刑，承认了，又供出了十几个人。再抓，再打，再审，这十几个人又供出几十人，11月底，这个师已抓了一百多人。当时前委规定，捕人由各团党委决定，杀人由各师党委决定，无须向军党委和前委请示报告。十二师准备杀几十人。

就在准备动手的这一天早晨，十二师领导感到杀这么多人有问题，萧克便骑马到钓峰军部向罗荣桓政委请示。罗荣桓和红四军军委秘书长黄益善接见了他，听了他的汇报。罗荣桓明确答复：“不能杀那么多人。”黄益善支持罗荣桓的意见。

听了这两位领导干部的意见，萧克感到心中有了底。他立即往回赶，救下了三十多人。从此，“罗政委刀下留人”的故事便在红军许多部队中流传开来。

打AB团，是由于在斗争形势十分紧张的条件下，中共党组织对红军内部的敌情作出了错误估计。当时的罗荣桓还无法分辨这一是非。但是由于他保持了比较清醒的头脑，具备优良的实事求是的作风，仍然挽救了很多人的生命。这一点在当时的历史条件下已经是非常难能可贵的了。他减轻了打AB团对部队造成的伤害，保持了部队的战斗力，从而为即将来临的反“围剿”的胜利创造了条件。

# 第五章　在中央革命根据地

## 第一节　参加第一、二、三次反“围剿”

第一次反“围剿”战斗很快就要打响了。1930年12月下旬的一天，红四军在钓峰河滩上召开了粉碎敌人“围剿”的动员大会。罗荣桓在大会上讲话。他深入浅出地阐明了毛泽东提出的“诱敌深入、准备反攻”的方针，根据总前委的布置，列举了红军在敌强我弱的形势下克敌制胜的八大有利条件。这八大条件的前两条讲国际、国内形势对红军有利，后六条是：一、我们的战略好，着着胜利，敌人是着着失败；二、我们有群众拥护，敌人遭人民反对；三、我们兵力集中，敌人兵力分散；四、我们内部团结，敌人军心涣散，人多摆不开，枪多拿不稳；五、我们准备充足，敌人经济恐慌；六、我们得地利，敌人人地生疏。他讲完话后又领着大家高呼“勇敢冲锋”“拼命杀敌”“多缴枪炮”等简短有力的口号，以鼓舞广大指战员昂扬的战斗意志。前不久在部队中因打AB团而引起的惊慌不安的情绪为之一扫。

12月30日，林彪、罗荣桓率领红四军插到龙冈以北，同红三军团、红三军、红十二军一道，围歼敌第十八师，活捉敌师长张辉瓒，接着又歼敌第五十师之一半，胜利粉碎了第一次“围剿”。

在第一次“围剿”遭到惨败后，蒋介石又派何应钦为总司令，率领20万大军，向中央根据地发动第二次反革命“围剿”。红军立即与敌人脱离接触，向南撤到广昌、宁都一带。在这一期间，罗荣桓以主要精力抓反“围剿”的政治工作。他召开了红四军政工会议，总结了第一次反“围剿”的政治工作经验，根据总政治部颁发的《反“围剿”政治动员令》和宣传提纲、口号，结合四军的具体情况，布置了反“围剿”的政治工作。会议刚结束，他又召集了有驻地群众参加的誓师大会，号召军民团结起来粉碎敌人新的“围剿”。接着，各师也分别召开了反“围剿”动员大会。与此同时，红四军各个部门都围绕着反“围剿”这个中心开展工作。司令部、供给部、卫生部分别召开了参谋会议、副官会议、军医会议，研究和布置了各项作战的保障工作。有了上一次反“围剿”的经验，这一次反“围剿”的各项准备工作做得更加充分了。

1931年4月20日，罗荣桓等率红四军随方面军总部转移到离敌人仅40里的东固、龙冈一带集结待命，等待有利战机的到来。

几万大军集中在大山里头，刚过了几天，给养便发生了困难。每人每天只能发几分钱菜金，菜还没有地方买，柴火得靠自己上山打。罗荣桓在这一期间一手抓训练，一手抓生活，为提高部队的战斗力兢兢业业地工作。每天拂晓，他带领机关干部和部队一起爬山，练习抢占山头。晨雾还没有退尽，他便和战士们一道，一人背着一捆柴火走下山来。他号召大家开动脑筋，想方设法改善生活。每逢休息时间，他便和战士们一起挖竹笋、捉泥鳅、摸田螺、挑野菜……到了夜晚，常常可以见到“满田灯火摸螺蛳”的情景。实在没有菜吃，打些米面糊糊，放一点盐就算是菜。

环境这样艰苦，罗荣桓在抓训练、抓生活的过程中，始终把政治工作作为生命线，予以高度重视。在他领导下，部队经常上课，党团员经常开会，以制订个人和班排的作战计划，讨论在即将来临的反“围剿”战斗中如何发挥模范作用和先锋作用。每个连队都布置了列宁室，出了墙报，到处都可以听到嘹亮的歌声。

既生动活泼又扎扎实实的政治工作，使红四军广大指战员始终保持了非常旺盛的战斗情绪。对此，毛泽东十分满意。原来，在决定罗荣桓任四军政委时，因为林彪过去同历任党代表都搞不好关系，不少人都为罗荣桓捏了一把汗，连毛泽东也有点放心不下。罗荣桓到任后，一心扑在部队建设上，把四军的政治工作、军事训练、供给工作抓得井井有条，与林彪配合得不错。林彪除了负责作战指挥外，对部队的日常工作索性不怎么过问了。毛泽东放了心，他高兴地对身边的同志说：“罗荣桓在四军，不是跟林彪团结得很好吗？”

5 月 14 日，敌两个师离开富田向东固前进。有利战机出现了。16 日下午，四军抢占九寸岭、观音崖两处隘口，与敌激烈战斗，歼敌 1 个多师。红军随即向东横扫 700 里，15 天打 5 仗，俘获人枪 2 万余，胜利粉碎了第二次“围剿”。

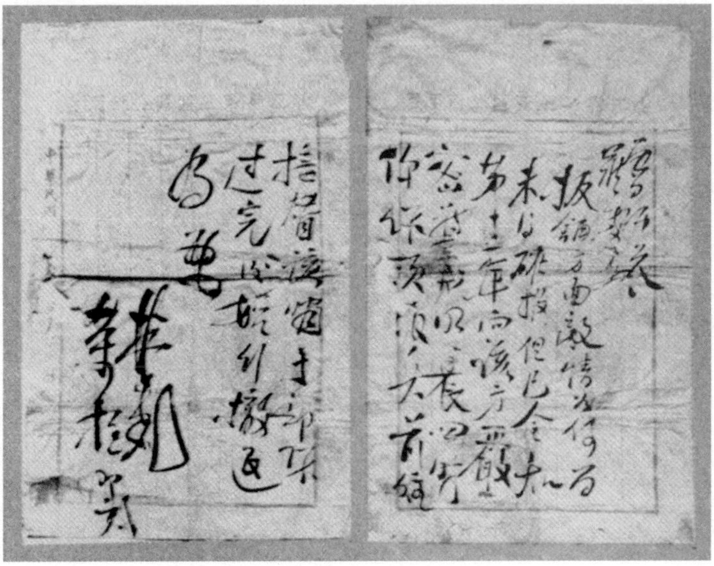

在第二次反“围剿”中，由罗荣桓起草的红军第四军军长林彪、政委罗荣桓写给第十一师师长曾士峨、政委罗瑞卿的命令

7月1日，蒋介石又发动了第三次“围剿”。30万大军像洪水一般，由北而南，汹涌而来，一下子几乎占领了全部中央根据地。红军冒着酷暑，绕道千里，从闽西经根据地底部到瑞金再到兴国高兴圩地区集中。8月7日清晨在莲塘全歼上官云相师1个旅，下午在良村又将敌郝梦龄师2个多团歼灭。

良村战后，红四军又转向东面去打驻黄陂的毛炳文师。在良村只留下政治部、供给部和卫生部打扫战场：安置伤员、收容俘虏、运送枪支。部队正在转移，敌第十九路军又紧追上来。红军打扫战场的部队来不及疏散。一些俘虏、枪支又重新被敌人夺了回去，红军的一些伤员也被敌人抓走。罗荣桓认为自己作为四军军委书记和政委，应该负责。

在历次战斗中，罗荣桓都非常注意做好伤兵的政治工作。每次战斗结束，他都要亲自检查伤兵的安置，走到担架旁对伤兵进行慰问，逐个询问伤员，伤在哪里，感觉怎样，及时将前线的胜利消息告诉给伤员，鼓励他们到后方安心养伤，痊愈以后再返回前线杀敌。他还组织政治部做好担架队的鼓动工作，沿途准备开水、干粮，工作非常细致周到。在第二次反“围剿”一次战斗结束后，罗荣桓在路上碰到十一师的干事邓逸凡，便问他：“你是干什么工作的？”邓逸凡回答：“组织担架队救伤员。”罗荣桓点点头，拍拍邓逸凡的肩膀，鼓励他说：“这一项工作非常重要，一定要把负伤的阶级弟兄全部救回来。”

“一定要把负伤的阶级弟兄全部救回来”，罗荣桓把这件事看成是巩固部队的非常重要的事情。他经常亲自动手去做。但是良村战斗后，部队马上要去打黄陂，军情急迫，他把这件事交给了政治部和供给部，不料出了岔子。尽管有种种客观原因，但他心情仍然十分沉重，好几天吃不好饭睡不好觉。

8月11日，罗荣桓等率红四军和红十二军相配合，冒雨进攻黄陂，歼灭毛炳文师4个团。随即转到兴国枫边、城冈地区隐蔽休整，静观敌人的动向。

这一期间，在城冈召开了红四军军委会议，为贯彻王明路线而于4月间抵达中央苏区的中共中央代表团一位负责人出席。会上又扯起良村战后丢掉伤兵、俘虏和枪支的问题。罗荣桓主动承担了责任，再次作了严格的检讨。可是，林彪未作检讨。会后，罗荣桓被免除军委书记的职务，由林彪接任。罗荣桓对于受到不公道的批评，毫无怨言。后来也从未计较此事。

9月间，寻找红军主力一再扑空的敌人开始撤退。红四军和三军团攻击高兴圩之十九路军，打成对峙。十一师师长曾士峨壮烈牺牲。这一仗罗荣桓因脚伤未到前沿阵地。对曾士峨的牺牲，他感到十分悲痛，决心为曾士峨和一切牺牲的烈士报仇。当时他脚伤已经化脓，行动十分不便，未愈便又上前线，与林彪率部于9月15日在方石岭将敌五十二师歼灭。

第三次反“围剿”胜利结束后，红四军奉命到石城地区开展工作。这时政委办公厅已与政治部合并，罗荣桓任第四军政委兼政治部主任。原政治部主任彭祜调到江西省军区。林彪虽已任四军军委书记，但仍然只管作战，很少过问部队整训、群众工作。同往常一样，这一切主要仍由罗荣桓来抓。

## 第二节　进军漳州

1931 年 11 月初，中共中央代表团主持召开了中央苏区党的第一次代表大会（赣南会议）。“左”倾宗派主义开始排斥毛泽东对红军的正确领导。12 月间，国民党第二十六路军 1.7 万人在宁都起义，编成中国工农红军第五军团。1932 年 1 月上旬，王明路线统治的临时中央认为，“夺取一二个重要的中心城市，以开始革命在一省数省的首先胜利”已提上议事日程。根据中共临时中央的指示，中共苏区中央局多数人不顾毛泽东的异议，决定红军围攻赣州。林彪、罗荣桓奉命率红四军在南康、大庾一带发动群众并防止广东军阀增援赣州。

由于赣州三面环水，防守坚固，红军围攻三十余日不克，遭重大伤亡后于 3 月 7 日撤围。

1932 年 3 月 12 日，红一方面军进行了整编，将红四军和红十五军编为第一军团，由林彪任总指挥、聂荣臻任政委、陈奇涵任参谋长、罗荣桓任政治部主任。

3 月下旬，红一军团和红五军团组成东路军入闽，东路军的指挥机关由一军团指挥机关兼代。罗荣桓兼任东路军政治部主任。3 月 30 日，毛泽东建议夺取漳州，中共苏区中央局接受了这一建议。随后，毛泽东即以中华苏维埃临时中央政府主席身份，率东路军执行夺取漳州的任务。

出发前，东路军指挥机关在汀州进行了周密仔细的准备。罗荣桓白天忙着开会，参与制订作战计划，晚上还要拟订政治工作计划，准备对部队的动员材料，撰写交付石印的安民布告稿，每天都夜以继日地辛勤工作。实在困了，就靠在椅背上打个盹或是用冷水擦一把脸。勤务员王东保半夜醒来，总是看到他仍然伏案工作。这时便起床给他沏一杯清茶，劝他早一点休息。罗荣桓放下手头的笔，喝完茶，便按照家乡的习惯，伸出两个手指把杯里的茶叶掏出来吃掉，然后擦擦眼镜问一问王东保学习文化的情况，教小王识几个字，再吩咐小王去睡觉，自己又专心致志地工作起来。

4 月初，东路军向闽南进军，4 月 10 日收复龙岩。17 日，冒着急雨到达九龙江的支流东溪边。这时山洪已经下来，汹涌湍急的河水挡住了部队的去路。罗荣桓亲自组织机关渡河。他吩咐将绳子、绑腿都接起来，大家互相拉着，身体单薄的小鬼拽着马尾巴。整个机关既安全又迅速地渡过了河。19 日，部队攻克漳州。

在红军入城之前，罗荣桓认真抓入城的政治工作。他召集了由各军政委、主任参加的政工会议，要求各部队遵守三大纪律八项注意及关于入城的各项规定，要求宣传队全体出动，开展声势浩大的宣传活动，分散到街头巷尾向群众讲解“九一八”日本帝国主义占领东北以后的国内形势，讲解临时中央政府颁发的《对日作战动员令》和临时中央政府和军委联合颁发的抗日宣言。罗荣桓特别强调，要贯彻保护民族工商业的政策。他指出，“漳州是福建沿海城市，华侨和侨眷特别多，他们的穿着打扮和江西不同，比较洋气、阔气，但绝大多数是劳动者或工商业者，不是土豪，我们千万要注意，不能把戴礼帽、穿长袍的人都当成土豪”。

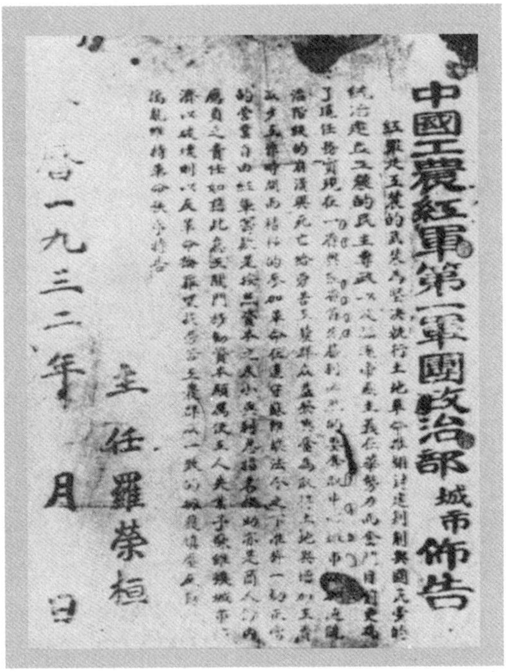
中國工農紅軍第一軍團政治部城市佈告

主任羅榮桓

一九三二年 月 日

1932年4月，红军打下漳州后，罗荣桓以红一军团政治部主任的名义发布的城市布告

进城后，罗荣桓带领政治部机关驻进了芝山上的一座小楼。在罗荣桓领导下，刚刚安顿好行李，整个政治部便像一盘机器一样运转起来。部长们和干事们都分了工。有的抓工会、农会，有的抓工人纠察队，有的准备“五一”庆祝大会，有的参加调查敌产，有的发动群众、扩大红军，有的检查群众纪律……

第二天，各部队的宣传队都撒到了街头巷尾，张贴了在汀州印就的、以红一军团政治部主任罗荣桓的名义发布的布告和标语，进行演讲，揭露蒋介石“攘外必先安内”的卖国投降政策，宣传共产党和红军抗日救亡的正义主张。

共产党和红军的宗旨与主张很快赢得了广大群众的拥护。他们或奔走相告，或写信发报，消息迅速传播到厦门、福州、广州、上海、港澳，乃至海外，共产党和红军的政治影响更加扩大了。

在进行广泛的宣传活动的同时，罗荣桓又组织政治部配合地方党的组织分头召开各界人士座谈会，经过酝酿和协商，成立了闽南和漳州市的工农民主政府。在进行群众工作时，罗荣桓不仅和早在1929年就调到闽西地方工作的老战友蔡协民等重逢，而且又结识了一直在白区工作的王占春、陶铸等新战友。罗荣桓逝世后，陶铸曾写下“漳城初见情犹昨，辽水重逢意更妍”的诗句，纪念他们在漳州的相识和抗战胜利以后在东北重逢、共同战斗的情谊。

5月1日，罗荣桓领导政治部在中山公园组织了有一万多群众参加的国际劳动节庆祝大会，在漳州缴获的飞机也奉命起飞，在会场上空来回盘旋，撒传单。大会盛况空前，漳州的群众工作迅速达到了高潮。许多青年（其中包括从厦门赶来的），纷纷报名参军，在短短的十几天内，红军扩大了几千名新战士。

罗荣桓对这批新战士中的青年学生十分重视。他亲自同准备调到军团政治部的苏孝顺[①]等人谈话。当苏孝顺提出希望做军事工作时，罗荣桓尊重他的意见，将他分到军团司令部，而将苏精诚、李兆炳等分到政治部。罗荣桓称呼他们是文化人，经常问寒问暖，问他们是否吃得了苦，想不想家，鼓励他们在严酷的斗争

① 1945年3月改名为苏静。

中磨炼自己。行军时，老干事们都是自己背背包。罗荣桓知道新同志一下子可能适应不了，便招呼他们把行李放到公用的牲口背上，关怀照顾，无微不至。

漳州的群众工作取得了巨大的成绩，但也曾经发生了一些问题。刚进城的时候，有的部队对党的工商业政策理解不深，曾经错误地没收了一些民族资本家企业的财物。罗荣桓发现这一问题后，立即决定由政治部出面邀请工商界代表开会。在会上，罗荣桓说明了我军保护工商业的政策，对有些单位错误没收工商业者的财物的做法作了自我批评，也说明了红军目前缺少经费的情况，希望工商业者自愿捐款。听了罗荣桓恳切的讲话，代表们都答应向各行业工商业者传达。以后，多数工商业者认了捐，政治部在市中心出了捐款者的红榜。

在漳州，政治部住的那栋楼房设备比较好，有电灯、电话、钢琴、钢丝床和全套的卫生设备。这些东西对于大多数同志讲，都是第一次见到。在这座城市里，“第一次”那就太多了，比如第一次看电影，第一次吃刨冰，第一次洗温泉……，在这当中也难免出一点把肉松当烟丝、用电灯点火抽烟之类的洋相。碰到诸如上下水道、电灯、电影等大家没有见过的新奇的东西，罗荣桓便耐心向大家讲解其原理和用途；同时教育大家，在这繁华的城市，仍然要保持红军艰苦朴素的作风。他身教重于言教，身居闹市，一尘不染，仍然和干部、战士亲密无间地生活在一起，睡觉时还盖着他那一床已经没有毛的俄国毯子，吃饭时同在一个菜盆子里搛菜。

在物质生活十分菲薄的红军年代，炒一点辣椒或是买一点花生吃，对于罗荣桓来讲，便是最好的物质享受。不料，在第三次反“围剿”以后，青年团发起了一个“三不吃”运动，号召团员和青年群众不吃油粑粑，不吃纸烟，不吃辣椒。油粑粑和纸烟对于红军来说都是奢侈品，不吃是为了节约。而辣椒，虽然算不得是什么稀罕的东西，可据说有刺激性，吃了容易生疥疮，因此也在不吃之列。“三不吃”运动开展以后，伙房的菜里见不到辣椒了。勤务员王东保便找了一个香烟桶子，偷偷替罗荣桓炒了一点辣椒，让他下饭。时间不长，这个秘密便被青年团员们发现了，声言要将辣椒没收。王东保说：“这是给罗政委炒的。”青年团员们说：“给政委炒的也不行。”双方争吵起来。罗荣桓知道后，对王东保说：“我虽然是成年人，但要支持团的活动，也要响应青年团的号召。”让小王把辣椒交了。辣椒吃不成了，买点花生吃便成了他唯一的享受。可是，他的身上经常是如杜甫的诗句所描绘的：“囊空恐羞涩，留得一钱看。”不过，罗荣桓的一块光洋可不是留着看荷包用的，而是曾经救了他一命的纪念品，当然舍不得花。除此之外，他经常是一文不名。有时看到卖花生的，一掏荷包，一个铜板也没有。在他身边的工作人员便给他垫上。买上两个铜板的花生，大家一起吃。到发零用钱或分伙食尾子时，罗荣桓想起的第一件事就是还账。可他怎么也记不住究竟是借了谁多少铜板，只好把钱分成几堆，分给大家，说是还账的。同志们谁也不承认曾经借给他钱，又退给他。这样推来推去，最后往往是以买一只鸡炒了大家吃一顿完事。到头来他依旧是囊空如洗。到漳州后，又发了零用钱，与往常不同的是，罗荣桓竟没有还账。难道他是看中了大街上那些花花绿绿的商品了吗？不，他是想买书。

从少年时代开始，罗荣桓便养成了爱读书的习惯，上井冈山后，吃红米饭南瓜汤，他安之若素，不以为苦，唯独没有书看却使他感到难以忍受。每逢打土豪，他都要去找书，找到什么看什么。有一次，找到一本《野人记》，他也看得津津有味。到了漳州，他岂能不逛书店？书店里的新书，动辄每本大洋一元，他买不起；但那旧书店里一两角钱一本的旧书，还是可以买一些看看的。他专门跑了一趟旧书店，一待就是几个小时，出门时笑眯眯地捧了一摞旧书。在路过芝山脚下毛泽东的住处时，他连忙进去，把书店的地址告诉给毛泽东。博览群书的毛泽东自然更不放过这个机会，他很快便成了旧书店里的上宾。

漳州旖旎的风光，亚热带的气候，富饶的物产，繁华的市容，这一切都是美好的。但是，梁园虽好，终非久恋之乡。在当时，红军还不具备长期占领这样一座城市的条件。6月初，传来了蒋介石准备发动第四次"围剿"的消息。毛泽东决定立即撤兵，同时派人通知罗荣桓，所筹款子要全部上交中央有计划统配使用。罗荣桓立即照办。他领导政治部组织了闽西根据地各县成千上万十六七岁的少先队员到漳州参观，然后动员他们把包括2架飞机、2000多支枪、6门炮、2台车床、1台发电机在内的大量战利品秩序井然地搬运进根据地。这一批少先队员受到了锻炼和鼓舞，其中有部分人员参加了红军。

## 第三节　在第四次反"围剿"中

1932年10月，中共苏区中央局在宁都召开会议，"左"倾冒险主义领导者加紧推行其政治上反"右倾"，组织上"改造和充实各级领导机关"的错误纲领，毛泽东被调去做政府工作，随后又被撤销了一方面军总政委的职务。接着，在福建开展的反对所谓"罗明路线"，[①] 发展到江西，邓（小平）、毛（泽覃）、谢（唯俊）、古（柏）又被错误地批判。一大批坚持正确意见、有实际经验的干部遭到打击和排挤。在第四次反"围剿"快要开始的时候，一军团也接到了调动罗荣桓工作的命令。一军团政委聂荣臻以他和政治部副主任李卓然的名义向总部发报，提出，"大敌当前，我们请求罗荣桓同志工作不要调动"。总部同意缓调。罗荣桓并没有因为即将调动而影响自己的情绪，仍然兢兢业业地工作，把政治部的工作领导得有声有色，对保持一军团这支主力军旺盛的战斗情绪，对第四次反"围剿"的胜利起到了强有力的保证作用。

第四次反"围剿"是在毛泽东已离开红军领导岗位的情况下进行的。由于中央革命军事委员会主席兼红一方面军总司令朱德和中共苏区中央局书记兼红一方面军政治委员周恩来仍然按照毛泽东式的战略战术进行指挥，作战取得很大胜

① 罗明，当时的福建省委代理书记。1933年2月，中共苏区中央局错误发动了反罗明路线斗争，罗被撤职。

利。2 月 11 日，“左”倾领导者强令一军团攻南丰，不克。13 日，国民党军向南丰增援。一方面军在周恩来、朱德指挥下，毅然撤兵，秘密转移到广昌以西隐蔽集结。2 月 27 日，在黄陂地区运用大兵团伏击的战法，歼敌第五十二师全部和第五十九师大部，俘师长李明、陈时骥。

3 月 21 日，红军在草台岗地区向敌第十一师猛攻，歼其大部，重创敌援军第五十九师残部和第九师一部，基本粉碎了蒋介石对中央根据地的第四次“围剿”。蒋介石遭此惨败，不禁发出“此乃为本军未有之惨事”[①]的慨叹。

在第四次反“围剿”两大战斗之间，1933 年 3 月 10 日，罗荣桓主持了一军团在第四次反“围剿”中政治工作的检阅[②]，以他和副主任李卓然的名义作了题为《官家僚[③]以后政治工作》的书面总结，指出，在三都整编[④]之后，“宣传鼓动工作有些进步”，“能抓紧当地的实际问题作为宣传鼓动的出发点”，“对目前的中心任务能从各方面进行较深入的宣传工作”。

在井冈山斗争时期，罗荣桓便非常重视宣传工作。他曾提了石灰桶子，到处刷标语，也曾站到方桌上，对赶圩的老表讲演。到红四军下井冈山的时候，每个营和连都有了宣传兵。罗荣桓对这支宣传队伍抓得很紧，不仅依靠他们对部队、对群众、对白军士兵做宣传，而且把他们看成是初级政治干部的来源，精心加以培养。可当时有一些人却瞧不起这些宣传兵。行军时，宣传兵们为了做行军鼓动工作，经常插队伍，跑前跑后。有的人就讽刺挖苦，怪声怪气地喊道：“唉，大家快闪开，骑兵团过来了！”还有的人把宣传兵说成是“卖狗皮膏药”的，宣传兵过来时便开玩笑地问道：“唉，你那膏药几个钱一张啊？”也有的人干脆直截了当地对宣传兵说：“你们贴那标语有什么用？要打仗嘛，还得靠老子手里的枪。”

听了这些反映后，罗荣桓耐心对部队进行教育。他指出：子弹可以杀伤敌人，但是很难打到蒋介石的头上。而贴标语做宣传可以争取群众、瓦解敌军，却能起到这个作用。

古田会议以后，红军宣传工作发展到了一个新的阶段。连队里普遍建立了列宁室（后来改称为俱乐部），部队每到一地号房子时，都把最好的房子留给列宁室，开展对干部、战士的文化教育。行军时，战士的背包上都写了标语。指导员一喊：“现在学标语了。”战士们便一面行军，一面通过学标语认识几个字。歌咏活动逐渐形成了热潮。在井冈山上，战士们只会唱北伐时期的《打倒列强除军阀》，以后歌子便多起来了，《当兵就要当红军》《工农兵联合起来》《少年先锋队队歌》都唱开了。这些红色歌曲又很快通过赤卫军、少先队等组织传到人民群众之中。群众也用旧瓶装

---

① 蒋介石 1934 年 3 月 4 日致陈诚的电报，曹伯一：《江西苏维埃之建立及其崩溃》，第 270 页，转引自杨树标：《蒋介石传》，团结出版社 1989 年版，第 227 页。

② 检阅：当时用语，含义相当于现在的检查、总结。

③ 官家僚：地名，位于南丰县西北，是一方面军围攻南丰县时，一军团机关的驻地。

④ 三都整编，1933 年 2 月初，一方面军在黎川县三都进行整编，一军团撤销了军一级建制，直辖七、九、十、十一四个师。

新酒的办法编唱了许多新的山歌。这些山歌又传到了部队。

1931年以后，各师都有了油印小报。军团部出版了《战士报》。罗荣桓对这张报纸非常重视。他不仅亲自撰写社论、文章，修改稿件，而且有时还亲自推滚子、印报纸。报纸成了宣传员们手里锐利的武器。行军休息时，宣传员们便拿着报纸，到处奔走，忙着飞行读报，到了一处，一声喊："同志们，请听胜利消息……"读完一段，又赶往别处去读。于是，胜利的消息便到处传开了。

宣传员手里提的桶子也不仅仅是装石灰了，有了黑烟子、红土，有时甚至还有彩色颜料。墙上除了写标语，又画了漫画。罗荣桓三天两头往宣传队跑，对写标语、画漫画作具体指导。有一次他看到宣传队将军阀画成了土豪，便对队员们说："你们没有见过军阀，军阀要比土豪洋气一点。"根据罗荣桓的指示，宣传队员便给军阀头上加上一顶呢帽，鼻梁上再架一副眼镜。

战时鼓动工作加强了，部队上火线时，政治机关及时派出宣传队员、干事和传达员在要道和阵地上呼口号、唱歌，鼓舞指战员的斗志。各部队都有不少伤员不仅不下火线、不啼哭，而且帮战友压子弹、拧手榴弹盖子，呼口号，鼓舞战友，用自己的实际行动自觉做好阵地鼓动工作。

红军的宣传鼓动加上正确的俘虏政策，把大批白军士兵争取了过来。白军士兵打仗时朝天放枪的，带着枪跑过来的，几乎每一仗都有。

大革命时代化装演讲的方法也吸收到红军宣传工作中来了。这种化装演讲很快发展成演活报剧和文明戏。当时，演戏没有固定的剧本，几个人在一块把剧情凑好便可以上台。台词都是演员现编的。没有女角，便由身材瘦小的肖华、童小鹏等人男扮女装。演出时，顺山坡架起几根竹竿，用几块门板一拼，再挂上幕布，就是舞台。劈一些松明，借来老表捉泥鳅用的铁罩子，把松明放进去，再往横竿上一挂，点起火来，就是灯光。美中不足的是这种"灯"有烟，把演员的鼻子、眼角都熏黑了。至于服装，红军、农民和土豪的，那都是现成的。要演军阀、帝国主义者也好办。用细竹篾子绑一副眼镜架，染黑了糊上一层玻璃纸，这就是眼镜；糊一顶高帽子，在帽子上画上不同的标志。演员戴上高帽子和眼镜，手里再拿一根文明棍，就活脱脱的是一个军阀或是帝国主义者了。

这种戏剧，照现在的眼光看，可能会感到比较原始、粗糙，艺术性不强，可在当时，却深受部队和群众的欢迎。大家看到高兴处便哈哈大笑，看到难过时便低头流泪，从娱乐之中受到了教育。

三次反"围剿"结束后不久，罗瑞卿出任红四军政治部宣传部长，他对演戏很热心，部队很快形成了演剧热。他编导了一出《谁给我们痛苦》，揭露土豪对农民的残酷压迫和剥削。这出戏演了好久。红军每到一地，宣传队在演出之前，都要到村里作一番调查研究，然后将剧中人的姓名换成当地真人的姓名，剧情再稍作变动。演出效果非常之好。群众反映："红军真神了，才来了三天就将我们这里的事编进戏文了。"

不久，罗荣桓又委托罗瑞卿组织了一个文化娱乐训练班，学员学习结业后便组成了剧社。因为军团机关报叫《战士报》。这一剧社也就命名为“战士剧社”。剧社成立后，随着演出水平的提高，其影响也越来越大。不过，演员仍然是业余的。

在一次战斗中，部队抓了不少俘虏兵。他们受了国民党欺骗宣传的影响，对红军很不信任，有的犹如徐庶进曹营——一言不发，有的拄了拐，缠上白布装彩号……

为了对他们进行教育，罗荣桓要战士剧社为他们组织一次专场演出。剧目叫《血汗为谁流？》。这是一出以宁都暴动为背景，描写国民党士兵因不堪忍受军官压迫而起义的三幕歌剧。演出开始时，俘虏们神情淡漠。随着剧情的发展，他们的注意力集中了。演到第二幕，台下传来唏嘘声。第三幕开始以后，许多人坐不住了。他们扔掉拐杖、扯下白布，连呼自己上了国民党的当，纷纷要求参加红军。

在第四次反“围剿”前，副主任李卓然等又编了一出《庐山雪》，描写红军打进了南昌，即将杀上庐山去，活捉蒋介石。蒋介石的反动统治就像那庐山上春天的残雪，很快消融、瓦解。为了体现官兵同乐，在罗荣桓的支持和赞助下，罗瑞卿将军团主要领导干部都动员上了台，各人都按实际担任的职务扮演角色。至于反面角色，罗瑞卿自告奋勇演蒋介石，年纪小个子也小的童小鹏则扮演宋美龄。

戏演到最后一幕，红军已打下了南昌，部队正准备向庐山前进。台上是军团司令部，林彪正在接电话。电话里报告：“现在已经缴获了许多战利品，请示怎么处理？”林彪立即答复：“用船装。”接着是林彪和聂荣臻召集会议，聂荣臻提出，要请罗主任研究出捷报。这时该罗荣桓出场了。而他当时患疟疾，正坐在后台火盆边烤火。早在“五卅”运动期间，罗荣桓在青岛大学就曾组织过戏剧演出，可他自己却没有上过台，这一次也许是因为怯场，也许是因为身体不舒服，他仍然没有上台。只是低头坐在那里笑。林彪在台上喊了几声：“罗主任呢？”没有回音，便下命令：“通信员，去把罗主任请来！”于是，几个小伙子不由分说，便把罗荣桓推上了台……

这一出戏，就其“杀上庐山去，活捉蒋介石”的内容来说，在当时的条件下，也未免太浪漫主义了。可是演员的阵容却是空前的。那么多军团干部上了台，引起了指战员们极大的兴趣。部队的文娱生活更加活跃了。

罗荣桓患疟疾后，一直带病坚持工作。不久，寒热把他折磨得面黄肌瘦，终于病倒了。他当然不能像以往那样经常下部队。这又成为一个罪名，叫做“官僚主义”。尽管罗荣桓在四次反“围剿”中工作做得很有成绩，但是王明“左”倾冒险主义“改造和充实各级领导机关”的方针是绝不会改变的，罗荣桓也非调走不可。因此，尽管有聂荣臻等人的竭力挽留，4 月中旬，他还是奉命离开了一军团。

## 第四节　总政治部巡视员和动员部长

罗荣桓接到任命他为江西省军区政治部主任的调令后，便来到宁都。受了错误批判、满腹牢骚的谢唯俊约了驻在宁都附近的第三军团教育大队政委江华冒雨前来看望。罗荣桓看到这两位老战友来访，十分高兴。他拿出头一天买来的花生，又泡了一壶茶，三个人围坐在一起，边剥花生边聊天。

自从宁都会议召开以来，眼看着毛泽东总结的、过去一直行之有效的正确主张遭到否定，眼看着拥护毛泽东正确主张的领导干部一个个被调开、撤换乃至受到残酷斗争、无情打击，他们三人此刻心情都很不舒畅。一开始谁也没有说话，只是闷坐在桌旁，听着淅淅沥沥的雨声，剥着花生……

半晌，还是罗荣桓打破了沉默。他关切地问起谢唯俊的近况。这一来好比是打开了谢唯俊的话匣子。他将郁结在心头的不快统统倾吐出来。最使他不满的是教条主义者对所谓"狭隘经验论"的批判和"山沟里没有马列主义"的论调。

谢唯俊的不满引起江华的强烈共鸣。江华愤愤不平地说："我硬是想不通，为什么吃红米南瓜就没有马列主义，偏偏只有到莫斯科吃了洋面包才有马列主义！"

谢、江的议论，罗荣桓十分熟悉。早在 1931 年，周以栗就说过："山沟里是有马列主义的！"周原是执行"立三路线"的中共中央长江局代表。他到苏区后从实践中体会到毛泽东的主张是正确的，于是有了这样的认识。然而，在教条主义者看来，这简直是"大逆不道"！因此，罗荣桓便意味深长地说："你们这样说难道不怕坐牢吗？"

罗荣桓没有讲更多的话。而江华、谢唯俊经他的提醒，不约而同地长叹一声，也不再讲话了。这时，那雨也下大了，雨珠打在瓦上的声音听起来更加响亮而急促，似乎在诉说着郁结在他们心头的愤懑……

当时，一些不正确的东西往往是从上面来的。执行吧，明知不妥；不执行吧，又违反了下级服从上级的纪律。在"残酷斗争，无情打击"面前常常是有理也说不清。因为一句话说得不对头，就撤职查办、进保卫局，已是屡见不鲜的事情了。考虑到这些因素，罗荣桓又不得不向他们打招呼："这些话在这里讲完就完了。你们出去千万不要乱讲。我们有意见归有意见，工作还是要尽量做好，要尽量发挥一个共产党员的作用。"

罗荣桓到任不久，已经搬到苏区的临时中央即派人来督促反江西的"罗明路线"。省军区指派政治部青年部长钟发宗发言。钟在会上说，过去不认识邓、毛、谢、古，对他们提不出什么意见。中央来人大发雷霆，当场指斥钟是"机会主义的发言"。眼看钟发宗过不了关，罗荣桓和军区司令陈毅商量后便决定立即将钟调到三分区去当政治部主任，把钟保护起来。

六七月间，罗荣桓又被任命为军委总政治部巡视员和总政治部武装动员部部长。

此前，中共苏区中央局已提出了"最大限度地扩大与巩固主力红军，在全中国创造一百万铁的红军"的口号。罗荣桓的使命就是领导武装动员部，贯彻执行这一口号。

总政治部驻在瑞金沙州坝以北约有 15 公里的一个山沟里，孤零零的一个院子，主要建筑是一座用土坯盖的两层楼。院子南面有水塘，周围有松、樟、竹林，环境相当幽静。在这里，虽然时常可以看到敌人的飞机，需要钻防空洞，可激烈的枪声听不到了，也用不着每天急行军了。机关工作毕竟没有部队工作那么紧张，罗荣桓早晚甚至可以同受到错误批判后被调到宣传部的邓小平一道，到竹林里散散步，或者是到水塘边看萧忠谓等年轻的干事捉鱼。萧忠谓还真有两下子。他光着脚丫下水田，脚趾头一夹，一条泥鳅就捉住了。

这种生活，对于身上沾满了硝烟征尘的罗荣桓来说，是显得太悠闲了。他和当时受到王明"左"倾冒险主义排挤和打击的其他干部一样，感到有劲使不上，十分难受。而他们又无法改变这种局面。

可是，罗荣桓并未消极。他到总政不久，便带着少先队总队长张爱萍等到兴国、瑞金一带去调查研究。

罗荣桓结合以往四军和一军团扩红的经验，向张爱萍等指出，要扩大红军，必须充分发挥少先队、模范少先队和赤卫军等群众组织的作用，采取逐步升级的原则。

当时的少先队，吸收十几岁的青少年参加，是一种不脱产的群众性武装组织，相当于现在的民兵。当时的模范少先队是一种半脱产的群众武装组织，平时巡逻放哨，保卫工农民主政权，战时则抬担架、搞运输、支援前线，类似现在的基干民兵。赤卫军是成年人参加的地方武装。

罗荣桓认为，要巩固地扩大红军，关键是要抓好模范少先队的工作。这有两个好处：一是有利于配合赤卫军就地坚持武装斗争，反对地主武装，保卫工农民主政权，保卫人民胜利果实；二是有利于扩大红军。

他说，由一个老百姓到红色军人，要有一个过程。一开始，他们往往有家乡观念，不太乐意参加红军。这时，可以把他们组织到模范少先队和赤卫军中去。平时进行军事政治学习，进行野营训练，战时配合主力红军作战。主力红军要有意识地关心和照顾他们。打胜仗时可以让他们参加追击和打扫战场，以鼓舞他们的战斗情绪，使他们逐步适应战斗生活。在这个基础上再整排、整连、整营、整团地吸收他们参加红军。

8 月 2 日，罗荣桓在《红星报》上发表的《瑞京兴国第一批野营的检查》一文，体现了上述思想。

1933 年 9 月，蒋介石出动 50 万大军，发动了第五次"围剿"。为应付规模日益扩大的战争，中共中央再一次提高了扩大红军的要求。罗荣桓被任命为扩红突击队总队长。他带了张爱萍等人深入到乐安、宜黄一带农村，挨家挨户进行扩红。

由于上面要求扩红的数字大、时间紧、任务重，在一些地区出现了强迫命令的倾向。有的地方采用召开群众大会的方法，开会时把前后门都关起来，在简单动员后便要求到会的人一一报名，有一个不报名的就不散会。有的地方对不报名当红军的以封房子、没收土地相威胁。有的地方在不报名的青年家门口钉上"可耻牌"。有的地方又采取了哄骗或花钱收买的办法。

针对这一情况，罗荣桓提出，一定要坚持说服教育，反对强迫命令。要向群众讲清武装保卫红色政权，保卫土地革命胜利果实的意义。他还指出，对参军的同志，当地党支部、工农民主政府、赤卫军、少先队要优待其家属，安排劳力为他们种地，以减少参军者的后顾之忧。

由于罗荣桓在扩红运动中做出优异成绩，1934 年 1 月 5 日，中央在《关于扩大红军突击月总结的决定》中宣布，将罗荣桓、罗迈（李维汉）、毛泽覃等各突击队的领导者的名字“放在各报纸扩大红军突击运动的光荣红版，在各种小册子、会议与报纸上解释与宣传他们的工作经验，教育全党同志”。

1934 年 1 月 21 日，罗荣桓出席了在瑞金沙州坝临时中央政府大礼堂召开的中华苏维埃第二次全国代表大会。在大会上，罗荣桓由于扩红中取得的优异成绩再一次受到表扬，获得一枚银质奖章。大会选举他为中华苏维埃共和国第二届中央执行委员会候补委员。3 月 25 日，《红星报》发表了罗荣桓的《赤、少队突击运动的初步检查》。文章指出，要完成扩红突击运动，最根本的问题是做好艰苦深入的宣传鼓动工作，克服抄写名册、会议举手通过等强迫命令的做法。

1934 年 3 月，蒋介石在镇压福建事变之后，又集中主力对中央根据地发动进攻。“左”倾教条主义领导者由于在军事上是门外汉，便把指挥大权交给了共产国际派来的军事顾问、奥地利人李德。4 月间，敌军逼近广昌。李德采用以堡垒对堡垒，节节抵抗的战术来应付，并提出了保卫广昌的口号。这时，罗荣桓也来到了广昌前线。他和十四师兼广昌警备区政治部主任唐天际住在一起。老战友重逢，当晚进行了彻夜长谈，互相交流了部队和地方上的情况。对于修碉堡，进行消极防御，他们两人都很不以为然。

第二天，唐天际接到了撤销他主任职务的命令。他回到住地后，罗荣桓看到他情绪比较低沉，关切地问他是不是不舒服，唐天际便将这个命令拿给罗荣桓看，并告诉他事情的原委。

在前几天看地形时，唐天际看到在广昌北面山上孤零零地修了一个被动挨打的碉堡，很不满意，指示部队在广昌南面河边修一个工事，准备一旦顶不住敌人时可掩护部队撤退过河。工事刚刚修好，李德来到前线。他看到这个工事很生气，在会上拍着桌子责问：“谁让在河边修工事的，这岂不是准备退却吗？这样做还怎么誓死保卫广昌？”在李德的坚持下，唐天际被撤了职。

无独有偶，罗荣桓自己也碰到过类似的事。一天，李德去阵地前沿视察。罗荣桓作为总政的工作人员也跟着去了。在阵地上李德用望远镜观察了一番，回过头来正好见到罗荣桓。他也不问罗荣桓是干什么的，便命令罗带一个工兵排去埋地雷。罗荣桓执行了命令，埋完雷回来报告。不料李德变了卦，又命令罗荣桓再去把地雷起掉。这时敌人离埋地雷处已经近在咫尺。罗荣桓实在不理解李德为什么要下这个命令，让战士们去做无谓的牺牲，因此，没有理他。李德见状大发雷霆，跳着脚指着罗荣桓的鼻子喊道：“你不去，杀你的头！”这时，敌人的前卫已经踩响了几个地雷，而敌人的炮弹也已打到李德所在的工事周围。去起雷已经不可能了，这件事才不了了之。

正因为他自己有这样的经历，他又亲眼看到一些干部无端遭受处分，轻则警告、撤职，重则罚苦工、进监狱，所以，他对唐天际的处境十分理解。但是他并没有向唐天际诉说自己遭李德训斥的事，而只是平静地说：“咳，这是必然的嘛！现在到处都是这个样子。”停了一会，他又语重心长地向唐天际打招呼：“越是处境困难，越是要冷静。要暂时忍耐，遵守纪律，否则要吃亏。”

罗荣桓的语气十分平静，可心里却是波澜起伏。他对“左”倾冒险主义错误怀有强烈的不满情绪。1956 年，他在谈起王明“左”倾宗派主义的一些做法时说：意见不一致，就一、二、三地争论嘛，以求得一致。宗派主义就不是采取这个办法，他们是：开除党籍，送军事法庭，送裁判所，送运输队，罚苦工。当时，很多同志怕斗争、怕批评、怕开会。那还得了，那样的话，一个人怎么能够活下去呢？

尽管当时罗荣桓等许许多多干部都对“左”倾冒险主义的一套很不满，但他们无力扭转在五次反“围剿”中被动挨打的局面。广昌北山上那个碉堡只能放一个排，尽管在山坡上埋了不少地雷，但仍然挡不住敌人的进攻。4 月 28 日广昌失守。

当罗荣桓回到总政时，得知根据地南线的门户——会昌城以南的筠门岭也已经失守。筠门岭失守的原因依然是李德推行了以堡垒对堡垒的消极防御方针，犯了防御中的保守主义错误。可是李德却将责任推给下面。筠门岭的守备部队二十二师政委方强被撤职批判后送到保卫局，其他干部也作了调整。总部已任命周子昆为二十二师师长，王开湘为政委，孙毅为参谋长，刘道生为政治部主任。

总政治部副主任贺昌委托罗荣桓跟刘道生谈话。

刘道生当时正在红军大学学习。他曾听过罗荣桓讲的红军政治工作的课，对这位老四军政委十分敬重。当他走进罗荣桓的办公室时，未免有点拘谨。罗荣桓亲切地招呼他坐下，给他倒了一杯水，又递给他一把芭蕉扇，让他歇口气，落落汗。然后很随便地询问他的经历、年龄。当刘道生不再感到拘束后，罗荣桓针对当时由于“左”倾错误而形成的赤白对立的问题，指出：“以前打土豪、分田地的时候，我们侵犯了中农的利益，把不少中农当富农搞了。结果老百姓反水，受敌人欺骗，组织了什么守望堂、红枪会，什么反共自卫队，拿起土枪、梭镖打我们。这种局面对我们极为不利。扭转这种不利局面是一个很大的问题。对群众，无论如何不能开枪，只能耐心教育。如果有可能，可以召集他们开会，宣传我们的政策。以前把中农当富农斗了的，要通过复查改正过来。富农也要分田给他。”他还要求根据敌人情况的变化有针对性地做好瓦解敌军工作，要揭穿敌人的欺骗，号召敌军士兵掉转枪口，和红军联合起来，共同对付地主老财，共同对付国民党反动派。

刘道生到职不久，罗荣桓也来到二十二师，对刘道生的工作从怎样发挥政治部各业务部门的作用到如何主持部务会议，进行了手把手的帮助。

一天，二十二师的特派员不通过刘道生便以 AB 团的罪名把政治部的秘书长、宣传部长和师直总支书记孙光远三人抓了起来。刘道生要求放人。当时特派员直属上级保卫局，不受同级政治部主任领导。特派员拒绝了刘的要求。刘碰了钉子，便立即去向罗荣桓报告。

罗荣桓听完刘道生的汇报，想了一会问道：“总支书记和宣传部长是什么出身？平时工作怎么样？”

刘道生回答：“总支书记是雇农出身。宣传部长是中农出身，平（江）浏（阳）暴动便参加了革命。他们对革命都忠心耿耿，工作都很积极。”

罗荣桓点点头：“这就好办了，你去对特派员讲，不是讲成分吗？随便杀雇农可不行。宣传部长是中农，中农也是革命的，杀他们没有道理。你对他说，如果你坚持要杀，我们也可以向上级保卫局反映。”

有了罗荣桓出的点子，刘道生感到心里有了底。他对特派员如此这般一讲，果然救下了宣传部长和孙光远的命，孙到全国解放后还感激地说：“要不是罗主任，早就没命了。”

肃反扩大化的错误在1930年便曾发生过并得到纠正。但中共临时中央进入中央根据地后，却又重犯这一错误。罗荣桓无论是在1930年还是在1934年，对肃反扩大化的抵制可以说是一贯的。在当时“左”倾思想笼罩一切的形势下，能从肃反扩大化执行者手中救出同志的生命，实属难能可贵。具有讽刺意味的是在唯成分论盛行的情况下，成分倒成了挽救两个干部的根据了。

# 第六章　万水千山

## 第一节　在红八军团

1934年9月，红八军团在兴国县集贤圩组成，下辖第二十一师、第二十三师，共七千余人，其中除少数团队打过仗外，部队大都由新兵组成。罗荣桓被调到这个军团任政治部主任。军团长周昆、政委黄甦在一军团时，一个是师长，一个是师政委，都是罗荣桓的下级。罗荣桓对于他们后来居上并不在意，可是这支部队究竟能不能打仗，他却颇为担忧。

罗荣桓一到职便匆匆下部队进行反"围剿"动员。

10月17日，红八军团奉命撤离兴国县古龙岗地区，进行战略转移。当时，罗荣桓看到发下了湖南省地图，虽然预感到部队将会进行远距离行军，但他和广大干部、战士一样，并不知道这就是长征的开始。

八军团一组建就赶上长征，一直担任方面军的右侧卫。罗荣桓到任后竭尽全力，做好思想政治工作，每天出发前都要向各部部长和各师布置工作。对于如何巩固部队也不时向军团长和政委提出自己的建议，但得不到他们的重视。看来，他们对这位老主任也不甚尊重。连第二天行军要走多少里，预定到哪里宿营，都不通知他，他只好让刚从团里调来的直属队书记温玉成每天去司令部询问。这支没有经过锻炼的部队，不用说打仗，连路也不大会走，天天都有掉队和开小差的。罗荣桓眼看着队伍不能巩固，心情很不好。

11月下旬，红军突破敌人三道封锁线后，来到湘桂边境。八军团在道县过潇水后随九军团向江华、永明（今江永县）方向前进。28日，军委突然电令八军团到灌阳县水车地区，与三军团第六师取得联络。由于追兵紧跟在后，去水车还要绕道，返转去再走道县。情况已十分紧急，部队来不及动员，便出发了。事先连侦察员也没有派，只好边搜索边前进。部队走走停停。后来才知道，前面走的就是三军团。由于事先不派人出去侦察和联络，结果白白耽误了时间。宿营后，组织部长甘渭汉对这一天行军乱糟糟的状况很不满意，便问罗荣桓："在白区行军，怎么事先连个侦察连也不派呢？"罗荣桓皱着眉头说："我们管不了这些事啊！"是啊，每天的行军路线都不通知他，他哪能管得了派侦察连呢？

29日，部队已经极度疲劳，战士们走着走着，一头倒在路旁便呼呼睡着了，怎么喊也喊不醒。性情暴躁的黄甦急得用马鞭子抽打，可打醒了这一个，那一个又躺下了。周昆平时是慢性子，此时也只好向天空打机关枪。还在梦中的战士被枪声惊醒，以为又同敌人遭遇，一下子跳起来，又跌跌撞撞地向前进。事后，周昆还很得意地向人介绍这一“经验”。罗荣桓听了很不赞成，坦率地对周昆说：“战士们听到枪响跑得快。是因为怕当俘虏，这种办法只能一时有效，用多了，战士们知道你骗他，就不灵了。”

听罗荣桓这样讲，旁边的同志都不禁想起他一路上经常讲的话来。他说：

“现在做政治工作不是靠上大课，讲大道理，更不是靠哄靠骗，而是要靠支部的堡垒作用，靠干部以身作则，靠宣传鼓动。现在深入白区行军，有时吃不上，有时睡不了觉，几乎天天要打仗，可得不到休整的机会，困难很多，有些困难可以克服，有些硬是克服不了。怎么办呢？那就要号召大家来忍受。对这种困难你不承认，人家就不服气。你要承认它，然后号召大家忍受，首先是靠党员、干部来忍受，再把群众带动起来。不能叫人家吃苦，自己倒坐在马背上。”

听到罗荣桓直言不讳的意见，大家暗暗点头，都深深感到，在这样艰苦困难的环境中，没有实事求是的精神，没有干部、党员吃苦在前、享受在后的模范带头作用，是很难带好这支部队的。

午夜，八军团来到预定同三军团第六师会合的地点——水车，可第六师已奉命赶往湘江。同八军团不期而遇的是全军后卫五军团的第三十四师。于是，八军团无形之中也成了全军的后卫。五军团是惯打后卫防御战的主力，而八军团却是一支新部队。后卫对他们来说，是一副过分沉重的担子。

在从水车到湘江岸边的路上，八军团且战且走。紧张的时候，敌我已搅到一起。参谋长毕占云不时发出“非战斗单位跑步前进”的命令。罗荣桓和机关人员一样，掏出手枪直接参加了战斗。自从他担任红四军政委以来，这还是很少有的情况。

12 月 1 日下午，罗荣桓随部队赶到了湘江边。他带领着自然而然集合到他身边的政治部的几个人，挽起裤腿徒涉渡江。这是湘江的上游，江水只有齐腰深，可寒冷彻骨。敌机轮番轰炸、扫射，激起一股股水柱，不断有人倒下，迅速被激流冲走……

当罗荣桓冒着弹雨趟过湘江，到达西岸时，跟随他的只剩下一个扛着油印机的油印员。这时，第一军团政委聂荣臻正在湘江西岸阵地上指挥一军团掩护后续部队渡江。聂荣臻看到罗荣桓过了江，便招呼他在一个棚子里休息。罗荣桓心情十分沉重，他和老战友打了一个招呼便闷闷地坐在一旁。

不一会儿，周昆也赶到了。先头渡江的电台政委袁光找到了首长，便向他们报告：电台过来了，可牺牲了几位同志，还丢掉了一副备用电池。周昆听了摇摇头沮丧地说：“部队伤亡太大了，我也是晒干的蛤蟆，只剩了一层皮。”早在井冈山时期，周昆是八连的战士，罗荣桓对他比较了解，知道他的情绪易于波动。罗荣桓怕他的话影响大家的情绪，赶紧补充说：“你们电台的同志不错，在这样险恶的情况下，还保住了电台。”

当晚，罗荣桓和聂荣臻一起宿营。第二天，整理队伍，八军团第二十一师完全垮掉，第二十三师也严重减员。整个军团三停已去二停，还剩下不足2000人。

过湘江后，翻过老山界，便进入了大苗山，这一带到处都是陡壁悬崖。走这样的山路，战斗部队还好说，可电台却碰到了难以克服的困难。有一天，电台政委袁光听说军团卫生部担架队要解散，便想从担架队要几个人到运输排抬机器。他到军团部向首长们提出这一要求，话还没有说完，黄甦便发起火来：

“这么几个人补充战斗部队都不够，哪里有人给你们！我告诉你，一个人也不给。可如果把电台丢了，我杀你的脑壳！”

碰了这么一个大钉子，袁光满脸是懊丧的神情。罗荣桓怕他下不了台，转了一个弯，缓和地说：“电台的同志确实很辛苦。可现在战斗部队更需要人。你们还是要靠自己的力量克服困难。出发以来，你们一直是军团的模范单位。我们相信你，而你也要相信电台的同志们，只要向大家讲清楚形势和道理，困难还是可以克服的。”

听了罗荣桓的话，袁光的情绪稍有好转，便回电台召集干部开会，研究克服困难的办法。大家商量决定，尽量抽调人员加强运输排，并逐个予以落实。这个问题刚解决，司务长又提出一个难题：“这一带苗族同胞都跑进了深山，找不到群众。路边有点粮食都被前面部队吃光了。我们眼看就要断粮。吃不饱肚子，机器恐怕还是抬不动。”他这一说，刚刚兴奋起来的情绪又低落下来，几个排长都蹲在地上闷闷地抽烟。

袁光正一筹莫展，忽然听到后面传来非常熟悉的湖南口音。

“粮食问题一定要解决。大队出发前你们可以先派几个人到前面买粮食。搞到了就在路边等部队。搞不到别的，有红薯也行。来不及煮就吃生的。”

袁光回头一看，是罗主任在说话。原来他怕袁光思想不通，也跟着走来。会后，根据罗荣桓的意见，司务长便带着几个炊事员提前出发了。

在协助袁光解决电台问题的同时，罗荣桓又将目光转向了经常掉队的迫击炮连。电台不好背，炮可是更加难扛啊！罗荣桓吩咐温玉成去跟迫击炮连走一天，看看都有些什么问题。温扛了一天炮筒子，晚上回来后对他说：“哎呀，我的肩膀都磨破了。”罗荣桓听了非常关切，忙说：“快让我看看。”他让温玉成解开上衣，看到他肩头磨破的血泡，便吩咐警卫员去将卫生员找来给温上药。上完了药，温玉成想汇报炮连的情况，罗荣桓摆摆手说：“不忙汇报，你先去吃饭，已经给你留饭了。”温到伙房一看，留了一大盆他最喜欢吃的猪杂碎。

温玉成吃饭回来，对罗荣桓说：“在山路上，不但炮筒子要扛，炮盘也得扛，扛炮的人还要背自己的行李……”罗荣桓点点头，问温：“你看有什么解决办法没有？”温玉成摇摇头，罗荣桓也没有再说话。

第二天一早，罗荣桓又对温玉成说：“今天你还去迫击炮连。让扛炮的专门扛炮，他们的行李分散开让大家扛，你要给大家算算账，炮筒子多重、炮盘多重，炮弹又有多重，讲清楚为什么扛炮的同志的行李要大家来背……”

温玉成刚要走，罗荣桓又把他叫回来说："这里是苗族聚居区。告诉大家千万要注意纪律，不要拿群众的东西。群众不了解红军，看到我们就跑，不要开枪，不要追，也不要喊。你喊他也听不懂，反而跑得更快。告诉同志们，千万不能掉队，后面是敌人，山上是少数民族，掉了队就没有出路了。要咬紧牙关。两三天后过了这个地区就好了。"

温玉成到迫击炮连传达了罗荣桓的指示，大家都很高兴。这一天，基本上没有掉队的。温玉成回来向罗荣桓一汇报，可罗脸上并无多少喜色。他沉重地说："这个办法也只能是治标不治本，收效于一时。长期下去恐怕还是不行。"

果然如此，后来到黎平整编时，这个连的炮弹打光了，炮也都埋掉了。

当时，在李德逃跑主义的错误指挥下，虽经千万红军战士浴血奋战，但仍扭转不了被动局势，罗荣桓也自然无法改变八军团的局面。但他仍然关切地注视着部队，发现了薄弱环节便主动地去拾遗补缺，尽可能地发挥着政治工作的威力。

## 第二节 雪山草地

12 月 13 日，军委命令撤销第八军团建制，部队并入五军团。罗荣桓任五军团政治部主任，未到职，又调到三军团代理政治部主任。

1935 年 1 月，红军强渡乌江，攻克遵义。中共中央在遵义召开了政治局扩大会议。遵义会议结束了"左"倾冒险主义在中共中央的统治，确立了以毛泽东为代表的新的中央的正确领导。遵义会议以后，罗荣桓代理了很短时间三军团政治部主任，又调回总政治部任巡视员。

当时，总政还有一位巡视员是冯文彬。他们两人也没有什么工作，天天跟着干部团行军。跟干部团行军可又不归干部团领导，两人就互称"独立巡视员"。他们两人经常骑着骡子边走边讨论"左"倾冒险主义给革命事业造成的危害，议论李德的错误指挥使得部队天天打败仗。罗荣桓谈起这些问题时经常不胜感慨地说："我们的部队过去从来没有到过这一步田地。"

5 月初，红军胜利渡过金沙江。罗荣桓奉命到一军团第二师巡视。这时，风传供给部要收掉罗荣桓的骡子。第二师师长陈光、政委刘亚楼都为罗荣桓打抱不平。他们对罗荣桓说："你不要回去了，就跟我们二师一起走吧！跟我们走比跟机关走还要安全一些。"但是罗荣桓摇摇头，笑呵呵地说："骡子现在并没有收。即便收了，我还有两条腿嘛！有么子要紧！"他在了解了部队情况后，便返回总部。

1935 年 6 月间，第一、四方面军在懋功会师。8 月间，红军兵分两路北上。右路军由中央和毛泽东率领，包括第一方面军的一、三军团和四方面军的第四军、第三十军。左路军由红军总司令朱德和总政委张国焘率领，包括四方面军的第九军、第三十一军、第三十三军和一方面军的五军团和九军团。

8 月下旬，右路军以第一军团、第四军和第三十军、第三军团的序列北上。罗荣桓随后卫三军团四师十团行动。

从毛儿盖出发的第二天便进入了水草地。天老是阴沉沉的，空气中飘动着经久不散的雨丝和雾霭，不时又来上一阵倾盆大雨或是栗子般大小的冰雹。罗荣桓虽然戴了一个破斗笠，可既不挡风，也不遮雨。他和同志们一样，衣服紧贴在身上，几乎没有干的时候。到晚上露营时，他便找一块高一点的地方，搂来一些枯草，将线毯铺在上面，一半垫，一半盖，裹着毯子入睡。

一天午夜，连绵细雨把他的毯子打湿了，北风一吹，冻得他像是掉进冰窟窿，无法入眠，他只好起身挤到篝火边去烤火。同那些也是冻得睡不了觉的战士们一块儿讲故事、说笑话，一块儿唱歌，用歌声笑语来驱赶潮湿和严寒。这一宿罗荣桓又是一点未睡。第十团二营的干部们看到眼里，记在心头。第二天宿营时，他们吩咐几个战士找一处避风的地方给罗荣桓搭一个草窝。傍晚，当罗荣桓发现这草窝时，战士们都快搭好了。罗荣桓以为他们是自己用的，便高兴地表扬道："这个窝搭得好！如果一个班有两三个这样的草窝，夜间就好过了。"

战士们听到他表扬，一个个美滋滋的。班长乘机说道："首长，你躺下试试好吗？"

罗荣桓点点头躺了下去。

班长问道："首长，还行吗？"

罗荣桓高兴地说："要得，又松软又暖和，再好没有了。"

"那今晚你就睡在这里吧。这是我们特意为你搭的。"

"什么？"罗荣桓坐起身来，扶一扶眼镜，脸上的笑容消失了。他问道："告诉我，是谁让你们给我搭的？"

战士们未曾想到罗荣桓会如此认真，面面相觑，不知如何是好。那班长只好结结巴巴地说，是他们几个人商量着搞的。罗荣桓见他们说话吞吞吐吐，已经明白了八九分，便不再追问。他挨个瞧了瞧这些可爱的战士，叹了一口气说："你们搭这么好的草窝，应该感谢你们。可这草窝我没有资格住，应该留给伤病员。"说完他就离开大家，另找地方休息去了。

一进入水草地，固定的道路便消失了。到处都是不知从何而来也不知流向何方的小河。河水大都很缓很浅，可有一道河的流水却非常湍急，下了河拄着棍子也站不住。罗荣桓过河后叫他的马夫牵着小黑骡子又返回去，一趟一趟驮病号。一些小鬼便拽着骡子尾巴过了河。罗荣桓一直站在河边观看。等同志们都过来了，他亲昵地拍拍小黑骡子的颈子说："这头小骡子又立功了！它对革命的贡献可不小！"

罗荣桓这样说，当然不仅仅是因为这头骡子帮助不少人过了河。在长征路上，它一直都在驮病号。进草地以后，病号越来越多，而牲口越来越少。病号能骑上牲口便算是幸运的了，而有的重病号孱弱得连牲口也骑不住，还得靠同志们背和抬。

在草地行军，饥饿严重地威胁人的生命。从毛儿盖出发时，每人只带了一小口袋炒青稞麦。一路上大家边走边摘野菜，到了宿营地，在篝火上用搪瓷缸子把水烧开，放一把麦粒，再放一点野菜，调一调，就是一餐。越走到后来，搪瓷缸子里的麦粒越少，终于只剩下野菜了。

十团进草地刚三天，就断了粮。团里的牲口杀了，同志们的皮带也进了肚子，到最后两天，部队一粒粮食也没有了。这一天，罗荣桓又将骡子让给他的警卫员、外号叫“锤子”的13岁的四川小鬼骑了。他一面走一面和陈海涵营长聊天。他向陈海涵了解指战员的思想情绪。陈海涵向他汇报：“战士们情绪都很好，决心跟着党中央、毛主席走到底。”

罗荣桓点点头说：“很好，一定要跟着党中央、毛主席北上抗日！”他又强调了一遍，语气斩钉截铁。接着又问陈海涵：“现在部队没有东西吃，你们打算怎么解决？”

陈海涵回答：“可以挖野菜，茇子、猪菜都行。如果碰到树林子，还可以找到蘑菇。只要每天能吃上一顿饭，部队还能坚持。”

“对！”罗荣桓充满信心地说，“很快就要到有人家的地方了。一定要勒紧裤带，坚持下去！”

“首长，请放心！”陈海涵激动地向罗荣桓表示，“几座大雪山都爬过来了，这水草地，滚也是要滚过去的！”

“嗯，”罗荣桓连连点头，“我们就是要有这么一点精神！”

他们正边走边谈，“锤子”赶了过来，请罗荣桓骑牲口。罗荣桓摆摆手说：“我不骑了，我们该准备晚饭了。”他又向陈海涵招招手，便领着“锤子”走了。他的马夫牵着骡子在后面跟着。三个人边走边弯腰摘野菜。陈海涵目送着他们远去，不觉心里一动。他想：“罗主任可是近视眼啊，他又能采到多少野菜呢……”

果然，罗荣桓一来个子高，二来眼神不济，尽管他努力搜寻，但收获不多。可那“锤子”也许是骑了一段牲口，又有了精神，这里拔一棵，那里掐一把，不一会就摘了一大捧……

天黑了，草地上升起一堆一堆篝火。“锤子”将野菜洗净，煮了一盆子。罗荣桓他们三人正在篝火旁津津有味地吃着，突然走过来一个掉队的病号。他拄着棍子一瘸一拐地走到篝火旁边。罗荣桓连忙打招呼：“同志，这边坐，来，烤烤火。”

那病号一步一步挪到篝火跟前，一屁股坐到地上就再也不想动了。罗荣桓借着火光看着这位同志憔悴的面容和没精打采的神情，关切地问道：“同志，你还没有吃饭吧？”

那病号点点头。

“来，这里有野菜！”罗荣桓说着就把茶缸子送过去。

“不……”那病号连连摆手说，“首长，你……”

“我已经吃饱了。”罗荣桓爽朗地说。

“锤子”和马夫也连忙伸出自己的茶缸子，异口同声地说：“还是吃我的吧。”

“还是我剩得多。”罗荣桓硬是将自己的茶缸子塞到那病号手里……

这一切都被坐在另外一堆篝火边的陈海涵看到了。他想：“罗主任他们本来采的就不多，怎么经得住又给张三，又给李四！”他站起身，来到一个连队，通过指导员找来两个班长，让他们两个班负责帮罗主任摘野菜。他嘱咐道：“要悄悄地交给‘锤子’，一定不能让罗主任发现。”

出草地的那一天，走了90里地。一路上，一点野菜也找不到了。战士们都疲惫不堪，走五六里地就要休息一次。已经到下午三四点钟了，罗荣桓还一点东西也没有吃。陈海涵看到这一情况，在大休息的时候到班排里转了一下，发现有的班还剩下一点野菜。他吩咐一位班长，叫他悄悄将罗主任和他的警卫员请到班里来吃野菜。在请的时候，要讲究一点方式方法。

那班长将罗荣桓请到班里，对罗荣桓说：“罗主任，我们一起从江西走到这里，已经是一家人了。对北上抗日，我们是有信心有决心的。但是，今天我们对你有一个要求，你无论如何都要答应。”

罗荣桓被他说得莫名其妙，问道：“是什么要求啊？”

那班长笑了一笑说：“你答应了，我才讲呢。”

罗荣桓看看那班长，又看看周围那些用期望的目光注视着自己的战士，点点头说：“好，我答应了。”

那班长像变戏法一样，立即端出一盆煮好的野菜，说：“也没有别的要求，就是想请你吃一点东西。这是我们专门给你留下的……”

面对着这一盆野菜，在场的战士们眼睛里都闪着泪花，罗荣桓的眼睛也湿润了。他摘下自己的眼镜，用上衣的下摆，缓缓地缓缓地擦着……

经过七天泥里水里、忍饥受寒的艰苦行军，部队终于走出了草地。远处出现了山峦、树木、房舍、炊烟、牛羊，眼前有了人马踩出来的小路，路旁开放着五色缤纷的野花。战士们一踏上坚实的土地，一个个高兴得又蹦又跳。有的捡起石子使劲扔出去，似乎是要显示一下自己从死亡线上挣脱出来以后还有多强的臂力。有的摘下一串串像葡萄似的金黄色的野果子，迫不及待地送进嘴里。有的采来一束小花，仔仔细细地系在自己的胸前。

罗荣桓笑眯眯地看着这些充满了活力的战士，拍拍陈海涵的肩膀说：“你看，战士们的情绪多高！他们好像不知道什么叫疲劳和饥饿。”他停顿了一下，微微点着头又坚定地说，“这是一支多好的队伍！古人形容岳飞的队伍，有这样一句话：‘撼山易撼岳家军难。’我们这支队伍比岳家军更为巩固。有这样一支打不垮、拖不烂的队伍，革命是一定会胜利的！”他看看陈海涵，语气又急迫起来：“不过，当前最急需解决的问题是——吃饭！”

“是的！”陈海涵点点头，立即命令通信员通知各连，抽一些体力较强的同志组织筹粮队。通信员还没有走，忽然接到前面的报告，右前方发现马步芳的骑兵，大约有一个连，正向二营运动。二营的干部立即召开碰头会研究对策。会上，有的认为我们已经精疲力竭，应该避开敌人；有的主张打，为牺牲在草地上的同志报仇，可因为没有经验，对如何打骑兵也提不出具体意见来。正在大家讨论不决时，在一旁踱步的罗荣桓突然停下脚步问道：“你们肚子饿不饿，想不想吃马肉？”他一句话，使同志们心里亮堂了。

“南方有不少人不用说马肉，连羊肉都不吃。现在恐怕不能讲究这些了。你们吃不吃马肉我不知道，反正我是吃的。”

“罗主任，你是说要打骑兵？”营长兴奋地问道。

罗荣桓点了点头说：“对。但是对付骑兵不能冒失。部队太疲劳了，得想想办法。”说着他蹲下身来，边比画边说，“你们见过江西老表打猎吗？他们都是藏起来守候着猎物进入射程。今天我们也应当用这个办法。”

按照罗荣桓的建议，陈海涵给各连分配了任务。部队立即散开占领有利地形。机枪都架起来了。战士们有的迅速挖好简单的掩体，伸出了步枪；有的将手榴弹盖拧开……不到20分钟，一切准备就绪，专等敌人上钩。

敌人闯来了。200米、100米……，当敌人离红军阵地只剩下五六十米时，“打！”二营长一挥右臂，八九挺机枪都吐出了火舌，手榴弹也接连在敌群中爆炸。敌人人仰马翻，乱作一团。二营长又跃起身率领部队向敌人冲去……

不到一个小时，战斗结束。在二三百米宽的山上横陈着几十具敌军人马的尸体。战士们高高兴兴地打扫战场。有的搬运战利品，有的宰割死伤马匹，烧火烤肉，有的还把马肚子里未消化的青稞麦粒掏出来，准备冲洗后熬粥喝。

开饭了。罗荣桓同大家一道津津有味地咀嚼着那烧得黢黑的马肉。他刚吃了几口，突然问道：“部队都吃上了没有？”

陈海涵回答：“都吃了。有的战士吃了足有二三斤。他们说，吃了这一顿又可以坚持走好几天了。”

罗荣桓哈哈一笑说：“可不能吃得太多，小心把肚子撑坏。”

停了一会，罗荣桓放下马肉，搓了搓手，又问陈海涵共缴了多少匹马，准备怎样处理。陈海涵汇报说，死活加在一起共四十多匹，十几匹死的除了部队吃一顿并给每人带一点以外，都留给后面的部队。

罗荣桓问道：“这样处理是谁的主意？”

陈海涵回答：“是战士们提出来的，我们几个干部感到这意见不错，就采纳了。”

“好！”罗荣桓很高兴。他拍了一下大腿，迅速站立起来说：“部队在艰苦的环境中，提倡同心同德、互助互让，十分重要。有了这种精神，什么困难也不可怕，再严峻的考验也能经受得住。”

## 第三节　回到第一军团

严峻的考验果然很快来临了。

当罗荣桓随右路军后卫——第三军团四师十团经草地到达巴西、阿西时，张国焘不但不按照中共中央政治局沙窝会议的决定——率左路军北上，反而要求右路军全部南下，企图分裂红军，危害中共中央。

为了摆脱张国焘的威胁，毛泽东发出了三军团和中央纵队立即出发，脱离危险地带的命令。于是，罗荣桓随同掩护中央的十团迅速北上，9月11日，到达俄界。

罗荣桓又回到了一军团，任政治部副主任兼地方工作部部长，此时政治部主任是朱瑞。政治部的干部有的已有好几年未见到罗荣桓了。久别重逢，大家都很高兴。

9月18日，第一、三军团到达悬窝。翌日，部队合编为陕甘支队，由彭德怀任司令员，毛泽东任政治委员。一军团改称第一纵队，政治部建制不变，罗荣桓继续任副主任。

9月20日，罗荣桓随部队到达哈达铺。这是岷县南面一个有几百户人家的集镇，有不少卖吃食的商贩。国民党部队从这里溃逃，留下了几百担大米和白面。从雪山、草地来到这里，真是另一个天地。罗荣桓一到哈达铺见到他认识的指挥员便嘱咐道："同志们战胜了敌人的围追堵截，爬雪山、过草地，来到这里，很不容易。幸存下来的都是宝贝。革命就要靠这些人了。因此，所有的伤病员都要抬走，一个也不能丢！"

为了恢复指战员极度衰弱的体力，准备继续北上，供给部门给每人发了一块光洋，政治部提出了"大家要吃得好"的口号。

这一天晚上，罗荣桓和当时一军团的宣传部长邓小平、组织部长谭政，还有政治部的几位干事围坐在老乡家的炕头上吃辣子鸡。吃着吃着，大家感到屁股下面越来越热，有的同志以为是着了火。罗荣桓在青岛大学读书期间虽然曾经到高密农村住过，但那是夏天，没有烧炕，他一时间也说不准是怎么回事。经过老乡解释，大家才恍然大悟。对这一北方人民的创造——今后要伴随他们度过十几个严冬的火炕，一时不免感到新奇。

更值得罗荣桓、邓小平高兴的是，民运干事萧望东搞来了一些烟叶，分给他们一人一把。在长征路上，这两位烟瘾很大的人没有烟抽，感到十分难熬。有时实在馋得不行了，罗荣桓便睡觉，可邓小平却睡不着，他常常跑出去搜罗烟叶，但十次倒有九次是空手而归。有一次他兴冲冲地跑回来，喊道："老罗，起来！我搞到烟叶了。"罗荣桓起来一看，原来是干树叶子。两人相视而笑，立即将这些树叶装在烟袋锅里过瘾。这时，他们看到这金灿灿、黄澄澄、货真价实的烟叶，都喜出望外，立即揪下一块，搓碎，装进烟袋，仔细品尝起来。

当时，罗荣桓、邓小平都只分工负责一个部门的工作。从俄界出来便进岷山，走栈道，直到哈达铺，一路上见不到什么人烟，无土豪可打，也缺少宣传群众的对象。而他们两位虽然刚过而立之年，却已有了十来年的斗争历史，正处在精力充沛而又有丰富经验的黄金时代，处理起一个部门的工作来，自然是游刃有余。因此，他们除行军、工作外，都有不少空余时间来回顾往事，瞻望将来。

这两位有着共同遭遇的老战友在长征路上行军时并辔而行，休息时促膝谈心，宿营时抵足而眠，经常在一起议论"左"倾冒险主义给革命事业造成的危害。他们在谈到中央根据地的土地政策问题时认为，教条主义者规定富农分坏田，实际上是把富农当地主打，超越了革命发展阶段。他们还认为，对地富兼工商业者，只保护前面店堂里的东西，而没收后面住家的浮财，实际上也很难起到保护工商业的作用。他们谈得很多。邓小平后来回忆起这段情况时说："我们是无话不谈。"

9月22日在哈达铺的关帝庙里召开了团以上干部大会，毛泽东讲了话。他在讲到克服过雪山草地的困难时，未指名地提到了罗荣桓。他说："有一位同志过草地，没有东西吃，战士们请他吃野菜。他咬紧牙关，坚持着把部队带出了草地。"

散会以后，举行了会餐，吃了红烧肉。席间，毛泽东看到罗荣桓，问道："罗荣桓同志，你走出草地，有什么妙计啊？"罗荣桓腼腆地笑了一笑，还没有考虑好如何回答，站在一旁的罗瑞卿开了腔："他的妙计就是坚持同群众生活在一起，依靠群众又带领群众前进。"听了罗瑞卿的话，大家不禁暗暗点头，都感到罗瑞卿这一回答概括得既准确又深刻。

9月23日，部队继续北上。这一阶段罗荣桓、邓小平的工作要繁忙一些，但有时还可以抽出一点时间下一盘象棋。罗荣桓的警卫员一开始不会下棋，但首长们下棋时常在一边看，逐渐地看出了一点门道，对下棋发生了兴趣。罗荣桓便从车走直、马走斜开始教他下，时间一长，这个小鬼也懂得一点当头炮、把马跳了。他找来一块木板，画了一个棋盘，行军时便背在身上。到了宿营地，邓小平、罗荣桓等把工作处理完，有时便和他来上一盘。人多了，便不用棋盘。几个人围坐在一起打棋摞……

险恶的环境，频繁的战斗，艰苦的生活，漫长的征途，再加上并不顺利的境遇，这一切都丝毫不能影响罗荣桓、邓小平的情绪。他们始终保持了革命乐观主义精神，在红军队里，迈开双腿，过渭河、翻六盘山 、跨越黄土高原数不清的深沟幽壑，终于在1935年10月19日胜利到达红一方面军长征的终点——陕北吴起镇。

## 第四节　在陕北

1936年2月，为扩大抗日武装和根据地，准备与日军直接作战，中共中央决定红一方面军渡河东征。2月下旬，罗荣桓率领政治部部分人员随先头部队渡河，进行部队开进中的政治工作。第一军团全歼阎锡山的独二旅后，罗荣桓率政治部和宣传队在汾河下游宣传抗日，发动群众，筹款，扩大红军。

经受阎锡山残酷压榨、盘剥的山西人民，生活十分困苦，革命要求非常迫切。红军一动员，贫苦农民踊跃报名，迅速掀起了参加红军的热潮。报名参军的不仅有青壮年，而且还有五六十岁的老汉和十二三岁的娃娃。不让他们参加，他们就软磨硬泡，不达目的绝不罢休。

罗荣桓住在赵城石止村时就碰到这样一个娃娃兵，叫崔宝珠。斯诺所写的《西行漫记》中有一幅题为"红军机器舞"的照片，前排中间的那个孩子就是他。他父母双亡，到处流浪。红军来到石止时，他才12岁。这个年龄的孩子对红军宣传队是最感兴趣的了。宣传队一打场子，他就占了第一排的位置。部队出操、宣传、打土豪、分浮财，哪一次也落不下他。部队一动员扩红，他就报了名。因为年龄小，长得又特别瘦弱，一开始部队自然是不收，但禁不住成天蘑菇，最后还是把他收下，放在宣传队当了一名儿童演员。

他刚刚穿上下摆超过膝盖、裤腿卷了好几层的“二尺半”，就跟部队转移了。第一天行军刚走了一半，他就走不动了，急得偷偷地掉眼泪。罗荣桓见到后翻身下马，弯下腰来问他：

“小鬼，你哭什么？”

“谁哭啦！”崔宝珠一面说，一面抽着鼻子。

“啊呀，看你鼻子下面还挂了两条龙，就当兵了。是不是想家啦？”

“我没有家。”

“哦！”笑容从罗荣桓脸上消失了，“你当兵能吃得了这份苦吗？”

崔宝珠连忙摇摇头：“不苦！这比受阎锡山压迫强多了。”

“那你为什么哭鼻子呢？是走不动了吧？来，上马！”

崔宝珠把头摇成了拨浪鼓：“我不骑，不骑……”他想跑，一瘸一拐走出没几步，便被宣传队长梁必业等抓住，硬是扶上了马。见此情景，梁必业不禁回忆起他刚参军时的一件事……

那还是六年前，梁必业的年龄比此时的崔宝珠大不了多少，他和他父亲一起参加了红军。他被分配在红四军政委办公厅工作。部队从吉安向峡江转移的第二天走了 70 里。梁必业掉了队。当他赶到宿营地时，军部正在开饭，菜已经分完了。梁必业盛了一碗糙米饭，蹲在一家店铺门口吃着，被坐在柜台里吃饭的罗荣桓看见了。他连忙招呼：“小鬼，我这里还有菜，来，我们一起吃。”梁必业不好意思去。周围的同志都说：“罗政委喊你去，你就去吧。”他走到桌子跟前，罗荣桓叫他吃菜，可他夹了一块辣椒就一溜烟跑掉了，罗荣桓喊都喊不住。

不仅是梁必业，一军团许多老同志都知道，罗荣桓特别喜爱青少年。他从朝气蓬勃的青少年身上看到了红军的未来，看到了新中国的未来。崔宝珠后来改名为崔平，新中国成立以后，曾任核工业部矿冶局长。

罗荣桓 1936 年在陕北留影

5 月上旬，罗荣桓随东征红军返回陕北。6 月进入刚刚组建的中国工农红军大学学习。红大由林彪任校长，罗瑞卿任教育长。下设第一、二、三科。陈光任一科科长，罗荣桓任一科政委。他们都是一面工作，一面学习。一科共有学员 38 人，大部分是师以上干部。

7 月上旬，红大随党中央由瓦窑堡迁到保安。一科设在保安东南面一公里处的半山坡上，依山有几十孔石窑洞。保安是北宋王朝在西北的门户。北宋、西夏曾在此迭次交兵。这些窑洞是不是那时修凿的兵营，已无从考证了。当罗荣桓到达这里时，只见山坡上稀稀拉拉长着几丛酸枣树，石壁上高高矮矮露出几十个像蜂窝似的黑黢黢的洞口，这些洞口边缘经过年深月久的风雨侵蚀，都已风化剥落，显得龇牙咧嘴。有的洞口横七竖八支了一些树枝木棍，原来已成为老乡的羊圈。在这些窑洞里住了一个羊倌，还有他的一只牧羊狗和一群绵羊。也有些窑洞是空的，从里面不时“扑扑”飞出一群蝙蝠或野鸽子。

羊群迁走以后，罗荣桓动员大家自己动手搞卫生、清理校舍、修路。把窑顶已经剥落的石渣清除掉，把窑洞内的柴草羊粪清扫干净，在窑洞口用石块垒上墙和门洞。买一些木料做成门，打茅草编成厚厚的草门帘。在窑洞之间平整好道路。世界上绝无仅有的以窑洞为课堂和寝室，以石头砖块为桌椅，以石壁为黑板的大学校舍终于落成了。它同清华大学、北京大学乃至青岛大学的高楼大厦自然没法比较，可倒也冬暖夏凉，还不怕飞机轰炸。而这却是窑洞大学所独具的长处。

开学时，毛泽东来到学校，在开学典礼上讲了话，然后，由罗荣桓等陪同参观了教室和学员的宿舍。毛泽东看到石窑洞里的石桌、石凳、石黑板，不禁诙谐地说：“你们走的是石头路，坐的是石头凳，用的是石黑板，住的是石洞，真成了石器时代的人了。”

他的话把大家都说乐了。接着他又连连称赞这个地方清静、空气新鲜，要比他住的地方好。他感慨地说：“人有了两只脚两只手真是了不得，有了两只脚，一走就是两万五，有了两只手，把这个拦羊的地方搞得这样整齐。”

罗荣桓等陪同着兴致勃勃的毛泽东沿着石梯一直上到最高一层石洞。毛泽东叉着腰站在洞口，俯视着莽莽群山，风趣地说：“你们这真是原始天尊的弟子啊！”他又回过头问罗荣桓等：“你们何时下山啊？是等修炼好了，还是等天下大乱再下山啊？”

罗荣桓等回答：“我们学到了马列主义真经，练好本领就下山。”

毛泽东一行走后，罗荣桓召开了一科的第一次支部大会。内容主要是学习动员，讨论毛泽东的讲话，讨论在西征①战事紧张的情况下，为什么要抽调大家来学习。罗荣桓讲了话，他说：中央估计，形势很快会有新的发展，要准备一批干部以迎接民族解放新形势的到来。我们这些人都是党在战争环境中培养锻炼出来的，在形势发展以后要担负更加重要的任务。可是，我们除了有一些战斗经验之外，脑子里是空的，缺乏理论。在新形势下，我们每个同志都可能要独当一面。我们除了已有的经验外，更重要的是要掌握马列主义理论和党的方针、政策，比如统一战线政策。现在前方战事很紧张，中央下了这么大决心抽这么多人来学习，我们要很好领会中央的意图，刻苦努力学习，不要辜负党和人民的期望。

据统计，这些学员平均每人有八年以上的斗争历史，经历过无数次的战斗，

---

① 1936 年 5 月，红一方面军主力开始西征，经两个多月作战，占领定边、环县等地，开辟了纵横 200 余公里的新区，为策应红军二、四方面军北上创造了条件。

平均每人负伤三次。其中不少人是在蒋介石那里挂了号的鼎鼎大名的人物。蒋介石曾多次悬赏要取这些人的首级，其赏格加起来有 200 万元之巨。这些学员的经历如果写出来，每人都有一本富有传奇色彩的故事。他们都有着丰富的实践经验，而迫切需要在马列主义的指导下，加以总结，使之上升为理性认识，用以指导今后的实践。

党中央对这批学员的学习十分重视，派来的教员阵容之强可以说是空前的。毛泽东讲授中国革命战略问题，张闻天讲授中国革命问题，秦邦宪讲授哲学，凯丰和吴亮平讲授政治经济学，李德讲授战术学，徐特立讲授新文字……

在教员中最受欢迎的自然是毛泽东。有着丰富斗争经验的学员对于毛泽东从中国革命实践中总结出来的、将马列主义普遍真理和中国革命实践相结合的思想接受得快，领会得深。当时，毛泽东培育了整整一代改造中国的革命战士，红大一科的学员就是其中的佼佼者。

教员有了，可没有教材，要现编讲义。印讲义没有纸，只好将废旧的文件乃至敌人从飞机上撒下来的红绿传单翻过来印。纸的背面不光滑，印得很不清楚，但其内容质量有的却非常之高。毛泽东经典性的军事和哲学著作《中国革命战争的战略问题》就是其中之一。

陕甘边区地瘠民贫，又长期遭受国民党封锁，党中央当时的财政经济状况十分拮据，可对红大学员的生活却尽量予以照顾。学员们平时吃的是小米子、干豆角，一个星期可以吃一次羊肉汤，偶尔还可以吃上一顿荞麦面饸饹。

学员们每三到五人住一孔石窑洞，既是宿舍，又是学习室。上课则集中到一孔大窑洞里。砖垛是凳子，膝盖就是桌子。晚间学习，每三天发一支蜡烛，不够用，讨论时便吹掉蜡烛，摸黑谈。到后来蜡烛也没有了，又改用胡麻油灯，没有灯草便捻一个纸捻来代替。

在这艰苦的环境中，罗荣桓领导着大家在石窑洞中潜心读书。罗荣桓从少年时代便是一个读书迷。参加革命以来，戎马倥偬，一直没有机会静下心来系统地读书。现在到了红大，这么难得的学习机会他岂能轻易放过？除了规定的课程外，他又找来几本马列主义著作，一有空便孜孜不倦地读起来。在他的带动和影响下，在一科同学中很快形成读书的热潮。

开学一个多月了，罗荣桓发现同学们整天读书，体质有所下降。为了使大家能保持身体健康，以利于长期坚持学习并准备投身到新的战斗中去，罗荣桓又一次召集支部大会，规定晚饭后的自由活动时间一律不准读书，要开展一些文娱体育活动。可在这山沟沟里又能干什么呢？罗荣桓自己并不喜欢跳跳蹦蹦，但却为组织同志们的文体活动开动着脑筋。他进了保安城，从部队里要来一只用羊皮缝制的土篮球，然后把张爱萍、莫文骅、贺晋年、赵尔陆等人找去，商量组织打球的事。同志们提出，没有篮球架、球筐和球场。罗荣桓说："这好办。没有篮球架，埋四根柱子，钉几块木板；没有球筐，找两个桶箍；没有球场，自己动手平。"

打球活动开展起来以后，罗荣桓又将张爱萍、莫文骅、童小鹏、彭加仑等人组织起来演戏。

罗荣桓一面抓学习，一面抓学员的文化、物质生活，使一科达到了毛泽东提出的团结、紧张、严肃、活泼的要求，为后来的抗日军政大学优良校风的形成打下了一个良好的基础。

1937年4月，朱德总司令（前排左四）、罗荣桓（后排左七）与红军大学第一期第一科留延安的学员合影

1937年1月，罗荣桓随党中央迁往西安事变后被红军和平接管的延安，就任红军后方政治部主任。这时，后方政治部主管着军委直属机关、学校、工厂和陕北军事部[①]、红二十六军、红二十七军以及独立师的政治工作。后方政治部管的单位虽多，可编制只有三十多人，当时的中心工作是对部队进行抗日民族统一战线的教育，批判张国焘退却逃跑、军阀主义的错误。罗荣桓经常带领巡视员、干事深入到各个单位了解情况，进行指导。他同时还兼红大二期的课，他讲授的中国革命史和红军政治工作，通俗易懂，深入浅出，深受学员欢迎。

这一时期，内战已基本停止，延安相对地比较平静，各个机关都相继实行星期天休息的制度。分布在各个单位的罗荣桓的战友罗瑞卿、萧劲光、张爱萍、冯文彬、莫文骅、许建国等人，每逢假日，常常联袂来到驻扎在延安师范旧址的后方政治部找罗荣桓。他们或是围着火炉摆龙门阵，或是到延河边散步。

这些干部此时都已30岁左右，战争已推迟了他们的恋爱、婚姻。当时，在延安的中国人民抗日军政大学和中共中央党校都有一些未婚的女同志，她们很自

① 相当于省军区。

然地成为未婚的男同志们追求的目标。一些同志陆续办了自己的“终身大事”。

春节期间，许建国和在党校学习的原在四方面军工作的刘桂兰结了婚。许建国和刘桂兰介绍刘的同学林月琴同罗荣桓相识。

林月琴是安徽金寨县南溪街人，比罗荣桓小 12 岁，家庭成分是小商人，1929 年入团，1930 年参军。1932 年，张国焘推行“左”倾的土地政策，她因家庭成分被错划为地主，受株连被送到劳改队。当四方面军向河南、陕西转移时，林月琴和其他几位女同志被遣散。可她们仍然自动紧紧跟随着红军队伍。有的指挥员称她们为“跑反队”，嫌她们跟在队伍后面累赘，叫她们回去。可是用棍子赶也赶不走。四方面军转移到川陕边地区，从鄂豫皖出来的同志又都成了骨干，林月琴担任了妇女工兵营长。一、四方面军会合后，调到粮食局，经局长何长工批准恢复了团的组织生活。到达陕北后，转为中共正式党员。

罗荣桓与林月琴在山西孝义合影

罗荣桓又通过他的老战友何长工了解到，在四方面军转战川陕、三过草地时，林月琴带领着一批童养媳和地主的丫鬟出身的女战士抬担架、运送粮食弹药、缝制军衣……，什么活都干，养成了忠实积极、吃苦耐劳、艰苦朴素、严守纪律的作风。能有这样的女同志作为终身伴侣，罗荣桓感到十分欣慰。

5 月间，延安周围的崖畔上，山丹丹开花了。在这大好的春光里，经组织同意，罗荣桓准备办喜事了。林月琴利用一个星期天把罗荣桓的狗皮褥子拿出来翻晒，又将他那床毯子用碱水好生地洗了一洗。这就是他们两人仅有的铺盖。两张铺板一拼，这就是床，再加上老乡家的一张黑色的桌子、一把老式的木椅和一个脸盆，新房里也就别无他物了。

1937 年 5 月 16 日，党的全国代表会议胜利闭幕了。这一天又正好是星期天，于是被定为大喜的日子。战友们早早都起来帮着张罗。远在西安的老战友宋裕和给捎来了半袋洋面。罗荣桓请伙房给擀面条。炊事员们在院子里安了锅灶、支起了案板。有的在烧水、有的在揉面，忙个不停。这时，警卫员向罗荣桓报告，有一位客人到了。罗荣桓出来一看，原来是红二十九军政委甘渭汉。八军团编散后，两人就不在一起。这次甘从定边赶到延安参加党的全国代表会议，会后便来看望老首长。两人兴奋地握手问候。甘渭汉看到炊事员们正在院内忙碌着，禁不住奇怪地问道：

“今天又不是过节，和这么多面干什么？”

罗荣桓高兴地说：“下面条，欢迎你！”

甘渭汉诧异地问道：“你怎么知道我今天要来呀？”

罗荣桓笑眯眯地说：“我有情报嘛！”

甘渭汉怀疑地摇摇头。他进屋一看，房子打扫得干干净净，两块铺板摆成很宽的床铺，上面铺的毯子刚刚拆洗过。甘渭汉按照老习惯吩咐警卫员去把自己的马褡子搬到屋里来。

警卫员扛着马褡子，刚到门口，罗荣桓指着隔壁一间房子对他说：“放到那边去，打扫一下，搭个门板。”

“怎么？”甘渭汉心想，罗主任可有点变了。他有点纳闷地问道：“不让我跟你住在一起啊？”

罗荣桓笑着说：“隔壁不是蛮好嘛！”

“好久不见了，有些工作上的问题，正要向你汇报，住在一起好谈啊！”

“有话明天再说。马上就要开饭了，面条管饱。”

“咦？”甘渭汉还摸不着头脑。谭政、张爱萍、冯文彬、许建国等推门进来，听了他们的对话，大家哈哈大笑。甘渭汉这才恍然大悟，指着罗荣桓说：“哦，是这么回事啊！”

罗荣桓佯装生气地对他说：“小孩子，不要多嘴！”

当晚，政治部的所有人员，从部长、干事到警卫员、马夫和全体来宾都吃了罗主任的喜面。面条里尽管油很少，只放了点白菜、萝卜，但大家仍然感到香喷喷的。

婚礼尽管简单，气氛却非常热烈。新房里传出了阵阵笑声。同志们纷纷祝贺新郎和新娘并肩携手，迎接伟大的抗日战争的来临，为民族解放，为中国革命的胜利贡献自己的青春。

新婚的第二天，罗荣桓便投入了紧张的工作。一上班，他便将部长们找来开会，布置传达、贯彻党的全国代表会议精神。要求各单位认真组织学习毛泽东在会上所作的报告《中国共产党在抗日时期的任务》和结论《为争取千百万群众进入抗日民族统一战线而斗争》。罗荣桓要求认真学习党的方针政策，注意解决在停止打土豪和没收地主土地以后干部、战士中存在的思想问题。同时，他特别强调，学习中要紧紧掌握无产阶级领导权这一中心环节，既要讲联合抗日，又要保持我党我军的独立性；既要反对关门主义，又要坚定无产阶级立场，防止重犯陈独秀右倾投降主义错误。

# 第七章　奔赴抗日前线

## 第一节　在晋东北

抗日战争爆发了。

卢沟桥事变后的第三天，罗荣桓被任命为第一军团政治部主任。8 月 22 日，中国工农红军改编为国民革命军第八路军[①]。原红一军团、十五军团及第七十四师合编为第一一五师。林彪任师长，聂荣臻任副师长，罗荣桓任政训处主任。10 月 23 日，恢复红军传统的政治工作制度，聂荣臻任政治委员，政训处改为政治部，罗荣桓任政治部主任。

为了保证顺利实现这一巨大的历史转变，在中央革命军事委员会发布改编命令的前后，罗荣桓首先抓紧对部队进行思想教育。他组织编发了讲话提纲，派干部下部队搜集思想反映，他还亲自深入红四师第十团了解情况。在一个星期内几乎跑遍了每一个连队。他平易近人，没有架子。战士们都乐意向他说心里话：

1937 年 8 月，罗荣桓任一一五师政治部主任

“国民党是咱们的死对头，为什么要和他搞合作？”

“蒋介石杀了我们多少同志，怎么能忘记！”

“我们参加革命就是为了打倒国民党反动派，打来打去，要戴‘青天白日’帽徽了，还有什么脸去见乡亲？”

罗荣桓耐心地听大家把话讲完，然后像唠家常那样，深入浅出地分析了中国政治形势发生的新变化，说明大敌当前，只有停止内战，实现合作，才能挽救民族的危亡。他同时强调，我们是共产党人，

---

① 9 月 11 日，按全国统一的战斗序列，八路军改称第十八集团军，但习惯上仍用八路军的番号。

永远不会忘记革命的最终目的。8月，正值建军十周年，中央发给每位红军老战士一枚纪念章。罗荣桓很珍惜地把它戴在胸前，对同志们说，我们虽然改编为八路军了，但是一定要保持和发扬红军十年斗争的光荣传统，在党中央领导下，为完成中国革命的伟大历史使命而奋斗。

整装待发的第一一五师，下辖第三四三旅（旅长陈光）和第三四四旅（旅长徐海东），以及独立团（团长杨成武）和几个直属营。全师共1.55万余人。

8月22日，林彪、聂荣臻已去参加中共中央政治局在洛川召开的扩大会议，第一一五师在三原县云阳镇召开了隆重的誓师大会。罗荣桓带领指战员进行了庄严的宣誓："为了民族，为了国家，为了同胞，为了子孙，我们坚决抗战到底！"

8月31日，罗荣桓率陈光旅从陕西三原出发，东渡黄河，进入山西，由侯马乘火车北上。到原平车站后，已赶回部队的林彪、聂荣臻率主力继续北上，向平型关开进。9月下旬，为了贯彻毛泽东提出的开展"真正独立自主的山地游击战"和"适时把中心转向群众工作"的指示[①]，罗荣桓奉命率师政治部、骑兵营、教导大队和六八六团第六连在阜平一带发动群众，开辟抗日根据地。

阜平，属河北省，位于晋冀边界，在山西五台山以东。这里虽然是山区，但距平汉路不足75公里，由平绥路进攻山西的日军已离此不远了。受到国民党军队溃退的影响，这里早已是一日数惊，人心惶惶。罗荣桓一行一到，宣传队立即撒向街头巷尾，抗日标语写满了墙，到处都在宣讲共产党的抗日主张，群众情绪顿时稳定下来。抗日景象生龙活虎，阜平面貌焕然一新。

9月底，中共北方局决定由李葆华、王平、刘秀峰等组成晋察冀临时省委。王平到阜平前，朱德、彭德怀、任弼时、邓小平等嘱咐他在工作中遇到问题可直接向罗荣桓请示。王一到阜平，罗荣桓便亲切接见，高兴地说："你们来得正好。现在的情况是：国民党在前面丢，我们在后面捡。你要向他要，他不会给的；可是他丢给了日本人，你再捡回来，他就不好开口了。不过，现在阜平的国民党政府还没有跑。县长叫张仲孚，表面对我们客客气气，实际上极力压制群众的抗日活动。在东乡王快镇还住着国民党军队朱怀冰一个师。现在日军日益逼近，我们希望他们和我们共同抗日，可是腿长在他们身上，他们跑不跑就很难说了。"

罗荣桓建议，可以因势利导。就以当地士绅和青年学生组织的"抗敌后援会"为基础，成立"动委会"[②]。利用这一合法阵地，大刀阔斧，发动群众。

"动委会"很快正式成立。王平当选为主任，张仲孚被选为副主任。罗荣桓派了十几名红军干部协助王平工作。他们分别到各个区，宣传群众，组织群众，建立抗日武装。不到一周时间，各区都成立了"动委会"，领导着全县人民的抗日运动。全县还组织了四百多人的"抗日义勇军"。

面对这一局面，张仲孚沉不住气了。他召集学生说："到阜平来的是一一五

---

① 1937年9月21日毛泽东给彭德怀的电报。

② 即中国民族革命战争战地总动员委员会。

师政治部，他们没有兵，在阜平待不长。你们要抗日，到王快投奔朱怀冰去！”

省委立即到罗荣桓处开会研究对策。罗荣桓建议召开群众大会，并请张“出席指导”。在这个会上，用第一一五师在平型关歼灭日军千余人、杨成武支队收复察南、骑兵支队在倒马关击退日寇等胜利消息不指名地驳斥张的无耻谰言。

坐在主席台上的张仲孚被驳得脸上红一阵白一阵。这一行动又成为一次有力的动员。城区的义勇军很快由一个班发展成一个连。

10 月 12 日，日军沿平汉路南下侵占了石家庄，张仲孚慌了手脚，忙着收拾东西，准备跟朱怀冰一道逃跑。张仲孚兼任县保安队的队长，手下有不少人和枪，还有一两万元公款。王平听到张准备逃跑的消息，急忙到罗荣桓那里去请示。罗荣桓说：“这个人留在阜平，成抗战之事不足，败抗战之事有余。要是他单枪匹马地跑了，也就算了，钱可以不要，但是人和枪不能叫他带走！”保安队队副比较进步，罗荣桓派人找他谈话，向他说明共产党团结一切抗日力量的政策，请他自己抉择。他立即表示坚决留下，并保证保安队一人一枪都不会跟张仲孚走。

在一个漆黑的夜里，张仲孚果然偷偷地跑了。但保安队大部分人留了下来。罗荣桓知道后，笑着对王平说：“跑了就跑了吧，死狗总是扶不上墙头的。没有县长我们派一个，管保比他干得强。我看，就由你当县长好了！”第二天，罗荣桓派政治部的七八个干部和一个班的战士，把王平送进县衙门，当上了阜平县长兼保安队长。

10月中旬的一个清晨，师骑兵营发动突然袭击，解放阜平东南的曲阳县城。曲阳县城靠近平汉铁路，敌人在这里囤积的大量军用饼干、罐头，全部为八路军所缴获。

曲阳解放后，罗荣桓派师政治部统战部长潘振武率领宣传队，开进曲阳，发动群众，建立政权，并委任潘为曲阳县长。

阜平和曲阳的抗日民主政府是八路军最早建立的一批抗日民主政权。当时，第二次国共合作建立不久，八路军能否不通过国民党政府直接委任县长，建立民主政权，在一些党员思想上还是未解决的问题。在这样的历史条件下，罗荣桓敢于放手建立民主政权，这除了因为他有红军时期政权建设的丰富经验外，主要是对中共坚持敌后抗战的方针政策有深刻的理解。

骑兵营继解放曲阳之后，又收复唐县，并一度打进平汉路上的定县城。他们在战斗间隙以班排为单位分兵发动群众，扩大武装。到 10 月下旬，以阜平为中心，周围各县的义勇军已发展到四千多人。

根据中央军委和八路军总部的决定。林彪率第一一五师主力由五台山南下；留下独立团、骑兵营和两个连，共约 2000 人，由聂荣臻领导，在晋察冀三省边区，创建抗日根据地。

机关“分家”的工作由罗荣桓负责。聂荣臻在他的《回忆录》中写道：“我对他（罗荣桓）说，你来分好，你公平，司令部、政治部、供给部、卫生部几个部门由你决定。哪些人走，哪些人留下来，你有决定权，我不争一个人。罗荣桓同志对我非常支持，他亲自挑选了一些人，留下的同志虽然人数不多，但很得力。”[1]

晋察冀军区 11 月 8 日正式成立后，罗荣桓结束了在阜平的工作，率领第一一五师政治部，溯滹沱河西去，到达山西省五台县东冶镇。

五台山，是中国佛教四大名山之一。可是罗荣桓无暇前往游览。他一到五台山就忙于发动群众，筹粮筹款，扩大兵员。他听说东冶镇附近有个煤矿，立即派了一批干部去，一面帮助工人挖煤，一面宣传发动群众抗日，并且吸收了一批工人参军。

东冶镇西南面的河边村是阎锡山的老家。那富丽堂皇的亭台楼阁，占地几十亩的高墙大院，在当地是很有名气的。同河边村隔一条滹沱河的建安村，是徐向前的老家。他的亲属住在一幢破旧的小院里，生活非常困难。徐向前路过这里时，回家看过一次，掏尽身上的积蓄，只留下 10 块钱。罗荣桓到五台以后，特地叫宣传部的干事朱明带上 30 块钱，去看望徐向前的亲属。

罗荣桓率政治部从东冶镇继续西行，拟从忻县过同蒲路，未成，又折返到河北省平山县洪子店[2]。

在洪子店，他会见了刚刚成立的晋察冀军区第四分区负责人周建屏、刘道生和北方局代表栗再温等。一天，罗荣桓他们正说话间，脚蹬草鞋、身背斗笠，穿着红军制服的平山特委书记李德仲走进屋来。栗再温给李和罗荣桓双方作了介绍。一直做地下工作、大学生出身的李德仲握着久仰其名的罗荣桓的手，一时不知说什么好了。为了消除李德仲的紧张情绪，罗荣桓上下打量着他，问道：“长征时，你是哪一个方面军的？”李愣住了，而在座的其他人都大笑起来。罗荣桓很诧异，忙问：“你们笑什么？”栗再温解释道：“他不是红军。”罗荣桓又打量打量李德仲，说：“你们看他这身穿戴不是红军是什么？”大家又笑起来，李德仲红着脸解释道：“我的警卫员是红军。斗笠和草鞋都是他给我编的。这身军装也是警卫员的，我只不过是借了穿穿。”在哄堂大笑之中，栗再温忍不住开玩笑说道：“他呀，是假洋鬼子。”罗荣桓也不禁笑了起来。为了不使李过分难堪，他也风趣地说：“对不起，是我没有搞好调查研究，犯了‘形式主义’的错误。”

第二天，栗再温和李德仲向罗荣桓汇报了平山地下党的历史，然后请他作指示。罗荣桓在扼要谈了当前形势后，讲了军队问题，说：“……打仗要靠兵。我们的队伍总共改编了三个师，数量不多。但战争是人民的战争，我们到敌后去，队伍会逐渐扩大的。”他停顿了一下，用饱含深情的目光把栗、李等人一一扫过，又用商量的口气说：“我们一一五师人也不多，特别是缺乏知识分子。你们这里地下党的基础很好，文化素质也比较高，能不能帮助我们增加一些知识分子？”栗、李问道：“需要多少？”罗荣桓笑眯眯地回答：“百十来个吧，当然，多多益善。”

当时，地方工作尚处在开辟时期，要动员这么多有文化的人参军，并非易事。但是，栗再温、李德仲仍然表示，对抗日主力军的要求，一定尽力满足。半

①《聂荣臻回忆录》（上），人民出版社 2022 年版，第 293 页。

② 曾为建屏县县城。

个月后，他们就输送了130多名具有高小以上文化程度的青年到一一五师。他们后来大都成为一一五师的骨干。

## 第二节　开创晋西南抗日根据地

1937年底，罗荣桓根据八路军总部的命令，率师政治部从洪子店南下，经昔阳县于1938年初到达晋西南洪洞县的马牧村与一一五师司令部会合，开始创建晋西南根据地。

此时，聂荣臻已留在晋察冀。第一一五师政委空缺。1938年1月29日，第十八集团军总部（即八路军总部，简称“集总”）发电报向中共中央反映：林彪屡次要求另派政委。罗荣桓仍任师政治部主任。

第一一五师由晋东北南下时，第三四四旅即划归第十八集团军总部，师部直接指挥的第三四三旅（旅长陈光，政委肖华），下辖两个团：第六八五团（团长杨得志，政委吴文玉）和第六八六团（团长李天佑，政委杨勇）。这两个团在平型关等战斗中伤亡较大。广阳战斗①后，师部派杨勇带一批干部到晋东南扩兵。罗荣桓回到师部时，大批新兵已到。师部除把现有的两个团兵员补满外，又新组建了一个补充团。由邓克明任团长，符竹庭任政委。

日军攻占太原以后，大举南进，一部西犯逼近黄河，窥伺陕甘宁边区。为了保卫陕甘宁边区，第一一五师向隰县、大宁一带开进。

1938年3月1日，第一一五师直属队路过隰县以北的千客庄，因部分人员穿着缴获来的日本军大衣，当地驻防的阎锡山第十九军的哨兵以为日寇来了，开枪误伤林彪。罗荣桓立即报告集总和中央军委。当日24时，军委主席毛泽东与军委参谋长滕代远联名致电罗荣桓：“林之职务暂时由你兼代。”但同一天，在毛、滕发电前数小时，集总已决定，由第三四三旅旅长陈光代理师长。此后，第一一五师的全面工作，实际上仍由罗荣桓负责。到1938年底，罗荣桓任第一一五师政治委员。

罗荣桓派人将林彪转送延安之后，即与陈光率领主力部队迅速进至蒲县至大宁公路一线，用游击战的“拿手好戏”，在敌人的侧后方，以营为单位，分散预伏在道路曲折、地形复杂的午城、井沟一带的若干个阵地上，此起彼伏地向敌人连续进行袭击。平均一天打一仗，有时一天打两仗。打得赢就打，打不赢就转移到别处打。从1938年3月14日至19日，连续打了五个昼夜，共歼敌千余人、毁敌汽车七十余辆，给猖狂西犯的敌人以沉重打击，粉碎了敌人西渡黄河进犯陕甘宁边区的狂妄企图，稳定了晋西南的局势，为吕梁山根据地的建立创造了条件。

午城、井沟战斗之后，国民党第二战区副司令长官卫立煌率领他的指挥机关

---

① 1937年11月4日至7日，一一五师和一二九师的部队，先后在山西昔阳以西广阳镇一带，连续伏击沿正太路进攻太原之日军的左路部队，共歼敌千余人。此役为广阳战斗。

过河东来。刚到大宁，便遭敌人拦阻。卫进退两难，要求第一一五师支援。罗荣桓派司令部侦察科长苏孝顺找卫联络，并派第六八六团三营前往掩护。第二天，敌人将卫部冲散。为了掩护卫立煌，第三营十一连指战员，在白儿岭顶住了八百多敌人的轮番进攻。已经脱险的卫立煌用望远镜遥望白儿岭，只见整个阵地都处在飞机大炮的狂轰滥炸之下，已成一片火海。他问在那里有几个团，八路军联络人员告诉他，只有一个连。他很惋惜地说："这个连完啦！"然而，这个连却胜利归来了，全连仅伤亡20余人，得到师部通报表彰。卫立煌也不禁钦佩地说："八路军真能干！"他还对他的部下说："你们看看，人家八路军，还扛着梭镖，那么能打，唱起歌来也有精神。可你们垂头丧气的样子，像什么！"后来他特地送给八路军100挺轻机枪，10万发子弹，表示谢意。

抗战初期，中共中央还曾同阎锡山建立了较为密切的统一战线关系。为了支持阎锡山抗日，八路军总部在1938年初调拨了两个新建的连队编到阎锡山的晋绥军总部执法队去。行前，总部直属政治处副主任康克清向两位连长交代：在晋绥军中要搞好统一战线工作。党的组织关系可向汾阳"牺盟会"内的党组织联系转接。

部队编入晋军执法队后，遭到司令陈宏棠的排斥刁难。陈诬蔑这两个连队是"赤匪"，扬言要予以"解散"，并拉拢一些人叛变。一时，部队思想很混乱。此时，八路军总部已东去太行区。连长邱金发便连夜赶到40里外的第一一五师师部向罗荣桓汇报，要求将部队拉回来，编入第一一五师。

罗荣桓听完邱金发的汇报后，耐心地说："你们到晋军去，是朱总司令同阎锡山商定的。现在遇到一点困难就把部队拉出来，于统一战线不利，会影响我们八路军的信誉，不能撤回来。执行这项任务，困难肯定是不少的，甚至会遇到危险。你是红军老战士，又是共产党员，一定要按照党的统一战线政策去办，要在斗争中锻炼成长，要提高警惕，防止反动分子的暗害。你们只要坚持下去，斗争得法，就一定会胜利。"罗荣桓还就如何巩固部队，如何开展统战工作，如何坚持合法的斗争，作了具体指示。

经过罗荣桓的耐心说服，邱金发进一步理解了做好统战工作的重要意义，增强了坚持下去的信心和勇气，掌握了斗争的办法，愉快地返回部队。按照罗荣桓的指示，他们整顿部队，向顽固派进行坚决而巧妙的斗争，终于保存了部队，胜利完成任务。

中共中央同阎锡山建立统战关系的一项重要的行动是组建新军。卢沟桥事变后，阎锡山亲自出面邀请山西籍的共产党员薄一波进行此项工作。薄按照中国共产党的指示，接受了阎锡山的委任，在以共产党员作为骨干的"牺牲救国同盟会"的基础上，很快组建了4个决死纵队（相当于旅）和1个工人武装自卫总队。

决死第二纵队驻在洪洞、赵城一带。这支部队发展很快，在短时间内，由3个团发展到11个团，达2万余人。缺干部、少经验成为部队建设的突出问题。

1938年三四月间，陈光、罗荣桓率部转移到汾阳、孝义一带发动群众，开辟吕梁山根据地。师部与决死二纵队驻地相邻。罗荣桓对这支部队的建设很关心。在一二月间，他便遵照总部指示，给他们调去一批干部。这时，他又将这个纵队的领导干部韩钧、张文昂、徐荣、郝德青等请到师部，商谈二纵队的建设问题。他说，你们的部队发展得很快，这很好，说明群众的抗日热情高涨。但是军队是要打仗的，部队不但要多，而且要精。所以，我建议你们进行整军，部队要整编，不要怕编掉几个团，主要看部队有无战斗力，能不能打仗。在整军的基础上，抓紧进行军政训练，特别要加强部队的政治思想工作，搞好官兵关系，加强部队的团结。

随后罗荣桓又请陈光、肖华和宣传部长萧向荣等，多次给纵队的干部上军事课、政治课，给他们讲解如何建设人民军队，如何开展游击战争，如何做部队的思想政治工作等，具体地传授红军的建军经验。陈光还在二纵队住了半个多月，言传身教，帮助他们进行整顿。

在罗荣桓、陈光的具体帮助下，决死第二纵队进行了一次认真的整军。他们首先整顿了组织，将 11 个团编成 8 个团，共约 1.5 万人，使部队更加精干。团、营、连都配备了政治工作干部，排还配了政治工作员，部队从组织上得到了加强。然后，在一一五师派出的干部的具体帮助下，进行军政训练。军事训练，着重练习射击、投弹、刺杀、侦察、夜战、破铁路、攻碉堡等，学会游击战的战术；政治训练，着重讲解抗日民族统一战线政策，抗战的形势、前途，以及军政一致、军民一家、官兵平等等建军原则。

整顿和军政训练，使这支部队从一开始就接受了红军的建军经验，受到了红军优良传统的影响，同旧军队有了本质的区别，很快建成了一支具有一定战斗力的抗日部队。

在一一五师帮助决死二纵队整训的同时，从延安抗大来到山西八路军办事处主办学兵大队的何以祥，根据北方局的指示，也到晋西组织抗日武装。他从学兵大队带来的十多个学员，都被各县要去了。他既缺人，又缺武器。一天，他带着晋西区党委的介绍信来请示罗荣桓，罗荣桓鼓励他说：

“人是不缺的，干部也不用愁。”

“在哪里呢？”

“不在我这里，在人民群众中间。你要去发动群众，从群众中发现和培养干部。”罗荣桓接着具体交代，“红军东征时，在汾阳、孝义、灵石一带撒下了一些‘种子’，有的党员现在隐蔽起来了，你要到每个村、每个区去找，恢复党的组织。在以阎锡山的名义建立的牺牲救国同盟会中有很多进步分子，你要同他们取得联系。在阎锡山政权的县长、科长里头，也有一些进步分子，你要学会做统战工作，争取他们抗日，同时还要做青年工作、妇女工作，深深扎根于群众之中……”

何以祥从罗荣桓那里没有得到人和枪，但他得到了办法和信心。他按照罗荣桓的指示，深入到群众中去，从秘密串联到公开活动，团结的群众越来越多。根据群众提供的线索，找到了阎锡山部队撤退时丢下的几百条枪，把新发展的游击队员全副武装起来。何以祥又去师部汇报，罗荣桓鼓励他：“你做得对，有了朋友，胆子就大了；有了群众，办法有了，枪也有了。”为了组建这支部队，罗荣桓还派一一五师的干部去传授经验，训练干部，派宣传队去演戏、慰问。又组织这支部队的新干部到一一五师学习。这支白手起家的晋西南游击第一、二、三大队，很快发展到两千多人。

1938年9月，日军一〇八旅团沿汾（阳）离（石）公路西犯，企图西渡黄河。陕甘宁边区再次受到严重威胁。陈光、罗荣桓决定给敌人以沉重打击。他们召集第三四三旅和决死第二纵队干部举行作战会议，布置战斗任务。给决死二纵队第三团这支新部队分配的任务是看家，并向孝义方向警戒。随后陈光、罗荣桓即率第三四三旅把部队分散预伏在汾离公路的两侧，于14、17日，分别在薛公岭、油房坪给敌人的运输补给部队以沉重的打击，又于19日在王家池伏击敌人后撤部队。三战三捷，共歼敌1000余人，缴获各种武器560余件，击毁汽车30余辆。

胜利归来后，陈光兴高采烈地招呼决死二纵队三团的干部去看缴获的大洋马。他对三团团长曹诚说：“想不到这一仗打得这么便宜。早知如此，应该把你们也带去锻炼锻炼。”

被打得气急败坏的敌军头目，在战地捡到一份写有第六八六团团长杨勇名字的材料，便立即写信给杨勇转一一五师司令官。信上说，他们不惯于在山地打游击，约八路军到汾阳县三泉镇西的南阳村会战。这封来势汹汹的挑战书，恰好暴露了敌人的虚弱和无能，说明八路军的拿手好戏——山地游击战发挥了巨大的威力。

“三战三捷”刚结束，罗荣桓作为第一一五师的代表，赴延安参加了中共扩大的六届六中全会。在会上毛泽东作了《论新阶段》的政治报告和会议总结。会议要求全党同志认真地负起领导抗日战争的重大历史责任，批判了统一战线中“一切经过统一战线”的迁就主义的错误口号，重申了全党独立自主地放手组织人民抗日武装斗争的方针。毛泽东在为会议所作的结论中，说明了中共军事工作的发展和战略方针具体变化的道路，再次强调了游击战争的“极其重要的战略地位”。

罗荣桓在10月17日下午的会议上作了发言。通过汇报第一一五师一年来的情况，他着重谈了两个重要的问题：一是坚持抗日游击战争的战略方针问题；另一个是在新形势下加强党的领导和政治工作的问题。

罗荣桓在发言中介绍了第一一五师在午城、井沟战斗中，采用小部队，利用若干个有利的阵地，此起彼伏地连续打小仗，消灭敌人的情况。罗荣桓谈到，有一个排，为牵制敌人，在一个阵地上坚守了两个小时，然后悄悄转移阵地。向该阵地倾泻了200多发炮弹的敌人竟未发觉。我军用这种机动灵活的游击战术，收到了伤亡小、歼敌多的战果。他说，在井沟战斗中，敌人死伤近500人，我军伤亡不超过100人。他用这些生动的战例，说明了游击战争的战略方针是完全正确的。

罗荣桓在发言中直率地谈到，由于部队改编时一度取消政治委员，缩小政治机关，没有建立党委会，加之一一五师政治部又在较长的时间单独行动，远离部

1938年9月29日，参加中共扩大的六届六中全会的全体代表合影，后排左四为罗荣桓

队，而且有大批政工干部调到地方工作，因此，党对部队的领导和政治工作受到削弱，军阀主义和贪污腐化的现象有所滋长。他汇报了一一五师到晋西以后，克服政治上的麻痹情绪，加强思想政治教育的成果。他建议充分发挥党支部的作用，加强部队的政治教育，特别是系统的基本教育，以及我军光荣传统的教育，使部队保持思想上的纯洁。

## 第三节　向山东进军

在中共扩大的六届六中全会上，毛泽东批评“一切经过统一战线”的口号时曾说：“在敌后，只有根据国民党已经许可的东西（例如《抗战建国纲领》），独立自主地去做，无法‘一切经过’。或者估计国民党可能许可的，先斩后奏。例如设置行政专员，派兵去山东之类，先‘经过’则行不通。”[①]

“派兵去山东”，这是中共中央早有酝酿的战略设想。

山东，背靠中原，面临渤海、黄海，南接江淮，北迫平津，具有非常重要的战略地位，是兵家必争之地。可是1937年12月，拥有十万大军的国民党山东省主席韩复榘却在日军进攻面前望风而逃，致使山东15.3万平方公里的大好河山轻易沦于敌手。

在山东沦陷之前，以黎玉为首的中共山东省委，曾在济南秘密制订了在山东各地发动武装起义的计划。从1937年11月起，在各地秘密活动和刚刚从牢狱中出来的共产党员，响应北方局发出的“脱下长衫到游击队去”的号召，与从延安派来的一批红军干部结合在一起，先后在冀鲁边、鲁西北、天福山[②]、黑铁山[③]、鲁

①《毛泽东选集》第2卷，人民出版社1991年版，第539页。

② 位于胶东文登县东部。

③ 位于长山、桓台，临淄交界处。

东[1]、徂徕山[2]、泰（山）西、鲁东南、鲁南、（微山）湖西等地，发动了武装起义，建立了抗日武装力量。由于侵占山东的日军兵力单薄，只占领了主要城市和交通线，广大农村成为真空地带，各地抗日武装在这一有利形势下迅速得到发展，到六七月间，已达四万人。后来，在1938年底成立了八路军山东纵队，由张经武任指挥，黎玉任政委。这是一支在没有八路军主力支持的情况下，由党领导广大人民举行武装起义而创建与发展起来的较大的武装力量。在这支抗日武装的控制下，初步开创了大大小小许多块抗日根据地。从全国范围看，大部分抗日根据地是八路军和新四军主力开辟的，如晋察冀、晋绥、晋冀豫和华中的一些抗日根据地。而山东却是由中共领导人民抗日武装起义开创的。这是山东抗日根据地的特点。

在共产党发动人民抗日武装起义的同时，山东各地国民党势力、地主豪绅、土匪兵痞也乘机拉队伍、抢地盘，出现了司令多如牛毛的局面。1938年1月出任国民党山东省主席的沈鸿烈，成为这些游杂司令之首，影响或控制了大小股武装共达15万人，在数量和装备上都超过起义的人民武装。共产党要在山东独立自主地担负起抗战的责任，建立巩固的根据地，显然需要有一支主力部队作为骨干。

1938年4月，黎玉赴延安向毛泽东汇报工作时，要求派一个主力团去山东。毛泽东说："看来还要多去一些。"

1938年六七月间，由第一一五师第三四三旅第六八五团第二营发展组成的永兴支队（支队长曾国华）和第一二九师工兵连与抗大分校48位干部发展组成的津浦支队（支队长孙继先）便进入山东北部的冀鲁边区。他们是八路军主力部队进入山东的前锋。与此同时，中央和集总又决定调第三四三旅政委肖华率一批干部去冀鲁边区，统一领导那里的武装斗争。罗荣桓对此极为重视，他迅速抽调了一批干部随肖华前往。其中有补充团团长邓克明、政委符竹庭和第三四三旅政治部的周贯五、王辉球、王叙坤、刘贤权等共一百余人。

肖华出发之前，罗荣桓和他谈了话。罗荣桓指出，冀鲁边区位于天津以南、老黄河以北、津浦路以东的河北和山东沿海地区，处于敌后之敌后，威胁到天津和津浦路，敌伪和国民党都要和我们争夺这个地区。那里已经有了党所领导的抗日武装，需要整顿、加强，提高他们的战斗力。那里还有打着国民党旗号的杂牌部队，国民党的山东省政府也有向那里发展的动向。他要肖华作好思想准备，在敌我友错综复杂的形势下，到那里去打游击，过艰苦的斗争生活。

9月27日，肖华一行抵达冀鲁边区的乐陵县，旋即成立冀鲁边区军政委员会，组成八路军东进抗日挺进纵队。肖华任司令员兼政委。曾国华的永兴支队编为第五支队，冀鲁边区地方抗日武装编为第六支队，孙继先的津浦支队调到鲁西北，后又经泰西转往鲁南地区。

1938年10月，日军占领广州、武汉，抗日战争进入相持阶段。日军加紧对

---

① 指昌邑、寿光地区。

② 在泰安市东南。

国民党实行政治诱降，而把主要兵力转移到其后方，用以对付共产党。与之相呼应，国民党顽固派也转为消极抗日，积极反共，加紧对共产党、八路军制造摩擦。而山东起义后组织的武装既缺经验，又缺干部，派主力去山东已经刻不容缓了。中共中央决定派第一一五师第三四三旅第六八五团去山东湖西地区。

11 月 25 日，毛泽东、王稼祥、滕代远致电彭德怀，指出：陈罗率师部及陈旅主力（两主力团）全部去山东、淮北为适宜……陈罗开东时拟分布于新老黄河间广大地区，包括津浦（路）东西、胶济（路）南北在内。尚昆、小平认为可行。

12 月间，朱德、彭德怀按照上述电报精神向陈光、罗荣桓下达了命令，要求已到达晋东南附近的第六八五团以苏鲁支队名义先行入鲁。12 月间，苏鲁支队到达湖西与湖西人民武装起义组成的山东抗日义勇队第二总队合编，改称苏鲁豫支队[①]。

随后，按照军委部署，第一一五师师部和第六八六团在陈光、罗荣桓率领下也于 12 月 20 日晚从晋西灵石县双池镇出发东进。[②] 部队冒着纷纷大雪，越过敌人封锁的汾河和同蒲路，翻越白雪皑皑的绵山，于行军途中迎来了 1939 年的元旦，到达了晋东南八路军总部驻地屯留附近。罗荣桓与总司令朱德、副总司令彭德怀、副参谋长左权等在敌后相会，感到分外亲切。朱德特地到第一一五师驻地看望大家，给干部作了形势任务报告，还应罗荣桓之请，为一一五师的《战士报》题写了报头。罗荣桓等去总部汇报工作时，总司令留他们吃饭，亲自下伙房，抄起菜勺，炒了一盘辣椒猪肚。大家高高兴兴地吃了一顿。

就在这时，国民党为了限制八路军和新四军的发展，决定在敌后成立苏鲁和冀察两个司令部，并无理要求第一一五师归还第二战区建制，八路军在山东的地方部队统一由苏鲁战区总司令（兼五十一军军长）于学忠指挥。

对蒋介石的无理命令，只有置之不理。派第一一五师到山东，属于“先斩后奏”，这时就需要一个代号了。恰好彭德怀要去冀南找国民党的冀察战区总司令鹿钟麟谈判国民党顽固派袭击八路军一个支队并强令取消抗日政权——冀南行署的事件，第一一五师便以东进支队的名义护送彭德怀，翻太行山，过平汉路，然后直插山东。

部队出发前，罗荣桓将一只小皮箱交给政治部的秘书杨永松，对杨说：“箱子里的东西你可以看，但千万不要搞丢了。”杨永松掂了一掂，箱子很轻；打开一看，里面除了一瓶药和几本书，便空空如也。书中有一本是当时尚未公开发表的毛泽东的《中国革命战争的战略问题》。在这本红军大学印发的、纸质很差、印得模模糊糊的讲稿上，罗荣桓多处圈点批注，书角已经起皱，看来他已阅读多遍了。在此书中，毛泽东深刻地分析了中国的国情和中国革命战争的特点，将其作为研究中国革命战争的战略问题的出发点。这本书对罗荣桓的思想影响极大。

---

① 该支队活动地区包括河南省夏邑县。

② 在晋西还留下一个由补充团扩编的独立支队，支队长陈士榘、政治委员林枫（兼）。

毛泽东所阐发的一切从实际出发、具体问题具体分析的方法，罗荣桓终生信奉不渝，把它作为一切行动必须遵守的原则。

部队出发时，林月琴已经临产。罗荣桓前往看望。2月14日，林月琴生了一个男孩。即将出发的罗荣桓看到母子都平安，放下了心。林月琴让即将到前方去的丈夫给孩子起个名字。罗荣桓略一考虑，便说："部队正在东进，就叫他'东进'吧！"说完便告别了正在坐月子的妻子，匆匆赶队伍去了。

罗荣桓赶上队伍后，一直东进。东面，是敌人后方。东进，就是到敌人后方去。给孩子取的这个名字十分切合当时部队的实际。后来，第一一五师好几支部队都曾使用这个名字作为部队的代号。

从晋西到山东约有3000里，途中穿过敌人的几道封锁线，翻越了被戏称为"雪山"的绵山，还配合一二九师粉碎了敌人对山西辽县的进攻。这次进军曾被人们称为"小长征"。

进军山东以后，罗荣桓就开始挑起开创一个地区新局面的历史重任了。

# 第八章　齐鲁大地及时雨

## 第一节　从樊坝战斗到太河惨案

1939 年 3 月 1 日，东进支队经河北、河南交界地区，越过了黄河。可指战员们鞋都没湿。河床上，不见有水。由于蒋介石在 1938 年 6 月炸开了花园口的黄河大堤，致使黄河改道南行，这里的河水便枯竭了。加上天气干旱，坑洼里的水也逐渐蒸发，河道终于成为一条蜿蜒的沙龙。

过了黄河，便进入山东境内，站在河堤上向东看，是一眼望不到边的大平原，这就是鲁西平原。现在，麦苗虽已开始返青，却因为缺雨，长得蔫蔫的。这里已经很久没有下雨了，可老百姓所受人祸比天灾还要厉害。这一带，虽有中国共产党郓城中心县委在活动，但还没有党领导的较大的抗日武装和根据地。日、伪、顽、匪，各霸一方，烧杀掳掠，无恶不作。人民生活于水深火热之中。他们盼望下雨，更盼望着八路军赶快来。如今，八路军果然来了。恰好，这时下起了小雨。杜甫诗云："好雨知时节，当春乃发生。随风潜入夜，润物细无声。"东进支队多么像是及时雨啊！他们悄悄潜入山东。当晚在郓城县张楼宿营。这一消息很快传到郓城中心县委。县委书记梁仞千立即率领二十多位干部到张楼迎接从平型关下来的老八路[①]。

罗荣桓和陈光热情地接待了他们，并向他们了解了当地的敌情，得知驻在郓城城里的汉奸头子叫刘本功，他的本家刘玉胜带了一个保安团驻扎在郓城西北的樊坝，这是刘本功的台柱子。罗荣桓与陈光决定，打下樊坝，消灭刘玉胜的伪保安团，作为对山东父老乡亲的见面礼。他们把这个战斗任务交给了六八六团。

3 月 3 日晚上，团长兼政委杨勇率部队冒雨向樊坝急进。指战员的棉衣被雨水浸湿了，但个个斗志昂扬。经过激烈战斗，部队勇猛冲进敌人据守的围寨，将守敌全歼，刘玉胜被生擒。驻在樊坝西南团柳村的刘玉胜的第四连，慑于八路军的威力，听从规劝，携带包括五挺机枪在内的全部武器，光荣反正。

这一仗打得干净利落，八路军在鲁西声威大震。老八路来了！这喜讯在鲁西平原上迅速传播开来。

---

① 当地群众对开进山东的八路军主力的称谓。

杨勇赶到张楼，向罗荣桓和陈光汇报战斗情况，请示如何处置刘玉胜。罗荣桓没有急于答复，他让杨把刘玉胜带到张楼，亲自审问。

刘玉胜是本县人，以前曾在宋哲元部队当过排长，在喜峰口参加过对日作战。后来在韩复榘部队当官的刘本功把他拉回来，让他当连长。山东沦陷以后，刘本功当了汉奸保安司令，刘玉胜也跟着当了伪军团长。

罗荣桓和刘玉胜谈了一两个小时，然后把杨勇找来问道："你看刘玉胜这个人怎么办好？"

杨勇说："在这次战斗中他的老丈人肺部中弹，我们的医务人员认真给他治了，刘玉胜很感动。看样子，有些悔罪表现。"

罗荣桓点点头，沉吟了一会说：

"我看刘玉胜这样的人是可以争取的，争取过来要比杀掉好。他在当地有一定影响，争取他一个，可以影响一大批人。"

按照罗荣桓的意见，杨勇回去以后，向刘玉胜申明大义，晓以利害，让刘在当地继续组织抗日武装，并派他的秘书吕鸿去刘玉胜部工作。刘非常感激。在吕鸿具体帮助下，他写了一份告同胞书：

"玉胜不才，身为中华民国之军人，乃受敌伪之迷诱，沦为卖国求荣之汉奸……樊坝之役，幸被生俘，得蒙不死，倍享优待，并晓以救国救民之大义，教诲良深……，玉胜扪心自问，愧悔交集，今获开释，恩同再生。……誓当重整旗鼓，投效抗战，将功折罪，以雪吾耻，以报国人……"

刘玉胜的告同胞书，在郓城四乡广为张贴，影响很大。后来，他又拉起二百多人的队伍，来找杨勇，投奔八路军，参加抗战。

樊坝一仗，打开鲁西的局面后，东进支队要继续东进。郓城县委和当地老百姓纷纷来找罗荣桓，恳求将杨勇留下。这时跟着师部行动的只有六八六团。为了创建鲁西抗日根据地，罗荣桓与陈光决定，从这个团抽出第三营和教导队，再加上师直两个连，由杨勇和何德全、张国华、欧阳文等率领留在运（河）西地区，称东进支队第一团（以后改为独立旅）。张仁初、刘西元接任六八六团团长和政委，率余下的两个营，随师部继续东进。运西地区的开辟，使第一一五师在山东又取得了一个立足点。

3 月 7 日，罗荣桓与师部从靳口过了运河，进入泰（山）西地区。师部派出骑兵连，向汶上县城方向侦察敌情。战士们穿上日军的大衣，骑着缴获的大洋马，伪装日军来到距汶上城西北五里的伪军据点草桥。伪军哨兵慌忙敬礼，化装成日本军官的骑兵教练员讲了一通日本人也听不懂的"日语"，由侦察员扮成的"翻译"命令说："联队长来阅兵，快把队伍集合起来。"伪军大队长毕恭毕敬地出来迎接。在伪军集合队伍时，骑兵连指战员突然将其包围，全部缴械。

这个"草桥阅兵"的故事，很快在泰西的老百姓中广为流传。

3 月 10 日，罗荣桓一行到达东平县东北部的夏谢作短期休整。

3 月 12 日，罗荣桓给东进支队排以上干部作报告。他分析了抗战进入相持阶段后的形势，阐述了坚持敌后游击战的必要性和可能性后指出：东进支队总的任务是，坚持平原游击战争，创造泰山西端的抗日根据地。这里北可连冀鲁边和鲁西北根据地，南可连六八五团与地方抗日武装创建的苏鲁豫根据地，战略地位十分重要。罗荣桓要求东进支队帮助发展和加强地方抗日武装；帮助发展地方党组织，加强党在农村和下层的基础；广泛地开展地方群众工作。他特别强调要严格遵守群众纪律，尊重地方政权，关心群众利益，以自己模范的工作和纪律，去影响和团结邻近的兄弟部队。

3月14日，陈光、罗荣桓率第一一五师师部与中共泰西地委①和由泰西人民抗日起义武装所编成的八路军山东纵队第六支队②在东平县常庄会合。随后，驻在鲁西北的区党委③也赶到常庄，与第一一五师一起活动。于是，第一一五师在山东又开辟了泰西这一立足点。

罗荣桓来山东，还受中共中央委托，向在山东的党的干部传达中共扩大的六届六中全会精神。他到泰西后，即着手此项任务，除向鲁西区党委和泰西地委的负责干部作了传达外，并建议组织一次党的会议，以便尽快将六中全会精神贯彻到基层去。

3月下旬，泰西地区抗日活动积极分子大会在常庄一所小学召开。罗荣桓在会上，根据六中全会关于独立自主地放手在敌后组织人民抗日武装斗争的方针，结合泰西地区的实际，提出了依托泰（安）肥（城）山区、大峰山区、平（阴）（东）阿山区、伴靠东平湖（罗荣桓称之为依山伴湖），向四周发展，使泰西与周围各抗日根据地连成一片的任务。他还指出，泰西以往对政权建设不够重视，仅仅依靠抗日动员委员会这种半政权性质的机构还不够，应该建立自己的抗日民主政权，使党、政、军、民共同发展，形成坚持敌后游击战争的巩固的根据地。

会后，决定由第一一五师师部和教导大队协助山东纵队第六支队进行整训，师政治部的干部会同地方党组织成员组成民运工作队，分赴汶上、东平、泰安、肥城、宁阳、平阴、长清等县发动群众，发展党组织，扩大抗日武装，建立抗日民主政权。

3月下旬的一天，罗荣桓带了一个骑兵排，去驻在津浦路东沂蒙山区的中共山东分局传达六届六中全会精神，随行的有师部秘书长苏孝顺和分配到山东分局④的七八位抗大毕业生。深夜，罗荣桓一行来到大汶口附近已被敌人严密封锁的津浦铁路边上。罗荣桓让骑兵排在一片洼地隐蔽。这时，过来了一个被迫为敌

---

① 泰西地委书记是董君毅（即段君毅）。

② 八路军山东纵队，1938年12月由中共领导的山东各地抗日武装起义部队组成，指挥张经武、政委黎玉。下辖第二、三、四、五、六、七、八、十二支队及陇海南进支队、苏鲁人民抗日义勇总队、苏鲁挺进支队、临郯独立团等，共2.45万人。第六支队司令员刘海涛、政治委员张北华（后由段君毅兼），第六支队下辖17个大队共3000余人。

③ 鲁西区党委统一领导鲁西北、泰西、运西等山东津浦路以西地区党的工作，书记张霖之。

④ 即中共中央山东分局，原为山东省委，1936年5月扩大为苏鲁豫皖边区省委，管辖范围增加苏北洪泽湖地区。12月改为山东分局，由郭洪涛任书记。

人打更的老百姓。罗荣桓吩咐警卫员把他叫来，向他询问了铁路两侧的情况。突然，一阵隆隆的响声越来越近，紧接着是噼噼啪啪的枪声和扫来扫去的探照灯光。罗荣桓指挥大家就地卧倒。他借着探照灯光观察隆隆开来的铁甲车。那几位抗大毕业生开始还有点紧张，当他们看到罗荣桓是那样镇定自若时，心情也平静下来。敌人的查路车开过去了。罗荣桓指挥大家从一个涵洞迅速穿越铁路。他让那几个青年干部随骑兵排先走，自己站在涵洞边，等大家都过去了，他才过去。

罗荣桓一行过铁路后先后见到前来迎接的山东纵队第四支队副司令员赵杰和泰山地委军事部长吴瑞林。在他们护送下，到达第四支队驻地。罗荣桓听取了司令员廖容标、政委林浩的汇报，并扼要地向他们传达了六中全会精神。

第二天，罗荣桓到达山东分局驻地沂水县王庄，会见了山东分局书记郭洪涛，以及山东纵队指挥张经武、政委黎玉、政治部主任江华。罗荣桓向分局主要领导干部传达了六中全会精神以后，又召开了一个规模较大的活动分子会议。会场设在王庄的天主教堂里。罗荣桓作了传达六中全会精神的报告，着重阐述了统一战线中的独立自主问题。他的传达报告观点明确，切合实际，给与会者留下了很深刻的印象。此前大家虽然看过已发表的六中全会有关文件，但是并未读过毛泽东所作的结论。听了罗荣桓的传达，大家感到对独立自主的问题有了更加深刻的体会。

这时，山东开展抗日斗争已经一年多了。党领导了各地的武装起义，组建了抗日武装，开展了游击战争，取得了伟大成就。但是王明以中央领导人身份散布的“一切经过统一战线”也是有影响的。石友三的国民党第十集团军进驻沂蒙地区时，利用他与沈鸿烈的矛盾，和他配合抗战是必要的，但是，当时对他依靠过多，缺乏必要的斗争。对于以沈鸿烈为代表的国民党顽固派的政治迫害与军事进攻，开始有退让过多、反击不够有力的情况。

就在与会者正联系山东的实际，热烈讨论罗荣桓的传达报告时，突然传来了令人震惊的消息：国民党顽固派秦启荣制造了“太河惨案”。①

秦启荣，是蒋介石军统特务组织“蓝衣社”在山东的头子。韩复榘逃跑以后，他在惠民打出了“国民政府军事委员会别动总队第五纵队”的番号，自称中将司令，沈鸿烈又委任他为十二区专员兼保安司令。秦启荣指使他手下的第五指挥部指挥王尚志率部南下越过胶济路，于3月间抢占原为山东纵队第四支队驻守的太河镇。

这时，活动于胶济路以北，小清河流域的山东纵队第三支队政治部主任鲍辉，率领赴山东抗日军政干部学校学习的人员及护送部队共二百余人，从清河区南下，过胶济路后准备经太河镇赴沂水。

秦启荣密令王尚志设置圈套，准备将鲍辉一行一网打尽，而鲍辉等却毫未戒备，并事先将枪支人数通知了王尚志，说明是从太河镇路过，请他们不要误会。3月30日上午，部队到达离太河镇八里的同古时，护送部队的吕乙亭营长发觉王部士兵荷枪实弹，气氛反常，便命令部队停下，但鲍辉认为不会出什么问题，

① 太河，在博山县以东，又称太和。

命令继续前进。王指定鲍辉一行走太河镇西边一条只有三四米宽的狭窄通道。路东是坚固的石砌寨墙，路西是淄河。太河镇寨门紧闭，村头上、围墙上、山顶上都布满了人。吕乙亭感到情况不妙，命令战士做好战斗准备。他自己走在最前面。当部队走到西门外的围墙下时，突然枪响，吕应声倒地。接着，机枪、步枪、手榴弹一起打起来。

鲍辉仍命令不要开枪，要大家齐声高呼“中国人不打中国人”。但是，王部仍疯狂射击。鲍辉右腿负伤。随后，镇门大开。王部从镇内和西、北、南面的山上包抄过来。八路军受地形限制，不能展开。除 60 余人分散突围外，其余近 200 人被俘。鲍辉、团长潘建军、宣传科长邓甫晨等十余位干部被俘后痛斥秦、王破坏抗战的倒行逆施，英勇就义。

听到太河惨案的消息，罗荣桓和大家十分愤怒。他参加了山东分局和山东纵队召开的研究对策的会议。他认为，这一惨痛的教训，说明有些同志存在着严重的右倾思想。顽固派的屠杀和烈士的鲜血，证明了党的六中全会制定的方针非常及时，非常英明。对于国民党顽固派的血腥的反共罪行，绝不能示弱，必须坚决进行反击。

在罗荣桓参加下，山东分局和山东纵队在向中共中央报告此事的同时，作出了反击顽固派的一系列决定。首先是在政治上彻底揭露顽固派的罪行。山东纵队张经武指挥和黎玉政委，向全国发出通电，揭露太河事件真相，并致电蒋介石和国民党中央政府，要求惩办祸首秦启荣。为了揭露敌人，教育群众，在王庄召开了追悼死难烈士大会。罗荣桓在会上发表讲话，揭破了秦启荣放出的“太河事件是一场误会”的谰言。他指出：太河惨案是精心策划、蓄意制造的。这是国民党顽固派消极抗日、积极反共的铁证。大会一致要求国民党山东军政当局严惩太河惨案祸首，杜绝类似事件，承认一切抗日民众团体的合法活动，抚恤慰问死难烈士家属。

4 月上旬，中共中央致电山东分局，指出，山东方面过去退让太多……未能于省府、县长西逃时普遍委任自己的县长；有些已委任的，复接受沈鸿烈命令撤销，秦启荣形同汉奸，多次向我进攻，未能给予有效还击。中央指示：“对于一切顽固分子之无理攻击，必须以严重态度对待。对汉奸分子如秦启荣，必须坚决消灭之……”①

遵照中共中央指示，山东分局和山东纵队在罗荣桓参加下研究了反击秦启荣的作战计划，决定集中山东纵队第三、四支队等部，讨伐王尚志，夺回太河镇。讨论时，大家担心沈鸿烈掌握的吴化文旅和进驻山东的于学忠东北军出兵去支援秦启荣。罗荣桓当即表示，在鲁西的一一五师部队可向津浦铁路靠拢，如果沈鸿烈和于学忠出兵，一一五师就开过来参战。罗荣桓的发言进一步提高了大家反击的信心。会后，罗荣桓与郭洪涛、张经武、黎玉等一同从王庄去太河镇所在的博

① 参见《第二次中日战争纪事》，档案出版社 1988 年版，第 194 页。

山县境察看了地形。随后罗荣桓返回泰西。

罗荣桓此次东来，第一次同山东纵队领导干部会见，为以后这两支部队共同坚持山东斗争打下了基础。

罗荣桓回泰西路过莱芜县境时，有一天，在口镇东北的一个小山村中宿营。在这里驻扎着山纵第四支队刚刚组建起来的一个团，团长武中奇是一位能写会画的知识分子，后来成为有名的书法家。

罗荣桓在驻地没有看到哨兵，关切地问武中奇：

“你们是怎样布置警戒的？”

“我们在敌人据点附近放了个哨，敌人一出动就打个手榴弹，我们这里就听见了。”

罗荣桓不禁粲然一笑：“这是个办法。不过，如果别的方向有敌情呢？”

他带着武中奇，在驻地周围转了一大圈，一一指出在什么地方应该设岗哨，如果敌人来，在哪里阻击，从哪里撤退……

山东纵队讨伐王尚志时，如果吴化文等插手，第一一五师要从铁路西过来支援，此处乃必经之地，因此罗荣桓叮嘱武中奇切不可麻痹大意。晚上，在油灯下，罗荣桓铺开地图，又一直看到深夜。第二天清晨，天刚麻麻亮，罗荣桓就离开了这个小山村。

罗荣桓经过泰山地区时，向地区的领导人再三强调了泰山、徂徕山地区的重要性，指出这是联结津浦路东西和胶济路南北的重要纽带，也是敌人必争之地，要准备应付敌人的大举进攻和反复“扫荡”。要发展秘密工作，准备在重要城镇和交通线被敌占领后，通过建立两面政权等方式建设地下交通线，以保证津浦路东西畅通无阻。泰（安）、泗（水）、宁（阳）中心县委随即建立了一条通过南驿车站的地下交通线。后来，朱瑞、徐向前、罗荣桓、陈光都通过这条交通线平安抵达津浦路东。

罗荣桓回到师部后，即命令部队向津浦路方向移动，准备配合山东纵队对秦启荣、王尚志的反击。

4 月 20 日，山东纵队第三支队、第四支队等部队，在张经武、黎玉和第三支队司令员杨国夫、第四支队司令员廖容标指挥下，向太河镇发起进攻，当天下午收复太河镇，并乘胜直扑王尚志司令部，将王的警卫大队全部消灭。王尚志派部队袭击山东纵队指挥部驻地沂水之悦庄。山东纵队早有准备，又歼其一部。

太河事件之后，山东各区都开展了反对摩擦的斗争，给了山东各地顽固派一次沉重的打击。

## 第二节　陆房突围

按照“依山伴湖向外发展”的方针，罗荣桓回到泰西以后，与陈光一道，指挥六八六团和山纵第六支队相配合，向东平、汶上、宁阳地区发展，先后扫除敌人沿汶河设立的全部据点，歼灭伪军千余人，控制泰西大片地区。

在这个基础上，罗荣桓进一步提出如何创建泰西根据地的意见。他在一一五师干部会上指出："创建泰西根据地必须解决的两个基本问题是武装问题和政权问题。"

在武装问题上，针对土生土长的游击队易于产生各自为政的游击主义的倾向，他要求所有游击队都要置于地方党委统一领导之下，建立政治工作制度，进行必要的组织整顿。要依靠党来保证统一指挥。

在政权问题上，他强调："泰西是一个战略区，我之政权必须统一。"他还提出了开放民主、减租减息等加强政权建设的措施。

为了解决好武装和政权这两个基本问题，会后他到东（平）汶（上）宁（阳）支队[①]检查工作，同时派出师政治部宣传部长陈明等大批干部去协助地方工作。

深入泰西的八路军，好似插入敌人心腹中的一把尖刀，严重威胁着济南、泰安和津浦铁路中段，很快引起敌人的重视。山东日军最高指挥官、第十二军司令官尾高龟藏，亲自指挥从济南、泰安、肥城、东平、汶上、宁阳等17个城镇调集的兵力共8000余人，并配有汽车、坦克百余辆，大小炮百余门，兵分九路，向泰西根据地扑来。敌人首先在外围地区进行"扫荡"，5月9日开始向肥城以南、汶河以北推进，逐步合围。第一一五师师部、第六八六团、津浦支队与鲁西区党委机关等，共3000余人，陷入包围圈内。此时罗荣桓已去东汶宁支队。此前，当发现敌人紧缩包围圈时，陈光曾与熟悉泰西地形的第六支队段君毅等商量，打算以第六支队为前导，向西南方向突围，过汶河，去东平、汶上一带。但是师部和第六八六团走到半路，汶河南岸又发现敌情。陈光感到西南是平原，不那么放心，认为还是山区保险，又决定北去，向大峰山区转移。结果，第六支队安全突出去了。向大峰山区转移的部队，却遭到敌人重兵堵击，不得不退到陆房地区。这一地区，四面皆山，地形像一个脸盆，纵横不过十余里，周围山区不大，无法隐蔽大部队，形势十分危急。

部队被围之后，陈光立即命令第六八六团占领陆房西南的肥柱山和牙山，津浦支队和师特务营扼守陆房以东和东北的凤凰山。指战员们用步枪、手榴弹，用白刃格斗，打退了敌人九次在大炮掩护下的进攻。血战整整持续了一天，敌人的尸体一片一片倒在阵地前面。

天黑了，日军不惯夜战，便就地宿营，继续包围陆房，等待天明。八路军乘机紧急轻装，埋藏了笨重物资，悄无声息地沿着山间小路，向东南和西南方向突围。罗荣桓在部队被围期间，一直通过电台与师部保持联系。部队突围后，他赶到东平县无盐村与师部会合。

第二天一早，敌人重新发起总攻。炮火准备之后，敌军小心翼翼进入陆房。

---

① 支队长为第一一五师管理科长石新安。

兜了一圈，什么也没捞着，连一个八路军的人影也没有。此次战斗，敌人自己承认总共伤亡1200人，其中包括一名大佐在内的50多名军官。敌人还在报纸上吹嘘，他们取得了“消灭”1万多人的“赫赫成果”。可是，被围部队加地方干部总共才3000人，实际伤亡360人。

在陆房战斗中，八路健儿浴血奋战的大无畏精神振奋了全国，蒋介石也打电报给朱德、彭德怀，表示“殊堪嘉慰”。①

第一一五师进山东，本属“先斩后奏”。他们以陆房的英勇战绩，终于使国民党在事实上承认了第一一五师在山东的合法地位。后来，到1940年9月，在桃峪会议②上罗荣桓总结第一一五师入鲁和发展的方式时指出：入鲁的第一步是“隐蔽偷运。由边（沿）伸入腹地，造成既成事实，以争取合法地位”。陆房战斗的胜利标志着这一步已经实现了。

然而，这毕竟是一次没有准备的被动仗。部队处境一度十分危急。虽然突围出来了，可骡马辎重损失不小。因此，指战员们一时对现场指挥员陈光议论纷纷。

陈光早在1927年便参加湘南暴动，次年随朱德领导的起义军上了井冈山。他作战骁勇，十年内战，负伤十次，曾带一个连在敌人重重包围之中救出林彪。在平型关战斗中，他是前线的指挥员。他文化水平不高，但十分机敏，在枪林弹雨之中由一个普通农民锻炼成为红军的优秀指挥员。第一一五师入鲁之后，复杂的形势对指挥员提出了更高的要求，而他性情急躁、狭隘的缺点日益暴露。有时便显得与飞速发展的形势不大适应。在长期共事中，罗荣桓一方面尊重他、支持他工作，另一方面又常常用周密的思考、冷静的判断、全面的分析来弥补他的不足。

在无盐村，罗荣桓除同陈光促膝谈心，同他一起总结经验教训，鼓励他振作精神外，还对一些中层干部说：“师长情绪不太高。你们应当鼓励他。在敌后复杂的环境中，打个把被动仗，是很难免的事，况且陆房战斗还是胜利的战斗嘛！给了敌人很大杀伤嘛！”

在师的领导干部会议上，罗荣桓强调，战后的主要问题是正确地总结经验，进一步鼓舞士气，而不应埋怨指责。在无盐村召开的祝捷大会上，罗荣桓发表了鼓舞人心的讲话。他列举了敌我伤亡数字后说，我军在敌人的重重包围下，顽强战斗，成功突围，保存了自己，消灭了敌人，这是一个很大的胜利。有的同志埋怨丢了骡马驮子，这没有什么，我们刚刚从山区来到平原。辎重太多是个累赘。这次敌人使我们丢掉了包袱，能够更加轻便灵活地在平原地区作战。至于丢掉了一点家当，将来建立了巩固的根据地，还可以重新建设起来。听了他的讲话，大家受到很大的鼓舞。陈光的情绪也有了明显的好转。

陆房战斗后的一天，罗荣桓、陈光把运西的杨勇、在泰西的各部队负责人以

---

① 见《八路军军政杂志》1939年第8期，第7页。

② 在费县西北桃峪召开的支队和旅以上干部会议，会后罗荣桓以他和陈光名义将总结报给中央，题为“一一五师在山东工作总结”。

及鲁西区党委成员召集起来，研究下一步的行动部署。

“敌人发动九路围攻之前，宁阳没有这么多日军吧？”罗荣桓事先已派人进行了侦察，为了印证一下，又问在宁阳附近活动的津浦支队队长孙继先。他得到孙肯定的回答后，接着说：“这就说明，敌人从各地集合起来的队伍并没有解散，随时可能卷土重来。”

“你看应该怎么办？”他又问杨勇。

“我们的部队不能挤在一起。”杨勇回答。

“对！这就是陆房战斗给我们的一个教训。目前在平原地区不宜于大部队集中行动，需要分散。要像渔夫一样，把网撒开。”他向孙继先交代，“你们津浦支队要浩浩荡荡地往东走，把敌人引到铁路边上去！”

按照罗荣桓的安排，津浦支队白天在公路上行军，遇上敌人边打边撤，把一部分敌人牵到铁路边上，然后迅速摆脱了敌人，转到了铁路以东。

在这之前，为了继续东进，师部已派了从冀鲁边调来整训的第七团和军政干校、后方医院及供给部部分人员到达津浦路东。

津浦支队出发后，留在晋东南的师后方留守处及师教导大队也到了泰西。罗荣桓又命令参谋处长王秉璋和政治部副主任黄励率领师部机关和直属队，包括刚从晋东南过来的大部分人员，仍以东进支队名义到津浦路东，统一指挥一一五师已到路东的各个单位。

这时，林月琴也随留守处来到了泰西。罗荣桓同妻子重逢，高兴地抱起已过“百岁”[①]的孩子，关切地问林月琴：“你们一路辛苦了吧？”当时，林产后还不足四个月，一路上过封锁线，跋山涉水，很是劳累。可林月琴没有说这些，她告诉罗荣桓，孩子是挑夫挑来的，担子的一头是行李，另一头便是东进。在路上，有时几位女同志轮流地抱着孩子。队伍里的战士们看到空担子，都要关切地打问孩子的下落，后来，供给部又专门拨来一头牲口给她们母子。罗荣桓听后很不安，他郑重地对带队的保卫部长朱涤新说：“这样做不合适，给同志们的影响不好啊。”

有一天，发现敌情，罗荣桓正在布置大家转移，只听“哇”的一声，小东进哭起来了。大家不约而同地将视线移到炕上。林月琴眼眶里噙着泪水，一时也不知怎么办好。东进是她生的第二个孩子，第一个孩子是在陕北生的，取名北屯，寄养在老百姓家中，因为缺乏必要的医疗条件已经夭殇了。罗荣桓走到炕前，爱抚地摸一摸小东进的脸蛋，毅然说道：“我看，干脆把他交给群众养活吧！”在细雨蒙蒙、伸手不见五指的黑夜里，师部事务股长樊文烈陪着林月琴，抱上小东进，骑上马，到了十多里外的一个小山村里，把东进寄放在一个老百姓家中。

林月琴和留守处是随徐向前和朱瑞来到山东的。徐、朱在赴沂蒙山区途中同罗荣桓、陈光在泰西相会。5 月 4 日，北方局通知，根据中央书记处决定，组织八路军第一纵队，统一指挥新黄河以北山东和江苏境内及冀鲁边区八路军各部

① 婴儿满一百天，俗称“过百岁”。

队。徐向前为司令员，朱瑞为政治委员。不久成立了山东军政委员会，由朱瑞、徐向前、郭洪涛、陈光、罗荣桓、张经武、黎玉组成，朱瑞为书记。

由于六八六团在几次战斗中伤亡较大，在师部机关东进后，罗荣桓又命令他们到东平湖一带进行休整补充。于是在陈光、罗荣桓身边就只剩下了一个百把人的精干机关和三个连[①]的警卫部队了。他们没有随师部到津浦路东。当时，第一一五师部队除肖华纵队在冀鲁边以外，绝大部分仍在路西；运西区有杨勇的独立团，泰西区有第六八六团和已归第一一五师指挥的山纵第六支队，湖西区有第六八五团。运西、湖西、泰西，这三个地区在津浦路以西，按“品”字形摆开，好比是在山东西部这块棋盘上布下的几着好子。然而，此时它们还没有连成一片，还有待于巩固并向陇海路南、津浦路东发展。罗荣桓和陈光仍然留在鲁西筹划和经营这几块根据地。

5月下旬，中央指示，苏鲁豫支队（第六八五团）继续分兵到徐州东南。为此要跨越陇海、津浦两条铁路，任务十分艰巨。6月初，集总来电，明确指示：“六八五团应归还一一五师建制，直属陈、罗指挥。”陈光同罗荣桓商量后，决定亲自到湖西去，指挥苏鲁豫支队向徐州东南展开。

陈光带一个警卫排走后，罗荣桓身边的人更少了。杨勇建议他转移到运西去。当时，小麦未收，有些田地青纱帐已起，到处都可隐蔽，罗荣桓认为，只要随时提高警惕，安全不成问题，他依然泰然自若，带着这二三百人的小队伍出没于泰西广大农村。

一天下午，作战参谋来光祖向罗荣桓报告：敌人离我们只有十几里路了。罗荣桓手拿一把蒲扇，在屋里来回踱步，他听了来的报告，到屋门看看在西天高悬的太阳，不慌不忙地说：“不要紧，继续注意侦察各个方向的情况。”

过了半小时，侦察员们纷纷回来报告。有一路报告，敌人距离只有十里，附近老百姓都撤走了。罗荣桓仍然行若无事地踱步。

侦察员们爬上村头的大树，已经可以看到敌人队伍扬起的灰尘从远处滚滚而来。侦察员不断前来报告，锄奸部科长王立人等人也来催促，可罗荣桓仍然在屋内来回走着。

直到太阳快要落山，各路侦察员都已回来，罗荣桓全面掌握了周围敌情，才下令出发。这时敌人离罗荣桓的驻地只剩下三里左右。后来，他对来光祖等人说：“在敌人围上来的时候，要弄清它的意图再行动。敌人离得近一些，它的意图就能看得更清楚一些。同时，行动要尽量放在黄昏以后，以便利用夜暗隐蔽自己。”

队伍出发后，迅速摆脱了敌人，接着连夜行军。拂晓，到达东（平）汶（上）公路。罗荣桓站在路旁看着战士穿越公路。战士们经过一夜行军，又困又累。可他们看到政委站在那里，又都抖擞精神，向前走去。过了公路再过运河，罗荣桓带着这支小队伍安全抵达运西地区。

---

① 这三个连是二连、四连和骑兵连。

## 第三节 梁山战斗

罗荣桓到达运西后，指示杨勇向对八路军进行摩擦的国民党顽固派卢翼之和齐子修进行回击，迫使卢翼之的残部西逃菏泽，然后又击溃伸入梁山腹地的齐子修，将齐赶到黄河以北的茌平、博平一带。

7 月上旬，鲁西八路军采用以连为单位，分散打游击的方式，粉碎了日军第十二军及华北方面军直辖兵团对鲁西的“扫荡”。

在反摩擦、反“扫荡”胜利的基础上，7 月间，在梁山西北的黑虎庙，正式建立第一一五师独立旅，由杨勇任旅长兼政委。

7 月下旬，罗荣桓到达梁山宋江寨以北的前集，陈光从湖西检查工作后，带着从苏鲁豫支队调来的一个连队，也到达这里，与罗荣桓会合。

梁山，在运河以西，黄河南岸，古时曾多次被溃决的黄河水所包围，汪洋数百里，故称水泊梁山。金代以后，河徙水退，梁山四周渐涸为平地。由于《水浒传》描写过一百单八将在梁山泊聚义的故事，梁山因而闻名于世，如今虽也有断金亭、聚义厅、黑风口、宋江马道等名目，可这山并不高，不过是平地上隆起的几个一百多米高的小山包而已。然而,“山不在高，有仙则名”。这神仙不是别个，就是英勇的八路军。他们即将在这里演一出有声有色的战争活剧。

8 月 1 日早晨，前集呈现出一派节日景象：战士们早就排了文艺节目，正在搭台子、栽杆子，拉起庆祝八一建军节的横幅标语，准备召开庆祝大会。这时，罗荣桓突然接到地方情报站派人骑自行车送来的情报：有一股敌人从汶上出动，带了四门大炮，有西渡运河、向梁山开来的迹象。罗荣桓和陈光一面命令继续严密侦察，一面通知各部队，庆祝大会停开，做好战斗准备。

这股敌人属于日军第三十二师团，领头的是少佐大队长长田敏江，此人官儿不算大，但据说是天皇的亲戚，来华之前还受过天皇的召见。名列皇亲国戚，因此特别骄横。这次，他领受了护送炮兵野尻小队连同两门意大利野炮到另一支部队去的任务。这两门大炮再加上两辆拉弹药的炮车，煞是威风凛凛，也因此被八路军侦察员误认为是四门大炮。

陈光听说这股敌人送上门来，激动地对罗荣桓说：“吃掉它，不能让它跑掉！”

罗荣桓没有马上表态。他在根据敌情、我情进行周密思考。据侦察，这股敌人是孤立的，没有后续部队，也没有其他敌人策应。梁山周围没有敌人的据点。稍远一点的东平、济宁、郓城、阳谷等地，敌人都没有增兵。我方兵力虽然只有师部四个连，但青纱帐已起，便于隐蔽活动。梁山南面杨勇的独立旅，远不过 30 里，随时可调来增援。而敌人并不知我方虚实，我们的攻击可以做到出其不意。这是一个可遇而不可求的战机。只要我们动作迅猛果敢，消灭这股敌人是完全可能的。

随后，罗荣桓同陈光一道到孟林勘察地形。这孟林是梁山南坡的一片松柏林，“八一”庆祝大会原来就准备在这里召开。现在主席台已经拆掉。罗荣桓和陈光登上半山腰，向东南望，只见茫茫一片高粱和玉米，像是波涛起伏的绿色大海，一直伸展到天边。近处可以看到从汶上过来的大路，稍远一点，路便消失在高粱、玉米丛中。敌人过来时，路两旁的青纱帐是伏击敌人的绝好地方。他们把目光转向西南，只见一里开外的原野上耸立着一座孤零零的山包，像一头卧地的黄牛，叫独山。山周围有些民房，叫独山庄。独山脚下有几座石灰窑，南面紧靠大路有个车马店。这一带很可能会成为战场。

陈、罗定下决心后，陈光便开始调兵遣将，疏散前集和独山庄一带的群众，做好战前准备工作。对于陈光的正确部署，罗荣桓给予支持，但从不越俎代庖。

一切就绪，师部转移到了后集的天帝庙。罗荣桓手摇大蒲扇，拿出一部《水浒传》翻看起来。独立旅的政治部主任欧阳文听说要打仗，赶到师部打听消息，只见罗荣桓在看《水浒传》，不免有些惊讶。他一面询问敌情及师首长的决心，一面不时瞥一眼罗荣桓手中的《水浒传》。罗荣桓晃动着手中的书，笑着说：“在梁山脚下看《水浒传》，打鬼子，多有意思啊！”欧阳文也恍然大悟，感到这历史的巧合真有意思。不过，在赵宋年间，梁山的英雄好汉打击的是官军，而八路军今天要消灭的却是穷凶极恶的日寇。

“羽扇纶巾，谈笑间，樯橹灰飞烟灭。”如今罗荣桓虽然手持的只是一把普通的蒲扇，穿的只是一件普通的白布衬衫，然而他在大战前镇定从容的气度，仍然给欧阳文留下了不可磨灭的印象。

第二天中午，青纱帐里扬起一阵烟尘，敌人过来了。伪军打头，接着是日军，步兵、骑兵、炮兵，队列整齐，神气十足。本来，陈光命令二连埋伏在大路两旁的青纱帐里，准备打一个伏击，可日军走了另一条路，一直闯到前集。埋伏在庄里庄外的四连和十一连[①]突然开火。二连听到枪声，立即赶到敌人屁股后面开枪。前后一夹攻，敌人的步兵堵住炮兵，骑兵又冲散了步兵，一下子伤亡四十多人，伪军全部被打散。

长田敏江勒住惊马，挥舞指挥刀，下令整理好队伍。然后朝梁山开炮。轰了半个多小时，不见动静。长田以为碰到了游击队，又继续前进。到了梁山西南角，赶到梁山的独立旅的第一团第三营又给以迎头痛击。于是敌人便退守独山庄。这时，天快黑了。

在下午的战斗过程中，罗、陈始终站在后集的山坡上用望远镜观察。当最后证实敌人只有这孤零零的一坨时，他们便下令当晚由师部的三个连和独立旅的三个连从三个方向发起攻击。半夜，敌人退到车马店，用密集的火力进行顽抗。八路军久攻不下。这时，天快亮了，有的干部担心敌人援兵赶到，自己将处于不利地位。

在这一关键时刻，罗荣桓命令第一团速派一名干部到师指挥所来。团政委戴润生赶到。罗荣桓听完他的汇报后说：“敌人是孤军深入，现企图固守待援。但

① 陈光由第六八五团带回的一个连。

是，郓城、汶上敌人兵力空虚，如果临时抽调，最快要明天中午才能到达。我们已派部队向汶上方向警戒。你们放心打，要集中力量，一鼓作气，争取明天 10 点以前全歼残敌。”戴告退时，罗荣桓又握着他的手，坚定地说：“有一句俗话，两军相逢勇者胜。一定要把敌人消灭掉！”戴的精神为之一振，立即返回前沿阵地，同周海滨团长一道重新调整部署，向敌人发动总攻。

罗荣桓又亲自打电话给指挥师直三个连队的参谋来光祖，询问战斗情况。当来汇报难免要损坏民房时，罗荣桓立即说：“房子打坏了，战后再赔偿，现在要不顾一切消灭敌人。”于是部队立即在火力掩护下，上房刨开房顶，向房内扔集束手榴弹。敌人支持不住了，开开南门向一片豆地里乱跑。师部骑兵连及时赶到，战士们挥动着闪闪发光的大刀片，像秋风扫落叶一样向敌人砍去。独山庄附近的老百姓也纷纷出来，活捉四散逃跑的敌人。

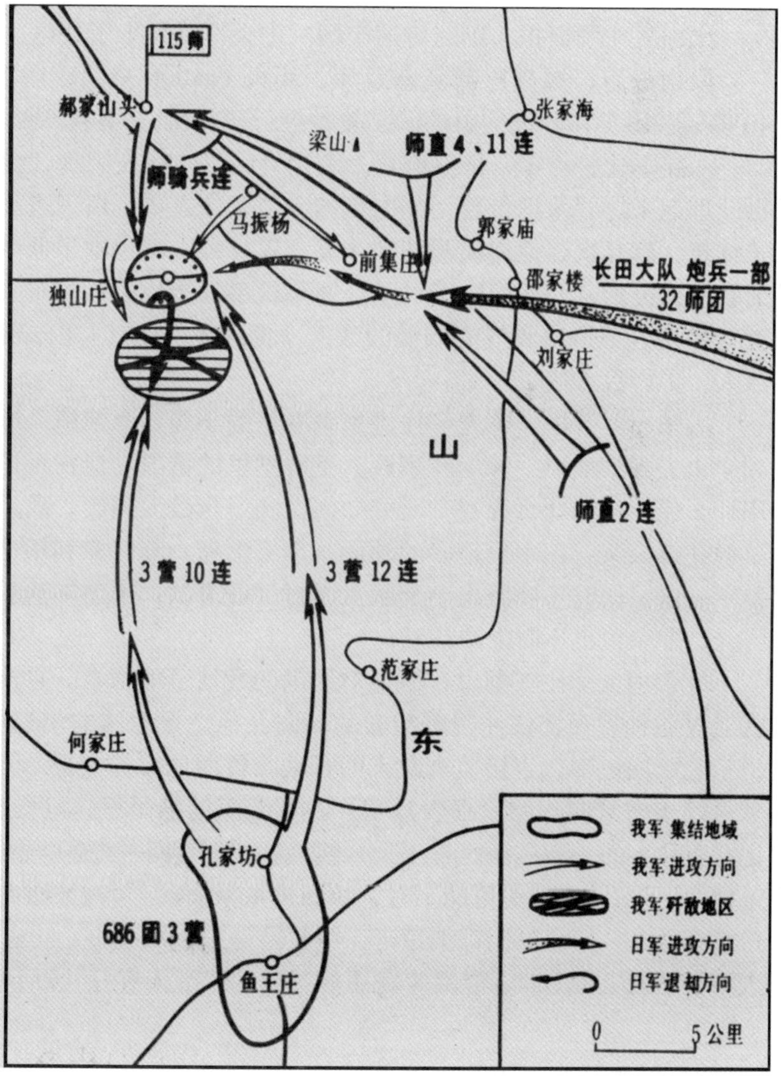


梁山战斗要图

上午9时，三百余敌人全部就歼。打扫战场时，在一个洼地发现了长田敏江的尸体。

梁山的捷报迅速传开。周围的老百姓纷纷拉来西瓜、猪肉、鸡蛋慰问八路军。人们像赶集一样纷纷前来参观那两门野炮。不仅是老百姓，就是八路军里的老兵也没见过这样大的家伙。

梁山战斗不同于消灭伪军的樊坝战斗，也不同于被动的陆房突围。这是一次在平原地区进行的、以日军为作战对象的成功的伏击战。在双方兵力相当，日军火力处于很大优势的情况下，八路军取得了全歼日军一个大队的战果。战前，许多指战员对于平原作战缺乏信心，战后士气大振，提高了广大指战员坚持平原游击战的信心和勇气。

梁山战斗的胜利，也大大鼓舞了鲁西群众的抗日热情。仅仅半个月，梁山和东平湖之间，就有三千多名青年参加了八路军。

梁山战斗的捷报，迅速传遍全国。中央军委发来了贺电。

梁山战后，尾高龟藏气急败坏，纠集了5000重兵，调动了100多辆汽车，40多辆装甲车，开进梁山地区，轮番进行“扫荡”，寻找八路军主力决战。

八路军化整为零，依靠群众，利用青纱帐与敌人周旋，缴获的两门野炮①也拆开埋起来。罗荣桓带着一部电台和少数工作人员，白天进高粱地，晚上找个村子休息。有几次，他们离开驻地才五六里，敌人就包围了他们住过的村庄。有一天，敌人突然从西面闯进了村子，罗荣桓率领指战员从村东头安然脱险。罗荣桓就这样从容不迫地和气势汹汹的敌人“捉迷藏”，有时还派出小部队去袭击迷惑敌人，弄得敌人疲于奔命。

后来，罗荣桓、陈光等住进东平湖里的小岛。罗荣桓一进岛，就带着警卫员到岸边去观察地形，和老乡攀谈，了解湖里的情况。他指示作战参谋，弄清敌人用什么船，使用什么火器，研究如何在湖里与敌人周旋。敌人的机动船，最怕水草缠住螺旋桨。在水浅草多的湖面，靠不上岛。陈、罗利用这个机会，在湖里休整了一段，同时不断派出小部队上岸打汉奸筹款，协助群众躲避敌人的“扫荡”。陈光、罗荣桓也不时上岸活动。

罗荣桓虽然住在湖里，但他对周围的敌情了如指掌。自从梁山战斗之后，他就通过各种途径密切注视着敌人的动向。他把保卫部的侦察员撒到泰安、滋阳、济宁、肥城一带，直接监视敌人的行动。鲁西地方的情报站不断送情报来，当地老百姓也常常向八路军报告敌情。在罗荣桓的脑子里，好像有一幅活的敌情图，记载着敌人的一举一动。有一天，侦察员刘先其回来报告，敌人到了××村。罗荣桓马上说：“你讲的可能不对，快回去重新侦察。”刘又回去侦察，果然在××村没有敌人。侦察员们都很惊奇：罗政委是怎么知道的呢？他向大家解释说：“敌人不会从天上掉下来，是有来龙去脉的。一股敌人有好几百，他一出来就要拉夫，

① 这两门炮后来被日军挖走。

找向导，骚扰百姓，这样就暴露了他们的行动路线，刘先其说的那个村，远离敌人的行动路线，不会有敌人。但是也可能有例外，所以需要再次去侦察。”

在梁山战斗中，八路军俘虏日伪军 24 名，其中有 6 名日军士兵也下了湖，由保卫部看管。一天拂晓，他们乘看管人员不备逃跑，被捉回 3 人，淹死 1 人，失踪 2 人。失踪者一旦跑进敌人据点，敌人必将下湖“扫荡”，罗荣桓乃决定马上撤离东平湖。

敌人的疯狂“扫荡”没有得到任何结果。9 月 17 日，罗荣桓和陈光在致集总的电报中指出：“鲁西从 2 日到现在，敌每天以汽车、坦克、步骑兵共 2000 余人，轮流向我进击。梁山水泊及郓（城）、巨野、菏泽、鄄城地区始终为（八路军）控制。”

梁山战斗以及后来的鲁西反“扫荡”，基本上都是在平原地区进行的。罗荣桓和陈光只带了一个营，依靠严密周到的侦察，摸透敌人情况及其活动规律，利用东平湖、青纱帐等有利条件，在辽阔的鲁西平原，同敌人“捉迷藏”，为八路军在平原地区开展游击战积累了十分宝贵的经验。

# 第九章　微山湖畔挽狂澜

## 第一节　从鲁西到鲁南

1939年秋，罗荣桓在经营鲁西的同时，逐渐把注意力转向津浦路东的鲁南地区。

所谓鲁南，开始是指津浦路以东、胶济路以南的山东广大地区。后来，因抗日形势发展的需要，又把这个大鲁南划分为鲁中、鲁南、滨海三个区域。这里所说的鲁南，即指津浦路以东，陇海路以北、沂河以西、蒙山以南这一块地方。它北倚沂蒙山区，南接徐（州）海（州）平原，是华中通向延安的交通要道，也是在徐海平原开展敌后游击战争的重要依托。控制它可以威胁津浦、陇海纵横两条铁路，战略地位十分重要。

1938年间，日本侵略军已控制了铁路，侵占了鲁南所有县城，对鲁南山区形成四面包围之势。在层峦叠嶂的山区内，日伪军、国民党部队和封建地主武装，犬牙交错，各霸一方。

在鲁南也有一支由共产党领导的武装，叫人民抗日义勇总队，创建人有郭子化、张光中和何一萍。

郭子化是中共苏鲁边区特委书记，1937年他赴延安参加党的苏区和白区代表会议回来后便酝酿建立抗日武装，翌年春发动武装起义并于5月间将沛县、滕县、峄县的起义武装调至峄县集结，从李宗仁领导的国民政府第五战区取得“人民抗日义勇总队”的番号。由苏鲁边区特委委员张光中任总队长，何一萍任政委。总队成立后，曾多次破袭临（城）枣（庄）铁路，袭击日军小分队和辎重队。后来被秦启荣、申宪武等顽军所包围，乃派人到泰莱山区向中共山东省委求援。7月间，省委率山东人民抗日游击第四支队[①]两个团到鲁南，计划建立鲁南根据地，因受各县地主武装包围不能立足而撤回鲁中。9月间，孤单弱小的人民抗日义勇总队只好接受当时对共产党态度尚好的国民党临沂专员张里元部直辖四团的番号，困处于枣庄东北的抱犊崮附近的车辋、大炉一带，各方面都受到极大限制。

1939年4月，国民党苏鲁战区总司令于学忠率东北军第五十一军、第

---

① 1938年1月1日徂徕山起义后组成，后改编为八路军山东纵队第四支队。

五十七军约两万人，受蒋介石之命，由皖北进入鲁中、鲁南，驻扎于沂（山）鲁（山）、莒（县）日（照）、临（沂）费（县）等重要山区。沈鸿烈立即拉拢于学忠，作出了一个“防区划分”的决定。把山东纵队的防区划在泰山、徂徕山以南，津浦路以东，滕县以北，石莱（新泰县西南角）以西的狭小山地，并规定：山东纵队“除胶东、鲁西各支队仍在现地……外，其鲁南及胶济路北各支队应向前定地区集结，限5月15日以前到达”。显然，沈鸿烈搞这个决定是一个诡计，是企图依靠东北军的力量来限制八路军的发展，并且借以挑拨八路军和东北军的关系。于是，八路军在鲁南的处境就更加困难了。

1939年6月，日军两万人“扫荡”鲁中、鲁南。6月21日，毛泽东致电集总，指出：在日军“扫荡”后，鲁南[①]局面混乱，省府秦部及东北军损失很大，我应趁此机会将一一五师师部及六八六团（和）肖华（纵队）一部开赴鲁南，以巩固鲁南根据地，并应大放县长、区长，及在可能条件下放专员，以争取政权。但是，7月间，山东分局向中共中央和北方局建议，第一一五师指挥位置仍应在鲁西地区。

8月1日，第一纵队又致电第一一五师，要求将第六八六团调往鲁南，于是第六八六团立即由鲁西出发，过南阳湖，首先进入邹县滕县边界，9月初进入抱犊崮山区。8月上旬，师部机关由费县南下，于9月1日到达大炉。陈光、罗荣桓率领少数参谋人员和两个连队仍留在泰西。从此，津浦路以东也有了八路军的主力部队，而且是在平型关打击日寇的老八路。这对日伪和国民党军队都产生了很大震动，沈鸿烈排挤山东纵队的计划也因此而成为泡影。

9月4日，集总致电第一一五师，指出肥城山区甚小，主力应转移到泗（水）费（县）临（沂）地区。此时，第六八六团和师部已到鲁南，需要转移的就是陈光、罗荣桓和他们的随行人员了。

10月间，罗荣桓正准备向鲁南转移时，接到冀鲁豫支队[②]杨得志等和苏鲁豫支队[③]彭明治发来的电报，说（微山）湖西地区的苏鲁豫区党委正在搞“肃托”，杀了许多人。彭的电报说，连苏鲁豫支队的副支队长兼四大队长梁兴初也被当做“托匪”抓了起来。主持此事的是苏鲁豫支队政治部主任兼四大队政委王凤鸣。罗荣桓发电报命令他立刻停止捕人杀人，同时将杨得志等的电报转发给山东分局。这时，山东分局书记郭洪涛和山东纵队指挥张经武正要率领一批干部去延安，将要路过湖西。郭洪涛考虑到这事与一一五师有关，认为和罗荣桓一起去处理更好些，于是打电报与罗商量。罗荣桓决定亲自去处理。他打电报给原一一五师保卫部长、当时的鲁西军区政治部主任朱涤新，要他一起到湖西去。

---

① 此处指大鲁南，包括鲁中地区。

② 由一一五师三四四旅一部组成，当时在豫北和鲁西南（今山东菏泽专区一带）地区活动，直属八路军总部指挥。

③ 即第一一五师第六八五团。从山西东进时，改称苏鲁之队；进入湖西地区后，因活动地区包括河南永城县，又称鲁豫支队。

10月26日，罗荣桓赶到大炉与张经武、郭洪涛会合，随即再次打电报通知王凤鸣，所有被押人员一律不得处决，要等他到达湖西后再作处理。然后，抽调了一支警卫部队，把师政治部保卫部的干部几乎全部带上，同郭洪涛、张经武等，马不停蹄，星夜奔赴湖西。

## 第二节 湖西“肃托”的由来

湖西地区处于微山湖以西的苏、鲁、豫、皖四省边界，紧靠津浦、陇海两条铁路干线，逼近战略要地徐州，是连接华北与华中两大战略区的纽带。

抗战一开始，湖西人民就在当地中共组织领导下，发动了多次武装起义，1938年五六月间，成立了人民抗日义勇队第二总队[①]，后改称八路军山东纵队挺进支队，为开创湖西抗日根据地作出很大贡献。

1938年12月，由第一一五师第六八五团改编的苏鲁支队到达湖西，和山东纵队挺进支队合编为苏鲁豫支队，接连打了几个胜仗，粉碎了4000多敌人对湖西的首次“扫荡”，受到湖西群众热情欢迎。与抗日义勇队第二总队合编后，部队迅速发展壮大，共有第一、二、三、四大队和游击七大队及独立大队，曾发展到8000余人。

1939年5月间，遵照中共中央要苏鲁豫支队向陇海路以南发展的指示，支队长彭明治率支队部和第二、三大队及独立大队，支队政委吴法宪率第一大队和第七大队一部，分别进到陇海路以南的津浦路以西、以东地区活动。第四大队由副支队长兼大队长梁兴初和支队政治部主任兼大队政委王凤鸣率领，留在湖西地区活动。苏鲁豫支队的这三支队伍分别处在津浦和陇海两路十字交叉点徐州的西北、西南、东南角（第六八六团则进入徐州的东北角），南联彭雪枫纵队、西接冀鲁豫支队，抗日烽火，熊熊燃烧。

然而，到1939年8月间，湖西地区突然掀起了“肃托”的狂风恶浪。不到两个月，被关押的党员、干部达数百人，约300人被无辜杀害。

所谓“肃托”，即肃清托派。托派，原本是苏联共产党中以托洛茨基为首的一个派别。20世纪30年代在苏联曾开展了大规模的反托斗争，许多人被当做托派而遭到杀害。在中国，陈独秀等人在1931年5月成立托派“中央”，进行反党活动。1932年10月，陈独秀被国民党逮捕，托派组织即发生了分化。抗战期间，托派并无统一的组织。在共产党内部更不曾潜伏着一个从上到下的系统完整的托派组织。可是，1937年11月，王明和康生从苏联一回国便照搬苏联模式，大肆鼓吹“肃托”。1938年1月，康生抛出了《铲除日本帝国主义的走狗——托洛茨基匪帮》的长文，毫无根据地指责陈独秀为接受日本特务机关津贴的汉奸，从而把“肃托”和反对汉奸相提并论。1938年8月，他担任中共情报部和中央

① 总队长是李贞乾、政委是王文彬（后改为郭影秋）。

社会部部长后，便直接掌管“肃托”大权，滥杀无辜，恶劣影响波及全党。

当时，广大干部甚至许多领导“肃托”的人其实并不真正懂得托洛茨基派一词的含义。他们直接间接地从康生的小册子受到的影响是把“托派”这个词当成“汉奸”，或者如同十年内战时期的AB团、“改组派”那样来理解。

湖西的“肃托”，首先从区党委下属的湖边地委搞了起来。1939年8月，湖边地委组织部长王须仁诬指湖西干部学校的教员魏定远为“托匪”。他施用残酷的肉刑，逼迫魏定远招认是“托派”，并逼供出第一批“托派”名单。

王须仁搞“肃托”，得到当时兼任湖西区军政委员会主席王凤鸣的支持。二王又挟持苏鲁豫区党委书记同意他们的行动。于是，他们刑讯逼供、诱供、串供，然后再依据口供抓人。如此恶性循环，“托派”越“肃”越多。

“肃托”像瘟疫一样，很快蔓延到区党委。许多领导干部被关押。区党委宣传部长马霄鹏、统战部长王文彬、军事部长张如、社会部长赵万庆等大批优秀干部被害。二王肆无忌惮地草菅人命，不仅不向山东分局和一一五师报告，而且还向冀鲁豫支队杨得志发报，说该支队活动的鲁西南地区党委中也有不少“托派”，要杨将他们逮捕后送到湖西去交他们处理。杨得志一面向上级反映，一面回电严词拒绝。不久杨得志率部队路过湖西，听说他们仍在杀人，又当面对王凤鸣和大队长梁兴初提意见说：“你们杀人有没有请示报告？这样搞不行。”王凤鸣置若罔闻。而梁兴初当时刚从陇海路南回来，不了解“肃托”的情况。他听了杨的意见后，表示同意，也向王凤鸣提出意见。王不但不听，反而说有人供出梁兴初与徐州敌人有密切联系，也是“托匪”，突然把梁也抓起来了。此例一开，四大队的营连干部，也一个一个被投进监狱，他们大都是经过长征的老红军。

听说梁兴初被关起来后，苏鲁豫支队长彭明治立即赶到湖西。他对王凤鸣搞的“肃托”表示反对，不同意逮捕梁兴初。王凤鸣不仅不听，反而又想抓彭。彭无力扭转王造成的险恶局面，只得发报向罗荣桓、陈光反映。

罗荣桓制止乱抓乱杀的电报很快到了湖西。王凤鸣慌了手脚。他一面不得不派侦察科长到湖东侦察敌情，准备罗荣桓的到来；一面又伙同王须仁继续编造口供，抓人杀人，企图让罗荣桓承认他们造成的既成事实。

被关押的干部有的很快认识到这是一起大冤案。山东纵队挺进支队副支队长李发原是红二十五军干部，内战时期见识过肃反扩大化。他不愿坐以待毙，设法逃出了虎口，向山东分局作了报告。区党委巡视团主任张子敬也跑掉了，但又被抓了回来。一些逃脱不掉的干部也千方百计向上级报告情况。被关押的区党委组织部长郝中士等，在一个纸烟盒子的背面，给山东分局和一一五师写了一封信，报告了湖西“肃托”的情况。然后把这封信交给同监一个小贩，托他释放后交给共产党的地下交通站，再转到分局和师部。罗荣桓赶到湖东时，收到了这一封信。

“肃托”在继续蔓延。那位去湖东的侦察科长回来后也被投进了牢房。牢房设在一座地主宅院的几间阴暗潮湿的下房内，里面关了许多重要人员，除了上述人员以外，还有湖西人民抗日武装最早的领导人李贞乾、鲁西南地委书记戴晓东……他们的许多战友已惨遭杀害，而他们的生命也已朝不保夕。可这位侦察科长却带来了好消息，他告诉大家：

“罗政委要来了！”

阴暗的牢房里立刻活跃起来。“有救了，有救了！”人们还不敢欢呼雀跃，只能交换着欣喜的目光。白天，大家都把目光转向窗户，盼望着看到罗政委的身影；夜晚，大家都侧耳倾听，想听出罗政委来到的马蹄声。人们都在默默念叨：罗政委，你快来吧！

## 第三节 快刀斩乱麻的处理

这时，罗荣桓一行正马不停蹄地赶路。他亲自听取侦察员报告，了解敌情，决定行军路线，采取一切措施，提高行军速度。他们在滕县与薛城之间迅速穿过津浦铁路，到达微山湖东岸，第四大队的第二营营长江燮元率领部队过湖来迎接罗荣桓。罗荣桓问江燮元：

“你怎么不是托派呀？”

“我怎么会是托派呢？”江燮元不解地回答。

罗荣桓说：“许多人都不是托派，不都被打成托派抓起来了？”

一句话揭穿了湖西事件的真相，解开了江燮元心中的疑团。江燮元向罗荣桓汇报了湖西“肃托”后的严重局势。罗荣桓叮嘱说：“你们暂时留在湖东吧，不要回去了。王凤鸣也会把你们抓起来的。我们去处理这件事情。”

罗荣桓一行渡过微山湖便直奔单县。到达第四大队驻地附近住进一个小村子里，随即派朱涤新去通知王凤鸣和区党委书记两人来汇报，并把所带的干部分为两组，立即深入下去，访问群众、干部和被害人员家属，调查事件真相。

在村子里，罗荣桓看到街道上到处贴着题为“为‘肃托’的初步胜利告苏鲁豫群众书”的油印传单。罗荣桓看了王凤鸣编造的谎言，愤愤地说：“把党组织都搞垮了，大批党员干部被杀掉了，弄得群众人心惶惶，干部战士人人自危，还说什么‘初步胜利’，如果‘彻底胜利’，那要搞成什么样子！”按照事先的安排，郭洪涛与区党委书记谈，罗荣桓和王凤鸣谈。

王凤鸣一跨进门槛，就看到罗荣桓政委紧皱双眉，从眼镜后面狠狠地盯着他。他敬了个军礼便赶紧低下脑袋。他手里拿着一叠事先赶出来的材料。假的便是假的，他的汇报漏洞百出。平时非常耐心，总是让人把话说完的罗荣桓实在没有耐心听下去了，便打断他的话，单刀直入地问道：

“你为什么把梁兴初抓起来？”

“他是托派，和徐州敌人有勾结。”王凤鸣硬着头皮强词夺理地回答。

“有什么证据？”罗荣桓追问。

王凤鸣一举手里的材料：“有别人的口供。”

“这口供是怎样弄来的？”罗荣桓严肃起来，他根本不理那些材料，不等王凤鸣回答就进一步追问：

“你打人了没有？有没有逼供？有没有用刑？”

这一连串的问题，好像是连珠炮，王凤鸣招架不住了，不得不吞吞吐吐地承认用了刑罚。

“用刑罚逼出来的口供，算什么根据！如果别人的历史你不了解，梁兴初的情况你还不知道吗！他爬过雪山、走过草地，身上负了十几次伤，怎么会成为反革命？！”

王凤鸣还想狡辩，罗荣桓拍案而起，厉声责问道：

“你抓了那么多人，杀了那么多人，既不请示，又不报告，你无法无天到什么地步！我要不是带着部队来，我看你也会把我抓起来。”

在罗荣桓义正词严的谴责声中，专横跋扈的王凤鸣，此刻就像断了脊梁一样瘫在椅子上了。

原先对王凤鸣唯命是从的党委书记经过郭洪涛谈话也悔恨自己铸成大错。罗荣桓同他谈话时说：“你们应当分析一下嘛！区党委的同志，像王文彬同志，我听六支队的段君毅同志说，他是参加过‘一二·九’运动的，曾经当过北平学联的宣传部长，他和张如等同志在湖西拉起那么多武装，为党做了很多工作，如果他们是托派，能这样干吗？”

这时，在“牢房”中的犯人，从窗户看到一些过去未见过的干部，都估计：可能罗政委已经到了。大家为很快就要被解救而欢欣鼓舞。然而，住在单人牢房中的苏鲁豫支队独立大队政委郭影秋，并不知道罗荣桓的来到。前几天审讯时，审讯者拿着一张纸在郭面前摇晃，说这是山东分局来的电报，电报里说，郭子化[①]已经交代自己是托派了，而且供出你是托派。郭影秋只好说：“我是由郭子化介绍入党的。既然他是托派，那我只好承认我也是。”郭影秋被押回来后，越想越不对头，又翻了供，于是被关进了单人牢房。就在罗荣桓到达湖西的这一天上午，王须仁再次提审郭影秋，因取不到口供，当着郭的面把另一名“犯人”民运干事陈景文打死，并气急败坏地威胁郭说：“如果再不承认，就将和陈景文同样下场！”

当时，郭影秋并不知道，这是王须仁的垂死挣扎，更不知道这也正是罗荣桓即将来解救他们之时。

过了几个小时，郭影秋被带到一个四合院的西屋内。他抬头一看，对面桌后坐着几个人都不认识。

中间坐着的那人招呼郭坐下后问道：“你叫什么名字？”

“我叫郭影秋。”

“你认为‘肃托’怎么样？”

“我认为‘肃托’是正确的，可我是被冤枉了。”他受到当时条件的限制，只

① 郭子化（1896—1975），当时任山东分局统战部长，新中国成立后曾任中华人民共和国卫生部副部长。

能这样回答。

“是谁冤枉了你？”

“是郭子化。”

“郭子化怎么会冤枉你呢？”

“郭子化在山东分局自首，承认自己是托匪，而且还供出我也是托匪。可是，我不是……”

“郭子化自首，还供出了你，你是怎么知道的？”

“审讯我的人说是分局来了电报。”

“岂有此理！”中间那人气愤地拍了一下桌子，站起来说：“郭影秋同志，我不是来审讯的。分局根本没有发过那样的电报，郭子化同志也从来没有自首过，这完全是捏造！”他走到郭影秋面前自我介绍说：

“我是罗荣桓。”他又指指身旁的两位干部说，“这位是张经武同志，这位是郭洪涛同志。郭子化同志也来了，你停一会就会看到他。”

罗荣桓命令立即释放郭影秋。郭影秋一听，泪落如雨，激动得一句话也说不出来。后来，郭影秋回忆道：“罗荣桓同志再晚来四小时，我和李贞乾、郝中士、梁兴初几位同志，也被拉出去枪毙了。罗荣桓同志到了湖西之后，所谓‘肃托’斗争才被制止。”

经过同郭影秋这次谈话，罗荣桓和郭洪涛、张经武一致认为，已经没有必要逐一甄别了。罗荣桓决定快刀斩乱麻，无条件释放一切被关押的同志，让他们返回原岗位，恢复工作。

接着，罗荣桓等又去看望被囚禁的梁兴初、李贞乾。

衣衫褴褛、累累伤痕的梁兴初，看到罗政委走进牢房，立即扑上前去，紧紧抓住罗荣桓的双手，泣不成声地说：

“罗政委啊，您再晚来一步，我们就见不到您了！”

罗荣桓搀扶他坐下，仔细察看他的刑伤，愤慨地说：“这简直是犯罪！”他向梁问了一些情况，勉励他打起精神，好好工作。

罗荣桓等又去看望李贞乾。他是受刑最重的一个，受刑后一直卧在地铺上。罗荣桓进去时，他挣扎着要坐起来，罗荣桓赶紧迎上前去，随行人员介绍说：“这就是罗政委！”李贞乾没有见过罗荣桓，目光中还有一丝疑虑。罗荣桓立即安慰他说：“李贞乾同志，你受委屈了！你是一位好同志。为了开辟湖西根据地，你和区党委的同志做了许多工作，党是知道的。”李贞乾听着暖人肺腑的话语，热泪夺眶而出。罗荣桓随即派人将李贞乾转送卫生队，并再三嘱咐，细心护理，精心治疗。

几百名“囚犯”一下子自由了，好像春潮冲破冰封，仿佛黑夜突见光明，人们很难掩饰激动的心情。罗荣桓和郭洪涛召集被释放的同志开会。面对着一双双热泪盈眶的眼睛，罗荣桓亲切地说：“同志们，你们受苦了，受委屈了！我代表山东分局和一一五师向你们慰问！慰问受冤枉的同志，慰问无辜受害者的家属！”

人们再也抑制不住了，会场上响起了一片激动的哭声。这哭声发自对党的感激，对死者的哀痛，对刽子手的愤恨。罗荣桓的眼睛也湿润了，他激动地说：

“这不仅是哪一个同志的不幸，这是由于逼供信而造成的又一次惨痛的教训。这是我们党的严重损失！”他痛心地指出，由于湖西“肃托”的严重错误，破坏了党的威信，削弱了党的战斗力，损害了我党我军和群众的鱼水关系。他号召全体同志，要加倍努力地工作，尽快地挽回这一事件给党造成的严重损失。他要求受冤屈的同志，本着实事求是的原则，积极帮助党把问题搞清楚。

## 第四节　余　波

“肃托”被制止了，大批干部和指战员得到解救，可罗荣桓心情仍然十分沉重。有一天，他散步时，遇到了在第四大队一营当组织干事的陈忠梅。陈是1929年参加革命的红小鬼，曾在罗荣桓领导的第一军团政治部工作过。如果在别的时间，别的场合，罗荣桓见到他一定会亲热地谈一会。可是此时此刻，罗荣桓的心情很沉重，他一见到陈忠梅就很严肃地说：“小鬼呀，你还记得打AB团的教训吧？湖西事件又重犯了那种错误呀！”

但是，这一事件为什么会发展到如此严重的地步？教训是什么？罗荣桓一直在思索着这个比释放几百名同志更难解决的问题。

罗荣桓一到湖西，就注意到王须仁这个人。他整天弓着腰，显出一副谦卑的样子，两只眼睛深深地陷在满是络腮胡子的脸上，加上一副眼镜挡在前面，很难看清他那诡秘的眼神。罗荣桓来了以后，王须仁很少抛头露面，话也不多，似乎并无多大本事。可是郭影秋、郝中士等都揭露了王须仁的大量骇人听闻的严重罪行。罗荣桓初步了解了情况后，便很尖锐地向区党委书记指出：“现在可能是这种情况：好人牺牲了，坏人却逍遥法外。”

罗荣桓指示保卫部进行调查，原来王须仁是一个来历不明的人物。据说抗战前，他在北京读书时入过党，以后被捕自首。抗战后，他和北平流亡学生一起到了山东，先在韩复榘部队和第五战区第二游击司令部干了一段，后来加入了湖西人民武装抗日义勇队第二总队。政委王文彬感到他来历不明，没让他带兵，叫他在政治部当军法官。后任政委郭影秋见他搞刑讯逼供，便不让他管审讯，分配到湖边地委当组织部长。

罗荣桓决定解除王须仁的职务交保卫部进一步审查。后来将其处决。

至于王凤鸣，由于他很年轻，又经过长征，罗荣桓当时认为他是受人利用，在政治上犯了错误。罗荣桓在对他进行了严肃批评后，将他调离湖西，分配到第六八六团当团长。1940年10月，罗荣桓和陈光在关于一一五师干部的配备问题给集总和中央的一份电报中提出：“王凤鸣因‘肃托’错误严重，拟撤销工作调回政治部，在部队内开展深入斗争。”1941年2月，中央决定判处王凤鸣徒刑。文件辗转传到山东，已是夏天。罗荣桓即以他和陈光的名义打电报给中央，表示拥护中央决定，同时将王凤鸣叫到师部，向他宣布开除其党籍，调到师部机关做行政管理工作。罗荣桓打算随后把王送到延安，再宣布对其执行徒刑。王凤鸣自知罪恶深重，连夜逃跑投敌，当了汉奸。罗荣桓立即以陈、罗名义报告中央，“我们对王凤鸣有迁就姑息。这个错误我（荣桓）负责任，请求中央给予批评和处分”。[①] 王逃走的第二天，罗荣桓在师的政工会议上讲话时，又就此公开作了自我批评。

罗荣桓的自我批评说明了他对王凤鸣这样的人过于相信。罗荣桓一贯是与人为善的，总是把干部往好里估计，尊重干部革命的自觉性。但是，碰到王凤鸣这种坏人，就不免要产生失误了。有了过失，他就检讨。他这种光明磊落的品德，给大家以深刻的教育。

王凤鸣所在的四大队隶属于苏鲁豫支队。“肃托”事件发生后，支队政委吴法宪没有露面。罗荣桓到湖西后便打电报，叫他迅速从陇海路南到湖西来。但吴行动迟缓。罗荣桓严肃地责问道：

“你是支队政委，湖西发生了这样严重的问题，你为什么不来处理？”

“王凤鸣把梁兴初都抓起来了。我来也处理不了。”吴法宪说。

罗荣桓经报请上级批准后，决定让吴改任支队政治部主任，由朱涤新接任了支队政治委员。

罗荣桓以果断的措施，挽救了湖西的危局。区党委和湖西各县县委陆续恢复了工作，湖西抗日形势逐步好转。在湖西被罗荣桓营救的干部，后来许多人担任了各级领导职务。罗荣桓处理湖西事件的历史功绩，永远铭记在千万湖西人民心中。

湖西事件以后，罗荣桓经常以此为鉴教育干部严格掌握党的锄奸政策。在第一一五师机关和部队中，再未发生类似事件。

但是，在康生的影响下，山东有些地区从 1940 年到 1942 年，仍然发生了错误的“肃托”事件，杀了不少人。罗荣桓在他影响所及的范围内，进行了干预，又挽救了不少干部的生命。

1940 年，鲁南的第三地委曾开了一个 70 多名“托匪”嫌疑分子名单，并在费县抓了 2 人。当时驻鲁南地区的罗荣桓发现后，立即对地委负责人说：“这个名单有没有根据呀？这是很严肃的事，不能盲目地搞。”根据罗荣桓的意见，鲁南的“肃托”很快停止了。

1941 年，第一一五师师部进驻滨海区。一天，罗荣桓听说山纵第二旅奉命在搞“肃托”，抓了几十个人。他立即对旅长孙继先、政委江华说：“此事应当慎重。如果没有充分证据，要赶快把被捕的人放掉。”孙、江按罗荣桓的指示立即将被捕的 72 人全部释放，在山纵第二旅未造成严重后果。

山东的“肃托”，直到 1942 年 4 月，刘少奇来到山东检查工作后，才完全制止。

为了避免重犯湖西事件的错误，罗荣桓总结了湖西事件的教训，在 1940 年 4 月下旬召开的一一五师鲁南团以上干部会议上指出：错误的锄奸方法给了我们

① 据当时在一一五师师部任秘书的武清录同志回忆，此时陈光去养病，不在师部。

很大的损失，只是用简单的审讯拷打，轻信口供，造成锄奸工作的神秘化。结果是造成统一战线的破裂，脱离群众，使同情者失望。

从抓 AB 团到“肃托”，在党的历史上曾多次程度和范围不同地发生过“肃反”方面的“左”的错误。对于这种“左”的错误，罗荣桓每一次都给予抵制，以尽力减轻其对党对干部的伤害。罗荣桓逝世后不久，发生了“文化大革命”，这种错误达到了登峰造极的地步。中共十一届三中全会全面地总结了这一方面的历史教训，使全党对这种“左”的错误有了深刻的正确的认识。这时，人们再回过头来看罗荣桓，便更加感到他在坚决抵制“肃反”中“左”的错误时，无所畏惧地一贯坚持实事求是的精神，是难能可贵的。

# 第十章　开创鲁南新局面

## 第一节　建立由共产党独立领导的抗日根据地

1939 年 12 月间，罗荣桓返回大炉，陈光也由鲁西来到大炉。

大炉位于抱犊崮山区。所谓“崮”指的是四周陡峭而顶部平坦的山头。在胶济路以南的大片山区，据说有 72 崮，抱犊崮为其中之一。和许多崮一样，它的顶部很平，可以种庄稼，然而，上去却很难。人们可以顺凿出来的石窝攀登而上，可耕牛却赶不上去。相传古时候有个王老汉抱了一头小牛犊上去，喂大后用以耕地。抱犊崮因此而得名。1923 年，土匪孙美瑶在临城车站劫火车，绑架了几十名外国人，便押送到抱犊崮山麓的巢云观。这就是轰动一时的临城劫车案。孙美瑶所以将抱犊崮作为窝藏人质的场所，是因为这里地势险峻。有了这个鼎鼎大名的抱犊崮，峄县、临沂、费县、滕县之间的鲁南山区，又称抱犊崮山区。当第一一五师进入这一山区时，绝大部分村寨都控制在地主武装手中。他们的人数少则三五十，多则成百上千，队伍不论大小，头目都称“司令”。传说在这一带的“司令”也有 72 个之多。他们都接受了国民党政府的委任状。有的又明里暗里同敌伪勾结。第一一五师进入抱犊崮后，除少数开明地主外，他们或因不了解八路军而心存疑虑，或因立场反动而采取敌视态度。他们关闭寨门，不让八路军进村，不让老百姓同八路军来往。

在罗荣桓赴湖西期间，第一一五师实施了两个作战行动。

第一个作战行动是派部队以东进支队名义向大炉东南的郯（城）码（头）平原进军，支援当地抗日武装，打通与华中区的联系。郯码平原是苏鲁边界上的富庶地区，它控制沂、沭两条河流的中段，直逼陇海铁路。南下郯码对巩固以抱犊崮为中心的山区根据地，发展平原游击战争，具有重要战略意义。11 月 18 日，东进支队由一一五师参谋处长王秉璋和政治部副主任黄励率领，在地方武装的配合下，攻占码头镇。

码头镇是鲁南的一个商业和文化中心，比郯城县城还要繁华。八路军打开码头后，不仅缴获了一批武器弹药，而且补充了大量军需物资，还筹款 20 万元。这时，已是小雪季节，战士们在码头高高兴兴地穿上了新棉衣。

码头解放后，在郯码地区出现了轰轰烈烈的抗日局面。广大爱国青年纷纷报名参军，抗日群众组织如雨后春笋纷纷建立。1940 年 1 月 1 日，在码头成立了由共产党领导的郯城县人民政府。罗荣桓把从湖西调出的由梁兴初率领的原苏鲁豫支队第四大队进驻于此，改称东进支队第二大队。他们在地方武装的密切配合下，发展了郯码地区的抗日武装斗争，巩固了抱犊崮山区东南的外围阵地。在东进支队南下时，罗荣桓喜得一女，即取名为“南下”。

第一一五师实施的第二个作战行动是打孔庄。这一行动是在部队南下郯码后，由大炉成立的后方司令部承担的。

孔庄位于大炉南面十来里。大地主杜若堂是当地土皇帝，掌握着装备有机枪的武装，历代官府也奈何他不得。第一一五师进驻大炉后，曾争取他抗日，但他不仅置若罔闻，而且还从枣庄引来一百多名日军袭击八路军。孔庄成了抱犊崮山区的一个钉子。12月初，八路军攻克孔庄，击毙在土围子里顽抗的杜若堂。

攻克孔庄的胜利，震动了大炉周围的反动地主。以往，他们闭门锁寨，对八路军采取敌视态度。这时，有的转向中立，有的向八路军靠拢，八路军在鲁南的影响扩大了。

然而，在抱犊崮山区内，日伪、国民党顽固派、东北军和八路军犬牙交错的状况基本上并未发生变化。在这一形势下，如何打开局面，乃是罗荣桓首先必须回答的问题。刘备三顾茅庐，诸葛亮提出了三分天下的“隆中对”。而罗荣桓到鲁南提出的“隆中对”不是三分天下，也不是同国民党建立共同根据地[①]，而是要充分发动群众建立由共产党独立领导的抗日根据地。罗荣桓到大炉后，第一步提出的是把抱犊崮山区全部拿下来。用什么办法？罗荣桓后来在桃峪会议上总结了在鲁南开创新局面的六字方针，即：插、争、挤、打、统、反。插，就是插入日伪军和国民党军队之间的空隙地带，隐蔽地由边缘伸入到腹地；争，就是广泛发动群众，争取团结一切抗日力量；挤，就是挤掉消极抗战、积极反共反人民的顽固势力；打，就是打击日军和汉奸武装；统，就是同国民党军队，特别是驻在鲁南的东北军疏通团结，保持统一战线；反，就是反“扫荡”、反摩擦。

显然，罗荣桓提出的这六字方针同毛泽东关于“发展进步势力、争取中间势力、反对顽固势力”的策略方针的精神是一致的，是这一策略方针同鲁南的实践相结合的产物。1940年，罗荣桓娴熟自如地运用这六字方针，终于在敌、顽、友、我各种矛盾云谲波诡的复杂形势下，开创了鲁南抱犊崮山区的新局面。

## 第二节　团结万春圃，争取孔昭同

在抱犊崮山区的许多“司令”之中，主张同共产党、八路军联合抗日的只有大炉的万春圃和滕县的孔昭同。对于他们，罗荣桓认为，要“促成坚持抗战、团

---

① 1938年6月，国民党第十军团石友三部入鲁，中共曾同他讨论过共同建立山东抗日根据地问题，后石部北调，实行反共。在鲁南，中共山东党组织也曾有过与国民党的临沂专员张里元建立共同根据地的设想，同样没有成功。

结和进步"[①]。

万春圃是大炉地区的开明士绅。民国以来，军阀混战，兵连祸结，民不聊生。为了保境安民，当地组织民团，万是负责人之一。他性情豪爽，讲义气，人称"万三爷"。"九一八"事变后，他的长子万国华、管家杨春茂、管武装的刘清如先后加入共产党，他同党有了联系。1937年9月，临沂第三区专员张里元要万恢复临沂、费县、峄县、滕县四县边区联庄会，中共苏鲁豫皖边区特委书记郭子化派郭致远以地方名流身份同万一道去见张里元。经过协商，决定由万以恢复联庄会名义建立抗日武装。随后，在中共的帮助下，万便组建了这支武装。

罗荣桓到达大炉后，万春圃盛情款待。万夫人会做鲁南风味的全羊席，从羊头到羊尾巴做了十几个菜，外加羊肉馅的锅贴。席间，万热情邀请罗荣桓、陈光住在他的家中。

罗荣桓刚刚住进万家时，万家的人都小心翼翼，生怕惊动了这位"大官"，人们都小声地说话，轻轻地走路。罗荣桓主动地接近他们，和他们拉家常，问长问短，很快两家就亲如一家。

万春圃每天总要到罗荣桓屋里坐坐，罗荣桓常常给他讲国内外形势和八路军的历史和传统。他感到茅塞顿开，深受教益。

住的时间长了，万春圃常常看到，罗荣桓教勤务员认字、写字。他听说，罗荣桓对马夫、炊事员亲如兄弟。马病了，他亲自动手和马夫一起给马灌药。

万春圃看到罗荣桓和战士一样穿的是几乎褪成白色的军衣，盖的是打了补丁的被子，吃的是高粱煎饼就咸菜，觉得过意不去，便吩咐他的夫人给做点好吃的送过去。他夫人知道罗政委爱吃辣椒，就杀了一只鸡，炒成辣子鸡丁，让勤务员王立志给罗政委端去。小王不敢收，万夫人便说："这是万三爷的一点心意，你尽管送去。罗政委说你，由我'兜着'。"小王只好送去。罗荣桓一开始认为是伙房改善生活，动了两筷子又感到事情不对，便问小王鸡是从哪里来的。小王说明了原委。罗荣桓立即让林月琴拿出钱来叫小王送去，并叮嘱小王给万家讲明三大纪律八项注意是我军的规矩，不要让他们产生什么误会。

这一切对八路军来说是十分平常的事，却使万春圃一家非常感动。万春圃说："俺活了五十多岁了，还没见过这样的官长、这样的军队。真正是仁义之师、王者之师啊！有了八路军，国家就有了希望。"

万春圃从同罗荣桓和八路军指战员的接触中，学到了许多革命的道理，和共产党的感情更加亲近了。国民党顽固派曾扣押了他的小儿子和女儿做人质，要拉他到国民党一边。他说："我儿子、闺女宁可不要了，也要跟着共产党走！"他一再向罗荣桓表示，决心在共产党、八路军的领导下抗战到底。他把自己惨淡经营了多年，有几百条枪，并有机关枪和迫击炮装备的部队，全交给八路军指挥。1940年3月22日，万春圃的四县边联武装和苍山游击大队正式合编为八路军临

① 罗荣桓：《鲁南团以上政治工作会议的总结报告》，1940年4月于费县吴家沟。

（沂）郯（城）费（县）峄（县）四县边联支队，万春圃被任命为支队长。

与万春圃部几乎是同时加入八路军的还有孔昭同部。

孔昭同是滕县人，曾在北洋军中当过中将师长和福建泉（州）兴（化）永（定）镇守使。北伐后，他卸甲回乡，开药店，办学堂，济世育人。

1938 年初，日军占领济南后继续南下，占领泰安、兖州，滕县告急。滕县城中土豪劣绅怂恿他出面组织维持会，他说："咱扛把子[①]上街卖拳、要饭去，也不能当汉奸！"

1 月底，孔昭同和曾经当过阎锡山的军长的杨士元组织鲁南民众抗日自卫军，杨任司令，孔任副司令。3 月中，日军攻滕县，孔的儿子宪尧、宪纲遭飞机轰炸而遇难。不久，抗日自卫军也遭日军袭击而溃散。失败反而更坚定了孔昭同的抗日决心。他毁家纾难，变卖家产，充作重组军队的经费，同时身披写着"上尽国忠，下报家仇"的黄缎带，在滕县山区为组织武装而奔走呼号。队伍又稍稍恢复。1938 年夏，国民党第十集团军司令石友三驻扎在山东。孔是石的结拜兄弟，便接受了石部的暂编第六师的番号，活动于抱犊崮西北的滕县、邹县、泗水、费县之间。

年底，石部调往河北。孔逐渐认清石的反动面目，与其分道扬镳，拒绝北上，坚持在家乡抗战。1939 年 3 月 22 日，孔部在滕县龙岭山下同一百余日军遭遇，孔已年近花甲，但老而益坚。他脱掉皮袍，光着膀子，面对敌人，奋臂高呼："尧纲两儿，魂若有灵，助父杀敌，雪耻报仇！"随即在山鸣谷应的回声中带领战士冲向敌人。日军丢下十几具尸体，狼狈逃窜。

孔昭同部中最早同第一一五师联系的是其第二旅。这个旅原是共产党领导的鲁南人民抗日义勇队的一部分，旅长董尧卿是共产党员。1938 年 8 月作战失利，与党失去联系后编入孔师，成为该师主力。第一一五师进驻鲁南后，董即派人来联络，恢复了党的关系。第一一五师派去了参谋长。孔昭同闻讯后，也请山东教育界知名人士彭畏三[②]前来联络。

彭到大炉后，罗荣桓按照当地的习惯，摆了"十大碗"热情款待。席间，罗荣桓向彭畏三阐明了中国共产党的统一战线政策。当时，于学忠和张里元都在拉孔。孔对国民党消极抗日、积极反共很反感，对共产党坚决抗日很钦佩。但是，他多少还有一点正统思想。为了解除孔昭同的顾虑，罗荣桓请彭畏三转告孔昭同，八路军与孔师合作抗日，孔师可保持原来的番号，继续在原地区活动，双方要加强联系，增进了解。彭畏三提出，孔昭同希望八路军派一位政工干部到孔师去做政治部主任，罗荣桓当即将在座作陪的特务营教导员黄玉昆介绍给他。黄玉昆是红军，在樊坝战斗中，他是担任主攻的夜老虎连的指导员，在火线上负伤。

第二天一早，黄玉昆就跟彭畏三离开第一一五师。行前，罗荣桓握着彭畏三

① 把子，指刀枪剑戟。

② 彭畏三曾任山东省教育厅督学。

罗荣桓等与鲁南著名抗日民主人士孔昭同部的高级参议彭畏三合影。左起：陈士榘、陈光、彭畏三、罗荣桓

的手说："以后希望随时通报敌情，加强联系。孔师长在供给上有什么困难，我们可以帮助解决。"

黄到孔师后，按照罗荣桓的指示，宣传八路军的抗日主张和三大纪律八项注意等八路军优良传统，帮助孔昭同整顿部队，克服旧军队的恶习，改善官兵和军民关系，为改造这支部队创造条件。

1939 年 12 月，蒋介石发动了第一次反共高潮，在滕县活动的国民党顽固派申宪武（申从周）蠢蠢欲动，企图进攻孔昭同部。孔昭同师的第一旅旅长刘昭汉，也和国民党勾结，脱离孔师节制。罗荣桓和陈光决定，打击申宪武，杀一杀顽固派的嚣张气焰。在作战中，申宪武狼狈逃跑，他的两个团被消灭。战后，董尧卿旅即归还八路军建制，编入六八六团。后来，六八六团改称鲁南支队，六八六团团长张仁初任支队长，董尧卿任副支队长。接着孔昭同也毅然决定，与国民党割断联系，接受共产党和八路军领导。一天晚上，他选派了十名身强力壮的保镖，护送黄玉昆连夜回第一一五师，向罗荣桓和陈光报告孔的这一决心。

经上级批准后，第一一五师正式任命孔昭同为八路军第一一五师曲、泗、邹、滕、费五县游击司令。孔昭同亲率人马，到第一一五师驻地接受点编。第一一五师召开了隆重的欢迎会，宴请孔昭同和他的部属。罗荣桓在欢迎会上讲话，热情称赞孔昭同坚持团结，坚持抗战的精神。罗荣桓和陈光检阅了孔昭同部队，给指战员颁发了八路军臂章。第一一五师还给孔昭同部队补充了弹药和衣服。

1940 年秋，孔昭同病重。在弥留之际，他对他儿子孔宪绍说："共产党、八路军不歧视我们，不撤换我们，也不编散我们的部队。共产党一定会胜利，你一定要跟着共产党走。”1940 年 11 月，孔昭同因病逝世，罗荣桓与陈光、肖华联名送了挽联，颂扬孔昭同热爱真理，为民族，为国家英勇奋斗的高尚品德。

罗荣桓在鲁南还团结了许多在当地有一定声望的爱国人士，他们在发展地方武装，开展敌占区贸易，瓦解敌伪军方面，都发挥了很大作用。

## 第三节　联络东北军，挤走李长胜

在鲁南，共产党、八路军的主要统战对象是当地各种地方势力和东北军。国民党的各种地方势力中，实力最强的是山东省第三区督察专员兼第三区保安司令张里元。他曾在韩复榘手下先后当过县长和专员。韩复榘南逃时他没有跟着跑，并在临沂费县一带建立了武装。沈鸿烈当了山东省主席以后，与原韩复榘系统的张里元存有矛盾。1937 年冬，共产党即与张里元建立了统战关系，先后派童陆生、刘其人等去张部工作。1938 年秋，张曾掩护过鲁南抗日义勇队。国民党掀起第一次反共高潮后，1939 年下半年，张的政治态度右转，共产党派去的工作人员被迫撤出。但因张对共产党还保持中立态度，根据人不犯我、我不犯人的原则，罗荣桓决定与张里元继续保持统战关系，曾几次派人去张部联络。在名义上归张里元统辖的鲁南各县地方武装，对共产党政治态度不一，互相之间矛盾也很多。罗荣桓对他们采取了区别对待的方针。

与鲁南的地方势力相比，东北军是更为重要的统战对象。罗荣桓一进山东，就对东北军的情况进行了深入的研究。早在 1939 年 4 月 26 日，他在泰西时，就在师直属队的干部会议上指出：“于学忠到鲁南，统一战线的形势可能会好一些。我们应很好地巩固与东北军之团结。”于学忠是山东人，曾在北洋军阀吴佩孚手下当师长。1927 年吴垮台后转入东北军。1936 年任国民党的甘肃省主席。西安事变时，他在西安参加了张学良主持的高级将领会议，同意对蒋介石实行“兵谏”。张被蒋扣押后，东北军即由于学忠率领。抗战开始后，蒋介石把于调到山东，既想让东北军在同敌伪的战斗中受到削弱，又想利用东北军限制人民力量的发展，而于学忠一方面不得不受蒋介石的节制，另一方面又时时要提防蒋把他这个“杂牌军”吃掉。因此，他有一个很形象化的口号：“既不红，又不蓝，三条道路走中间。”

于学忠部辖有第五十一军和第五十七军。于的苏鲁战区司令部和第五十一军驻扎在沂鲁山区，第五十七军的第一一一师驻扎在日（照）莒（县）山区，第一一二师驻扎在鲁南，同八路军的驻地犬牙交错，师部驻在石河、官庄，离大炉只有 12 里路。

早在 1938 年春天，共产党在第一一二师就设有秘密的工作委员会。1939 年，根据中共六届六中全会精神，工委已停止发展组织而专做统战工作。罗荣桓到大炉后便受中共中央山东分局委托，负责直接领导这个工委。工委负责人谷牧秘密来到大炉向罗荣桓汇报了第一一二师的情况。该师师长叫霍守义。“西安事变”前，他在陕北，防地与红军接壤，曾奉张学良之命，掩护了大批人员进入苏区，其中包括美国记者斯诺。因此，他对共产党还是友好的。这个师的两个旅都有共产党掌握的战地服务团，每个团都有党领导的宣传队。第一一二师三三四旅六六七团团长叫万毅，“西安事变”中是著名的少壮派，事变后被蒋介石扣押，抗战爆发后才释放。1938 年 3 月由张文海、谷牧介绍秘密加入共产党。在他的掩护下，共产党在六六七团的工作十分活跃，几乎每个连队都有党员，抗日气氛十分浓厚。

罗荣桓很满意地听取了谷牧的汇报后指出：对东北军要做两方面的工作。一方面要团结争取广大官兵一道抗日；另一方面对在部队中进行阴谋破坏活动的国民党特务要进行尖锐的斗争，揭露他们的反动面目，防止东北军向坏的方向转化。

罗荣桓初步了解了第一一二师的情况后，便派参谋处长王秉璋去做联络霍守义的工作。王原在孙连仲的第二十六路军，1931 年底在宁都暴动中参加红军。由于王对旧军队官兵的思想动态、生活习惯、语言礼节等比较熟悉，因此王第一次去拜访霍守义时，霍同他一见如故，谈得很投机。王给霍送来一些宣传材料，其中有一份是《三大纪律八项注意歌》。霍看了后击节赞赏。王告辞后，霍拿着歌篇对他的书记（相当于秘书）李欣说：“我看这支歌很好，咱们也能唱。你就用我的名义起草一个训令发到全师，要大家都唱这支歌。”

这位李欣也是共产党员，当有人向霍守义告发时，霍不大相信，说：“只要他抗日，管他是不是共产党。”

王秉璋告辞后的一个寒夜，李欣在秘密交通员带领下，顺着崎岖不平的山路，匆匆赶到第一一五师师部去见罗荣桓。

由于李欣还要在拂晓前赶回，顾不上寒暄，一坐下来就汇报。罗荣桓凝神听完他的汇报，几乎没有什么插话。李汇报中，林月琴端来炒得热烘烘的花生，款待这位从事危险的秘密工作的同志。

李欣从 1938 年起便在霍守义身边工作，对第一一二师的情况，对霍守义的政治态度和脾气爱好，以及霍同王秉璋见面的反应都十分清楚。李详细汇报后问罗荣桓，党在第一一二师的工作基础很好，在国民党加剧反共的形势下，是否可仿照山西新军的办法把队伍拉过来。

罗荣桓立即指出：你们的情况同山西新军不同。山西新军是我们党组织起来的部队，而第一一二师是东北军。你们还是要做好团结上层进步势力和下层广大群众的工作，争取霍守义向好的方向转化，不要搞“起义”。冬夜围炉长谈，并不觉得时间过得快，说话间已近拂晓。为了避免暴露，李便起身告辞。

在第一一五师师部还有一位人物，他可以在霍的住处随意出入，同谷牧、李欣等联系而不致引起霍的怀疑，他可以同霍当面争论而不致撕破情面。他就是联络科长靳怀刚。他的父亲靳云鹗曾经当过吴佩孚的副司令和河南省长，同于学忠有袍泽之谊。他的伯父靳云鹏在北洋军阀政府曾两度出任国务总理，同张作霖是儿女亲家。

靳怀刚在北平读书时，参加了“一二·九”运动。抗战爆发后回故乡邹县组织游击队，不成，赴延安学习并入党。后奉调到鲁南做联络工作。他和地委书记宋子成等都住在万春圃家后院。罗荣桓同他们结邻而居。罗荣桓平时沉默寡言，不苟言笑，可在同靳熟悉了之后，却常常同靳开个玩笑，称之为“靳少爷”。

一天，罗荣桓问靳怀刚：“你家的生活条件那样好，为什么要参加革命呢？”靳讲了他家大多数成员过着骄奢淫逸的腐化生活后说：“在那个家庭里，人和人的关系除了金钱没有别的。我实在不愿意同流合污。我怄不了那个气。”

罗荣桓点点头说：“你参加革命完全可以理解。中国有许多官宦之家出身的知识分子能够参加革命，这是中国革命的一个特点。”罗荣桓还援引周恩来为榜样，鼓励靳怀刚不断进步。

霍守义是张作霖的老部下，早就认识靳怀刚，称呼他为“老弟”。由于有这层关系，罗荣桓便让靳继续联络东北军。根据统战工作的需要，罗荣桓感到靳的职务需提高一点，又任命他为第一一五师的后方政治部主任。

罗荣桓在同东北军搞统一战线时，注意了又团结又斗争。他每次派王秉璋、靳怀刚去第一一二师之前，都要找地委书记宋子成、群工部长刘兴元、峄县县长潘振武等集体研究谈判预案，设想霍会提一些什么问题，应如何答复。当时霍守义经常鼓吹国民党的一个政府（国民党政府）、一个主义（三民主义）、一个领袖（蒋介石）。罗荣桓等便考虑，假如霍提出我们建立民主政权为“破坏统一”时，便回答他：国民党所派县长、区长在日军进攻面前望风而逃，人民理应成立民选的抗日民主政府，等等。

罗荣桓还向王秉璋、靳怀刚交代，要反复讲八路军和东北军是老朋友，对霍在抗日中的功绩作充分评价，但在原则问题上又要寸步不让。

按照罗荣桓的交代，靳怀刚同霍谈判，有时争论得面红耳赤。霍理屈词穷时便说：“哎呀，老弟，先吃饭，吃了饭再谈。”由于靳按照罗荣桓的指示，在谈判时既坚持原则又注意掌握必要的灵活性，也由于靳同霍的历史渊源，谈判争论得再激烈也没有闹翻。

在对霍守义的统战工作中，处理官里庄事件，从而挤走顽固派的县长李长胜，是一个成功的范例。

李长胜是沈鸿烈委任的费县县长。沈鸿烈虽是东北军出身，可政治态度和于学忠、霍守义不同。他已死心塌地投靠蒋介石，成为反对共产党、反对八路军的摩擦专家。而李长胜又是五十七军军长缪澂流的外甥。缪同沈在政治上沆瀣一气，也是东北军中反动势力的代表。李长胜便依仗沈鸿烈、缪澂流做后台，处处同八路军、同人民作对。

1939 年 12 月 28 日，临郯费峄四县边联农民自卫团在费县官里庄开会，邀请李长胜参加。李长胜带了一些保安队闯到会场后就以县长身份提出要检阅自卫团，强令自卫团架起枪支，排队集合。然后指使部下开枪，当场打死自卫团干部、团员 6 人，打伤 20 余人。这就是震惊鲁南的“官里庄惨案”。

消息传出后，鲁南地委和四县边联的领导人立即开会研究对策，并去请示罗荣桓。罗荣桓说："要抓住这个事件，首先组织群众到霍守义的驻地游行示威，要求霍守义严惩杀人凶手。"有的干部感到向霍守义请愿不管用。罗荣桓说："李长胜行凶是在霍守义管辖的地盘里。霍守义还是抗日的，虽然他不想得罪他的上司缪澂流，可也不会支持李长胜，我们向他请愿，造成声势，下面的文章就好做了。"

第二天，数百名农救会会员、自卫团团员护卫着几十名死难者家属，涌向一一二师师部，在门外高呼口号，强烈要求严惩凶手，为死难者报仇申冤。

霍守义也感到李长胜这件事做得不对，于是派人接见群众，表示："李长胜制造事端，开枪打人是错误的，我们要做调查。"并表示要向死难者发放抚恤、丧葬费。但是，当示威群众要求"严惩凶手"时，他却不予答复。

罗荣桓听取了四县边联负责人的汇报后，对地委和边联的负责人说："现在请愿已达到了目的。顽固派输了理，我们在政治上取得了主动，群众要求报仇雪恨的劲头也鼓了起来。下面的文章，就要转入武装斗争了。攻打李长胜的驻地崮口村，讨伐顽固派！"

于是，地委召开了紧急会议，成立了前敌委员会，调动24个农民自卫团，兵分五路，把李长胜盘踞的崮口包围了个水泄不通。

李长胜据坚固守，自卫团久攻不下。有的干部担心时间久了，霍守义会来增援。罗荣桓好像猜透了大家的心思，及时写了一封信送到前线。他在信上说：经过前一阶段的揭露和斗争，李长胜破坏抗日破坏团结的罪行有目共睹，已成众矢之的。前一段霍守义未答应群众严惩凶手的要求，也算可以向缪澂流交账了。现在霍是不会进一步公开支持李长胜的。有八路军主力做你们的后盾，他也不敢援助李长胜。因此，你们要坚定信心，持久围困，不要急躁，不要硬打硬拼。李长胜总有一天会挺不下去的。

这封信传达下去后，包围崮口的各路指挥员和广大自卫团员战斗情绪更加高昂。与此同时，罗荣桓继续派靳怀刚等到霍守义那里做疏通工作。果然不出罗荣桓所料，霍守义一直按兵不动。李长胜支持不住，在一个夜晚狼狈逃跑。八路军收复崮口，挤走了李长胜，建立了费县抗日民主政府。

1940年1月27日，罗荣桓将挤走李长胜的经验通报所属部队，电报说："我们对于（同顽固派的）武装冲突，事先应争取在政治上的绝对优势，造成一般社会舆论对我们的同情和声援……"罗荣桓考虑，反摩擦斗争政策性很强，因此电报要求各部队遇到类似情况应"及时电告师部转各方，以便应付上层关系"，同时要求各部队注意，"不能把所有杂色部队都看成反共反八路的力量而予以同样手段对待"。

1940年2月7日，罗荣桓和陈光致电中央和军委，汇报了官里庄惨案和对顽固派反击的情况。2月11日，毛泽东亲自起草了中共中央的复电："陈、罗七日电今日看到，所取方针是正确的，望坚决执行。"复电还说："沈鸿烈属于顽固派，对我百端摩擦，故须在自卫原则下坚决消灭之……于学忠与沈鸿烈不同，他是尚有希望的，除对其反共政训人员应加以坚决打击外，对东北军应极力争取，至少使之取中立态度。”中共中央将这一份重要电报同时发给了朱德、彭德怀、杨尚昆、刘伯承、邓小平、徐向前和朱瑞。

由于罗荣桓坚决执行了对于学忠和沈鸿烈区别对待的方针，团结了东北军，于学忠和霍守义在山东基本上保持中立的态度。1940 年底，霍部开往苏北后，第一一五师还同他们有电报联系。新四军第三师师长黄克诚又派人疏通，继续与其保持良好关系。这对于八路军、新四军反对日伪军的“扫荡”、“蚕食”，反对国民党顽固派的进攻，巩固和扩大抗日根据地，提供了有利的条件。

## 第四节　三打白彦

1940 年 1 月初，罗荣桓在领导挤走李长胜的斗争的同时，和陈光一道主持制订了第一一五师的行动方案，其要点是：创造以抱犊崮为中心的鲁南抗日根据地，并于近日进攻白彦，经营天宝山，争取与泰山区和沂蒙山区打通联络，留主力一部坚持冀鲁边的斗争；在鲁西的肖华部与杨勇部应夹黄河打成一片，巩固鲁西和泰西根据地；苏鲁豫支队彭明治等率三大队开辟湖西金县、单县等地区，二大队调鲁南与陇海路南之一大队相配合，沿陇海路两侧向东推进。

此前，1939 年 9 月下旬，肖华已奉集总命率挺进纵队机关和主力一部由冀鲁边转移到鲁西北，10 月间，按师部决定，与杨勇部合编为第三四三旅兼鲁西军区，由杨勇任旅长兼司令员，肖华任政委，统一领导鲁西区根据地的斗争。

2 月初，罗荣桓、陈光将进攻矛头指向白彦。

白彦，位于抱犊崮与天宝山区的中间，是南北交通枢纽，是鲁南通往沂蒙山区的必经之地。大地主孙鹤龄，是当地一霸。他的儿子孙益庚是白彦的乡长。罗荣桓曾派人同他们联络，想争取他们一道抗日，但孙氏父子不仅拒绝，而且与日伪勾结，强迫周围几十个村庄组织反动民团，断绝交通，成为八路军向天宝山区发展、打通与沂蒙山区联系的严重障碍。罗荣桓、陈光决定拔掉这个钉子。

1940 年春节前的一天，六八六团团长张仁初接到通知，飞马赶到师部。罗荣桓和陈光把他带到作战室，陈光指着地图上的一个小黑点说：“张仁初同志，师部决定把这个钉子拔掉。”张仁初趋前一看，正是他早已料到的白彦。张是湖北黄安人，长征时是四方面军三十三军一个营长。一、四方面军会师后，调到一方面军。他文化不高，可身经百战。打起仗来，眼一瞪便不顾一切，不把敌人消灭绝不罢休，人们给他起了个绰号叫“张疯子”。对于他一定能打下白彦，罗荣桓深信不疑。然而，这个地方太重要了。敌人丢掉之后绝不会善罢甘休，可能要反复争夺。对此有必要早打招呼。于是，罗荣桓叮嘱道：“这可是个咽喉之地，敌人绝不会轻易放弃。我们拔掉了，敌人还可能再钉上。要准备与敌人反复争夺。”

张仁初点点头，表示完全认识到问题的严重性。

“打下白彦后，”罗荣桓右手来回一划拉，“要立即平毁敌人留下的一切防御设施，迅速把群众发动起来。发动群众，是我们在白彦立足的关键。”

“明白。”张仁初知道，坚固工事对于历来不强调死守一地的八路军并无多大好处，而敌人占据了倒会给我们造成麻烦。八路军的铜墙铁壁是群众，而不是工事。

为了解除张仁初的后顾之忧，陈光又向他介绍了对其他部队的部署：“我们已经命令梁兴初部在郯城、码头一带牵制南面的敌人。另外，苏鲁支队和苏鲁豫支队的胡（炳云）田（维扬）大队也从陇海路南开过来了。他们再加上特务团，都要配合你们作战。还要通知孔昭同部在北面策应。我们的兵力占绝对优势，你尽管放心打。”

“是！”

罗荣桓笑问：“还有什么困难呀？”

“没有，坚决完成任务。”张仁初向两位首长敬了礼，便回去布置了。

2 月 13 日，农历正月初六，下起了鹅毛大雪。大炉西面的抱犊崮戴上了一顶白帽子。在纷纷扬扬的大雪中，罗荣桓和陈光带领师部出发了。他们是白天走的。六八六团走得早，是夜间行动。“漫天皆白，雪里行军情更迫。”下雪天，尤其是雪夜，往往是发动奇袭的好时机。罗荣桓、陈光率领的部队刚过罢旧历年便踏上了“雪夜袭白彦”的征途。

正月初九，第六八六团攻下白彦。根据罗荣桓的指示，部队抽调了大批干部，协同地方党组织发动群众。在原来伪区公所门前，挂起了“白彦区抗日民主政府”的牌子。孙鹤龄的粮仓打开了。那些把附近的树皮都剥光了的饥民，手捧着刚分到的救命粮，眼睛里都闪烁着感激的泪花。很快，农救会、妇救会、儿童团都组织起来了。地头场院，响起了抗日的歌声，街头巷尾，贴满了抗日的标语。

部队一面进行训练，一面按罗荣桓战前的交代，拆毁了孙鹤龄经营了几十年的碉堡寨墙。有一些老乡不免露出疑惑的目光。

3 月 4 日，罗荣桓来到白彦检阅部队的训练成果，给大家讲了话。他说：“我们占了白彦，就像掐住了敌人的脖子，敌人是不会甘心的，现在他们正在拼凑兵力，要夺回白彦。我们不能在这里和敌人死拼，要撤出去打。经过反复争夺之后，白彦终归会回到我们手里。”

果然，不过三天，驻邹县东面城后据点的日军一百多人向白彦扑来。看来是试探性的，特务团打了它一个伏击，敌人就缩回去了。

3 月 12 日，日伪军又从北面的平邑、西北面的城后、东南面的梁丘调集七百余人，向白彦合击。八路军主动撤离白彦，在白彦两侧山地里，与来犯之敌展开激烈的战斗。敌人费尽九牛二虎之力才爬进白彦。然而，这里已成死寂的空镇，要修工事，抓不到民夫；要吃饭，找不到粮食；要喝水，井也被封起来了，人渴得嗓子直冒烟，大洋马渴得直尥蹶子。

当晚，第六八六团一部又攻入白彦。敌人无险可守，狼狈而逃。

3 月 19 日，敌人又拼凑两千余人东西对进，在白彦外围同八路军激战两天后占领白彦。当晚，八路军又打进白彦同敌人展开白刃肉搏战。日军支持不住，施放一阵毒气后，便逃之夭夭。

日军施放毒气，并未影响八路军的作战，因为战前部队即进行了防化学训练。1939年抗大第五期特科防化队部分毕业学员分配到第一一五师后，罗荣桓充分发挥他们的作用。在各旅各团均设置了防化勤务主任，普遍进行了防化训练。这是八路军早期的一批防化兵干部。

在连续14昼夜的3次白彦争夺战中，八路军歼敌800余人，缴获长短枪300余支。

白彦战斗的胜利，给鲁南山区军民极大鼓舞。战斗一结束，周围的老百姓就赶来慰问。有位开明士绅说："开始我见你们拆毁工事，还认为你们不敢和日军打，现在才知道，这是好计谋啊！"

白彦战斗的胜利，沉重地打击了日伪军，震慑了鲁南地方反动势力，同时也鼓舞了与共产党团结抗日的友军。打白彦时，孔昭同还未编入八路军，他应第一一五师邀请，率部在白彦以北策应。他亲眼看到八路军指战员英勇善战，部队纪律严明，政治工作坚强，从而受到很大鼓舞。就是在这次战斗后，在他要求下，孔部接受了八路军的改编。八路军打白彦前几天，东北军霍守义师因白彦恶霸孙鹤龄父子充当汉奸，勾结红枪会打死东北军的伤员，于2月7日向郯城发动突然袭击，将孙氏父子活捉，随后将他们处决。

在第一一五师进入鲁南取得节节胜利的形势鼓舞下，鲁南各地的地方武装也蓬蓬勃勃发展起来，组建了运河支队、沂河支队、峄县支队、铁道游击队。

白彦战斗的胜利，将敌人控制鲁南山区的这一重要据点搞掉，便为八路军向北面的天宝山区发展扫清了道路。鲁南地区的日伪军遭此沉重打击，感受到了严重威胁。4月中旬，他们集中了近8000人的兵力，分别从邹县、滕县、枣庄、峄县、临沂、费县等据点出动，向抱犊崮山区根据地进行大规模的春季"扫荡"，企图乘青纱帐起之前，一举歼灭八路军。各路敌人互相策应，步步为营，首先在边沿区扫荡了一个星期，从21日起，向大炉中心区合围。

敌人"扫荡"的消息传来，罗荣桓正在主持召开全师政治工作会议。罗荣桓与陈光决定，除师机关率特务团两个营，配合鲁南军区四县边联支队坚持在内线与敌周旋外，其他主力部队均置于外线，从背后拖敌人的腿。部署了部队行动后，政工会议在罗荣桓主持下继续进行。4月21日，他在吴家沟作了政工会议的总结报告。

随后，为了缩小目标，便于机动，留在内线的师司令部、政治部和鲁南区党委[①]都分散活动。罗荣桓率领师政治部机关，只带了一个连，单独与敌人周旋。

一次，峄县支队的负责人王六生听说罗荣桓身边只有一个第三连，就在附近活动。他们感到太不安全，立即派人送信给罗荣桓，说明他们带了两个连，愿意

① 1940年4月，鲁南地委改为鲁南区党委，书记是赵镈。

担负保卫师首长和领导机关的任务。罗荣桓回信说，他不需要警卫部队，要他们按原订计划，转移到外线去打击敌人。

罗荣桓让政治部的人员兼做司令部的工作，组织部兼作战科工作，敌工部、保卫部兼侦察科工作，宣传部负责训练群众进行游击战。他又把机关干部、战士剧社的演员和机关勤杂人员，分别组成游击小组，有的担任警戒，有的外出侦察敌情。有一次，罗荣桓派组织干事周之同和一个油印员换了便衣出去侦察。他们没有侦察经验，罗荣桓耐心地教给他们如何分辨敌人的马蹄印、炮车印，如何监视敌人和如何及时报告。罗荣桓准确地掌握着敌情，有时在几路敌人的结合部穿插而过，有时尾随一路敌人，不即不离，与敌人“捉迷藏”。

一天拂晓，人们还没有起床，哨兵突然发现北面有敌情。这时，第三连也离开政治部去执行任务了，保卫罗荣桓和政治部机关的只剩下一个警卫排加一个班。罗荣桓命令一个班掩护政治部机关向南转移，他带另外三个班爬上村旁的山头，监视敌人行动。这时，在东北角和西北角两面都发现了敌人，正面被山挡着看不清楚。突然间，罗荣桓发现山下有几匹无人看守的洋马，便对警卫班长罗贵明说：“你们派几个人下去看看，把洋马牵来。”警卫班三个战士绕到山下一看，原来敌人的大队人马都隐蔽在山沟里。他们急忙回来报告。罗荣桓听了不慌不忙地说：“不要着急，山下的敌人还没有发现我们，再等一等。”他的判断非常准确，正面山下的敌人虽近在咫尺，却没有发现八路军。两翼的敌人虽然直线距离很近，但是山路崎岖，一时还过不来。罗荣桓举起望远镜，沉着地观察着。敌人越来越近了：500米、400米、300米……，当罗荣桓预计政治部已转移到安全地带，敌人相距已不到200米时，他才转移。罗荣桓面临强敌如此镇定沉着，泰然自若，给大家留下深刻的印象。政治部的干事们都说：跟着罗政委最安全，用不着担心。在反“扫荡”中，机关几乎天天转移，随时会和敌人遭遇，在紧张的行军和作战间隙，大家按照罗荣桓的要求，“该出报的出报，该开会的开会”，机关日常工作一直没有停顿。

罗荣桓与师直属部队待在内线与敌周旋，使敌人疲于奔命。第六八六团、苏鲁支队、教导大队以机动灵活的战术，在外线狠狠打击敌人，有力地牵制了在中心区进行“扫荡”的敌军。特别要提到的是在外线打击敌人的还有铁道游击队。他们多是在铁路上做过工或是铁路附近的居民，能飞身上下火车，神出鬼没地打击敌人。消息迅速传到徐州、济南，迫使一部分进山“扫荡”的敌人撤了回去。

这次反“扫荡”，前后经过一个月，终于粉碎了敌人企图歼灭八路军主力的阴谋，保卫了以抱犊崮为中心的鲁南根据地。在这次反“扫荡”结束时，罗荣桓总结了经验，5月14日，他在葫芦套召开的干部会上说，要普遍组织游击小组，“凡属我们的部队及机关都要这样做，……我们自己先做出一个榜样来，我们要大肆宣传、大肆鼓吹”。他认为，机关人员“除了原固定之职务工作外，还要接受军事锻炼……将来可以出现大批的有作为的指导员干部”。

把机关变成除做本职工作外又充当游击小组的经验，是罗荣桓在反“扫荡”

的实践中的一项创造。

罗荣桓还指出，敌人“利用青黄不接、部队与群众粮食困难之际来扫荡山区，我们是有办法克服的。我们把主力运动到敌人后方去活动，很容易解决。再过一个月青纱帐起，我们还可以（到）平原上去活动”。罗荣桓这一思想是他后来提出的“敌进我进”的“翻边战术”的萌芽。

## 第五节　建立抗日民主政权，发展抗日武装

无论是插、争、挤，还是打、统、反，都要以自己的力量为基础。这个力量就是政权和武装，罗荣桓对此历来抓得很紧。

第一一五师进入鲁南之前，在鲁南只有日伪和国民党的政权。八路军的兵源和财源都无保证。罗荣桓到鲁南后，在创造抱犊崮山区根据地的动员报告中提出：“主力部队不仅有掩护地方党的任务，而且应以武装力量的各方面帮助地方党的工作……要自上而下，自下而上地争取政权。”为此，罗荣桓首先把第一一五师收复河北省曲阳县后在那里当过县长的师政治部民运部长潘振武派到峄县担任工委书记。潘率领工作队，建立了峄县抗日群众动员委员会。主任是朱道南，参加过广州起义，在当地很有名望。随后，召开峄县抗日人民代表大会，正式选举产生了鲁南地区的第一个县级抗日民主政权——峄县县政府。潘振武当选为第一任县长。接着，又成立了全县六个区乡的民主政权。罗荣桓帮助地方党，将峄县建立政权的经验推广到鲁南其他各县，到 1940 年 5 月，郯城、费县、临沂、临沭等县的抗日民主政府相继建立。

在这一基础上，罗荣桓又帮助鲁南区党委组建鲁南地区的抗日民主政权。按照中共山东分局的部署，1940 年 6 月 11 日，鲁南抗日人民代表大会在费县臼子峪召开。罗荣桓在会上作了关于抗日民主政府性质和任务的报告。会议期间，罗荣桓天天忙着接见各地来的代表，倾听各方面的意见。他还以第一一五师政委的名义，邀请各界代表吃了一次饭。虽然连白面馒头也没有，但是罗荣桓诚挚热情的欢迎，使各界代表的心里都觉得热乎乎的。在这次代表大会上，成立了鲁南抗日救国联合总会和鲁南参议会，选举彭畏三任参议长，成立了鲁南行政督察专员公署，由于化琪任专员。于是，在鲁南便从上到下建起了中国共产党领导的抗日民主政权。

在鲁南根据地的政权建设中，罗荣桓时刻注意防止“左”、右两种倾向。他很注意团结坚持抗战的上层人士。他不但对万春圃、彭畏三和郯城县著名的教育界人士高赞非等这些在鲁南很有影响的知名人士委以重任，而且常常与他们促膝谈心，成为他们的知心朋友。

与此同时，罗荣桓也反对只注意上层统战工作，而忽视发动基本群众的右的倾向。他在《关于创造鲁南根据地初步的检讨》一文中深刻指出：不能以迎合地主阶级利益而抹杀和忽视了下层群众工作与广大农民的发动。但要尊重他们一般

的利益，去推动他们进步，以求得在目前阶段上不致使封建地主与广大农民发生尖锐的阶级对立，并争取实现广大农民的迫切要求，以便更广泛地发动群众成为宏伟的抗日力量。

罗荣桓还指出：鲁南地区的特点是，封建地主势力十分强大，广大农村被地主武装割据，非常闭塞、落后，群众运动受到压制，而鲁南地区的党组织，是在军事力量推动与统战工作影响下产生发展起来的，群众基础比较薄弱，因此，发动基本群众的工作尤为迫切。

为此，罗荣桓从第一一五师抽调了大批干部，深入基层做发动群众的工作。潘振武当峄县县长以后，罗荣桓又调师教导大队政委刘兴元任民运部副部长。刘原籍是山东莒县。罗荣桓对他说："你这个山东老乡，下去做做老乡的工作吧！"民运部设有民运工作队，有四五十个干部，绝大部分都长期分散在各个县、区，组织自卫团、农会和各种群众团体，开展减租减息，建立党的组织和区乡政权。

罗荣桓还经常进行农村调查，掌握第一手材料。1940 年 8 月，罗荣桓和鲁南区党委书记赵镈一起，到郯码地区检查工作。这正是收高粱的季节。县政府为了保护青纱帐，便于反"扫荡"，下了一道命令，要老百姓只割高粱穗，不要砍高粱秆。谁砍了高粱秆就抓到县政府来审问，有的人还挨了打。罗荣桓知道后，耐心地对县政府的人员说，对群众不要强迫命令，可以动员群众晚砍些日子，但是群众要烧火，要种地，高粱秆迟早是要砍的，不能动不动就抓人，更不准打人。

在建立抗日民主政权的同时，罗荣桓抓的另一件大事，就是发展和巩固抗日武装。

第一一五师进入鲁南后，很快打开局面。但是，主力部队经过多次激烈的战斗，减员较多，可补充却很困难。

1940 年初，山东分局派社会部长刘居英赴湖西处理"肃托"事件的善后事宜。由第六八六团三营护送。刘居英看到他们总共不足 200 人，大部分战士扛着机枪，步枪已经没有多少人扛了。刘居英回来向罗荣桓反映，问为什么不赶快补充，罗荣桓只是笑一笑，未作回答。有一天，地委政府工作部长于化琪，也为这个问题来找罗荣桓汇报。他谈到地方对解决主力部队兵源负有义不容辞的责任，但是当前困难很大，很难满足主力部队的要求，地委书记宋子成为这事急得生了病。罗荣桓很关心地安慰说："不要着急嘛，告诉宋子成同志，不要感到有压力。"停了片刻，他又说："这是个大问题，想想看，用什么办法解决，我看办法总是有的。"

过了两天，罗荣桓召集地方和军队的四十多位干部一起开会，研究如何解决兵源问题。罗荣桓说："主力部队入鲁以后，经过多次战斗，减员比较多，兵员确实需要补充。但解决兵源问题要有条件哩！现在鲁南各地党的组织还没有普遍建立，群众还没有充分发动起来，地方上也有困难，硬要是不成的。"

"怎么解决这个问题呢？"罗荣桓接着说，"首先要广泛深入地发动群众。群众觉悟提高了，兵源的问题自然就好办了。"罗荣桓用亲切的目光望着部队的干部说："我看现在不是要地方支援部队，而是部队先要支援地方。要从部队中抽调一批干部，深入到群众中去，帮助地方做好发动群众的工作……”

听到这里，军队和地方的干部思想上的疙瘩解开了。大家都轻松地笑了起来。接着，罗荣桓宣布，从主力部队抽调一百多人组成工作团，由师政治部的科长彭亮带队，分赴四县边联一带农村，深入群众，帮助地方党开展工作。工作团下去以后，很快建立了五十多个群众工作点，发展了党员，建立了党支部、基层政权和工、农、青、妇等群众组织，激发了群众的抗战热情。1940 年春天，临郯苍平原出现了一次参军热潮，仅费南山区就有近千名青壮年报名参军。

为了使主力部队和地方部队都能得到发展，罗荣桓反对主力部队不顾条件强制改编地方武装。他一再强调，地方武装升级，不能用“拔萝卜”的办法，连根拔掉。要留下根，保留好基础，向主力输送一批，地方可以接着再发展一批。

由于注意了调整关系，主力部队和地方部队都有所发展。到 1940 年 9 月，第一一五师进入山东的第六八五团和第六八六团，在鲁南、鲁西、冀鲁边、苏鲁豫地区同由人民抗日武装起义而组成的山东纵队一些部队合编后，发展到 19 个团，共约 4.2 万人，地方部队也发展到 2 万余人。

但是，由于当时山东党的工作还未着重抓好减租减息，广大农民没有充分发动和组织起来，兵源问题还没有得到彻底地解决。

# 第十一章　桃峪会议前后

## 第一节　桃峪会议

1940年，第一一五师入鲁部队同中国共产党领导的全国各地区的人民抗日武装力量一样，得到了迅速发展。然而，师的领导干部却长期没有配齐。入鲁之初，罗荣桓政委仍然兼着师政治部主任，由副主任黄励协助他掌管政治部。师参谋长则从1938年春天以来，一直空缺。

1940年1月间，黄励因为个人问题未处理好而突然自杀，于是，领导政治部的担子又全部落在罗荣桓的肩上。6月，军委任命鲁西军区政治委员肖华任师政治部主任。肖华于9月间到任后，罗荣桓便不再兼主任，而以全力领导全师的工作。

1939年底，原来留在晋西南的第一一五师独立支队，对向八路军挑衅的阎锡山部队进行反击后转移到晋西北，翌年5月在支队长陈士榘率领下入鲁，10月间到达鲁南，陈士榘被任命为第一一五师参谋长。

这时，第一一五师的领导班子虽已配齐，但在山东进行抗日斗争的八路军尚未形成统一领导。

自从第一一五师入鲁以来，在山东就存在着第一一五师和山东纵队这两支党的武装，他们当时都是中共中央和集总的直接通（电）报单位，是平行的兄弟部队。为了统一领导、统一作战指挥，1939年8月，曾宣布正式成立八路军第一纵队。1940年6月，第一纵队司令员徐向前离开山东返延安（从1941年起，一纵的番号逐渐不再使用）。

7月18日，彭德怀致电毛泽东建议：山东暂由陈、罗统一指挥。8月8日，中共中央指示：（中共山东）分局、山纵、一一五师师部应当靠拢住。……陈罗参加分局为委员，实际上统一（山东的）军事领导。28日，中央又来电重申上述指示，并明确指出：山东今后应“巩固与扩大一一五师与山纵，使两部打成一片，坚持山东根据地，并在将来必要时，准备再调一部向苏北发展。故山东是你们的基本根据地，华中则是你们的准备发展方向……”中央要求山东纵队和一一五师商量决定具体集合地点。

在一一五师入鲁时，中共中央曾有让该部从山东继续南下的设想。“山东是你们的基本根据地”的指示下达后，任务明确，统一山东的领导和指挥问题也更为迫切了。

对于同山东纵队并肩作战，罗荣桓十分重视。他强调要维护兄弟部队之间的团结。他经常引用毛泽东的话说，如果主力和地方关系搞不好，要由主力负责。这一点中央要求很严格。我们一定要搞好同兄弟部队的关系。为了增进了解、交流经验，在第一一五师和山东纵队之间进行了干部的交流，并互相派人到对方部队观摩学习。

为了打通抱犊崮山区与山东纵队机关驻地沂（水）蒙（阴）区的联系，必须控制费县东部的天宝山区。这一地区山势险峻，交通闭塞，相传从光绪以来，就没有向官府完纳过钱粮，可谓是“天高皇帝远”的地方。三打白彦之后，罗荣桓、陈光即对当地廉德山的地方武装进行争取，并于 7 月间进驻这一地区，开辟了天宝山根据地，随后将师部北移到天宝山区的桃峪，缩短了与山东分局、山东纵队机关驻地之间的距离。

在中央提出由山纵和第一一五师商量决定如何靠拢后，分局有的领导人致电中央，对第一一五师司政机关多所指责。他还提出：“统一山东党政军民领导之具体事项，待会后再定。”

这里所说的会，就是 1940 年九十月间第一一五师在桃峪召开的为时三周的第一一五师高级干部会议。罗荣桓和陈光主持了会议，会议的出席者有各支队和师直机关各部门的主要负责人，以及鲁南区党委的负责人。山东分局负责人也出席了会议。这是第一一五师入鲁以后举行的一次重要会议。

罗荣桓在会议上作关于第一一五师在山东工作的总结报告。他说，第一一五师进入冀鲁边、苏鲁豫、鲁西、鲁南等地区后，开辟了根据地，给这些地区输送了近 300 名党政干部，帮助建立了一批县级政权，扩大了我军的力量，建立了两个军区，六个军分区。在统一战线中，执行了党的政策，增进与友军的团结，争取中间势力，孤立和各个击破顽固势力，为我党我军的发展创造了顺利的条件。他还用“争、插、挤、打、统、反”这样六个字生动地概括了开辟上述各根据地的经验。

在报告中，罗荣桓指出了第一一五师仍然存在的缺点。

一是军事的发展和党的群众工作配合不好。由于不善于团结地方干部，求得地方党的配合，造成主力的极不充实，同时地方武装工作薄弱，还没有建立起一块巩固的根据地作为基点。二是由于部队分散，没有进行必要的整顿，因而纪律松懈，破坏党的政策，损害党的传统的现象已很严重。

这种违反纪律和政策的事件，最严重的一次就发生在桃峪会议召开前不久。8 月间，已编入八路军的天宝山大队队长廉德山叛变，将八路军一个侦察班和师政治部几位民运干部扣押在山寨内。9 月 2 日，八路军向叛匪发起攻击。廉部裹胁了一些群众固守天宝山的险峰南大顶，使进攻南大顶的八路军遭受很大伤亡，激起了八路军指战员的气愤。罗荣桓担心部队攻占山顶以后会违反政策，立即派政治部的两位科长带了几个干部到前线去。然而，直工科长刘四喜又被打死。另一位科长急红了眼，在攻下南大顶以后，不但没有制止违反政策的现象，而且自己也枪杀了俘虏。罗荣桓得知后，立即将他撤职，同时批评了有关人员，并派组织部长梁必业去处理善后事宜。随后，罗荣桓又向上级报告此事，作了自我批评。在桃峪会议上，罗荣桓通过这一事件，并联系以前发生的一些问题，再一次强调了执行政策、严格纪律的重要性，使大家受到了一次深刻的教育。

与会者对第一一五师入鲁以来的工作，进行了热烈的讨论。在讨论中也反映出一些不同的认识。主要是集中在对山东形势的估计，以及如何贯彻以游击战为主的方针的问题上。有的领导人认为，自己一方在山东的武装力量已能同日伪军相持，同国民党军队比较，在质量和数量上都初步取得了优势。八路军控制的地区已占全省的60%，人口也占50%。基于对形势的这种过于乐观的估计，便倾向于强调建设正规化的主力兵团，打大仗，打运动战（或称运动游击战）；而对于坚持分散的群众性的游击战争，却不够重视，也缺乏更充分的准备。

罗荣桓不赞成对形势过于乐观的估计。他从山东的实际情况出发，认为八路军对敌伪军还是劣势，对国民党军也没有形成优势。他认为，在当时组建正规兵团，打运动战的条件尚不成熟，应坚持进行游击战。

会议期间，集总来电对桃峪高干会议作出指示，批评了第一一五师军队纪律和干部教育方面存在的问题。

对于这些问题，罗荣桓已经作了严肃的处理，并在会上作了严格的自我批评。尽管如此，有的领导人在会上仍然以南大顶事件为例对第一一五师作了严厉的指责。

10月4日，罗荣桓以个人名义致电集总并转中央，表示完全接受集总对一一五师的工作的批评，要求将他调离山东去学习。

10月17日，毛泽东起草并签发了以他和朱德、王稼祥名义的复电，在肯定集总的批评的同时指出："一一五师有极大的成绩，你们的总路线是正确的。你们均应继续安心工作，目前没有可能提出学习问题。"接到这一电报后，罗荣桓放弃了个人要求，在十分困难的处境中仍然兢兢业业地工作。

然而，当时由于主客观条件尚不具备，在桃峪会议上暴露出来的分歧仍然没有得到统一。

这次会议还讨论了落实集总的号召，建设铁的模范党军的问题。罗荣桓结合第一一五师的实际，提出要在部队中普遍开展建设铁的模范党军的活动。模范党军的要求是：

一、认真执行党的政策，不折不扣地完成党所给予的任务；

二、普遍深入地建立与群众血肉相连的关系，要成为爱护根据地与民主政权的模范；

三、实现高度的政治团结，建立无产阶级的友谊，自觉地遵守纪律，不断地求进步；

四、灵活、机动、果敢、坚决，发扬我军英勇善战的光荣传统；

五、坚持严肃、紧张、精细的工作作风，坚定不屈不挠的革命立场。

在建设模范党军中，罗荣桓特别重视加强党组织的建设。他在 1940 年 10 月 10 日和 10 月 28 日先后签发了《关于营连党组织的决定》和《建立模范党军的支部工作》两个文件，对加强营连基层党组织建设，作了一系列具体规定。

桃峪会议之后，建设模范党军的活动，在第一一五师入鲁部队中普遍深入地开展起来。不久，在山东纵队中也开展了建设青年模范党军的活动。这对于加强山东八路军建设，提高部队素质，发挥了重要作用。

会议还根据集总的要求，将第一一五师部队（包括师直和原三四三旅加上苏鲁豫、鲁西、鲁南、冀鲁边等地的部分地方武装）统一编成了 6 个教导旅[①]，共 6 万余人。

在此之前，9 月中旬，山东纵队已进行了整编，下辖 5 个旅、4 个支队，还有鲁中、清河、胶东军区以及滨海军分区，共 5 万余人。在此期间，山东纵队有一些部队编入一一五师。一一五师也调拨了一批骨干（其中有红军干部）给山东纵队。中共中央书记处在 1940 年 1 月 28 日，曾经给北方局、山东分局和第一一五师等发出指示，要求山东在 1940 年把发展武装力量作为一切工作的中心，山东在一年内至少应将武装力量发展到 15 万人枪。这一任务约完成了 80%。

## 第二节　北上沂蒙区

桃峪会议结束后，为了便于实行山东军事上的统一指挥，罗荣桓决定按照山东分局的意见，将第一一五师师部转移到沂蒙区。但是他又考虑，鲁南地区既是通向华中的枢纽，又是沂蒙区的屏障，这个地区不能放弃。于是，他把教二旅一部摆在鲁南地区，坚持斗争，随后便与陈光在 11 月 8 日转移到沂水县青驼寺以西的聂家庄。

同山东分局靠拢后，罗荣桓对“抗敌自卫军”这个山东特有的有关党的统一战线政策的比较复杂的问题有了进一步的了解。1939 年夏天，山东文化教育界的一部分进步人士，受沈鸿烈的排斥，来到共产党领导的根据地。他们中间有老同盟会员、大学教授，也有参加过国民党的进步分子，有的早年就与共产党有过友好关系。他们拥护抗日民族统一战线政策。1939 年 7 月，在山东分局的支持下，他们发起成立了“国民抗敌协会”（简称“抗协”），主要负责人有李澄之、

---

① 教导第一旅由苏鲁豫支队编成，旅长彭明治、政委朱涤新，1941 年初划归新四军建制；教导第二旅由独立支队第一团、鲁南支队和苏鲁支队编成，旅长曾国华、政委吴文玉（未到职，后为符竹庭）；教导第三旅由原冀鲁边区的两个团和独立支队第二团等部编成，旅长杨勇、政委苏振华，1941 年 7 月划归冀鲁豫军区建制；教导第四旅由在湖西地区的黄河支队编成，旅长邓克明、政委张国华，1942 年 10 月划归冀鲁豫军区建制；教导第五旅由在郯城地区的东进支队编成，旅长梁兴初、政委张国华（后为罗华生），1940 年 12 月调往新四军，1942 年 12 月归还第一一五师建制；教导第六旅由冀鲁边区部队编成，旅长邢仁甫、政委周贯五。

以后又在鲁西编了一个教导第七旅，旋划归冀鲁豫军区。

当时属第一一五师领导的还有鲁南、鲁西、湖西、冀鲁边四个军区。鲁南军区司令员张光中、政委邝任农，鲁西军区由教三旅兼，湖西军区由教四旅兼，冀鲁边军区由教六旅兼。

梁竹航、彭畏三、杨希文、路雨亭、耿光波等。作为一个群众组织，“抗协”在共产党领导的统一战线中，发挥了积极作用。当时，山东分局有的领导人忽视以发展进步力量去争取团结中间力量，反而认为中间力量在顾我之间应起“砝码作用”，于是，产生了把“抗协”组成一个中间力量的国民党的念头，从而违背“国民抗敌协会”许多成员的初衷，硬性将“国民抗敌协会”改成了“国民党抗敌同志协会”。[1] 1940 年 7 月又帮助“抗协”建立了“抗敌自卫军”，并且供给他们武器和经费，还派进许多干部。这样一来，他们既有“党”又有“军”，而且从上到下形成一套组织，实际上成为在根据地内，与共产党八路军平行的组织。虽然其领导人都是热心抗战的进步分子，但是他们多是知识分子，没有带兵打仗的经验，而且在基层发展的会员中成分复杂，组织混乱。在有的地方出现了与共产党分庭抗礼、争权争位、争人争枪等错误倾向。

罗荣桓对建立和发展抗敌自卫军有不同的意见。1940 年 11 月 19 日，罗荣桓与陈光在给第一一五师各单位的指示中提到，对于“抗协”组织，务使其领导权完全掌握在进步分子与对我同情者手里。对于“抗协”的武装，须帮助掌握，防止“造成与我对立现象”，发现有不可靠或别具野心的分子时，另行处理。在无法改造的情况下，则由八路军接收整理。

第一一五师师部同山东分局、山东纵队机关靠拢之后，人多粮少，还碰到一个经济困难的问题。

第一一五师驻地抱犊崮山区和天宝山区，田少石头多，是山东著名的穷地方。部队日常吃的饭同当地老乡一样是煎饼。它是用高粱面或糁子面糊糊，在一种叫鏊子的平底锅上摊成的。高粱煎饼又黑又硬，咬嚼起来十分费劲，额头直冒青筋，得把帽子脱下来。那糁子煎饼中糠很多，吃下去容易便秘。为了便于下咽，在天宝山区烙煎饼时，还在面糊糊里掺一些山梨或柿子。蔬菜十分罕见。战士们时常将柳树叶子腌一腌，卷在煎饼里吃。师部有一些知识分子是南方人，不会卷煎饼，就双手拿着煎饼吃，样子颇像读报。于是，当开饭吃煎饼时，他们便开玩笑地说：“读报了，读报了。”当时罗荣桓有很厉害的痔疮，但也是每天“读报”不已。

吃的是煎饼，穿的是羊毛棉袄。这乍一听蛮不错，然而，却是名实不符。

1939 年，一一五师从晋西出发时带了六万元，到鲁南时便花光了。于是南下郯城码头，才筹款解决了当年的棉衣问题。桃峪会议以后，又届深秋，因搞不到棉花，棉衣仍无着落。罗荣桓深入群众调查研究，发现当地养羊不少，便决定就地取材，搜集老乡未经漂洗的羊毛，指战员每人发几斤，发动大家自己动手，用羊毛做絮，缝制棉衣。

正在大家忙于洗晒羊毛，制作棉衣时，陈士榘到任了。一天，罗荣桓同陈士榘沿着河边散步，见到许多战士在岸边石头上用柳条抽打羊毛。陈士榘问罗荣桓：

---

① 参看杨希文：《鲁南国民抗敌协会始末》，《山东党史资料》1986 年第 5 期。

“这羊毛能不能像弹棉花那样弹呢？”

罗荣桓摇摇头说:“如果有一台破毛机就解决问题了。”停了一会，他又说:“这只有等到胜利以后，现在只能是望梅止渴。”

这一年冬天，罗荣桓和大家一样，也是穿的这种羊毛棉衣。穿这种棉衣，羊毛一根一根地往外钻，弄得到处是羊毛，而且一坨一坨地向下坠，下摆一周是羊毛，上面成了夹衣。就是这样的衣服，帮助第一一五师的指战员们度过了鲁南的严冬。

## 第三节　东进滨海

百团大战第一阶段[①]结束后，集总曾打算扩大战果，要求山东八路军在胶济、津浦和陇海路东段进行大规模的破袭战。一一五师师部已为此拟订了计划。10月29日，集总又致电朱瑞、陈光、罗荣桓，提出：“陇海、津浦（日军）似正在运转兵力，故大破袭战应以推迟至10月底11月间为宜。”但是这一破袭战最终没有举行。其主要原因是时局发生了重要的变化。百团大战之后，日本帝国主义惊呼：“对华北应有再认识”，决定对华北各抗日根据地实行“更大规模的报复作战”。[②]与此同时，又加紧对蒋介石诱降，极力挑拨国共关系。蒋介石则积极策动第二次反共高潮。1940年10月19日，蒋介石限令在大江南北坚持抗战的八路军、新四军于一个月内开赴黄河以北。苏皖形势，顿时紧张。在山东，日伪军、国民党军和八路军的三角斗争日益尖锐。罗荣桓对局势的严重性，作了充分的估计。与山东分局靠拢后，11月14日，他出席了山东艺术工作者联欢大会并发表了演讲。罗荣桓历来重视文艺工作，但是在这一演讲中却通篇都没有讲艺术工作问题，开宗明义第一句就是：“目前的时局正处在严重的激烈的变化中。”他分析了战争的形势和中国大地主大资产阶级的动向，说：“他们正在布置着大规模的反共反八路的军事行动。”“我们的任务就是反投降反内战。准备力量粉碎反共势力的进攻与敌人‘扫荡’的配合，坚持独立自主的民族解放战争。”他特别强调：“我们要加紧战争的动员，要防止在严重局面下可能产生的失败情绪。另一方面要克服对目前时局麻木不仁的状态，要加紧自己的准备工作，以应付可能遇到的大的打击，以避免使革命力量遭到不应有的损失。”

这时，蒋介石正在命令汤恩伯、李品仙布置对华中新四军的进攻。由于华中形势紧张，罗荣桓与陈光按照军委和集总的部署，派政治部的部长梁必业、赖可可、王立人等分别到教五旅和教二旅去传达准备南下支援新四军的有关指示，要求对国民党顽固派的进攻保持高度的警惕。12月间，第一一五师教五旅奉命过陇海路南下。一一五师的部队，对可能继续恶化的局势作了充分的准备。1941年1月初，发生了震惊中外的“皖南事变”。在山东，国民党顽固派加紧进行反

---

① 百团大战第一阶段集总未给山东分配作战任务。

② 参看《中共党史大事年表》，人民出版社1987年版，第148页。

共活动，日军、国民党军、八路军的三角斗争更加尖锐复杂。

在如此严重的局势下，山东分局、第一一五师师部和山东纵队三个大机关挤在一起，非但给养不好解决，而且目标也太大了。从长远打算，罗荣桓认为一一五师指挥机关，需要设在一个比较稳定、物质条件较好的根据地中，以便更好地指挥全局。1941 年 3 月初，师部与山东分局转入滨海区，山东纵队指挥机关仍留驻沂蒙（鲁中）区。

滨海区在山东的东南部，东濒大海，西界沂河（含临沂），北起胶济路，南抵陇海路。这个地区盛产鱼盐，经济富庶，有较好的物质条件，也有较强的革命基础。抗战爆发后，这个地区的共产党员在山东省委领导下，积极组织抗日武装，开辟抗日根据地，创建了山东纵队第二支队。1939 年 11 月第一一五师部队南下郯码平原，便开始进入滨海区南部积极发展。但是，当时滨海区的县城和大集镇都为日伪军所控制，并由公路联结。同时，东北军和其他一些国民党军又控制了诸（城）日（照）莒（县）山区，东北军第一一一师并伸进了日莒公路以南的甲子山区。当时八路军的活动主要限于郯码地区和陇海路附近的赣榆北部、莒县南部一带地区。1940 年 9 月，在这个地区活动的山东纵队第二支队和第九支队合编为山东纵队第二旅。1941 年春，为了进一步扩大滨海根据地，第一一五师决定由教二旅和山纵第二旅一部发起青口战役。从 3 月 19 日开始，经过六天激战，连克海头、大沟等十余处据点，并一度攻入青口和下口，解放了从柘汪到下口之间的海岸线和大片地区，打通了从海上与华中及胶东等地的联系，并为发展盐业生产和海上贸易打下基础。从此，中共山东领导机关一直在这一地区坚持斗争，直到 1946 年。

罗荣桓与师部机关，3 月 6 日东渡沂河和沭河，17 日进驻莒县南部十字路（现为莒南县县治）地区，随后南移到蛟龙汪（现临沭县东南）。

山东分局和第一一五师师部刚刚转入滨海地区，4 月 5 日，中共中央军委来电指出："山东、华中敌顽我的三角斗争是长期性的，三方中无论哪一方均不可能迅速解决问题……因此，你们（的）战略部署，须适应上述根本情况，作长期打算，勿为临时消息所左右。"从中央军委这一指示可以看出，认为八路军已在山东取得"初步优势"的估计显然是太乐观了。

然而，有些干部 6 月间还是在莒县南部板泉崖以东的刘家河组织了一次八大剧团的联合公演。几个剧团都演了大戏，如《雷雨》《李秀成之死》等。

罗荣桓不赞成在敌后演大戏，因为这样搞必然会引起敌人注意。为了防止意外，他派出参谋，加强对敌情的观察和警戒。果然，不出所料，会演结束后的第二天，敌人就来"扫荡"。这边刚刚撤出村子，那边敌人的炮弹就打过来了。幸好事先有准备，才避免造成损失。

在这种严重的局势下，中共中央于 5 月 12 日又来电指出："估计到华北现状，敌后游击战争特别是平原游击战争的方针，应该是长期坚持熬时间的过程。因此，在今年青纱帐中，部队以不过于消耗为原则，尽量争取部队休息、整理、训练。"

1941 年夏，山东分局书记朱瑞（右二）和罗荣桓（左二）、黎玉（左三）、肖华（右一）、陈士榘（左一）、赵镈（左四）在山东滨海区的合影

遵照这一指示，罗荣桓和陈光组织了师直属队和在滨海区的部队进行了整训。

抗战开始以来，第一一五师有一些指挥员习惯于十年内战中打运动战时那种猛打猛冲的战术。在同优良装备的日军作战时，有时伤亡较大。1941 年 2 月 7 日，教二旅副旅长张仁初带着一个团向郯码地区出击时，在重坊附近与从新安镇（今新沂县城）出来“扫荡”的数百名日伪军相遇。敌人在密集的炮火掩护下向我军进攻。张仁初跨上战马，举起枪高喊：“共产党员跟我来！”战士们跟着他勇猛地拼刺刀，给了敌人以沉重打击。但是我军的伤亡也很严重。战后，罗荣桓看到指战员牺牲名单时，十分惋惜而又沉痛地说：“都是多么好的战士啊！”

就在这时，张仁初来了。他一脸打了胜仗后兴奋的神情，老远就喊了一声：“政委！”可罗荣桓这次既未让座，也未给他倒茶，而是狠狠地盯着张仁初，劈头就问：

“张仁初，你是来请功的吧？你是来领赏的吧？”

张仁初蒙了，愣愣地站在那里。

罗荣桓厉声说：“告诉你，我这里没有功给你，没有赏给你。你真是个疯子！你还我干部，你还我战士！”

一向稳重和蔼的罗荣桓，此时怒容满面，透过黑边眼镜，可以看到眼睛里饱含着的泪水。“你违反了游击战的原则，拼掉了我们的红军老干部。你赔我的干部来！”

张仁初一声不吭，低着头站在那里。他的眼圈也红了。

罗荣桓的情绪慢慢平静下来，语重心长地说："干革命不能单凭一股冲劲，打仗也不能只靠勇敢。现在我们是开展游击战，不是打阵地战。只管打得过瘾，动不动就硬拼，革命的本钱被拼光，我们怎么向党向人民交代啊！"

张仁初低着头，十分沉痛地说："政委，我错了，我请求处分。"

"处分你有什么用？好好地记住这血的教训吧！"

张仁初一辈子都忘不了这件事。每逢提起，他总是十分后悔地说："唉，罗政委说得对，我真是个疯子。"

针对重坊战斗这一类情况，4 月 24 日，罗荣桓在司令部研究整军的一次会议上说："现在的具体条件不同了。我们在国内战争时期的经验，不是全部都可以适用于今天的。"

7 月间，他和陈光在发给各单位并报集总、军委的一份电报中指出："部队对军事学习和战术素养的提高未引起重视，以致虽在实战中表现英勇顽强，但在战术上非常不够灵活、机动、巧妙，致每次战斗都有较大伤亡。仅 1941 年 1 月至 7 月，即伤亡 5535 人。""部队自转入敌后，由于战斗的频繁，部队军事教育不认真、不精细、不深入、不严格、怕麻烦，存在游击主义的习气与工作方式，使许多优良传统、好的作风逐渐荒疏。干部不注意军事学习，不看军事书籍，在这次干部军事测验中，部队干部 105 人测验，仅 38 人及格。机关各部 128 人测验，仅 34 人及格。总平均分数是 52.6 分，相当惊人。"

这份电报还列举了军事指挥脱离敌后游击战争实际的问题。比如，小部队作战指挥，多取正面进攻，队形过于密集，不善于利用地形地物采取灵活的队形与姿势。

针对上述问题，罗荣桓与陈光提出要加强军事教育的组织领导，对教育要当作战斗任务来完成；造成干部学习军事、提高战术素养的热潮，培养大批灵敏勇敢有高度战术素养的指挥员；对上级的一切指示、命令、通报等文件，一定要细心研究，结合实际严格执行；战斗之后，各级都要总结经验教训，作为训练的教材；教育要严格、认真，贯彻少而精的原则，讲求实效，不白费精力；加强战士的军事技术教育，如射击、刺杀、投弹、近迫作业和防空、防毒，对付敌坦克、装甲车、炮兵，以及夜战、伏击、袭击的训练；干部要熟悉部下，密切指战员的关系，各级干部定期向部下进行行政管理教育，讲部队倾向与克服办法；加强体力锻炼，加强各种徒手、器械体操及障碍竞走的训练。

1941 年 8 月 1 日，第一一五师在蛟龙汪举行了规模盛大的军政检阅大会，进行了射击、投弹等军事项目的比赛和政治测验。1941 年到 1942 年，第一一五师的军事训练取得很大成绩。指挥员明确了游击战争的战略战术思想，战斗员提高了军事技术水平，部队战斗力大大加强，歼敌人数不断增多，而伤亡明显减少。1941 年 1 至 7 月平均每月伤亡 790 余人，到 1942 年每月平均伤亡下降到 290 余人。这是罗荣桓领导第一一五师指战员，贯彻执行积蓄力量，坚持游击战争，准备将来反攻的总方针所取得的一项丰硕成果。

## 第四节　加强政治工作和军事训练

1941 年“八一”军政大检阅以后，从 8 月 22 日开始，第一一五师在蛟龙汪又召开了为时一个多月的政治工作会议，全面总结了抗战四年来政治工作的基本经验。罗荣桓在会上作了重要讲话。

会议由肖华作报告，报告稿是按照罗荣桓的意图起草，并经他修改审定的。

报告明确指出：“政治工作是革命战争革命军队的生命线，政治工作最基本的任务，就是巩固与提高部队的战斗力，保证战争胜利。”报告说：“战斗力不但取决于军事技术的高低，而且主要是取决于政治工作的强弱。没有政治工作，就没有战斗力，也不可能保证战争的胜利。我军所以能百战百胜，无坚不摧，成为革命战争中最优秀的铁军，就是因为有党的保证以及整个政治工作的保证。”

罗荣桓一贯强调政治和军事要紧密结合，强调政治工作的保证作用。他在 1941 年 4 月 24 日的司令部部务会议上说：“党对各部门工作的领导，是以党的组织政治工作去保证，但另外一方面，不可缺的一方面，要以行政工作的决定与实施，去完全适合党的总方针，并以行政系统的指导工作，把党的政治工作与全部行政组织工作结合起来。……政治工作落于空洞，不实际，甚至与行政工作失去协调，这就必然妨碍党总的方针在某些部门中具体的实现。”

罗荣桓认为，政治工作的保证作用表现在它用不同于军事工作的方法，来达到共同的目标，而不是要和军事工作争权。他在教二旅工作总结会上说：“在军事管理方面，是有些带强制性的，以弥补政治自觉之不够，巩固高度的集中行动，保证战斗任务之完成。……而政治工作的方式方法就要有所不同，必须更艰苦耐烦地说服教育与发扬较多之民主，来启发战士的情绪，达到同一的目标——完成战斗与工作任务。这种不同的方式，不能解释为连长权大，政治指导员权小，更不能由此引起关系的隔阂。相反地应该发扬互助精神，求得工作步调的一致。如在队前执行纪律时，这是军事指挥员的职责，政治工作人员便不能随便去代替。……要经政治工作去保证军事纪律的执行，并提高指挥员的威信，任何对立与推诿责任的现象都是不许可的。”

罗荣桓认为，要做好政治工作，必须首先发挥政治干部的表率作用。他强调，政治干部的威信，要靠自己模范的行动，模范的工作去取得。他常常说，红军时期党代表的威信很高，党代表和士兵的关系很密切。行军的时候，官长经常骑着马在队伍前面，党代表走在后边，替士兵背枪，和士兵同甘共苦，士兵对党代表很拥护。如果下个命令，没有党代表的署名，士兵对这个命令就怀疑，这没有什么制度规定，完全是士兵自愿地尊重党代表。

罗荣桓以自己的模范行动，为政治干部作出表率。他谦虚谨慎，平易近人，同志们都把他当做贴心人，都愿意和他说心里话。他能听正面的意见，也能听反面的意见。他听取意见的时候，从不打断别人的讲话。对讲错了的给予正确引导，耐心启发，从不扣大帽子，使人在不知不觉之中，潜移默化，受到教育。抗战初期，有位团政委调到机关当组织干事，不安心机关工作。罗荣桓从侧面了解了这一情况后，有一天，和他拉家常，先问他是哪里人，哪一年参的军。然后说："在组织干事中，你的资格是最老的吧？""是的。改编八路军时，给我评的是少校干事。"罗荣桓又问："论部队实际工作经验，你比其他同志大概多一些吧？"他笑了一笑，感到这是对自己的鼓励。接着，罗荣桓便谈到机关工作与部队工作同样重要，机关干部不能光用年轻的知识分子，还需要有一些资格老一点的、有部队实际工作经验的同志做骨干。他好像是和那位干事一起研究工作，没有丝毫批评和指责，那位干事本想提出调动工作的要求，但是听了这一席语重心长的话，认识到机关工作的重要，感到领导的信任，便不再提个人的要求了。

罗荣桓强调政治机关要联系群众，深入实际，面向连队，对部队来的指战员要热情、和蔼，及时解决下面提出的问题，不能马上解决的也要把道理讲清楚。真正做到使政治机关成为干部之家，使干部感到很温暖，有什么问题都愿意来反映，千万不能把政治机关办成阎王爷开的店，连个鬼也不敢上门。下面的负责干部到师部来，罗荣桓总是亲自去招待所看望；干部负了伤或生了病住进医院，他经常去慰问。

为了使政治工作能从实际出发，有的放矢，罗荣桓强调政治干部不仅要懂政治，而且要懂军事、懂业务，了解战争，熟悉部队。他每天都到司令部作战室去阅读和研究军事情况的报告，还时常督促师政治部的部长们，到司令部看军事文电，及时掌握各部队作战情况。他常常派政治机关的干部下部队任职，到前线锻炼，同时又从部队抽调干部到政治机关工作。

与此同时，他又要求军事、供给、卫生等部门的党员干部增强党的观念，尊重党的工作机关。在他的倡导下，第一一五师规定，旅长、团长调动工作，除条件不允许者外，都要到政治部组织部来谈话和办理手续。所有党员对政治机关提出的政治学习、支部工作等各项要求都要积极响应，认真完成。所有党员都要参加组织生活，向组织汇报自己和周围群众的思想状况，党员交纳党费、转组织关系，都要自己去办，不允许由秘书、通信员代替。

政治工作的中心环节是干部教育。罗荣桓对这项工作抓得很紧。他经常对干部说："虽然现在是战争环境，但是我们必须从紧迫的时间里再挤出些时间来，多读点书，多学习些东西，以适应未来革命的发展。"在他的倡导和带动下，第一一五师和山东纵队规定，只要情况许可，干部每天都要挤出两小时进行学习。为了提高干部的理论水平，罗荣桓还给师直属队的同志系统宣讲了毛泽东的《新民主主义论》。他要求广大干部战士都要懂得，除了争取抗战胜利之外，革命还有更远大的目标，就是实现社会主义和共产主义。从而提高指战员的政治觉悟，坚定革命的意志。

干部教育还包括文化教育。对此罗荣桓一贯重视。早在 1940 年 3 月 24 日，罗荣桓在《关于巩固、严密及审查部队党组织的指示》中便指出："提高文化水准须认为是提高政治水准的重要手段，不能识字要识字，不能阅读要阅读，不能书写要书写，不能作文要作文。因此，提高文化水准不仅限于在一般党员中……还应包括高上级干部，须按各人现有程度提高。”

罗荣桓签发这份文件以前，专门对师直部分干部的文化水准作了了解。当他得知教导大队长李梓斌在文件上签名将“斌”写错了时，便派人将李请到师部，和蔼地问道：“你读过书没有？”

李：“我是平江山沟里的放牛娃出身。小时候听说附近庙里有个教书先生，可学堂的门朝哪儿开我还不晓得呢。”

罗荣桓被他逗得笑了起来：“啊呀，我还不晓得呢，你后来是怎么识字的？”

李：“我是当连长开始学的。以前当班、排长的时候，连钟表也不认识，搞不清几点钟。夜里换岗都是点根香，以香为准，一刮风，那岗就换得快了。当连长后，上级来了通知，我连‘通知’这两个字也不认识，就让文书给我念，念完后，通信员叫我在通知上画个‘知’字。我不会画，文书就教给我。因此，我头一个会认的字就是这个‘知’字，以后再一个一个地学。”

罗荣桓颇有兴致地听他讲完，然后问道：

“听说你签名有时还要文书代笔，是吗？”

“是的。”

“连自己的名字都不会写，那怎么行呢？”罗荣桓皱起了眉头。

李梓斌辩解道：“现在我有图章了。到时候，盖个章就行了，不用签名。”

“唉，”罗荣桓摇了摇头，“老粗太粗了也不行啊！你识多少字啊？”

“我也不晓得。不过，一般文件都能看下来，可字潦草了不行。陈光代师长的签名一笔一画写得真，我能认得。不过，有的字笔画多，就秀才认半边，念白字是常有的事。”

罗荣桓语重心长地说：“偶尔念个把白字，也在所难免，但多了就不好了。教导大队好比是一所学校，你这个大队长就好比是校长，你都当了校长了，不提高文化水准不行，字不但要会念，还要会讲、会写、会用。”

李梓斌问道：“那我应该怎么学呢？”

“用到什么，你就可以学什么，慢慢地积少成多。比如唱歌：游击战，敌后方，坚持反‘扫荡’，……你不仅要会唱，而且要会讲、会写、会用。”罗荣桓招呼李梓斌坐到自己跟前，拿起了一支铅笔边写边说：“比如这个‘游’，就是游来游去，活动的意思……”

罗荣桓在逐字讲解了歌词后，问道：

“你回去打算怎么办啦？”

李梓斌激动地表示：“我回去一定好好学习。”

他回去后，买了纸、墨、笔、砚，装进自己缝制的布袋，走到哪里，写到哪里，有时反“扫荡”上了山，就用大石头当桌子，坚持练习。几个月后，他的文化水平提高得很快，他的作业在“八一”军政大检阅时被展览出来，得到领导和群众的赞扬。

1941年7月，中央军委政治部印发的第三号《宣教通报》介绍了第一一五师干部教育的成果。通报说："一一五师半年来干部教育，在政策教育和文化教育方面收到了比较显著之成绩。主要表现在一般干部都知道对根据地的工作应作长期打算，表现在违反政策以及各种不良倾向的减少，有个别干部受训前常犯错误，受训后则（判）若两人。文化教育的收获表现在工农干部文化程度的提高，有几个旅级干部过去识字很少，现在能自己起草电稿和写信，……有几个团能做到全体干部作日记。有几个连队由于干部文化学习的推动与影响，使战士学习情绪提高，有（的连）全连94个战士能记日记。"

罗荣桓认为，连队是战斗编成的基本单位，政治工作的基础在连队。1942年3月15日，师部召开连队工作会议总结介绍教二旅的经验时，罗荣桓专门谈了连队政治工作问题。

他指出：连队一切工作要求与组织形式都是以完成战斗任务为目的。因此，连队政治工作人员的任务，主要是以政治工作的手段，来保证战斗任务的完成。罗荣桓指出，作为一个政治指导员，绝不能成为一个事务主义者，更不能代替军事行政，对军事行政的关系是从政治工作中去坚强军事行政，是要在耐心与不断的教育中，去逐渐提高战士的政治觉悟，一直提到可能提高的程度。然而，在教育的内容上应当实事求是，不能有过高的要求。基本教育应有充分的现实的内容，切忌任何抽象的东西，一切问题要从战士能够领会讲起。要用老师教学生、长兄教幼弟的办法，来教育战士。

罗荣桓非常关心连队的生活和战士的疾苦。他每次到连队，总要到伙房看看伙食好不好；有时还到厕所去看看清洁不清洁、方便不方便；战士没有牙刷、牙粉，他提出用纱布和盐代替；发不起蚊帐，他建议用蒿草熏蚊子。他还特别嘱咐连队指导员要做好来队家属工作，吃饭时要给来队家属加菜，放哨时要安排替班，让战士和家属有较多的时间在一起。他认为，只有耐心的说服教育加上对战士体贴入微的关怀，才是巩固部队的根本措施。

罗荣桓很重视运用报纸对指战员进行宣传教育。开始《战士报》是油印的，每期两版，只能登两千多字。可有的编辑写文章，词句啰唆，拖得很长，一期报纸登不了几篇稿子。有一天，罗荣桓亲自参加战士报社的座谈会，他针对报纸存在的问题，要求写短文章。句子要短，少用形容词，简单明了，使文化水平较低的干部、战士能一目了然。为此，他要求编辑、记者深入部队，深入实际，熟悉连队，熟悉战士。罗荣桓还经常亲自审改《战士报》的社论和重要文章，有时自己动手写社论。

为了加大报纸的容量，提高报纸的印刷质量，罗荣桓积极主张将油印改为铅印。他听说在湖西活动的教四旅有印刷机，便吩咐去教四旅检查工作的组织部长梁必业把印刷机带回来。梁必业带了装运印刷机的船队过微山湖东来时，罗荣桓派教二旅第五团的干部带了几百名战士去接。印刷机运到后，《战士报》即改为铅印。这时，罗荣桓又教育印刷厂的干部和工人，在物质条件有了改善的情况下，仍然要继续发扬艰苦奋斗、自力更生的精神。当时报纸没有铜版，无法印刷照片。报社干部设法用木刻印出宣传画。罗荣桓看了，马上给予表扬。

有一次，印报的纸张没有了，供给部不拨给报社买纸的经费。印刷厂的负责人向罗荣桓汇报。罗荣桓说："走，你跟我去找供给部。"他对供给部长说："为什么不给报社经费呀？你们不要轻视报纸工作嘛，有时一个铅字比一颗子弹还重要！"

罗荣桓非常关心战士剧社的成长。他给年轻的队员们讲剧社的历史，要求战士剧社要有战斗作风，要继承红军的优良传统。在艰苦的战斗环境中，宣传队员们自己组织了战斗班，扛起大枪，经常跟着罗荣桓反"扫荡"，一面行军打仗，一面搞宣传工作。

为了使文艺更好地为工农兵服务，罗荣桓鼓励战士剧社编演战斗性强、群众喜闻乐见的小节目。战士剧社的王汝俊编了一个关于发动妇女参加抗日的小戏，叫《老太婆的觉悟》。剧社社长朱明男扮女装演老太婆，非常逼真。罗荣桓去看了两三次，给作者和演员以热情的鼓励。在1941年"八一"举行军政检阅时，这个小戏被评为文艺一等奖，发了五元钱的奖金。

对宣传队员，罗荣桓既在政治上关心他们的进步，又在生活上给予无微不至的关怀。当他知道队员们烟不够抽时，就嘱咐管理科长说："剧社的教员都是文艺工作者，写作、演出，常常熬夜，还要同大家一样行军打仗。凡是会抽烟的，今后每人每月发给一斤黄烟。"

# 第十二章　严峻的考验

## 第一节　留田突围

从 1941 年起，和在华北各地一样，日军也在山东野蛮推行“治安强化运动”，进行频繁的“扫荡”。三四月间，日军推行第一次“治安强化运动”，首先在敌占区内强化伪组织，然后再对各根据地进行“扫荡”。7 月至 9 月，搞第二次“治安强化运动”，又对鲁南、鲁中、清河等地进行大“扫荡”。秋天，敌人将“扫荡”重点放在沂蒙山区。

在这严酷的斗争环境中，为了解决统一山东军政领导和作战指挥的问题，中共中央书记处和军委 1941 年 8 月决定：

“（甲）分局、一一五师师部及山纵指挥部靠拢，以便经常开会，以分局会议为统一山东党政军民的领导机关，山东分局暂时由朱瑞、罗荣桓、黎玉、陈光同志组成，朱瑞为书记。

“（乙）山东纵队归一一五师首长指挥，配合作战。

“（丙）将山纵及一一五师两军政委员会合组为山东军政委员会。决定罗荣桓、黎玉、陈光、肖华、陈士榘、罗舜初、江华七人为委员，罗荣桓为书记。”

山东分局随即开会研究贯彻执行中央这一决定的意见，决定分局委员的分工：朱瑞主持党的组织工作，罗荣桓主持军事工作，黎玉主持政府工作，陈光主持财委会。10 月 2 日，罗荣桓率师部到达临沂青驼寺，主持召开了山东军政委员会的首次会议，研究了第一一五师与山东纵队建立统一指挥的问题，对秋季反“扫荡”也进行了具体部署。会后，中共山东分局、山东军政委员会和第一一五师分别发出粉碎敌人“扫荡”的指示。第一一五师的指示指出：在敌人大“扫荡”时，要广泛开展群众性的游击战，小部队要树立独立自主作战的精神，不要在遭受敌人第一次合击后陷于被动，应当适时跳出合击圈。在情况未查明前，先以敌为轴心转动，不宜跳得过远，免遭新的合击。要切实掩护群众，不使敌人杀害群众和抓走壮丁。连排干部要熟悉地形，做到 60 里以内行动不请向导。指示下达后，罗荣桓又亲自组织参谋人员到各处察看了地形、道路，布置情报通信网，组织精干的游击小组，为彻底粉碎敌人的大“扫荡”做了具体充分的准备工作。

11 月初，侵华日军推行以“经济战”为主的第三次“治安强化运动”。在这一期间，日军第十二军司令官土桥一次中将调动3个师团、4个旅团的主力和一部分伪军共5万余人，向沂蒙山区突然发动多路、多梯队的“铁壁合围”，尔后采取分区“清剿”和“辗转抉剔”的战法，妄图消灭山东党政军领导机关，彻底摧毁沂蒙山区抗日根据地。

这是抗日战争时期日军在山东敌后发动的规模最大的一次“扫荡”，也是罗荣桓分工主持山东军事工作以后，面临的一次严峻考验。

5日晨，敌人分为11路，在坦克配合下，从四面八方向留田合围。这时，第一一五师师部、中共山东分局和山东省战时工作推行委员会机关[①]共两千余人就驻在青驼寺东北的留田一带。而战斗部队只有第一一五师一个特务营和山东分局一个特务连。

上午，敌人已将留田团团围住。最近的离留田七八里，远的不过十余里。八路军几个连分别把守留田周围的山头、隘口。

下午，在留田东南面一个叫牛家沟的小村庄里，有一间草房，里面挤满了人。其中有罗荣桓、朱瑞、陈光、肖华和陈士榘，还有司令部、政治部各部门的负责人以及特务营的营长、教导员。陈光此时从滨海区养病刚刚回来，尚未进入情况，由罗荣桓主持讨论行动方案的军事会议。炕上摊放着军用地图，罗荣桓、朱瑞、陈光、肖华、陈士榘等都围着地图在沉思，大家都在思考，研究突围的方向。讨论了已经有个把钟头了，需要赶快决定，因为敌人正在逼近。然而又不能匆忙决定，万一撞到敌人窝里，后果将不堪设想。有的人主张向东，想想又不合适，转而又主张向西，但仍然是没有把握。罗荣桓一直没有说话，他在仔细听取大家的意见，权衡着每一种方案的利弊。

大家提的方案有三：一是向东，过沂河、沭河，进入滨海根据地；二是向北，同山东纵队会合；三是向西，进入蒙山。但是，没有一个人是主张向南的，因为南面是临沂，是敌人的大本营。据报告，畑俊六[②]就在那里坐镇。然而，罗荣桓的主张却是：向南！

为什么要向临沂方向突围呢？罗荣桓分析了敌情。东面，沂河、沭河被敌人严密封锁，敌人预料到我们可能要到滨海，如果我们东去，很可能钻进敌人布下的口袋。北面，敌人正疯狂南压，而沂蒙区北部控制在东北军第五十一军手中。8月间蒋介石将沈鸿烈调走，而任命第五十一军军长牟中珩为山东省主席后，于学忠和蒋介石的矛盾有所缓和，东北军同八路军的关系便逐渐恶化。此时第五十一军正在北沂蒙一带同山东纵队搞摩擦。我们如果北上，很可能被夹击。西面，临（沂）蒙（阴）公路已成为敌人戒备森严的封锁线，即使能越过此线进入蒙山，那里也是敌人合击的目标。南面呢？虽然是敌人的大本营，但是敌人估计我们不敢向其大本营前进，而其兵力又都向北集中到沂蒙山区，后方必定空虚。

① 简称“战工会”，相当于省政府。

② 当时据情报，以为日军此次“扫荡”的总指挥是驻华总司令畑俊六。

罗荣桓主张，先向南突围，跳出敌人包围圈后转而向西，进入蒙山和鲁南的结合部，这个位置比较机动。

罗荣桓这一意见，乍一听出人意料，细琢磨，又非常合情合理，很快得到大家一致赞同。

于是，罗荣桓又把特务营营长陈士法等人叫到地图跟前，指出一条行军路线，从留田向南经张庄、高里，折而向西南，越过沂蒙公路到汪沟一带宿营。

罗荣桓等大家把路线记清以后，又详细交代了经过每个地方的注意事项。他对沂蒙山的地形要比对故乡的衡山洣水还要熟悉。哪里有一个隘口，哪里可以通炮车，都了如指掌，好像在他脑中有着一个大沙盘。

罗荣桓交代了任务之后，又给营的干部作了具体分工。陈营长和教导员带领第一、二连做前卫。副教导员带第四连居中，护卫机关。副营长带第三连担任后卫，负责收容。他要求战士的步枪一律压满子弹，上好刺刀，随时准备战斗。他又宣布行军纪律：不许说话，不许咳嗽，不许发出任何响声。

太阳落山，河滩上飘荡着雾霭。夜幕悄悄地垂下。守卫在留田周围的山头上的战士们可以看到敌人点起的一堆堆篝火。人喊马嘶，此伏彼起。看来敌人颇为洋洋得意，以为“铁壁合围”已经大功告成，只待天明发起总攻了。

司令部等机关人员在留田东面的河滩上集合完毕，前卫一连要出发了，罗荣桓大步走了过来，问道：“你们连哪个班担任尖兵班？”

“还是一班。”宋连长和王指导员回答。

“哪一位是班长？”罗荣桓走到一班跟前。

“报告首长，我是一班长回景和！”一班长出列报告。

“你们班担任尖兵任务多，有经验。”

战士们听到政委表扬，心里都美滋滋的。

“不过，今晚的任务特别艰巨。这么多机关干部能不能安全跳出包围圈，就要看你们了。”

罗荣桓的话音一落，宋连长便立即回答：“一连坚决完成任务！”

接着，罗荣桓又检查准备情况。当他知道战士小贾正在发烧时，便让警卫员小郭把他的日本军用水壶取来递给回班长说：

“你们班里有病号，把它灌上水，路上好用。”

罗荣桓这把水壶是部队从战场缴获的日军军用品。以后，回景和在战争年代经历过多次轻装，这把水壶却一直保存着。虽然油漆已经剥落，壶身也磕碰得坑坑洼洼，但是他仍视若拱璧。

罗荣桓带着作战科和侦察科的几位干部随前卫连出发了。一开始，他没有骑马，而是很安详地走着，不时同队伍中的指战员们打着招呼。他不像是带着几千人去突围，仿佛是去参加一次会议甚至像是去散步。大家看着他那从容不迫的神态，紧张的心情顿时平静下来。

侦察科副科长周云带着侦察员走在最前面。他不时派人回来向罗荣桓报告前面的敌情。走到政治部驻地张庄，守候在路边的政治部的队伍也参加了进来。敌人的封锁线到了。两股敌人之间的距离只有 1.5 公里。罗荣桓吩咐往后面传令：成三路纵队快速前进。队伍在敌人的缝隙中宛如一条游龙，腾挪闪避，迂回穿插，一连越过三条大路，几次听到敌军的车马喧阗，然而又悄悄避开了。

到高里，已是敌人后方，果然是守备空虚。部队折而向西，在护山庄[①]宿营。此地紧靠临（沂）蒙（阴）公路，离临沂城只有 25 公里。

这时，天已经亮了。在村边不用望远镜就可以看到，敌人的后续部队、辎重队正源源北上。就在敌人鼻子底下，罗荣桓命令派出警戒，就地宿营。

当大家和衣躺在草铺上时，远方传来了隆隆炮声，对于劳累了一天的指战员来说，无疑是绝妙的催眠曲。

这次突围，八路军未费一枪一弹，未损一兵一卒，便安全跳出敌人的重重包围。

在突围的行列中，有一个外国人，穿着八路军的制服，在夜间看不出同大家有什么差别。可天亮后，因为他深目高鼻，长相不同，就成为老乡围观的对象。

他叫希伯，是德国的进步记者。他到过陕北、皖南和苏北，访问过毛泽东、朱德、叶挺、陈毅等人。1941 年 9 月，由苏北过陇海路来到山东根据地，罗荣桓热情地接见了他。一一五师为他举行了欢迎会。留田突围前，罗荣桓打算让他转移到一个安全的地方去。希伯不干，他激动地说："我要和战士们在一起，向全世界报道山东战场的情况！"

度过留田突围惊险的一夜后，他高兴得像个孩子，兴奋地对负责接待他的山东分局秘书处长谷牧说："这是我一生中最难忘的夜晚，比在西方参加过的任何一次最愉快的晚会，都更有意义，更值得留念。我一定要把这奇妙的经历写出来，告诉全世界人民。"

说写就写。他的文章经译出后登在一一五师的《战士报》上，题目叫做：无声的战斗。

## 第二节　回师沂蒙山，坚持反"扫荡"

留田突围之后，罗荣桓获悉山东纵队在沂水县以西的马牧池遭敌人袭击，但情况不明而又联系不上。[②]他感到十分焦虑。他与朱瑞、陈光等研究以后认为，如果第一一五师离开沂蒙山区，转移到外线去，虽然自身比较安全，但根据地内部已无主力坚持反"扫荡"斗争，必将遭到敌人严重破坏。因此，决定回师沂蒙山区，坚持反"扫荡"斗争。

7 日，罗荣桓、陈光率师部和特务营北上。为了减轻敌人对中心根据地的压力，8 日，罗荣桓和陈光决定让师特务营副营长黄国忠带领三连去袭击敌人。罗

① 今埠山庄。

② 山东纵队机关 11 月 4 日拂晓遭日伪军偷袭后，在南墙峪复遭敌合击，突围后已转移至泰山区。

荣桓对黄国忠说："敌人在留田扑空后，正在摸我们的去向。我们要将计就计，暴露一下自己，把敌人从中心根据地调出来。"接着，他又具体交代："敌人在垛庄[1]一带抢劫了很多牲口、物资，要运到费县，必经石岚。你带上两个连在石岚附近打他的埋伏。要打得狠，声势大，动作快，打了就撤。敌人正想寻我主力决战，其侧后受到威胁，他们的兵力一定会从我中心区调出来。"

9日清晨，黄国忠带着部队到了石岚附近。罗荣桓选的这个伏击地点非常有利。东西两面高山耸立，中间一条大道伴着一条沙河，自北而南，纵贯而过。战士们占领了两侧的高山，把住南北山口。为了增加声势，黄国忠又把全营的号兵都调了来。一切准备就绪，单等着敌人来钻这个口袋。

战士们忍受着寒冷的侵袭，冒着细雨，埋伏在岩石后面，等了将近一天，一直不见敌人踪影。黄国忠等正在考虑是否撤回去时，通信员送来了罗荣桓的指示，要他们坚决等下去。

黄昏，雨停了。大家等得正心焦，忽然从北面山口传来嗒嗒的马蹄声，敌人果真来了。

毫无戒备的敌人，带着抢掠的牲口、物资，队形零零散散，断断续续地走来。当他们全部进入伏击圈后，一发信号弹划破夜空，轻重机枪一起开火，军号声震天动地。遭到突然袭击的敌人，顿时人仰马翻，乱作一团。战士们趁势从山上直扑下来，不过半个小时就结束了战斗。指战员们简单打扫了一下战场，迅速转移。

第二天，沂蒙中心区的日军果然纷纷外调。于是，罗荣桓等又率师部并调驻在滨海区的山东纵队二旅一个营挺进东蒙山。此时，罗荣桓看到的沂蒙根据地已被敌人的"三光"政策搞得满目疮痍。据统计，人民群众3000余人惨遭杀害，被抓壮丁1万余人，妇女被凌辱者难以数计。根据地房屋被烧毁者达四分之一，八路军常驻村庄几乎都成赤地。老百姓的牲口、家禽、粮食被掳掠殆尽，生活用品被破坏无遗。部队的炊事班找不到锅，只好用提水的瓦罐做饭。敌人在这片废墟上安炮楼、修公路，又四处派出宣抚班，把老百姓赶到一处，在枪口下开大会，组织伪政权。这时，八路军如不重返沂蒙山区，这一地区就会沦陷，胶济路以南各根据地都将更难坚持。

针对这一情况，罗荣桓提出，要"打掉宣抚班，制止伪化活动，鼓舞群众情绪"，于是将机关和抗大一分校的人员分为若干工作组，分赴各地发动群众，开展游击战，打击汉奸。

罗荣桓、陈光率部在沂蒙区由西而东、由南而北，同敌人兜圈子，于21日经过岸堤，26日经过马牧池，到达安保庄。途中在李家峪和西北村，又胜利地突破了敌人的两次合围。沂蒙区群众看到主力部队打回来和他们一起坚持斗争，受到很大鼓舞。

罗荣桓丰富的实战经验，卓越的指挥艺术，在反"扫荡"中充分地表现出

---

① 在蒙山北麓。

来。他遇事沉着，机智果断，给大家留下深刻的印象。有一天，师部驻地突然发现敌情，罗荣桓亲自指挥特务营抗击敌人，掩护机关转移。途中有一条河挡住了去路。河上只有一座仅容一人通过的独木桥，队伍也只能改为一路纵队，行军速度大大减慢。照这个速度，不等部队过完，敌人就会追上来。罗荣桓望着滔滔河水，把作战参谋侯向之叫到身边，对他说："这样过不行，要动一动脑筋。你沿着桥从河里蹚过去，看看水有多深。"

这时已经立冬，侯向之从冰冷刺骨的河水中一步步蹚过去。罗荣桓看着侯向之到了彼岸，马上下命令，整个部队全部徒涉。部队很快就过了河。然后，罗荣桓命令用树枝把河两岸的脚印统统扫掉，消除徒涉的痕迹，但保留了那座独木桥，让敌人慢慢去走吧。

罗荣桓从不轻敌，也不靠侥幸，总是把敌情侦察清楚以后才下决心。他常常率师部紧跟着敌人的一路，把这一路敌人的一举一动摸得清清楚楚，与敌"不即不离"。有时，敌人刚从村东头出庄，罗荣桓就率部从村西头进庄，敌人烧的开水还是热的。

罗荣桓经常告诫大家，对敌情不容有任何疏忽，一丝一毫的疏忽往往会招致不可挽回的损失。29日，师特务营与山东纵队二旅那个营，攻击孙祖北面绿云山的日军。为了防备敌人增援时机关受损失，师部、分局和战工会等机关人员向临（沂）蒙（阴）公路西侧的大青山转移。然而敌人正在那里布置一个准备合击八路军的包围圈，可是在那一带活动的抗大一分校尚未发觉。他们报告，未发现敌情。于是，在30日拂晓，机关的大队陆续开了进去，结果误入敌人的合围圈，受到敌人的合击。国际友人希伯和省战工会秘书长陈明、第一一五师敌工部长王立人等殉难。罗荣桓得知这一消息后，心情极为沉痛，他与朱瑞、陈光等立即率特务营赶到预定的集合地点，并派人去收容和寻找突围时失散的人员。幸好，分散突围的同志绝大部分都安全地回来了。

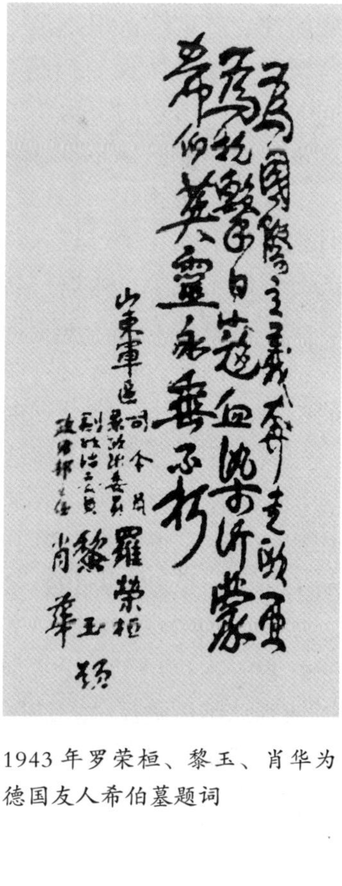

1943年罗荣桓、黎玉、肖华为德国友人希伯墓题词

12月初，"扫荡"的敌人陆续撤回。在陈光、肖华率师部转入滨海区的同时，朱瑞和罗荣桓带了一个骑兵排，到南墙峪一带与已从外线返回沂蒙区的山东纵队政委黎玉会合，共同研究了山东全盘的军事部署。会后，罗荣桓准备东渡沂河、沭河，到滨海区去与师部会合。他们在路上看到了向东面滨海区方向去的敌人，负责护送和警卫的山东纵队第二旅一个营，与罗荣桓失去联络。这时，罗荣桓身边只有参谋李燧英和警卫员及骑

兵排的二三十个战士。他们在一个小山村里住了一夜，第二天拂晓，突然在他们住的村庄附近发现敌人，情况十分紧急。罗荣桓果断地命令道："向西转移！"西面，虽是敌人据点密布的地方，但罗荣桓他们却是朝着向东去的敌人相反的方向行进，这样倒比较安全。这时骑兵排的战士都穿着缴获的日本军大衣，罗荣桓率领大家直插沂、沭河中间的敌占区，一路上经过好几个敌人的据点，据点里的敌人以为是自己人，有的还摇着太阳旗和他们打招呼，罗荣桓也叫参谋向敌人招手示意。就这样，他们在敌占区内跑了一天，转了一个大圈，又从西面绕到东面，夜幕垂落以后，安全地到达了滨海根据地。

## 第三节　刘少奇来山东与四年工作总结

持续了五十多天的反"扫荡"，在年底胜利结束，八路军给"扫荡"的敌人以重大打击，坚持了沂蒙山区抗日根据地，这是很大的胜利。但是，根据地也蒙受了重大损失。造成这种局面的客观原因是敌强我弱和敌顽夹击，主观原因则是在工作中存在一些失误。

罗荣桓和陈光通过总结沂蒙反"扫荡"的经验教训，指出了这些失误，并报告了中共中央军委和集总。

罗荣桓等认为，这次反"扫荡"反映了在领导上过去对于敌后斗争的长期性、残酷性、严重性认识不足。在上半年比较和平的环境中，产生了麻痹的情绪，未能接受其他地区反"扫荡"的经验教训，对反"扫荡"缺乏充分的动员和准备。同时，对于山东的三角斗争的长期性认识不足，没有认识到谁都不可能一下子消灭谁，因而在反顽斗争时忽略了对敌人的注意。

罗荣桓等指出："在此次沂蒙反'扫荡'中，完全证实中央军委指出敌后抗日根据地敌我斗争已进入新的更加激烈的阶段，我们（的）斗争方针应该是长期的分散游击战争，采取一切斗争方式与敌周旋，节省保存自己的实力，加强民兵及全部武装地方化，准备迎接配合战略反攻，是万分正确的。同时证实，不采取灵活游击战争，而守村守寨单纯防御挨打的办法，和一切依靠主力打天下，想先将敌顽一齐消灭，打开局面后再进行工作等，都是不正确的。"

罗荣桓等还指出了在这次反"扫荡"中暴露出来的群众工作薄弱而机关庞大，周转不灵以及不切实、不深入、铺张、形式主义作风等问题。这不仅表现在八大剧团的会演上，也表现在惯于开大会、作大报告上。对于这些完全不适合敌后环境的机关作风，罗荣桓从 1941 年 4 月起曾不止一次提出过意见，但没有得到重视。

1942 年 1 月 30 日和 2 月 2 日，罗荣桓又致电山东分局并报北方局和中共中央，再一次提出了对分局领导的意见，指出：这绝不是由于困难来抱怨，而是为了认真总结沂蒙反"扫荡"的严重教训。罗荣桓还表示，自己在分局中也有责任。因此他建议分局召集一次扩大会，请中央派刘少奇同志前来参加，总结山东工作，展开自我批评，明确山东今后的工作方针，加强党内团结，以利于今后的斗争。

刘少奇当时是中央政治局候补委员、华中局书记（1941 年 5 月前称中原局）和新四军政委。1941 年 1 至 4 月，山东曾受中原局领导，刘少奇对山东情况有所了解，因此，罗荣桓等建议由他到山东来检查工作。这时，恰好刘少奇要返回延安，准备参加党的七大。于是，毛泽东 2 月 4 日致电刘少奇，指出：山东“发生争论为时已久……你经山东时请加考查予以解决”。毛泽东还对山东领导干部的配备提出了初步设想。

3 月 3 日，中央书记处又就解决山东领导问题分别给刘少奇、山东分局、一一五师和山东纵队发出电报。在给刘少奇的电报中系统地介绍了山东情况和意见分歧的来龙去脉。在给分局、一一五师和山纵的电报中，中央分别要求各自多作自我批评，求得团结统一。

3 月 18 日，刘少奇（化名胡服）及随从人员从苏北阜宁单家港起程。教五旅十三团团长周长胜率部队护送他们穿越敌伪军的好几条封锁线，罗荣桓派教二旅旅长曾国华率部队到陇海路以南迎接。

4 月 10 日，刘少奇一行到达山东分局和一一五师驻地临沭县朱樊村。一落脚，他就找朱瑞等山东党政军的负责人，了解各方面的情况，罗荣桓和陈光与刘少奇谈了一天一夜，汇报了山东地区敌友我三角斗争的形势，陈述了对山东工作的意见。

刘少奇不但和许多干部深入地交谈，而且查阅了很多材料，并从当地群众中直接了解了很多情况。在掌握了全面情况以后，他先召集山东分局委员（朱瑞、罗荣桓、黎玉、陈光）以及肖华、陈士榘，开了一次座谈会。

在会议上，刘少奇对抗战开始以来山东的工作和今后的任务作了报告。他首先肯定了抗战开始以来山东工作的主要成绩：建立和发展了抗日武装，给敌伪以重大打击，建立了根据地与游击区，发展了大批党员，训练了一批干部，初步组织了基本群众，并派兵增援了华中新四军。由此使我们在山东立稳了脚跟，造成了长期坚持山东抗战的条件。同时，他也指出在山东领导工作中存在的严重问题，主要是未能完成中央 1939 年 11 月提出的“应争取我们力量在各方面的优势”的任务。

刘少奇分析了山东的三角斗争形势，认为：“力量对比为敌占优势，顽军次之，而我则处于第三。……山东敌友我是处于一种极复杂的长期三角斗争的相持局面中，谁亦不能很快解决问题。”

刘少奇认为，我们在山东所以未能取得优势，除了客观原因之外，在山东工作中也存在着许多缺点和错误。他指出：开始由于缺乏明确、坚定、独立自主地发动组织群众争取山东抗战领导地位的战略思想，失去了一些建立根据地、争取战略要点的先机①。而一一五师进入山东又比较晚，故未能迅速取得优势。而有些同志“对山东形势的估计常是陷于过分乐观，以为自己已有优势，已有领导权。

① 当时的常用词，指能够掌握战争主动权的时机。

对形势可能的恶化及困难则估计不足”。在反对顽固派的斗争中，缺乏坚定的方针与切实的部署。在执行统战政策上，过于信任中间力量，让他们在我们根据地内组织“抗敌自卫军”，而我们自己的地方武装，却没有普遍地发展起来。

刘少奇指出，在党的干部中，阶级观念、群众观念薄弱，减租减息没有真正开展起来，群众的生活没有得到改善。他认为这是广大群众未能充分发动与组织起来的根本原因。刘少奇还指出了山东在锄奸政策上犯有严重错误，党内存在主观主义、形式主义、空谈主义及党八股作风等。

刘少奇提出，今后在山东“总的任务是继续坚持山东的抗战，完全巩固各根据地，加强游击区，在三角斗争中求得有利于我之若干转变，加强与聚集我之力量，以便迎接国际国内的伟大事变”。

刘少奇这个报告，采纳了罗荣桓和山东分局其他成员的意见，是集体智慧的成果。与会同志一致表示拥护。

随后，召开了一次中共山东分局和山东军政委员会联席会议，讨论决定了山东工作的战略方针、部署等问题。不久遵照刘少奇的指示，又召开了分局委员会议，分局各位负责人彼此思想见了面，开展了批评与自我批评。朱瑞代表分局按照刘少奇报告的精神作了《抗战四年来山东我党工作与今后任务》的报告，分局就此报告作出了决议，随即对中共山东各级党组织进行了普遍和深入的传达。刘少奇来到山东指导分局形成这一决议对山东军民胜利度过抗战的艰苦阶段，推动山东工作的转变起了关键作用，为山东抗日根据地从困难到胜利的转折奠定了基础。

四年工作总结之后，为了转变山东的工作，需要抓发动群众减租减息，统一军事领导，贯彻执行分散性群众性游击战方针，开展对敌政治攻势，开展对友军的疏通团结和对顽军的反“摩擦”斗争，还要开展整风，进行大生产，工作可以说是千头万绪，这些都需要花费比较长的时间才能贯彻。而当时首先要处理的是“抗敌自卫军”的问题。

对此，刘少奇提出了这样的原则：“任何抗日政党和政治团体，到我们抗日民主根据地来参加抗日，必须服从我们党的领导和遵守党的各项政策。根本的问题在于有利于壮大抗战力量，而不是分散抗战力量。”

依据上述原则，4 月间，刘少奇与朱瑞邀请“抗协”负责干部十余人开座谈会，研究对“抗协”及“抗敌自卫军”的处理办法。

经过耐心的工作，“抗协”的负责人表示只有在共产党的领导下，才能真正达到抗战胜利的目的，愿意将“抗协”所属“抗敌自卫军”交八路军统一整编。

6 月 18 日，抗敌自卫军编入八路军。7 月 13 日，“抗协”山东省会部通知各级组织，将“抗协”的半政党性质改变为统战组织性质，同时作好解散的准备。下半年，“抗协”的各级干部逐步安排到政府的文教、经济部门任职，“抗协”的活动逐渐停止。“抗协”的主要干部和很多会员在后来的革命斗争中发挥了积极的作用，在政治上得到了锻炼，许多人加入了中国共产党。

# 第十三章　冲破拂晓前的黑暗

## 第一节　分散性、地方性、群众性的游击战

“拂晓前的黑暗”[①]，这是罗荣桓对1942年山东敌后抗日根据地处于最艰苦、最困难阶段的准确写照。

1941年，日军将其侵华兵力64%和伪军95%，用以对付坚持敌后抗战的八路军和新四军。他们在1941年和1942年，在华北连续推行了五次“治安强化运动”，所到之处实行毫无人性的烧光、杀光、抢光的“三光”政策，使广大群众遭受到深重的灾难。

在山东，近4万日军和绝大部分是从国民党军队转化过去的18万伪军，对抗日根据地进行频繁的“扫荡”和分割封锁，在各根据地间控制公路6900公里，建立据点3700个，使抗日根据地面积由3.6万平方公里缩小到2.5万平方公里，人口由1200余万下降为750余万。除滨海、鲁中、胶东尚有较大块的根据地外，鲁南、冀鲁边、清河地区和鲁中的泰山分区已经被切割为小块的分散的根据地和游击区，与敌伪顽占领区形成犬牙交错的局面。鲁南根据地变成“南北几十里，东西一枪穿”的狭长地带。冀鲁边的八路军大部换成了便衣，哨兵只能在宿营的房前屋后站岗，每夜都要转移几个营地。

为了扭转山东抗战的困难局面，罗荣桓根据中央军委提出的蓄力量、熬时间、坚持长期斗争的方针，把主要精力灌注于游击战争的理论和实践。从1942年7月到11月，他在《大众日报》、山东分局党刊《斗争生活》和第一一五师《战士月刊》上连续发表了《坚持我们的边沿游击区》《准备打破敌人紧缩包围封锁我们的根据地》《克服在执行游击战中认识上的一些偏差》等重要文章。

罗荣桓认为，在敌后想尽快把游击战转为运动战的观点是错误的。他说：“在敌人后方，我们还是游击战，不可能过早地转为正规战。这是由于敌人还强大，占领着城市及交通运输便利。而我们则是愈益处于被分割、封锁之农村中，装备亦极差，弹药不易补充，虽然依靠人民建立了根据地，但仍是没有巩固后方的作

① 引自罗荣桓：《坚持我们的边沿游击区》，1942年8月1日，中共山东分局党刊《斗争生活》第16期。此文标题原为“边缘游击区”，当时又称“边沿游击区”，本书统一作“边沿游击区”。

战……尤因为敌人频繁残酷的进行‘扫荡’，摧毁洗劫我根据地，蚕食紧缩我根据地，使我们人力物力财力消耗损失，机动回旋地区狭小，更加紧张了。那么我们有什么可能过早地转为正规战呢？如我们不从具体情况出发，而迷惑于曾有过的某种战例，妄自以为有了过早地转为正规战的可能，会造成有害的后果：当胜利时发生拼命主义，遇到困难时则失掉信心。”

罗荣桓指出：运动战的战例，在游击战中当然也是存在的。这是因为在普遍积极地开展游击战中，容易找到敌人的弱点，制造敌人的弱点，使我们能够集中部分兵力从运动中打击敌人；或乘着敌人立足未稳，防守松懈，攻破其某些薄弱的据点。如果由于敌人兵力少，伸入了我们占优势地区，一时增援来不及，而地形、群众条件均于我有利，我们可以使用一切方法予以歼灭，甚至包括阵地战、运动战性质的手段，如简易的坑道爆破、强攻据点、围寨、打击援兵等。这并不是不允许的，但仍不能算完全的正规，而仍是以游击战为前提的。[①] 显然，1939年8月的梁山战斗就属于这种情况，但到了1941年和1942年，这样的战机就很难捕捉到了。

罗荣桓进一步强调，我们普遍开展的游击战，“必须成为分散性、地方性、群众性的”。他说：“我们主力军和地方基干武装，都有必要分散地方化，扶助起大量民兵游击小组，成为游击战组成的重要因素。”

按照这一要求，山东各战略区都开展了广泛的分散游击战争，采用了“避强击弱”“避实击虚”，速打、速决、速走和打不过就走，走不了就散，散不了就躲，敌人过去了在后面打等方法，开展了三三两两到处打冷枪的“麻雀战”，轮番参战的“车轮战”，把敌人炸得坐卧不安进退两难的“地雷战”，与敌人转圈子的“推磨战”，一村打响、四方驰援的“蜂窝战”，还有虚张声势、迷惑敌人的“神经战”等，发挥了人民战争的强大威力。

分散性游击战的战场主要是在敌占区和根据地之间的边沿游击区。因此，罗荣桓特别强调重视和加强边沿游击区的斗争。他提出：我们的根据地是建设在敌人点线之间，不大量发展游击区，就没有建设抗日根据地的可能，不坚持边沿游击区的斗争，也就不会有巩固的抗日根据地。坚持边沿游击区的斗争对我们克服这一段最艰苦困难的时期是有特殊意义的，必须把它提到战略的高度来认识。

罗荣桓指出，过去在边沿区工作中存在的问题是“满足于一般公开武装斗争与民主运动的外表形式，而不去分析具体环境及具体条件。在有些游击区已变为或可能变为敌占区，有些基本区已退化成或可能退化成游击区（的情况下）……有的地方仍在坚持自己一套公式，甚至剩下几个仅仅能安置我们的机关还感到狭小的村庄，他们对于精兵简政仍然是采取忽视态度的”。他指出，边沿游击区的斗争方针是深入隐蔽，扎根于群众之中。他认为，应根据边沿游击区的不同条

① 罗荣桓：《克服在执行游击战中认识上的一些偏差》。

件，作某些方面的隐蔽或全部转为隐蔽，以保持自己的力量与机动的可能。他说："这不是一种消极的应付……为了粉碎敌人的'扫荡'与迎接总反攻的到来，这样一种转变是非常必要的。因此，那种张扬旗鼓、大吹大擂一套公式和旧机关的作风是特别有害的。这一点，过去没有为所有领导所重视，以致在某些地区造成了损失。"①

对于如何深入隐蔽地坚持边沿区的斗争，罗荣桓提出：目前一般的应该是麻痹敌人，造成敌人的松懈，保存自己的力量，争取在任何情况之下都要有我们机动的条件，能站稳脚跟，不丧失坚持斗争的信念。必须加强群众性的分散游击战，配合党和群众工作的隐蔽斗争。要善于暗中打击敌人，而不张扬旗鼓地打击敌人；要打击敌人的尾背而不打击敌人的来头；要善于埋伏打击敌人，而不对抗打击敌人，没有必要的条件不乱打，避免暴露造成破坏。

罗荣桓认为，要坚持边沿区斗争，必须紧密地联系群众，依靠群众，动员群众，组织群众，帮助群众克服困难，提高群众对我们的信任程度。要抽调比较坚强的人员加强游击基干小组，在群众中建立隐蔽的坚强的情报网和联络站。

按照罗荣桓等的指示，山东许多地区将边沿区的群众用民兵、妇救会、儿童团以及看坡队、打更队等形式组织起来，实行联防。发现敌情，即以预定的各种信号，通知附近地区，村村做好战斗准备，一处打响，八方支援。在漫长的边沿地区，构成了一条严密的警戒线，保卫着人民的安全。当敌人在边沿区修筑公路、挖沟筑墙实行封锁时，即以"修封锁沟占了良田"、"挖坟要祖宗翻尸倒骨"等与群众利益密切相关的口号动员群众上工时怠工、下工后破路、平沟、砍电线杆，迫使敌人待不下去。对于敌人孤立的据点则组织长期围困，迫使敌人撤退，或予以消灭。

罗荣桓认为，坚持边沿游击区及在敌占区执行隐蔽斗争任务的有效组织形式是武装工作队。它是立足于边沿游击区，并逐步深入到敌占区开展军事、政治、经济、文化斗争的精悍的武装斗争组织。为了更有力地开展斗争，罗荣桓提出，要尽量挑选当地人或熟悉当地情况的干部担任武工队的领导。武工队员要经过特别的军事政治训练，做到既能打仗，又能抓汉奸、特务，既能宣传、组织群众，也能对敌人开展政治攻势。武工队插入敌占区的方法，是首先建立关系户，取得立足点，造成小部队进行活动的便利条件；然后逐步由点到线、由线到面地发展。工作上则采取隐蔽斗争的方式，依靠基本群众，广泛团结开明士绅和爱国人士。进而利用合法形式与名义，组织秘密的群众抗日斗争。如以看坡队、打更队的形式组织群众秘密抗日武装；以戒烟会、戒赌会、忠义保国团的名义组织秘密群众抗日团体；以教育研究会、读书会的形式组织教育抗日的青年知识分子；有计划地发展党员，建立秘密支部，逐步把整个村庄变为隐蔽的抗日堡垒。1943年山东共开展了8000多个村庄的隐蔽工作，团结群众300余万人。

---

① 罗荣桓：《坚持我们的边沿游击区》。

## 第二节　政治攻势

在《分散性游击战争与对敌政治攻势问题》[①]中，罗荣桓指出："所谓分散性的游击战争，就是更加依靠群众，与地方密切联系起来，打成一片，以对付敌之全面压缩。……唯有这样，才能在今天的敌后生存。因此，分散性游击战争问题，就不仅是军事问题，而且是政治问题，反敌人特务斗争问题。"他还指出，在最困难的1942年，在分散性游击战中，应"以政治攻势为主"。

政治攻势，是红军以瓦解敌军为原则的敌工工作的发展。在1942年所以特别要强调政治攻势，又是同当时敌人的动向紧密相连的。太平洋战争爆发后，日本侵略者兵力不足，后方空虚。他们为了更多地榨取华北的人力、物力，以支持其日益扩大的侵略战争，在推行第四次"治安强化运动"中采取"三分军事、七分政治"的谋略，加紧了对抗日军民的政治进攻，企图借太平洋战争初期日军所取得的某些暂时胜利，以动摇群众的抗日信心，挑拨抗日军民的关系，瓦解八路军。

罗荣桓仔细研究了敌人这种阴谋，在一次干部大会上作了题为《反对敌人"五次治强运动"[②]与"新国民运动"》[③]的报告。罗荣桓认为，日本侵略者这种政治进攻对抗日根据地的危害，并不亚于军事进攻。因此，要像对待军事进攻那样，认真对待敌人的政治进攻。

罗荣桓强调，要针对敌人"五次治强运动"和"新国民运动"的内容与形式，揭破敌人的一切欺骗宣传阴谋。这个报告整理成文发表后，从思想上武装了根据地军民。中共中央把这个报告提纲转发给全国各个战略区并在延安《解放日报》上转载。

为了进行政治进攻，日军在济南建立了各种名为"公馆"的特务机关，并在根据地周围建立派出机构，专门对八路军进行侦察、破坏活动。罗荣桓对敌人的这些阴谋活动，一直保持着高度的警惕。

当时有一个名叫水野清的日本人，在鲁中的边沿区活动。他自称是日本共产党员，极力与八路军联系。一次他送来了敌人将要"扫荡"的消息，随后又提供了一些情报。事后证实，这些情报都是真的。在敌人"扫荡"时，他还掩护了八路军个别失散人员，营救了几个被俘人员。他学着说中国话。嘴上常常挂着一些进步名词，甚至对毛泽东的《新民主主义论》也极口称赞。只不过，他觉得共产党、八路军的办法"太硬"了，群众很难接受。水野清和边沿区许多老百姓甚至一些干部，渐渐地混熟了。他常给老百姓看看病，舍点药，不少人都认为他是日本的进步人士。他还向八路军提议，在边沿地区设立一个"实验区"。他可以向日方交涉，实验区里不驻日伪军，也要求八路军不要去，完全用"中国人办中国

---

① 1943年3月13日罗荣桓在军政工作会议上的报告，中共山东分局党刊《斗争生活》第21期。
② 即第五次治安强化运动。罗荣桓在此文中也概括了敌人在"第四次治安强化运动"中的谋略。
③ 见延安《解放日报》1942年11月23日。

事”，开医院，办学校，以做到中日人民真正“合作一体”、“共存共荣”。据他说，这种“实验区”如果推广到全华北和全国，那么中国问题便解决了。后来，这个水野清说日本宪兵因他“通共”要逮捕他，就跑到根据地来了。

罗荣桓早就注意了这个奇特的人物。他以一个普通干部的身份，在敌工部的干部陪同下，亲自和水野清谈了一次话。他察言观色，详细地询问了水野清的身世和来历，从谈话中发现了许多疑点。他指示敌工部，一面给水野清工作，一面要仔细考察，从多方面了解他的情况，不久，济南的日伪报纸上痛骂水野清“叛国”。后来，活动在边沿区的武工队，又得到一封日文写的密信，是济南日本军部写给水野清的。叫水野清安心在八路军工作，说他的薪水照发，家属得到很好的照顾。罗荣桓仔细分析了这些扑朔迷离的情况，认为，敌人在报上报道，是想让我们信任水野清这个人。后来，故意将“密信”落入我们手中，似乎是想借我们之手杀掉水野清，其实是想让我们认为是敌人的反间计，从而继续信任水野清。这只不过变换了一种手法。

罗荣桓随即了解到，水野清要办的那种“实验区”，在各地均有发现。这是在北平的一批日本的政治谋略官策划的一种政治阴谋。他们笼络了一些中国青年，搞了一个“中国革新同志会”，鼓吹用“和平”、“革新”的道路，“打开中国事变之僵局”，“建立独立民主的新中国”。这个组织得到日本军方的津贴。这实际上是日本侵略者在军事进攻受挫之后发动的一种政治进攻。罗荣桓指示有关部门，向延安和各地发出电报和信件，并通过党在济南的地下工作者了解水野清的面目，终于证实了他是日本特务机关的一个间谍。他曾经打进友邻国家的共产党，进行过破坏活动，使用过许多名字，水野清是他最后一个化名。在大量的证据面前，这个狡猾的特务不得不认罪伏法。

罗荣桓认为，对付敌人的“三分军事，七分政治”的最好办法是贯彻中央指出的“政治攻势为主，游击战为辅”的原则。他在《分散性游击战争与对敌政治攻势问题》中指出：“我们的斗争一方是公开（在根据地，在部队中）、一方是隐蔽（在敌占区，在群众中），一方是流血、一方是和平，一方是打、一方是拉，要善于在各方面都采取不同的斗争方式。”他认为，一定要把政治攻势和军事活动结合起来。他说：分散性的游击战争本身就是以政治攻势为主。如果我们很机械地把军事活动与政治攻势分离对立，那就错了。

根据罗荣桓这一系列指示，各地利用敌占区的士绅、商人、伪军家属等关系，以夜间喊话、散发宣传品等方式，对伪军、伪组织人员展开有力的政治攻势。

当时山东各地普遍采用了点“红黑点”、记“善恶录”的办法争取伪军。伪军人员中谁做了一件对人民有利的事，就给他记个红点，谁做了坏事，就给记个黑点，并把这些事登记起来。记红点可以赎罪，记黑点要受到惩罚。在喊话时，先将这种办法通知伪军，然后不断公布记录的结果。对不接受警告的，则坚决给予打击、镇压。各区还利用伪军家属争取和瓦解伪军。1943 年以后，各地都进行了伪军家属登记，经常召集伪军家属开座谈会，通过他们了解伪军内部的情况，讲解八路军宽待俘虏的政策，宣传抗战形势，要求他们劝说伪军改邪归正。这就是当时开展的“唤子索夫运动”。各地还向伪军进行了“身在曹营心在汉”的宣传，要他们不要忘记自己是中国人，要给自己留条后路。在这一基础上，在伪军伪组织内部物色对象，与其交朋友乃至将其发展为革命的两面派，不要求他们轻易反正，以便在敌人内部积蓄力量，或让他们组织表面应付敌人，实际为共产党、八路军服务的两面政权。对于一般伪军人员，民主政府颁发了宽待回家伪军的条例，订出了奖励伪军携带武器归来的办法，成立了接待回归伪军的招待所，大量印刷、颁发了伪军“归来通行证”。经过以上工作，1943 年山东共瓦解伪军 7000 余名，在伪军内部建立了 1000 多个秘密关系，长期隐蔽，以待时机。

随着日军反战、厌战情绪的增长，各战略区还加强了对日军的争取、瓦解工作。进行这一工作的重要力量是在山东的“日本解放联盟”和“朝鲜独立同盟”的成员。日本解放联盟由被俘后经过教育提高了觉悟的前日本军人所组成。那时山东各区有一大批日本反战和朝鲜反日战友。他们有些人还到过延安，经过学习又回到山东工作。他们经常向敌人喊话，或利用敌人的电话线路与敌人通话，有时到边沿游击区作“现身宣传”，讲我们的政策，揭露敌人的谣言；有时深入到敌占区写标语、发传单、画漫画。每逢日本人的一些传统节日（如樱花节），他们还给日军的据点送宣传品、慰问袋，以促进日军思家厌战。有一些日本战友在反“扫荡”中还拿起武器，与敌奋战，被称为“日本八路”。有一位叫桥本的，梁必业等从湖西押运回印刷机时，把他带回师部，过铁路被打散，过路后又只身找回部队，以后当了师部的刺杀教员。还有一位叫金野博的，在一次敌人的突然袭击中被捕。敌人审问时，无论怎样毒打，都不屈服，最后英勇就义。

## 第三节 翻边战术

粉碎敌人对根据地的蚕食和“扫荡”，这是在敌后分散性游击战争环境中反复出现的现象。如同“围剿”和反“围剿”的长期反复是十年内战的特点一样，“扫荡”和反“扫荡”、蚕食和反蚕食的长期反复，便是敌后游击战的特点。对此，罗荣桓由山西东进之前就做好了思想准备。他反复研读《中国革命战争的战略问题》，其目的就是用以指导敌后的军事斗争。但是，他并没有机械搬用，而是根据山东敌后的具体条件，提出了“敌打到我这里来，我打到敌那里去”的翻边战术。

毛泽东在《中国革命战争的战略问题》中提出，在十年内战中，当国民党用“分进合击”的办法对苏区实行“围剿”时，红军一般是在根据地内与敌人周旋，选择有利地形，采用运动战，集中优势兵力歼灭敌人之一路，以打破“围剿”。但是，到了抗战时期，情况变了。罗荣桓认为，由于敌后根据地地域狭小，缺乏回旋余地，如果仍然照搬内战时打运动战的方法，就难于突破敌人的包围。因此，必须采用“翻边战术”，即把主力部队，不是设置在根据地的腹部，而是部署在靠近一路敌人的根据地的边沿地区。当敌人“扫荡”时，不是“敌进我退”“诱敌深入”；而是“敌进我进”，即在弄清敌人特别是当面之敌的动向后，趁敌人的包围圈尚未紧缩，尚有较大空隙时，选择敌之弱点，由根据地经边沿游击区，“翻”到敌人后方去，打乱敌人部署，粉碎敌之“扫荡”。他认为，由于敌人是异民族侵略者，在政治上处于劣势地位，即使在敌占区也是十分孤立的。加之其兵力稀少，后方空虚，我军在敌占区仍可得到群众的支持而取得行动的自由权。[①]

在坚持边沿游击区的斗争中，组织小部队和民兵渗入敌占区，袭击敌人后方，打击敌伪政权，以牵制敌人对根据地的蚕食，也是“翻边战术”的组成部分。

罗荣桓正式提出“翻边战术”这一名词，是在1942年。但是在过去的反“扫荡”中，他曾多次运用过这种战术思想。1940年鲁南反“扫荡”和1941年的留田突围都是成功的范例。“翻边战术”就是这些成功经验的总结。

罗荣桓亲自部署一一五师教二旅，于1942年11月3日在滨海根据地南部海陵地区发起的反蚕食战役和1943年1月发起的攻克郯城战役，都是运用“翻边战术”的范例。

1942年9月，秋收尚未结束，罗荣桓看到情报部门送来的一份日军作战计划，说日伪军将集中强大兵力“扫荡”滨海根据地。种种迹象表明，这次“扫荡”，来势比1941年那一次还要大。这时，山东党政军领导机关都驻在滨海地区，显然是敌人很重视的目标。山东分局和山东军政委员会相继发出了准备反“扫荡”的紧急指示。

敌人将要“扫荡”滨海的风声越来越紧，老百姓在忙着坚壁清野，准备疏散，有些干部建议，党政军机关应迅速从滨海地区转移。

罗荣桓在敌情紧张时，总是异常沉着冷静。他不赞成不弄清敌人动向便仓促转移。他再一次看着地图，反复思考着从各地送来的情报。如果敌人决定合围滨海，四面的敌情必定有异常变化。可是在滨海区北面的潍坊和南面的连云港，并未发现敌人异常的动向。罗荣桓怀疑，所谓敌人将要“扫荡”滨海，可能是敌人施放的烟幕弹。他主张先不要急于转移，待看清楚敌人的动向以后再行动。

10月底，山东军区[②]、省战工会及抗大等单位，却匆忙从滨海地区向鲁中地区转移。但是，果不出罗荣桓所料，敌人那个“扫荡”滨海的作战计划是通过特务机关抛出来的假情报。敌人的重兵正云集鲁中地区，等待着滨海区的八路军往那里跳。敌人得悉山东军区等机关已到鲁中后，纠集临沂、蒙阴、沂水等地兵力约1万余人，分12路以沂蒙地区北部为中心进行“扫荡”，企图合围山东军区等机关部队。10月27日，合围南墙峪，未逞。11月2日拂晓前，又在沂水以北的对崮峪合围，八路军指战员与敌人激战竟日，毙伤敌人600多人，八路军伤亡300余人，省战工会秘书长李竹如等英勇牺牲，山东军区政委黎玉等突围时负伤。

罗荣桓对部队遭受的损失十分痛心。但敌人的疯狂和狡诈又使他格外冷静。

① 参看罗荣桓：《反对敌人“五次治强运动”与新国民运动》。

② 1942年8月，山东纵队改编为山东军区，归第一一五师领导。

他反复考虑，应打到敌人那里去，搅乱敌人后方，迫使“扫荡”的敌人撤出根据地，以掌握反“扫荡”的主动权。这就是他提倡的“翻边战术”。在这个思想指导下，罗荣桓决定派主力南下，用“翻边战术”以打开滨海区南部的局面，并且配合山东其他地区的反“扫荡”斗争。

海陵在滨海根据地的东南端，是在赣榆、海州、郯城三县之间建立的新县，那里有一座马陵山，故取名“海陵”。该区南临陇海路，东接赣榆，是山东与华中根据地联系的要地。当时，在这一带活动的伪军头子，就是在湖西“肃托”中血债累累，以后投敌叛变的王凤鸣。他改名为杨步仁，当了伪军的别动队队长，驻在连云港一带。他不但在军事上蚕食进攻根据地，而且施展毒辣的政治阴谋瓦解八路军。在第一一五师政治部当过协理员的罗保成等少数败类就被他拉了过去。杨步仁配合日军，极力蚕食滨海根据地的东南部，向北一直到了大兴镇和欢墩埠，距第一一五师师部长期驻过的蛟龙湾、朱范，只有一二十里，对滨海根据地的南部构成严重威胁。

罗荣桓早就想除掉这个心腹之患。当敌人合围滨海区的风声日益加紧，滨海军民正在紧张地准备反“扫荡”的时候，罗荣桓亲自布置了海陵反蚕食战役。他要求教二旅向南直插到陇海铁路，然后一一拔除铁路以北，郯城、赣榆之间的伪军据点，他特别强调，部队动作不要平推，要从敌人中间突破，像一把尖刀，直插敌人的心脏。

他要求在战役发动以前，要做好战前动员，让指战员人人明白什么是“翻边战术”，进行海陵战役对于根据地反“扫荡”的意义，以提高指战员战斗的自觉性。他还要求在战斗中开展打狗运动，狠狠打击杨步仁、罗保成这一类“癞皮狗”。

按照罗荣桓的部署，教二旅等部指战员在战前动员中对“翻边战术”进行了热烈讨论，随后于 1942 年 11 月 3 日到 8 日连克敌伪据点 16 处，把杨步仁 1200 多人的别动队打得七零八落，只剩下 200 多人。当了伪别动队大队长的叛徒罗保成和伪大队长尹玉琢、李振东均被生俘。海陵 6 个区，原来被敌人蚕食得只剩下 2 个完整区，这次战役恢复了 3 个半区。

海陵战役结束后，召开了祝捷和公审大会，枪毙了叛徒、汉奸罗保成。

当教二旅等部进行海陵战役时，日伪军又在沭河两岸加紧进行蚕食，在临（沂）青（口）公路上的重要集镇醋大庄修碉堡，安上了据点，企图打通临青公路并修筑重沟（临沂东南）至郯城的堡垒封锁线，纵横分割滨海区南部。教二旅旅长曾国华、政委符竹庭写信给陈光、罗荣桓，建议拔除醋大庄据点并要求担负主攻任务。出乎曾、符预料，罗荣桓、陈光交给他们的任务却是绕到敌人屁股后面，攻打郯城，进一步“翻边”，以策应冀鲁边、清河区的反“扫荡”斗争。

曾国华、符竹庭接受任务后，派人侦察了郯城敌情，发现郯城虽在敌人后方，但只驻有日军一个小队，伪军百人。只要出其不意，攻击定能奏效。

1 月 19 日夜，战斗开始。八路军采用连续爆破，把敌人的炮楼一个一个送上了天。经一天激战，20 日夜，八路军攻入城内，全歼守敌。

郯城战役旧址

战斗结束后，曾国华、符竹庭等为了观察日军炮楼的结构和自己部队炸药的威力，便向炸坍的炮楼走去。这时突然从瓦砾堆中钻出一个蓬头垢面的日军。他跑到符竹庭面前，指指符胸前的望远镜，一面哇哩哇啦地说，一面竖起大拇指，看来他从符胸前的望远镜已看出是个当官的，于是用语言加手势表示了自己的钦佩。符竹庭见此情景感慨地说："看来，鬼子现在也知道'翻边战术'的厉害了。"

郯城战斗结束后，曾国华、符竹庭又乘胜打下郯城周围的马头镇等18处敌伪据点。随日军到处进行经济掠夺的日本商人看到自己仓库的货物都变成了八路军的战利品，不禁惊呼："在山东，再也没有保险的地方了。"蚕食沭河沿岸的敌人被迫全部撤退，敌人企图修筑两条堡垒封锁线的计划宣告破产。

海陵、郯城战役，打乱了敌人在1942年冬季继续进行大"扫荡"的计划。随后，"翻边战术"陆续推广到山东各个根据地。在胶东，从1942年11月12日起，日军采用拉网战术，对根据地进行了两万多人的一次"扫荡"。开始，有的干部想安几个钉子，来撕破敌人的网。所谓钉子，就是在根据地内选择几处有利地形，进行坚固设防。罗荣桓及时指出，在我们现有的装备条件下，这样做会给敌人以集中攻击的目标，使我军失去机动灵活的主动性，而陷于单纯防御的被动地位。后来，胶东军民拆掉了修筑的工事，运用"翻边战术"，机动灵活地挫败了敌人的拉网合围。日军独立步兵第二十大队队长田副正信大佐，在叙述对胶东的拉网合围时承认："在山岳地带内张网前进极为困难。由于包围网薄，容易被突破，特别是夜间曾有几次敌人突围出去，我军很难接触和捕捉共军。感到中共势力正在扩大，其根据地建设正在不断发展。"①

在以后的山东抗日战场上，在坚持边沿游击区和开展敌占区的斗争中逐步贯彻了"翻边战术"的积极主动对敌斗争精神，使斗争一步一步推进到了敌人的心脏地区。

---

① 日本防卫厅战史室编：《华北治安战》下册，天津市政协编译组译，天津人民出版社1982年版，第225页。

## 第四节　三打甲子山

1942年底，在海陵反蚕食和郯城战役之间，罗荣桓还抓紧时机，组织了甲子山战役。

甲子山区位于日（照）莒（县）边界、日莒公路以南，像一个楔子一样伸入滨海区的中部地区。驻在这个地区的原是东北军第一一一师，过去与八路军基本上友好相处。在蒋介石发动第二次反共高潮期间，东北军内发生了明显的分化，进步力量与反动力量展开了尖锐的斗争。1940年9月，东北军第五十七军军长缪澂流与日军第二十一师团订立反共投降密约，该军爱国将领第一一一师师长常恩多与第三三三旅代旅长万毅（共产党员），率部发动了“九二二”锄奸运动，控制了五十七军军部（缪澂流逃脱），发表了抗日锄奸通电。但是却被蒋介石斥责为“犯上误国”，导致罹患严重肺结核的常恩多愤懑而吐血。东北军中的顽固势力也加紧打击进步势力，同时指挥部队同八路军搞摩擦。1941年2月17日，第一一一师三三一旅旅长、坚持反共立场并同日伪有联系的孙焕彩等，趁师长常恩多患肺结核病重的时机，扣押了万毅。留在该师的其他共产党员，有的被迫撤离，有的被关押，有的被杀害。在孙焕彩等的控制下，第一一一师对八路军滨海地区的部队不断搞摩擦。1942年3月间，蒋介石给于学忠发来密电，要秘密处决万毅。但于学忠迟迟未予执行。7月间，蒋介石再次催促处决万毅，8月2日上午，战区总部对万毅进行军法会审，宣布了三条将置万于死地的“罪状”。回到关押地点，万毅准备越狱。此时常恩多的肺病日趋恶化，但并不甘心第一一一师的指挥权落入反动军官手中，乃向于学忠总部的政务处长郭维城交代后事，委托他带领第一一一师脱离国民党统治。8月3日，常恩多、郭维城命令逮捕该师反动军官，宣告该师脱离国民党军队，改称东北挺进军，以实现张学良在西安事变时提出的八大主张。起事之前，郭秘密通知了在狱中的万毅，表示得手后将派人来接万毅，要万协助掌握部队。万毅是中共地下党员，被捕后与党组织断了联系，不知道党组织对即将发生的事变的态度，况且他已面临死刑判决，无法等待，乃于2日晚越狱去找中共中央山东分局，5日晚，到达分局驻地，向领导报告了情况。

8月5日晚，山东分局闻讯召开紧急会议，研究对待“八三”事变的政策。罗荣桓参加了这次会议，就这一事件的意义和应当采取的对策讲了话，指出当前党的方针是“坚持抗战，反对投降；坚持团结，反对分裂；坚持进步，反对倒退”。我们对国民党军队绝不是要去进行分化瓦解。但第一一一师的事件是蒋介石分裂倒退政策所逼出来的。事变的性质是正义的、进步的，是和全国人民的抗战、团结、进步的要求一致的。我们必须予以支援。但这个师还是一支旧式的部队，事变缺乏群众基础，加上整个东北军中反动势力很大，必然要镇压和分化这个部队。因此在该部队可能出现混乱。我们应采取紧急措施，从各方面支持他们。他还提议派万毅和以前从这个部队撤出的地下党员王维平（王振乾）立即到第一一一师去，同事变领导人一起掌握稳定队伍。根据党的统一战线政策，罗荣桓还提出，“八三”事变领导人最好把沿用张学良、杨虎城在西安事变时提出的“八大主张”[①]，改为使用“团结抗战”的口号，要万毅去同事变领导人商量。

事变的发展正如罗荣桓所预料，由于仓促发动，从6日开始，第一一一师大部哗变，叛变分子释放了被扣押的反动军官。这些反动军官立即组织力量猖狂反扑。8日，在严峻的形势下，常恩多、郭维城率剩下的二千余人被迫撤离甲子山区，9日，转至滨海抗日根据地休整。常恩多在转移途中病逝。哗变部队抢占了甲子山区。

面对这一形势，罗荣桓与朱瑞、黎玉、陈光等共同研究，决定调部队协助第一一一师进步力量，在8月中旬发起了讨伐叛军的战役，收复了甲子山区。经山东分局领导说服，事变部队继续使用第一一一师番号，由万毅担任师长，郭维城任副师长兼政治部主任，王维平任副主任。一一五师和抗大一分校还抽调了一批优秀的政工干部和模范战士支援一一一师，充实连队，加强机关。罗荣桓亲自给校以上军官作了时事报告，讲了国际反法西斯战争和中国抗日战争的形势，使大家眼界开阔，精神振奋，稳定了情绪，提高了觉悟。

1942年10月，逃到日莒公路以北的孙焕彩又举兵侵占了甲子山区。山东军区曾帮助第一一一师进行第二次甲子山讨叛战役，后来因为日伪军进行冬季“扫荡”而停止。孙焕彩控制着甲子山以南的石场、祉坊、刘家东山一带，对八路军大搞摩擦，成为滨海根据地的心腹之患。在罗荣桓的建议下，山东分局和山东军政委员会决定集中优势兵力，于12月中旬支援第一一一师，发起第三次甲子山讨叛战役。参战部队主要有刚从苏北调回的教五旅、教二旅第六团，山东军区第二旅第五团和第六团、滨海军分区独立团等单位。

罗荣桓到教五旅，看望了刚刚归还建制的指战员，并向大家作了战斗动员。他说：夺回甲子山，对支援第一一一师，巩固和扩大滨海根据地，有重大意义。他用手指着甲子山方向说：“你们要把孙焕彩这个钉子拔掉，在那里安家！”

12月17日，陈光到前线指挥这次战斗。经过察看地形和侦察，他决定采用中心开花的战术。以教五旅从东面绕过朱芦和刘家东山攻占孙焕彩师部驻地石场；以教二旅第六团，山东军区第二旅第五团和第六团从西面攻占祉坊；以第一一一师迂回占领甲子山制高点。乘夜暗各路隐蔽进入攻击阵地，待第一一一师占领甲子山后打信号弹，各路一齐攻击，一举占领石场后，再乘乱歼灭孙焕彩部。

18日晚，部队按部署展开。开始一切都很顺利，第一一一师打了信号弹后，西线部队占领了祉坊，但东线却出了岔子，被向导带错了路，不是北上石场而是南下到了朱芦。待到发现这一错误，天已经亮了，再返过去攻石场，要经过孙焕彩的刘家东山阵地。陈光命令强攻刘家东山。敌人凭借用石条修筑的坚固碉堡，

---

① 这八大主张是：一、改组南京政府，容纳各党各派共同负责救国；二、停止一切内战；三、立即释放上海被捕之爱国领袖；四、释放全国一切政治犯；五、开放民众爱国运动；六、保障人民集会结社一切政治自由；七、确实遵行总理遗嘱；八、立即召开救国会议。

用密集的火力进行顽抗。教五旅伤亡很大，进攻未能奏效。正在师部参加生产节约大会的罗荣桓，听说战斗打得不顺利，心如火烧。他带上一个骑兵排，马不停蹄赶到前线，一直来到距敌人只有 500 米的指挥所里，主持指挥员们开会，研究下一步的打法。朱瑞、陈光都参加了会议。大家分析了敌情，研究了初战不利的教训，纠正了不愿继续打下去和只顾死打硬拼这两种倾向，决定改进战术，继续打下去。山东纵队二旅用炸药包摧毁敌人的坚固工事，收到显著效果。在八路军强大攻势下，孙焕彩支持不住，率残部仓皇逃跑，甲子山区终于为八路军收复。

海陵、郯城和甲子山战役，打开了滨海区的新局面，在南面把敌人赶到陇海路上，在北面开辟了向日（照）莒（县）公路以北发展的通道。

# 第十四章　一元化领导的历史重任

## 第一节　抱病受命

甲子山这块心病终于除掉了。但是，罗荣桓却因操劳过度，身患重病。原先罗荣桓就有很重的痔疮，由于经常便血，有时甚至大量出血，身体渐渐虚弱。医生一再劝告他注意休息，但是在紧张的战斗生活中，哪里闲得住。他从师部赶到甲子山前线的那天，快马加鞭跑了大半天，路上没顾上吃饭、喝水，到了前线又夜以继日地参加指挥战斗。打下甲子山回到师部，接着开会总结，一连十几天，没有得到很好的休息。罗荣桓觉得腰酸腿痛，以为是疲劳的缘故，一开始没有在意。

有一天晚上，罗荣桓从屋里出来解手，林月琴替他打着手电筒。那天大雪刚过，她突然发现雪地上一片红色。林月琴赶忙去请医生。医生拿来瓶子，让他留一些尿。尿的颜色仍然是红的，过了一会还可以看到血块。卫生部的领导人谷广善等都闻讯赶来，劝罗荣桓卧床休息，停止吃辣椒，服用叫"大健凰"的消炎药片。在缺医少药的敌后，这就是最好的药了。

服药、停吃辣椒，罗荣桓都做到了，只是卧床休息却难以照办，因为他还要出席总结甲子山战斗的会议。他安慰大家说："我的病不要紧，只是腰有些疼，过两三天就会好的。"可是，几个两三天过去了，罗荣桓仍然天天尿血，一直持续了一个多月。他的脸色焦黄，人也消瘦了。透过眼镜片，可以看到他的眼窝已经凹陷了下去，但是他依然那样安详、镇定。每天，照常批阅文电，凡是需要他参加的会议，他总是坚持参加。在行军转移时，罗荣桓体力不支，不得不听从同志们的劝告上了担架。有一天，他和担架班的战士拉起家常，当他听说抬担架的都是从老六团（即六八六团）来的，有的还是红军战士时，马上挣扎着起来，非要从担架上下来不可。他对大家说："你们都是部队的骨干，可以以一当十，你们几个人就等于一个连的战斗力，你们赶快回去参加战斗，我还是骑马。"他强撑着骑上马，坚持到达目的地。

1943 年 1 月间，他抱病写成《坚持我们的边沿游击区》。文章开头就说："接近胜利的难关、拂晓前的黑暗，是要我们用最大努力才能渡过和克服的。"这段话，既是对在山东工作的广大干部和指战员的激励，也是他的自勉。他打算忍受病痛，尽力坚持下去。但是，他的病却越来越严重了。朱瑞、陈光、肖华等商量后，便发电报向中共中央报告了他的病情。

这时，中共中央正准备让罗荣桓担负山东根据地党政军民一元化领导的重任。此事酝酿已久。刘少奇返回延安向中共中央报告了山东情况后，中央即决定调整山东的领导班子。毛泽东曾就此征求了在延安的杨勇等山东干部的意见，并与在太行的彭德怀进行了反复磋商。

罗荣桓得知中央这一打算时，病情已很严重。他担心自己不能胜任，于3月11日致电中央，要求准许他休养半年。但中央决心已定。12日，毛泽东、朱德复电："你的病如果还不是很严重，暂时很难休息。"同时，根据中共中央《关于统一抗日根据地党的领导及调整各组织间的关系的决定》的精神，决定在山东抗日根据地实行党的一元化领导，成立新的山东军区，任命罗荣桓为山东军区司令员兼政治委员，第一一五师政治委员兼代师长。从此，在山东建立了统一的军事领导中心，解决了武装部队统一指挥的问题。在敌后，主要任务是军事斗争。军事领导统一了，山东的局面也随之发生了明显的变化。

实践是检验一个干部的试金石。罗荣桓在山东四年多来的工作，充分证明了他贯彻执行中央路线方针政策的坚定性，也充分表现了他的理论联系实际、密切联系群众和善于团结干部的优良作风。因此，中央军委和集总几经考虑和商讨后，决定在山东的军事指挥上，委罗荣桓以统一领导的重任。前一一五师代师长陈光奉命赴延安参加党的第七次全国代表大会，临行前，他曾经诚恳、坦率地对身边工作的战友们说："几年来的实践证明，罗荣桓同志是正确的，希望你们今后在他的领导下，搞好团结，好好工作。"此时罗荣桓自然不能再提休养的事，他忍受着病痛，挑起了重担。工作千头万绪，而当务之急是搞好精兵简政。

早在1942年，山东八路军各部队即根据中共中央指示，两次进行精兵简政。然而由于存在两个指挥系统，精简并不彻底。因此，在实行了一元化领导之后又进行了第三次比较彻底的精简。精简整编的中心，主要是解决以主力部队地方化为重点的统一军事领导问题。

3月8日，召开了军区机关干部大会，进行关于精简机构和统一领导的动员。随后，原山东军区（山纵）与第一一五师的各直属机关即实行合并，改为新的山东军区。以现在分局机关为基础，成立分局委员办公厅，同司令部合并为一个行政管理单位。朱瑞、罗荣桓、黎玉等领导人均在一起办公。

主力部队全部地方化后，新的山东军区辖鲁南、鲁中、胶东、清河、冀鲁边、滨海6个军区，各军区共辖16个军分区，13个兵员充实、领导坚强的主力团，分属各军区（滨海：第四团、六团、十三团；鲁中：第一团、二团、四团；胶东：第十三团、十四团、十六团；鲁南：第三团、五团；清河：直属团；山东军区直辖特务团）。其余部队分别编为军分区、县、区地方武装。

罗荣桓等按照新老干部相结合的原则，经过慎重考虑，提出了各区主要领导干部配备的名单。3月11日，经中央书记处复电批准，以后在4至9月又作了调整。

山东军区各区主要领导干部是：

胶东军区司令员许世友，区党委书记兼政委林浩；冀鲁边军区司令员黄骅，区党委书记兼政委王卓如；清河军区司令员杨国夫，区党委书记兼政委景晓村；鲁中军区司令员王建安，区党委书记兼政委罗舜初；鲁南军区司令员张光中，区党委书记兼政委王麓水；滨海军区司令员陈士榘，区党委书记兼政委符竹庭。

在使用干部上，罗荣桓历来主张搞五湖四海，坚持任人唯贤。他对拉山头、搞宗派深恶痛绝。他对干部一视同仁，不分亲疏。他胸怀宽广，不仅能团结和自己意见相同的人，而且能团结和自己意见不同的人。他经常讲：干革命团结的人越多越好，不能搞一朝天子一朝臣。在一次会议上，他很透彻地谈到这个问题。他说："如果因为个人的熟悉不熟悉，决定使用与不使用，领导者就不会使用大量的干部，容纳大量的干部，只是在熟人的小集团中去打圈子，领导者要变动工作就想到把熟人也来一个搬家，必然会造成个人的干部政策倾向。"他还说：如果以合乎个人口味来说，那么能够使用的干部就少得可怜了，甚至可能用些庸俗的吹牛拍马钻营的角色了。①

在这次精简整编中，罗荣桓十分注意使新老干部、主力军与地方军之间的干部互相交流、加强团结。他认为，红军干部经过长期锻炼，十分可贵，但数量很少。而本地生长起来的干部，与当地人民群众有着极为密切的血肉联系，熟悉本地斗争的历史状况，在群众中享有一定的威望。所以在整编中，罗荣桓安排了大批本地干部做领导工作。如林浩、景晓村、张光中等都是各区的领导人。在红军干部中，罗荣桓对红一、二、四方面军的干部也一视同仁。各军区负责人中一、二、四方面军的干部都有。罗荣桓充分信赖这些干部，并在实际工作中充分发挥了他们的作用。

在这次整编中，旅缩编为团，一部分团缩编为营，一部分营缩编为连……多余出许多干部。对这批干部，罗荣桓除将老弱病残交地方妥善安置外，对骨干均予保留。有很多干部被降级使用，去充实基层，有的班排长去当战士，使基层干部质量和部队的战斗力都有了很大的提高。罗荣桓说："这样做，干部可能有点思想问题，总认为没有犯错误，为什么降级使用？我们应该帮助他们正确认识这个问题。"罗荣桓亲自找梁兴初、罗华生、曾国华几位由旅级降为团级的干部谈话，要他们从当时斗争的需要出发，从部队的长远发展来看问题。虽然他们当时对此理解并不深，但出于对罗荣桓的信任和爱戴，都愉快地接受了新的任命。直到日本投降以后，以这些保留下来的骨干为酵母，山东一下子就拉起了八个师，这些干部回过头来才认识到罗荣桓在精简整编中保留骨干的深远意义。

在整编中，新的山东军区还把抗大第一分校和第一一五师教导大队合编为教导团，由袁仲贤（后为曾国华）任团长，梁必业任政治委员。在胶东的抗大支校改编为教导第二团。

教导团共办三期，第三期下设三个大队。原训练连排干部的大队编为第一

① 罗荣桓：《在山东军区军事工作会议上的报告》。

大队；将原分校中知识分子学员分配到部队，把部队中有实战经验而文化水平较低的老战士、班长调进教导团，编为第二大队，亦称文化大队，着重进行文化训练；招收初中毕业生入伍，编为第三大队，亦称特科大队，准备培养工兵、炮兵等特种兵。这个大队的学员后来到了东北，很多人成为各军兵种的骨干，解放军空军部队中的林虎、徐登昆、张积慧等英雄人物均出自这个大队。

罗荣桓要求，教导团不仅要搞训练，而且要参加实战，要把从军训、实战、作风养成到健全生活制度都当作培养干部的环节。

罗荣桓在整编中重点建设教导团并着手培养特种兵人才，同样是着眼于战后的具有深远意义的措施。

此外，山东军区在整编中，还抽调了大批部队干部到地方武装工作，以加强对地方武装的领导与建设。

实行主力部队地方化，加强了一元化领导，增强了部队之间、军队与地方之间的团结，减少了领导层次，精简了机关，提高了部队的战斗力，对于转变山东的斗争形势有很大作用。同时，主力部队地方化后，与人民关系密切了，更容易发展壮大。实践证明，这是一条在游击战争中发展军事力量的正确途径，为以后部队的大发展奠定了坚实的基础。

## 第二节　淮南之行

三个月过去了，罗荣桓继续尿血。他究竟得的是什么病，由于敌后医疗条件差，仍作不出明确诊断。新四军代军长陈毅知道罗荣桓病了，拍电报给中共中央，建议让罗荣桓来新四军治病。他说，新四军里有位奥地利的泌尿科专家，名叫罗生特，医术很高明。于是，经集总、军委批准，罗荣桓决定到华中新四军去治病。

4 月间，罗荣桓在原一一五师的卫生部长谷广善和林月琴等陪同下，从滨海驻地出发，越过陇海路，经过苏北的淮海区、盐阜区到淮北区，然后渡过洪泽湖，于 5 月 28 日到达驻在淮南区盱眙县东南黄花塘的新四军军部。

陈毅代军长立即风尘仆仆从前线赶回来。当天晚上，他请罗荣桓和林月琴吃了一顿小笼汤包。5 月 31 日，新四军军部召开了欢迎会，晚间演了戏。由于军务缠身，陈毅把罗荣桓治病的事安排好后，又返回前线。

这次罗荣桓来新四军，一路上还见到了黄克诚、彭雪枫、赖传珠、张爱萍、钟伟、王东保等老战友。罗荣桓同他们一起回忆往事，缅怀先烈，往往兴奋得忘记了自己的病痛。但大家看到他憔悴的病容，又不忍心过于打扰他，妨碍他休息。

罗荣桓到达后，罗生特便对他进行全面的身体检查。为了弄清楚是膀胱还是肾脏出血，需要做一次膀胱镜检查。当时没有麻醉剂，做这样的检查是非常痛苦的。罗生特面有难色。

罗荣桓像是猜透了他的心思，对站在一边的翻译说："请转告罗生特大夫，我是专程来请他治病的，他要怎么检查、治疗，就放心大胆地进行吧。"当翻译

1943年，罗荣桓（左三）等人与奥地利泌尿科医生罗生特（左二）合影。左四为吕麟、左五为白备五、左六为苏静

转告罗生特后，罗生特立即高兴地点了点头，然后用膀胱镜给罗荣桓进行检查。

当时的膀胱镜是金属制作的，检查时尿道内壁不可避免地会被擦破，当用稀释的硝酸银溶液冲洗膀胱时，刺激擦破的伤口，便会钻心地疼痛。可是，罗荣桓却以坚强的意志，忍住剧痛，不吭一声。他还用坚定的目光来宽慰和鼓励身旁的医护人员，仿佛告诉人们：不要替他担忧，他是能够挺得住的。其实，在场的人员从他额头上渗出的豆大的汗珠，以及整个身躯发出阵阵轻微的痉挛中，早已看出他在忍受着巨大的痛苦。罗生特和在场的人员无不为之感动。罗生特一面细心地操作，尽量减轻罗荣桓的痛苦，一面不住地用不熟练的中国话叨咕："马上就好，马上就好。"

检查结果，膀胱本身并无病变。于是罗生特又给罗荣桓作了靛胭紫的静脉注射，以检查肾功能。结果查明了罗荣桓左右两侧的肾脏都有病变。但这种病变究竟是肾肿瘤还是多囊肾，由于当时没有X光机，无法再做进一步检查，罗生特只好决定暂且进行保守治疗。

为了让他能够安静地休养，新四军的领导特意把他安排在一个环境幽静的地方。在一片水稻田和芦苇丛中，是几间桑竹掩映的新茅屋。在这里听不到枪炮声，听到的是鹊噪蝉鸣、蛙声一片。可是，罗荣桓却一心牵挂着山东战局，他无心静养，6月20日便踏上归程。

在路上，罗荣桓对守护在担架旁的林月琴说："我要订一个五年计划，争取再活五年，打败日寇，死也瞑目了。"林月琴抑制着自己的焦虑心情，安慰他说："你的计划一定能够实现，将来革命胜利了，就有条件把病治好了。""是吗？"罗荣桓微微一笑，没有再说什么。

秋后，陈毅又专门派在北京协和医学院毕业的专家黄农（后改名王雨田），陪同罗生特到山东为罗荣桓治病。

罗生特身材高大，性格开朗活泼。在新四军时，常同性格同样十分豪爽的陈毅、彭雪枫拊掌而谈，有时还拍拍肩膀，开几句玩笑。罗生特认识罗荣桓后，发现他的性格同陈、彭完全不同。他沉静含蓄，但又十分平易近人。罗生特同他交谈时，他往往是听得多，说得少，而每次说话又都是言简意赅。

罗生特还喜欢了解一些中国革命将领的经历。到山东后，他对罗荣桓进行"采访"，然而不管他怎样动员，罗荣桓还是很少谈自己的过去。

有一次，罗生特听梁兴初说，罗荣桓曾在湖西事件中救过他的命。罗生特颇感兴趣，去问罗荣桓，可罗荣桓只是淡淡一笑，说一声"这都是应该做的"便完事。

罗生特知道罗荣桓爱吃辣椒，有一次使用蹩脚的中国话问罗荣桓："听说你们湖南人爱吃辣椒，连吃西瓜都要放辣椒，是这样吗？"他的话把罗荣桓也逗笑了。然而，他坚决反对罗荣桓吃辣椒，说："你这个湖南人碰上我，可就遭罪了。"

罗荣桓夫妇经常留他在家吃饭，相处如同一家人。他同罗荣桓的孩子东进混得很熟，东进称他为"大鼻子叔叔"。

罗生特毕业于维也纳大学，在国内曾因参加反法西斯斗争而被捕，在狱中被法西斯暴徒打断了两根肋骨。来山东后，罗荣桓对他非常关心。前线缴获的炼乳、咖啡等罐头，罗荣桓都吩咐送给他吃。然而，限于条件，有时罗生特也得啃煎饼。常常寄养在老乡家中的罗东进吃惯了红高粱煎饼，称之为"嘎崩"。罗生特啃起煎饼来，也是津津有味，他还学着东进的话说："这个嘎崩很香。"

本来，罗生特大夫是专门给罗荣桓治病的，可是罗荣桓却任命他为山东军区卫生部顾问，并向卫生部的领导同志多次交代说："你们有外科和妇科的疑难病人，都可以请罗生特大夫会诊，还可以请他给医务人员上课，要充分发挥他的作用。"

在罗荣桓去淮南治病期间，山东分局召开了区党委书记扩大会议，由到北方局汇报工作的肖华传达了北方局的指示，由朱瑞作了《山东五年工作总结及今后任务》的报告。罗荣桓回山东后不久，8 月间，朱瑞奉命回延安准备参加党的第七次全国代表大会。9 月间，罗荣桓担任山东分局书记。

自罗荣桓主持分局和军区的领导工作后，山东根据地完全实现了党的一元化领导，军队和地方的一切工作，均在山东分局和山东军区的统一领导下，统一思想，统一指挥，统一行动。这时的山东分局，由罗荣桓、黎玉、肖华组成。到 1944 年下半年，又增加舒同为委员，担任分局的秘书长。他们四人组成的山东分局，形成了统一领导山东斗争的核心。黎玉在领导山东人民抗日武装起义、建立山东纵队和山东抗日根据地中，作出过卓越贡献，这时，他除了兼任山东军区副政委以外，主要是分管地方党政方面的工作。他积极支持罗荣桓并做了大量的工作。

罗荣桓担任分局书记后，非常注意和讲究领导工作的艺术。一般性的工作，他总是放手要大家大胆地干。开始，有的干部事无巨细都向他请示，罗荣桓反复向他们说明，要他们放手大胆地去处理一些职权范围内的事情。他认为，这也是培养干部，提高干部独立工作能力的一种方式。他对有关方针政策问题，有关山东全局的问题，有关重大军事行动的问题，却抓紧不放，一抓到底。这一切，充分表现了一名战略指挥员和政治家的风度。

罗荣桓还很善于做人的思想工作，调动各方面的积极因素，把党的方针、政策化为大家的实际行动。凡重大问题，别人有不同意见时，他从不独断专行，总是广泛听取意见，集体讨论决定。他历来相信群众，依靠群众，人们常常形容与他共事的几位领导干部是他的“三头六臂”。他自己也经常对人说：“我自己能有多大本事？还不是依靠大家的努力！”所以，1943 年以后，山东党的领导，出现了空前的团结一致。大家心情很舒畅，共同为尽快地发动群众，建立共产党在各方面的优势，改善山东抗战的局面而奋斗。

## 第三节　送于出鲁，阻李入鲁反共

罗荣桓去淮南治病，所以不能久留而要赶回山东，很重要的原因是李仙洲入鲁，引起山东敌伪、国民党和共产党三方面的斗争形势发生了急剧的变化。在波谲云诡的形势下，如何因势利导，以改善共产党、八路军在山东的地位，已成为刻不容缓的任务。

李仙洲，黄埔军校第一期的学生，山东长清县人，是蒋介石嫡系中著名的山东籍将领。卢沟桥事变后，他曾率第二十一师到居庸关、八达岭一带对日军作战，后在忻县参加歼灭了日军板垣师团一部的“南怀化之战”，负了重伤。1938 年 1 月，他任第九十二军军长。1939 年秋，蒋介石密令他准备进入山东反共破坏抗战。他率部从湖北通城北进到达皖北阜阳一线。皖南事变后，蒋介石为了同新四军搞摩擦，又命令李暂停入鲁。1943 年蒋介石在全国发动第三次反共高潮时，一面阴谋策划进攻陕甘宁边区，一面命令李仙洲部即行入鲁，以增强山东的反共力量。

李仙洲部入鲁之时，甲子山战役结束不久，八路军与于学忠部之间仍有芥蒂。于、李如果合流，国民党顽固派的力量将大为增强，而使八路军在三角斗争中处于不利的境地。另一方面，李部入鲁后，敌伪同国民党之间，于学忠和李仙洲之间，李、于和各地方实力派之间的矛盾也将急剧发展，山东的三角斗争将日益复杂和激化。1943 年 1 月间，罗荣桓等致电北方局，具体分析了这一复杂的形势，认为必须利用有利时机，制定出正确的方针和政策，以争取山东局面有一个新的转变。他要求紧紧掌握对敌斗争这个主要矛盾，强调对国民党部队疏通团结，推动和争取李部入鲁抗战，共同对敌，并按照国民党部队对抗战与团结的不同态度，分别采取不同对策，充分利用他们之间的矛盾，抓住有利的历史先机，开创山东抗战的新局面。

1943 年 1 月，李仙洲投石问路，先令其暂编第三十师师长路可贞率一个团北越陇海路，在砀山以北至微山湖之间建立了立足点。李仙洲看到路部站住了脚，乃于三四月间亲率主力过陇海路进入鲁西。同时通过当地投降派向敌人联络，企图取得敌人谅解。但日军为了加强对山东的控制，尤其是为了平息因李部入鲁在伪军中引起的不安，并不买李仙洲的账。李部到达单县后，日军纠集了一千余人的兵力，配合汽车、坦克，向李部进攻，激战至黄昏，李部伤亡严重，连夜转移至微山湖西侧。八路军冀鲁豫军区的部队从侧翼袭扰日军，配合他们作战，为其负伤的官兵换药，并用担架送回原部队。《鲁西日报》还发表了社论，向与日军激战的九十二军表示慰问。但是，李仙洲却认为这是企图动摇他的军心，对八路军态度十分不友好。他又命令第一四二师师长刘春霖、副师长牛乐亭率三个团东越微山湖和津浦路以后，与刘桂堂部勾结，共同对付八路军。

刘桂堂，放羊的出身，从小结识了一些土匪，十几岁便开始拦路抢劫，逐渐形成一股庞大的匪帮。由于他面如锅底，在土匪中又排行第七，便得了个“刘黑七”的绰号。抗战前他洗劫鲁南寺彦村，一次便杀人七百多。鲁南老乡家里，孩子如果哭闹，一说刘黑七来了，孩子顿时就不敢哭了。人们赌咒发誓时常说：“如果我说瞎话，今天就碰上刘黑七。”抗战前，他祸害山东，流窜于华北各地，他的队伍多次被消灭，又多次拉起来。抗战初他投降日寇，跟随日军进攻胶东抗日根据地。1939 年又宣布“反正”，蒋介石给了他一个第三十六师的番号。李仙洲入鲁，他得到了国民党嫡系部队的直接支持，便更加猖狂起来。

刘春霖部进入鲁南后，打着“驱逐逆流，收复失地”的旗号，以当地投降派申从周部为先导，进攻并强占滕（县）峄（县）边地区和八路军抗日根据地中心的山亭、白彦、大炉等地，每到一地便摧毁民主政权，抢劫物资，烧毁房屋，还活埋民主政府的工作人员。他们扬言：要把八路军撵到老黄河以北去。

在李仙洲的进犯面前，八路军只有起而自卫。阻止李仙洲部入鲁反共已成为当时军事斗争的重点。罗荣桓日夜密切注视着事态的发展，经常与分局和军区的其他领导人商议，决定先在群众中进行充分的思想动员与准备工作。山东分局、军区、省战工会、省参议会分别召开由工农商学兵各界参加的以反内战为主题的各种会议，号召全体军民，反击蒋介石派遣主力进入山东挑起反共内战的阴谋。

3 月 26 日，罗荣桓指示鲁南军区，要求在军事上采取自卫原则，坚持自己的阵地，坚决打击为虎作伥的刘桂堂、申从周的进攻，同时在政治上坚持与李部联络、疏通，推动他们抗日。

在阻滞李部从南面入鲁的同时，罗荣桓也注视着北面于学忠的动向。不出所料，随着李仙洲入鲁，蒋介石同于学忠的矛盾便直接表现为李仙洲同于学忠的矛盾。李尚未入鲁时，便大挖于学忠的墙角，派人联络属于学忠管辖的山东各地方实力派，加委封官。于学忠本来对李部入鲁便心存疑惧，一见李如此动作，为保持自己在山东的地位，即以省主席牟中珩的名义，将山东所有小股地方武装，统编为县和专署的保安队，使李无隙可乘；同时对向李频送秋波的驻滨海北面的保安第二师张步云部，以不听指挥为名，实施军事讨伐。

于学忠的防地在沂、鲁山区和诸（城）日（照）莒（县）山区。沂山位于沂水县北，鲁山位于莱芜县东，两山峰峦连绵，山崮耸立，形势险要。西与泰山，南与蒙山相连，北抵胶济铁路，东达诸城、莒县、安邱，纵横数百里，构成山东中部最大的山区，是山东的屋脊。诸日莒山区，是滨海区北部的重要山区，北与沂山山区衔接，南与甲子山区相连，是沟通滨海区与胶东区联系的重要依托。

这些山区，在抗战开始时，本来是共产党领导的游击队首先开辟的。可是，自 1939 年春季以来，先后为沈鸿烈、于学忠等部所占据。国民党的山东省政府和鲁苏战区总部都集中到这些地区。国民党顽固派把这些地区变成为他们反共反人民的重要阵地，而迫使八路军的根据地处于他们的外围。这些山区又严重威胁着鲁中与滨海地区，阻碍了两区与胶东区、清河区的联系。这些地区在国民党苛捐杂税的压榨下，民不聊生，有些地方变成了无人区。

于部几年来在日军的军事打击与政治分化下，遭受了重大损失，部队减员，地区缩小，士气低落，处境甚为困难。而沈鸿烈系统的吴化文部在国民党反动派“曲线救国”的政策下于 1943 年 1 月间公开投敌，吴化文当了伪和平建国军第三方面军司令。该部盘踞于鲁山山区，在日军支持下极力向于部进攻。已拨归李仙洲建制的张步云部也进逼诸日莒山区，使于部处境更加险恶。

自从 1939 年于部入鲁后，共产党和东北军一直保持着统一战线关系。当于遭到蒋介石、沈鸿烈的排挤时，共产党向其表示同情，并从各方面支持他们抵抗顽固派的压力，掩护他们与大后方联系的交通线，乃至供给他们给养，配合他们反“扫荡”等。“八三”事变及甲子山战斗以后，双方关系一度紧张。2 月间，于部遭敌“扫荡”时，八路军曾予配合，允许于部退入八路军防地，于学忠因此对八路军态度转好。罗荣桓因势利导，派人疏通，3 月间做到互派代表联系，4 月间约定恢复电台联络。

4 月下旬，李仙洲部刘春霖师由鲁南继续向天宝山区进犯，妄图迅速东进，与于学忠会合，抢占沂蒙山。6 月间，李部的第二梯队到达湖西，李部随即向冀鲁豫八路军展开进攻。

在这种情况下，罗荣桓立即动身由淮南返回山东。

6 月间，蒋介石看到于李矛盾重重，难以合作，便以调整全国抗战态势为名，将苏鲁战区同苏鲁皖战区合并为第十战区，调于学忠出鲁整训，实际上是罢了他“苏鲁战区总司令”的官。同时，蒋介石要李仙洲入鲁接替于学忠，还升任李为第二十八集团军总司令兼苏豫皖第一路挺进总指挥，又把于学忠原在山东所辖的地方武装新三十六师（刘桂堂部，驻鲁南）、暂十二师（赵保原部，驻胶东）、保安二师（张步云部，驻滨海北部）都拨归李仙洲建制，以扩大李的势力。

罗荣桓从华中回来后，得悉于学忠部即将西去，便将原在东北军工作过的一些干部请来共同分析形势，分析蒋于、于李矛盾，研究对策。他说：“国民党不信任东北军，所以要于、李换防。按常理，于应当等李来了再走，但是于学忠如果搞得漂亮一点，最好不等李来拍拍屁股就走，这对我们可就有利了。”大家完全同意罗荣桓的估计，认为：如果我军能把李仙洲顶住，再给于学忠提供便利条件，他完全可能先期出鲁。罗荣桓高兴地说：“好，如果于学忠真是这样走，我们就礼送出境。至于对李仙洲，则坚决顶住，决不能让他过来。”于是，一个顶李送于的对策迅速形成。

7月4日，朱瑞、罗荣桓、黎玉、肖华报告中共中央，建议“对于部西开不加钳制，并在一定条件下给予便利。对李部东进、北上尽量迟滞其时间，并在自卫原则下，乘其伸入我根据地立脚未稳之际，予以歼灭一部之打击……对于部防区附近之地方部队，争取可能争取者，歼灭某些最坚决反共部分，为求控制鲁中山区及莒、日、诸间山区，并互相联络，以便继续向外围发展”。

7月15日，中共中央书记处复电山东分局并告北方局：“一、同意你们对付于学忠、李仙洲的方针。二、对友好者坚决团结之，对顽固（而）暂时尚未向我进攻者则设法中立之，对向我进攻者则坚决反击之。这就是你们应付各派国民党军队的原则。但一切磨擦仗均需将顽方攻我压我情形电告中央，以便通知国民党中央，杜断其借口及诬蔑。”

几天后，李部还在鲁南徘徊时，于学忠果然不等李仙洲接防便开始撤离了。事前，于部与八路军已约定：于部撤离驻地时，以烟火为号，八路军即去接防。于部可在鲁中根据地之坦埠（位于沂水与蒙阴边界处）和旧寨（坦埠以西）两地，通过八路军的防区，于部通过时，八路军筹备粮草，予以欢送。

但在这时却发生了一件不应有的事件。于部经过坦埠、旧寨附近时，有些士兵不愿西去。八路军有个连队看到他们装备好，弹药多，全是一色的“捷克式”步枪，就把他们留下来了。罗荣桓得知此事后，立即告诉鲁中军区，要严厉批评这个连队，并立刻将人、枪全部送还。同时要求各级领导干部提高政治和纪律观念，不要因小失大。他又发电报给各军区，指出：“东北军是中间势力，与我有西安事变前后之友好历史。我对于学忠部应取团结态度，决不能轻启衅端，即使顽固分子从中挑拨，我们也应加以忍让为妥。”由于各部队认真贯彻了这些要求，以后再也没有发生类似事件。于学忠部终于星夜冒雨通过津浦路西去。

因于部撤走而空出来的沂鲁山区和诸日莒山区顷刻之间身价百倍。在这两块山区周围的伪军和顽固派，包括驻在鲁山以南的山东最大的一股伪军吴化文部，盘踞在诸城一带的已经公开投敌的伪军张步云部，诸日莒山区北部的安邱一带的伪军厉文礼部以及在厉之卵翼下的摩擦专家秦启荣的残部，还有原驻鲁南，后转至日（照）莒（县）公路以北的张里元部，对于这两个山区都垂涎三尺，妄图染指。

为了赶在敌人前面占领于部退出之阵地，7月4日、12日山东分局、军区命令鲁中区和滨海区的部队分别向沂鲁山区和诸日莒山区进行了大规模的进军。从7月中旬到8月上旬，同在日军支持下的张步云部、吴化文部和厉文礼部展开激烈战斗，基本控制了日（照）莒（县）公路以北的诸日莒山区，青（州）沂（水）路以东，安（邱）莒（县）边区和青沂路以西的北沂蒙地区等原东北军驻地。八路军在进攻厉文礼的据点时，还击毙了窝藏在那里的国民党山东别动纵队司令秦启荣。经过这一战役，新开辟的解放区面积达两千余平方公里。至此，山东境内已无国民党主力部队。各地方顽固派群魔无首，乱成一团。罗荣桓等抓住这一有利的历史先机，终于大大改善了八路军对敌斗争的地位。

在已经控制了诸日莒山区和北沂蒙地区后，罗荣桓又把重点转向南面。

7 月 26 日，罗荣桓、黎玉作出在天宝山区或蒙山山区乃至鲁中区的腹地击退或歼灭李仙洲北犯部队的部署，要求慎重初战，要集中优势兵力寻求在运动中歼灭李部的机会。

8 月 13 日至 18 日，鲁南军区司令员张光中、政委王麓水，按照罗荣桓的指示，集中主力第三团、五团及地方武装一部，在天宝山地区刘春霖部的侧翼，纠缠扭打，进行反击。顽军虽然受到损失，但仍越过滋（阳）临（沂）路窜至费（县）北，又遭鲁中第二团的打击，只好退回滋临路南，盘踞在平邑以南的流峪、常庄一带。

在此期间，津浦路西的冀鲁豫军区也开始反击李仙洲部的主力。9 月，于曹县阻击进犯鲁西南根据地的李仙洲部，毙伤顽军 2000 余人，俘虏 6000 余人。

李部反共失利，又遭到敌伪的“扫荡”，损失甚大。李部入鲁时有 2 万余人，到这时剩下不到 8000 人。李仙洲看到大势已去，北进无望，只得灰溜溜撤回皖北。其先头部队刘春霖部也于 9 月 5 日在邹县北过津浦路西去。

当喜讯传来时，罗荣桓兴奋地说：“这就了却了我们多年来的心事。”他说：“这是山东军民的杰作。”在根据刘少奇的意图起草的《抗战四年山东我党工作总结与今后任务》中说：“既是历史先机，就是难得不常有的，当着历史先机已经出现，或许是很短的（一月甚至一周），但它能给予我们的，往往能使我们完成多年所不能完成的事业。”阻李入鲁从而占领了山东战略制高点，正是这样的事业。

## 第四节　有准备有计划的反“扫荡”

罗荣桓认为，于、李离鲁，山东八路军取得发展后，必将引起敌人的极大注意。于是，在 9 月间，便开始部署反“扫荡”。这一年，河北、山西大旱，日本国内也是歉收，唯独山东是十年一遇的丰年。在部署反“扫荡”时，罗荣桓要求特别要注意防止敌人抢粮，要“快收、快打、快晒、快藏”，做到空舍清野。

敌人的大“扫荡”首先在鲁中地区开始。11 月 9 日晚，日军在伪军吴化文部的配合下，纠集万余人，从蒙阴、新泰以东的土门、沂水同时出动，以北沂蒙地区的坡里、金星头（蒙阴东北）为中心，四面向八路军合围，企图歼灭八路军主力，侵占新解放之北沂蒙地区。

八路军由于事先有了充分的准备，除留下小部分部队坚持内线支持群众斗争外，大部实行“翻边战术”，迅速撤离合击圈，转移到外线。敌人合围失败，便在根据地内大肆“清剿”。这时，留在内线的小部队配合外线部队积极打击敌人。鲁中第二分区第十一团八连的 93 名指战员，凭山崮天险，坚守南北岱崮（坡里附近）15 天，抗击了 2000 敌人在飞机大炮掩护下的无数次进攻，以伤七亡二的代价，换取了毙伤敌伪军 300 余人的巨大胜利。罗荣桓接到报告后，以山东军区名义予以嘉奖，授予该连以“岱崮连”的光荣称号。

在鲁中反“扫荡”开始时，罗荣桓将目光扫向山东全境，研究了其他各区的敌情。他看到敌人由于兵力不足，在向鲁中“扫荡”时，其他地区均因兵力被抽走而采取守势，立即命令各军区根据各自的情况，主动发起进攻，狠狠打击敌人，以牵动“扫荡”鲁中之敌。各军区奉命出击，很快形成了山东全区范围内的一次有计划有准备的互相密切配合的反“扫荡”，使敌人顾此失彼，首尾不能兼顾。这种统一的作战行动，充分显示了军事统一指挥的重大战略意义。

11 月间，鲁南传来了匪首刘黑七被击毙的捷报。政治上反复无常的刘黑七自从李仙洲入鲁被阻后，再次投降了日军，当了荣子恒[①]伪“和平建国军”第十军第三师师长，但他同时仍旧保留着国民党新编第三十六师的番号。

歼灭刘桂堂，给山东人民除一大害，大快人心，受害最深的鲁南人民欢欣若狂。1943 年 4 月，当教一旅政委王麓水调任鲁南军区政委时，罗荣桓曾对他说：“过去，鲁南有些地方群众发动不起来，主要是因为刘黑七这块石头还压在人们的心上。你去鲁南很重要的任务便是创造条件搬掉这块石头。”在这次战斗开始之前，罗荣桓又向张光中、王麓水交代：“刘黑七过去多次被打垮又重新拉起队伍。这次一定要活捉他，没有活的，死的也行。”如今这块石头搬掉了，王麓水立即向罗荣桓报告，罗荣桓复电，要他们趁此良机，坚决贯彻山东分局《四年工作总结》的精神，进行减租减息，深入发动群众。

打掉了刘桂堂这件事，使山东人民非常高兴，却又一次使国民党政府扫兴。此前，八路军在伪军厉文礼巢穴中击毙顽固派头子秦启荣，国民党政府便借此大肆攻击八路军。如今他们又大喊大叫说，击毙了他们的“师长”。不久，罗荣桓便收到在重庆的周恩来的来电，要山东把刘桂堂的罪行赶快摘要报告，以便驳斥国民党政府的“抗议”。

待到周恩来将罗荣桓报去的材料一讲，国民党方面也就无话可说了。

敌人在“扫荡”鲁中区九天以后，突然转向清河区，并将兵力增加到 2.6 万余人，敌十二军司令官喜多诚一中将也亲赴前线指挥。这次“扫荡”历时 20 余天，是敌人在 1943 年内对清河区进行的第三次万人以上的大“扫荡”，也是敌人对清河区的一次规模最大、最残酷的“扫荡”。显然，敌人企图集中兵力消灭对其胶济路威胁最大的鲁中区与清河区。

敌人在合围时，仍然使用“拉网”战术，并以飞机配合侦察、轰炸，极力捕捉八路军的主力部队和领导机关，发现突围部队后，即以骑兵进行追击。清河区机关于转移中，在辛镇六户一带突然与敌遭遇，情况十分危急。

罗荣桓得知这一紧急情况后，立即电告清河军区，要他们坚持到黄昏突围。

---

① 原东北军第五十一军第一一四师第三三七旅旅长，所部驻鲁南。1941 年 10 月指使该旅六八三团张本枝部袭击中共鲁南区党委驻地银厂村，绑架并杀害区党委书记赵镈等多人，是为“银厂惨案”。1943 年初，荣公开投敌，任伪第十军军长。

并要外线部队和民兵加强配合，袭扰敌人。清河军区接电后，积极组织部队作战，内外配合，用各种手段袭扰和打击敌人，终于在黄昏后突破敌之包围转移他处。

在清河区反“扫荡”的同时，罗荣桓又命令滨海军区发起了攻打赣榆城的战斗。11 月 19 日，伪“和平建国军”七十一旅李亚藩部 1600 余人缴械投降。滨海区八路军的胜利，直接配合了鲁中、清河区的反“扫荡”。

但是，六天以后，赣榆前线报告，滨海军区政治委员符竹庭在组织部队反击偷袭之敌时，因马受惊碰撞在寨门上身负重伤。罗荣桓立即派两名骑兵护送罗生特大夫连夜赶去抢救，但符竹庭终因伤势过重，医治无效，于 11 月 26 日不幸牺牲，时年 30 岁。

符竹庭，1913 年出生在江西省广昌县头陂村的一个农民家里，1928 年秋天参加了工农红军。他参加革命后，一直都是在部队做政治工作，是红军优秀青年政治工作干部之一。1932 年符调任红十一师第十九团政委时，罗荣桓便认识了他。长征中，符是红二师政治部主任，罗同他一起渡过了金沙江，到陕北后又同在红大深造，使他们结下了深厚的革命友谊。当符竹庭牺牲的消息传来时，罗荣桓无限悲痛，一连数日茶饭不香，心境不宁。以后每逢谈起符竹庭，罗荣桓总是无限怀念和惋惜地说：“太可惜了，这么好的一位青年干部牺牲了。”

在敌人移兵“扫荡”清河区以后，鲁中部队立即适时地转入了攻势，继夏季第一次讨伐伪军吴化文后，又发起了第二次讨吴战役。12 月 4 日，鲁中军区集中了约五个团的兵力参战，并有地方武装与广大民兵广泛开展破袭战相配合，从四面向盘踞在鲁山以南，东起东里店、西至大张庄、北至石桥（均在沂水西北）这一地区的吴化文部展开进攻。经过四昼夜的战斗，攻克了北沂蒙地区的东里店、大张庄、岱崮、石桥等 20 余处据点，歼敌 800 余人。这次战役的胜利，收复了鲁山南部的部分地区，粉碎了敌伪蚕食北沂蒙地区的阴谋，严重打击了伪军吴化文部，巩固了八路军在夏季作战中恢复和扩大的地区，并且直接配合了清河区的反“扫荡”。

胶东区和冀鲁边区也积极开展游击战，加强了自己的阵地。胶东八路军于 20 天内连续攻克 12 个敌伪据点，并歼灭与打击了数股出动骚扰的敌人，共歼敌伪 700 余人。

在各个战略区胜利出击的形势下，“扫荡”清河区的敌人，经清河区党政军民的合力打击，终于在 12 月 13 日全部撤出，敌人苦心策划的冬季轮回大“扫荡”，以彻底失败而告终。

1944 年 1 月 26 日，延安《解放日报》发表了《山东军民反“扫荡”胜利》的社论，社论说：“敌人此次‘扫荡’战是企图用日本侵略者所能想到的一切军事的经济的残暴手段，来消灭敌后八路军与破坏华北民主抗日根据地，来准备其对民主同盟国的长期战争。我山东军民的反‘扫荡’的斗争，也比过去任何一次来的持久、主动、有准备、有计划，山东军民的团结一致，斗争的奋不顾身和战术的灵活机巧，在这次斗争中有了极其优良的表现。”

## 第五节　黄骅被刺和邢仁甫叛变

就在罗荣桓忙于处理阻滞李仙洲入鲁的紧张时刻，从冀鲁边区传来了噩耗：1943年6月30日，冀鲁边军区司令员黄骅被刺。

在山东六个大战略区中，1942年、1943年间处境最困难的就要数冀鲁边区了。1938年8月，肖华率三四三旅机关部分人员和少量部队进入这一地区，与当地人民起义组成的抗日武装会合后，组成了拥有2万人的八路军东进抗日挺进纵队，开辟与扩大了拥有14个县政权的根据地。由于冀鲁边区直接威胁天津、德州、沧州、济南等战略要地和津浦路，可以说处于日军的肘腋之间，因此日军对华北"扫荡"，这里是首当其冲。加之1939年灾荒严重，大部队难以存留。9月下旬，肖华奉命率部转移到鲁西，留下一部分部队坚持冀鲁边区的斗争。以后，由于日军加强了对津浦路的封锁，冀鲁边和鲁西的联系基本上被割断了。

肖华调任一一五师政治部主任后，出席了桃峪会议，报告了冀鲁边区的工作。随后，罗荣桓、朱瑞、陈光和肖华等深入研究了那里的形势，作出了打通冀鲁边区与清河区联系的决策。此前，由于敌伪和顽固派的严密封锁，地处小清河一带的清河区同老黄河以北的冀鲁边区长期被割绝联系。清河区地处小清河两岸平原，拥有寿光、广饶、青城、邹平等十几个县，人口400余万，因受胶济路沿线敌军的进攻和封锁，小清河以南地区逐渐被分割。他们便向黄河入海处的利津、沾化一带地区①发展。这里虽然人烟稀少，但地区辽阔，一望无涯，远离城镇，是很有地利的后方。如果冀鲁边区与清河区打成一片，可以互相支援，互相策应，扩大机动余地。从1941年春天开始，第一一五师冀鲁边区部队连续进行了几次东进（也称南下）作战，开辟了黄河北岸濒临渤海的鲁北的游击区，山纵的清河部队也在反击顽固派的反共摩擦以后，控制了利津、沾化一带垦区。两区部队终于粉碎了日伪和顽固派对八路军的长期封锁，打通了联系。

为了加强冀鲁边区的工作，罗荣桓从一一五师抽调了几批干部到冀鲁边区去。在肖华走后，任命周贯五为冀鲁边军区副政委（政委是王卓如）。1941年夏天，又派黄骅去冀鲁边区，任教六旅副旅长兼冀鲁边军区副司令员。为了加强冀鲁边区本地干部与外来干部的团结，发挥本地干部的作用，1942年春，山东分局与一一五师决定把1939年从冀鲁边区调出的原来参加发动该区起义的邢仁甫调回去，任教六旅旅长兼冀鲁边军区司令员。与此同时，罗荣桓又抽调了卢成道、王文模、黄荣海等一批干部到冀鲁边区担任领导工作。

然而，由于敌人多次进行"治安强化运动"，不断进行"清剿"，这一地区形势仍然越来越严重。到1942年下半年，区内敌伪据点林立，90%的老百姓被迫向敌伪缴纳租税，多数的两面派政权是应付八路军而服从敌人的。沿津浦路以东，以德州为中心的南北各县，基本为敌控制，八路军已不能入境，回旋余地越来越小，根

① 当时称为垦区，即现在的胜利油田一带。

据地已完全变为游击区，加上敌人实行残暴的掠夺政策，边区人力、物力损失严重，粮食困难。部队不得不换穿便衣，长期分散活动，得不到休整，伤病员也得不到安置，处境非常困难。1943 年 3 月 11 日在实现军事领导一元化时，山东军区任命黄骅为冀鲁边军区司令员，调邢仁甫去延安学习，但邢借故拖延没有动身。

1943 年 6 月 30 日晚 7 点，黄骅、卢成道正在新海县赵家村学堂召开边区侦察工作会议。突然，军区司令部手枪队长冯冠魁带了四五个人闯进室内，向与会人员开枪扫射，然后慌忙逃窜。黄骅、卢成道等五人当场牺牲。

冯冠魁系土匪出身，当过伪军，投奔八路军后仍然匪气十足。

邢仁甫是旧军人出身。他早年入党，曾参与领导本地抗日武装起义，1940 年调离边区，担任过第一一五师政治部的军区工作部长。因为他在该区有一定影响，1942 年春，又派回边区。边区有很多人是他的老部下，由于他平时喜欢拉拉扯扯，有些人受到他的笼络，跟着他跑。黄骅为此经常帮助教育他，而他却仇视批评，反而视黄骅为“眼中钉”。山东军区任命黄骅为司令员，而调邢仁甫去延安学习，邢更认为是黄骅把他挤出边区，夺了他的权。他原来借口准备去延安，便离开机关，带着电台和一部分部队驻在小岛上。这次事件发生后，他心怀鬼胎，自认为难脱干系，一方面频频发报，向山东分局、军区表示自己的“忠诚”，而另一方面却挑拨拉拢一些人，要把部队拉出来跟他“另开创一个局面”。

当时，由于邢表示效忠，所以罗荣桓等山东军区领导人决定继续对他采取争取挽救的方针。

但是，到 1943 年底，邢仁甫还是公开叛变投敌了。他由天津辗转到了国民党统治的洛阳。至于原来受他挟持留在岛上的电台工作人员和一些部队，都脱离其羁绊先后归队。等到邢仁甫拿到国民党第一战区司令蒋鼎文给他的“挺进第一纵队司令”的委任状，从洛阳赶回岛上时，岛上的人已经散了。最后，邢仁甫在天津投降日伪军，被委为“六县剿共司令”。日本投降后，他又当上了国民党军统特务，直到 1949 年解放天津时邢仁甫才被捕获归案，押到盐山县就地正法。

为了统一和加强冀鲁边和清河区的领导，改善这两个地区的工作，1944 年 1 月 11 日，中共山东分局和山东军区指示：清河军区与冀鲁边军区合并为渤海军区，杨国夫任军区司令员，景晓村任区党委书记兼军区政治委员，王卓如任区党委副书记，为了纪念黄骅，决定将他被害的地方新海县改为黄骅县。

两区合并后，执行了山东分局提出的“坚持阵地、坚持斗争，掌握有利时机，打通各分区联系”的任务，原来两区的局面都逐渐走向好转。

# 第十五章 “为反攻和战后作准备”

## 第一节 击破日军的重点主义

经过1943年的作战，到1944年春，山东抗日根据地的形势已有了很大改善。渤海、鲁南地区已从极困难的形势下打开了局面，基本上改变了过去被敌严重分割封锁的状态，鲁中、滨海、胶东地区也有了很大发展。一年来共解放了1.9万平方公里的土地。山东根据地的面积，已恢复并超过了1940年的状况。

此时，日本侵略军由于战线绵长，兵力严重缺乏，在八路军不断打击下，已不得不收缩防线，实施重点守备。在山东，日伪军于交通干线、战略支点和工矿资源区，共配置了47处重点。为了力保这些重点，日伪军从1943年12月即开始收缩兵力。至1944年2月，在津浦路以东地区，日伪被迫放弃据点264个、碉堡353个。连同八路军用武力攻克的，1943年一年内，共收复日伪据点800多个。在山东的日军还有2.5万人，比1943年初减少了5000多人，数量降低到抗战开始以来的最低点，但是伪军却由于国民党部队吴化文、厉文礼、张步云、荣子恒等部先后投敌而大量增加。伪军多，是抗战时期山东的一个特点。后来，罗荣桓回忆道：“到1943年，山东伪军冠于华北各省，已增至20万人，其中百分之六七十是沈秦的师、旅、团、纵、支、梯的整个投降，或者为他们委派之人员所编成。这是他们借尸还魂与‘曲线救国’谬论策划之下得出来的成果。”[①]

国民党在山东的武装力量，自李仙洲入鲁失败后，仅剩下6万人左右，大小共21股（其中千人以上的12股）。八路军对他们已取得了优势。他们为了保存实力，有的与敌人保持秘密的联系，配合日伪的“扫荡”，向八路军进攻；有的既接受伪军番号，也挂着国民党军的牌子，实际上同伪军已无多大区别。他们已失去统一的中心，内部矛盾重重，甚至互相火并。他们所驻地区民穷财尽，群众对他们十分痛恨，反抗日益强烈。

在这种有利的形势下，有些干部产生了自满情绪，罗荣桓及时向他们敲起了警钟。

一次，《战士报》刊登了一篇文章，把打击日军形容为“雷公打豆腐”，并以

---

① 罗荣桓：《处在总反攻前夜的山东解放区》，《大众日报》1945年7月7日。

此作为醒目的标题。在报社举行的庆祝《战士报》发刊第一百期的纪念会上，罗荣桓讲话时对此提出了批评。他风趣地说：“既然鬼子都成了豆腐，还用雷公干什么？”

1944年6月15日，罗荣桓在山东分局党刊《斗争生活》第30期上发表了《紧紧掌握对敌斗争，巩固成绩，反对自满》一文，指出：我们绝不能因胜利而有丝毫自满，困难并没有过去，敌强我弱的基本形势并未改变，我们的成绩还不够大，还不巩固，我们还需要埋头苦干，咬牙坚持，更正确地掌握对敌斗争，紧紧掌握依靠群众，生息自己的力量，为反攻和战后作准备。

在这篇文章中，罗荣桓两次提到“为反攻和战后做准备”，可以看出，这是经常在他脑际萦回的一个大问题。1939年，罗荣桓就提出要把鲁南建成由共产党单独领导的根据地；实现山东党政军一元化领导之后，他想的就是要把山东建成由中国共产党单独领导的根据地，以便为战后做好准备。在精兵简政中保留骨干、训练骨干，充实基层，阻止李仙洲部入鲁，以及以后发动一连串攻势，吸收青年知识分子参军，着手培训特科（种）兵，争取大股伪军起义，这一切都是为反攻乃至战后做好准备，也就是为防止国民党对人民的进攻准备好山东这一块完整的战略基地，准备好强大的自卫武装力量。

然而，在1944年，民族矛盾仍然是主要矛盾，中共中央4月5日来电亦指示：目前应争取国内平静，拉蒋抗日。因此，罗荣桓在文章中指出：要紧紧掌握对敌斗争的原则。他说：“对友顽军还是以争取为主，打击只是为了向其反动行为作警告或正当的自卫。”他说：“……只要我们掌握了民族矛盾，集中力量在对敌斗争上取得更多的自主，我们就必然能成为团结抗战的中心，必然有政治优势，必然成为不可战胜的力量。”

对于敌人，罗荣桓指出，不能因为它收缩防线，采取重点主义而低估他们的力量。他说：“肯定地说，今天敌人的力量还是很强很大的，敌人有力量进攻正面，[①] 也就有力量‘扫荡’我们敌后山东。……虽然今天敌人撤了一些据点，但其战略据点和战略联系线加强了，机动兵力集中了，对我突然‘扫荡’和奔袭的可能性也增多了。我们如果对敌人存在丝毫疏忽和麻痹，都必将付出血的处罚。”

为了适应反重点主义斗争的需要，罗荣桓要求加强武装工作队的作用。他认为，新的斗争形势给武工队提出了新的任务，武工队要成为在敌占区内生息和发展力量的一种重要斗争形式，不仅要起战术作用，而且要充分发挥它的战略作用。

1944年11月15日，山东军区政治部召开了武工队代表会议，表扬了武工队的英雄事迹，总结交流了对敌斗争的经验，并且规定了武工队今后的任务与斗争策略。

会议针对敌之重点主义，决定加强配备在铁路两侧、在大城市近郊、在矿山和各种资源地区活动的武工队。

---

① 指1944年日军在正面战场发动的豫湘桂战役。

会议提出，不能把武工队当做一般地方武装使用，其主要任务是深入敌占区开展政治攻势。武工队必须学会做群众工作，把对敌斗争与发动群众结合起来，在敌占区团结各阶层的群众一致对敌，继续巩固与大量发展伪军、伪组织中的进步势力和党的工作。在军事活动上，要提高对敌之兵站、仓库、经济团体、交通部门、重要机关等的破坏能力，敌人“扫荡”时，要主动地以自己特殊的活动打击敌人。作战时，要灵活、机警、大胆、勇敢、神出鬼没、飘忽不定，如袖中匕首、怀中利剑，使汉奸寒心、敌特丧胆。

会议期间，罗荣桓到会讲话，对各地代表倍加勉励。山东军区通令嘉奖了鲁中泰山第一武工队、鲁南峄（县）东武工队、滨海第四武工队、泰山区孙齐武工队、胶东南海第一武工队和模范武工队员 38 人。这些武工队和模范武工队员创造了许多传奇式的英雄事迹。

## 第二节 春季攻势和夏季攻势

罗荣桓提出，在有利的形势下不可麻痹轻敌，但这并不意味着消极保守。他认为，在军事上已有可能扩大攻势作战，以扩大解放区，缩小敌占区。

罗荣桓制定的山东总的战略部署是：完全控制沂鲁山区，扩大诸日莒山区根据地，夺取深入解放区之孤立的日伪据点，扩大解放区，使胶济路南的三个战略区完全连成一片；向胶济路东段两侧地区发展，以打通和加强胶济路南北各战略区的联系；在胶济路北，彻底改变渤海区被敌封锁分割的局面，变游击区为根据地；进一步肃清胶东心腹地区的日伪势力，创造更有利的局面。

罗荣桓提出的攻势作战原则是：分散群众性的游击战争和主要方向的集中兵力作战相结合，军事攻势和政治攻势相结合。因为敌强我弱的基本形势未变，仍要坚持以分散性的游击战争为基本方针，注意隐蔽自己的力量。但由于回旋余地扩大，求得运动中歼灭小股敌人的机会增加了，因而可以适当地集中兵力进行机动作战。

罗荣桓说明了当前所要求的运动战，不是一般的运动战，而是发挥自己的长处、避免自己的弱点的带游击性的运动战。战术上要隐蔽突然，速战速决，作战地点最好选在八路军占局部优势的地区。兵力的分散与集中，应视具体情况而定。要保证主要作战方向上集中需要的兵力，又不能影响到分散坚持一些地区，如鲁中、胶东和滨海可以在一个时期各集中四五个团的兵力，渤海和鲁南可以各集中两三个团的兵力，这样便达到了集中全区主力总数二分之一以上的兵力，从而使自己在战役或战斗上能以优势兵力对付局部的敌人。但从山东全局来说，经常还是要有四分之三的兵力，担任分散坚持地区的任务。

罗荣桓指出，战役攻势的时机选择，一般是：（一）乘敌收缩兵力、调整防务、立足未稳、部署混乱之机发起攻势；（二）敌“扫荡”某一地区时，我可在其他地区迅速发起攻势；（三）敌“扫荡”结束分路回窜时，兵力分散，情绪恐慌，可选择其弱点，尾敌发起攻势。为了迷惑敌人，不宜过早地暴露企图，也不在一个方向连续作战，而是在各个不同方向以此起彼伏的方法实施战斗。[①]

依据上述原则，罗荣桓在 1944 年指挥山东部队发动了一连串的战役攻势。这些战役攻势事实上成为山东实行大反攻之前的局部反攻，是大反攻的前奏。

1944 年的春季攻势在滨海军区揭开序幕。1 月 21 日，在日（照）莒（县）公路上的重镇石沟崖，歼灭了汉奸朱信斋部。接着，鲁南、胶东、渤海三个军区的部队先后袭占和逼撤了一批日伪军据点，并歼灭了日伪军一部。

春季攻势的重点是鲁中军区的第三次讨伐吴化文战役。

伪“和平建国军”第三方面军吴化文部，以前虽然两次被打击，但仍有万余人的兵力。吴部盘踞的地区，北靠淄（川）博（山），西通泰（安）莱（芜），连接着胶济、津浦两条铁路，包围着泰山区，威胁着沂蒙区。为了扫除这个障碍，争取有利的反攻阵地，罗荣桓决定发动这次讨吴战役。他曾多次召集山东军区的领导人，反复研究了敌情。

1944 年 1 月间，罗荣桓派参谋处长李作鹏专程去鲁中，同鲁中军区的领导人一起制订了具体作战方案，临行前罗荣桓反复交代说：

“请告诉王建安、罗舜初同志：一、根据当前形势，这次我们可以组织比过去规模稍大的攻势作战，除鲁中的部队外，我们准备调滨海军区的第六团配合他们作战。二、这次攻势主要打吴化文部，其他日伪军的据点，暂时不要理它，以达到孤立吴部的目的。三、要争取以比较小的代价，去换取更大的胜利，因而一定要很好侦察，充分准备，严密组织。”

鲁中军区领导人根据罗荣桓的指示，决定投入六个团，加上滨海军区的第六团和各县的地方武装与民兵，组织多路梯队发动攻势，进行第三次讨吴战役。

3 月 25 日，正值日军调防，伪军整编，敌伪部署较为混乱的有利时机，开始发动战役。

吴部遭严重打击，于 28 日将其第六、第七两军残部集中于以鲁村、悦庄两点为中心的狭小地区。为挽救吴部，日军除每日派遣飞机轮番助战外，以其第五十四旅团、独立混成第五旅团各一个大队，于 3 月 29 日分别从莱芜、临朐来援。

山东军区获悉后，立即指示鲁中军区：“吴部集中鲁村、悦庄，死守待援，因此在运动中歼敌已无机会，强攻恐难奏效，应迅速结束战役，并防敌人向我出击报复。”鲁中军区接到指示后，除留一部与敌周旋外，主力当即转移于机动位置，待机歼敌，战役第一阶段结束。

在这一期间，罗荣桓的病情仍不见好转。由于根据地连 X 光机都没有，不仅无法治疗，连正确诊断都作不出，罗生特建议秘密赴上海治疗。山东分局研究后发报请示中央，中央复电同意。不久，毛泽东又颇为罗荣桓的安全担心。2 月 8 日，他来电说：“你的病况，中央同志大家关心。因来电所述病情甚为严重，故我们复电在山东医治，如不可能则去上海，实含若干冒险性质。究竟近情如

① 罗荣桓：《在山东军区军事工作会议上的报告》。

何，是否完全不可能在山东医治，又是否完全不可能来延安而非去上海不可，如果去上海又如何去法，均望详告。”[1]然而，当山东分局收到这电报时，罗荣桓已经出发了。2月27日，他辗转到达新四军三师驻地后收到了毛泽东的电报。他腹部有伤痕，去上海治疗确实冒险。于是，决定不去上海，立即返回山东。4月初，他一回来就又投入了讨吴战役第二阶段作战的指挥。

这时，日军东西两面共2300余人的增援部队会合于悦庄，掩护吴部重新布防。八路军不断以小部队向敌弱点进攻，进退迅速，使日军捉摸不定。来援之日军终因未发现八路军主力所在，于4月8日逐渐回撤。

罗荣桓当即抓住日军回防，吴部调整防务，部署尚未就绪这一良机，命令鲁中部队迅速发起讨吴战役第二阶段的作战。4月15日，鲁中主力围攻驻悦庄附近之吴部第四十九师一部，全歼吴部1个团零4个连，并以政治攻势招降了吴部独立第四旅600余人（后又逃散），迫使吴化文不得不亲率4个团由其总部所在地莱芜境内的郑家王庄东援。八路军乘其后方空虚之际，于4月18日夜间集中兵力奔袭郑家王庄。19日夜，歼吴之总部大部，打乱了吴部的后方。20日，吴化文被迫率其增援部队及第四十九师残部撤至鲁村一带，悦庄地区为八路军控制，整个战役即告结束。

此役，共毙伤敌1300余人，俘伪少将以下军官323人、士兵4800余人，连击溃在内共歼灭吴部有生力量7000余人，占吴部原有兵力60%以上，攻克重要据点40处，重要山寨20处，解放村镇千余，人口30多万。战略要地鲁山山区的大部为八路军所控制。延安《解放日报》为此发表了社论《鲁中讨吴战役的胜利》，指出：“这次战役不但对于山东的抗日根据地很重要，而且是敌后战场上我八路军、新四军配合正面战场作战行动的一部分。”

为了进一步扩大胜利，配合正面战场作战和保卫夏收，山东军区在罗荣桓主持下，在青纱帐盛起之际，又指挥各军区发动了大规模的夏季战役攻势。

鲁南军区首先发起了讨伐伪军荣子恒的崮口战役。荣子恒部原为东北军部队，后投敌编为伪“和平救国军”第十军。他们一贯积极反共反人民，摧残抗日力量，奸淫烧杀，无所不为，是鲁南伪军支柱，其第三师刘桂堂部已被歼。这次战役主要目的是歼灭其第二师刘国桢部，解放其盘踞的崮口山区。5月1日，鲁南军区集中第三团、第五团全部及尼山支队一部，兵分三路，在其他部队掩护下，奔袭刘国桢部。是夜狂风大作，鲁南八路军以迅雷不及掩耳的动作，直奔费县以南的天井汪，将伪第二师司令部重重包围，4日将其全部歼灭，刘国桢被击毙。荣子恒遭严重打击后，逃窜到泗水，5日，崮口山区全部解放。

7月18日，鲁南、湖西部队及新四军一部，向微山湖东西地区之投降派周侗、申从周等发起反击，控制湖东百余里地区，重新打通了湖西与鲁南的联系。

渤海军区为了缩短与鲁中区的联系，以12个连的兵力，配合益（都）寿

---

①《毛泽东书信选集》，人民出版社1983年版，第227页。

(光)临(淄)广(饶)边区武装及民兵，向广益公路出击。

这时，伪灭共建国军暂编第一师王道部驻扎在寿光县西北之丰城。此前，王道部受日军歧视，在渤海八路军强大的政治攻势感召下，准备弃暗投明。罗荣桓得悉后，派山东军区参议室主任牟宜之去做王的工作。

牟宜之，日照人，是王道的同乡，又是王在日本留学时的同学。他原为沈鸿烈所委任的乐陵县长，当肖华1938年抵达冀鲁边时，他将政权和武装全部交出，接受八路军领导。他曾去重庆，在周恩来领导下做统战工作；还到延安谒见过毛泽东，后又回到山东。

牟宜之到达王道驻地后，便与王促膝长谈，对王讲形势，讲共产党的政策，讲消灭刘桂堂和讨伐吴化文的战斗……

经过半年工作，王道决心脱离敌伪。当渤海军区部队出击时，王部1600余人于7月20日宣布起义，以后该部编为山东军区独立第一旅，王道任旅长。8月16日，渤海八路军又攻克利津城，歼灭了伪绥靖军第八集团第二十七团，此役是渤海八路军首次取得城市攻坚战的胜利。

滨海军区发起了讨伐伪军李永平战役。李永平是诸城、日照一带的老土匪。1941年投敌，编成伪滨海警备军。盘踞于以泊儿镇(诸城东南)为中心的诸(城)胶(县)日(照)地区。滨海军区于7月23日发起攻势作战，经过四天激战，歼敌700余人，攻克大小据点40余处，解放了铁山、藏马山以西的大片国土，控制了诸日公路大部及海(州)青(岛)公路、诸(城)胶(县)公路一段，改变了滨北形势，巩固与发展了滨海与胶东的联系。

鲁中军区于8月15日集中主力4个团及地方武装、民兵一部，进攻沂水城。至16日下午2时，全歼守城伪军，俘伪县长牛先元以下800余人，毙伤200余人。随后，集中主力攻击由日军据守的中心炮楼。突击队连续爆破了5个碉堡，并与日军展开了白刃搏斗，毙日军31名，俘20名。这是鲁中军区首次攻击日伪军联合守备并坚固设防的城市，证明了鲁中八路军的素质有了很大提高，他们的攻坚战术已向前发展了一大步。

## 第三节 秋季攻势

1944年8月间，山东军区设于济南、青岛等地的情报站纷纷报告，敌人正在全山东境内调动部队，其中有日军9个大队，还有伪军吴化文、荣子恒等部共1万余人，集结于莒县、日照、临沂、青口、海州等地，其中日照有600余人已经出动北进。敌人扬言，要向日照以北“扫荡”。在得悉敌人上述动向后，罗荣桓判断，一股敌人北上只是佯动，敌人的真实目的是合击驻在莒县南部的山东军区和滨海军区领导机关。

这时，驻滨海区的山东军区与滨海军区、鲁中军区之间，都已架设了长途电话，罗荣桓吩咐参谋人员通过电话同鲁中、滨海军区的领导互相通报了情况。敌人进入根据地后，遇上倾盆大雨，道路泥泞，进入腹地后，怕踩地雷，前进的速度不快，加之敌人每路人马均在千人左右，粮食都是从济南、兖州等地捕捉大批民夫挑来的，估计“扫荡”时间不能持久，应沉着冷静地对付敌人的“扫荡”。接着他又电告胶东和渤海军区，敌人兵力不足，捉襟见肘，要他们乘敌集中兵力“扫荡”滨海之际，寻机打击守备薄弱的敌人，以策应滨海区的反“扫荡”。

罗荣桓作了上述部署以后，于 8 月 21 日晚 10 时率领当时正在出席军区召开的军事会议的干部和机关从莒县西南的洼子埠迅速南下。罗荣桓摸透了敌人的脾性，知道两省的敌人建制不同，山东属华北日伪军辖区，而江苏则为华中日伪军辖区。两区之敌难以密切协同配合，其间有机可乘。于是他按照“敌进我进”的原则，回旋穿插于江苏、山东两省边缘地带，在莒县南部，赣榆、郯城以北地区跳来跳去，同敌人“捉迷藏”。

一天深夜，他们来到沭河东岸一个村子宿营。拂晓，参谋萧剑飞正在同各个情报站通电话，了解各地敌情，突然，敌人插起话来，他们把“大东亚共荣圈”胡吹了一通，又对八路军进行谩骂。于是，萧剑飞便向他们宣传世界战争大势。这时，躺在隔壁房间休息的罗荣桓听到了，马上意识到这是敌人用电话机搭上了我们的电线，在监听侦测。他命令萧立即停止同敌人对话，放下电话机，然后命令机关部队集合，准备转移。以往转移，都是在黄昏以后，这次，突然定在上午，参谋们都感到容易暴露目标，易被敌人合围。罗荣桓认为，即便如此，也必须马上转移，因为敌人可能已经侦测出通话一方是领导机关，并了解了大体方位和距离。如不迅速转移，必遭敌人合击。于是，连做好的早饭也没有吃，罗荣桓便带着机关，同特务团兵分两路，进行转移。罗荣桓带着机关钻进一片杂树林，有些参谋问他：“万一碰到敌人怎么办？”罗荣桓回答：“那就进行战斗。但今天这种情况必须转移。”走了二十多公里，罗荣桓看到已经摆脱了敌人，才命令休息，支锅做饭。这时，侦察员报告：“早晨驻的那个村子已遭敌人合击。”罗荣桓听后微微一笑说：“等敌人明白了追过来，我们可又转移了。”

参谋们看着罗荣桓坚毅、沉着的面容，都不禁想到，如果早晨稍一犹豫，就可能遭敌合击，后果将不堪设想。

敌人这次大“扫荡”，曾先后合击滨海根据地中心地区莒县东南的十字路、三界首、坪上，日照西南的碑廓，赣榆西北的黑林等要点，但都扑了空，便只好对根据地实行“清剿”，破坏根据地后方建设，掠夺物资、牲畜和捕捉壮丁。为了挫败敌人的“清剿”，罗荣桓又适时派出一部分精干部队挺进内线，分别在莒县、日照边境地区，临沭东部地区及日照、赣榆沿海地区，在民兵配合下打击敌人，保卫根据地。

你打你的，我打我的。敌人在滨海“扫荡”，山东其他各战略区在山东军区统一部署下，都抓紧有利时机，展开了秋季攻势作战。

胶东军区在 8 月 24 日攻克牟平南部突出的日伪军据点水道，并向蓬莱、掖县地区展开攻势，又于 8 月 31 日收复了文登县城，9 月 2 日收复荣城县城，共光复国土五千余平方公里。

渤海军区自8月19日发起攻势，继攻克利津后，又收复乐陵、临邑、南皮等县城，解放沾化除县城以外的全境，共歼灭日伪军5000余人，光复国土1万余平方公里，解放同胞达400多万，打通和扩大了各分区的联系。过去被敌严重封锁、分割的地区，已变成了大片根据地。1943年是渤海区最艰苦的一年，时隔一年，形势大变。

鲁南军区也将滋（阳）临（沂）路、临（沂）枣（庄）路彻底破坏，断敌交通，有力地支援了滨海区的反“扫荡”，扩大了各分区的联系，发展了抗日根据地。他们收复国土5000平方公里，解放人民140余万。

1944年8月28日，延安《解放日报》发表题为《山东捷报》的社论，对山东军民发动攻势作战的胜利进行了评述。社论指出，这一连串的胜利，说明我军已由反“扫荡”为重点的防御作战转为主动的进攻作战，不仅能攻破敌人设防坚固的据点，而且开始攻入和收复敌占县城。但敌强我弱的基本形势尚未改变，因此，不能骄傲自满，应当不断研究敌人，要有效地打击敌人，争取新的胜利。

敌人在山东各地连遭打击，在滨海便“扫荡”不下去了，于27日开始分兵后撤。

此时，山东军区电台已能掌握日伪军的一些通信密码，对敌人调动了如指掌。罗荣桓得悉敌人撤退后，立即命令鲁中、滨海、鲁南军区派出部队打击“扫荡”撤退的敌人，截击被抢走的物资和牲口。

9月2日，“扫荡”滨海回窜之敌一路，2500余人，由莒县经沂水城北窜博山。鲁中军区以主力4个团，分别于沂水城西沂河两岸隐蔽埋伏。3日晨，敌分两路沿河北窜。左路是伪军吴化文部的陈三坎旅。行至陶沟地区，被八路军截住，激战彻夜，该股伪军1000余人全部被歼灭，伪独一旅旅长陈三坎被击毙。右路是日军草野清大队450人，伪军500余人，沿沂博路北窜，进入葛庄伏击圈内，鲁中部队与之展开争夺葛庄东岭高地的白刃格斗，刺死敌第五中队长冈田健以下50余人，将敌压于岭下。黄昏，鲁中部队对部署稍事调整，即展开总攻，冲向敌人阵地又投入白刃格斗，敌伤亡惨重，最后退守葛庄西小岭上。4日下午6时，敌向南突围，鲁中部队沿沂河两岸平行追击，敌狼狈不堪，将大部分武器丢于河中，大部在渡河时被击毙。敌掠夺的牲口、物资也大都被夺回。是役，计毙日军300余人（内有中队长3人），俘日军31人，毙伤俘伪军1000余人。这是继1939年8月梁山战斗后，山东的八路军在运动中歼灭日军一个大队的又一模范战例。罗荣桓下令嘉奖了参战的广大指战员。

## 第四节　冬春攻势，争取大股伪军起义

山东根据地在夏、秋攻势中取得了重大的胜利。1944年9月27日，中共中央北方局代理书记邓小平和八路军前总参谋长滕代远致电毛泽东和这时已到延安

的彭德怀："半年来，（我军）胜利最大且最突出者是山东，而山东距日本最近，海岸线很长，必为敌人所重视。现局势既已打开，应采取……以巩固为主的方针，埋头巩固新开辟地区工作。"

对于北方局和集总的关注，罗荣桓非常重视。10月12日，他和黎玉、肖华致电各军区并报集总、军委，在报告了山东根据地的发展情况后，指出：敌人"扫荡"滨海遭受打击后，尚在沉寂中，但敌人还是相当强大，可能更加慎重地对我发动大规模之"扫荡"。因此，我们目前必须克服和防止任何自满，以免重复过去的错误。

电报还指出：为了准备打击敌人任何一种"扫荡"，并求得更加巩固发展自己，保存最有利的反攻阵地，应争取迅速打通铁路线以内各个根据地间的联系，使之连成一片。为此，"我应配合内线工作的成熟，选择……有利于我之时机，首先收复莒县、郯城，彻底破坏台（儿庄）潍（县）路临（沂）枣（庄）段与诸（城）莒（县）段，造成对临沂之孤立"。

1944年冬季攻势的一个特点是，和军事攻势相配合，开展大规模的政治攻势，争取大股伪军起义。11月间，争取伪保安大队长莫正民起义，攻克莒县县城，就是一个突出的战例。

莒县是山东的大县，有91万人口，处于滨海区中心。西与沂蒙山区连接，东临黄海，向北连接诸（城）日（照）莒（县）山区，地理位置非常重要，是日军历次对鲁中、滨海两区进行"扫荡"的重要基地和南北运兵的要道。对该城城防工事，敌人经营已有五年多，守敌的分布是：莒县伪保安大队莫正民部共30个中队，其中16个中队驻城内，14个中队分布在外围据点及莒县至枳沟（现属诸城县）一带，城内另驻有日军一个中队百余人。

莫正民，莒县人，原家庭贫苦，行伍出身，抗战初期曾与中共党员王东年共同拉队伍，并参加过中华民族抗日先锋队，后来所部被国民党高树勋部编为一个独立旅，莫任旅长。莫后来脱离高部，在日军压迫下，当了伪军。1942年7月，该部配合日军由莒县向南蚕食时，曾遭滨海八路军严重打击。当时莫正民为求得缓和局面，派人与八路军联系。八路军在该部建立了联络站，开始了对该部的争取工作。起初，由于缺乏经验，拉得多，打得少，斗争不够，工作没有多大进展。1944年3月，八路军计划消灭莒县南部夏庄一带的日军，本已同莫正民联系好，让他们放弃莒县南部，驻守北部，然而等到八路军向日军发起攻击后，莫部的第二大队反而坚守待援，于是八路军在消灭日军一个小队的同时，捎带将莫部第二大队击溃，并俘获大队长刘振亚，然后给莫正民写了一封义正词严的信，提出双方早有协议，他们言而无信，咎由自取，并进一步阐明局势，望其三思。山东军区又派这时已担任山东军区独立第一旅王道部政治部主任的牟宜之，与莫正民会晤，劝他不要三心二意，要改邪归正，戴罪立功。但在坏分子怂恿下，莫还是犹豫不决。莫部中以驻井邱的第三大队长王介千表现最坏，曾捕杀八路军一名侦察员，袭击八路军一个区队。鲁中部队立即下令攻克井邱，沉重打击了第三大队，莫亲自带了三个中队增援，半路上遭到阻击，伤亡惨重。事后，莫正民又主动派人与八路军联系，表示要重新搞好关系，并同意八路军加派联络人员，在他的一些据点里设立了秘密联络站。从此，莫正民认识逐步提高，态度好转，同八路军关系渐渐密切起来。后来，八路军放回了在夏庄战斗中俘虏的刘振亚，莫正民很受感动。但不久，他又听到谣言说：7 月间率部投奔八路军的王道被杀了，其部队也被整掉了。莫非常关心此事，于是八路军乘他的副官长来联络的机会，让王道同他会面。副官长回去后，立即将这个消息告诉莫正民。莫这才算放了心，立即表示：“我姓莫的抗日走在王道后面，但一定要办得比他还漂亮。”

1944 年 11 月，八路军决定集中滨海军区第四、六、十三团，鲁中军区第一团及山东军区特务团两个营、独立第一旅和五个独立营、区中队、民兵各一部，一万余人，攻打莒县县城，并要求莫正民起义做内应。

11 月 14 日下午，攻城与起义同时开始。八路军工兵穿上莫部的军服混进城，用炸药包炸掉了日军炮楼。以此为信号，八路军健儿有的在起义官兵的引导下，从打开的城门冲进城，有的翻越城墙进入城内。黎玉、肖华、李作鹏随特务团两个营一起从南门进城。滨海军区第六团从东门，莒中独立营从西门进城。同时，一队队起义的官兵，臂上戴着写了“正”字的白袖章，排成四路纵队向城外涌出，人流中还押着伪县长、日本教官、顾问等。

县城虽破，但日军仍不投降。他们都龟缩到一个小围子里据守四个碉堡，负隅顽抗。经过长时间的围困和多次连续爆破，敌人的两个碉堡终于被八路军攻下，另两个碉堡的残敌，在增援之敌的接引下逃离莒县。

莒县解放后，罗荣桓、黎玉、肖华嘉奖了参战部队、地方干部、民兵和武工队员，莫正民部进入根据地后，被授予山东军区独立第二旅的番号，莫正民任旅长。在王道、莫正民起义以后，滨海军区争取了伪诸城保安大队长张希贤部 1300 余人反正；鲁中军区又争取了伪鲁东“和平建国军”独立第十团团长韩寿臣部 1800 余人反正。这四大股反正的伪军共 8300 余人，先后编为山东军区的 4 个独立旅。此外，尚有千人以下反正者 150 余股，共 7000 余人。其中包括胶东收复荣成县城时反正的伪军滕品三部 6 个中队，杀死日军 17 人宣布反正的威海刘公岛伪海军一部，与在荣成龙须岛反正的一股伪海军共 600 余人。这三支部队反正后被编成了胶东军区海防支队。

这些伪军的起义，不仅有力地破坏了敌人“重点主义”的防御体系，而且打击了国民党顽固派“曲线救国”的反动政策。后来的事实证明，日本投降后，山东伪军立即与国民党军队合流投入了内战战场。在山东争取大量伪军起义，实际上便在事先打击了蒋介石在战后利用伪军反共的阴谋。显然，这也是罗荣桓“为战后作准备”的一步好棋。

在莒县全境解放的同时，鲁中、鲁南、胶东和渤海军区，也都各自发起了冬季战役攻势。鲁中军区向南肃清了临沂城的外围据点，向北直逼胶济线附近。鲁南军区 11 月 10 日攻克大平邑（现平邑县城），控制了泗水城至费县段公路，直逼临城、费县、泗水、滕县等城市，并接近了津浦、陇海两条铁路线。这两次战役攻势共歼灭伪军 4000 余人，迫使伪军 3 股近千人反正，使鲁中、鲁南两区完全连成一片。胶东的八路军 11 月中旬粉碎日伪 5000 人的“扫荡”，11 月 14 日，逼退栖霞城守敌，解放该城，烟（台）青（岛）路北段完全为八路军控制。渤海的八路军于 11 月中旬在惠民以西地区，对投降敌人的戴镐东（原国民党鲁北军区司令）部的进攻发起反击，歼其 3200 余人。12 月上旬，又粉碎日伪 5000 余人的“扫荡”，打破了敌人重占利津城的企图。

1945 年 1 月 3 日，冬季攻势结束后，罗荣桓在分局和直属队的干部大会上作了题为《一九四四年的过去和一九四五年的到来》的报告，指出：1944 年是世界反法西斯势力高涨的一年，也是山东解放区取得更大发展和胜利的一年。在这一年的战斗中，共歼日军 4800 余人，伪军 5.4 万人，争取伪军 1.1 万余人反正，收复县城 9 座，拔除据点 1200 余处，解放人口 930 万，山东军区部队发展到 15 万人，民兵游击队发展到 37 万人。八路军向着敌占城市交通线及平原地区发展，向北扩大了胶济线两侧的联系，向东延长与扩大了对海岸线的控制，向南渗过陇海路，牢固地保持了与华中的联系，形成了独立自主地准备反攻的有利形势。

但是，罗荣桓认为，敌我形势的改变仍然不是基本的改变，敌人还是强大的，几万日军加上 18 万伪军，他们在实行重点主义配备之后，仍然保有机动能力，能向我“扫荡”或报复，因此要继续防止自满和麻痹情绪。

为了扩大解放区、缩小沦陷区，罗荣桓趁热打铁，继 1944 年发动了一连串攻势作战之后，又部署了 1945 年的春季攻势作战。

鲁南军区的部队于 1 月 7 日向西跨越津浦路，发动了南阳湖东战役，解放了邹县至济宁的公路以南、南阳湖以东的地区，进一步扩大了山东与冀鲁豫地区的联系。接着，他们又回师路东，于 2 月初发起了泗水城战役。经过两天一夜的激战，全歼守敌，解放了泗水城，打退了增援之敌，击毙伪十军军长荣子恒以下官兵 200 余人，击毙日军顾问、指导官 3 人，俘日伪军 1100 余人，缴获很多军用物资，同时争取伪第一团 400 余人反正。至此，伪十军全部被消灭。泗水城的解放不仅进一步扩大了鲁中、鲁南的联系，而且开辟了八路军以后在更广阔的战线上向津浦铁路进军的有利阵地。

鲁中军区 3 月 8 日发起蒙阴战役。经过三天激战，攻克蒙阴城，歼灭日军一个中队，伪军 12 个中队，毙伤伪军 255 人，俘伪县长、伪县大队长以下官兵 956 人，毙日军 100 余人，俘日军 9 人。蒙阴城是敌人插在鲁中区的一个孤立据点。由于它逼近蒙山，对沂蒙山根据地威胁甚大，蒙阴一解放，从鲁中的泰山区、沂蒙区，南越蒙山到鲁南，使鲁中军区和鲁南军区完全连成一片，造成了山东八路军有利的反攻态势。

胶东军区在春季攻势中主要的进攻目标是赵保原。赵部原是山东国民党部队，此时打着国民党和伪军两种旗号，已成为与敌共存的兼祧部队。赵保原所辖兵力达 1.8 万人，长期盘踞在莱阳东南以万第为核心的五龙河和大小沽河一带。

其部队与莱阳、即墨及许多日伪据点交错配置，互为依托。赵保原不但派有代表驻在敌独立混成第五旅团，还设办事处于青岛、莱阳，经常以壮丁、牲畜、废钢铁、粮食等献媚于敌，对占领区人民横征暴敛，肆意屠杀，无所不为。广大群众对其投降叛国、残害人民的罪行恨之入骨。由于日本侵略军的扶植，赵部已成为山东全区最大的一支伪军。

早在 1944 年下半年，罗荣桓曾给胶东军区发电，明确指示他们应考虑胶东地区的前途，最关键的问题是能否把赵保原消灭掉。

按照罗荣桓的指示，2 月 11 日，胶东军区集中 5 个团和 5 个营的主力部队附一个炮兵营，在地方部队和民兵的配合下，经过七天七夜的战斗，终于捣毁赵保原的老巢万第，歼敌 9000 余人，消灭了他的基本力量。赵率残部南窜，投靠即墨之敌。这样，不仅胶东各分区扩大了联系，形成了大片根据地，而且在对日伪反攻作战时，解除了八路军的后顾之忧。

在此期间，滨海军区在粉碎敌人 2000 人的“扫荡”后，于 2 月 21 日，以一部攻克海头、小辛庄等 9 个据点，逼近陇海路和连云港。

经过春季攻势作战，沉重打击了山东日军制订的 1945 年 1、2、3 月份的“重点主义军事清剿计划”，扩大了山东解放区，为以后的反攻作战创造了极有利的条件。

# 第十六章 “你们的路线是正确的”

## 第一节 减租减息

为了克服严重困难，坚持长期抗战，争取最后胜利，中共中央制定了一系列切合各根据地情况的政策，当时简称“十大政策”[①]。1944 年 7 月 28 日，毛泽东就执行十大政策有关情况的十个问题电询各战略区负责人。8 月 12 日，罗荣桓和黎玉致电毛泽东作出答复（以下简称《答复》）。12 月 25 日，毛泽东复电，指出：“关于十个问题的答复，早已收到，内容很好。你们的路线是正确的。你们已有丰富经验。估计 1945 年，山东全党工作会有极大进步。”对山东的工作给予了充分的肯定。

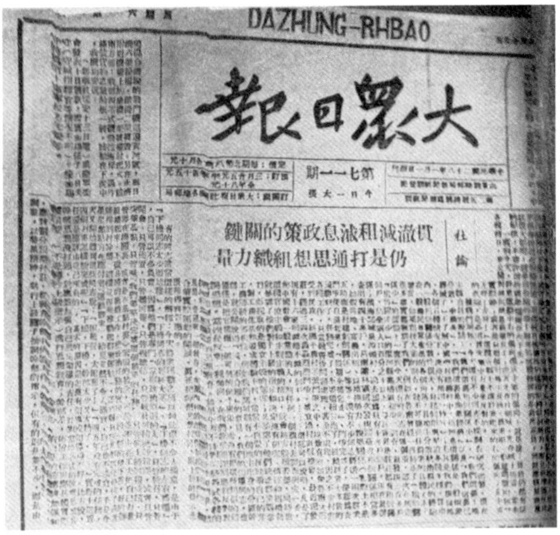
DAZHUNG-RHBAO

大衆日報

社論

貫徹減租減息政策的關鍵

仍是打通思想組織力量

山东《大众日报》发表的关于贯彻减租减息政策的社论

罗荣桓、黎玉在《答复》中用很大篇幅讲了减租减息。这是因为减租减息是当时农村民主革命的主要内容，也是党在抗日民主根据地实行的一项极其重要的政策。

在 1942 年刘少奇到山东以前，山东抗日民主政府虽然也颁布过有关减租减息的法令，但实际上没有放手发动群众。当时 28% 的村政权还掌握在地主阶级手中，另有 47% 的政权成分不纯。因而明减暗不减的现象相当普遍，不少地区出现了侵蚀群众胜利成果和地主反攻倒算的现象。山东分局的《四年工作总结》对此已经作了检讨。

① 十大政策是：对敌斗争、精兵简政、统一领导、拥政爱民、发展生产、整顿三风、审查干部、时事教育、“三三制”政权、减租减息。参看《学习和时局》，《毛泽东选集》第 3 卷，人民出版社 1991 年版，第 943 页。

罗荣桓和分工抓这项工作的黎玉，通过调查研究，认为减租减息运动进展缓慢而又不彻底的主要原因，是有一些干部对减租减息还存在一些模糊乃至错误的认识，因而领导不力。

山东封建地主的势力很大，农村中约有80%的农户租种地主土地。在莒南县大店，占总户数7%的地主占有60%的土地。山东农村的封建剥削和超经济的封建压迫十分严重。那些恶霸、“山大王”掠夺农民欠下了累累血债，其罪行更是罄竹难书。

可是有的干部却不经调查研究，就宣称山东农村土地分散，租佃关系不多；有的干部也承认“双减”是解放农民的需要，可又怕超越了统一战线的范围，甚至认为政府去搞“双减”就会妨碍“三三制”的贯彻；有的干部看到地主收入减少了，就有些缩手缩脚；还有的干部存有“恩赐观点”，认为只要由政府贴张布告，就可实现“双减”，而不懂得只有启发群众自身的阶级觉悟，才能使他们自己解放自己。

为了澄清模糊认识，推动“双减”工作的开展，罗荣桓在群众工作干部会议上说，我们做群众工作，一要根据群众的需要，二要遵守群众自愿的原则。当群众还没有觉悟时，要对他们进行“谁养活谁”的教育。根据这一指示，群众工作干部联系农民生产劳动的实际，给他们算“地瓜账”，即种一亩地能产多少斤地瓜，农民花了多少工本，应得多少收入，给地主剥削去了多少，等等。当农民明白了这个道理后，干部便因势利导，成立和整顿农民救国会，挑选出一些群众最痛恨的恶霸地主，对其开展有组织有领导的斗争，用说理和控诉的方式，揭露其罪恶。《答复》中说：“……一些恶霸是典型封建主，过去仗势欺人……群众恨入骨髓，在减租减息中不斗倒他们，群众是不敢起来的。往往一斗争，群众是三千五千的来（参加）说理。十个月来，在滨海区打击了不少，群众说：这才翻身了，晴天了。”

1944年5月28日，在分局和滨海区党委直接领导下，莒南县的大店村召开了有本地和莒南县四乡及外县代表三四千人参加的斗争大会，斗争了恶霸地主庄景楼（外号“庄阎王”），控诉他残酷压迫农民，逼死人命的罪行。庄景楼的鹰飞到贫苦农民魏老头家抓鸡，被魏老头打死，庄阎王不仅将魏老头毒打一顿，还要魏老头给鹰出殡。魏老头无可奈何，卖了地，给鹰买了棺材，披麻戴孝，把鹰埋在自己的院子里，还树了碑。魏老头的母亲被活活气死。封建地主残酷欺压农民的凶恶面目，激起了广大农民的无比愤怒。数千名农民一齐涌向魏老头家，铲平了鹰坟，砸碎了鹰碑。这就是当时山东人民家喻户晓的“平鹰坟”的故事。这类血泪事实，在山东各根据地发现多起，文艺工作者把它们编写成小说、戏剧、诗歌、曲艺、连环画等，广为宣传，极大地鼓舞了农民的斗志，有力地推动了当时正在进行的“双减”运动。

在进行减租减息的工作中，罗荣桓指示，也要防止“左”的偏向，要把大地主和中小地主、顽固地主和开明地主、收租地主和经营地主、地主和富农、地主和小土地出租者区别开来，还要教育说服农民按规定交租交息，以推动各阶级共同抗日。

在运动中，罗荣桓还及时指出，要把减租减息同改造村政权结合起来。只有放手发动群众，同封建地主阶级作坚决斗争，摧毁封建统治，彻底改造村政权，才能使减租减息工作顺利进行。

罗荣桓还要求部队积极支持减租减息斗争。他要求部队每到一地，都要进行该地村史、阶级关系、工作现状的调查，协助地方党组织和群众团体进行工作，要“走一村做一村，住一户做一户”。

由于认真贯彻执行了中央关于减租减息的政策，山东根据地的群众真正发动起来了。据当时不完全统计：1944 年全区召开了约 1.9 万次斗争大会，斗争了顽固抗拒减租、有民愤的恶霸地主约 1.3 万人，追回了地主非法掠夺农民的大批粮食、土地、房屋、牲畜、农具和现款，共值 3 亿元（北海币[①]）以上。进行了减租减息的村庄，占山东解放区内 2.34 万个村庄的 63%，组织起来的群众达 400 余万人。

“双减”以后，人民群众抗战积极性有了很大的提高，齐鲁大地涌现出参军、参战的热潮。兄带弟、儿别娘、父送子、妻送郎的感人事迹层出不穷。以往有些农民参军都希望参加不离本乡本土的地方部队，现在则指名要求参加打硬仗最多的老六团（六八六团）。广大群众支前的热情空前高涨，主力、地方部队和民兵都欣欣向荣，群众游击战争得到巨大发展。

罗荣桓认为，减租减息是发动群众的中心环节。这一工作搞好了，军民关系、群众工作的问题都将迎刃而解。《答复》中写道：“需要中央进一步号召全党（实行）群众路线，才能使战后优势获得雄厚基础。”

《答复》又一次提到了“战后”。中国革命的基本问题是农民问题，得民心者得天下，这个“民心”首先是农民之心。实行减租减息，争取和发动了农民群众，这就有了巩固的根据地，因而也就有了粮食，有了有利的战场，有了充足的兵源。有了兵源，再以精兵简政保留的骨干作酵母，便会很快建立起有组织的大军。有了这支大军作雄厚基础，就能保证在战后取得优势。

## 第二节　军事工作

在《答复》中，罗荣桓、黎玉汇报了加强主力军、地方军和民兵三结合的武装力量的问题。《答复》说：“我们正开各军区高级军事会议，整训部队是主要的内容，已完成对连队工作与战术问题的总结，对敌顽统一作战方针的总结。还有对地方武装与精简问题的总结。”

罗荣桓所说的军事会议，6 月 15 日在日照南部的碑廓村召开。会议是采取边介绍经验、边研究、边总结、边贯彻执行的方式进行的。首先由各军区的干部

① 北海币，是北海银行发行并在山东抗日根据地内流通的货币。

介绍了军事工作的经验，然后由大家讨论、提出问题。在这一基础上，罗荣桓对部队整训、连队建设、地方武装建设、司令部工作、后方勤务工作、学校工作以及干部工作等问题作了全面的系统的总结。由于内容丰富，这一总结长达三万余字，它是惯于说短话、写短文的罗荣桓生平所写的最长的文稿。

在会议的总结报告中，罗荣桓提出了普遍整训部队，准备将部队发展一两倍的任务。罗荣桓强调，训练部队必须各级指挥员亲自动手，不能把训练部队的责任推在副职、参谋或教员身上。这是因为指挥员在作战实践中都获得了非常宝贵的经验教训，如果不将其贯彻到训练部队的实施中去，那就把流血得来的代价白费了，这是对战争不负责任的态度。

罗荣桓认为，由于红军干部都经过国内战争，对中央苏区较大规模的运动战、带有正规性的作战有一些经验，但有些人不熟悉敌后分散性游击战，因此，必须注意敌后抗战同国内战争的区别。他认为敌后抗战的特点是，环境情况复杂，作战对象强大，对敌对顽形成三角斗争，在地形上北方也不同于南方的山地。他说：“如果我们自以为是，跳不出狭隘经验的圈套，不去批判地接受过去的经验，发扬优良的方面和克服弱点的方面，就会增加我们的困难，造成战争的损失。”

关于敌后抗战的军事指挥，罗荣桓在总结报告中阐述了三个方面的基本经验。

一是游击战和运动战的关系。他认为，1941 年后，敌人实行“治安强化”，我们进入了极端的分散游击战的环境，运动战的条件已不复存在。1943 年后，虽然敌人仍是强大的，但用围困打援设伏的办法，求得在运动战中歼灭少数敌人的机会有所增加，而这种运动战，仍要发挥分散游击战的特长，是一种游击运动战。在进攻围寨碉堡时，要多采用偷、骗、混等奇袭战术，要把游击战同政治攻势相结合，争取敌人内部武装起义，里应外合打击敌人。

二是集中和分散的关系。他认为分散游击战虽然是分散性扩大，但分散中有集中，集中中有分散，而分散游击战仍是以战略部署和军事指挥上的统一集中为最高的原则。要防止只强调一面，从而导致分散抓不拢，集中摆不开，削弱或失掉了自主机动性的结果。

三是积极自主的进攻问题。他说：在分散游击战争的条件下，只有积极自主的进攻，才能同优势敌人坚持持久战，才能集小胜为大胜，从而改变敌我力量悬殊的局面。为此，必须改变一成不变的战斗方式，打破敌我边沿的界线，要极力隐蔽自己，麻痹、松懈敌人，又要适时地集中自己的力量，尽量包围、孤立、打击和歼灭敌人，要摆脱自己之不自主，争取自己之自主，束缚敌人之自主，使之成为不自主。我之攻击必须集中于其弱点。要速打速决，又要速分速散。进攻时，要打得突然，退却时，要退得冷静；时而张扬旗鼓，时而收敛锋芒。总之要使敌人摸不着我们的规律，搞不准我们的行动，迟钝敌人的感觉，打乱敌人的指挥，找出敌人的空隙，造成有利于我军的战斗机会。

罗荣桓认为，各级指挥员只有知己知彼，有勇有智，才会获得灵活机动的自主与进攻。不能畏敌如虎，不敢去摸它，也不能只凭一冲，勇而无谋。在同敌人斗智时，必须摸准敌人的规律，使敌人受制于我；并以我之不规律对抗敌人，使我不受制于敌。我们指挥员的智慧，还不只限于充分发挥我之有利条件，更为重要的是如何使不利于我之条件变成有利于我之条件，使我之劣势转化为优势，这样才能有战斗的自主与进攻。同时，还要启发基层干部与战士的智慧，发挥群众的聪明才智与创造性，发扬革命英雄主义精神，这是贯彻战斗的自主与进攻的最坚强力量。

罗荣桓对于指挥艺术中的冒险问题发表了精辟见解。他说，军事上的冒险是要有的，只要不是冒险主义。否则就不可能有勇敢，也就不可能有自主的进攻。因为对敌情的了解，不可能完全搞得一点都没有差错，而敌人究竟是不受我们指挥的。故我们的进攻往往带有一定程度的冒险性。这种冒险性与不调查了解情况，又不细致地分析敌情，不讲指挥艺术，不讲战术，轻敌自满的冒险主义和逞个人英雄的一冲主义是根本不同的。罗荣桓要求每个指挥员都应当有沉着果敢的战斗作风、智勇双全的指挥艺术，还要有努力学习的精神，胜利不骄傲，失败不灰心。他认为这是每个指挥员必须具备的品质。

罗荣桓强调，军队的基础在连队。他说："我们的连队是战斗的基本单位，又是训练部队的基本单位，是培养提拔干部之源泉。"他还认为，由于分散游击战，我们的连队不仅要与民兵、游击小组配合作战，还要带领游击区、敌占区群众对敌展开政治攻势，因而担负了十分繁重的任务。

他指出，有些单位连队工作基础还不巩固。主要表现在管理方法不当，官兵关系不好，某些部队逃亡相当严重，干部不会搞训练，缺少提高部队军事技术的办法等，其原因主要是营团级以上各级指挥机关对连队指导和帮助不够。他说："主要干部要亲自下到连队中去。这在我军历史上有过很好的风气，一些高级干部都以到连队了解工作情况、学习具体经验为最愉快的事情。"他要求各级机关对连队的指导要做到"从连队中来，到连队中去"，搞好射击、投弹、刺杀和爆破等技术训练，发扬三大民主，改善连队生活。他说："加强连队工作应当作为整训部队的中心环节。要使其不成为流产的口号，而得到真正实现，就必须从上而下的重视、深入，由小到大的解决问题，把指导和实践结合起来，把干部和战士结合起来。"

在总结报告中，罗荣桓还提出："统一主力、地方武装、民兵之使用，互相辅助发展，强大我们的势力，是我们当前的重大任务。"

罗荣桓指出：主力部队的基本任务仍然是分散坚持地方，扩大游击区和开辟新区，但要准备进一步机动和集中整训，还要不断充实编制数额。补充主力部队的来源是民兵，因此，主力部队应重视和帮助民兵，巩固同当地民兵的联系。

地方武装必须有独立坚持地方的能力，边沿区是他们的基地，敌占区是他们扩张的方向。必须整理区中队，克服某些区中队存在的严重流寇思想和脱离群众的现象。

地方武装必须在现有基础上，抓紧提高自己和扩大自己，整训可利用战斗空隙轮番交替进行。扩大兵力，要随着解放区的扩大，经济条件的好转，按照人口比例有计划地进行。其基本要求是，到1945年，每个县大队要扩大到400人，每个区中队要扩大到60人（当时共有103个县、685个区），每个军分区基干武装平均5000人左右，山东全区的主力部队与地方武装的总人数约占抗日区人口的1%。

按照罗荣桓的指示，山东地方武装很快得到了发展与加强，县区武装到1945年4月，已由1943年的4万人发展至近8万人，做到了兵员满额，武器也有了增加。1944年秋季军分区一级的机构已基本健全，加强了对地方武装和民兵工作的领导。

地方武装配合主力部队，并结合广大民兵，积极向敌人开展了分散性群众性地方性的游击战争和广泛的政治攻势，担负了分散坚持边沿区斗争的任务，使主力部队能更好地集中起来进行机动作战。地方武装的发展和壮大，也为将来大反攻时成立新的兵团打下了基础。

## 第三节 经济工作

在《答复》中，罗荣桓、黎玉报告了山东的经济工作。

1943年，为了粉碎敌人的经济封锁，山东分局和省的政权机关山东省战时行政委员会根据中共中央和毛泽东提出的“自己动手，丰衣足食”、“发展经济，保障供给”的方针，发动全区军民开展了大生产运动。

在罗荣桓等领导下，山东八路军很快掀起了一个开荒种地，帮助群众耕种、收藏的生产热潮，一片片荒芜的土地变成了良田。但是，许多地方又出现了军民争荒地的矛盾。山东军区机关驻地出现了这个问题。罗荣桓得知此事后，就找军区司令部管理科长何敬之商量。何敬之提议到海边去开盐田，罗荣桓当即表示赞同。他与后勤部长吕麟等有关领导人研究后，派人到海边去调查，寻找适宜晒盐而群众还无力经营的海滩。然后成立生产指挥部，制定规划，按照机关、部队分配任务，划分地段。当时正值早春，天气很冷，海风又大，大家冒着寒风，光着脚泡在冰冷刺骨的水里，在赣榆县海边柘汪一带开出了大片盐田。罗荣桓经常去看望大家，有时还抱病参加一些轻微劳动。有一次，指战员们正在挑土，罗荣桓看到大家劳动时的欢快劲，心里很高兴，就脱了鞋，挽起裤腿，拿起铁锹跳到水里，一面和大家说笑，一面不停地往筐里铲土。管理员石理成看见后，急忙过来劝止说：“罗政委，你身体不好，别干了。”

同志们也都说：“是啊，罗政委，你能来看看大家就行了。”

罗荣桓笑呵呵地对大家说：“光看不干怎么行呢？大家不是常说，要劳动创造世界吗？”

大家看到罗荣桓虽然身患重病，每天尿血，却多次来看望大家，并一起劳动，还这样风趣、乐观，都非常感动。

当时，食盐专卖制度还不严格。军区直属队组织了一支运输队，把自己生产的食盐运到边沿区的市集去卖，来回 100 多里路，每一头牲口驮的盐就可以赚 30 余元。但生产股为了薄利多销，把盐价定低了，地方贸易公司到罗荣桓那里告了他们的状。罗荣桓把生产股长王以祥找来，问他是怎么回事。王以祥便把他们组织生产经营的情况作了汇报。原来，他们是考虑敌人随时会来“扫荡”，为了能把食盐尽快卖掉，就没有把盐统销给政府的贸易公司，而自己压价销掉了。这样一来，政府所掌握食盐的销售就受到了影响。罗荣桓听了后，当即批评了王以祥他们的错误做法，并又一次重申了军队生产要严格遵守政府的政策法令，应以“不与民争利”为原则，要他们或者把盐统销给政府贸易机关，或者遵照当地政府统一规定的价格销售，一定要自觉地维护人民群众的利益。

罗荣桓看到王以祥思想还不太通，又循循善诱地说：“我们生产的果实被敌人掠夺去，当然是损失，但群众生产的果实被敌人掠夺去，不也是我们的损失吗？手背与手心还不都是我们自己身上长的肉嘛。况且，我们这支队伍，从红军初创时起，就立下‘全心全意为人民服务’的建军宗旨。过去，打土豪、分田地，是为人民谋福利、求解放；如今，抗日、搞生产，还不同样是为人民谋利益、求解放吗？我们是人民的军队，来自人民，又服务于人民，怎么能够与民争利呢？部队到海边去开盐田，就正是为了不去与民争地嘛！”

最后，罗荣桓看到王以祥已经认识到自己错了，便安慰他说：“认识到了，今后不再这样做就行了，但工作上不要气馁。你们前段生产成绩很大，现在机关每人每天五分钱的菜金，不由军费开支了，要我们自力更生，不搞好生产怎么行呢！”

罗荣桓指示，机关生产要开展多种经营。于是供给部确定，指派原管理科长黄明亮、生产股长王以祥及管理员石理成三人，具体负责抓军区机关、直属队的农副业生产。他们成立了生产大队，下设 3 个生产队、2 个油坊、1 个酱园，经与地方工商管理局联系，还在滨海区的坪上、十字路、黑林、柘汪等集镇开了供销店。他们开始只有 50 元的基金，在集市收购花生、黄豆回来榨油，把部队原

山东部队在盐田进行生产

来做马料的黄豆也榨完油再用豆饼喂马。当时山东根据地出产的花生油、豆油，有时远销到上海等地，换回根据地军民需要的药品、纱布、火柴、布匹等物资，甚至还可以换回军需品。

在《答复》中，罗荣桓等写道：“部队在生产初步发展的基础上，一般主力机关每日可以吃到 5 钱油盐，1 斤多菜，每月 1 斤多肉。并能补助牙刷、牙粉、黄烟等日用品，今年上半年，由生产盈余，每人解决衬衣一套，体力亦渐增强。”

罗荣桓等还报告了根据地的工农业生产情况，指出，凡是发动减租减息与实行民主的村庄，农民对生产很热情，生活上得到改善，除还债外，穿衣吃饭比以前好些，由此转变了思想，认为“用的是毛主席的法子，过的是共产党、八路军、民主政府的日子”。《答复》指出，粮食除沂蒙区有旱灾减产外，其他地区均够吃，布匹、纸张、盐大部地区均可自给。有的地区还有盈余。群众负担虽然还是很重的，但比起敌占区则好多了。

随着生产的发展，经济工作在根据地占有了越来越重要的地位。对于这项工作，罗荣桓以前并不熟悉，但他注意充分发挥一些经济专家和财经工作者的作用，使山东根据地的财政经济工作也取得了很大的成就。

著名的经济学家薛暮桥原在抗大华中总分校工作，1942 年在返回延安途中到达山东，朱瑞留他在山东帮助工作三个月。后来，薛在山东的期限早已超过，中共中央来电催薛回延安。罗荣桓一面复电中央，要求将薛留下，一面征求薛的意见。他对薛暮桥说：“山东的经济工作还需要你呀！这一年你在山东工作成绩很大，我就不必多说，只想强调一点，经济斗争，是我们整个斗争不可分割的一个重要部分，我们很需要有你这样的专家来帮助我们啊！”薛暮桥听了很受感动。经过在山东一年的工作，他对这里的经济工作也产生了兴趣，便放弃了去延安的打算，表示愿意服从山东分局的决定。这样，他又在山东工作了五年，经历了解放战争，直到 1948 年秋才离开山东。

薛暮桥担任了山东省工商管理局的监委，局长由黎玉兼任，局的日常工作由薛主持。罗荣桓、黎玉经常和薛暮桥一起研究对敌经济斗争问题。

山东分局制定了从对敌斗争中发展根据地经济，保障供给，为战争服务，为群众服务的经济政策，并规定工商管理机构的具体任务是：货币斗争，贸易管理，扶助生产，保障供给；即对外进行对敌经济斗争（包括货币斗争和贸易斗争），对内扶助和发展生产。

在罗荣桓的关怀和支持下，山东的对敌货币斗争取得了巨大胜利。当时敌后的三角斗争，反映在经济上，也形成了抗币（抗日根据地发行的货币，在山东称北海币）、法币（国民党政府发行的货币）和伪钞（伪政府发行的货币）的三角斗争。太平洋战争爆发以后，日本帝国主义把他们攫取到的几十亿元法币推到国民党大后方和共产党领导的敌后根据地，用以掠夺物资，同时又大量发行伪币来搜刮人民财富。由于国民党正面战场的连续失利，法币迅速贬值，这对敌后根据地是一个巨大的威胁。1942 年流入山东根据地的法币有几亿元，实际上就等于有相当数量的物资被敌伪掠夺走了。在这种情况下，抗日民主政府采取了断然措施，排挤法币，禁用伪币，大量发行北海币，建立独立自主的抗币市场。

由于根据地日益扩大，减租减息后农业和手工业生产得到发展，加上沿海地区擅渔盐之利，有的地区还有丰富的金矿……这些丰富的物资使北海币有了最可靠的保证。随着解放区的扩大，北海币对法币和伪币的比价迅速提高。在1944年1月，1元伪币可兑换北海币1.5元，到1945年1月，便跌落到只能兑换0.15元北海币。因此，这时在山东根据地市场上，法币、伪币绝迹，许多游击区也逐渐变成北海币市场，就连某些敌占区的人民也暗地贮存北海币，以便购买根据地的各种物资。

随着货币斗争的胜利，在分局领导下，又及时调整了贸易政策。由1943年前基本禁止物资流入敌占区，个别则实行以货易货的办法，改为组织输出，换回需要的各种物资，并开展了大规模的海上运输和对上海、天津等地的贸易工作。还明确规定了内地贸易自由的原则，取消内地各抗日地区之间的粮食统制，统一领导贸易斗争，从贸易中增加财政收入。这些新的政策实施以后，贸易斗争很快获得了显著的成绩，不仅每年增加两亿元北海币的收入，还调剂了市场，稳定了物价，扶助了生产，保证了人民生活和军队的需要。

## 第四节　政权建设和统战工作

在《答复》中，罗荣桓和黎玉还报告了地方政权建设和团结党外民主人士的工作。

1943年8月22日，山东省临时参议会第一届第二次议员大会开幕，通过了山东分局提出的《山东省战时施政纲领》（草案）[①]，总结了三年来的工作，发表了大会宣言。大会决定将“山东省战时工作推行委员会”更名为“山东省战时行政委员会”；选举黎玉、罗荣桓、刘居英、梁竹航、艾楚南、张伯秋、田佩之、耿光波、郭维城、杨希文、辛葭舟等11人为行政委员会委员，黎玉任主任委员。大会还发电向中共中央和毛泽东主席致敬。9月1日，毛泽东复电，勉励省临时参议会及敌后全体爱国军民，团结一致，再接再厉，为坚持抗战、团结、进步，反对投降、分裂、倒退而奋斗。9月8日，大会胜利闭幕。

参加这次会议的二百多位参议员中，有很多党外人士。参议长范明枢就是一位在山东抗日战争中发挥了重要作用的民主人士。他于辛亥革命时期留学日本，曾任山东省立第二师范学校校长，弟子遍山东。“一·二八”事件后，因支持教员、

---

①《山东省战时施政纲领》（“八一施政纲领”）的要点是：一、坚持山东抗战；二、爱护抗日军队，增加主力，加强县区武装，发展民兵；三、按照新民主主义原则，加强民主建设工作；四、按照新民主主义原则，促进经济建设工作；五、整理财政，力求负担公平；六、正确执行中央的土地政策和劳动政策，调整阶级关系，改善工农生活；七、援助反战日本士兵与人民，正确执行对敌伪政策；八、加强对敌斗争工作，团结敌占区同胞共同抗战；九、发展新民主主义的文化教育事业；十、实现民族平等，男女平等。

学生进行爱国活动而被反动派捉进监狱。出狱后，闲居在泰山的冯玉祥聘请他讲授《左传》、《史记》。他还为地方筹办公益事业。“七七”事变后，范老在地方上积极从事抗日宣传。沈鸿烈想利用他作为招牌。范老看穿了他的反共阴谋，毅然离开国民党省政府驻地东里店，拿着几幅揭露日本帝国主义暴行的画，亲自到乡村和集镇作抗日宣传。1940 年，范老以 76 岁高龄当选为山东省第一届参议会的议长。1941 年后，尽管敌人反复“扫荡”沂蒙区，环境非常险恶，范老仍坚决同沂蒙人民一起坚持斗争。在范老 81 岁高龄时，罗荣桓亲自报请中央批准他光荣地加入了中国共产党。

另一位参议员、山东国民抗敌协会领导人李澄之，是在山东国民党中颇有影响的人士。他曾在沈鸿烈包办的山东抗日动员委员会内工作，因为思想进步，抗日爱国，受到了沈鸿烈的排斥，便脱离国民党省政府，在地方上成立购粮委员会，帮助抗日的部队购买军粮。沈鸿烈又出来干涉压制，李澄之愤怒地说：“反正我们是要抗日的，国民党不让我们抗日，我们去找共产党。”从此，他和耿光波等爱国民主人士便来到根据地参加抗日工作。

这次会议，还增补了郭维城、姚尔觉等十余人为参议员。姚尔觉原是国民党鲁苏战区战地工作委员会的委员、中将参议，因与柳亚子、何香凝等人有交往，受到国民党的排斥，后来到山东抗日根据地，任山东省文化界救国协会会长。

罗荣桓还经常教育在政权机构中的党员干部，要充分认识团结党外人士的重要性，经常关心他们的思想、生活，听取他们的批评与建议。有关的党组不能包办代替政府工作，不能对党外人士发号施令。要依靠党员干部的以身作则、发扬民主、廉洁奉公、合作团结的模范作用，认真贯彻党的各项方针政策，来实现党的领导。

在罗荣桓的带动下，分局领导都很注重对党外人士的团结工作。党员干部与党外人士之间的关系非常融洽。1943 年春节，分局开了一个别开生面的联欢会。许多党员干部与民主人士共同登台演戏，台上台下沉浸在亲密无间的欢乐中。

随着一连串战役攻势的展开，抗日的烽火已经燃烧到敌占重要城市和交通要道附近。沦陷区与城市工作显得日益重要了。

1943 年 7 月，山东分局根据中共中央指示，发出《关于开展大城市工作的指示》[①] 以后，罗荣桓领导山东分局检查和整顿了过去的城市工作，建立了济南、青岛等重点城市的工作委员会，进驻于其近郊，使城市工作有了进展。

在《答复》中，罗荣桓等报告，党不仅在青岛、烟台的工人、学生中已经发展了组织并建立了群众组织，而且党的情报、锄奸、工商管理与敌伪工作，对上海、天津等城市都有了一些单线联系，并在青岛、烟台、济南、连云港、上海、

① 见中共山东省委党史资料征集研究委员会编：《中共山东党史大事记》，山东人民出版社 1986 年版，第 205 页。

天津等地建立了情报电台。

《答复》还提出：通过商业关系，对东北十几个大商埠都可以开展工作，各大商埠都有抗日救国联合会及商人救国团等组织，加强这一工作的领导，向东北发展，是有希望的。

在这里，罗荣桓第一次提出了“向东北发展”的问题。然而在当时还仅仅是指城市工作，一年之后，他将要率领六万大军“向东北发展”。

1944 年 9 月，罗荣桓主持召开了山东分局城市工作会议，学习了 1944 年 6 月 5 日中央发出的《关于城市工作指示》，研究了发动城市及交通要道的千百万群众，争取伪军、伪政权，准备武装起义，以里应外合的方式收复大城市等问题。

会后，各地根据会议的精神，把城市交通要道工作提到与根据地工作同等重要的地位，抽调大批干部建立和加强了城市工作机构，并向山东各城市和交通要道加强了打入和派遣工作。为迅速而普遍地开展这一工作，当时采取了“分头多路”的方针，即由各级党委统一部署，以城市工作专门机关为主，各地区、各部门均可利用自己的条件，向交通要道广泛地进行打入和派遣。胶东区、渤海区还分别负责向东北地区和北平、天津两大城市开展工作。

在以后的大反攻时期，因为没有强攻大城市，山东的城市工作采取了继续隐蔽、积蓄力量的方针。后来在解放战争中，这些积蓄下来的力量发挥了巨大的威力。

## 第五节 整风和审干

罗荣桓在《答复》中报告了整顿“三风”和审查干部问题。在这前后，还多次向中共中央报告了山东整风的状况。山东整风的成绩及许多做法得到了中央的肯定。

山东党的整风运动是从中共中央宣传部 1942 年 4 月 3 日发出有关整风的决定后开始的。当时，罗荣桓主要领导第一一五师的整风学习。他要求大家深入理解整风文件的精神实质。总政治部于 1942 年 9 月 17 日曾将一一五师整风学习的经验转发给各战略区参考。但是总的看来，1942 年以前，山东党的整风学习还存在着理论联系实际不够，对党员的思想改造重视不够的缺点。

1943 年山东实现党的一元化领导后，罗荣桓以很大力量领导了整风运动。根据中央 1943 年 4 月 3 日发出的《关于继续开展整风运动的决定》（简称第二个“四三决定”），他主持山东分局发出了重振整风学习的指示，规定整风为山东四大任务（对敌斗争、经济建设、群众工作、整风）之一，而且是保证其他三大任务完成之决定性的任务；并要求各级领导，改组领导整风的学习委员会，要求从精读整风文件入手，认真领会精神实质，着重从文件中去寻找立场、观点和方法，注意联系实际，以提高对于主观主义、宗派主义、党八股的鉴别能力。

从 1943 年冬天开始，整风转入总结党的历史经验的阶段。为了使许多新党员吸取党二十余年来的历史经验，掌握毛泽东思想的精神实质，1944 年 7 月 1 日，罗荣桓根据在实际革命斗争中的感受和自己学习党的历史的体会，结合山东整风学习的经验教训，向分局和军区机关干部作了题为《学习毛泽东同志的思想》的报告，随后将报告记录交山东分局的机关刊物《斗争生活》[①] 发表。这是中共党内高级干部专门论述毛泽东思想的较早的文献之一。

罗荣桓在文章的一开头就旗帜鲜明地指出：“毛泽东同志的思想，是马列主义的思想。在民族化上，有了他的发展。”他转而设问：“这是否由于毛泽东同志个人的天才而得到成功呢？”随即答道：“我认为这并不能完全说明毛泽东同志思想的伟大处。毛泽东同志的思想是‘来自群众中，再到群众中去’，因此，他是掌握了马列主义的基本精神，实事求是的精神，这是教条主义所不了解的。”

在这里，罗荣桓强调指出，毛泽东思想来源于人民群众的革命实践，马列主义、毛泽东思想的基本精神是实事求是；毛泽东思想和教条主义的根本区别就在于前者遵循实事求是的原则，而后者则“死守住马列主义的词句、主观主义的自以为是”。

实事求是，这是罗荣桓在长期革命斗争实践中从毛泽东那里学得的马列主义的精髓，是他终生坚持奉行的思想路线。他一贯不唯书、不唯上，一切从实际出发，对于一切背离这一原则的思想、言论和行为，他都毫不含糊地予以抵制和摒弃。

在领会文件精神、掌握思想武器的基础上，整风及时地转入联系实际，开展批评和自我批评，检查自己的历史、工作，检查自己的错误思想，并分析其根源，提出改正的办法。在此基础上，每个干部写出了自传，在集体讨论和帮助下，反复进行修改。当时，罗荣桓抽看了城市工作部副部长王见欣、机要科长苏蕴山等许多干部的自传，还和他们作了亲切的交谈。通过这一活动，罗荣桓进一步熟悉了干部，同时，那些干部也获得了很大教益。罗荣桓的亲切教导，直到现在都给他们留下了深刻的印象。

在中共中央的第二个“四三决定”中，中央要求在整风的同时，对全党干部进行一次认真的审查，肃清内奸分子。在当时党的队伍迅速扩大，民族斗争和阶级斗争相互交错的复杂情况下，一般地说，进行审干和锄奸是必要的。但是，这个《决定》对敌情的分析作了过分的估计，认为“日寇与国民党大规模地施行其特务政策，我党各地党政军民学机关中，已被他们打入了大批的内奸分子，其方法非常巧妙，其数量至是惊人”。到 1943 年 7 月间，担任中央总学习委员会副主任的康生作了《抢救失足者》的报告，更是夸大敌情，说什么党内军内“特务如麻”。他提出了开展“抢救失足者的运动”，使审干走偏方向，发生了反特扩大化的错误。中央发现这种“左”的错误后，宣布停止“抢救失足者运动”，并于 8 月间提出了审干工作的九条方针[②]，纠正了这种错误。

第二个“四三决定”传达到山东后，罗荣桓仍然实事求是地估计干部队伍内

---

①《斗争生活》第 32 期，《文献和研究》1986 年第 5 期重新发表。

② 九条方针，即首长负责，自己动手，领导骨干与广大群众相结合，一般号召与个别指导相结合，调查研究，分清是非轻重，争取失足者，培养干部，教育群众。

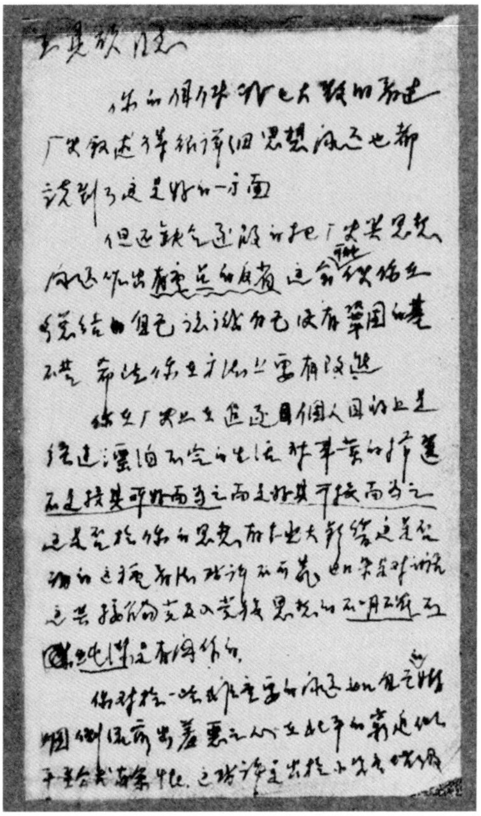

整风运动中，罗荣桓关于思想自传问题给山东分局城市工作部长王见欣的亲笔信

部的政治状况。

10月9日，在罗荣桓主持起草的《关于在整风中重新审查干部的指示》中，对山东干部的政治状况作了一个总的估计："就山东部队与地方干部的成分来估计（除军队老干部外），有地下党时代保留下来的干部，一部分是抗战初由监狱放出，有长期曾失掉联系而消极者，有自延安抗大派来者，有平津流亡学生，有五战区①来的，有国民党及统战关系介绍来的，有六年抗战中培养提拔起来的干部等六种。这些干部经长期斗争的考验，组织部门与锄奸部门的审查和整理，政治上组织上曾清洗了一部分不好的分子。但个别坏分子转变方式，潜伏在党内，进行隐蔽活动，仍有其人。"

在这里，罗荣桓认为，坏分子只是个别的，不是大批的，更不是"如麻"。显然，在第二个"四三决定"已对敌情作出过分严重的估计的形势下，罗荣桓能如此客观地估计干部状况，充分表现了他的实事求是的精神。也正是由于这个原因，当康生的《抢救失足者》的小册子传到山东后，罗荣桓看了一遍便吩咐："不要下发。"

随后，山东各地按上级要求，开展了坦白运动，反省出许多政治思想问题。对待反省坦白的人，执行了中央关于"坦白从宽"、"一个不杀、大部不抓"、"反对逼供信"的方针，并及时对他们进行了细致耐心的思想教育。

山东反省坦白的做法，得到了中共中央的肯定。1944年5月13日，中央在《关于反对反奸斗争"左"的错误给各地的指示》中指出："不管反省任何问题，要提倡说老实话，要实事求是，反对哗众取宠，牵强附会，夸大其词。山东分局运用这种坦白方法，取得很好的经验。"

在中共中央的第二个"四三决定"中，还提出："继续整风的第一阶段，必须极大的提倡民主，公开号召参加整风的一切同志大胆说话，互相批评，提倡各学习单位出墙报写文章，批评领导，批评工作，而一般的（特殊情况例外）绝不

① 指国民党第五战区，当时第五战区司令长官为李宗仁，他曾招收了一部分抗日爱国青年。以后，其中许多人脱离国民党的部队，加入了八路军。

加以抑制。”《决定》认为，这样做既可使下情上达，发扬正气，纠正领导上的缺点；又可以给有错误思想的干部以明确的纠正，使之从自己的经验中认识自己的错误。同时，还可以使内奸分子认为有机可乘，尽量暴露其反党面目。这就是所谓“暴露”的方针。

这一做法山东一直未予执行。直到1944年9月，一位负责干部从延安来，负责传达延安的经验，贯彻执行上述做法才提上了议事日程。1944年10月13日，山东分局发出了《关于整风审干的基本总结与今后指示》（称为“双十三指示”）指出，整风已进入审干与防奸的阶段，根据地的一切工作都要以整风审干为主，审干绝不能离开整风，只有启发教育干部暴露问题，才能正确地完成审干任务。

11月1日，分局又发出了《关于目前整风审干的补充指示》。在对干部政治状况的估计上，《补充指示》说：“对于特务世界性与群众性的认识不足，片面地强调山东的特殊性，如说山东外来干部少，国特不易打入，军队没有问题，我们的干部大都经过锄奸斗争与长期考验，等等……”这一《补充指示》实际上不指名地批评了罗荣桓曾提出过的观点。

《补充指示》提出，在发扬民主时，要使干部敢于发言提意见，然后于适当时机进入全面反省坦白运动。这两个文件，都提倡用放任态度，采取“暴露”的方针，鼓励大搞民主，达到审干的目的。

罗荣桓和分局其他领导成员对这些做法是有顾虑的，决定先在一些单位进行试验，而不普遍展开。

试验单位之一是只有几十名干部的分局办公厅①，民主会一开始，极端民主化的倾向就产生了。有些干部在大会发言、墙报、漫画中，讽刺、谩骂、挖苦领导干部，打击“接近领导”的积极分子，而他们自己却以“大交谈”为名，自由结合，组成了小圈圈。他们还要求按“三三制”的形式改组支部（即领导干部、一般干部、对领导有意见的被称为“积极分子”的人各占三分之一），把领导与被领导看作“成分”上的不同，提出“干事是基本群众”，“群众应掌握支部脉搏”等错误的口号。

按照罗荣桓的指示，办公厅的领导干部分析了思想动态，认为在运动中讽刺、谩骂领导的人有三种不同情况：一种是个别人，有比较严重的错误思想，借发扬民主之机，对分局负责人黎玉进行人身攻击，实际上是完全否定党的领导。另一种是少数人，因对领导不满而泄私愤、图报复。还有一种人是有平均主义思想，想借着民主检查的机会满足个人的某些要求。少数人在个别人的错误思想的影响下，在民主检查中便对领导进行无原则的谩骂、攻击，而真正的积极分子则被视为“狗腿子”、“奴才”，受到讽刺和孤立，至于处于中间状态的人，就更不敢说话了。

针对这一情况，办公厅的领导采取了区别对待的方法。

---

① 即分局和省行政委员会（相当于省政府）的直属队。

一方面严肃批评个别人否定党的领导的错误思想；另一方面对其他搞极端民主化的人，通过领导干部先作深刻反省，虚心接受正确意见，再通过交谈，指出他们不正确的地方，来教育群众自觉纠正偏向。同时鼓励积极分子，要敢于坚持真理，不要害怕讽刺挖苦。按照这种区别对待的方法，经过教育，正气逐渐上升，极端民主化的风潮便渐渐平息了下来。

为了纠正偏向，使运动健康发展，罗荣桓亲自出席分局办公厅的民主检查座谈会，并作了发言，用说理的方法批评了个别人的错误思想。他针对要求在党内实行“三三制”的言论说：“党外‘三三制’的民主与党内民主有本质上的不同，必须加以区别。‘三三制’政权是各阶级的联合……也必然有联合中的斗争，这种斗争是包括了阶级斗争的性质与情绪的。我党为了要确立工农优势，其他阶级必然会对抗，但又为了巩固联盟，必须要调解与降低这个阶级的矛盾。而我们党的民主则完全与此不同……我们党是一个阶级的整体组织……绝不允许有不同阶级的对抗存在……”

他针对有些人借口“知无不言”而对领导、干部进行人身攻击的问题指出：“‘知无不言，言无不尽’并不是提倡‘不知而言’，更不是提倡捕风捉影，胡言乱语。毛主席启发我们自由思想，‘放下包袱，开动机器’，是要大家首先放下个人主义的包袱，再去开动机器自由思想。放下包袱这就是立场问题，就是要站在党的立场上去开动机器，没有放下包袱而去开动机器，必然要开入泥河，这不是我们需要的自由思想。”

针对个别人夸大黎玉的个别缺点，罗荣桓还说，我们工作中不可能没有某些缺点，正像太阳也还有黑子一样，不能把这些黑点看成乌云。可是有个干部不听劝告，当场打断罗荣桓的话说：“那黑点、那乌云，就正好罩在我的头上。”与会者见此人蛮不讲理，都很气愤，主张处分他。罗荣桓虽然严肃地批评了他的错误思想，但还是心平气和地对大家说：我们要按照毛泽东同志提出的“既要弄清思想，又要团结同志”的原则，去处理他的问题。

另一个试验单位《大众日报》社的运动也搞得非常“热闹”。分局宣传部副部长兼报社社长陈沂有乘马，喜欢吃辣椒，都被视为特殊化，结果马尾巴被割了，炒辣椒的锅也被砸了。印刷厂有的职工要求每人除发一件棉袄外，再发一件棉袍。陈沂向大家解释说：这样做财政上有困难，也不符合山东行政委员会规定的供给制度。有一些受极端民主化影响的职工竟说：“共产国际都可以解散，行政委员会的规定算个什么？！”个别人甚至威吓说：“若不发棉袍，小心你们的机器！”

卫生部也是一个试验单位。他们开了七天民主会，对领导干部提了不少意见。卫生部政委谷广善向分局汇报了情况，建议结束民主检查。可是，有位领导人却说：“运动不能收，整了风还要审干，还要找特务。”他要谷广善回去继续动员发扬民主，说打也可以，骂也可以。这时罗荣桓插话说：“我看，不能打，也不能骂。还是按照毛主席讲的四句话去做：知无不言，言无不尽，言者无罪，闻者足戒嘛！”

卫生部的运动既然不能收，有的干部也胡言乱语起来了，说什么：“宁愿在敌人那里住一年监狱，也不当一天八路军！”于是，分局那位领导人便对谷广善说：“你看，我说你们那里有特务吧！”谷广善听了后，又生气又着急地说：“那叫什么特务？还不是吃饱了饭没事干，逼着他信口胡吣。”

就在这时，敌人的冬季“扫荡”开始了。罗荣桓对卫生部的情况感到很不放心，对谷广善反复叮咛：“你们卫生部单独行动，民主会开得这么乱，领导上可得注意一点。”当时，敌人离卫生部驻地只有几十里远，谷广善急忙赶回去作了紧急动员，宣布民主运动暂时停止，把墙报、漫画卷起来，等“扫荡”完了后再继续进行。经过七天反“扫荡”的考验，证明在运动中被认为有问题的人并不是坏人，有的表现还很积极。在战斗的环境中，领导干部的威信又恢复起来了。

这时，在山东各个战略区也都进行了试验。胶东区党委党校和整风训练班中很大一部分党员被打成了“特务”。许多人跑到区党委书记林浩那里哭鼻子，林浩向罗荣桓作了报告。罗荣桓指示不能再这样搞了，整风不能没有领导，不能搞逼供信，要他们迅速停止错误的做法，把搞的那些错误材料全都烧掉，干部还照样使用。

中央的第二个“四三决定”中明确指出：“敌后情况与延安大不相同，主观计划常为客观情况变化所中断，故应灵活地运用延安经验，着重于自己创造新的经验，随着情况变化而修改自己的计划，采取适应环境的处置。”通过试验，罗荣桓更感到在敌后不能机械地照搬延安的做法，而必须从山东的实际出发，实事求是地去领导和开展整风审干运动。

1944 年 12 月 21 日，罗荣桓以他个人的名义向山东各地区发出了《关于审干问题的意见》，同时报告了中共中央和毛泽东。他首先要求把整风当做审干的基础，而不能把两者混在一起。他指出：“如果没有经过好好的整风，打下必要的基础，审干必然变为少数领导者的事情，或形成一种突击的倾向，实很容易走入轻易发动坦白、变相的严重逼供信。”为了把整风与审干加以区别，罗荣桓在文件中，提出了先要克服在民主座谈会中所形成的领导与群众对立的情况，“在领导上展开自我批评，接受大家正确意见与决心改进领导之下，是完全能够启发大家，改变中间大的现象，使正气上升，以达到审干的必要基础”。他把群众中正气的上升看做是转到审干的必要的基础，没有这个基础，不宜马上转入审干。

在《意见》中，罗荣桓提出，民主检查的方式“不准备普遍地采用，只限分局、区党委、军区各级机关中进行，只限于鲁中、鲁南、滨海地区（这三个地区在山东分局领导下已连成一片）进行”。

1945 年 3 月，罗荣桓主持山东分局对前一阶段的运动作了检讨。3 月 12 日，分局进一步明确规定：民主检查在“一般战斗部队和县以下机关，目前不应发动”，而“在（直属单位的）战斗部队和统战部门，其方针应以团结为主，而非以暴露为主”。

关于“以暴露为主”的问题，罗荣桓在 3 月 15 日给中央的电报《关于民主检查的检讨》中说：“我们对各单位布置执行分局‘双十三决定’上，是有缺点的。”他指出，这主要表现在，“强调暴露的方针，而发生极端化的偏向，甚至采取不正确的动员方法，去助长群众的偏向，结果是把发扬民主当成了暴露，在审干方面可能引起政治问题的扩大化。”

这一检讨实际上便从原则上否定了“暴露”的方针，于是，第二个“四三决定”所提倡的通过极大地发扬民主以暴露内奸的错误做法便在山东实际上被搁置起来了。这时，他还提出一句有很大影响的话：“民主检查应从检查领导开始，检查领导终结。”他在向中共中央的报告中还提出，要求大家今后还要继续发扬民主，不要因为这次浪潮而害怕民主。领导者更不能满足这次检查反省，还要继续发扬自我批评的精神，把它作为改造思想、改进工作的武器。要求所有党员不仅要组织上入党，而且一定要思想上入党。

由于罗荣桓坚持实事求是原则，坚持从实际出发，在民主检查中出现的极端民主化倾向很快便得到纠正。对于在运动中发表了严重错误言论的干部，他仍然“强调一切从思想上解决问题，不是从组织上解决问题”①，从而避免了反奸斗争的扩大化，保证了山东党的整风运动健康地向前发展。为了有组织、有计划地领导干部的整风学习并结合整风进行审干，决定分期调集各级领导干部到山东分局和各区党委的党校，进行为期数月的整风，在学习时结合个人实际，写出反省自传，收到很好的效果。山东的干部整风运动为反攻和战后做好了思想和组织上的准备。

① 罗荣桓：《关于民主检查的几个问题》1945 年 3 月。

# 第十七章　指挥大反攻

## 第一节　准备大反攻

在春季攻势作战频传的捷报声中，1945 年 4 月间，迎来了中国共产党第七次全国代表大会的胜利召开。

罗荣桓由于工作的需要未能出席这次大会，被大会选为中央委员，黎玉和万毅当选为候补中央委员。消息传到山东，山东分局、军区的干部们向罗荣桓表示祝贺。宣传部门有些干部酝酿着印制罗荣桓的头像。

印制头像，这已是第二次提议了。第一次是在 1941 年。第一一五师政治部准备出版《战士》杂志。编辑那逖看到有的地区的杂志刊登了该区领导人的头像，便准备在《战士》杂志的扉页上刊登罗荣桓的像。当时没有条件制铜版，那逖便照相片刻了一张木刻像。罗荣桓知道了这件事，告诉宣传部长赖可可说："杂志不要登我的像。要登就登毛主席、朱总司令的像。"

那逖刻那幅木刻，很费了一番心血。当他听赖可可传达了罗荣桓的意见后，只好把那块木刻板珍藏起来，在反"扫荡"中多次轻装，都没有舍得丢掉。

罗荣桓当选为中央委员后，有些人又建议印制头像。罗荣桓让宣传部副部长陈沂制止这件事。陈还想说服他："这样做是出于同志们对你的尊重。"

罗荣桓摇摇头："尊重可以，但也不必把我的像挂到墙上去啊！当务之急是贯彻七大的精神。要扎扎实实地做工作，而不要去搞这些事。"

为了贯彻七大的精神，5 月 8 日，罗荣桓发表了《学习〈论联合政府〉是实现党的任务的首要任务》一文。文章指出，中国解放区人民早已选定了人民的路线，新民主主义路线。但是，在我们队伍中还有少数人担心这样做会引起同国民党的分裂，害怕国民党制造内战。他们只看到装备就是准备反攻的一切，其余的看不到，因而认为依靠国民党，才可能反攻，八路军、新四军只能起配合作用。

罗荣桓在批评了这种错误倾向后，提出要独立自主地准备反攻，这一问题罗荣桓早在 1944 年军事工作会议时就已提出。他在那次会议的总结中说："……准备和进行反攻，必须以我们为主，不能依靠盟国，更不能把希望寄托在国民党身上。"他还指出，国民党反动集团可能制造国内突然事变，因此我们部队要有更加巩固的战斗力。

罗荣桓发表这篇文章的第二天，即5月9日，德国法西斯无条件投降，欧战结束。中国抗战的胜利亦已在望。少数干部战士在新的形势下又产生了新的思想问题。他们受到“打败日本好回家”口号的影响，战斗意志有所松懈。“打败日本好回家”，本是抗日初期一首歌曲的歌词。一开始唱还感觉不到什么，到了1945年便明显暴露出它的局限性了。罗荣桓及时提出，用“哪里有敌人就打到哪里去”代替前一个口号，从而有力地鼓舞了广大指战员的战斗意志，为反攻和准备战后的斗争作了又一次动员。

为了独立自主地进行反攻，继春季攻势之后，罗荣桓又主持制订了山东的《五、六、七三个月的作战计划》。

长期以来罗荣桓有一个重要设想，就是要把山东五个战略区打成一片。为此，必须集中力量打通胶济路东段的两侧地区，因为，这里正是渤海、胶东、鲁中、滨海四个战略区的联结点。而当时在山东的伪军和顽军中，除吴化文部已经西窜泰山地区外，其余部队大都麇集于这一地区。《五、六、七三个月的作战计划》规定的作战对象主要就是这些部队。

1945年5月1日，日军突然增兵山东，用三万人的兵力，以鲁中、滨海地区为重点，进行了全区性的“扫荡”。罗荣桓获悉后决定，《五、六、七三个月的作战计划》暂时停止执行，各军区立即转入反“扫荡”。

在反“扫荡”中，罗荣桓同过去一样除了指挥部署各军区部队作战外，还亲自率领军区机关与敌周旋。这时他的病情仍然很重，尿血不止。毛泽东得知后，于6月9日致电罗荣桓：“病未好甚系念。拟派林彪同志来鲁，尚未最后决定。稍迟当可酌定电告。你可于休养中，在病情许可下指示大政方针。工作多交黎玉同志办。”

然而，在敌后频繁的反“扫荡”中，缺乏休养的条件。尽管他行军时不得不坐担架，但仍然以惊人的毅力，坚持指挥。由于他对敌情的周密判断和果断指挥，使军区机关多次巧妙地躲过了敌人的合击。

经过20余天的奋战，5月下旬，各区先后胜利结束了反“扫荡”，歼灭日伪军5000余人，攻克了郯县，收复了此次“扫荡”中被敌占领的蒙阴县城及据点140多个，保卫了滨海区日照县的安东卫海口，粉碎了敌人企图完全控制山东东南沿海的企图，扩大了根据地。

然而，在此次“扫荡”中，敌人占领了胶东海阳县沿海地区、滨海的莒县城和柘汪海口，打通了日（照）莒（县）公路。日军自连云港到青岛沿海，增加到5个旅团；在济南与泰安之间有主力第五十九师团，随时准备机动；有相当3个旅团的兵力分布于津浦、胶济沿线。日军在山东的实力增加到10万人。

这种新情况，很容易让人联想起1941年和1942年两次大“扫荡”。那时日军最多达到五万人，而现在则超过一倍，当然增加了形势的严重性。在反“扫荡”结束后，究竟是分散兵力准备迎接敌人新的进攻，还是仍然坚持既定的作战计划，乘敌“扫荡”后疲惫之际，适当集中兵力，继续发动攻势作战，以迎接大反攻呢？这是一个需要审慎决定的问题。

罗荣桓在6月2日发出的山东分局《关于山东目前战争形势及紧急动员的指示》中指出：目前山东新的紧张形势，“基本上是由于苏联强大红军攻占柏林、欧洲反法西斯战争胜利结束后，同盟军行将登陆而引起来的新的变化。同时，也由于我山东解放区年来之扩大，不但收复了一些重要城镇，而且控制了一千余里长的海岸线，并直接威胁青岛、济南、徐州三大城市与津浦、陇海、胶济三大交通干线”的结果。

他认为，在这种新形势下敌人的“扫荡”的性质和规律都和过去根本不同了。重现1942年的局面不是绝对没有可能，但可能性也不大了。

6月19日，罗荣桓把山东斗争情况电告毛泽东并转林彪，决心继续执行因反“扫荡”中断了的《五、六、七三个月作战计划》。

7月12日，罗荣桓、黎玉、肖华致电各军区，重新调整了部署，准备延长作战时间一个月，争取8月底彻底完成。新的攻势除仍以胶济路东段两侧为重点以外，还要扩展到山东全区。

各军区根据山东军区的命令，进行了大规模的攻势作战。自6月初至8月上旬的两个多月内，共进行了十余次较大战役，歼日军300余人、伪军3万余人，扩大了解放区约1.1万平方公里，解放了郯城、邳县、蒲台、滨县、南皮、沾化、德平、庆云、费县9座县城和羊角沟海口（寿光东北）、景芝（诸城以北）、马头（郯城以西）3座重镇。各解放区之间扩大了联系。胶济、津浦、陇海3条铁路干线暴露在我军直接打击之下。在胶济路东段两侧地区的伪军厉文礼、张步云、张景月、张天佐、李德元、阎珂卿、赵保原、王豫民等部，以及在鲁南区的张里元、梁钟亭、申从周、王洪九等部，或被歼灭，或遭严重打击。在泰山区的吴化文部被歼千人后又于6月间逃窜到安徽。

这时，山东八路军由于已经控制了渤海和黄海绵长的海岸线和许多出海口，八路军海上武装力量有了发展，海上游击战大大活跃起来，取得很大战果。山东八路军和华中新四军的海上联系也更加密切，为扩大海上贸易创造了有利条件。

经过三个月作战，山东的形势有了巨大转变。胶济路两侧和鲁南地区的伪军大部分扫掉了，几个战略区连成了一片。山东多年没有解决的问题，基本得到了解决。以我为主、准备反攻的局面在山东已经形成，大反攻和争取抗日战争最后胜利的曙光已经出现在眼前。

7月初，为纪念抗战八周年，罗荣桓欣然命笔，撰写了《处在总反攻前夜的山东解放区》，于7月7日在《大众日报》发表。罗荣桓写道：“津浦（路）沂水以东直至沿海七百里绵长的海岸线，与陇海路以北跨过胶济路直至河北平原，这里有山东5块大的解放区，已在我军胜利作战之下，互相打通而联系起来了。这里包括有1700万人口，20万八路军的正规军、游击队，50万民兵与几百万普通的人民自卫武装，已统一组成为一支坚持抗战与建设新民主主义的雄厚势力。这是经过了七年来的苦斗创造出来的，而且有了屹立不可动摇的基础，一如泰山之不可拔一样。”

最后，罗荣桓写道：敌人5月间的疯狂“扫荡”，已是垂死挣扎，“整个的形势是新局面的到来，处于总反攻的前夜。我各解放区已经过了严重的考验而愈益强大起来了。我们将以更加兴奋的心情、坚定的意志，贯彻着历史任务的完成”。

1944年7月30日，毛泽东曾在一封致山东分局的电报中提出：工作的“着重点应放在准备条件，使我党能在美军登陆后获得猛烈发展，控制山东全局”。经过一年努力，完成毛泽东提出的任务，已经是时间问题了。

## 第二节　猛烈发展，控制山东全局

1945年8月8日，苏联对日宣战。

8月10日深夜，在莒南县大店村一所普通民房里，罗荣桓正秉烛研读毛泽东写的《对日寇的最后一战》，考虑着在山东开展对敌伪的反攻问题，机要科送来了一份加急电报。电文不长，罗荣桓迅速看了一遍，就高兴地对正在收拾床铺的林月琴说：

“好消息！”

林月琴放下扫床的笤帚，转过身来，看着丈夫。罗荣桓尽力克制自己的激动心情，又补充了一句：“日本政府发出照会，要求投降了。”

“打败日本帝国主义！”这是亿万中国人民，也是八路军和新四军广大指战员日夜盼望的事情。可是，它一旦来临，人们竟不敢相信它是真的。此刻，林月琴感到自己仿佛是在做梦。她凝视着在摇曳的烛光下丈夫憔悴而又兴奋的面容，心情非常激动。

罗荣桓又对林月琴说：“现在看起来，我还可以再订一个五年计划，参加建设新中国。”林月琴也高兴地说：“抗战胜利了，医疗条件好了，你的病会治好的，一定还可以订好多个五年计划。”

他们再也不能入睡了，便你一言我一语兴奋地回顾八年抗战虽然艰苦但又十分值得怀念的岁月，展望着前途尽管光明但又包含着不测风云的未来……

清晨，山东分局、省行政委员会和军区的负责人纷纷前来祝贺。屋里坐不下，大家就站在院内说话。人人喜气洋洋，都忘记了开早饭的时间。

这时，罗荣桓又收到中共中央10日的电报：“山东军区有占领德州、济南、徐州、青岛、连云港及其他大小城市交通要道之任务……”中央要求：“迅速进攻与招降伪军，争取群众、扩大部队”，“将山东行政委员会宣布为正式省政府”。罗荣桓随即通知大家，当晚召开分局、省行委和军区高级干部会议，研究贯彻中央指示、进行全面反攻的问题。

机不可失，时不再来。为了抓住历史先机，许多问题已不能等待开会再定了。在11日这一天，罗荣桓便主持山东分局、山东军区发出一系列命令、紧急指示和布告，其中包括山东分局《关于调集干部确保城市及交通要道之占领的紧急指示》、山东军区《紧急动员全体军民保证抗战最后胜利》的布告、山东军区《对日本驻军的通牒》，以及山东军区《对伪军伪警及一切伪组织的紧急通告》。在布告中，罗荣桓、黎玉、肖华号召："在此紧急关头，尤须我党政军民以战斗姿态，紧急动员，组织起来，团结起来，保证民族战争之最后胜利。"

当晚，召开了山东分局、山东军区和山东行政委员会高级干部（包括党外人士）会议，讨论大反攻的进军任务。罗荣桓传达了中共中央关于迅速占领徐州、济南等大中城市，准备接受敌伪投降的指示和延安八路军总司令朱德向解放区所有武装部队发布的七道进军命令。接着，他在会上指出：要迅速整编部队，向铁路线和大城市进军，迫使敌人向我军缴械投降。罗荣桓在讲话中特别提醒大家："敌人乞降了，还不等于缴械。蒋介石一定会利用日伪军来对付八路军，同我们争夺山东。因此，不要认为日本乞降，我们就可以顺利受降，就没有事了。我们决不能麻痹大意，要全力以赴，准备长期斗争。"会后，罗荣桓迅速布置了部队编组、接受敌伪投降、夺取城市、消灭敌伪军等工作，规定了各部队作战方向，决定将山东第一线部队编成 8 个师、12 个警备旅、1 个滨海支队及 1 个海军支队。每师辖 3 个甲种团（每团充实到 2500 人以上），主要担任机动作战、夺取大城市的任务。每个警备旅辖两个团，担任次要方向的作战任务。

整编后，滨海军区部队编为山东第一师、第二师，山东警备第十旅、第十一旅。一师师长梁兴初、政委梁必业，二师师长罗华生、政委刘兴元。鲁中军区部队编为山东第三师、第四师，山东警备第一旅、第二旅、第三旅（后又编了个第四旅）。三师师长王建安、政委周赤萍，四师师长廖容标（后为孙继先）、政委王一平。胶东军区部队编为山东第五师、第六师，山东警备第四旅、第五旅。五师师长吴克华、政委彭嘉庆，六师师长聂凤智、政委李内令。海军支队也隶属于胶东军区。渤海军区部队编为山东第七师，山东警备第六旅、第七旅。七师师长杨国夫、政委周贯五。鲁南军区部队编为山东第八师，山东警备第八旅、第九旅。八师师长兼政委王麓水。滨海支队准备按朱德命令，进军东北。

为了发展壮大八路军的力量，各军区广泛地开展了参军运动，组织了第二梯队的部队。县区武装升级后又立即补充起来。山东八路军总人数达 27 万余人。①

为了适应反攻形势，8 月 13 日，山东省战时行政委员会宣布改为山东省人民政府，黎玉任山东省人民政府主席，山东分局、山东军区和山东人民政府还调集了有城市工作经验的兵工、邮电、财政、经济等部门的干部，随部队行动，准备接管城市。解放区人民也开展了轰轰烈烈的支前工作，组织了十余万人的支前大军，修复和新建了许多公路，准备了被服和粮秣，保证了物资和伤员的运送。各地方还动员了十万民兵，组成了几十个"子弟兵团"，开赴前线配合主力作战，维持新区治安。

与此同时，罗荣桓派敌军工作部长黄远和保卫部副部长郑文卿进入济南，向

① 1945 年 9 月 26 日，中共中央致重庆代表团电报说，山东部队 9 月初有兵力 30 万，民兵 60 万。

日军第四十三军司令官细川忠康送去通牒，令其通令所部立即停止抵抗，向八路军投降。同时，还向驻山东各地大小股伪军首领 77 人发出通牒，迫令其投降。

然而，这时蒋介石已连续发出三道反动命令，一方面要八路军、新四军原地“驻防待命”；另一方面却令国民党的军队“加紧作战，积极推进，勿稍松懈”，企图借“接收”名义向解放区进犯。同时授权日伪军就地“维持治安”，阻止八路军、新四军受降；在这一形势下，山东国民党省政府主席何思源，在日伪军保护下进入济南。他一进城就请日军“就地驻防，加强防务”，同时将山东所有的伪军都收编为国民党部队。于是厉文礼成为“潍县地区先遣司令”，张步云成为“胶南边防司令”，张天佐成为“胶济路警备司令”……所有汉奸都成了国民党的“地下工作人员”，蒋、日、伪完全合流了。

由于有国民党政府的支持，山东的日伪军拒绝向八路军投降。

不投降就消灭它。8 月 13 日，山东分局和军区向各区发出《决心彻底消灭日伪军》和《夺取大城市的部署》，15 日又发出《部队作战方向的规定》，部署了五路大军，首先扫清孤立于解放区内的中小城市，再向山东铁路沿线地区和敌占大城市进军。罗荣桓将这一部署上报中共中央，同时建议将部队名称改为“人

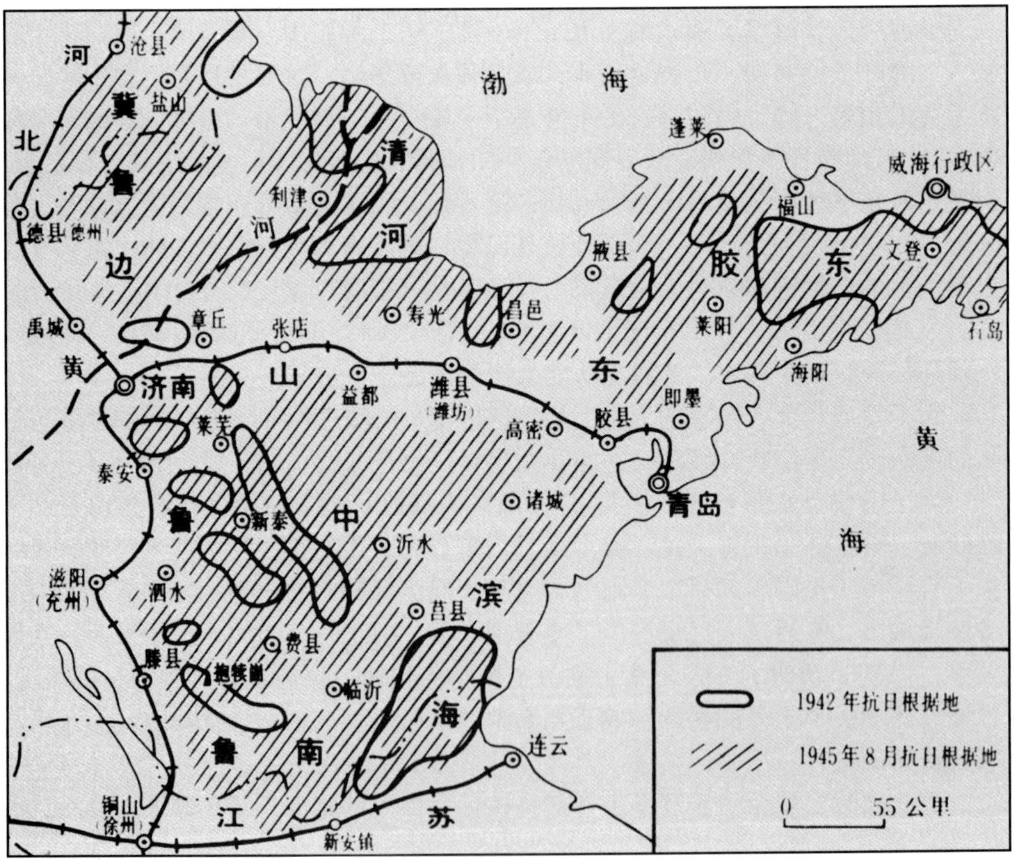


山东抗日根据地示意图

民解放军”[①]。中央军委均复电同意。于是，在齐鲁大地上，铁流滚滚，展现了一幅雄伟壮观的战争画卷。各路大军边动员、边行军、边扩大、边编组，冒着酷暑，昼夜兼程，席卷解放区内敌占中小城市，向各大城市及交通要道疾进。

鲁中部队为第一路，在前线指挥王建安、政治委员罗舜初率领下，连克临朐、博山、益都、莱芜、淄川、章邱、周村和新泰，切断胶济路西段，从东南方向逼近济南。

滨海部队为第二路，在前线指挥陈士榘、政治委员唐亮率领下，北克胶县，切断胶济路东段；南占莒县、日照、赣榆、青口，切断陇海路东段，逼近海州、连云港。

胶东部队为第三路，在前线指挥许世友、政治委员林浩率领下，解放威海卫、牟平、烟台、福山、蓬莱、黄县、龙口、招远、莱阳、石岛、即墨，并突破了敌之崂山防线，攻占了流亭机场，逼近青岛。

渤海部队为第四路，在前线指挥杨国夫、政治委员景晓村率领下，解放昌邑、寿光、临淄、广饶、博兴、高苑、桓台、长山、阳信、临邑、邹平、宁津、吴桥、辛店，切断了胶济路中段，与第一路大军会合，从东北方向逼近济南。

鲁南部队为第五路，在前线指挥张光中、政治委员王麓水率领下，切断了津浦路，解放了泗水、曲阜、台儿庄及官庄火车站，兵临兖州和徐州。

山东五路大军英勇作战，半个月中战果辉煌。至8月下旬，山东的日伪军已被压缩在铁路沿线和解放区内少数孤立的城市里。

## 第三节　临沂战役

在以上这些攻势中，唯有临沂战役打得时间最长、战斗最激烈。罗荣桓对这一战役极为关注。

自8月16日驻守临沂的日军逃往枣庄以后，伪军临沂保安大队长许兰生立即把伪费县保安大队长邵子厚部也集中到临沂城里。他们又与盘踞在临沂以北、汪沟西南坚固筑垒地区的王洪九部互相策应。这三股伪军总共四千余人，企图依靠坚固的工事与日伪逃走时留下的大批武器弹药和粮食，固守顽抗。山东军区组织了滨海第四团、山东军区特务团、鲁中第十一团和临沭独立团攻城。由于各团属于不同的建制，罗荣桓派军区参谋处长李作鹏去临沂前线指挥。

8月20日和22日，八路军发动了多次攻击，皆因准备不够、配合不好和敌人的工事坚固而未能奏效，攻城部队伤亡不小。

眼看着临沂未能攻下，罗荣桓心里非常着急。这一年春天，他的病情日益严重，连续尿血，但林彪尚不知何时可到，罗荣桓仍然一直带病坚持工作。在大反攻中，军务十分紧急，有时一夜有好多份电报要处理，罗荣桓刚睡下就又被叫

---

① 后来，由于国共开始谈判，“人民解放军”的称号暂未采用。

醒。但他仍吩咐机要科，凡是中央和前线来的电报，都要随时送给他看；他看了后，对重要的电报，还要亲自草拟复稿。所以，有时一昼夜只能睡两三个小时。8 月 18 日，毛泽东来电询问罗荣桓病况，罗荣桓于 8 月 20 日复电表示："在林彪未到前，我绝不离开工作。"当他听到临沂的情况后，喊来警卫员：

"快去备马，到临沂去！"

警卫员出去转了一圈回来，吞吞吐吐地说："报告首长，找不到马夫。"

"找不到马夫？你把牲口牵来！"罗荣桓有点生气了。

警卫员怯生生地说："牲口也不知道放到哪里去了。"

这回罗荣桓可真的生气了："乱弹琴！你们这是搞的什么名堂呀？快去把牲口找来！"

警卫员仍然站着不动。因为他刚才到林月琴处讲了罗荣桓叫他备马，要到临沂前线去的事。林月琴知道丈夫病情严重，根本就不能骑马，她急得没法，只得叫马夫把牲口牵走。现在她看到罗荣桓要批评警卫员，便走进来说："不干警卫员的事，是我叫马夫把牲口牵走的。"

罗荣桓听了后，压了压火，等警卫员走出后，才严厉地责问林月琴："你为什么这样自作主张？"

林月琴平静地回答说："这是医生的嘱咐。罗生特大夫说你近来病情很重，要你绝对卧床休息。"

罗荣桓着急地说："休息！休息！临沂打不开，叫我怎么能安心休息？"

林月琴也急了起来："你的病这么严重，还要骑马到临沂去，你不要命了！"

"临沂打不开，就要增加滨海、鲁中、鲁南反攻的后顾之忧，这不是一件小事！"罗荣桓接着又带着责问的口气说，"这么重要的时刻，你不让我到前方去，你是不是共产党员？！"

"我不是共产党员，是国民党员呀？"林月琴自从结婚以后，没见丈夫对自己发过脾气，更没有听过这样重的话，又委屈，又难过，忍不住顶了一句，眼里闪着泪花。

林月琴是经过长征的红军干部，顾大局，识大体，怎么会在这关键时刻，阻挡丈夫去前方指挥作战呢？只因为她深知丈夫的病情严重，尿血就是从骑马到前线指挥第三次甲子山战役时开始的，现在更经不起这样的劳累了。她知道罗荣桓从来都是和蔼可亲的，她从未见过他发这样大的火，想必自己是劝不住了。于是，只好含着眼泪走出去"搬兵"。

正在院里玩耍的东进，头一回听到爸爸妈妈吵架，趴在窗户上偷看，见妈妈走出来，脸上还挂着泪珠，吓得"哇"的一声哭了。林月琴也顾不上他了，径直走到黎玉的住处，把罗荣桓想骑马到前方的事对黎玉说了。黎玉听后连忙赶来劝阻，罗荣桓只好打消了原来的主意。

8 月 26 日，毛泽东亲笔撰稿，致电山东分局："林彪、萧劲光二同志昨日飞抵太行转赴山东。分工：罗荣桓为书记及政委，林彪为司令员，萧劲光为副司令员。

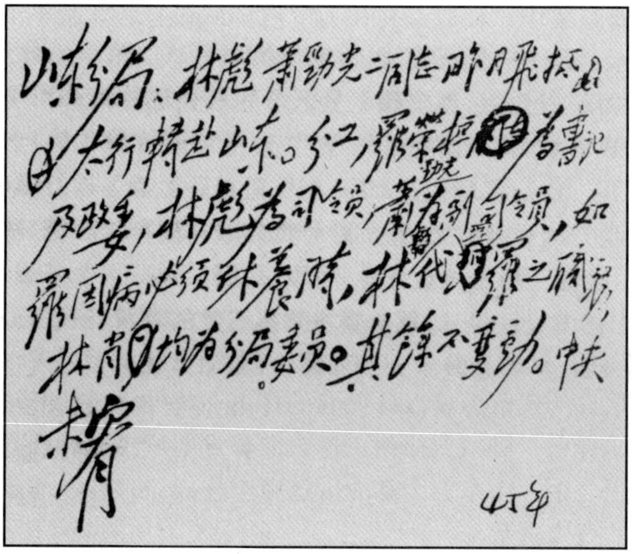
山东分局：林彪、萧劲光二同志明日飞抵太行转赴山东工作，罗荣桓为书记及政委，林彪为司令员，萧为副司令员，如罗因病必须休养时，林代罗之职务，林萧均为分局委员。其余不变动。中央
未宥
45年

1945 年 8 月 26 日毛泽东起草的给山东分局的电报

如罗因病必须休养时，林代理罗之职务，林、萧均为分局委员。其余不变动。”

然而，只要林彪、萧劲光未到，罗荣桓肩上的担子便一刻也不能减轻。他刚把这份电报放下，李作鹏从临沂回到了大店，汇报临沂前线的战况。罗荣桓听后，首先强调，临沂是滨海、鲁中、鲁南三区的联结点，必须拔掉反动派安的这颗钉子。接着，他批评了李作鹏的轻敌思想，指出：这批伪军的反动头目，全是些作恶多端的汉奸、土匪和封建恶霸地主，和我们是死对头；尤其到了最后绝望的时刻，他们更会横下心来负隅顽抗。对这一点，必须要有足够的估计。

李作鹏又向罗荣桓汇报了他与滨海军区政治部主任刘兴元、特务团团长张仁初、鲁中第二分区司令员吴瑞林等共同研究的下一步作战方案，即一面在阵地前沿，对敌展开政治攻势，一面在城西北角实行秘密坑道作业，准备把坑道挖到城墙下进行爆破。罗荣桓同意他们的作战方案，并决定增派作战科副科长王德、参谋尹健一起去，要他们抓紧坑道作业，争取尽快打下临沂。他还强调，打开临沂后，要出安民告示，部队要注意执行党的政策，遵守三大纪律八项注意。

李作鹏回到临沂前线后，于 8 月 28 日召开作战会议，确定了战斗部署。经过充分的准备，终于在 9 月 10 日炸开城墙，9 月 11 日上午占领全城，歼灭两千多伪军，活捉汉奸许兰生和邵子厚。尔后转移兵力围攻城北之王洪九部，不久，王率残部逃走。

9 月 20 日，山东分局和山东军区的指挥机关进驻临沂。有一天，罗荣桓说要出去走走，他沿着城墙边慢慢地走着。林月琴和卫生员小杨随后跟着，看到罗荣桓步履艰难，走得满头大汗，就上前劝他往回走。罗荣桓总是说：“出点汗不要紧。”他仔细地察看着城墙和攻城部队挖的坑道和架设的云梯，原来，罗荣桓不是为了散步，而是为了察看地形，总结这次战役的经验教训……

就在临沂战役开始后不久，山东日伪军在国民党的策动下，又调动兵力进行反扑，重新占领了即墨、益都、淄川、周村、邹平、胶县和博山等城市，气焰十分嚣张。对此，罗荣桓组织力量，进行了坚决反击。

8 月 22 日，中共中央根据当时情况指示，蒋介石垄断了受降的权利，大城市与交通要道暂时不能属于我们。在今后一时期内，应以相当兵力威胁大城市及

要道，使日伪向大城市及交通要道集中，而以必要兵力广占乡村和府城县城小市镇。罗荣桓迅速执行了这一指示，命令各路大军一面对津浦、胶济、陇海等铁路线加紧进行破袭，一面回师扫除解放区内一些城镇的残敌，巩固对新解放的广大农村和小城市的占领。于是，第一路大军再克博山，第三路大军于9月10日攻克平度，全歼伪治安军王铁相部。第四路大军于8月30日至9月24日，收复邹平，解放惠民、济阳、齐东、盐山、宁津、无棣和商河等城市。第二路大军于9月6日攻下诸城，8日收复日照。第五路大军于9月8日攻克峄县。

经过一个多月的大反攻，山东五路大军解放县城46座，攻克烟台、威海等6个重要港口，占领火车站35处，歼灭了据守这些城市、拒绝投降的日伪军6万余人，给国民党庇护下的山东日伪残留力量以歼灭性的打击。此外，还切断了津浦、胶济和陇海3条铁路线，青岛、济南、徐州、连云港等重要城市都像孤岛一样处在解放区汪洋大海的包围之中。山东五个解放区已完全连成一片，并与华中解放区和冀鲁豫解放区扩大了直接联系。

山东解放区反攻的胜利，直接增强了中国共产党在国共谈判中的地位。1945年9月15日，周恩来在重庆同国民党代表谈判时指出："山东解放区迄今收复80余县[①]，均已实行民选县长，治理民政，只等中央承认加委……"[②]

由于山东绝大部分地区已经解放，9月19日，周恩来又提出山东应作为由中共方面任命省长的四省[③]之一。

山东，战略地位十分重要。抗日战争中，中共山东分局和罗荣桓领导山东军民开辟了这样一大片解放区，已经成为华北的一个重要战略基地。在抗日战争胜利新的形势下，向北，它是进军东北的出发阵地；向南，又是支持华中的可靠后方。这一块战略基地大大加强了中国共产党在战后的地位，无论是为战还是为和，都创造了十分有利的条件。

---

① 此数字包括津浦路以西的地区及过去已解放的县城。

②《重庆谈判纪实》，重庆出版社1983年版，第206页。

③ 这四省是山东、河北、热河、察哈尔。

# 第十八章　渡海北征

## 第一节　调兵遣将

罗荣桓在抱病组织五路大军大反攻的同时，还为出兵东北而呕心沥血。

东北三省，在全国占据举足轻重的战略地位。它北靠苏联，东界朝鲜，西临蒙古，南接冀热辽抗日民主根据地。这里工业交通发达，可以建设成为巩固的后方。“九一八”事变以后，国民党采取不抵抗政策，将大好河山拱手让人，使这里沦为日本侵略者的殖民地。而共产党却立即发动游击战争，组织了东北抗日联军（以下简称“抗联”），一度发展到五万多人。1938 年以后，经过日军的反复“扫荡”，抗联虽然受到很大损失，但仍保持有骨干力量，一部分退入苏联。同时，晋察冀和山东解放区也近在咫尺，共产党争取东北既是理所当然，也具有十分有利的条件。

为了解放东北，同蒋介石妄图垄断对日伪军的受降权、要求八路军“原地驻防待命”的无理命令作针锋相对的斗争，8 月 11 日朱德命令原东北军著名将领吕正操、张学诗、万毅立即率部向察哈尔、热河和辽宁进发。

8 月 29 日，罗荣桓收到中央《关于迅速派兵进入东北、控制广大乡村的指示》（以下简称《指示》）。《指示》指出：由于中苏条约已明文规定，所有中国人均归中国管辖，苏联不干涉中国内政，“我党我军在东三省之各种活动，只要它不直接影响苏联在外交条约上之义务，苏联将会采取放任的态度，并寄予伟大之同情”。《指示》分析了国民党派军队去尚有困难，而苏联红军将于三个月内撤退的状况，认为存在着争取东三省和热河、察哈尔的很好的机会。《指示》要求“晋察冀和山东准备派到东三省的干部和部队，应迅速出发”。山东的部队“如能由海路进入东三省活动，则越快越好”。这里指的就是朱德命令中的万毅部队。

这时，罗荣桓已意识到山东将要为进军东北担负更大的责任，到东北去的可能不仅是万毅部队，然而临沂尚未打开，牵扯了大批兵力，因此他十分焦急。

接到中央催调万毅部渡海北上的命令后，罗荣桓立即发电报将正在胶县前线的滨海支队负责人万毅和王振乾请到大店，同他们进行了亲切的谈话。

罗荣桓说：“这次你们去东北，要你们把一部分武器留在山东。这是中央定的。这样做，一是为了便于轻装迅速前进；二是为了支持在山东坚持战斗的部队。日本人在东北丢下大量军火，你们到那里可以设法补充。一定要打通干部的思想。”

“到了东北，首要的任务是在那里扎下根，依靠自己的力量，在广大农村开辟工作，要作好进行艰苦斗争的思想准备，要给干部战士讲清楚，到东北去，不要留恋大城市，你们不是去享福，要准备打仗。”

说到这里，罗荣桓沉思了一会儿，亲切地说：“你们滨海支队原来就是东北军，比较熟悉东北的民情风俗，你们到东北扎根比较方便。但是许多年过去了，现在部队里绝大部分是山东人了，东北人只有百把人了吧？”万毅、王振乾点点头。

罗荣桓接着说：“不过，我们的军队走到哪里都能生根、发芽。一定要教育部队尊重当地群众的风俗习惯，密切联系群众，宣传党的政策，建立起巩固的根据地。你们到了那里，要发扬人民子弟兵的光荣传统。东北人民没有见过八路军，八路军是个什么样子，主要看你们的了，这是关系到我军能不能在东北立足的大问题，是最要紧的一着。蒋介石已经下决心打内战了，千万不要存在任何侥幸心理，不要抱和平幻想。”

罗荣桓告诉万毅，他已经叫供给部准备了一些黄金，给他们做经费。接着，他又询问并研究了部队行动可能会遇到的具体问题，如部队由哪里上船，需要做些什么准备，在海上遇见苏军巡逻艇怎么办，遇见美国和蒋介石的舰艇又怎样对付，在何处登陆，如何同苏联红军联系，等等，都一一作了详尽的讨论。万毅回忆，当时谈话的气氛就像老妈妈送闺女出嫁。

9 月 11 日，就在攻克临沂的同一天，罗荣桓又收到中央来电：“为利用目前国民党及其军队尚未到达东北以前的时机，迅速发展我之力量，争取我在东北之巩固地位，中央决定从山东抽调 4 个师 12 个团共 2.5 万到 3 万人，分散经海道进入东北活动，并派肖华前去统一指挥。”

罗荣桓立即发电给正在济南前线指挥作战的肖华，要他火速赶回军区接受任务。

肖华日夜兼程赶到军区，跳下马，立即走进罗荣桓的住处。这时，罗荣桓正因病卧床休息。

“你一路辛苦了，我正盼你，你就到了。”

罗荣桓立即起身下床，同肖华紧紧握手，简短地询问了前线的情况，说：

“中央指派你立即去东北。你先仔细看一看这几份电报。”

肖华接过电报，其中有中共中央 8 月 29 日和 9 月 11 日的电报，还有刚收到的 9 月 15 日关于成立中共中央东北局的电报。

原来，9 月 14 日，已进到沈阳的八路军冀热辽第十六分区司令员曾克林曾乘苏军飞机经内蒙古飞到延安汇报。当时，毛泽东已去重庆，曾克林向中央政治局汇报了东北的情况。刘少奇主持政治局连夜开会研究了全国军事部署的战略问题，决定成立东北局，以彭真、陈云、程子华、伍修权、林枫为委员，彭真为书记，东北局全权代表中央，指导东北一切党的组织及党员的活动。会上还决定，彭真、陈云、伍修权、叶季壮等与曾克林一起，立即坐飞机去沈阳，开展工作，并决定令原派往中南和华东的部队和干部立即折向东北前进。

看完电报，肖华深感事关全局，责任重大。

“我什么时候出发？”

“立刻。分局讨论决定：你带上司、政、供、卫机关一部分干部，立即出发去胶东，从海路去东北。调去东北的四个师的部队，由我来安排。”

肖华即将离开老首长，激动地说：“就要分别了，关于到东北后的工作，请您作些指示。”

“谈点个人意见吧，”罗荣桓一边思索一边说，“我们同国民党争夺东北，对中国革命有决定意义。中央决心很大，要我们先机进入东北。那里背靠苏联，可以作为大后方，有了东北，中国革命胜利会更快地到来。你带队到东北去，要在东北局领导下，先把农村和中小城市控制起来，稳定社会秩序，建立根据地。你们到那里，人地两生，情况复杂，老百姓对我们不了解，困难一定不会少的，思想上要准备长期斗争，甚至要准备打游击。要有独立坚持的决心。上岸后要很快与东北局彭真等同志取得联系，服从东北局的领导和指挥，有情况要及时报告。要和在热辽地区的程子华同志互相策应，和所有进入东北的兄弟部队搞好团结。”

说到这里，罗荣桓停顿了一下，然后关切地说：

“过海要注意防备美国军舰干涉。要改穿便衣，晚上偷渡。沿途的岛子要控制起来，设立兵站。这件事已经叫许世友同志抓了。如果美国军舰没有发现你们，就不要惊动它。机密文件都不要带。另外，为了便于你们同中央和山东联络，要带去一部电台，就由王新兰同志去当台长。”

提到妻子王新兰，肖华想到了他们的女儿萧雨。她刚满周岁，还离不开妈妈的照看。带上她走，又是个累赘，怎么办呢？

“至于你们那个萧雨嘛，”一贯无微不至、体谅下级的罗荣桓以关切的眼光望着肖华说，“我和月琴已经商量好了，就暂且留给我们吧。”

肖华十分感激老首长为他解除后顾之忧。有老首长和林大姐亲自照料、抚育他们的小女儿，还有什么不放心呢？可是罗政委有病在身，要林大姐照顾，还有一对儿女，也需要她照看，她已经够累够苦了，现在又加一个小雨，负担太重了，肖华心里很不安。

罗荣桓像是看透了他的心思，笑着说：

“下决心把她留给我们吧，不要多想了……你在工作上还有什么困难和要求吗？”

肖华的眼睛湿润了。他跟随罗荣桓多年，转战南北，在艰难困苦中结下深厚的战斗情谊，如今去执行新的任务，老首长精心为他安排好了一切，还要问他有什么困难和要求，真是关怀备至、心细如发啊！

临出发的前一天晚上，罗荣桓、林月琴特地准备了饭菜，为肖华、王新兰饯行。罗荣桓风趣地说：“你们下一步可要过艰苦生活了，今天特别为你们炖一只鸡，好好吃一顿！”

王新兰一听，尽力抑制就要夺眶而出的泪水，其中既有对就要离开自己的刚会叫爸爸妈妈的女儿的依恋，更有对老首长夫妇的感激。

王新兰永远忘不了，那是红军改编为八路军的时候，在三原县，刚过21岁的肖华认识并悄悄地爱上了她，但不好意思对她说。王新兰要调往延安去了，这一走就将是劳燕分飞，天南地北，也许再也没有见面的机会了。肖华无奈，便去向罗荣桓求援。最乐于成人之美的罗荣桓便把王新兰叫了去，先问她哪里人，多大年纪，会不会写字，然后便开门见山地问道："我们这里有个肖华，他喜欢你，你喜欢他吗？"王新兰羞涩地点点头。罗荣桓便高兴地说："好，这件事就算定了。"然后将总务处长梁必业找来说："梁处长，我这里来了个小客人，中午炒个辣子鸡。"

1940年王新兰随肖华调到第一一五师师部后，便同罗荣桓夫妇朝夕相处。她忘记不了有一次因为在上政治课时做小动作挨过罗荣桓严父般的批评；更忘记不了她快要做妈妈了还什么也不会时，林月琴为她准备婴儿衣服、尿布而操劳奔忙……

罗荣桓看到王新兰的眼睛泪汪汪的，关切地说："你是不是舍不得小雨呀？你放心好了，我们走到哪里就把她带到哪里，保证把她带好。"

听了这番话，王新兰摇摇头，终于控制不住而哭出声来……

同肖华一道去东北的还有鲁中军区第二分区司令员吴瑞林。吴赴东北途中路过大店时，罗荣桓会见了他，对他说：

"你们去抢占东北，是执行党中央、毛主席的重要战略决策。东北如果被蒋介石抢占去，全国解放的时间就会延长。所以，为了抢占东北，我们山东不惜一切代价，中央要什么，我们给什么。机不可失，你们要快走，越快越好！"

吴瑞林一字一句地听着，字字句句记在心里。

"你们当前的任务，就是争取以最快的速度赶到东北。只要我们的人到了东北，一切就都好办了。肖华同志已经出发了，你要尽快赶上他。过海上岸以后，首先要想尽一切办法抓交通工具，火车、汽车、马车、船只，越多越好，把调到东北的部队带到东北局指定的地点。要做好向人民群众的宣传工作，向东北的老百姓讲清楚，我们是人民子弟兵，是到东北同东北人民一起肃清日伪残余、建设新东北的，动员人民群众支持我们。"

## 第二节 奉命北上

送走了肖华及随行的一批干部，罗荣桓又接到9月19日中共中央发出的《目前任务和战略部署》的指示。这一指示由代理中共中央主席职务的刘少奇起草，经中共中央政治局临时会议通过并征得了当时在重庆的毛泽东、周恩来同意。这一指示提出了"向北发展，向南防御"的重大决策，指出："目前全党全军的主要任务，是继续打击敌伪，完全控制热察两省，发展东北我之力量并争取控制东北，以便依靠东北和热、察两省，加强全国各解放区及国民党地区人民的斗争，争取和平民主及国共谈判的有利地位。"为实现这一任务，这一文件指出："全国战略方针是向北发展，向南防御。只要我能控制东北及热察两省，并有全国各解放区及全国人民配合斗争，即能保障中国人民的胜利。”中共中央还决定：“罗荣桓到东北工作。将山东（分）局改为华东局，陈毅、饶漱石到山东工作。”电报还提出，成立冀热辽中央局，由李富春任书记，扩大冀热辽军区，由林彪任司令员。[①]

但此时，陈毅尚在从太行区赴山东的途中，山东大反攻正在进行，罗荣桓赴东北一时还不能成行。

当第一期赴东北部队派出时，罗荣桓还没有调东北工作，他深知抢占东北对全国局势的战略意义，完全从大局考虑，选调了一部分主力部队去东北。当他得知自己也被调往东北时，又慎重考虑了山东的需要，经中央批准，把许世友、林

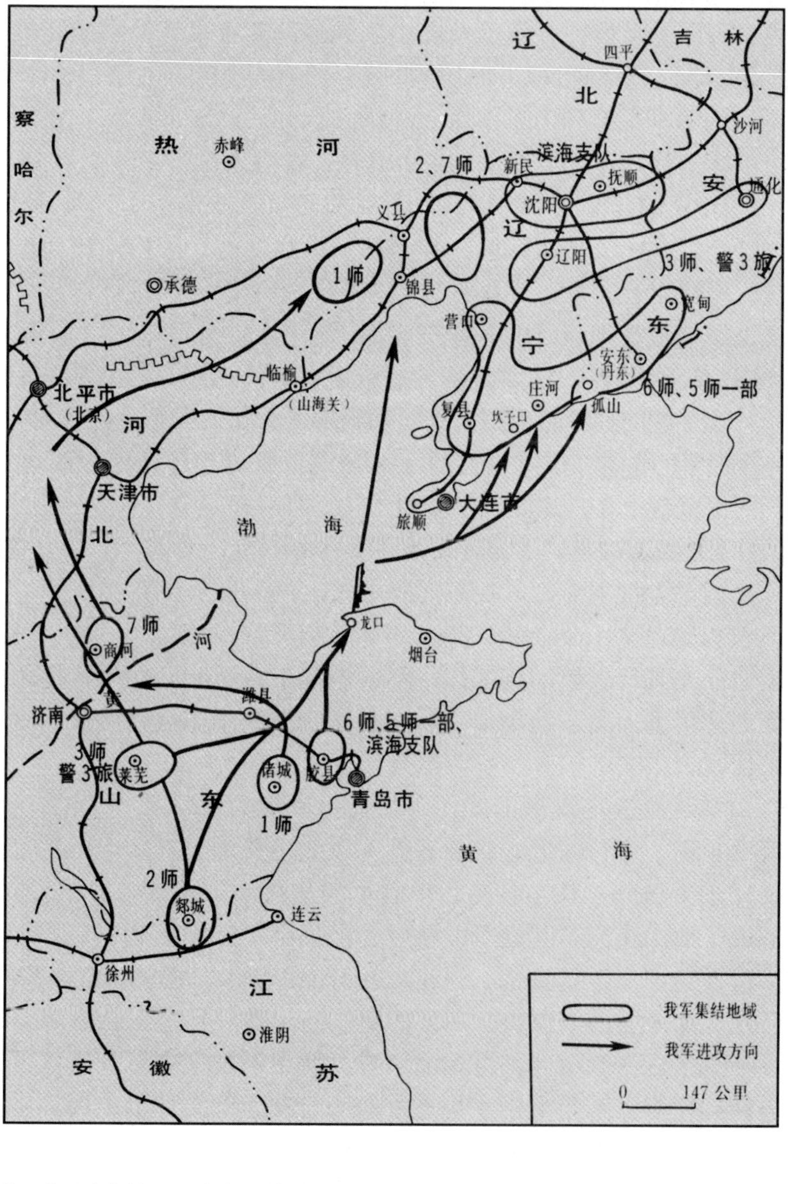


山东解放军挺进东北路线略图

①《刘少奇选集》上卷，人民出版社1981年版，第371—372页。

浩、陈士榘、唐亮、王建安、王麓水、张光中、景晓村、周贯五等领导干部和一部分战斗力很强的部队留在山东。

9月20日，刘少奇又致电山东分局，指出："发展东北，控制冀东、热河，进而控制东北的任务，除开各地派去的部队和干部外，中央完全依靠你们及山东的部队和干部。原则上要以山东的全部力量来完成，必须全力执行，越快越好。"

随着中共中央催部队北上的电报频频传来，罗荣桓也加快了调兵遣将的速度。10月上旬，陈毅从延安到达临沂。为了保密，没有召开欢迎会，他们在一座教堂的小楼里会面。分别两年，在抗战胜利后又见到老战友，罗荣桓格外高兴。他忘记了身上的病痛，接连几天同陈毅作了长谈，详尽地介绍了山东的形势、周围的敌情，介绍了留在山东的各部队军事政治素质和战斗力，介绍了干部配备情况、某些指挥员的脾气性格……他们共同讨论了山东分局改为华东中央局，新四军军部和山东军区领导机关合并后的干部配备、党政军工作的重点，讨论了堵击徐州国民党军队北上的作战方案。

10月11日，中共中央来电，命令已到山东的华中野战军部队和山东留下的第八师合组成一支强大武装，在济南、徐州之间，阻击沿津浦铁路前进的国民党军队，坚决阻止其北上。陈毅决定亲自到津浦路前线指挥作战。他动身的时候，罗荣桓派警卫员把自己的一床虎皮褥子送给他。陈毅抚摸着柔软光滑而富有弹性的虎皮，哈哈大笑："人说老虎的屁股摸不得，这回，我可要睡在老虎身上啦！"

这一期间，罗荣桓因病重已感到难以支撑下去了。他曾向中央提出，能否休养一个时期，如果一定要去东北，他建议，最好不要让他当部队主要领导人。黎玉、舒同也致电中央，建议让罗荣桓休息。但中央复电：东北还是要去，到东北后治疗条件可能要好一些。于是他便不再提休养的事，而把全副精力专注于调兵遣将。

调动大批主力部队在短时间内投入海陆兼程的远途进军，需要做十分庞杂的组织工作。从任命干部、整编部队、制订行军计划、设置兵站、部队轻装到安排运输，尤其是思想动员工作，罗荣桓都亲自过问。此外，按照中央指示，他还要筹划迎接进入山东的华中部队和向新成立的华东局办移交。这一时期，工作非常繁忙紧张，文电很多，罗荣桓常在夜间被叫醒。

罗荣桓指定胶东军区司令员许世友负责部队渡海工作。许世友指挥部队消灭、驱逐了烟台附近崆峒岛和蓬莱以北内长山各岛屿上的伪军，又乘胜占领了濒临辽东半岛的外长山各岛，控制了渤海海峡，并在各岛上设立兵站，聚草屯粮，形成了由山东向东北进军的跳板，保证了海运安全和供应。随后，罗荣桓又命令许世友组织海运指挥部，许世友担任总指挥，动员了30多只汽船、140只帆船，分别在蓬莱县的栾家口、黄县的龙口两个港口运送部队渡海。

为了弄清渤海西部海面的情况，罗荣桓还电令渤海军区派人出海侦察。第三分区副司令员黄荣海带4个连乘船一直搜索到天津以南海面，把侦察到的美国军舰运送国民党军队在塘沽登陆的情况，逐日上报。

山东人民除为渡海部队准备了大批船只以外，还为部队发了棉衣，准备了粮食物品，山东人民对进军东北的支援尽了最大的努力。到 10 月底，从山东开赴东北的部队陆续出发。三批部队，大部分走海路，一部分走陆路，还有一部分海陆兼行，分别在 10 月、11 月，最迟的也在 12 月上旬，到达了东北的指定地区，总计约六万人。[①]

10 月 24 日，罗荣桓接到中央来电，要他“率轻便指挥机关，日内去东北”。当日，罗荣桓便告别了原山东分局领导人、新参加华东局工作的黎玉、舒同等，踏上了征途。

罗荣桓从临沂出发，先是坐汽车，沿着台（儿庄）潍（县）公路向东北方向行进。这条公路原来是日伪分割鲁中和滨海的封锁线，曾被多次破坏，正在修复，路面坑坑洼洼，车队走得很慢，除了罗荣桓夫妇、罗生特和一个卫生员合乘一辆小汽车外，其他人都是乘坐卡车，还有少数骑兵和乘马在后面跟进。

尽管汽车走得很慢，大卡车上的人还是兴高采烈，觉得怎么也比两条腿走路快多了。许多同志是生平第一次乘坐汽车；有的在大反攻前没有见过汽车；有的过去打游击时见过，缴获了汽车便一把火烧掉。队伍中少数红军干部，经过二万五千里长征，从南方走到陕北，又从陕北走到山东，在山东又走了六年多，一双铁脚板，不知走了多少路，磨了多少泡。今天行军竟然坐上汽车，怎么能不感到新鲜！

第一天行军，车队在莒县城里宿营。第二天到达诸城。因为国民党勾结日伪残余重占了胶县城，从诸城到胶县的公路被破坏了，汽车不能继续前进，只好在诸城过夜。这时，由于旅途劳顿，罗荣桓血尿加重。第三天，部队下车步行，病弱的罗荣桓不能骑马，只好又躺在担架上。

过胶济铁路的那天夜间，正在急行军，罗荣桓的担架突然断了，队伍不得不停下来。警卫部队立即派出警戒。管理处长何敬之派人随向导到附近村子里找门板。由于护送部队人很少，停留的地方离铁路又近，大家都为罗荣桓的安全担心。可他却反而安慰大家，叫大家不要着急。他再三嘱咐去找门板的人员，要遵守三大纪律八项注意，照价付钱。

---

① 由山东开赴东北的部队及到达指定地区的时间是：万毅所率滨海支队，约 3500 人，从海路到辽东半岛，10 月中旬到达磐石、海龙、东丰、西丰一带。肖华率山东军区部分机关人员及部队，约 1000 人，从海路到辽东半岛，于 10 月到达安东（今丹东）。胶东军区副司令吴克华部，约 8000 人，从海路到达辽东半岛，10 月 24 日全部到达营口地区。渤海军区司令杨国夫率 3 个团，渤海军区副政委刘其人率 3 个团，共约 1.2 万人，除黄荣海率 4 个连先从海路到冀东外，其余部队由杨、刘分别率领陆行到达山海关和古北口。山东军区第二师罗华生部，约 7500 人，从海路到达辽东半岛，于 11 月上旬到达沈阳以西地区。山东军区第一师梁兴初部，约 7500 人，从陆路于 11 月中旬到达锦州以西地区。胶东海军支队，约 1000 人，从海路到辽东半岛，于 11 月中旬到达牡丹江地区。山东军区直属机关警卫部队几个独立营，约 4000 人，从海路到辽东半岛，于 10 月、11 月分别到达安东及沈阳地区。鲁中军区司令罗舜初率第三师及鲁中警备第三旅，共 9000 余人，从海路到辽东半岛，于 12 月上旬到达辽阳、鞍山地区。以上共计近 6 万人。《东北解放战争大事记》（第 11 页）记载总计约 6 万人；《中国人民解放军战史》（第 3 卷，第 10 页）记载为 6 万余人；又新四军陈毅、宋时轮 11 月 23 日向中共中央的电报记载为 9 万人。据林浩、李丙令等回忆，赴东北除正规部队 6 万外，尚有 20 个基干团，约 3 万人。又据中央军委 9 月 20 日致聂荣臻、程子华电：“已令山东三万基干团立即出动至秦皇岛、乐亭一线登陆。”

找门板的人走后不久，就听到村子里狗叫起来。以往，为了便于夜间活动，根据地和边沿游击区的狗都打光了，可这一带以前是敌占区，村子里还有狗。俗话说，一犬吠形，十犬吠声。顷刻间，远远近近都有狗叫。有的干部怕惊动敌人，罗荣桓却缓缓地说："现在不是日本投降以前了。现在，狗一叫，敌人会吓得更不敢出来。"他说话声音不高，可紧张气氛消失了。等找门板的人员回来，绑好担架上路，夜已经深了。

队伍在胶县以西过了胶济铁路，胶东南海军分区司令员贾若瑜派来汽车接罗荣桓进入莱阳城。胶东军区司令员许世友正在海上组织渡海工作，政委林浩和其他领导干部赶来看望。罗荣桓不顾劳累，向林浩了解了胶东调去东北的干部和部队的思想状况以及海运情况。

在莱阳，罗荣桓接到了中共中央 10 月 31 日发出的关于组建东北人民自治军的命令，任命林彪为总司令，彭真、罗荣桓为第一、第二政治委员，吕正操、李运昌、周保中为副总司令，萧劲光为副总司令兼参谋长，程子华为副政治委员。

在莱阳休息几天后，罗荣桓乘车来到烟台，视察了港口和防御工事，听取当地领导干部汇报了 10 月 4 日美国军舰开到烟台近海并派人上岸，企图"接收"烟台，经当地军民坚决斗争和延安总部的抗议，美舰被迫撤离的情况。

11 月 5 日，罗荣桓一行到达龙口。一到码头，只见岸边是一队队等着上船的部队。海湾内外，满眼是船，嘈杂的人声和喧嚣的涛声交相震荡，一派繁忙景象。

罗荣桓一行的行动都是保密的，出发之前，只有许世友等部分领导干部来送行。

临分手了，罗荣桓问许世友：

"你留在山东了，有何打算？"

"准备打仗！"许世友豪迈地回答。

罗荣桓点点头，握着许世友那当年曾在河南少林寺练过武功的短粗钢硬的手，指了指身旁那匹随骑兵连而来的战马，说："把它留给你吧。"这匹战马已经陪伴他四五年了。如今，他要渡海，便把它送给了许世友。许世友没有思想准备，他怔了一下，便将自己佩戴的手枪从腰带上解下来，双手托着，回赠给罗荣桓。

## 第三节 渡 海

罗荣桓一行乘坐的六艘汽船驶出龙口不久，按照预定计划，作战科长尹健和司令部直属政治处主任谷广善率机关人员及特务团一个营所乘的五艘汽船向东北方向驶去，准备在庄河县登陆，然后去沈阳与罗荣桓会合。罗荣桓夫妇乘坐的汽船径直驶向大连，准备登陆后乘火车去沈阳。同船的有参谋处长李作鹏、情报处长苏静、供给处长何敬之、卫生部长黄农、罗生特大夫和他的英语翻译方政、一名俄语翻译及秘书、机要人员、少数警卫战士，还有孩子、保姆。为了防止在海上碰到美国军舰发生麻烦，船上人员一律穿便衣，罗荣桓穿长衫，林月琴着旗袍。警卫人员的枪支，有的掖在怀里，有的用绳子吊在船尾水下，既不易被发现，又便于万一情况有变时，可以立即提上来使用。

起锚时，龙口海湾里风平浪静。罗荣桓等站在甲板上向送行的人群招手。人群、房屋越来越远，海岸终于成为一线山峦。离开了战斗多年的齐鲁大地，告别了根据地的父老乡亲，船上的指战员们都有些依依不舍。

罗荣桓一行的船队速度较快，超过了两边一艘艘帆船。当海岸终于消失时，起风了。浪头越来越高。已经逐渐散开的帆船像树叶一样在波峰浪谷之间，时隐时现。罗荣桓乘坐的小汽船也不住地摇摇晃晃。甲板上开始有人呕吐，大家纷纷退进船舱。为了防止呕吐，人们咬着事先准备好的咸菜疙瘩，但是不管用，一个吐开了，就像是患传染病一样，大家都跟着呕吐起来。在指挥船上只有罗荣桓、罗生特和保姆三个人没有晕船。

罗荣桓爱干净，看到大家呕吐得满地都是污物，他一会儿端起盛满污物的痰盂到船舷边倒进海里，一会儿又打扫舱房，忙个不停。

“别倒了，首长！”大家知道罗荣桓在患病，非常感动。

“等会儿我们来打扫吧！”船长说，警卫人员也说。人家不愿让他再劳累了。

罗荣桓放下扫把，回到舱房，躺在铺上，但是心潮逐浪，翻来覆去，怎么也睡不着觉。

这么多人呕吐，毫不奇怪。渡海的这数万大军，绝大多数人都是第一次坐海船。不仅如此，这一次数万大军的渡海行动在人民军队的历史上也是空前的，然而，它是在没有气象预报、缺乏通讯联络、没有导航设备的条件下进行的。这次渡海加上由陆路北上的部队有六万余人，他们能否顺利到达东北，并迅速扎下根、打开局面，这是罗荣桓不得不考虑的问题。

下午，风浪更加险恶，船开到砣矶岛避风。罗荣桓一行都上了岸，在岛上兵站住了一宿。

次日，风小了些，有的干部建议等风浪平静后再开船。罗荣桓斩钉截铁地说：“马上开船。任务要紧。晕船嘛，苦一点，可死不了人！”

船队又起航了。开始，船身还像摇篮一样晃动；不久，海风逐渐减弱，浪头也小了；细碎洁白的浪花，拍打着船舷迅速向后退去，汽船在海面上犁出一条雪白的水带。

汽船继续向北航行。大家打开地图，对照指点着远方的大钦岛、城隍岛等大小岛屿。

黄昏时分，一轮落日浮在海面，晚霞满天。罗荣桓同大家一起站在甲板上，尽情欣赏这海上夕照的壮丽景色。

天色逐渐暗下来，船长向罗荣桓报告：“过了城隍岛，就离开了山东，东北面不远就是旅顺口了。”

罗荣桓举起望远镜，朝船长指的方向望去。由于他视力不佳，而且已近黄昏，在苍茫暮色之中，只见海天相连，茫茫一片。但是，当他往右转了一个角度，却在水天连接处发现了一个小黑点。

“那是什么？”罗荣桓问。

船长举起望远镜顺着罗荣桓指的方向看了看，回答说：

“是艘军舰。”

两副望远镜一齐瞄着小黑点。小黑点越来越大，果然是艘军舰，正向他们乘坐的小汽船驶来。在夜色中，军舰上的灯光一闪一闪。

罗荣桓略加思索，回到舱里，对大家说：“有艘军舰正向我们开过来，还不能辨明国籍。如果是苏军的好办，万一是美国军舰，大家一定要沉住气，不要慌张。现在大家按预定方案分头做好准备。”

大家立即忙碌起来，警卫员都上了甲板，有几个守在船尾，准备随时提取武器。供给处长把携带的黄金分散藏在船舱里面。机要人员准备好随时销毁密码、文件。晕船的人也顿时振作起来，各就岗位，准备应付紧急情况。

军舰上机器的隆隆声越来越响，探照灯光柱在汽船上扫来扫去。两艘船越来越近，这时已经看得清楚，是一艘苏军的巡逻艇。大家松了一口气，由紧张变为兴奋。靠舷以后，一位苏军军官向他们问话。

“苏军艇长问我们是什么船。”同行的俄语翻译说。

“告诉他们，我们是运输船。”罗荣桓说。

“船上载的什么人？”

“是中国共产党领导的中国红军。”

“你们上来一个人。”

罗荣桓派情报处长苏静带翻译上艇交涉。

不一会，苏静返回报告说，苏军艇长请罗司令员过去。

罗荣桓带了一名警卫员，与苏静一起登上巡逻艇。苏军艇长带他进入舱里灯光明亮的小客厅，双方落座后，就通过翻译交谈起来。

“您就是八路军山东军区的司令员吗？”艇长打量着罗荣桓的长衫和礼帽，露出疑惑的眼神。

“正是。”罗荣桓点点头。

为了彻底消除对方的疑虑，罗荣桓叫警卫员从皮包里取出一张照片交给艇长。照片是红军初到延安时照的，上面有毛泽东、罗荣桓和许多井冈山时期的老红军干部。苏军艇长认出了毛泽东又认出了罗荣桓，立刻站起来，向罗荣桓敬了军礼，说：

“司令员同志，实在对不起，打扰您了，请务必原谅。我不得不履行自己的职责。”

于是，气氛融洽了。主人让水兵端出了咖啡，彼此又寒暄一番。谈话中，那位艇长说，苏联在外交上承认国民党政府，但根据不干涉中国内政的原则，并不阻止八路军的行动。船队可以在除旅顺、大连以外任何一个港口登陆。

罗荣桓等回到小汽船上，苏军巡逻艇掉头向北驶去。

罗荣桓下令小汽船按预定的另一个方案，向东北开航，朝辽东半岛东部、濒临黄海的貔子窝（今新金县皮口）驶去。

# 第十九章　艰难创业

## 第一节　从貔子窝到沈阳

罗荣桓在貔子窝踏上了东北的土地，随后，乘汽车到普兰店下榻于一座日本式小屋里。安顿好住处后，罗荣桓立即派人联系去沈阳的火车。

这时肖华任南满（后改称辽东）军区司令兼政委，驻在安东（今丹东）。他得知罗荣桓登陆后，就派人来迎接，并把他的小女儿接走了。

第二天上午有了火车，何敬之等赶到车站一看，原来是一辆运货的“闷罐”车。车厢刚刚运送过马匹，里面到处是细碎的马草、马料和马粪。为了赶时间，罗荣桓决定就乘这一列车走。大家动手打扫干净，上了车。车厢里没有座位，只好铺开马褡子，放下背包，坐在上面。

罗荣桓看到有的同志对于坐这样的车厢不大满意，就解释说：

“坐火车比走路快多了！我们到东北来，不是来享福的，是来打仗的。往后，还得靠我们的两条腿走路呢。”

1946 年初，罗荣桓在安东

火车像老牛，慢腾腾地爬行着，逢站就停，一停就是老半天。罗荣桓嫌火车跑得太慢了，他需要以最快的速度赶到东北局，以便尽快开展工作。战局瞬息万变，时间就是军队，时间就是胜利！

此时蒋介石在全国拥有 430 万军队，又有美国的支持，中国共产党领导的军队总共只有 130 万人，干部战士会不会有惧战情绪？重庆谈判一个多月，《双十协定》签订了，国民党能不能执行还是一个问题，部队中会不会滋长和平幻想？到了新区，人生地不熟，要吃高粱米和土豆，气候比山东要冷十几度、几十度，有的部队还没有穿棉衣，这些实际问题和由此引起的思想问题应当如何解决？怎样做好从全国四面八方来东北的各个部队的团结工作？如何开辟新区，建立根据地，以保证作战部队有巩固的后方？这些关系到我军能否在东北立足，能否粉碎国民党军队进攻的大问题，罗荣桓不能不周密考虑。

火车在距沈阳六十多公里的辽阳站停下不走了。罗荣桓叫大家下车到站内休息，自己带着苏静等人进城找部队。终于找到刚刚调来的当地八路军负责人程世才和冀热辽军区第十六军分区司令员曾克林和副政委唐凯。

他们热情迎接罗荣桓，并给罗荣桓一行安排了住处，随后向罗荣桓汇报了部队情况。

冀热辽第十六分区部队是解放山海关，最早进入东北的中国军队。他们到达沈阳后，许多被日本侵略者俘虏与捕捉送到东北做苦工的中国士兵与老百姓，踊跃参军，也有些伪军警人员和社会游民乘机混入，还有些人自己拉起队伍，要求收编。冀热辽第十六分区部队出关时只有 4000 余人，这时已发展到数万人，编了 6 个旅及若干独立团队。他们在发展过程中获得了大量日军的武器装备。由于苏军不同意东北人民自治军在沈阳市驻扎，冀东十六分区部队的司令部不久前从沈阳移到了辽阳。

罗荣桓称赞冀东的部队首先进入沈阳，及时向中央报告了情况，并抓紧时机大量扩军，在与国民党争夺东北的斗争中，争取了先机，是一项重大贡献。

罗荣桓对于冀东部队这样迅猛地扩大也作了具体分析。他说：你们的部队发展得这样快，是特定的有利条件促成的。但是这些部队并不巩固，你们原来只有几千人，消化不了这么多新兵，所以这些新部队应当与其他出关的老部队合编。

罗荣桓的这个意见，对冀东部队的干部来说，是个过去还没有充分考虑过的问题。后来，遵照东北局的决定，这些部队与其他老部队合编。罗荣桓这次谈话，对合编的顺利进行，起到了思想准备作用。

罗荣桓在谈话中，还强调了建立南满根据地的重要意义，讲到要准备打仗，要在新扩大的部队中进行阶级教育，巩固部队，并且要警惕新编部队中的复杂成分，清除那些“三朝元老”分子。①

11 月 13 日，罗荣桓一行乘汽车到达沈阳。

沈阳是东北第一大城市，驻有苏军，中共也设置了市政机构。但由于日本投降才三个月，一切尚未就绪，社会秩序紊乱，治安状况很差，加上生产停滞，物价不稳，人心仍很浮动。市民群众受日伪长期统治，对国内政治情况知之甚少，不了解蒋介石实行不抵抗主义和同日伪勾结的罪恶行径，对八路军、新四军坚持敌后英勇抗战的情况也了解不多。许多人持有“正统”观念，盲目相信“中央”政府，尽管人民自治军纪律严明，买卖公平，说话和气，他们也总是敬而远之。还有一些市民见人民自治军服装简朴，枪械不精，举止言谈土气，而日伪残

① “三朝”指张作霖、国民党和日伪。

余和暗藏的国民党特务分子却时有活动，夜间还常听到枪声。他们也不大相信共产党能够在东北站住脚。

罗荣桓一行在沈阳三经街博物馆找到东北局。彭真见罗荣桓到来，非常高兴，寒暄问候以后，向罗荣桓介绍了东北的形势。罗荣桓把机关人员安顿好，去看望了已经到达沈阳的林彪，向林彪介绍了自从林负伤以后部队发展的情况以及从山东来东北的各个部队的历史、特点以及这些部队主官的情况。林彪虽然在延安看过一些山东发给中央的情况报告，但对部队情况已相当隔膜，他认真听取了罗荣桓的介绍。

当时，由山东进入东北的部队，除携带长枪 2.22 万支、轻机枪 529 挺外，只有 16 挺重机枪、25 个掷弹筒、8 门迫击炮，弹药更为缺乏。其他部队也大体一样。苏军对人民自治军虽然持友好态度，但并没有把存在沈阳的大批武器弹药移交给人民自治军。人民自治军在作战初期武器弹药补给遇到很大困难。但后来在一些中小城市中，还是从苏军手里接收了一批日伪的武器弹药，装备有所改善，满足了急需。

除山东部队外，当时已到东北境内和少数尚在行进途中的部队，计有：冀热辽军区部队，华中新四军第三师，陕甘宁、晋西、冀鲁豫和冀中等解放区抽调来的部队；还有由延安调来的炮兵学校和由各解放区派到东北的干部团（队），共有 2 万左右的党政军干部，包括 20 名中共中央委员和候补中央委员（占中共中央委员和候补中央委员总数的四分之一），其中有政治局委员 4 名（占政治局委员总数的三分之一）。以上，不包括冀东部队新发展的人数，共约 7 万人，连同山东来的 6 万余人，总计约 13 万人。此外，东北抗日联军在吉（林）长（春）地区还发展了 9 个步兵团、2 个骑兵连，在北满新建了一些小部队。

在短短几个月内，从四面八方集中这么多的部队和干部到东北，上下友邻之间互不熟悉，自然会产生头绪多、工作忙乱的问题。要把这么多部队整编好，融为一体，置于东北局的统一指挥之下，像一盘机器一样运转起来，还需要一个过程。

然而，已经没有从容整编的时间了。因为国民党的全部由美械装备的机械化部队第十三军已于 11 月初海运到秦皇岛，并于 11 月 11 日在飞机掩护下开始向山海关猛烈进攻。半机械化的第五十二军由越南用美国军舰海运，于 13 日在秦皇岛登陆，也加入了进攻的行列。把重武器都留在山东的第七师和冀热辽部队扼守山海关，多次击退装备精良的敌人的进攻，战况非常激烈。

罗荣桓一到沈阳，便同林彪、程子华、吕正操等紧急磋商，于 11 月 14 日致电在安东的肖华、在胶东的许世友、林浩和华东局的陈毅、黎玉，要求“萧告李丙令[①]转罗华生[②]及胶东最近登陆之十六团，立即兼程来沈阳参加作战”。电报中还要求鲁中第三师尽量乘汽船，或用汽船拖带帆船迅速渡海北上。

---

① 当时任第二纵队政治部主任兼（渤）海北指挥，负责山东过海部队登陆及向山东运送汽油等物资。

② 当时任山东二师师长。

11月15日，中央军委毛泽东主席致电东北局，命令坚守山海关、绥中之线，节节抗击，消耗疲惫敌人，待敌进至绥中地区或兴城地区，业已疲劳消耗至相当程度，我则集中最大兵力于最有利之时间、地点，由林（彪）或罗（荣桓）亲去指挥，举行反攻，分作几次战斗，歼灭敌人。

然而敌人后续部队仍在源源不断地由美国军舰运到秦皇岛。由于敌强我弱，力量悬殊，人民自治军守关部队于16日主动撤离山海关。

东北局紧急决定林彪去前线指挥作战。林彪11月19日出发。为了使指挥得力，通讯灵便，罗荣桓毫不犹豫地把随他从山东来的苏静、李作鹏等主要机关工作人员和电台交林彪带走。

由于新到东北的人民自治军，经长途行军，十分疲惫，加之枪械不足，通讯不畅，因此面对装备精良、训练有素、由军舰运来的国民党部队，无力组织有效防御，更不可能在绥中或兴城地区大量歼灭敌人。国民党军便乘虚沿北宁路蜂拥而来，连占绥中、兴城、锦西。

## 第二节　撤出大城市，把工作中心放在建立根据地上

11月19日，驻东北苏军通知东北局，按照中苏条约，苏军将把长春路[①]沿线及城市全部移交给国民党，要求人民自治军撤出大城市。20日，中共中央致电东北局："彼方既如此决定，我们只有服从。"

面对这一形势，中共中央和东北局原先确定的通过占领大城市交通干线而独占东北的方针已不适用。中共中央和东北局的一些领导干部根据敌我力量的对比，对东北的战略方针问题重新进行了研究。他们在延安、重庆、沈阳、辽西前线通过电台反复进行了磋商。此时，毛泽东因疲劳过度，已住医院疗养，中共中央工作由刘少奇主持。11月20日，由刘少奇拟稿的中共中央致东北局的电报，指示将长春路沿线及大城市让给国民党军。22日，在刘少奇致中共重庆代表团的电报中，把这一行动概括为"让开大路，占领两厢"。

但同日，中共中央又命令彭真、罗荣桓并林彪、李运昌、沙克、黄克诚、刘震、洪学智："顽十三军、五十军向锦州急进，望集中营口、沈阳主力到锦州方面协同黄（克诚）、梁（兴初）两部以主力全部或一部歼灭该顽。"

此前，21日，林彪已接受黄克诚建议，从辽西前线打电报给中共中央和东北局，提出："目前我军应避免被敌各个击破，应避免仓皇应战，应准备放弃锦州以北二三百里，让敌拉长分散后，再选弱点突击。"彭真、罗荣桓同意此意见，并报中央批准。11月26日，人民自治军主动放弃锦州。

11月28日，中共中央致电东北局指出：国民党已乘虚突入占领锦州，且将

---

① 即中长路，旧称"中东铁路"，包括以哈尔滨为中心，西至满洲里，东至绥芬河，南至大连的铁路线。抗战胜利后，根据苏联与国民党政府签订的中苏友好同盟条约由中苏共管，1952年全部移交中国。

占沈阳等地。我企图独占东北已无此可能。但须力争我在东北之一定地位，除长春路沿线及东北各大城市我应力求插足之外，东满、南满、北满、西满广大乡村及中小城市与次要铁路，我应力求控制。

这一电报在指出应力求控制广大农村及中小城市为工作重心的同时，又提出对各大城市亦应力求插足。

12月5日，彭真、罗荣桓致电中央军委，提出：蒋顽能空运到沈阳、长春的兵力各1万人，我军可集中3万到4万争夺沈阳，集中1万主力威胁长春。因此，建议在苏军撤退后迅速占领长春、沈阳。

12月7日，中共中央复电，目前不应以争夺沈阳、长春为目标来布置一切工作。

12月11日，国民党占领锦州后，为尽快占领东北，一面要求苏军暂缓撤军，一面大举向东北运兵，将其号称“五大主力”[①]中的两支主力新六军和新一军及第七十一军火速赶赴东北。

12月13日，罗荣桓在结合当时战场形势，对战略方针的各种设想进行了反复考虑和权衡后，又单独署名致电林彪、李运昌和吕正操，提出对创造东北根据地的意见。电报说：

> 东北已无我独占局面，沿长春路各大城市，将为国民党所接收。但我争取控制两侧之（广）大地区，包括中小城市、次要交通线及某些工业原料地区，仍然来得及，这将会造成国民党还是处于劣势地位之可能。东北城市与乡村，既不同于关内华北各地，较比资本主义国家亦有区别。且沿长春路各大城市工业受到破坏，海口交通之门户旅顺、大连，为中苏协定所限制，南满其他海口仍在我控制中。因此我争取控制沿长春路两侧广大地区，将造成各大城市处于孤立中。这样，大城市之优势地位亦显然起了大的变化。如果我们在东北完全没有城市或者没有中小城市（及）次要交通线，将会发生存在的困难。但只将数大城市落于国民党之手，是仍然有我优势之可能。这一问题的提出，我认为有非常必要，这是关系到我们今后对东北之坚持与造成我们同国民党战和是否有利的决定条件。如果我们努力争取控制住沿长春路两侧广大地区，即会有我们同国民党可争夺大城市和可以争取大城市插一脚（之可能）。
>
> 国民党接收沿长春路各大城市仍然存在许多困难。他在华北不能击破我们，这样就造成了他对东北进军之相当陷于孤立。同时他进入沿长春路各大城市，在其军事行动上亦将受中苏协定之束缚。但可能沿北宁路继续增兵，以便配合从北平向喜峰口之进攻，与我首先争夺辽热地区，这一大规模之战事可能在明春。
>
> 我们应争取在一个月内展开创造根据地工作，放手发动群众，整训并充实野战军，建设地方军，统一作战指挥与后方之组织。

---

① 这五大主力是新编第一军、新编第六军、第五军、整编第十一师和整编第七十四师。

12 月 24 日，刘少奇致电东北局指出："你们主力部署在沈阳、长春、哈尔滨三大城市周围及南满，似乎仍有夺取三大城市的态势。"而这是"有危险性的"。他再次强调："你们今天的中心任务是建立可靠的根据地，站稳脚跟。"

12 月 28 日，中央发出了毛泽东起草的《建设巩固的东北根据地》的指示，指出："我党现时在东北的任务，是建立根据地，是在东满、北满、西满建立巩固的军事政治的根据地。建立这种根据地，不是轻而易举的事，必须经过艰苦奋斗。""建立这种根据地的地区，现在应当确定不是在国民党已占或将占的大城市和交通干线，这是在现时条件下所作不到的。也不是在国民党占领的大城市和交通干线的附近地区内。……建立巩固根据地的地区，是距离国民党占领中心较远的城市和广大乡村。目前，应当确定这种地区，以便部署力量，引导全党向此目标前进。"[①] 中共中央发出这一指示，标志着建设巩固的东北根据地的战略思想的完全形成。

罗荣桓 12 月 13 日的电报与中央这一指示的精神是基本一致的。他所表述的关于东北的城市与乡村既不同于关内华北各地，与资本主义国家亦有区别的观点，及由此而提出的争取控制某些中小城市、次要交通线、某些重要原料基地，以转变中共与国民党之间力量对比的主张，为后来东北解放战争的历史证明是很有见地的。

这时，东北人民自治军进入东北还不到四个月。国民党一方面大讲"和谈"，一方面继续大举增兵。苏联受条约的约束或出于其外交需要，政策也屡有变化。在这种复杂的形势下，在东北的中共党内高级领导干部，对形势，对和与战的问题，对作战方针问题等，进行了充分的酝酿，提出了种种考虑或意见。这是极为必要的，也是十分自然的。罗荣桓也经过了反复考虑。他 12 月 13 日提出的意见，是切合当时东北实际的。

由于苏军提出，根据中苏条约规定，他们撤退时要把沿中长路的大城市交给国民党政府，12 月底，东北人民自治军撤出了沈阳、长春、哈尔滨等城市，国民党依靠收编的伪军接收了上述城市的市政。罗荣桓随东北局和"东总"迁到本溪。

1946 年 1 月 4 日，东北局根据中共中央决定，将东北人民自治军改称东北民主联军，并将军队划分为野战军和地方军，建立了北满、南满、东满、西满四个军区[②]，并重新调整了下属各军区和军分区。整编了主力部队，组建了若干补充团和地方武装。调整后，除山东第一师和华中第三师的第七旅直属"东总"外，其余主力部队均隶属各大军区。翌日，罗荣桓起程赴驻朝鲜的苏军医院治病。

1946 年 1 月 10 日，国共两党签订了停战协定。然而，蒋介石坚持东北不在停战范围，并继续利用美军第七舰队的运输舰从上海、广州和越南等地陆续将新

---

①《毛泽东选集》第 4 卷，人民出版社 1991 年版，第 1179—1180 页。

② 北满军区：高岗任司令员，陈云任政委，李天佑任参谋长。南满（辽东）军区：程世才任司令员，肖华任政委，江华任第二政委，罗舜初、曾克林任副司令员并分别兼任参谋长、副参谋长，莫文骅、唐凯任副政委并分别兼任政治部主任、副主任。东满（吉辽）军区：周保中任司令员，林枫任政委，陈光任副司令员兼参谋长，张启龙任副政治委员，伍晋南任政治部主任。西满军区：吕正操任司令员，李富春、黄克诚任政委。

六军、新一军、第七十一军、第六十军、第九十三军等五个军运来东北。于是出现了关内小打、关外大打的局面。

从 2 月 8 日开始，国民党军队分三路向民主联军发动了大举进攻。南路由沟帮子指向辽阳、营口，占领盘山、台安、辽中。中路由北镇地区北上，推进至沈阳市郊。北路由阜新、彰武出动，先后侵入阜新东北的鹜欢池和彰武、法库间的秀水河子。

侵入秀水河子的敌十三军二六六团全部、二六五团一个营及师属山炮连，这时距其主力已达一日行程以上。民主联军乘这股敌军远离其主力的机会，集中山东第一师、华中第三师第七旅等部共七个团的优势兵力，突然将敌包围，于 2 月 14 日晨全歼了这股敌人。同时，进至鹜欢池的敌二六七团一个营，也被华中第三师第十旅和独立旅全歼。这是东北民主联军打的第一个典型的歼灭战。

但在 2 月 16 日对南路进攻沙岭（盘山以东）之敌的战斗却未打好。民主联军南满的部队虽以优势兵力包围了新六军的一个团，经连续三天反复冲击，终未奏效，后来援敌赶到，民主联军被迫撤出战斗。罗荣桓在后来总结经验教训时说：沙岭战斗，我们五个团又二个旅打敌人一个团，数量上虽然优于敌人，但参战部队有老部队，也有新部队，思想上、战术上的准备都不够，装备不行，指挥上也不统一，加上对敌我两方面缺乏正确估计，敌人已经站住了脚，筑起工事固守起来，我们的火力没有组织好。结果，我们伤亡很大，包括许多冻伤的，减员好几千人，也没有把敌人消灭。

后来，罗荣桓多次用这两个战例来教育干部：一定要按条件办事，要承认敌强我弱这个事实；不能只有一手，还要有第二手第三手，打仗没有后手是不行的；要以老部队做骨干；要长期打算，重视部队的建设和整顿。

## 第三节 增强团结，艰苦奋斗

到 1945 年 12 月初为止，经过三个月的扩编，人民自治军已达 22.6 万人。但是部队中存在着很多问题。新四军第三师黄克诚部、山东第一师梁兴初部、山东第七师杨国夫部，处在锦州前线，枪械、弹药、被服等都没有得到很好的补充。后来进入东北的山东第二师和第三师的情况也是如此。东北冬季到来得早，天寒地冻，有的部队还没有发齐冬装。新区群众基础弱，群众对人民自治军不了解。黄克诚报告说，部队目前遇到“七无”，即无党、无群众（支持）、无政权、无粮食、无经费、无医药、无鞋袜衣服，因而士气受到很大影响。在南满和北满的几个新发展的部队，虽然装备较好，但政治成分严重不纯，还没有建立起坚强的党的领导和活跃的政治工作，有些新部队在国民党特务分子的策动下，战局紧张时，竟叛逃为匪，或者投降敌人。总部机关刚组成不久，效率不高，通讯联系不畅，后勤工作更是头绪纷繁。因此发生了一些新老部队不团结的现象，妨碍着中共中央政策方针的贯彻和集中统一指挥。在部队思想方面，既有轻敌的急躁情绪，也有和平幻想，缺乏长期战争的精神准备。

在战斗紧张、部队调动频繁的情况下，召开会议专门研讨部队思想情况及解决办法是不可能的。罗荣桓只有通过下达作战命令、个别交代、口头谈话或电报提示等方式，把有关政治工作的意见传达下去。

当时，在东北，部队和干部来自各个方面各个地区，隶属关系不断变更，担负任务时有变化，驻区的自然条件、经济条件各有差别，特别是武器装备的补充和其他后勤供应一时还不可能做到公平合理，更带来一个如何加强统一领导，克服本位主义、山头主义、宗派主义的问题。对这些问题，罗荣桓十分关注，时时处处都注意抓维护和增强各部队之间、各地区干部之间，以及总部机关与各部队、各地区干部之间的团结问题。

12 月 22 日，彭真、罗荣桓专门致电各部队，要求各部队一定要加强团结，相互支持，并特别指出：先到东北的部队应照顾全局，竭力帮助后到的部队；主力部队应以最谦虚的态度去团结扶助新编成的部队。

12 月 24 日，在罗荣桓和政治部主任陈正人主持下发出的《关于目前部队政治工作的指示》也指出："老部队首先照顾帮助新部队，老干部首先照顾新干部，老战士首先照顾新战士，新老部队都要有首先照顾别人困难，帮助解决困难的精神。""确实掌握正确的干部政策，调整各部分之间、新老之间、新来干部与本地干部之间的关系，贯彻团结的方针，以达顺利整编之目的。"

对于增强团结，统一步调，罗荣桓不仅一般号召，而且首先要求山东来的部队做出榜样。

总部在沈阳时，山东第一师副师长李梓斌来找罗荣桓。罗荣桓因肾病发烧，躺在床上听取了李梓斌的汇报。然后，针对李梓斌所谈老部队装备差，可有些新部队装备却比较好的问题，即指战员们反映的所谓"老兵老枪，新兵新枪"，谈了自己的意见：

"你们是山东来的老部队，是主力，一定要做出好样子，发扬老传统，同兄弟部队搞好团结。现在已经成立了前方总指挥部，要听从前总指挥，主动搞好团结，内部团结搞好了，才能打胜仗。打好了仗，什么都有了。关于这个问题，我要给梁兴初同志和梁必业同志写封信。"

说着，就撑起身子，从枕头下面摸出一支红蓝铅笔写起来，李梓斌见他写字的手有些颤抖，忙说：

"您身体不好，还是不要写了，我一定把您的指示传达给师长、政委就是了。"

"不，一定要写几个字。"

罗荣桓写了满满三大张纸，交给李梓斌，又问李还有什么困难没有。李说经费不足。罗荣桓沉吟了一会说："我们虽然从山东带来一些金子，但那已经是整个东北部队的经费了，我是不能随便批的。你还是去找后勤部门吧。"

话虽然这样说了，事后罗荣桓还是给有关部门打了电话，要他们酌情解决。

后勤部了解情况后，拨给第一师当时还在流通的一万元伪满币。

总部迁到本溪后，山东第三师师长罗舜初找罗荣桓汇报和请示工作。他仔细听了汇报，然后和蔼地对罗舜初说："现在东北的部队是从各个地区抽调来的，一定要注意团结好各方面来的部队。山东来的部队多，是个大山头，要特别警惕，防止山头主义。往后，汇报工作、请示问题，不要老是找到我这里，要多找东北局和总部其他领导同志。"

后来，总部转移到哈尔滨时，罗荣桓在同华中第三师第十旅旅长钟伟的一次谈话中，对钟伟说：

"目前，敌人正大举向我们进攻，我们是大踏步后退。在这种情况下，我们内部一定要团结，步调要一致，指挥要统一。只要我们团结一致，战胜敌人并不难，不然的话，我们就会被敌人打散、打垮，搞得不好可能被赶下海去！"

"我们一到东北，黄克诚师长就下了死命令，叫我们绝对听从东北局和东总的指挥。"钟伟说。

"我知道的。黄克诚同志大公无私，顾全大局。一到东北，马上就主动把部队交给总部指挥，是个好榜样。可是也有个别同志闹本位主义，搞自己的山头，这就不好。山东部队本身也要警惕这个问题。东北局讨论过，决定要同这种现象作坚决斗争。我相信，在党的领导下，我们从各地来的同志，一定会更好地团结起来，迎来新的胜利。"

1945 年 12 月，东北人民自治军总部分为"前（方）总（部）"和"后（方）总（部）"。林彪带"前总"，在辽西前线指挥作战，罗荣桓主持"后总"的工作。

罗荣桓到沈阳后，除整编部队、调配干部外，还参与作战指挥和东北局的工作，并着手健全"东总"司、政、供、卫机关，又忙于接待和分配初到东北的大批干部，同来访的干部谈话……白天晚上连轴转，顾不得家里的事。林月琴总是要等到罗荣桓回来，才开晚饭。两个孩子等困了，常常趴在桌上就睡着了。

有一天晚上，罗荣桓回到宿舍，看到床上放着一床新丝绸被面的棉被，簇新闪亮，伸手一摸，又滑又软，便问林月琴：

"哪里来的？"

"从仓库领来材料，自己缝的。"

罗荣桓习惯地摘下眼镜，擦着镜片，神情严肃地说：

"仓库里的东西是公家的，怎么好随便拿呢？"

林月琴解释说，是"东总"司令部管理处王处长叫何敬之去仓库领来的材料，东北局领导同志每人都做了一床。

"这个何敬之真乱弹琴！"罗荣桓不悦地说，"他是个老供给处长，明明知道仓库里的东西应当统一分配嘛！怎么一进城就可以发洋财？太不像话，明天叫他送回去！"

第二天，林月琴按罗荣桓的吩咐，把被子交给何敬之。何去退时，王处长很感动，但解释说："这东西是人造棉的，看起来漂亮，可并不是什么值钱的东西。

冬天到了，在东北，没有厚实一点的棉被过不了冬。如果罗政委嫌它花哨，等以后有了布被，再拿来换好吗？现在都已做成被子了……”何处长只得又将被子抱回来，罗荣桓听了他的解释，才不再坚持。

有一天，罗荣桓看到机关干部吃饭时，各色各样的炒菜摆满了一桌子，就问：

“怎么，今天你们请客呀，请谁？”

“谁也不请。这些天，天天都是这样的。”一位参谋起身回答。当时机关刚刚建立，还没有成立伙房，只好在饭馆包伙。

罗荣桓指着丰盛的菜肴，摇摇头，说：“生活太好了……我们可不能忘记过去啊！”他马上指示司令部很快把各单位的伙房建立起来。

后来在从沈阳撤出以后，他曾对刚从山东来的几名干部说：“有些同志进入城市，被花花绿绿迷住了眼睛，忘了根据地的老作风，忘了艰苦奋斗的老传统，争房子、争汽车、争沙发，甚至于在撤退时也把沙发装车运走。这怎么得了！这样搞下去，会脱离群众的。现在还在打仗，怎么能这样搞？就是胜利了，也要始终保持艰苦朴素的作风嘛！李闯王的失败，太平天国的失败，都是历史教训。一定要警惕啊！”几个人听了老首长的一席话，临走时又看到林月琴不用警卫员，正自己动手洗衣服，很受感动。

## 第四节　心系前线

经过组织渡海以来连续几个月的昼夜操劳，1946 年 1 月间，罗荣桓病情更加恶化了。

在沈阳时，罗荣桓曾到前日本陆军医院检查过病，照了 X 光片，医生诊断为肾癌，认为必须动手术，罗生特也表示同意。东北局报告了中共中央。中央考虑到他病情严重，为慎重起见，主张他到驻在朝鲜平壤的苏军医院治疗。

在平壤苏军总医院，罗荣桓的病再次确诊为肾癌。因为医疗设备不足，无法施行手术，院方建议他尽快去莫斯科治疗。2 月下旬，罗荣桓先到大连休养。但是，他的头脑一刻也没有休息，时时都惦记着东北战争的局势，考虑着对策。他每天除了阅读文电，还常常接待来访的干部。

当时，旅顺、大连在苏军管辖之下，国民党军队和民主联军都不能进入。按照国民党政府与苏联政府签订的《中苏友好同盟条约》中的“苏联设立旅顺口地区海军基地”、“大连港国际化”等条款，旅大的防务由苏军负责，行政管理权属“中国政府”，即国民党政府。国民党虽然声称要派官员来，但并没有实现。所以市政府的官员都由苏军警备司令官委任。在苏军默许下，中共已派去一些干部，苏方对此持完全支持的态度，中共方面的一切活动只要不给苏方在外交上造成不便，苏方就不加干涉。中共已派原山东军区警备十旅旅长赵杰任警察总局（后改为公安总局）局长，中共大连市委书记韩光任政治委员。市长是本地一个大资本家，副市长为中共干部陈云涛。中共还派了许多干部在市政府各部门工作。开始时，有些汉奸、特务和打着各种旗号的国民党分子到处活动，“国民党大连市党部”的牌子也公开挂了出来。后来对国民党特务分子的破坏活动进行了几次打击，社会秩序才逐渐好转。

韩光、赵杰和中共大连市委的领导干部常来看望罗荣桓。罗荣桓详细询问了旅大地区的社会情况和公安总局的工作，并对他们说：

第一条，你们要尽可能取得苏联红军的支持。有一些事情，如清理政权中的坏分子，取得苏方同意，就好办了。第二，旅大是大城市，旅顺是个军港，大连是著名的商港。我们党管理这样大的港口城市还是第一次，应当很好地总结经验，这对将来全国胜利以后我们接管城市很有意义。第三，这个地区人口不少，要通过扩大警察队伍，建立武装，动员一些人补充前方部队，还可以通过苏军搞点武器弹药支援前线。第四，在大连，你们也要好好学习做经济工作，将来会有大用场的。

后来，大连市的警察队伍由 2000 人发展到 1 万多人，形成一支颇具规模的人民武装队伍。在市委的发动与组织下，输送兵员三批共 1.5 万余人到前方。他们还搞了很多武器弹药、被服医药、通讯器材等物资支援前线，并且支援了山东一部分物资。

罗荣桓还提出，要利用大连的有利条件培养干部。原陕甘宁联防军政治部秘书长杜平要调到北平军调部工作，路过大连，去见罗荣桓，罗建议他留在大连，办学校培养知识分子干部。按照罗荣桓的建议，经军委同意，杜平留在大连，和韩光一道兴办了建国学院，为东北局和民主联军培养了不少干部。

罗荣桓在大连还见到了刘亚楼。他们延安一别，转眼已是七年。刘 1939 年到苏联军事学院学习，毕业后在苏军工作，参加过苏联卫国战争。“八一五”随苏军来到中国，化名王松，对外称“王少校”，实际上成为民主联军与驻旅大苏军的联系人。他听说罗荣桓在大连养病，高兴地来看望老领导，向罗荣桓介绍了他在苏联学习和苏德战争的一些情况，并且要求回来工作。罗荣桓考虑到刘亚楼有国内革命战争的经验，又经过出国深造，参加过苏德战争，东北正需要这样的人才。于是，便向东北局推荐报中央批准向苏联交涉，要回了刘亚楼，并任命他为东北民主联军参谋长。

3 月上旬，东北局在抚顺举行会议，讨论东北的和战问题、城乡关系、战略方针和建军问题。罗荣桓在大连休养，未参加。

当时关内停战已经实现，中共中央认为东北停战也有实现的可能。1 月 6 日，中共中央致电东北局，指出：“国内和平有希望，保卫热河的战斗是带着决定性的，目前阶段中并可能是最后的一战。”按照这种估计，在东北停战以前，若能进行顽强的阵地防御，那么，所守住的土地都将成为解放区。因此，下达了“寸土必争”的指示。东北局执行了中央指示，到 3 月 26 日制定了作战部署，提出：“此次作战为决定我党在东北地位之最后一战。”

身在大连养病的罗荣桓对于和与战的问题作了反复考虑，于是，专门写了一封信给林彪。3 月 15 日，林彪按照罗荣桓的要求转报中央。罗荣桓在信中说：

东北战争要作较长时间准备，不要把和平估计过急，而且自己应发展全面工作，要全力支持这一长期战争，应很好地接受最近与内战时的教训。

部队作战需要保持有生力量，就是和平，（也）需要有本钱，不要发生拼命主义情绪。东北局要努力加强主力，以保持元气。西满部队应迅速根据东北局指示，赶快合编组织两个机动纵队，并加强指挥。

巩固地（方）武（装），发展游击队，以造成主力运动战更果敢条件。

加强各地后勤工作、兵工建设，应就地取材，利用人力建设医院，安置伤员。要克服和平、大后方、大机关作风，力求作战化与加强下层领导。

罗荣桓这封信的基本思想是：在争取和平的同时要立足于战争；在战争时间上，要有长期打算；要进行主力、地方武装和游击队三者结合的传统的运动战，反对拼命主义，克服大后方、大机关作风。

罗荣桓在大连密切注视着战局的发展。

3 月 13 日，随着苏军撤退，国民党军队进入沈阳。

从 3 月中旬起，杜聿明集中了 5 个军的 10 个师的兵力，由沈阳沿中长路向东、南、北三个方向展开了“扇形攻势”，向周围扩张。

3 月 27 日，国共两党关于东北停战问题的谈判达成初步协议，准备派遣军事调处执行小组到东北各地进行“调处”。蒋介石因东北停战协定即将生效，下令加紧进攻，要求在 4 月 2 日前进占四平街。于是国民党军先后占领辽阳、鞍山、海城、营口、抚顺、铁岭、法库等地。由于春天化雪，道路泥泞，加之民主联军四处袭击，4 月 2 日限期已过，国民党军始北犯四平。

针对敌人的大举进攻和东北停战又有可能实现这一情况，3 月 24 日中共中央来电指出，苏军将于 4 月份撤退完毕，国民党部队必由沈阳出兵向北同我争夺长春、哈尔滨，我党方针就是全力控制长、哈两市及中东全线[①]。不惜任何牺牲，反对蒋军进占长、哈及中东路，而以南满、西满为辅助方面。为此目的，请速布置派兵占领长、哈两市及中东全线，并进行剿匪。动员全力坚决控制四平街地区，如顽军北进时，彻底歼灭之，决不让其向长春前进。

3 月 25 日，中共中央又致电林彪、彭真，指出：东北无条件停战的协定可能于数日内签字，“在此时间内，顽方会拼命进攻，企图控制更多的战略资源要地，而你们应尽一切可能，不惜重大牺牲，保卫战略要地，特别保卫北满。”“长春、哈尔滨、齐齐哈尔等地，你们必须在苏军撤退后一二日内控制之。”

4 月间，苏军撤出长春、哈尔滨、齐齐哈尔等地，国民党对这几个城市鞭长莫及，除在 1945 年 12 月曾空投了一支保安部队到长春外，只能收编由当地伪

---

① 指中长路长春至哈尔滨和哈尔滨至绥芬河段。

军、土匪充数的“国军”，控制上述城市。

按照中央指示，4 月 18 日，民主联军解放长春，24 日解放齐齐哈尔，28 日解放哈尔滨，共歼灭守敌 2.7 万人。这三个城市的夺取，大大加强了民主联军在东北的有利地位，使其能够更多地集中兵力于四平方向作战。后来当民主联军撤退的时候，又能依托松花江和新控制的中东路全线广阔地区阻止住国民党军队的疯狂进攻。

就在解放长春的同一天，四平保卫战打响了。四平保卫战期间，中央多次指示坚守四平和本溪两市：“时局正变化。望死守四平，寸土必争。”“要打到敌人精疲力竭……便可能取得有利于我的和平。”在一次电示中，并曾以“保卫马德里”比拟之。

为了对付敌新一军在飞机大炮掩护下的轮番攻击，民主联军山东第一师、第二师、第七师、第七纵队、华中第三师形成一条以四平市区为中心，从东到西蜿蜒百余里的防线，与敌形成对峙。

对于彻底粉碎敌人的进攻，以控制与保卫中长路北段，争取实现停战的方针，罗荣桓是完全赞成的。问题是究竟应采取什么样的打法。4 月 23 日，他在大连致电东北局并转报中央及在前方的林彪：

> 目前东北情况，已产生于我有利之改变。红军自奉天①以北迅速撤退，国民党军被阻于四平街以南，且遭受我严重打击，使我争取控制长春、哈尔滨、齐齐哈尔各大城市成为完全可能。同时，经过 4 个月我在沿长春路两侧广大地区之肃匪与初步发动群众工作，再回到上述城市，是有良好条件的。但是需要我们作更大的努力，准备在长春以南及以西地区粉碎国民党军大的进攻，争取停战谈判之实现。
>
> 国民党军现在广大战场采取分进的方式向我进攻，是便于我各个击破的，并已开始遭严重打击。敌或许会引起警惕，行动迟缓，不敢冒进，但我仍可采取一纵一攻，从运动中寻求其弱点，集中我优势之力量，予以各个击破。

四平战况日益激烈，罗荣桓无法安心养病了。5 月初，他离开大连返回东北局。

路过安东时，他受东北局委托，抱病了解了南满情况，对坚持南满斗争作了具体部署。他连续几天听取了辽东军区和中共安东省委的负责人肖华、江华、莫文骅、刘澜波、林一山等的汇报，然后又找军区参谋处长吴瑞林要来 1∶250000 的地图和实力统计。吴和作战处长萧剑飞便替他把图挂到墙上，并将敌我态势用红黑两色小旗标好。罗荣桓认真研究了一天，并同肖华、吴瑞林等交换了意见后，在辽东军区的会议上就坚持南满斗争问题发表了系统的意见。他特别强调了

① 即沈阳。

南满创建根据地的战略意义。他认为，不坚持南满，北满也保不住。他提出，坚持南满，首先要充实主力，建议尽量抽调一些地方武装补充南满的主力第三纵队和第四纵队。他说："这样做，减少了一些单位，但加强了领导。主力加强了，既可打好仗，也可以支持地方武装的生存、发展和壮大。"在部署上，他提议作一些调整，由第三纵队控制梅河口至通化的铁路以西地区，第四纵队摆在安奉路（安东至沈阳的铁路）以东地区。两个纵队一西一东，背靠着长白山。他说：

"这样摆是很重要的，因为敌人主要不是在安奉线上分割我们，而首先是企图分割南满和北满。因此，南满的主力应当放到安奉路和通化之间，以便于同北满、东满我军联系和相互策应。安奉路以东要争取保持七个师到八个师，其他地区则安排一些独立师，并且把县、区武装搞起来，坚持游击战争，打击敌人。"

罗荣桓离开安东的时候，即将调任辽南独立第一师师长的吴瑞林来到车站送行，并向他请示关于坚持大连以北、中长路两侧即辽南地区的斗争问题。罗荣桓说：

"辽南地区是个咽喉之地，可以威胁到北宁线，特别是能控制营口，控制中长路，地位很重要。辽南的斗争将是非常艰苦、非常激烈的，但一定要坚持下去。你到那儿，要准备按照抗战时在沂蒙山区坚持斗争那样干。你们要准备付出极大代价，无论如何也要把这个咽喉地区坚持下来！当然，在这里坚持也有沂蒙山比不了的有利条件，这就是背靠大连，伤员可送进去治疗，部队疲劳了也可到大连的外围休息几天。有这样好的条件，更应当坚持下去。"

罗荣桓坐了一段火车，便换乘汽车转向东北。当他路过驻在梅河口的辽宁省军区时，向省军区司令张学诗等分析了四平保卫战敌我双方的态势，估计敌军必将沿沈（阳）吉（林）路东进，占领作为铁路交叉点的梅河口，以迂回包围四平和长春。他向辽宁省军区的领导人交代：一定要早作准备。然后他便迅速赶往长春。

他来到长春，与彭真会合后，5 月 19 日又赶到驻在公主岭附近的范家屯的"前总"。

前一天深夜，民主联军已从四平撤退。

四平保卫战历时一个月。敌人是包括由美军军官在印度直接培训的、全部由美国装备的机械化部队新一军在内的五个师。民主联军人数虽与敌军相当，但装备甚差。他们依托工事，英勇抗击敌人在飞机、坦克、大炮掩护下轮番疯狂的进攻，歼敌万余人。5 月中旬，敌进攻兵力增加到十个师。经请示中共中央，5 月 18 日，民主联军主动撤出四平。此前，5 月 2 日，经中共中央和东北局同意，民主联军在南满已撤出本溪。四平保卫战显示了民主联军的战斗力，给国民党以沉重打击，对于配合东北的和平谈判，遏制国民党军向北满进攻的势头，起了积极作用。民主联军从四平撤退的当日，中共中央即来电指出："四平我军坚守一个月，抗击敌军十个师，表现了人民军队高度顽强英勇精神。这一斗争是有历史意义的。"但在此役中，民主联军有生力量消耗甚大，伤亡达 8000 人，而且大部分是老的骨干。因此，5 月 27 日中共中央又致电各大区，指出：四平防御战为一时特殊条件所致，不能成为我一般的作战方针。四平撤退后，在少数人中产生了消极悲观情绪，个别人甚至厌战动摇。还发生了总部作战科副科长王继芳携带机密文件叛变投敌的严重事件，使敌人掌握了民主联军各部队的实力和动向。民主联军撤退时比较被动，有的部队部分人跑散了，暂时失去战斗力，但不久又重新集结，元气基本未受损伤。

在范家屯，林彪、彭真、罗荣桓和周保中等开会讨论今后的作战方针，讨论中，一种主张是继续坚守长春，不能再退；另一种主张是撤出长春，撤到松花江以北。罗荣桓说：

"长春、吉林都是大城市，不利于防守，防线又宽，现在部队打得很疲劳，如果守长春，敌人从梅河口沿奉吉线插到吉林，就会把我们的后方打个稀烂，不但长春守不住，非退到西满蒙古大沙漠不可。我赞成撤出长春，一直退到松花江以北。"

经过讨论，东北局最后决定：向松花江北岸撤退，退到哈尔滨。

退出长春前，民主联军"前总"的政治部副主任陈沂向罗荣桓探询东北局下一步的打算。罗荣桓对他说："我们已经商量过了，长春还是不要了。"陈沂拥护撤出长春的决策，同时又反映一些干部对撤出长春这个大城市有些恋恋不舍。罗荣桓坚定地说："我们将来还会回来的。"他停顿了一下，又接着说："我们的部队不能同美式装备的敌人硬抗。要打持久战，要经历一个艰苦的阶段。在长春跟敌人打阵地战不是办法。"当时在长春正酝酿选举市长，对此罗荣桓很不以为然，说："现在前方那么紧急，还选什么市长，和平麻痹不得了！"

5 月 22 日，罗荣桓随东北局撤出长春，几天后迁到哈尔滨。这时，国民党军已逐步控制第二松花江以南广大地区。为了迟滞、牵制国民党军向北满的进攻，5 月 25 日，民主联军第四纵队在南满发起了鞍（山）海（城）战役，连克鞍山、大石桥、营口，并且促使驻海城的国民党军第一八四师师长潘朔端率部起义。此役使东北的蒋军首尾不顾，不得不停止了进攻。6 月 6 日，国共双方达成东北停战 15 天的协议。15 天后，国民党对新的进攻仍未准备好，停战又维持了四个月。

# 第二十章　建立巩固的东北根据地

## 第一节　“七七决议”通过前后

“这个仗，打得可真被动。我们一个劲地撤，敌人一直在屁股后面追，就像拖了个尾巴！”

一到哈尔滨，罗荣桓便这样风趣地对“东总”机关干部说。考虑到部队疲劳，情况复杂，要办的事情很多，又说：

“一定要好好利用这15天！”

罗荣桓知道，蒋介石同意东北暂时休战，无非是需要有一个喘息时间，他迟早要大举进攻。因此，抓紧这15天，总结前一阶段的作战经验，确定当前坚持东北的斗争方针，准备粉碎国民党军队新的进攻，是当务之急。6月中旬，罗荣桓与彭真、陈云等一道主持东北局的工作，紧急安排了几项重要的战略部署。此时，林彪尚未到达哈尔滨。

第一项，是以拉法战斗为例，总结和推广“诱敌分散，各个击破”的作战经验。

6月11日，东北局以林彪、彭真、罗荣桓的名义致电各部队，介绍了拉法战斗的经过。敌第八十八师二六三团及一个营共2000余人，由吉林市东进，进入山区，6月5日分占新站、拉法。7日，休战令生效后，又迫近蛟河，炮击城区。8日拂晓，山东第一师歼敌一个营，夺回拉法。9日，山东第一、二师等部合力猛攻新站，全歼该敌。是役歼敌1800人，俘虏900余人。

电报说：可见敌人愈分散，愈便我歼灭，敌进入山地，尤便我歼灭。因此，我指战员勿因敌占我一些城市而感觉恐慌，须知我军在现时的作战条件下，在不得已时放弃某些城市，以诱敌人分散，换取歼敌的机会，是有利的。我各部须准备在半月停战期满后，继续组织对分散之敌采取各个击破的方针，目前应加紧此种作战的一切准备。

第二项，是确定坚持东北斗争的方针和坚持南满的任务。

6月12日，东北局以林、彭、罗的名义发出了《当前南满任务及东北斗争方针》的电报，指出：东北的斗争，我们虽一方面力求争取和平，但应以99%的准备作艰苦的持久的打算，切不可存侥幸的和平心理和企图以一两个恶战解决问题的心理。我们斗争的根本方针，应当依靠乡村的广大农民群众，坚决实现清算、减租的斗争，其中分地是最主要的。只要能真正地争取了广大的农民群众和一般的群众，则万一城市失去，我仍能坚持斗争，等候国际国内有利的形势策应。如我们不坚决做到发动群众，则我们在东北有不能立足的极大可能。

指示还说：蒋军占领了沈吉线，我南北满已无铁路联系，我坚持南满斗争，并准备在被分割的情况下进行长期战争，就显得特别重要。南满我军应迅速加紧补充、休整，准备对付敌之新的进攻。凡我控制之诸城市，特别是有物资之城市，须有如万一失守而不致损失物资的准备。

第三项，是剿灭土匪。

民主联军进入东北的初期，各地土匪蜂起。这些土匪不同于过去闻名东北的“胡子”，他们是同国民党有联系的伪满军警残余分子和地主武装，是政治土匪，群众称之为“中央胡子”。他们暗杀共产党的干部，攻打人民政权机关和部队，以至攻城略地，策应国民党军队的正面进攻。他们人数众多，总数达 10 万人左右。分布很广，北满约有三分之二以上的县城掌握在他们手中。经大力清剿，到 1946 年 3 月为止，这些土匪已有 7 万余人被歼灭，南满地区的股匪已基本肃清，但北满仍有 3 万余人。四平战役期间，他们先后占领东宁、同江、萝北等县城，一度截断了牡丹江至佳木斯的交通。

为了迅速普遍开展剿匪，6 月 12 日，东北局以彭真、林彪、罗荣桓的名义发出了剿匪工作指示，将民主联军控制地区划分为若干个工作区，从主力部队中抽出部分部队，以师或旅为单位，派往各工作区，与地方政权配合，发动群众，进剿土匪。

上述几份电报虽有林彪署名，但此时他仍在哈尔滨以南约 100 公里的五常地区。四平撤退以后，林彪认为哈尔滨、齐齐哈尔也可能失守，部队应考虑向敌侧翼和后方运动。所以他仍留在五常。他一度甚至有南下到辽南去打游击的设想。

为了加强东北地区党的领导，中共中央 6 月 16 日决定，以林彪为东北局书记、东北民主联军总司令兼政治委员，以彭真、罗荣桓、陈云、高岗为东北局副书记和东北民主联军副政治委员，并以他们五人组成东北局常委。随后，东北局派高岗、谭政到五常，把林彪请回哈尔滨。

6 月 26 日，蒋介石悍然撕毁停战协定，大举进攻中原解放区，从而爆发了全面内战。此时，他一时尚无力增兵东北，于是，东北停战局面又稳定了一段时间，东北局和东北民主联军总部长期驻在哈尔滨的局面也定下来了。

为了总结东北十个月来对敌斗争的经验教训，林彪到达哈尔滨后，常委首先开会统一思想，修改和讨论委托陈云起草的东北局决议草案。

7 月 3 日，在常委会讨论时，罗荣桓在发言中指出，修改这一决议草案的依据是去年 12 月 28 日中央关于《建立巩固的东北根据地》的指示。他认为，对过去一段应该总结，但又不能详细总结。而且这也不是迫切需要的。主要的是要统一今后的指导思想。常委思想统一后，东北局于 7 月上旬在哈尔滨召开了中共中央东北局扩大会议。在哈尔滨的中共中央委员林彪、彭真、罗荣桓、陈云、高岗、李富春、李立三、张闻天、蔡畅、林枫和候补中央委员黄克诚、王首道、谭政、陈郁、萧劲光、吕正操、古大存等及部分党政军高级干部出席了会议。

会议讨论通过了由陈云起草、东北局常委已初步讨论过的文件并形成决议。经中共中央修改批准，于 7 月 7 日正式公布，题为《东北的形势与任务》，简称“七七决议”。

“七七决议”指出：要准备以长期艰苦斗争取得和平。创造根据地是我们工作的第一位。而我们所要创造的根据地，是包括中小城市和次要铁路在内的，但必须认识，创造根据地主要内容是发动农民群众。

“七七决议”指出，在敌人进攻之下，我们不能不举行自卫战，而“作战的原则，不在于城市和要点一时的得失而是力求消灭敌人”。“七七决议”号召广大干部走出城市，丢掉汽车，脱下皮鞋，换上农民衣服，不分文武，不分男女，不分资格，一切可能下乡的干部要统统到农村中去，完成发动农民的中心任务。

“七七决议”确定了中共在东北的工作方针和作战方针，对统一东北地区全党全军的思想，起到了重大作用，是党领导东北人民建立巩固的根据地和夺取东北解放战争胜利的纲领性文件，给以后东北战争局势的转折奠定了基础。①

会议期间和前后，罗荣桓还找了许多干部谈话，做了大量思想工作。

一次，山东第七师的黄荣海旅长来看罗荣桓。他率领的部队驻扎在松花江边的陶赖昭，正同国民党军隔江对峙。

黄荣海向罗荣桓汇报了陶赖昭松花江两岸敌我兵力部署情况和七师的作战方案。

罗荣桓详细询问了部队的实力，部队还有多少老兵，扩大了多少新兵，干部战士对国民党军队的疯狂进攻有什么思想反映，黄荣海都一一作了回答。

听完黄荣海的介绍，罗荣桓说：

“你们的情况和别的部队差不多。四平撤退以来，部队思想比较乱，问题不少，集中起来就是对革命前途的看法问题。这也是解决其他思想问题的关键。你们领导干部自己首先要想通，为什么我们要大踏步后退，一直退到松花江以北。还要做好部队的思想工作，讲清楚：别看我们的地区暂时缩小了，但我们的主力还在，群众是拥护我们的，我们的力量会一天天壮大起来。将来我们还是要打回去的。”

担任独立第二师师长的温玉成也来看望罗荣桓。自从红八军团解散分别以后，十几年过去了，可罗荣桓仍然能叫出他的名字，还留他吃晚饭。饭后，在明亮而又凉爽的哈尔滨的夏夜里，罗荣桓同他进行亲切的谈话。罗荣桓问他：

“你说说，蒋介石的新一军、新六军战斗力究竟怎么样？许多人都说它火力强，不好打。你们不是打过新一军吗？”

“根据我们同它接触的情形看，新一军也不是不可以打。”温玉成讲了新一军打仗的特点和弱点。

---

①《东北的形势和任务》全文见《陈云文选》第 1 卷，人民出版社 1995 年版，第 307—313 页。

“对嘛！总说蒋介石的王牌军如何了不得，我就不信。它火力强是事实，可是枪炮是靠人掌握的。他们的士兵虽然经过挑选，身体、文化素质不错，但是官兵矛盾大，又不知为谁打仗，士气不如我们。只要我们集中优势兵力，战术上搞得好一点，打败它是不成问题的。你们这支部队，是以华中新四军两个团的班以上干部为老底子编成的，应该说是老部队。营以上干部大都是红军，这是我们的骨干力量。长征后就留下这么一些了。还有，班以上干部差不多都是新四军的老战士。一定要发挥他们的作用，把老传统传下去。”

罗荣桓嘱咐温玉成，当前最要紧的，是提高部队的必胜信念，抓紧战斗作风的培养，搞好团结。

## 第二节　去莫斯科治病

“七七决议”通过后，罗荣桓在会见一些干部时常常说：“现在有了决议，思想统一了，好办了。在东北有这么多中央委员和候补中委，他们的斗争经验都很丰富，东北的工作一定会取得很大成绩。我可以放心去治病了。”

7月下旬，罗荣桓夫妇带着两个孩子由罗生特和科长尹健护送，从哈尔滨来到满洲里。由于办理出境手续十分缓慢，罗荣桓一行在满洲里待了十几天。罗荣桓平时一天也闲不住，此时待在这日长夜短的边境小城里，感到度日如年。他几次提出要返回哈尔滨。经过大家劝说，才勉强留下来，但他的心仍然牵挂着东北战局。有一天，他问尹健，司令部机关的同志们对战事有些什么反映。尹对他说：“不少参谋对四平撤退以后，我们一仗未打便撤到松花江以北，有点想不通，觉得是不是撤得太多了。”罗荣桓解释说：“主力北撤是对的，在中央苏区，前四次反‘围剿’，我们都是采用‘诱敌深入’的办法取得了胜利。回去以后，你可以组织同志们读一读毛主席的《中国革命战争的战略问题》，特别是其中‘战略防御’这一章。把这篇文章学好，对北撤就自然会想通的。”

8月上旬，罗荣桓乘火车到达莫斯科。苏共中央联络部派联络员尼古莱叶夫到车站迎接，安排他们住进莫斯科大旅馆。此前，王稼祥和夫人朱仲丽也从张家口来到莫斯科治病，同住在一个旅馆里。分别多年的老战友在异国重逢，格外高兴，一连几天谈天叙旧，兴致勃勃。休息几天后，罗荣桓住进了克里姆林宫医院。王稼祥也因在国内作放射治疗，皮肤被灼伤而住进这所医院。他们二人同住一间病房。

经过四天详细全面的身体检查后，医院给罗荣桓做了手术，切除了长了肿瘤的右肾。不料由于刀口缝合不好，伤口破裂，引起大量出血，不得不再做缝合手术。医生看他头冒汗珠，紧咬下唇忍住疼痛，一声不哼，跷起拇指连声赞他是“真正的英雄”。

手术后，罗荣桓在医院又住了一个来月，同病房的王稼祥给他当翻译，每天将报上的新闻说给他听，替他拿药、倒水，关怀照顾，无微不至。

罗荣桓的刀口尚未完全愈合，便被转到莫斯科郊外森林里的巴拉维赫疗养院。两个月后，他的身体渐渐复原，又转回莫斯科住进纽克斯国际旅馆。

当时在莫斯科读书的中国学生经常到旅馆来看望罗荣桓。这些孩子中，有张太雷的儿子张大保，蔡和森的儿子蔡博和女儿蔡转转，毛泽东的儿子毛岸青、刘少奇的儿子刘允彬和女儿刘爱琴，朱德的女儿朱敏，李富春的女儿李特特，林伯渠的女儿林莉姐妹等。他们大多数是抗日战争时期来苏联学习的，对国内情况已很不了解，有的甚至只懂俄文，不识中文，连中国话也说不好。当时战争刚结束不久，苏联人民生活还很困难，配给这些孩子的食物有时不够吃，衣服不够穿。罗荣桓是按照苏共中央委员一级的待遇，又是病人，每天有两块白面包，还有牛奶、鸡蛋和黄油。他常常把这些东西省下来，留给孩子们“打牙祭”，并且利用这些机会给他们讲中国革命的形势，鼓励他们努力学习文化和专业知识，将来好回国为新中国的建设贡献力量。

罗荣桓出国时，党组织给他少量黄金准备应急用。到苏联后，供应由苏方负责，黄金一点也未动用。这时，罗荣桓了解到在苏联学习的孩子们生活比较清苦，便想拿一些给他们作生活补助。他征得王稼祥和当时正在苏联出席国际妇女会议的蔡畅的同意，拿出小部分黄金，将孩子们召集来开会。由他们推选了朱敏、蔡转转、李特特等负责管理。在会上，罗荣桓对他们说：“这金子是中国人民的血汗，要节省着用。你们要继承父母辈的革命传统，保持艰苦奋斗的作风，努力学好本领，不要辜负党和人民对你们的期望。”

1947 年 3 月，医院复查认为罗荣桓的肾功能仍有问题，同时还有高血压和心脏病，建议他去克里米亚疗养。罗荣桓夫妇正收拾行李，准备南下，苏方联络部人员心情沉重地告诉罗荣桓：国民党占领了延安。

当时，苏联人都把延安看成是中国的莫斯科。在苏联的卫国战争中，莫斯科没有沦陷，苏联人对此颇为自豪，因此，有些人把放弃延安看成是严重的事件，甚至说，丢了延安是中国党的错误。在莫斯科的一些中国学生受到这种影响，也为祖国的革命前途担忧。

罗荣桓耐心地对他们做宣传解释工作。他对一些苏联友人和中国学生说：“国民党军队占领延安，并不是我们被迫丢失，而是主动撤离。在中国共产党的历史上，这类例子是不少见的。在俄国历史上也有拿破仑占领了莫斯科，最后遭到失败的事例。”他还引用了 1946 年 7 月毛泽东的一段话：“战胜蒋介石的作战方法，一般地是运动战。因此，若干地方，若干城市的暂时放弃，不但是不可避免的，而且是必要的。暂时放弃若干地方若干城市，是为了取得最后胜利，否则就不能取得最后胜利。”他再三强调，放弃延安绝不意味着中国革命的失败，而只能是新的更大胜利的开始；今天失掉一个延安，明天将会得到全中国。

这时，罗荣桓的心早已飞回到祖国波澜壮阔的解放战争的战场了。他婉言谢绝去南俄疗养，决定立即回国。苏方医务人员劝说无效，只得在罗荣桓的出院通知书上，写下了手术后的肾功能情况，特别又增添了“心脏病、高血压”两项病变，建议休养三年，又规定每天工作绝对不能超过三小时。

罗荣桓打点行装，准备回国之前，对林月琴说：

“你看，照现在这样，我又可以多订几个新的五年计划了！”

林月琴看到他老病总算除掉了，也感到十分欣慰。

## 第三节　回国立即投入战斗

1947 年 5 月下旬，罗荣桓一行回到哈尔滨。

经过这一年来的斗争，东北的形势已经发生了根本的变化。

一年来，东北局动员了 12 万名干部下乡，发动群众，实行土地改革，摧毁了农村中的封建堡垒和国民党的社会基础，在斗争中培养了大批农民干部，成立了农会和其他群众团体，建立了党的基层组织，改造了村政权，组织、武装了 12 万民兵。剿匪工作也获得了巨大的胜利。一年来，民主联军正规部队在民兵自卫队的密切配合下，共歼灭土匪 2 万人，李华堂、谢文东等重要的匪首被活捉，残余土匪全部被消灭，东北解放区内的匪患已彻底肃清。

在东北的国民党军队也利用休战时机进行了整补，兵力达 40 万人。1946 年 8 月，蒋介石撕毁了东北停战协定，下令进攻热河，占领承德；10 月下旬起，又按照“先南后北，南攻北守”的方针，向南满的安东和通化地区大举进攻，实行分割和压缩，南满的形势逐步恶化。

南满民主联军的活动区域只剩下长白山麓的临江、蒙江、长白、抚松四个县。粮食不足，装备、兵员补充困难，伤员无处安置，局面极其险恶。为了加强南满对敌斗争的领导，东北局于 11 月初决定成立辽东分局，陈云任辽东分局书记兼辽东军区政治委员，萧劲光任辽东军区司令员，肖华为副司令、副政委。陈云、萧劲光赶到南满后，召开了对坚持南满斗争具有历史意义的“七道江会议”，提出“留在南满，在长白山上打红旗，摇旗呐喊、大闹天宫”的主张。陈云指出：决不能退到北满，那将使敌人的兵力随之也集中到北满。现在敌人南攻北守，而我们则可以南守北攻，夹击敌人，调动敌人，使敌人疲于奔命。“七道江会议”很快统一了领导思想，振奋了部队士气，使坚持南满的方针得到贯彻。随后不久，南满连续展开了著名的“四保临江”战役，同时北满则进行了“三下江南”的战役，南北互相策应，先后共歼敌 4 万余人，收复城市 11 座，坚持了南满根据地，巩固了北满根据地，胜利地粉碎了敌人“南攻北守，先南后北”的战略计划，民主联军总兵力已发展到 38 万人。

5 月上旬，东北局召开会议，于 5 月 5 日作出了《关于东北目前形势与任务》的决议（又称“五五决议”），向东北全党提出了“积极组织力量，全力准备大反攻，大量歼灭敌人，大量收复失地，巩固和扩大解放区”的任务。这时，部队又有发展，加上冀热辽部队 4 月起划归东北局领导，总兵力达到 46 万人。炮兵已由延安炮校之一部发展到 9 个团，工兵、铁道护路军也获得相应的发展。

航空学校、工兵学校、东北军政大学、医科大学以及测绘、通信、军需、外语等专业技术学校相继成立。

罗荣桓回到哈尔滨，便看到了5月20日毛泽东发来的电报。电报指出："东北在你们领导之下，改革了土地，发动了群众，建设了一支强有力的军队。在全国各区中，就经济论，你们占第一位，就军力论你们已占第二位（山东为第一位）。"毛泽东向东北局提出了为将来夺取中长、北宁两条铁路和长春、沈阳、北平、天津四大城市准备条件的任务。

这时，林彪带了作战科、机要科等单位组成前方总部，驻在哈尔滨以南的双城。彭真已经调回中央，陈云在南满。罗荣桓回哈尔滨的第二天便到双城看望林彪。林彪吩咐为罗荣桓准备好在双城的住地，将原在罗荣桓身边工作的李新阶仍调回来当罗的秘书。林彪向罗荣桓概括地介绍了当时的斗争形势后，罗荣桓便开始工作。此时林彪仍同过去一样，专务作战。倒坐木椅，双肘伏在椅背上，面对满壁军用地图，一坐半天，是他每日的功课。他在作战上算度很精，而对别的事，却很少过问。罗荣桓深知他这一特点，称之为"林总的重点主义"，对他充分谅解。于是便频繁来往于哈尔滨和双城之间，将部队的政治工作、训练、动员、装备、后勤保障、军工建设等项的领导工作都担负起来。由于事情忙，每天工作不超过三小时的医嘱只好束之高阁。已经同他建立了深厚友谊的罗生特劝他不要操劳过度。他便像老朋友一样推心置腹地说："好，你的意见我接受。不过，你们当医生的是不是常常把病人的病看得过重了一点；其实，自然界的新陈代谢的规律是不可违抗的。人固有一死，问题是如何在有生之年多为革命做点有益的事情。"罗生特知道，在中国革命转折的紧要关头，要罗放下工作实际上是办不到的，便耸耸肩膀，双手一摊，露出无可奈何的样子。

罗荣桓一回国，便立即参与了东北民主联军正在进行的夏季攻势的领导。这次攻势从5月13日开始，到7月1日结束，民主联军收复城镇42座，歼敌8.3万余人，扩大解放区16万平方公里土地，解放了近千万人口。东、西、南、北满和冀察热辽解放区都已打通联系，有些地段已连成了一片。这一攻势标志着东北民主联军已由防御转入战略性反攻。

# 第二十一章　东北人民解放军的重要组织者

## 第一节　土改、诉苦和组建二线兵团

在夏季攻势使东北战局发生转折的同时，1947 年 6 月，全国性的战略进攻也开始了。

刘邓大军南渡黄河，挺进大别山，在敌人的心脏地区插上了一把利剑，揭开了战略进攻的序幕。与此同时，太岳兵团和华东野战军又一左一右，挺进豫西和豫皖苏。这三支南下大军，逐鹿中原，使全国战局大为改观。

在关内各路大军连战连捷的胜利形势鼓舞下，东北民主联军从 1947 年 9 月到翌年 3 月接连发动了秋季攻势和冬季攻势，共歼敌 20 余万人，解放包括四平、鞍山在内的城市 33 座。

东北敌人屡战屡败，不得不三易主帅。1947 年民主联军的夏季攻势一结束，杜聿明便黯然离开东北，自视颇高的陈诚顶而代之。他一面指责杜聿明消极无能，一面吹嘘要在“六个月内转变为优势”。他的大话言犹在耳，民主联军秋季攻势就歼灭他的军队 6.9 万人，给他来了个下马威；接着民主联军又举行了连续作战 90 天的冬季攻势，消灭国民党军队 15 万多人，更使陈诚手足无措。于是，蒋介石只好再度换马，1948 年 2 月派卫立煌来接任。陈诚在东北时间刚好 6 个月，而国民党军队非但未“转变为优势”，而且已经只能龟缩于长春、沈阳、锦州 3 个孤立的地区，其占领区仅占东北总面积的 1%。但国民党军队的总兵力仍有 50 万左右。搞好东北人民解放军的思想建设、军事建设、组织建设、后勤建设、动员工作和军工生产，为歼灭这 50 万敌人，解放全东北创造条件，这是罗荣桓从莫斯科回来后所从事的一切工作的中心。

在秋季攻势和冬季攻势期间，在西满、南满新收复区也开展了轰轰烈烈的土地改革运动。千千万万农民翻身做了主人，站在共产党一边。这就从根本上决定了战争的前途。

解放军指战员绝大部分来自农民，他们都曾身受地主阶级的残酷剥削，每人都有一本苦情账。配合土改，进行诉苦，乃是提高指战员觉悟的最有效形式。

1947 年，以诉苦为主要方式的阶级教育在第三纵队开展起来。罗荣桓发现这一经验后紧抓不放，立即组织机关干部下去了解这方面的经验。

第三纵队的诉苦，最早是在第七师二十团九连搞起来的。他们结合土改教育，选择了苦大仇深的战士房天静、任纪贞和被俘后参军的“解放战士”罗玉祥，向大家诉说他们入伍前所受的苦难，启发大家回忆各自的苦。然后分班讨论，引导大家都来“倒苦水”、“挖苦根”。战士们一面诉苦，一面和蒋介石算老账。“解放战士”也迅速提高了阶级觉悟，纷纷检查自己在国民党军队当兵时“不知本，忘了本，忘了祖宗父母所受的苦，忘了天下穷人的苦”，表示一定要跟着共产党闹革命，在战场上杀敌立功。

九连还注意调查农村的阶级斗争情况，随时收集材料，充实部队阶级教育的内容。九连在驻地发现一位姓张的佃户有件穿了六七年的破棉袄，棉花没几团，补丁摞补丁。指导员带着破棉袄上了课堂，问大家：“这是谁穿的？地主穿这个吗？”战士说：“地主擦屁股也嫌脏，这是佃户穿的。”又问：“国民党能不能给穷人换这种破棉袄？”战士答：“不能，国民党是地主老财的党。”又问：“谁给换？”战士又答：“只有咱们的队伍能给穷人换破棉袄！”接着，指导员讲了阶级压迫和剥削的道理，说明解放军是为穷人争翻身、争解放的队伍。这时，战士赵洪山说，他父亲也是穿这样一件破棉袄，还被警察打瞎了眼睛。想到父亲受气受穷，他伤心落泪了。指导员叫他当众诉苦，战士们极受感动，一致表示决心革命到底，“为天下穷人换下破棉袄”。

罗荣桓听了详细汇报，说：“这在部队政治教育工作中是一个具有重大意义的创造，解决了当前教育的主要内容和方法问题，是部队政治教育的方向。”

罗荣桓授意政治部起草了关于在部队政治教育中普遍开展诉苦运动的训令；还授意《东北日报》撰写了社论《部队教育的方向》，于1947年8月26日发表。社论指出：诉苦运动是部队教育工作一个具有极其重大意义的创造。这种群众性的诉苦证明，罪恶绝不是单个地或偶然地发生的。大家来自山南海北，都受到同样的痛苦，都同样受冻受饿受辱挨打，这证明普天之下都存在着两种人，一种是压迫人的人，一种是受人压迫的人。前一种人经过各种线索的追寻，都归到蒋介石那里，蒋介石就是他们的头子。后一种人经过各种事实证明，都归到共产党这里，共产党为人民办事，是被压迫的劳动人民的领袖。要报仇雪恨，只有和共产党一起，大家联合起来打倒蒋介石。

经过推广和引导，诉苦运动在东北人民解放军各部队大规模地开展起来。

1947年9月28日，毛泽东亲自修改并向全军批转了东北民主联军第三纵队进行诉苦运动的经验。

随着广大指战员阶级觉悟的空前提高，各部队都因势利导，开展群众性的练兵运动，号召大家“磨刀杀敌”、“复仇立功”、学好五大技术[①]和林彪总结部队实

① 指射击、刺杀、投弹、爆破和土工作业。

东北民主联军某部的诉苦大会

战经验而提出的“一点两面”、“三三制”等战术[①]，提高杀敌本领，准备随时投入战斗。

诉苦和群众性大练兵极大地提高了广大指战员的战斗力，为即将到来的对国民党军的战略决战，准备了一支精锐的大军。

继诉苦运动之后，罗荣桓和东北民主联军政治部又抓了部队的土地改革教育，学习中共中央于1947年10月10日颁布的《中国土地法大纲》。

当时，在部队中也曾发生个别人帮助地主隐藏财物，干涉群众斗争，强迫群众释放被捕地主，甚至枪杀农会主任，解除工作团的武装等丧失阶级立场的现象。有一个连长蜕化变质，与地主小老婆通奸，竟枪杀了民主政府的村长马玉。后来，政府为马玉举行了隆重的追悼会，公审、处决了那个连长。这就是有名的“马玉事件”。

针对这些情况，罗荣桓指示东总政治部通告全军：在经过广泛的土改教育之后，如仍有包庇地主、干涉群众斗争等类行为者，不论其出身和历史如何，均须给予批评与处分，严重者开除党籍，犯罪者法办。

部队经过土地改革教育，《中国土地法大纲》深入人心，进一步提高了指战员的阶级觉悟。

东北地区的土地改革在取得了很大胜利的同时，也曾发生某些“左”的偏差。例如，在挖地主的浮财时，有的地方农民成群结队进城，把兼营工商业的地主在城里的财产也挖走了。有的还准备把私营的工厂、商店也当做“浮财”分掉。

在一次东北局的会议上，高岗支持农民的这种过火行动，说农民有义愤，有

① 一点两面：集中兵力于主要攻击点突击敌人，同时以部分兵力从另一面或多面钳制并协同歼灭敌人。三三制：以步兵班为单位分三个小组，每组三人，在班长指挥下，以疏散机动、小群的战斗队形进行战斗。

权利进城“挖浮财”。罗荣桓不赞成，讲了过去中央根据地在王明“左”倾教条主义统治时期侵犯工商业者利益的教训，认为这样做不符合党的政策，不利于发展生产、繁荣经济、支援战争。但是有人竟指责罗荣桓说：“你懂得什么？这是东北，不是中央苏区！”罗荣桓胸怀宽阔，不与计较，只是据理力争。由于李富春等大多数委员支持罗荣桓的意见，终于顶住了农民进城“挖浮财”的错误意见，纠正了这种“左”的偏向。

在1948年二三月间的东北军区政治工作会议上，罗荣桓明确指出：“姓‘穷’的打姓‘富’的，只能是打击地主，不能打击工商业。”他提出：部队政治工作的方针应当是“以阶级教育为基本内容，在集中领导下，普遍发扬民主，走群众路线，以群众自己的经验来教育群众，把群众的水平提高到党的政策水平上来”。

当时，以“贫雇农打天下坐天下”代替党的领导的唯成分论的观点和“群众说了算”的口号，曾一度流行。罗荣桓顶住了这种“左”的偏向，说：“军队绝对不能搞贫雇农坐天下。如果这样搞，就是反干部、反知识分子。”所以这些错误的口号，没有在东北的部队中传播。当时，有些地方政府打电报到部队，要将一些出身不好的干部要回去，交群众斗争。罗荣桓说：“这些干部虽然出身不好，但已背叛了原来的阶级。”没有同意这些地方政府的要求。在部队的土改教育中，罗荣桓主张只采取自报公议的方式，检查干部战士的家庭出身，用自我批评和说服教育的办法，检查纠正个人思想上的非无产阶级影响。

与此同时，有些部队在群众工作和征发[①]工作中也一度出现了某些“左”的偏向。如私打土豪，把富农当地主、把中农当富农对待，滥征车马，宰杀耕牛，以及损害中农利益和违反工商业政策等。罗荣桓提出建议，于1948年1月30日以“林、罗、谭”名义发出了《没收、征发工作与群众工作的补充指示》，及时纠正了这些“左”的偏向。

经过土地改革，广大无地和少地的农民分得土地，生产积极性空前高涨，保证了前后方粮食供给。与此同时，东北地区的工矿、交通、文化教育等事业都逐渐得到恢复。这就使东北解放军有了一个社会日趋安定、经济日益发展、可以源源供应人力和物力的稳定后方。

经过诉苦和土改教育，争取和改造了大批解放战士。往往经过一次诉苦后，他们的服装还未来得及更换，就能立即投入战斗，杀敌立功。因为他们曾经受过严格的军事训练，所以在提高了阶级觉悟之后，便能成为重要的战斗骨干。解放战士成为兵员补充的一个重要来源，改造解放战士便成为当时部队政治工作的一项重要内容。

解放军士兵最主要的来源仍然是翻身农民。分得了土地的翻身农民为了保卫胜利果实，有着参军的巨大积极性，而战争越打越大，补充和扩大部队又为战胜敌人所必需。因此，罗荣桓建议组建第二线兵团。

---

① 向人民征调人力和物资。

1947 年 7 月 27 日，东北局作出了关于成立二线兵团的决定，分工由罗荣桓负责主持这项工作。组建二线兵团的方法，是动员大批翻身农民、工人入伍，抽调野战军或地方武装的干部和老战士做骨干，不经过地方武装逐步升级的阶段，直接编成独立团，实施短期训练后，补充主力或编成新的师。事实证明，这是在有利的客观条件下，迅速扩大主力的有效方法。

1948 年 1 月 5 日至 7 日，罗荣桓分别主持召开了北满七个军区（吉林、牡丹江、松江、合江、龙江、嫩江、辽吉）的会议，讨论组建二线兵团第一批独立团的训练和编制、第二批独立团的准备、干部的培养以及前线军区的作战任务等问题。

在松江军区的会议上，罗荣桓说："目前正在训练的第一批 40 个独立团，必须在 1 月底以前每团补足 2500 人，一个不能少。而且，要切实保证兵员质量。到 3 月间，这些独立团开上前线补充主力的时候，总部将派人实地点验，包括人员的素质和练兵成绩。第二批独立团，经过同各省委商量，东北局决定再成立 126 个。其中北满 46 个，热河 50 个，南满 30 个。每团 2500 人，总计 30 万人。第一期 4 月至 7 月，先完成 70 个；第二期 8 月至 12 月，再完成 56 个。组训经费由各军区负责，实在有困难的，总部可以补助一部分。"

接着，宣布了北满组建 46 个独立团和培训 7200 名连排干部在各军区的分配数字。对组建中的武器装备、后勤供应等问题也作了具体规定和要求。

"任务已经明确了。北满要扩大 20 万农民参军……"说到这里，他突然问道，"松江省委负责同志来了没有？"

松江省委副书记李德仲站了起来答道："来了。"

这是罗荣桓和李德仲在东北的第二次会面，第一次也是在东北局召开的一次会上，罗荣桓一眼就认出了他，并主动向他打招呼。坐在一旁的李富春问罗荣桓同李德仲是怎么认识的，罗荣桓向李富春谈了十年前在平山洪子店的往事[①]。

在松江军区的会议上，罗荣桓又见到了李德仲，便招呼他到前面就座。罗荣桓接着讲这 20 万兵员的问题，说明东北局决定在松江动员 5 万人参军。他问李德仲："老李，怎么样，这个数字有困难吗？"

"有困难。"李德仲直率地说，"我们已经动员了 3 万，再动员 5 万怕是完不成。"

罗荣桓听了很安详但又很坚决地说："你们松江土改搞得比较健康，农民有了土地，就会起来保卫胜利果实。这个数字不算主观，我们对农民的觉悟要有足够的估计。会后，你们省委研究一下，再答复我。"

会后，李德仲向省委作了汇报。松江省委经过讨论，决心执行东北局、东北军区的决定。结果，参军农民达到 5.7 万人，超额完成任务。

到 1948 年 3 月冬季攻势结束，东北人民解放军进行又一次整编时，第一批成立并已训练完毕的独立团实际上达 88 个，22 万人，其中大部分补充了主力。再加上 5 万多"解放战士"，使主力部队空前充实。东北人民解放军的主力部队除原有

---

① 参看本书第七章第一节。

的第一、二、三、四、六纵队外，1947年8月以后，又先后成立了第五、七、八、九、十、十一、十二纵队。同时，将二线兵团的另一部分和地方兵团编成了15个独立师。此外还有1个炮兵纵队，1个坦克团，3个骑兵师和1个铁道纵队，都做到了兵员满额。到1948年8月止，主力部队共70万人，加上地方武装，总兵力达105万人。其中，作为二线兵团补充部队的已达164个团，37万人。[①]

为了把这些二线兵团组建好，罗荣桓还派总部机关人员下去实地点验，检查二线兵团的训练成绩和部队素质。

## 第二节 军工生产和后勤建设

在紧张的秋季攻势和冬季攻势中，罗荣桓还以很大的精力来抓军工生产和后勤工作。

随着战争的扩大，部队的发展，只靠日伪留下的武器弹药，已经远远不够了。部队枪械弹药的补充，除靠战场缴获外，还要发展自己的军事工业。东北有一定的工业基础，军工生产的条件比其他各解放区优越得多。当时，东北已经有了许多军工生产点，分散在各军区，生产计划不统一，产品质量和数量都有待进一步提高。为此，必须加强统一集中的领导，争取进行有组织有计划的大规模生产。东北局建议由伍修权抓此项工作。

伍修权曾在苏联学习过，红军时期进入中央根据地工作。他原任东北民主联军第二参谋长，东北停战谈判时，曾出任停战谈判东北执行小组中共方面的参谋长。国民党破坏停战协定后，伍修权回到哈尔滨，罗荣桓找他谈话，问他对工作安排有什么想法。伍修权在执行小组期间，天天同美方和国民党方面的代表“吵架”，由于对方胡搅蛮缠而憋了一肚子气，他表示希望到前方同敌人真刀真枪地干一场。

“到前方的愿望是很好的。”罗荣桓说，“不过，目前部队作战武器消耗很大，随着战争形势的发展和部队的扩大，后方军工生产越来越重要了。战争的胜负除了取决于其他多种因素之外，有无充足精良的武器弹药，也将产生直接影响。这件工作目前跟不上，很需要大抓一下，军区准备成立一个军工部，你负责领导军工生产怎么样？”伍修权愉快地接受了任务，随即到北安、鹤岗、鸡西、珲春、哈尔滨、牡丹江和大连七个军工点了解情况，帮助他们解决困难和问题。

1947年10月，东北局召开了东北军工会议，成立了军工部。经中央批准，任命东北军政大学总校副校长何长工为部长，伍修权为政委。

何长工是罗荣桓在秋收起义时期的老战友。何长工上任之前，罗荣桓同他谈话说：

“长工同志，毛主席要我们在两年内建设百万大军，解放‘两路四城’[②]。东

---

① 截至1949年3月，东北人民解放军共组建二线兵团189个团，总兵力达42万余人。

② “两路”指中长路、北宁路。“四城”指沈阳、锦州、天津、北平。参看本书第二十章第三节。

北局决定你来抓军工建设，搞武器弹药。我们请伍修权同志给你当政委。后勤所有的汽车和司机由你调动，家里的事让伍修权同志多管一些，你就在外面跑跑跳跳，你看怎么样？”

何长工愉快地受领了任务。何长工建议，将现在一时还不能回国的日本侨民中的军工人才动员出来，让他们帮助我们搞两三年，把我们的工人教会搞好再走。对他们及其家属在生活上实行优待。罗荣桓非常赞成，高兴地说：“这个办法好，东北有工厂，有原料，就缺技术人员。有了技术人员，枪炮都可以造。不仅要动员日本技术人员教技术，还要动员他们把日本军队埋在地下的枪支弹药都找出来，让那些东西为我所用。”

在日本投降之前，日本军队在东北搞了不少秘密军事仓库。日本战败后，他们也遗弃了不少武器装备。民主联军经过广泛的搜索和征集，把这些军事装备都起了出来。在这方面，炮兵司令朱瑞起了重大的作用。1943 年朱瑞从山东赴延安，七大之后，中央曾准备任命他为八路军副参谋长，他感到自己在苏联学的是炮兵，还是扎扎实实搞本行好，便提出要从事炮兵建设。于是，中央命令他代理延安炮校校长。抗战胜利后，中央决定由他率炮校到东北，担任民主联军第一任炮兵司令兼炮兵学校校长。他带领新建的炮兵部队和炮校学员，在靠近苏联、朝鲜边境的山沟里，收集了大量日本人遗弃的大炮和零部件，修理装配成各种型号的大炮，装备了部队。

军工部除曾同苏联方面谈判，将苏方存放在满洲里的一批日军武器接收过来外，最主要的任务则是组织自己的军工厂进行生产。到 1948 年夏季，东北解放区共有大小军事工厂 55 个，除修理各种武器外，可年产 60 毫米炮 2000 门，迫击炮弹 50 万发，山炮、野炮弹 20 万发，手榴弹 150 万枚，子弹 1700 万发，复装山炮、野炮炮弹 25 万发。为了进一步加强领导，1948 年 6 月另成立了军需部（由杨至诚担任部长），把一般军需品的生产与武器弹药的生产分开。军需生产方面，可日产单衣 1.9 万套，胶鞋、布鞋各 1 万双。生产的军工、军需产品除供应东北部队外，还支援了关内解放军。

部队不断扩大，装备不断改善，运输线不断延长，后勤工作的战略作用越来越突出了。对此，罗荣桓给予了高度的重视。1961 年 11 月，他在听取杨成武副总长的汇报时曾说：“在东北作战时就有一条经验，打起仗来，一要抓指挥机关，二要抓后勤。这两个部门很重要。指挥机关组织不好，后方东西跟不上，打仗就成问题。”正由于后勤工作对战争所具有的重大战略作用，罗荣桓以很大精力参与了对后勤工作的领导。

1948 年 3 月，东北军区召开了后勤部长、卫生部长会议，总结冬季攻势作战以来后勤工作的经验教训，提出今后的任务。罗荣桓出席了会议，他在总结报告中指出：今后战争规模将更大，战线将更长，使用兵力将更加高度集中。要做到既能攻坚，又能野战。根据这些特点，加强后勤工作建设，满足百万大军的武器弹药、被服装备、粮秣和其他物资的需要，有极为重要的意义。他要求加强党对后勤工作的领导，把政治工作贯彻到各个系统中去，保证各项政策、法令、决议、命令的执行。在后勤制度上要求统一标准，统一制度，统一开支，反对本位主义，反对浪费人力物力的现象。在总结报告中，他还针对今后作战的特点，提出了后勤工作的具体规定和要求。如从军工部中分出军需部，将供给与生产分开；健全二级军区的后勤组织；成立东、西线后勤司令部；建议在专区、县级成立有党、政、军、民参加的战勤委员会，统一战勤领导；在运输线沿途设立大、中、小型兵站，将各地区的公私车辆统一登记，组织起来，以便一声令下能够统一调动，服务于战争；在南下作战主要方向的冀察热辽地区内，增建15至20个野战医院，能收容2.5万至3万伤员；组织7000至8000副担架，以保证伤员的及时运送等。

随着主力部队南移，各部队纷纷设置后方留守处。这些留守处一度存在一些混乱现象。

在1948年3月的东北军区政治工作会议上，罗荣桓在总结报告中，专门讲了关于整顿各后方留守处的问题。他说：

“有纵队的师要坚决取消后方留守处。一律不许保留！各师的同志要下最大决心，立即将后方留守处交给纵队。以后再发现定要没收！纵队则应将后方集中，登记物资，清理家务，审查干部，准备将来交代。在清理后方中，要防止变相贪污与打埋伏的现象。如果政治工作不好好保证，那么统一起来的就会是些破铜烂铁，反而造成人力物力的大浪费。我提议，后方的供给生产人员应该统一调剂更换，一年一换，以打破本位主义。各部队留在后方的家属，由纵队办事处好好照顾，能工作的分配适当工作，不能工作的则应参加一定的劳动。”

当时，在交通要道通辽，各单位设立的留守处既多且乱。罗荣桓请东总政治部副主任兼后勤部政委周桓去通辽进行整顿，建立了后方的正常秩序。

比通辽更大的后方则是哈尔滨。这里机关单位多，家属和孩子也多。罗荣桓的家也住在这里。罗荣桓一家从莫斯科回国后，管理处为他找了一座同林彪的住处不相上下的又大又好的房子。罗荣桓觉得家里只有几个人，住大房子太浪费。他看到谭政一家住在一栋小楼里也是空荡荡的，就叫林月琴去和他们商量，是不是可以搬进去合住。谭政没有孩子，早就感到空得慌，立即表示同意。他爱人王长德是红四方面军的老战士，同林月琴在延安党校是同学，在一张大通铺上铺挨铺，关系亲如姐妹，她对林月琴举家搬来更是拍手欢迎。于是，两家人便住到一起。罗荣桓家有孩子，免不了跑跑跳跳。林月琴便提出，他们住在楼下，谭政家住楼上。

从莫斯科回到哈尔滨，林月琴就要求参加工作，军区政治部组织部部长杜平找她谈话，准备分配她到组织部工作。她回家告诉了丈夫。罗荣桓对她要求工作感到高兴，但对做什么工作没有立即表态，因为他心里另有打算。几天以后，他对林月琴说：

“我看你还是不要去组织部了，有件工作你可以去做。野战军和各兵团留守处，都有许多到了上学年龄的孩子，没有地方上学。你可以办一个子弟学校，这件工作很重要，关系到培养革命后代问题。要当‘长’就当个子弟学校的校长吧！”

林月琴也跟许多干部一样，只看工作需要，没有什么地位高低的想法。但她对是否能做好教育工作心中无数，说：

“我没有干过这种工作呀！”

“找几个有经验的同志一块办，边干边学嘛！”罗荣桓又对如何办好子弟学校谈了一些想法。

于是，林月琴便找了吕正操的爱人刘莎、宣传部长萧向荣的爱人余慎，还有几位热心人，一块商量筹办子弟学校。找房子、请教员、买教具……，一所附设幼儿园的子弟学校终于办成了。孩子们集中起来受教育，生活由老师阿姨照顾，身心得到健康的成长。父母在前方的免除了后顾之忧；在后方的也减少了家务劳累，可以更好地工作。大家都称赞她们办了一件大好事。后来，这所学校随军搬到天津，南下后又迁到武汉、广州，由王长德继续担任校长。

## 第三节　加强纪律性

1948 年 1 月 1 日，东北民主联军遵照中共中央军委指示，改称东北人民解放军。1 月 30 日，中央军委指示全军，利用作战间隙，放手发动士兵群众、指挥员和一切工作人员，开展一次以“三查三整”（查阶级、查工作、查斗志，整顿组织、整顿思想、整顿作风）为内容的整党整军运动。

为了贯彻中央和军委的指示，东北军区政治部召开了东北全军政治工作会议。会议从 2 月 2 日到 3 月 7 日共开了 35 天。各部汇报了部队情况和政治工作，政治部主任谭政作了关于开展“五整一查”（整思想、整作风、整关系、整纪律、整编制，查成分）的整党整军运动的报告，与会人员进行了讨论。

会议最后，罗荣桓作了《关于建军问题的报告》。这时冬季攻势刚结束，部队即将开始休整。

罗荣桓一上来就说：

“去年，我们的成绩很大……”

大家热烈鼓掌。

“你们先别鼓掌。”罗荣桓接着说，“我还要批评你们！”大家都怔了，静静地听罗荣桓讲下去：

“你们的会，开了一个多月。大家汇报工作尽是评功摆好，光讲成绩功劳，不讲缺点错误，缺乏批评和自我批评的精神。比方说，有些部队搞本位主义，争缴获，争俘虏，战场纪律不好；有些部队居功骄傲；有的伤员在后方医院不守纪律，打骂医护人员，不守城市秩序；有的部队缴获物资不上交，打了埋伏，缺乏全局观念。这些不好的风气，会上没有人指出，没有人批评，这不符合我们党的作风，必须刹住。你们回去以后，为了适应战斗环境，要多到师、团、营、连去落实工作，不要光坐在纵队部开会。即便要开，也要开短会。要自上而下开展批评和自我批评，领导带头作检查，不要只摆功劳不讲缺点错误，否则会把部队的作风带坏！”

罗荣桓的“开场白”，是针对着胜利之师很容易产生的“骄气”说的。为了克服这种骄傲情绪，罗荣桓在报告中指出“五整一查”应该强调整思想，而且要着重整干部的思想，自上而下地整。

罗荣桓还具体抓了因骄傲所产生的无组织无纪律和铺张浪费等问题。

1948 年 1 月，中央发出了《关于建立报告制度》的党内指示，规定各野战军首长和军区首长除作战方针必须随时报告和请示，并每月作一次战绩报告、损耗报告和实力报告外，每两个月要作一次政策性的综合报告和请示。对中央的规定，罗荣桓身体力行，坚持按照中央要求，自己动手，每两个月向中央和中央主席作一次综合报告。他还要求各纵队、各军区、各师都要坚决执行这一制度。下面送来的综合报告他每篇必看。请示报告制度执行得好的，他就表扬；不好的，就批评，决不迁就。每隔一段时间，他就要政治部把执行综合报告制度的情况通报各部队。有“欠账”的，就叫政治部以他的名义进行督促。

1948 年 7 月 1 日，在东北局召开的直属系统干部大会庆祝党的诞生日的讲话中，罗荣桓又着重阐述了加强党的集中统一，反对无纪律无政府状态的问题。他说：过去分割的环境，给各地以更多的自治权，给各单位以更多的独立处理问题的权力，是有利的；今天是国家规模的环境，就需要高度的集中统一。再各行其是，就于党和人民的事业不利。中央指出的下列坏现象，例如地方主义、闹独立性、分散性；狭隘经验主义，不接受新鲜事物；事先不请示，事后不报告；搞假报告，只说成绩，不说缺点等，应引起全党同志警惕和纠正。

罗荣桓对部队在几个攻势中执行政策纪律的情况作了调查，发现有些单位政策纪律观念很差，出现了许多不能容忍的违反政策、破坏纪律的现象。如有这样一些说法：“打下城市就得破坏它一下子，反正我们也不要它。”“抗日战争我们没有城市，不也胜利了吗？”“城市是地主资本家的窝子，打开后就该好好整他们一下子！”“你怕我抓，我怕你抓，与其你抓，不如我抓！”在热河某地，有的部队一把火烧毁了天主教堂。此外，还发生了焚烧火车车厢，打碎灯泡，拆掉机器上的皮带钉鞋掌、做马缰，砍电线杆子当柴烧等现象。

罗荣桓认为必须对这种流寇主义作风严加整顿，否则就会脱离群众，就无法完成新的作战任务。

1948 年 5 月 18 日，罗荣桓向各部队发出关于政策问题的指示电报：

> 我们一切工作都要从政策观点出发。过去我们养成了坏作风，事前不请示，事后不汇报。现在，有些同志认为政策与军事联系不上，是政府的事、政治机关的事。当然，军事干部忙于作战，照顾这些问题有困难，但仍有责任。打下辽中、台安、辽阳、鞍山、吉林、营口、四平后，城市政策执行得很差。现在又要打长春，部队更多，如不引起重视的话，城市会遭到极大的

破坏，甚至会弄得光光的。如果我们所收复的大城市不能恢复生产，则支持东北战争及全国战争是不可能的。十年内战时期毛主席提出反对流寇思想，就是反对这种随便没收、破坏城市政策的现象。今天，全国都已走向胜利，城市是自己的，更需要反对这些现象。

城市的破坏，首先要由军队负责，因为进入城市后，找资材、争缴获的，都是军队干的。有些单位放松了城市纪律和政策的教育，对部队管理不严，没收东西不请示、不报告，没收的器材随意破坏和变卖。有些部队在进行阶级教育中也有偏差，只提贫雇农，不顾工商业。这次应普遍进行政策纪律教育，检讨过去违反城市政策的现象。

将来攻城部队不准自己收集资材，除了战场缴获外，一切仓库均不准动，应当归公，收集起来统一分配。要严格执行奖惩制度。过去规定的许多命令执行不通，前方有些缴获连数目都不报告，使后勤部门无法统一调剂使用。今后一定要执行统一规定。

纵队之间、师之间，为争胜利品、争资材而闹不团结。有些部队打仗好些，受了表扬就横蛮骄傲，看不起人，都是不能允许的。今后凡有争执，都应当首先检讨自己。只知向对方提意见，总以为自己是对的，就无法解决问题。部队好强，有好胜心，应当用来对付敌人，而不应是对付内部的。你打得好，是因为有兄弟部队的配合，不能骄傲自满。

一周之后，根据罗荣桓的意见，东北军区向所属各部队颁发了东北人民解放军的《入城纪律守则》，要求所有进入城市的人员一律遵行：

一、保护城市人民的生命财产。

二、保护工厂商店，禁止拆毁机件，搬取物资，或私自没收、强购。

三、保护学校、医院、科学文化机关及城市公共设备、名胜古迹和建筑物。

四、看管敌人的仓库、物资及其他财产，实行缴获归公，不争夺，不破坏，不自由动用，不打埋伏，听候和服从上级分配。

五、对守法的教堂、寺院及外国侨民，不得干涉和侵犯。

六、实行讲话和气，买卖公平，借物送还，损坏赔偿。

七、服从卫戍机关的纪律和规则，遵守公共秩序，不入妓院，不滋扰人民，不无故鸣枪。

八、爱护人民解放军的名誉，人人守纪律，人人作宣传，实行言行一致。

中央军委将这一守则转发全军，并加按语说："比较扼要，对内对外注意事项都包括在内，各地可参考使用。"

各部队对所属人员普遍进行了《入城纪律守则》的宣传教育，达到人人明白，并印成布告张贴。后来的事实证明，八项守则不仅对维护东北解放军的纪律起了重要作用，而且也收到了安定民心、扩大共产党和解放军影响的良好效果。

这个时候，东北人民解放军在武器装备、后勤供应、机动能力以及物质生活方面，都已经大大超过了关内部队。比如，武器装备比较精良，被装的供应标准都较高，运输工具除了骡马、大车外，还可使用汽车和火车，步兵营营部配有两匹马，营以上干部吃小灶，等等，但是有些干部还不满意，讲排场，摆阔气，不遵守供给工作的标准制度。针对这一情况，罗荣桓在军区政治部召开的组织工作会议的报告中举出某些实例，与关内兄弟部队作了对比，说：新的编制取消了一些马，有些同志就不满意。华北的部队营的干部连一匹马也没有，和战士一样吃大灶，没有多少汽车，更没有火车，运输全靠马车、手推车和肩担人扛。我们应当向关内兄弟部队学习！

在报告中，罗荣桓强调了节约人力、物力，努力减轻人民负担的必要性。他说：

解放区人民的负担已经很重了。拿北满来说，共有1400万人口，据政府与群众工作方面的报告，已补充前方30万人。农业生产的人口包括老弱妇女在内只有750万人，要供给北满军政脱产人员30万人的吃饭穿衣，还要供给城市人口的粮食，再加上10万民夫上前方，人民的负担实在不轻。去年征收公粮已占人民总收获的50%，……因此，我们必须强调人力物力的合理使用。如果再浪费，战争就难于支持。这是一个战略问题，忽视这一问题，就要犯严重的错误。我们不能只看到自己的局部困难，以为多养几匹马，多设几个后方机关不要紧，而应从长期的全局的利益着眼。我们向地方党的同志讲，军队还要扩大发展，要说服农民服从战争的需要，保证战争的胜利，不能过分强调改善生活，发财致富。但对前方部队则要提出合理使用人力物力，减少浪费，这样来克服这一矛盾。在城市人民中也不能过分强调改善生活，而是保证最低限度的生活，服从战争的需要，咬紧牙关，克服这个困难。东北局曾向地方的同志说“长痛不如短痛”，要他们尽一切力量支持战争，但前方部队则要作长期准备，不要浪费人力物力。在部队中应该指出：不浪费一粒粮食，不多用一个民夫、一辆大车、一匹马。浪费，就是对战争不负责，对战争犯罪！

罗荣桓要求干部带头遵守制度，不要特殊。他说：

不必要的人员要裁减节省，杂务警卫人员不要太多。有的单位，警卫人员有点类似旧军队的马弁，甚至成为私有。有人到后方来一定要带上一大群警卫员、通讯员，有的人还不遵守供给制度，而且不是战士，是干部。因此，首先是干部要遵守制度。在遵守制度上，干部和战士要一律平等，不能“只准州官放火，不许百姓点灯”。这才叫民主作风。

9月，中共中央政治局在河北平山县的西柏坡村召开会议，以“军队向前进，生产长一寸，加强纪律性，革命无不胜”为中心议题，并作出决议，要求全党用最大的努力，加强纪律性，克服无组织和无政府状态，克服地方主义和游击主义。罗荣桓指示各级政治机关抓紧对部队进行传达教育，要求各级党组织联系本单位实际，坚决贯彻执行党中央提出的这四句口号，推动百万大军从胜利走向胜利。以后在辽沈和平津战役的大规模作战中，罗荣桓一直都把增强部队的组织纪律性作为部队建设的一项重要的内容。

## 第四节　做好荣誉军人的政治思想工作

夏、秋、冬季攻势以来，仗打得越来越大，大量伤病员从前方下来，把各后方医院都住满了。有些伤员居功骄傲，目无法纪，惹是生非，其中有相当一部分是“解放战士”，把国民党军队的坏习气也带进革命队伍里来了。他们不服从管理，看戏看电影不买票，下馆子少给钱或不给钱，还有的打骂群众，打骂医护人员，甚至包庇地主分子；干扰土改运动。还发生过聚众闹事和企图抢劫银行的事件。处理伤员问题成为安定后方的一件大事。

罗荣桓看了一些报告，觉得问题严重，必须尽快解决，便亲自召集政治部、后勤部、卫生部和政府民政部门及其他有关单位的领导干部在一起开会，研究解决的办法。讨论中，有的认为重伤员闹不了事，闹事的大多数是轻伤员，主张突击治疗，使他们早日回前方；有的提出各医院加强警卫，多设岗哨，严禁伤病员离院上街；有的建议严厉处分带头闹事的人……罗荣桓仔细听完各种意见，说道：

“解决伤病员闹事这个问题，我看还是应该从调动他们的积极性入手。抓紧治疗，加强管理，都是好主意。除了对个别极恶劣的，尽量不要搞纪律处分，更不要随便抓人。目前各地医院多数是新成立的，设备不大好，住得很分散，医院里又没有文化娱乐器材，生活比较单调、枯燥。那些轻伤员想出来走走，你想捆住他们的手脚，硬是不让他们出门，恐怕要和哨兵打架。我看还是以正面教育为主。我们能不能在短期内，召开一次伤病人员代表大会？”

大家都同意罗荣桓的提议，立即成立代表大会筹备小组，并确定以东北军区政治部副主任周桓为组长。

一天，会议筹备小组向罗荣桓汇报筹备情况，谈了会议的内容，准备1948年8月在哈尔滨召开，代表人数为500人。

“准备叫什么代表大会呀？”罗荣桓问。

“就叫伤病员代表大会吧！”周桓答。

罗荣桓考虑一下说：“还是叫荣誉军人代表大会比较好。不管是负伤的、病残的，都是为了革命，都是荣誉军人。”

谈到代表的产生，罗荣桓问：“准备让些什么人来开会呢？”

“当然要选一些先进人物和积极分子啦！”周桓按老规矩回答。

“积极分子要参加，但是不要超过三分之一。”罗荣桓说，“多找一些调皮捣蛋的和爱闹事的来开会。”

周桓和筹备小组的同志们听了，感到有点惊讶。

罗荣桓解释说：“这次会议要打破常规。会议想解决的主要是闹事问题，找先进人物来开会，代表不了闹事的伤兵，回去以后作用也不大。找带头闹事的人当代表，首先肯定他们为革命负伤，是有功劳的。对他们闹事，不直接批评，要进行正面教育，可以请一批残废的老红军、老八路来‘现身说法’，讲我军的光荣传统，讲身体残废思想不残废的好人好事。这部分伤兵的思想转变了，回去就可以起很大作用。带头闹事的代表，要从抗日根据地来的老战士、东北翻身农民参军的战士和‘解放战士’中选。‘解放战士’要选那些苦大仇深、被国民党军队抓丁当兵的。”

荣誉军人代表大会按期召开了。各地医院派来的代表，不少是思想比较落后，憋着一肚子气的。有的还准备了一大堆要求，如不答应就要大闹一番。但当他们到哈尔滨火车站的时候，只见月台上敲锣打鼓，到处贴着欢迎他们的红绿标语，人群喊着口号，女学生给他们在胸前戴上大红花，把他们当成英雄来欢迎。到了招待所，接待人员热情地为他们端茶送水，医生护士细心地为他们换药治疗，开饭时吃的是细粮，四菜一汤……，这一切，使他们很感动，心里有气的人气消了一半，想大闹的人也觉得不好意思了。

按照罗荣桓的指示，大会请在红军时期便失去一条腿的后勤副司令员钟赤兵来“现身说法”。钟赤兵扶着拐杖，讲着自己和红军伤员的故事，讲伤好后继续革命的情形。红军时代在保卫井冈山战斗中打瘸了腿的何长工和抗战时期负伤致残的另几位干部，也被请来讲自己负伤不下火线的故事，讲当年缺医少药艰苦奋斗的生活，讲红军、八路军、新四军的光荣传统，讲三大纪律八项注意，情真词切，生动感人，使代表们深受教育。会议还专门请人讲苏联小说《钢铁是怎样炼成的》，讲作者奥斯特洛夫斯基双目失明以后如何写出这部小说的动人事迹。

代表们白天听报告，晚上看戏看电影。每听完一次讲话，都分组开讨论会。开始大家对领导提了许多意见，后来，逐渐联系了自己的思想。多数参加闹事的伤兵，检查了自己的错误行为，有的懊悔难过，有的痛哭流涕，有的恨自己忘本。他们纷纷表示，回去以后要用实际行动改正错误，争取早日上前线。

会议期间，罗荣桓在全体大会上讲了话。他说：“这个大会开得很好，大家对领导提出了很多意见，同时又着重检讨了自己，这种态度是正确的，每个革命者都应当具有这种批评和自我批评的精神。我们过去的荣军工作没有做得很好，这在领导上是应该负责的，同时也要求荣军同志自己努力，去联系群众。我们的同志都是从群众中来的，穿上了军装，扛起了枪，在前方英勇杀敌，光荣地负了伤。我们千万不要忘本，不要干涉群众斗争，不要站到地主那方面去，而应该站在农民的立场，给农民撑腰。我们打倒地主阶级，帮助农民翻了身，老乡就会更加拥护我们。今天我们进行的大规模作战，如果没有后方群众的支援，是不能取得胜利的。虽然战争的胜利主要依靠前方，但是要没有后方运粮送草、参军参战等，胜利还是不能得到的。我们不能抹杀后方的功劳。当然，后方工作中还有许多缺点，比如某些医院、兵站等存在着或多或少的官僚主义，但这只是一方面，还有好的方面，我们不能忽视人家的优点。只有一方面要求后方党政军民机关团体加强和改善荣军工作，另一方面也要求荣军同志本身紧密地联系群众，严格地遵守纪律，这样才能把荣军工作做好。分配到后方工作的荣军同志们要学会一套新的本领，参加具体工作，继续为人民立功。荣军同志们虽然身体残废了，但是思想上没有残废，来后方后再学习一下，都能很好地参加革命工作。”

最后罗荣桓说：“蒋介石在中国的统治已经到了最后的时刻了。全中国人民到了翻身的时候了，每个同志都应该作出新的努力。每个荣军同志也应该把自己的一切新的力量贡献出来，争取胜利的早日到来！”

罗荣桓的讲话开门见山，简短、朴实，说到代表们心坎里，赢得全场一片热烈的掌声。

代表们在大会期间受了深刻教育，转变了思想，开完会回到各地医院，每个人都变成宣传员，在伤兵中做工作，带头遵守纪律。从那以后，伤兵闹事就很少了。

# 第二十二章　在辽沈战役中

## 第一节　决策南下

1948 年二三月间，在东北全军政治工作会议上，罗荣桓根据毛泽东提出的“封闭蒋军在东北加以各个歼灭”的战略设想和东北局的决定，提出了“争取全歼敌人进入东北的兵力”的任务。他要求把这一作战任务在部队中广为宣传，使全军树立起一个明确的斗争目标。

但是如何歼灭东北敌军，是由北而南，先打长春之敌，再打沈阳、锦州；还是先攻锦州，形成“关门打狗”之势，再打沈、长之敌？这个战略方针的确定，却经历了一些反复。

4 月 18 日，东北局和东北军区决定先打长春，以解除后顾之忧。22 日毛泽东复电同意。为了组织围攻长春，5 月中旬，根据东北局决定组成了第一前线指挥所，由萧劲光任司令员，肖华任政治委员，以原辽东军区机关组成第一前线指挥所机关[①]。5 月下旬，守长春之国民党军两个师出城抢粮。东北人民解放军准备以第一纵队、第六纵队、第十二纵队的两个师和五个独立师消灭该敌，然后乘虚攻入长春。5 月 24 日、25 日，经多次战斗，歼敌两个团，余敌退回长春。随后，东北局决定对长春采取“长围久困”的方针，并决定在吉林召开师以上干部会议进行具体部署。

吉林会议于 6 月 15 日召开，林彪未出席，罗荣桓主持会议。罗荣桓、刘亚楼和萧劲光作了报告。谭政出席了会议。罗荣桓在报告中说：“今天我们夺取大城市，有些条件是不够的，兵力上要三倍甚至四五倍，要有很好的供应线，要有许多炮和炮弹，要有一定的技术条件，而这些条件我们是不够的。因此，对付大城市要采取长围久困的办法。”会议决定对长春采取“长围久困，展开政治攻势和经济攻势，使其粮弹俱困，人心动摇时再攻”的方针，并提出要发布“断绝敌人粮柴，禁止行人出入”的命令。

在会上，有人问，如果老百姓出城怎么办？刘亚楼不假思索地说：“那就睁

---

① 第二前线指挥所由冀察热辽军区和机关组成。第一和第二前线指挥所，是后来在 8 月间组建的东北第一兵团和第二兵团机关的前身。

一只眼闭一只眼。”他的话引起哄堂大笑。大家都把目光转向在战争中已眇一目的李作鹏和周纯全。罗荣桓示意让大家安静，然后坚定地说：“对群众要收容、安置。”会议决定主要阵地不让群众通过，个别情况个别处理，缓冲地带要疏散。

不久，长春在东北人民解放军围困下，已是粮源断绝。国民党军只得依靠空投，杯水车薪，无济于事，于是在市内到处搜刮老百姓的存粮，市内饿死人很多，老百姓纷纷外逃。到8月间，林、罗、刘决定，分批放出饥饿群众。

7月，东北局常委重新讨论了东北战场形势和东北解放军作战行动问题，准备在雨季结束以后，即8月中旬南下作战。7月20日，林、罗、刘向军委报告了这一打算。7月22日，毛泽东复电同意，7月30日又来电明确指出：“应当首先考虑对锦州、唐山作战。”

经过反复酝酿，南下作战，先打锦州的决心终于下定。为了适应这一形势需要，8月14日，军委决定，东北军区和东北野战军正式分开，林彪任东北军区司令员兼政治委员、东北野战军司令员，罗荣桓任东北军区第一副政治委员、东北野战军政治委员，刘亚楼任东北军区兼东北野战军参谋长，谭政任东北军区兼东北野战军政治部主任。

为了加强作战行动前的政治动员工作，罗荣桓和谭政主持起草了《政治动员指示》，号召全军指战员从思想上动员起来，发挥高度的英勇精神，不怕疲劳、不怕伤亡、不怕小的挫折和忍受异常困难的精神，以适应大规模连续作战的需要……争取全歼东北敌军，解放全东北。

兵马未动，粮草先行。在部队南下之前，罗荣桓重点抓了后勤运输工作。他派后勤部副部长周纯全到热河，检查粮草筹集工作的情况。周到热河后来电说：粮食正在筹集。但又反映当地群众生活很困难，有些地区一家几口人只有一条裤子。罗荣桓不放心，又派后勤部参谋长谷广善带电台到热河去。谷去后了解到山区人民生活确实困苦，但各兵站已筹集到3000万斤小米，还准备从后方调来10余万斤大米。罗荣桓这才放了心。他又找后勤部负责人李富春、钟赤兵和军工部部长何长工等专门商讨了如何把尚未换装的3个纵队的冬装和参战的15辆坦克、几百辆汽车需用的油料按时安全地运送到前方的问题，决定：为了保密和防敌空袭，运输车队在战斗打响前夜行昼伏，战斗打响后，白

1948年8月，罗荣桓任中国人民解放军东北军区第一副政治委员兼东北人民解放军政治委员

天也可以行动，把车距拉长，两辆装冬装的汽车后跟一辆油料车，减少遇敌空袭时彼此延烧的机会。罗荣桓还说：“一定要准时送到战地，保证供给，时间就是胜利！”

东北局进一步动员各地方党组织克服一切困难，领导东北人民支援战争，并且具体布置了各项工作。如动员和组织二线兵团按期开赴前线，准备接收大批俘虏，扩大伤病员收容量，组织民工、担架队参战等。总计参战民工 160 万人，担架 1.3 万余副，大车 3.6 万余辆；由省、专区、县负责人率领的在火线参战的民工达 9.6 万余人，形成了空前热烈的支前高潮。

这时，敌人在东北的总兵力约 55 万人，其中卫立煌率 30 万人守沈阳，郑洞国率 10 万人守长春，范汉杰率 15 万人守义县至秦皇岛一线，重点在锦州、锦西地区。而东北人民解放军已有 105 万人，超过了敌人 1 倍。

9 月 7 日，毛泽东来电，提出了“置长、沈两敌于不顾，专顾锦、榆、唐一头”的方针。遵照毛泽东的指示，东北野战军陆续向各部队下达了进军命令：以 6 个纵队、3 个独立师、1 个骑兵师和炮兵纵队的主力，夜行晓伏，长途奔袭，包围锦州及北宁线上各点，以 4 个纵队及 1 个骑兵师位于锦州以北的新民县西北，监视沈阳敌人；以 1 个纵队在开原地区准备阻击长春敌人突围或沈阳敌人北援长春；以 1 个纵队、6 个独立师和炮纵一部继续围困长春。

为了充分发动各级指挥员和战斗员的主观能动性，罗荣桓在下达进军命令以前，便十分注意做好纵队一级干部的思想工作，向他们阐明先打锦州的战略意义，然后再动员他们向下级宣讲。第三纵队副司令员曾克林调第七纵队工作，途经哈尔滨时，罗荣桓打电话对他说：“东北敌人的态势从地图上看是个‘人’字形。长春是头，沈阳是肚子，北宁线是一条腿，从沈阳经辽阳到营口的中长路南段是另一条腿。现在如果打长春、沈阳，敌人拔腿就跑。砍掉敌人两条腿，它光剩下头和肚子，就只能束手就擒。毛主席坚决主张先打下锦州，同时把长春围起来，沈阳的问题就好解决了。”

9 月 12 日，辽沈战役打响了。到 29 日，东北解放军先后攻克河北省的昌黎、北戴河和辽宁省的绥中、兴城，切断了辽西走廊，将锦州、义县之敌分割包围。

战事总的说进展比较顺利，但也出现了一些问题。9 月 25 日，东北野战军总部得悉敌人正从沈阳空运第四十九军增援锦州，乃命令第八纵队用炮火监视锦州机场。26 日，第八纵队报告：锦州有两个机场，东郊机场已几年未用，西郊机场正在使用，请示应封锁哪一个机场。由于第八纵队延误了时间，总部改派第九纵队控制机场。两天后，第九纵队一个炮营用炮火轰击西郊机场，击毁敌机五架，终于迫使敌人停止空运部队到锦州。毛泽东得悉后于 9 月 30 日来电：“歼敌两万，毁机五架，甚慰。望传令嘉奖。”毛泽东的电报同时也批评了延误两天封锁机场的部队，指出：“大军作战，军令应加严。”

这一事件说明，由于战场情况瞬息万变，指挥机关不应远离战场。9 月 30 日，林彪终于下决心将指挥部迁到前线去。这一天，他和刘亚楼、谭政及由野司、野政组成的前线指挥所人员乘火车从双城出发。为了保密，火车先北开哈尔滨。罗荣桓在一个货站上了车。由于在道里江桥畔发现国民党特务的潜伏电台，火车又朝东南开到拉林站，然后突然掉头北返，过三棵树江桥，经由江北联络线转向滨洲线经昂昂溪南下。

10 月 1 日，东北解放军攻克义县，全歼守敌一万余人。在战斗即将结束的时候，炮兵司令员朱瑞观察义县县城突破口时，不幸踩中地雷，光荣牺牲。

在开赴锦州前线的火车上，罗荣桓听到同自己一起工作多年的朱瑞牺牲的消息，十分悲痛。他对大家说："朱瑞同志懂得炮兵，他亲自组建部队，训练干部，对炮兵事业是有建树的。"他又专门打电报给在通辽的后勤部政委陈沂，嘱咐他回哈尔滨协助治丧委员会正副主任张闻天、林枫料理朱瑞的丧事，安抚他的家属。为了纪念朱瑞，中央军委批准将东北人民解放军炮兵学校命名为"朱瑞炮兵学校"。

## 第二节　在列车上

东北野战军总部的列车夜行昼停，10 月 2 日清晨到达郑家屯[①]以西。

正准备吃早饭的时候，值班参谋报告说，在正东方发现一架飞机。刘亚楼命令所有人员立即下车分散隐蔽。人未下完，敌机已经临空，原来是架侦察机，飞得高高的，盘旋了几圈，扫射了一阵，就飞走了。

"是不是继续前进？"作战科长尹健请示刘亚楼。

"我已经请示过'一〇一'[②]，他决定暂时不走，要机关人员在附近村落分散隐蔽防空。你告诉他们架好电台与军委和各纵队联络，看看有没有什么新的情况。"

此时，列车车厢已散置于几条铁道上，机关人员分散到野地里隐蔽待命。电台人员架起天线，摇动马达，报务员熟练地揿动电键。译电员紧张地翻译电报，秘书、参谋们忙碌地在司令部和几位领导人的临时办公处出出进进。

晚上 10 点，尹健估计可以行动了，又去请示参谋长，刘亚楼低声说：

"有新情况，要等军委回电再说。"接着又补充一句，"告诉电台注意收听军委的来电！"

有情况？什么样的重要情况致使总部指挥机关都不能前进呢？尹健十分纳闷。后来，他问刘亚楼，才知道原来电台收到一份情况报告说，在葫芦岛，敌人新来了四个师，这份电报立即送给了林彪。本来，在酝酿南下时，林彪就迟迟下不了决心，他主要的顾虑是：一、缺粮缺油，汽车只带了从后方南下单程的汽油；二、后方运输线太长；三、怕傅作义由关内北上，锦州攻不下，大量汽车、坦克、重炮会因无汽油而撤不出来。在罗荣桓、李富春、钟赤兵等过细地安排了

---

① 今吉林省双辽县。

② "一〇一"是林彪的代号，罗荣桓的代号是"一〇二"，刘亚楼的代号是"一〇三"，谭政的代号是"一〇四"。

后勤运输后，林彪南下的决心增强了。但他一听说敌人在葫芦岛增兵四个师，担心被沈阳、锦西、葫芦岛之敌所夹击，又犹豫起来，命令暂停前进。22 时，他以林、罗、刘的名义向中央军委发去特级电报：

“得到新五军及九十五师海运葫芦岛的消息后，本晚我们在研究情况和考虑行动问题。估计攻锦州时，守敌八个师虽战力不强，但亦须相当时间才能完全解决战斗。在战斗未解决以前，敌必在锦西葫芦岛地区留下一两个师守备。抽出五十四军、九十五师等五六个师的兵力，采取集团行动向锦州推进。我阻援部队不一定能堵住该敌，则该敌可能与守敌会合。在两锦间敌阵地间隙不过五六十里，无隙可图。锦州如能迅速攻下，则仍以攻锦州为好，省得部队往返拖延时间。长春之敌数月来经我围困，我已收容逃兵 1.8 万人左右，外围战斗歼敌 5000 余。估计长春守敌现约 8 万人，士气必甚低。我军经数月整补，数量质量均大大加强，故目前如攻长春，则较六月间准备攻长春时的把握大为增加。但须多迟延半月到 20 天时间。以上两个行动方案，我们正在考虑中，并请军委同时考虑与指示。”

林彪签发这一电报后，攻锦部队仍按原部署继续向锦州推进。东总列车亦于深夜继续前开。

10 月 3 日清晨，罗荣桓和刘亚楼一同去找林彪，罗荣桓建议林彪仍然执行打锦州的决定。林彪征求刘亚楼的意见，刘亚楼同意罗荣桓的建议。林彪想了一会儿，叫秘书告诉机要处，追回那份电报。但是电报已经在早晨 4 点多钟发出去了。

罗荣桓建议不要等军委回电，重新表态，说明我们仍然要打锦州。林彪同意。于是三人研究后又重新写了电报。

电报说：“我们拟仍攻锦州。只要我军经过充分准备，然后发起总攻，仍有歼灭锦敌的可能，至少能歼灭敌之一部或大部。目前如回头攻长春，则太费时间，即令不攻长春，该敌亦必自动突围，我能收复长春，并能歼敌一部……此次战斗目的，拟主要放在歼灭敌人上。锦州有可能在夺取之后，像开封一样，[①] 两面援敌重占锦州，因我打援力量仅能迟滞敌人，而无歼灭敌人的可能。敌宁可放弃沈阳，而必保持和恢复锦州。”

这封电报于 10 月 3 日 9 时签发。此时，东总的列车已经到达彰武以北的冯家窝棚。军委电台收到此电报的时间是 20 时 15 分，译成电文抄送到军委负责人那里已是 4 日凌晨 1 时 30 分。在这以前，军委于 3 日 17 时和 19 时接连发来两封由毛泽东拟稿的电报，批评回师打长春的错误想法。

17 时的来电说：“（一）你们应利用长春之敌尚未出动，沈阳之敌不敢单独援锦的目前紧要时机，集中主力，迅速打下锦州，对此计划不应再改……你们可以于攻锦州之同时，部署必要兵力于两锦交通线上，首先歼灭由锦西增援锦州之

① 1948 年 6 月 17 日，华东野战军以 2 个纵队向开封发起攻击，激战至 22 日，攻克开封，歼敌 3.9 万人。蒋介石急调 3 个兵团和 1 个整编军分路进攻开封，解放军为保持主动，于 6 月 26 日撤出开封。之后，华东、中原野战军以 6 个纵队阻击援敌，以 5 个纵队围歼区寿年兵团共 5 万余人于睢县、杞县地区，生俘区寿年。

四个师，然后打下锦州。在五个月前（即四五月间），长春之敌本来好打，你们不敢打；在两个月前（即七月间），长春之敌同样好打，你们又不敢打。现在攻锦部署业已完毕，锦西、滦县线之第八第九两军亦已调走，你们却又因新五军从山海关、九十五师从天津调至葫芦岛一项并不很大的敌情变化，又不敢打锦州，又想回去打长春，我们认为这是很不妥当的。（二）你们指挥所现到何处？你们指挥所本应在部队运动之先（即八月初旬），即到锦州地区，早日部署攻锦。现在部队到达为时甚久，你们尚未到达。望你们迅速移至锦州前线，部署攻锦，以期迅速攻克锦州。迁延过久，你们有处于被动地位之危险。”[①]

19时的来电说：“本日十七时电发出后，我们再考虑你们的攻击方向问题，我们坚持地认为你们完全不应该动摇既定方针，丢了锦州不打，去打长春。除了前电所述之理由外，假定你们改变方针，打下了长春，你们下一步还是要打两锦。那时，第一，两锦敌军不但决不会减少，还可能增加一部，这样将增加你们打两锦的困难。第二，目前沈阳之敌因为有长春存在，不敢将长春置之不顾而专力援锦，你们可利用长春敌人的存在，在目前十天至二十天时间（这个时间很重要），牵制全部，至少一部分沈阳之敌。如你们先打下长春，下一步打两锦时，不但两锦情况变得较现在更难打些，而且沈敌可能倾巢援锦，对于你们攻锦及打援的威胁将较现时为大。因此，我们不赞成你们再改计划，而认为你们应集中精力，力争于十天内外攻取锦州，并集中必要力量与攻锦州同时歼灭由锦西来援之敌四至五个师。只要打下锦州，你们就有了战役上的主动权，而打下长春并不能帮助你们取得主动，反而将增加你们下一步的困难。望你们深刻计算到这一点，并望见复。”[②]

毛泽东发出这两个批评电报后又过了五个多小时，收到了林、罗、刘重新表示攻锦决心的电报，4日晨6时又发出复电表示：“你们决心攻锦州，甚好，甚慰。”“在此以前我们和你们之间的一切不同意见，现在都没有了。”他还指出：“你们决定以四纵和十一纵全部及热河两个独立师对付锦西、葫芦岛方面之敌，以一、二、三、七、八、九共六个纵队攻锦州，以五、六、十、十二共四个纵队对付沈阳援锦之敌，以九个独立师对付长春之敌，这是完全正确的。你们这样做，方才算是把作战重点放在锦州、锦西方面，纠正了过去长时间内南北平分兵力没有重点的错误（回头打长春那更是绝大的错误想法，因为你们很快就放弃了此项想法，故在事实上未生影响）……从这件事，你们应取得两个教训：第一个教训，是你们的指挥所应先于部队移动到达所欲攻击的方向去（这一点，我们在很早就向你们指出了），由于你们没有这样做，致使你们的眼光长期受到限制。第二个教训，是在通常的情况下，必须集中主力攻击一点，而不要平分兵力。”

毛泽东还指出：“关于不应当回头攻长春的理由，不是如你们所说的‘太费

①《毛泽东军事文选》（内部本），战士出版社 1981 年版，第 476—477 页。

②《毛泽东军事文选》（内部本），战士出版社 1981 年版，第 477—478 页。

时间’以及‘即令不攻长春，该敌亦必自动突围，我能收复长春，并能歼敌一部’，而是如我们昨日十七时及十九时两电所说的那些理由，即你们如果真的回头攻长春，你们将要犯一个大错误。就拿突围一点来说，目前该敌突围愈迟愈有利，不突围更有利。”

蒋介石为了挽救其在东北全军覆没的命运，这时飞到了沈阳，对此，毛泽东说：“蒋介石已到沈阳，不过是替丧失信心的部下打气。他讲些做些什么你们完全不要理他，坚决按照你们三日九时电部署做去。”

毛泽东这封电报，肯定了东北解放军攻锦的决心，促进了领导思想迅速统一，坚定了各级指挥员和广大战斗员争取胜利的信心，对迅速打下锦州起到了“一锤定音”的作用。

## 第三节　在牤牛屯

前方指挥所的列车，于 10 月 4 日到达阜新。因南面铁路没有修通，指挥所人员又换乘汽车。

由于守锦州的敌人大部是滇军，为了攻锦，林彪和罗荣桓都想多了解滇军的一些情况，便在阜新发电报叫跟随第三纵队打义县（守军也是滇军）的野司参谋处长苏静在义县以北的公路上等候前指的车队。见面后，林彪和罗荣桓先问了炮兵司令员朱瑞牺牲的情况，又问了义县敌人的战斗力和特点。苏静说：

“守义县的暂二十师是滇军，特点还没有完全摸得清楚。不过，看来坚守的经验不足，打野战还是蛮行的。我们发起进攻后，他们还出来打反冲击，不像蒋介石的嫡系部队那样龟缩在工事里只是死守。当然，他们每次出来都吃了亏。”

“你谈谈打义县的主要经验。下一步打锦州会用得上的。”罗荣桓说。

“这次攻打义县，三纵队他们在总攻之前除了让尖刀连等少数部队休整以养精蓄锐外，百分之九十的兵力都投入近迫作业，挖交通沟、挖地道，一直挖到敌人前沿。这个经验首先产生于二纵五师，他们以百分之九十五的兵力搞近迫作业。结果发起总攻时大大减少了伤亡。部队在交通沟里运动，开阔地上见不到人，突然出现在敌人防御工事前沿，搞得敌人措手不及。”

林彪和罗荣桓对苏静的汇报都给予肯定。后来，到 10 月 7 日，林彪又再次询问了苏静关于二纵和三纵近迫作业的情况，并据此发出了如何挖交通沟的电报。

苏静汇报完后，林彪同罗荣桓商量了一下，叫苏静传达口头命令给第三纵队司令员韩先楚：立即率队向锦州前进。

10 月 5 日，前方指挥所到达锦州西北、距锦州三十余里的牤牛屯。这是一个依傍着通向锦州的公路的只有几十户人家的小村子。牤牛河由西向东穿村而过。眼下河里只有浅浅的流水，人可以一迈而过。但是有了这条河，东可以运动到公路上，西可以隐蔽进山，是一个可进可退的地方。指挥所到达后，立即架起电台，向中央军委报告了指挥所的位置。6 日，收到毛泽东主席电示：你们到锦州附近指挥甚好，但你们不应距城太近，应在距城较远之处，以电话能联络攻城兵团即妥，务求保障安全。另设攻城直接指挥所，委托适当人员，秉承你们意旨，迫近城垣指挥。①

野司的观察指挥所（即直接指挥所）设在锦州北“459”高地附近的帽儿山上。

作战科长尹健等几名干部去请刘亚楼看地形，路过罗荣桓住处的时候，被正在散步的罗荣桓叫住。

“你们什么时候去看地形？”

“马上就去。正要去请‘一〇三’。”

“我也和你们一同去。你告诉‘一〇三’，请他问问‘一〇一’去不去。”

罗荣桓要去看地形，把大家难住了。谁都知道，他是一个动过大手术的病人，坐一段汽车不要紧，要骑马，还要翻山越岭，他能挺得了吗？

“山太陡，路也难走，要翻过四五九高地才能到帽儿山呢！”

“那有什么不得了，700多米的五彩山都翻过了，400多米的小山，我就不相信翻不过去！”罗荣桓笑着说。

提到“五彩山”，尹健回想起了往事。那还是1941年冬季沂蒙反“扫荡”的后期，罗荣桓率部在沂源县西南30公里的五彩山与敌遭遇。罗荣桓率部翻过769米的五彩山，又一次胜利地打破了敌军的合击。当时他虽然患有严重的痔疮，但是身体是健壮的，还能骑马行军。

“我们是骑马去，你多少年没有骑马，大夫也不会同意的，等‘一〇三’看了之后，再详细向你汇报可以吗？”

罗荣桓摇摇头，问大家：

“你们说毛主席最近给我们的电报中，要我们接受的教训是什么？”

尹健低头想了想回答说：“一是告诉我们不要平分兵力，一定要集中主力攻击一点；二是批评我们的指挥所没有先于部队到前线。”

罗荣桓听了点点头，说：“现在我们既已到了锦州附近，怎么能光靠地图指挥而不亲自去看看地形呢？”接着就用坚定的口气说：“你去告诉‘一〇三’，就说我已经决定同你们一起去帽儿山。”

尹健把罗荣桓说的一番话向刘亚楼参谋长作了汇报，请示他怎么办。

“那还有什么办法！你又不是不知道他的脾气，他下了决心，是不会轻易改变的，只好一起去。”刘亚楼说完，就拿起电话向林彪作了报告。林彪表示他也要去看看。

东北的10月，虽然还是秋季，却已经是凉飕飕的，幸喜万里晴空，是一个好天气。

汽车沿公路来到山下二纵司令部驻地——老虎屯。二纵司令员刘震、三纵司令员韩先楚等都在那里等候。大家一面说话，一面等待乘马。恰好，第九纵队政

①《毛泽东军事文选》（内部本），战士出版社1981年版，第480页。

委李中权乘车路过。他下车后，汇报了九纵最近攻打锦州外围的战斗情况。罗荣桓问了他们执行政策和战场纪律情况后说：

“我过去批评过几个纵队，也包括你们九纵，在作战中执行城市政策不好。在辽南新区，有的部队纪律很坏，走到哪里，就把哪里搞光。”

“你提出批评后，我们回去就开会进行了检查。主要是我们政策观点不强，当时只考虑搞些东西解决部队御寒问题，没有注意掌握城市政策。我们诚心地接受了批评，决心以此为动力，力争打好翻身仗。这次打锦州外围的战斗，打得顽强、机智，战术动作也有进步，战斗情绪也很好。没有发生过违反纪律的事情。”

“那就很好，大的战斗还在后头，你们将来攻打锦州时，要争取当执行城市政策和战场纪律的模范。”罗荣桓满意地对李中权说。

不久，乘马到了，林彪、罗荣桓一行立即纵身上马。在前面带路的干部不敢急驰，只松辔缓行。出乎大家意料，罗荣桓神态自如，毫无倦意，一边走，一边同林彪聊天。到了帽儿山下，马也上不去了。林彪、罗荣桓在大家搀扶下攀上了帽儿山。罗荣桓骋目远望，只见近处几道矮丘起伏，远处便是锦州城，几座烟筒成为明显的目标，他高兴地说：“这儿很好，锦州北部及周围主要高地都一目了然。”然后从警卫员手中接过望远镜，仔细观察锦州周围的地形和敌人的城北工事。

林彪、罗荣桓和刘亚楼一面听参谋人员汇报，一面对照地图用望远镜仔细地观察。

参谋人员汇报完毕，林、罗、刘便在阵地上简单议论了一下，认为原来的部署可以基本不变，只需作个别调整。

“攻城部队战前准备怎么样了，主攻各纵战斗情绪如何，有没有把握？”罗

1948年，林彪、罗荣桓、刘亚楼在锦州前线指挥所研究作战方案

荣桓回过头来对着刘亚楼说。

“攻城准备都在积极地进行，部队情绪很高，攻下锦州城有信心，我们已把攻击义县挖交通沟的经验通报了各纵，为了减少伤亡，要求总攻锦州的部队进入阵地后，抓紧挖交通沟。”

“攻击锦州最重要的保证，是要把锦西方面的敌军挡住。据报告，葫芦岛方面又增加了五个师。我们的饭菜只够请一桌客，现在突然来了两桌客人，两锦相距五十多公里，万一堵不住敌人，攻锦部队就要受到很大的威胁。”林彪仍然对锦西葫芦岛方面放心不下。

林彪的担忧也不是没来由的。10 月 2 日蒋介石飞到沈阳，发现解放军要打锦州，深知这一招厉害。于是，决定挖肉补疮，从山东、华北抽调 7 个师，加上在锦州葫芦岛的 4 个师，拼凑一个“东进兵团”，由其第十七兵团司令侯镜如指挥；以在沈阳的 11 个师和 3 个骑兵师，组成一个“西进兵团”，由第九兵团司令廖耀湘指挥，准备东西对进，以解锦州之围。由于“西进兵团”远在沈阳，有第五、第六、第十等三个纵队牵制，林彪并不担心。但他对近在咫尺的“东进兵团”这一桌新到的“客人”却颇为担心。

“第四纵队在这两天已先后到达塔山地区。已命令他们在打渔山、塔山、白台山部署顽强的攻势防御，现正在积极地构筑工事。那里还有第十一纵队，配合四纵防堵。一共两个纵队及两个独立师阻挡敌人，保证我们攻克锦州，我看是没有问题。再说还有总预备队第一纵队摆在高桥，随时可以增援。”刘亚楼用坚定的口气回答说。

这时，在他们左侧的炮兵阵地上升起了敌机空袭的信号弹，接着几架战斗机护卫着一群轰炸机到了，绕了一圈后就开始投弹。解放军的高射炮群立即还击。顿时，在万里晴空，升起一簇簇白蘑菇。高射炮的猛烈炮火迫使敌机不敢俯冲投弹。同时，向城里空投物资的运输机也因受炮火威胁，不敢低飞，高高地就扔下东西。不少降落伞悠悠地飘到了解放军的阵地上。一位警卫员高兴地说：“运输大队长又派飞机给我们送东西来了。”

突然一架敌机向帽儿山窜来，高高地便扔下一颗炸弹，震得大地抖动，土石崩飞。烟尘散开后，罗荣桓仍拿着望远镜瞭望城北敌人重点设防的几个据点。参谋人员都劝林彪、罗荣桓等离开阵地。林彪答应道：“好，我们走吧，具体部署回去再研究。”

离开壕沟后，罗荣桓一面走，一面对参谋们嘱咐道：

“你们在山上是很辛苦的，要注意轮流休息，有什么情况，要随时报告。”

回到牤牛屯，野司召开了军事会议，拟定了总攻锦州和打援的具体作战方案。由于在锦州北部，解放军所占地势好，利于发扬火力，确定以城北为主要突击重点。城北主攻方向因为有配水池、化工厂两个坚固外围据点，除第二纵队、第三纵队两个纵队负责外，再把六纵的“攻坚老虎”第十七师作为预备队，归三纵指挥。炮兵的主力、坦克营全部放在城北支援主要突击方向。七纵、九纵仍由城南向北，配合由北部攻城的二纵、三纵夹击敌人。八纵由东向西突击。攻入城区后，先将敌人分割包围，再逐个歼灭。阻敌援兵的部队，由第二兵团司令程子华指挥，部署是：四纵、十一纵及热河两个独立师位于打渔山、塔山和虹螺岘一线，阻击葫芦岛和锦西方向的援敌；热河独八师在山海关地区佯动，牵制关内敌人；五纵、十纵、六纵（缺十七师）、一纵之第三师、内蒙古军区骑一师和辽南独立第二师，位于新民以西和以北地区，堵击由沈阳出援的廖耀湘兵团。一纵（缺第三师）位于锦州和塔山之间的高桥，作为战役总预备队，既可北攻锦州，也可南援塔山。

蒋介石在葫芦岛这个视如救命稻草的弹丸之地，竟摆了 9 个师的兵力，并且还准备从山东再海运 2 个师来。这样，阻击部队将以 8 个师对敌有海空炮火支援的 11 个师，任务十分艰巨。塔山一线是防线中最敏感的地方，扼守此线的是第四纵队。这个部队原是胶东部队，到东北后打了许多胜仗，但像这样死守阵地的硬仗还打得不多。为了打好对保证攻击锦州有决定意义的塔山阵地防御战，罗荣桓把苏静找来，开门见山地说：

“苏静同志，决定派你去四纵，那里将有一场恶战。四纵、十一纵和两个独立师的任务就是把敌人隔在塔山以南，以便保证我们能够顺利攻下锦州。你给吴克华和莫文骅说清楚，四纵的任务可能更艰巨。你的任务是给他们当参谋，出主意，协助他们指挥部队坚决死守塔山。要不怕牺牲，不惜代价，任何情况下都不能动摇。总部的战略意图你是清楚的，但部队一时不一定能理解得了。你要向指挥员多次、反复解释总部的意图，一定要顶住敌人，顶住了就是胜利。”

10 月 10 日，苏静抵达四纵，听取了吴克华司令员和莫文骅政委的情况介绍后，发电报告林、罗、刘：四纵对守塔山决心很大，部队急需大量手榴弹。林、罗、刘立即命令从直属部队抽调一部分手榴弹给四纵济急，同时告后方迅速补给。

## 第四节 攻锦、塔山阻击战和黑山阻击战

在锦州总攻前，罗荣桓和谭政召集纵队政委、政治部主任开了战前政治工作会议，传达了中央军委和毛泽东主席关于辽沈战役的战略方针和作战部署，要求各部队深入动员，开展立功运动，做好战时政治工作，保证战争胜利。并要求打下锦州后严格执行城市政策和入城纪律，一切缴获要归公。罗荣桓指着院子里结着累累果实的苹果树说：“要教育部队保证不吃老百姓一个苹果，无论挂在树上的、收获在家里的、掉在地上的，都不要吃，这一条纪律，要坚决做到。”

他还专程到八纵传达了毛泽东“军令应加严”的指示。

前指到达牤牛屯后，得悉这个纵队除延误封锁锦州西郊机场的时机外，最近又发生了战斗中一度丢失阵地而没有及时报告的事件。

林彪大发脾气。刘亚楼也生气地说：“锦州的西郊机场能够使用，东郊机场已不能使用，敌机又正在西郊机场空运，这还要请示吗？应该通报批评！”

罗荣桓听了两人的话，冷静地说：

“从这两件事来看，问题确实严重。毛主席的批评和指示，我们应该认真执行，不然就会影响整个锦州作战任务。不过，我们应该去亲自检查一下。”

“‘一〇一’不能离开指挥所，我去吧。”刘亚楼说。

“你那个急性子，会同人家吵起来的。还是我去一趟吧，同时也检查一下他们的准备工作。部队出了差错，也不能光是简单地批评下面，还应该从我们自己身上找找缺点。”

说到这里，罗荣桓停顿了一下，“敌空运的飞机在西郊机场起落，他们还来电请示，这固然不对。但我们司令部下达命令时如果详尽一点，明确指出是封锁西郊机场，不是就不会出现这一差错了吗？上次冬季攻势中，开原敌人的第一三〇师向西出扰时，我们把特级电报发成A级，结果耽误了第二师的行动，这能光责怪二师吗？司令部起草战斗文书，也要从这件事上吸取教训。”

当夜，罗荣桓就带上秘书人员乘吉普车离开牤牛屯。路上适遇炮纵进入阵地，汽车拖带的大炮塞满了公路，行进困难，40里的路程几乎跑了一宿。大战迫近，时间非常宝贵，罗荣桓说：

“早知如此，还不如骑马。”

罗荣桓在这个纵队住了两天一夜，听了汇报，仔细检查了作战方案，找纵队司令员和政委谈了话。谈话中，罗荣桓首先表扬他们在扫清锦州外围战斗中打得不错，取得了初步胜利，为攻城创造了条件，然后说：

“从丢失阵地不及时报告和封锁机场耽误两天这两件事，你们应当很好地吸取教训。你们也打了这么多年的仗了，丢失阵地已经不对了，不及时报告更是错误。你们想夺回阵地再报告，这怎么能行？战争中情况瞬息万变，拖延了时间会贻误战机，影响整个战局的。野司的命令虽然没有指明封锁哪个机场，可是你们为什么不动脑筋想一想，封锁机场的目的就是阻止敌人的空援，当然是要封锁那个能使用的机场。即使你们不晓得哪个机场能使用，也应先行动起来嘛！毛主席来电专门批评了这件事，指出‘大军作战，军令应加严’。这不是件小事，你们要作深刻检查。”

最后，罗荣桓鼓励他们争取在攻锦州战斗中同兄弟部队密切协同，打好这关键性的一仗。纵队领导表示接受批评，作了检查。罗荣桓离开这一纵队后，还准备去第一纵队，但总部催他，只好回去了。这时战事已日趋激烈。国民党的“东进兵团”从10月10日起，便展开了三至五个师的兵力，在大炮、飞机及军舰炮火的掩护下，连日猛犯锦州西南40公里的塔山。由沈阳出动的廖耀湘“西进兵团”，也于10月11日到13日先后进占了彰武及新立屯以东一线地区，将东北解放军由通辽经彰武到阜新、义县的后方供应线截断。为了保证前方人不缺粮，枪不缺弹，东北局、东北人民政府动员大批民工用骆驼、骡马驮载粮食、弹药，由宣传部长萧向荣带队，从通辽通过沙漠地区绕道运往前方。

对于廖兵团占领彰武，中共中央军委在10月12日来电指出：这表示卫立煌想用取巧方法引我回援，借此以解锦州之围，“只要你们能于一星期内攻克锦州，则该敌无论如何是不能迫近锦州的。锦州一克，该敌又必立即后撤”。[①] 在蒋介石的严厉监督下，卫立煌不得不采取取巧的办法，想“围魏救赵”，但是他攻彰武，并非解放军之所必救，他这一着也就落了空。

阻击国民党“东进兵团”的塔山阻击战，连续进行了七天七夜。蒋介石对进攻塔山、打开援锦的通路十分重视，曾于10月6日亲临葫芦岛进行部署。为了夺取塔山，国民党军队在督战队驱赶下，成连成营，包括用“军官团”、“敢死队”的名义，轮番向解放军8公里宽的阵地冲击。从飞机上扔下的炸弹，从军舰上和滩头阵地发射的炮弹，几十分钟内就倾泻了几千发，土炸松了好几尺，地表工事全被摧毁。一批敌人被打倒，另一批又冲上来。在许多阵地上，指战员们同敌人进行了激烈的白刃格斗。前沿阵地得而复失，失而复得，敌人遗尸6000余具，始终未能前进一步。

从10月9日起，各攻城部队便开始了扫清锦州外围敌人据点的战斗。经过逐一激烈争夺，到13日，攻城各部全部扫清了包括被国民党吹嘘为“第二凡尔登”的配水池等外围阵地。

塔山阻击战进行到第四天，10月14日，总攻锦州开始。上午10时，炮火准备。几百门大炮同时怒吼，一时间地动山摇，惊心动魄，这是解放军第一次在同一时间同一地点使用如此大量而又密集的炮火。它既标志着解放军的战斗力空前提高，也是对为解放军的炮兵事业作出卓越贡献、不久前牺牲的炮兵司令员朱瑞和成千上万为新中国的建立流尽了鲜血的先烈的最好的悼念。在炮火覆盖下，守军阵地成为一片火海和废墟。攻城部队利用交通壕的掩护，迅速向前运动。11时，各突击队发起冲击，迅速撕开突破口，迂回穿插，分割包围，到15日拂晓，各攻城部队先后在中央大街、白云公园、中央银行、邮局等地会师。残敌退入老城负隅顽抗，解放军乘胜追击。18时，结束战斗。经过31个小时的激战，全歼守敌12万人，生俘东北“剿总”副司令范汉杰以下9万余人。

《东北画报》刊登的东北人民解放军三年战绩

在牤牛屯，林彪和罗荣桓接见了范汉杰。当林、罗询问范对此战看法时，范沮丧地说：“打锦州这一招，非雄才大略是下不了这个决心的。锦州好比是一

① 《毛泽东军事文选》（内部本），战士出版社1981年版，第482—483页。

根扁担，一头挑东北，一头挑华北。现在扁担断了。”他又说：“贵军炮火猛烈，出乎意料。我们的炮火全被压制住了。贵军近迫挖壕作业很熟练。我们在地面上看不到部队运动，无法实施阻击。贵军冲起锋来，实难抵挡。”

10 月 16 日，蒋介石乘飞机又一次来到葫芦岛。当他得知锦州已失，范汉杰下落不明后，气急败坏地要枪毙负责攻打塔山的国民党第五十四军军长，并指着他的鼻子骂道：“你不是黄埔生，你是蝗虫，你是蝗虫！”他要求部下继续攻打塔山。但是，将不用命。他们看到援锦无望，逐渐停止进攻。林彪和罗荣桓将苏静召回牤牛屯，让他汇报四纵扼守塔山的战况。林、罗、刘听完苏静的汇报，都很兴奋，称赞四纵打得很好，胜利之大出乎预料。罗荣桓高兴地说：“塔山这个仗，锦州这个仗，的确带有一定的冒险性。因为打到了敌人真正的要害处，敌人必然要垂死挣扎，集中其一切可能出动的兵力与我决战。我们在历史上还没有打过这么大的仗，任务是光荣而又艰巨，胜利是来之不易啊！好在战前部队经过一段较长时间的新式整军运动和大练兵，打了个好基础，它的威力在这次战斗中充分体现出来了。”

部队进城后，严格遵守三大纪律八项注意和《入城纪律守则》，城内私人工商业及公共机关受到保护。敌被俘官兵的私人财物包括高级军官的黄金、银元、首饰等分文未动。某部住在苹果园，正值苹果熟透，树上硕果累累，地上也有坠落的苹果，战士们没吃一个苹果，一时传为佳话。毛泽东后来曾称赞道：“在这个问题上，战士自觉地认为：不吃是很高尚的，而吃了是很卑鄙的，因为这是人民的苹果。我们的纪律就建筑在这个自觉性上面。”

但是，少数单位仍有违反纪律的现象，对缴获的物资私自留下，不愿上交。

战火刚停，罗荣桓进城视察。当时还没有来得及打扫战场，锦州城内到处是敌人的尸体，还有不少没有爆炸的炮弹和敌人埋下的地雷，很不安全。刘亚楼几次对罗荣桓进行劝阻，罗荣桓还是去了。视察中，他发现有些步兵部队收集了很多坦克零件和器材，自己用不上，又不肯上交，非常生气地说：

“入城守则已有明确规定，打锦州一开始我们就指出‘战斗当前，缴获不争’。怎么还这样做呢？”

他立即口述一个命令，叫陪同视察的尹健记录下来：

“凡一切机关、部队所看管的坦克、装甲车及附属零件、武器等，应立即交战车团接收，不得有误。此令锦州各机关部队。”

这份命令是在锦州市一条大街上、垫在公文包上写的。尹健说：

“我的字写得不好，歪歪扭扭的，等打印后再发吧！”

“这是战时，不能用平时那样的机关作风办事，那样会误事的。你用‘一〇一’、我和‘一〇三’的名义马上发下去！”

这个命令的原件，至今还在军事博物馆陈列着。

锦州一解放，东北敌人全线动摇。在长春，17 日，军长曾泽生率第六十军起义。19 日晨，新七军军长李鸿同东北解放军达成投降协议。上午 10 时，解放军入城。21日凌晨，东北“剿总”副总司令郑洞国自动放下武器，长春解放，歼敌10万。与此同时，蒋介石再次飞到沈阳，继续策划廖耀湘的“西进兵团”与锦西，葫芦岛的“东进兵团”，东西对进，要重占锦州；并令第五十二军占营口，准备接应东北残敌撤退。东北解放军决定除留两个纵队继续在塔山阻击“东进兵团”外，其余部队立即北上，准备在野战中歼灭廖耀湘的“西进兵团”。

为此，10月20日罗荣桓授意野战军政治部起草了《全歼东北敌人的政治动员令》，要求各部树立连续打大胜仗，“一口气吃掉敌人七八个师至十数个师，一次俘虏敌人七八万至十数万”的雄心，“以勇猛果敢、前赴后继的精神，不怕困难、不怕疲劳的精神，争取大胜，争取全歼东北蒋匪军，解放沈阳，解放东北全境”。

10月21日，第十纵队和第一纵队第三师转移到黑山、打虎山一线，构筑工事，准备阻击西窜的廖耀湘兵团，同时五纵、六纵由阜新、彰武地区南下，切断廖部退回沈阳之路，以掩护从锦州前线北进的主力部队多路展开，将廖耀湘兵团合围。23日，黑山阻击战打响，揭开了解放军历史上前所未有的大兵团围歼战——辽西会战的序幕。敌军在飞机、大炮掩护下，成营、成团地轮番向黑山猛扑。十纵和一纵三师以与阵地共存亡的决心，英勇顽强，浴血奋战。

25日，从锦州前线赶来的解放军各个纵队完成了对廖耀湘兵团的合围。翌日，蒋介石看到廖兵团突围无望，在日记中写道：“东北全军，似将陷于尽墨之命运。寸中焦虑，诚不知所止矣。”[①]至28日拂晓，廖兵团10余万人包括国民党的主力新一军、新六军和新三军、第七十一军、第四十九军悉数就歼，廖耀湘被俘。国民党的“五大主力”五丧其二。[②]11月2日，沈阳守军13万余人被歼，沈阳解放。与此同时，收复营口，歼敌1.4万人，还有万余人乘船逃脱。至此，辽沈战役胜利结束。11月9日，东北全境解放。东北野战军于是成为中国人民革命武装力量的战略预备队，随时待命进关。

辽沈战役结束后，野司总部迁至沈阳。罗荣桓召集几位工作人员起草给党中央、毛主席的《九、十两月份作战情况综合报告》。报告涉及了林彪对打锦州犹豫的问题，口气十分婉转。报告说：“……后由蒋介石飞沈亲自指挥，从华北抽调独九十五师、六十二军全部、九十二军之二十一师陆续经海运葫芦岛登陆，加上锦葫原有之四个师共计九个师，企图由锦西向北驰援锦州，这曾使我们攻击锦州之决心一度发生顾虑。但这一过程共两三小时即确定仍坚持原来之决心不变……”

报告稿刚起草好，恰巧林彪进了屋。罗荣桓将报告稿递给他看后，指着上面引的一段文字说：

“这一段，写我们在打锦州问题上曾一度有顾虑，很快就纠正了，你看怎

---

①《蒋介石秘录》，广西人民出版社1989年版，第603页。

② 国民党另三支主力，整编七十四师1947年5月被歼于孟良崮，第五军和整编十一师1948年底被歼于淮海战役。

么样？”

林彪正因辽沈战役的胜利而兴高采烈，听了罗荣桓的话，又看了看罗所指的那段文字，一声不吭，把稿子往桌上一放，转身走了。后来，这份综合报告以“林、罗、刘”的名义，于 11 月 8 日签发上报。

这份报告是一个历史见证，证明罗荣桓在打不打锦州这个重要问题上是坚持原则的。他对毛泽东军事思想的深刻领会，他的高度的组织纪律观念，都给当时知道此事的干部留下深刻的印象。

# 第二十三章　在平津战役及其以后的日子里

## 第一节　进　关

东北全境解放，进关作战便是顺理成章的事。辽沈战役尚未结束时，10月29日，毛泽东便致电林彪、罗荣桓，就能否抽调一个纵队先行进关征求意见。林彪、罗荣桓等考虑，华北迫切需要增兵，建议派第四纵队、第十一纵队，再加三个独立师、一个骑兵师先行入关。

10月31日，中央军委复电，同意林彪、罗荣桓建议，指示东北野战军除立即入关的先遣部队外，其余部队应休整一个月左右，于12月上中旬开始出动，攻击平津一带。据此，东野各部队从11月5日起进行休整。罗荣桓和谭政都忙于准备召开东北野战军政工会议，以总结经验，表彰英模，提高部队战斗力。这一期间，罗荣桓向东北财经委主任陈云提出："过去慰问部队，只有少数指战员能拿到慰问品。现在东北全境解放，能不能让每个战士都得到一件慰问品？"陈云问："一件的标准是什么？比如一双鞋、一条毛巾算不算一件？"一人一双鞋，百万大军就是一笔可观的数字。当时还要准备进关作战，财力物力都不宽裕。考虑到这些情况，罗荣桓爽快地说："算一件。"陈云立即说："这可以做到。"于是吩咐财经委副主任叶季壮去落实。

11月9日，中央军委致电杨得志、罗瑞卿、耿飚、杨成武并告林、罗、刘，提出了抑留傅作义部队于平、津、张、保地区，以待东北主力入关协同华北力量彻底歼灭该敌的方针，并要求华北的第三兵团暂不攻归绥[①]。11月15日，林、罗、刘致电军委，为了拖住傅作义，建议"亦可暂不攻太原"并对张家口或保定采用围而不攻的办法。中央军委同意停攻太原。

11月16日，军委就东北野战军提前于11月25日左右入关向林、罗、刘征求意见。18日，毛泽东致电林、罗，通报了傅作义有和平解决华北问题的意向，命令东北野战军各纵队以一两天时间完成出发准备，于21日或22日全军或至少八个纵队取捷径以最快速度行进，突然包围唐山、塘沽、天津三处敌人，不使逃跑，争取使敌军不战投降。并要林彪、罗荣桓等先行出发到冀东指挥。

---

① 今内蒙古自治区呼和浩特市。

这时，东北野战军政治工作会议正在沈阳举行，会议内容原来是布置整训工作，接到军委电报后，立即改为紧急动员入关。罗荣桓作了动员报告。他首先简要地阐明了辽沈战役的意义和取得胜利的原因。他指出：全东北的解放“对于全国形势来说，是一个总的突破”。他说：辽沈战役消灭了蒋介石部分最精锐的部队。东北我百万大军加到华北战场上去，这个力量是很大的。东北解放也使敌我之间经济地位发生了很大改变。

他指出：“这个胜利……是东北全党全军在东北局统一领导之下坚持了三年的人民解放战争，发展了人民解放事业，执行了党中央、毛主席的路线方针和政策，实行了土地改革，恢复了铁路运输，发动了广大人民的生产积极性，建设了强大的人民解放军的结果，也是全体指战员的英勇忠诚和掌握了熟练的技术战术的结果。特别要提到的是塔山七天七夜的阻击战，锦州 31 小时的攻坚战，辽西黑山的阻击战，大虎山的围歼战，向沈阳、营口七天七夜的追击战，打得都很好。”

他说，各纵队在动员时必须讲清楚：东北解放战争“得到了关内各解放区战场伟大胜利的配合，这才使得全东北的胜利能够很快到来。现在，东北解放军进军关内，和关内解放军配合起来解放全中国，是义不容辞的，是光荣的任务。同时，还要指出，只有全国解放了，东北的胜利才能巩固，农民分得的土地才能保持”。

他要求做好东北籍指战员的思想工作，解除他们怕远离家乡的顾虑，要求干部克服想休息休息、享受享受的思想。他号召：“所有的干部都要学习第三纵队罗舜初政委革命到底的精神。他在辽西战役时被飞机轰炸震伤了耳膜，正在沈阳休息。他要沙克副司令员回去告诉部队，他不久就回去，一定要进关去，走不动爬也要爬进关去。就要有这股劲头。全国胜利只有一年了，咬咬牙就过去了。新的一年是全国人解放的一年。要克服不想前进的想法。身体不好也要坚持下去，不准许请假，有病也只能短期在部队休息，不能离开部队，不准许请求调动工作。全国胜利的时候已经到来了，这是对自己的斗争历史作总结的时候了，你为什么在这作总结的时候当孬种呢？”

会后，林彪和罗荣桓又到第一纵队对营以上干部作了动员讲话。罗荣桓还亲自参与组织了野战运输部，并且指示后勤部先行入关布置兵站，指示铁道兵部队抢修北宁路，安排东北局组织的 15 万民工随军行动。

辽沈战役几十个日日夜夜，罗荣桓一直在紧张地工作着，睡眠很少，本来就没有完全复原的身体，又渐渐虚弱下来，但他仍然顽强地坚持在战斗的岗位上。

东北野战军除先遣兵团两个纵队已经奉命隐蔽进关，赶到冀东集结待命外，自 23 日起，位于锦州、大虎山、营口、兴城等地的五个纵队和刚刚组建的特种兵司令部，按军委命令及野司部署，“取捷径夜行晓宿”，走热河境内，由喜峰口、冷口出冀东，隐蔽地迅速向关内行进。11 月 27 日，中共中央军委规定，平绥线作战之部队，在林彪、罗荣桓、刘亚楼入关之前由军委直接指挥；林、罗、刘入关后，即由林、罗、刘统一指挥。11 月 30 日，林彪、罗荣桓、刘亚楼、谭政率轻便指挥机构由沈阳乘吉普车和大卡车，夜行晓宿，经义县、朝阳，从喜峰口入关。

其他几个纵队也都立即出发。不久，敌人发现了解放军的行动。为了争取时间，部队在遵化改为白天行军，车队扬起满天尘土，被敌机发现目标，几次在上空盘旋扫射。在遵化附近，林彪的吉普车曾被机枪子弹打中，罗荣桓的车就在后面，车队停下，他们和大家一起疏散卧倒，几米外的地上被子弹打得溅起一撮撮尘土。

野司的指挥机关12月5日到达遵化。翌日，有关人员与中共冀东区党委成员会面，研究了当地社会情况。12月7日野司进驻蓟县孟家楼。

就在东北野战军部署进关的同时，风雨飘摇之中的蒋介石和傅作义却是同床异梦，各有各的打算。东北解放后，蒋介石估计华北亦将不保，为应付徐蚌大战[①]，保住东南残局，他主张放弃平津。他以封傅为东南军政长官为饵，建议傅率部南下。但是傅作义一方面对蒋惯于吞并异己怀有戒心，一方面感到自己拥有几十万大军，在华北总还能支撑一个局面；而他估计解放军至少需要三个月才能入关，因此不愿南撤。而傅部暂守平津，可使蒋介石取得部署长江防线、组织新兵的时间，对蒋亦属有利。经过反复筹商，蒋、傅乃决定采取“暂守平津、保持海口、扩充实力，以观时变”的方针，从11月中旬开始，将全部兵力60万人收缩于北平、天津、张家口、唐山、塘沽等地，在长600余公里的交通线上摆成一字长蛇阵。针对这一情况，东北野战军先遣兵团迅速开向北平附近，另八个纵队在冀东集结；华北第三兵团奉命撤围归绥，第一兵团奉命停攻太原；11月27日，毛泽东命令东北先遣兵团及华北第二、第三兵团切断平张线，包围柴沟堡、怀来、张家口、宣化等点，以抓住傅系，拖住蒋系。

遵照军委指示，华北第三兵团于11月29日进攻张家口外围。此时傅作义认为东北野战军尚未进关，乃将主力四个军16个师西调，打算先对付华北解放军。11月30日，第三十五军进入张家口。傅这一行动正中解放军下怀。东北先遣兵团乃由蓟县向怀来急进，5日克密云，歼敌一个师。傅作义方知东北野战军已进关，乃命第三十五军撤回北平，命第一〇四军、第十六军向西接应，命驻天津的三个军开到北平。12月9日，傅第三十五军被华北第二兵团包围于新保安。第十六军和第一〇四军大部12月10日至11日被东北野战军歼灭于康庄、怀来地区。至此，傅系主力大部被解放军在平张线抓住，而蒋系主力则被拖于平津地区。

12月11日，毛泽东致电林、罗、刘，指出：为了防止敌人从海上逃跑，我军在两星期内“基本原则是围而不打（例如对张家口、新保安），有些则是隔而不围（即只作战略包围，隔断诸敌联系，而不作战役包围，例如对平、津、通州），以待部署完成之后各个歼敌。尤其不可将张家口、新保安、南口诸敌都打掉，这将迫使南口以东诸敌迅速决策狂跑”。为不使蒋介石迅速决策海运平津诸敌南下，准备命令淮海我军于歼灭黄维兵团之后，留下杜聿明指挥之部队两星期内不作最后的歼灭。为不使华北之敌向青岛逃跑，“准备令山东方面集中若干兵

① 国民党对淮海战役的称谓。

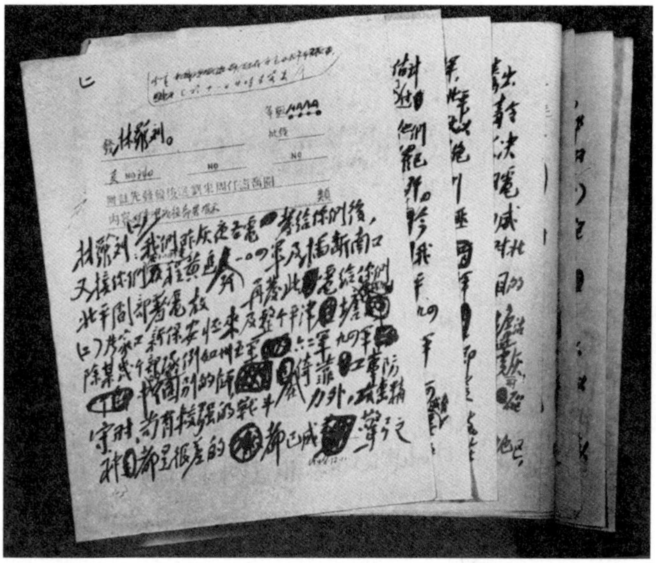

毛泽东给林彪、罗荣桓、刘亚楼的《关于平津战役作战方针》的电子文稿

力控制济南附近一段黄河，并在胶济线上预作准备”。指示说：“此种计划出敌意外，在你们最后完成部署以前，敌人是很难觉察出来的。敌人现时可能估计你们要打北平。但我们的真正目的不是首先包围北平，而是首先包围天津、塘沽、芦台、唐山诸点。”“攻击的次序大约是：第一塘芦区，第二新保安，第三唐山区，第四天津、张家口两区，最后北平区。”①

罗荣桓参与东北、华北野战军的作战部署以后，又和谭政主持起草了《平津作战的政治动员指示》，除指出全歼华北敌人，占领平津，对于取得全国胜利的意义外，特别强调团结友军、遵守纪律、力戒骄傲，要求各部队教育干部战士主动地团结华北兄弟部队，充分发扬我军友爱互助精神，在发生争执与纠纷时，不论有理无理，均应忍耐、退让，检讨自己，原谅对方，宁可自己吃亏，不可因此伤害对方感情。我们的口号是：团结至上，团结战胜一切。

从 12 月 12 日起，各路大军经过简短政治动员，先后向预定目标急进。第二、第五纵队和第十一纵队于 17 日包围了北平；第六、第十、第一纵队和华北第七纵队隔断了北平与天津之间的联系，并准备阻击平、津敌人突围；第八、第九、第七纵队和第十二纵队及特种兵主力，于 20 日完成了对天津的包围。在进击中，解放军神速穿插于敌人占领的城镇、据点之间，有时夜间甚至同那些向北平集结的国民党军队同走一条路。天亮后，解放军发觉了，便及时将这些国民党军队消灭。

12 月 17 日，中共中央电召罗荣桓到河北平山县西柏坡中央驻地，参加政治局扩大会议，商讨 1949 年作战的基本方针问题。罗荣桓出发前，华北军区司令员聂荣臻率几名工作人员由河北平山县赶到蓟县孟家楼与东北野战军司令部会

①《毛泽东选集》第 4 卷，人民出版社 1964 年版，第 1255—1259 页。

合。林、罗和聂在五台山分手 12 年后，在全国胜利前夕重逢，都不胜欣慰。

1949 年 1 月 1 日，新华社播发了由毛泽东起草的《将革命进行到底》的新年献词。

1 月初，罗荣桓到达西柏坡。见到分别多年的毛泽东、刘少奇、周恩来、朱德和刘伯承、陈毅等，非常高兴。1 月 6 日，他出席了讨论和部署向全国进军问题的政治局扩大会议，听取了毛泽东关于形势和任务的报告，7 日作了发言。

他分析了战争形势，认为结束平津和淮海战役后，再在西安、平汉路战役取得胜利，就基本上打倒国民党了，但这并不意味着战争结束。因为武汉、西安之敌可能南撤，退至两广和云贵川，需要渡江以后再打，还要作好美军干涉的准备。

他汇报了东北野战军的主要思想倾向，感到要取得全国胜利，将革命进行到底，必须破除在干部中存在的偏安思想和轻敌情绪。在大军南下的时候，要继续反对无政府无纪律倾向，做到高度的集中统一。

为了南下作战，他建议设立铁道部，迅速修复津浦、平汉、陇海几条铁路干线；同时要修好公路网，搞好粮食运输和加工。为了便于识别，各个野战军服装颜色应该统一。他建议：在南下以后，新解放区的地方军区干部由主力抽调；地方干部则可由较近的解放区抽调，区干部不宜离家太远。

他的这些意见都得到中央的采纳。

在西柏坡，罗荣桓意外地见到了老同学张沈川。珞珈山一别，已经过去 22 年。此时重逢在胜利前夕，两人都受到极大鼓舞。张沈川长期在国民党区做地下工作，在这时才找到党中央来。

从西柏坡回来的路上，罗荣桓专程到良乡看望了在东北解放战争最艰苦的岁月里共同战斗过的彭真。经过驻扎在北平东南的五纵、三纵的驻地时，他向纵队领导人了解了部队作战准备情况和干部战士的思想情况，简要传达了讨论和部署向全国进军问题的政治局扩大会议精神。

第五纵队的司令部驻在丰台以南的看丹村，罗荣桓去西柏坡时曾在看丹住过一夜，了解了第五纵队从北平北面的沙河迂回西郊攻占丰台的作战经过。这次回来，又住了一夜，除了传达中央会议精神以外，特别强调了加强纪律性的问题，他说：

“上次打丰台，你们已经到了红山口，但不打颐和园，改经玉泉山、五棵松，执行了保护文物古迹的指示。这是很好的。毛主席这次在会上重申了‘军队向前进，生产长一寸，加强纪律性，革命无不胜’这个口号。今后如果攻打北平，更要严格纪律，哪里能打，哪里不能乱开炮，一定要坚决执行命令，免使祖国几百年的文物古迹毁于一旦。祖国的文物古迹保护好了，我们就会流芳千古；否则，是会挨骂的。”

罗荣桓返回野司后，1 月 10 日，中共中央决定由林彪、罗荣桓、聂荣臻三人组成平津前线的总前委，林彪为书记，统一领导平、津、张、唐地区的作战和接管等一切工作。1 月 11 日，平津前线司令部进驻通县宋庄。

## 第二节　参加和平解放北平的谈判

当罗荣桓从西柏坡返回平津前线司令部时，解放北平、天津的各项准备工作正在紧张进行，在做好用战争解决问题的准备的同时，力争用和平方式解放平、津。

12月14日，平津前线司令部接到第十一纵队司令部的报告说，傅作义派了两名代表，携带电台，乘吉普车出广安门，声称要去石家庄找中共中央谈判，被留在纵队司令部。林、罗当即电令派兵护送他们到平津前线司令部。

随后，罗荣桓把参谋处长苏静找来，说："傅方代表来了以后，由你负责接待。为了避免暴露司令部的具体位置，可另找一个离司令部不太远的村庄接待他们。要通过接触，了解他们的企图，摸清他们的来意。"

苏静遵照罗荣桓的指示，在离司令部十几里远的八里庄号了房子，布置停当。当天下午，傅方代表就到了，互相问候后，询问了姓名和职务。傅方代表一位叫崔载之，是《平明日报》社社长兼总编辑；一位叫李炳泉，是这家报纸的采访部主任记者，中共党员。交谈中，崔载之一再表示他们是代表傅作义来谈判的，说傅对谈判很重视，是有诚意的。傅先生的想法是：解放军停止一切攻击行动，傅先生通电全国，宣布和平解决华北问题；建立华北联合政府，傅先生参加华北联合政府，其军队由华北联合政府指挥等。傅作义这个意见实际上是想继续保持自己的武装力量。

苏静把这些情况向平津前线司令部的首长作了报告。

19日，刘亚楼以平津前线司令部参谋长的身份接见了崔载之和李炳泉，向他们阐述了中共对和平解放平津问题的基本原则和办法，表示不同意傅作义保存武装力量和建立华北联合政府的设想；但表示，对方如同意解除武装的前提条件，可保证傅作义先生及其部属的生命财产安全。

过了一两天，崔、李从电台收到了傅作义致毛泽东的电报，表示他拟通电全国，停止战斗，促进全国和平，请求人民解放军稍向后撤，避免战斗，但对放下武器等问题回避作实质性的回答。崔将这份电报交给苏静。苏即送林、罗、聂。当天，转呈党中央和毛泽东。

这期间，由于傅采取拖延态度，解放军向平绥线的新保安发动进攻，12月22日，华北野战军第二兵团攻克新保安，全歼傅系主力第三十五军军部和两个师约1.6万人。守张家口之傅部第十一兵团七个师急向北突围，被华北野战军第三兵团和东北野战军第四纵队聚歼。同日，平津前线司令员林彪、政治委员罗荣桓发出布告，宣布了解放北平、天津诸城市的"约法八章"。面对这一局势，傅作义看到西去绥远已经无望，情绪很不好。经常一人独坐，唉声叹气。根据地下党的指示，担任天津《大公报》记者的傅作义之长女、中共地下党员傅冬菊回到北平，一方面尽父女之情，在生活上尽心照顾傅；另一方面也作些规劝。

1949年元旦，毛泽东电示林彪、罗荣桓、聂荣臻，派人当面向傅讲清楚我方的六条意见，即：一、我不同意他发通电。理由是：通电一发，他在国民党政府中就没有合法地位了，可能受到蒋系的压迫甚至被解决，同时我方也不能接受他这一做法。二、他一直追随蒋介石反共，因此不能不将他和阎锡山、白崇禧、胡宗南一同列为战犯。但这可以加强他在蒋系军队中的地位，可借机大做文章，而实际上同我和谈，里应外合，和平解放北平，这样，我们就有理由赦免他。三、允许他编一个军。四、他给毛主席的电报已收到，我们认为他的做法不切实际。五、谈判代表崔载之态度很好，今后欢迎再来，但希望派出有地位、能负责的代表同崔一起来谈。六、蒋介石召傅去南京，傅未去是对的，今后也不能再去，否则有被蒋扣留，当张学良第二的危险。这六条意见，随即由李炳泉回城当面向傅作义转达。

傅听了这六条，情绪有很大好转，但仍有许多顾虑，没有表示完全接受中共方面条件的决心，只是忧郁地说："还要继续谈判。"1月6日，他派他的民事处长周北峰[①]并邀请燕京大学教授、民主同盟副主席张东荪为代表，按解放军规定的接头办法和路线，秘密出城。次日到达八里庄。

1月8日，聂荣臻会见了周北峰、张东荪。

1月9日上午，林彪、罗荣桓、聂荣臻同周、张开始了正式会谈。

聂荣臻着重讲了形势和政策，指出傅作义将军除了放下武器，还能为人民做件好事外，别无出路。

会谈结束时，罗荣桓说：

"请打电报告诉傅将军，希望他这次要下定决心。根据我党中央的指示精神，我们的意见是：所有军队一律解放军化，所有地方一律解放区化。按照这一总的原则，首先解决北平、天津的问题；由傅作义将军下令把军队调出平、津两城，按照协议规定开赴指定地点，采用整编方式改编为人民解放军；解放军开进平、津，和平接管；允许傅编一个军，对傅不作战犯看待，保全傅的私有财产，并在政治上给予一定地位；新保安、张家口的被俘人员一律释放；对傅作义将军所属参加起义人员，将功补过，一律不咎既往，愿意参加工作的，都可留下安排适当的工作，愿意回乡的，发足路费，填发证明，资遣返乡，并通知地方政府不予歧视。"

周北峰、张东荪听了非常高兴，连连称赞是个好办法，说傅先生一定能够接受。

次日上午，双方继续会谈，主要谈军队改编，军政机构如何接管以及人员安排等细节问题。

谈判后，形成了一个《谈判纪要》。"纪要"要求傅方于元月14日午夜前答复所谈判的问题。林彪、罗荣桓、聂荣臻和傅方代表周北峰在纪要上签了字。

傅作义看了《谈判纪要》后，仍旧没有下定决心。又拖了几天后，让周北峰

---

① 周北峰，原山西大学法学院教授。抗战中曾代表傅作义到过延安。国共停战谈判时他是华北地区三人小组中傅作义的代表。

发电报说，前次所谈都已研究了，只是限于 14 日答复，时间太仓促，不日周北峰和邓宝珊再来商谈。邓宝珊抗战时期驻在榆林地区，曾数次访问延安，同中共中央领导人有过交往，建立了友谊。这时他任国民党华北“剿总”副总司令兼晋陕绥边区司令。这次，他是应傅作义邀请乘飞机来到北平的。由他当谈判代表，中共方面复电同意。

为了尽快解决平津问题，也是为了促使傅作义放弃幻想，早下起义决心，在同傅方进行谈判的同时，解放军成立了天津前线指挥所，由刘亚楼任前线指挥，集中了东北野战军 5 个纵队 22 个师的兵力，准备全歼天津守敌。

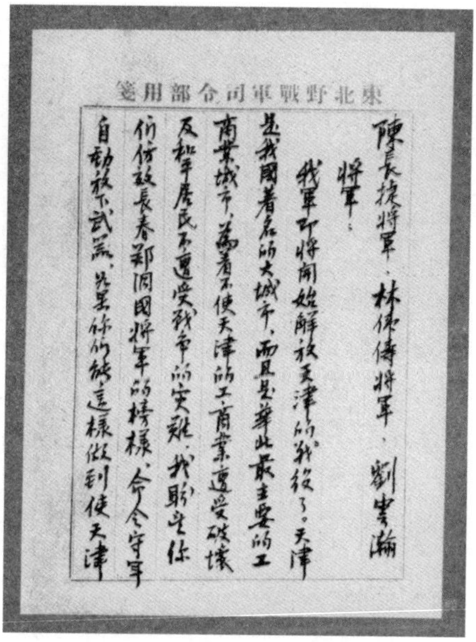
東北野戰軍司令部用箋

陳長捷將軍、林偉儔將軍、劉雲瀚
將軍：
我軍即將開始解放天津的戰役了。天津
是我國著名的大城市，而且是華北最主要的工
商業城市，爲着不使天津的工商業遭受破壞
及和平居民不遭受戰爭的災難，我願望你
們仿效長春鄭洞國將軍的榜樣，命令守軍
自動放下武器，只要你們能這樣做到使天津

林彪、罗荣桓给国民党天津警备司令陈长捷等人的劝降信

攻城之前，1 月 6 日，由林彪、罗荣桓签署了一封给国民党天津警备司令陈长捷的信，劝他仿效长春郑洞国将军的榜样，命令守军自动放下武器，使天津免遭战争破坏，以将功赎罪。

但是，陈没有听从劝告，继续顽抗。

1 月 14 日上午 10 时，解放军向天津守敌发起了总攻。经过 29 个小时的激战，到 15 日下午 3 时，守敌 13 万人全部就歼，天津解放。陈长捷被俘。

就在解放军向天津发起总攻的这一天，邓宝珊、周北峰和两名随员出德胜门，傍晚到达通县城西五里桥，林彪、罗荣桓、聂荣臻等把他们接进一座大房子里。互相寒暄后，罗荣桓说：

“今天时间不早了，你们一路辛苦，休息休息再谈吧。”

“我们不累，是不是现在就谈？”周北峰说。

聂荣臻说：“周先生，我们上次谈得很清楚，14 日午夜是答复的最后期限，现在只剩下几个小时了，由于陈长捷不愿放下武器，我们已经在上午向天津发起了总攻，这次谈判就不能包括天津了。你们有什么意见？”

傅方代表无言以对。一阵沉默之后，邓宝珊对周北峰说：“发个电报将这个情况报告傅先生，请他决定。”傅复电说：“我弟与邓先生相商，斟酌办理。”

15 日开始正式会谈，解放军方面有林彪、罗荣桓、聂荣臻，负责同傅方联络的苏静也参加了。傅方的代表是邓宝珊、周北峰。会谈主要内容是对傅作义驻北平部队的改编原则和具体办法，对傅的总部和部队中团级以上人员的安排以及北平市行政、企业、文教、卫生、邮电、银行、仓库、报社、学校等单位的接收办法。

16 日晨，苏静告诉邓宝珊和周北峰：天津已经在 15 日下午 3 时全部解放，陈长捷被俘，塘沽的侯镜如率部出海南逃。邓宝珊惋惜地说：“不打就好了。”

下午，双方继续会谈。

“绥远的问题，我党中央指示以后再谈。”罗荣桓开门见山地说，“如果北平的和平解放能顺利完成，使祖国数百年故都的文物完整地回到人民的怀抱，绥远的问题就好谈了。毛主席说，那时，要用一种更缓和的方式解决绥远问题。”

会谈在更加认真和融洽的气氛中进行，并基本达成协议。

在通县会谈的同时，解放军各部积极进行攻城准备，没有丝毫松懈。为力求避免使故宫等文化古迹和各图书馆、各大学以及其他文化设施遭到战火破坏，各指挥机构都制订了周密的计划，哪些地方可以放手攻击，哪些地方不能随意打炮，都作了明确规定，并且“绘图立说”，发给各部队首长“人手一册”，当作一项纪律去执行，要求他们在战斗中与部队保持不间断的、密切的通信联系，把战斗的每一进展都置于自己的指挥和监督之下。同时，对部队进行了爱护祖国文物古迹的教育和入城纪律教育，号召人人自觉遵守。

会谈结束时，聂荣臻将一封由林彪与罗荣桓署名的致傅作义的公函交给邓宝珊，托他转交给傅。这封公函严正批评了傅过去执行蒋介石“剿匪戡乱”的伪令、进行反共反人民内战的罪行，指出如继续抵抗，是自取灭亡，同时提出两条办法任傅选择：一是自动放下武器，并保证不破坏文化古迹，不杀戮革命人民，不破坏公共财产、武器弹药及公文案卷，我军则保证其生命财产安全；二是部队离开北平，开入指定地点，按照人民解放军的制度改编为人民解放军。

公函最后提出自 1949 年 1 月 17 日上午 1 时起，至 21 日下午 12 时止，为傅答复的限期。公函说：“如果贵将军及贵属竟敢悍然不顾本军的提议，欲以此文化古城及二百万市民生命财产为牺牲，坚决抵抗到底，则本军为挽救此古城免受贵将军及贵属毁灭起见，将实行攻城。”

这封最后通牒性质的公函是经中共中央和毛泽东批准的。邓宝珊接过信后，不便当着林、罗、聂的面阅看，又提出要解放军也派代表进城，以便进一步联络、商谈，说这也是傅作义先生的希望。罗荣桓当即答应派苏静同他一起进城。

邓宝珊急于知道信的内容，送走林、罗、聂后，就将没有封口的信抽出来看。看完后，当着苏静的面，对周北峰说：“这封信措辞很严厉，傅先生不一定受得了。”表示回城后暂时不交给傅，免得节外生枝，把事情搞僵，致使谈判功亏一篑。邓宝珊说话时神色忧郁，也有征求苏、周意见的样子。苏静因为未看过信，没有表示意见，在晚饭后回到司令部，将邓宝珊看过信后的忧虑和所说的话，向总前委作了报告。

当晚，苏静正在为第二天进城作准备的时候，罗荣桓派人把他叫到自己的住处，说：

“派人进城，中央有过指示，要求挑选一个对党忠诚、对党的政策有比较深的了解，又有随机应变能力的同志。我们商量过，认为你还是符合这些条件的……”

“但是我，我觉得我并不符合中央要求的条件，怕不能完成首长交给的任务。”

“既然决定派你去，就说明你还是基本具备了条件。”说到这里，罗荣桓关切地说，“至于你进城后的安全问题，我们也考虑了。虽然有点危险，但问题不大。从当前的形势看，傅作义的处境也有不少困难，蒋系部队多于傅系部队，城内的‘军统’‘中统’特务不少，你要多注意一些。看来，傅作义不至于出尔反尔。‘两国相争，不杀来使’嘛！你放心地去吧。傅如果要变卦，对他也没有什么好处。退一步说，即使翻了，谈不成，不放你回来，那也有办法，我们手里多的是他们的军长、师长，攻城时还可以再捉他一批，总可以把你换回来的。”

罗荣桓的谈话极大地鼓舞了苏静完成任务的决心和信心。这一天，前线司令部还安排陈长捷与邓宝珊见了面，陈长捷讲了天津城破、部队被歼的经过，不胜唏嘘感慨，并向邓宝珊陈述了利害。

17 日，苏静换上便衣，同邓宝珊等乘车返城。在崔载之和傅作义总部的秘书长王克俊迎候下，径直到了东交民巷御河桥二号傅作义总部的联谊处。

在这前后，国民党方面也在为拉傅作义而加紧活动。

北平被解放军团团包围后，国民党部队赶修了东单以南、内城墙以北的临时机场。国民党中央系的一些达官显贵和他们的眷属，多从这里乘飞机逃命。一些国民党的说客也纷纷在这里降落。后来，国民党当局认为这个临时机场跑道太短，起降不安全，又在天坛南面开筑了个临时机场，为此砍伐了不少古树。蒋介石曾派蒋纬国带着蒋介石的亲笔信面见傅作义。信中说，只要傅作义率部撤到青岛，将委任他为东南行政长官，被傅拒绝。美太平洋舰队司令官白及尔也对傅表示今后将抛开蒋而完全支持傅，并将由美海军援助傅南撤，也被傅拒绝。

北平，这个汇聚了千百年伟大中华历史文物精华的古城，正面临着战火的威胁。兵临城下，人势所趋，人心所向，傅作义权衡利弊，终于最后下了决心：接受中共方面提出的办法。

邓宝珊等进城后，留在解放区的周北峰、李炳泉等听到北平方面传来密集的枪声，误认为发生了兵变。罗荣桓要周电告傅作义，如果需要的话，就开放西直门，解放军可进入一个纵队，由傅作义将军指挥，镇压蒋嫡系部队制造事端、破坏北平和平解放的兵变。傅回电说：“谢谢，请罗政委放心，我们完全能控制城内的治安。”

21 日，林、罗、聂委托东北野战军政治部副主任陶铸同周北峰一起进城，直接与傅会见。随行的有政治部几位科长和新华社特派记者刘白羽、华山。21日下午，陶铸将中共中央关于成立北平联合办事处的决定告傅作义：以叶剑英为主任，陶铸、徐冰、戎子和为委员，另由傅方指定三名委员，共七人组成。傅作义指定周北峰、郭宗汾、焦实斋为委员。1 月 22 日，《关于和平解决北平问题的协议》正式发表。

25 日，苏静奉命回总前委汇报工作。在作战室，罗荣桓问苏静：

“由邓宝珊带给傅作义将军的那封公函，交给傅看了没有？”

苏静说他不清楚。聂荣臻说：

“你今天回去问一下邓宝珊将军，如果他还没有交，要催促他，并且同他一起去见见傅作义将军。总之，务必在今明两天让傅作义将军看到那封公函，因为不久我们将要公开发表。”

苏静回城后，问了邓宝珊，原来公函还没有交给傅作义看，随即同邓一起到了傅作义的住处。交谈时，邓宝珊找了个机会，到傅作义的内室，把公函交给了傅作义的女儿傅冬菊，由她转交给了傅作义。

傅作义见信后，情绪激动，写了致林、罗、聂的信，表示他在解放战争中负有罪责，应受人民惩处，请求指定看守所，他要主动去报到。直到2月5日，林、罗、聂邀请他去北京饭店面谈并设宴款待他时，他的情绪才渐趋稳定。2月20日，毛泽东在西柏坡接见了傅作义、邓宝珊，对他们和平解决北平问题的贡献给予积极评价。毛泽东并同傅单独长谈。谈话前傅严肃拘谨，谈话后轻松自如，与前判若两人。

## 第三节　解放北平

从1月22日起，北平城内傅作义所属25万余人，陆续出城，开往指定地点听候整编。26日，解放军公布了对傅部整编的命令。

1月29日，东野总部进入北平以前在通县召开了高级干部会议。罗荣桓在会上传达了西柏坡中央会议的精神，对全国形势和部队思想状况作了分析，讲了今后的任务。

罗荣桓开宗明义，首先用几句话点出了西柏坡中央会议的主题：“毛主席说：

1949年1月29日，罗荣桓向部队干部作南下作战的动员报告

1949 年到 1950 年将是中国革命取得全部胜利的一年，我们必须将革命进行到底，决不能松劲，决不能半途而废。”他又说：“现在，有些同志有轻敌思想和松一口气的思想，有个师的干部，说什么以后他‘北不出关南不过江’了。这种思想是有害的，必须在党内进行教育和说服工作，要批评这些错误的东西。部队主要是解决干部的思想问题，战士的家庭观念容易克服。只要干部思想通了，战士的工作就好做了。”

接着，罗荣桓讲了部队休整两个月后将要执行南下作战的任务。他指出：

“部队休整期间，要做好各种准备工作，重点是树立将革命进行到底的思想、南下的思想，反对无政府无纪律的倾向，同时要注意做好‘溶化’和平改编战士的工作。”

1 月 31 日，北平的国民党军队全部出城，东北野战军第四纵队作为人民解放军的卫戍部队进入北平，到中午 12 时，第四纵队哨兵登上了景山制高点，接管了傅作义部队的最后一个哨位，北平这座文化古都完整地回到人民手中。伟大的平津战役胜利结束。前线司令部的机关进驻北平。林彪、罗荣桓等随部队入城，驻在北京饭店。2 月 3 日，解放军在北平人民倾城夹道欢呼声中，举行了庄严的入城式。林彪、罗荣桓和聂荣臻在迎面扑来的欢呼声，锣鼓声，口号声和坦克、炮车的隆隆声中，登上前门箭楼，检阅入城部队。

1949 年 2 月 3 日，罗荣桓在北平前门箭楼上检阅参加入城式的东北野战军

久违了，古城！26 年前，当罗荣桓从前门左侧的火车站乘车赴青岛时，还是一个刚刚考上大学预科的穷学生。26 年来，中国革命汹涌澎湃的洪流已经一步一步把他推上了人民解放军的战略指挥员的岗位。26 年，从人类历史的长河说，只不过是弹指一挥间；可作为人的一生讲，又是十分悠长的岁月。然而，这悠长的 26 年中，古城经过北洋军阀、日伪和国民党的几朝统治以后，除了更加萧条破败外，一切都是旧貌依然。如今，它已经回到人民手中，洗尽尘垢而展翅腾飞即将成为现实。在一片海涛般的欢呼声中，罗荣桓也不禁为古城的新生而鼓掌……

入城式结束后，各纵队进入整训。整训期间，为了庆祝平津解放，也为了开阔干部的眼界，野战军总部组织营级以上干部轮流进城参观，游一次故宫、颐和园，看一场著名演员演出的京剧和一场电影，会一次餐。

罗荣桓也想旧地重游一番。他找了一位熟悉北平情况的同志当向导，同林月琴和秘书都换了便衣，来到王府井大街，钻进东安市场狭窄的、迷宫般的巷道。他对那些五光十色的高档商品毫无兴趣，径直走进一家古董铺，在柜台前转来转去。他请掌柜的拿出几个砚台，翻来覆去地抚摩着，观赏着，同林月琴谈论究竟哪一个更好些。柜台里几个人看着他面熟，叽叽喳喳说些什么。一个人指着报纸上的一幅照片对另一个人小声说："你看，这不是解放军的政委罗荣桓吗？"向导听见后，低声对林月琴说，为了首长安全，还是尽快离开为好。林月琴也不同罗荣桓商量了，砚台也不买了，拉起罗荣桓就走。罗荣桓只好莫名其妙地跟着他们走出来。

走到一家烤羊肉铺子跟前，罗荣桓又停下来了，对林月琴说：

"26年前，我常常在宣武门外一带吃小摊，光听说东安市场的烤羊肉别有风味，那时没钱，吃不起。咱们尝尝吧！"

秘书一看，店里烟熏火燎，人声嘈杂，许多人围着吃，既不卫生，又不安全，表示不赞成。罗荣桓说：

"大家都能吃，为什么我们不能吃？"

说着，就找个位置坐了下来。大家只好陪他吃了一顿烤羊肉。

罗荣桓本来不大喜欢吃羊肉，嫌膻。这一顿吃过后，逢人就宣传东安市场的烤羊肉味道好。在他的提议下，借开会的机会，总部又请军以上干部都吃了一顿。

吃烤羊肉这天，从战场上刚刚下来的各路将领，战友重聚，说说笑笑，很是热闹。有人提议喝点酒助兴。罗荣桓说：

"今天可以喝一点。不过，有言在先，可不许喝醉。我还要给大家讲个故事。"于是，罗荣桓就给大家重提了李闯王进北京的故事。然后说：李自成战败的教训，值得我们借鉴。毛主席最近说，夺取全国胜利，只是万里长征走完了第一步。我们千万不能骄傲自满。部队很快就要南下作战，任务还很艰巨，我们每个同志都要保持清醒的头脑。

一天，罗荣桓奉中央电示，来到西柏坡，毛泽东和他谈了准备召开政治协商会议，商讨成立中华人民共和国等问题。还说准备提议由他出任公安部长。罗荣桓说自己当公安部长不合适，罗瑞卿在中央苏区当过一军团的保卫局长，长征后又当过红军第一方面军的保卫局长，由他来当更合适。中共中央采纳了他的意见，把罗瑞卿从太原电召到北平。中华人民共和国成立以后，正式公布罗瑞卿为公安部长。

回来时路过石家庄，中央办公厅主任杨尚昆告诉罗荣桓，彭真的岳母病故了。罗荣桓前去看望，由于彭真不在家，他特地向彭真的夫人张洁清表示慰问。

二三月间，罗荣桓主持了对傅作义部队的改编，妥善安置和处理了傅部二十余万起义人员。

傅作义部队按照《关于和平解决北平问题的协议》，遵照1月22日林彪、罗荣桓的指示开赴三河、香河、顺义、良乡、涿县、怀柔等地后，平津前线总前委即提出对傅部队改编分两步走的方案：第一步将傅部以师为单位分编，授予解放军独立师的番号；第二步再将这些师从师到连全部拆散，与解放军混编。军官愿回乡者准予回家，不愿回乡者则或送学校学习或分配担任副职，技术人员可直接任职。2 月 10 日，中共中央批准这一方案，随后，在同傅作义反复磋商后形成了一个双方都认为合理的具体的改编方案。

2 月 21 日，平津前线政治部召集了改编部队师以上军官会议，林彪、罗荣桓、刘亚楼、谭政、陶铸和傅作义的代表郭宗汾出席了会议。林彪、罗荣桓在会上讲了话。罗荣桓在讲话中指出："这次改编不是简单的军事改编，不仅仅是改旗易帜，换个番号，而是政治的改编。这就是要将由蒋介石指挥的大地主、大资产阶级的军队改变为人民的军队，这就有一个根本改换立场的问题。"罗荣桓指出："要改编为人民解放军首先要学习解放军的一套政治制度。"他在扼要介绍了解放军的政治制度后指出："解放军的政治制度与国民党军队的政治制度根本不同。由于解放军是人民的军队，掌握了革命的真理，所以解放军的一套政治制度，其本质和目的是依靠和启发战士自觉，讲真理、讲民主；而国民党军队中的政治制度，则是为了少数人控制军队，实际采取的则是依靠特务监视、欺骗蒙蔽等做法。"

罗荣桓要求到会军官不要害怕在部队发扬民主，关键是要看自己有无要求进步的决心。他宣布，为了实现改编，人民解放军将派出政治干部到受编部队，促使其进步，促使官兵关系、军民关系焕然一新。

3 月 2 日，罗荣桓主持了中共同傅作义、董其武[①]方面关于和平解放绥远问题的谈判。中共方面代表是罗荣桓、陶铸、潘纪文，傅、董方面代表是邓宝珊、周北峰、王克俊。3 月 5 日，毛泽东在中共七届二中全会报告中提出了解决国民党军队不外天津、北平、绥远三种方式。[②]绥远于 9 月 19 日和平解放。

3 月下旬，东北人民解放军遵照中央军委 1949 年 1 月 15 日命令，正式改称中国人民解放军第四野战军。编成 4 个兵团，12 个军和 1 个特种兵司令部。

3 月 5 日至 12 日，中共七届二中全会在西柏坡举行。林彪赴西柏坡出席了会议，罗荣桓留在北平，主持四野全面工作。他除了主持对傅作义部队的改编外，还领导了南下部队出发前的拟订计划、思想动员、物资筹备等工作。在他的倡议下，在平津两地招收了一万余名青年学生，组成南下工作团。这批学生后来许多人成为部队和党政机关的骨干。

二中全会以后，中共中央和解放军总部决定由西柏坡迁入北平。3 月 20 日，罗荣桓派保卫部长钱益民、参谋处副处长尹健率领汽车团去西柏坡迎接。事先，罗荣桓指示后勤部做好准备工作，选择司机，保养车辆，保证沿途不出事故。21

① 当时是国民党的西北军政长官公署副长官、绥远省主席兼保安司令。

②《毛泽东选集》第 4 卷，人民出版社 1991 年版，第 1425 页。

日，罗荣桓、刘亚楼找来沿途第四野战军驻区里的部队首长，当面交代任务，确定由连以上干部执勤、设哨，派部队控制制高点、交叉路口，距公路三四百米设隐蔽岗哨，停止电报电话通讯等。罗荣桓说：“这是个重大的政治任务，要绝对保密，绝对保证安全，绝对不能出任何差错。23日，你们要把执行情况写出书面报告，由主要首长签名，派作战处长亲自送来。”

24日晨，200多辆小型、中型吉普车和大卡车组成的车队，浩浩荡荡分批从西柏坡出发，经石家庄北上，当晚宿营于第四十二军①驻地。25日上午，车队到达北平，毛泽东、周恩来、刘少奇、朱德等下榻于香山。当日下午，林彪、罗荣桓陪同毛泽东、朱德乘敞篷吉普车在西郊机场阅兵，检阅第四十一军等部队。来到北平的民主人士和傅作义也应邀参加。

31日，毛泽东、刘少奇、周恩来、朱德、任弼时、林伯渠、董必武等领导人在香山接见第四野战军师以上干部。罗荣桓指示，师以上干部一律四人乘一辆小车，以免车队拉得太长。接见时毛泽东讲了话，他伸出双手说：十个指头的任务已完成五个，还有五个，也就是要打过长江去，解放全中国。接见后，中共中央领导人在玉泉山宴请了四野师以上干部。

## 第四节　四野高干会议和天津之行

3月27日至4月5日，第四野战军在北平朝阳门内一所前清王府里召开了高级干部会议，由林彪传达中共七届二中全会的精神。这是四野历史上一次很重要的会议。

当时，由于战争连续取得胜利，军队一天天扩大，全国解放在望，加上部队进入城市后面临新的环境，一些干部滋长了骄傲自满、以功臣自居的思想，无政府无纪律现象不断发生，有的已经到了相当严重的程度。中共中央在1948年11月曾经指示东北野战军注意纠正滋长起来的无政府无纪律现象，并要作出一个反对无政府无纪律的决定。罗荣桓在入关前的政工会上也向部队打了招呼。当时，由于忙于入关，没有时间多讲，而北平解放后，这一问题如再不彻底解决，将会成为革命进程中的重大障碍。现在，有了七届二中全会文件作为思想武器，正好按中央的精神，首先在高级干部中彻底解决这一问题。所以，他做了充分准备以后，于3月29日的会议上作了《关于反对无政府无纪律现象问题》的报告。与会的师以上干部经过充分讨论，通过了《反对无组织无纪律的决议》。

罗荣桓指出：“目前的问题是：全国胜利即将到来，要求全党全军更加团结，更加统一集中，服从中央的统一领导，服从军委统一的军事指挥，更为迫切需要。”他指出，在短短的三年中，人民解放战争所以能取得伟大胜利，克服无政府无纪律现象，这是一个基本的条件。“我们应当完全拥护中央的指示，坚决反

① 原第五纵队。东北野战军第一至第十二纵队分别依次编为第三十八至第四十九军。

对中央所指出的五种恶劣作风，即无政府无纪律状态；事前不请示，事后不报告的错误态度；瞒上不瞒下、报好不报坏、报喜不报忧的无原则现象；经验主义和游击主义；将自己领导的区域、工作部门或军队看成好像一个独立国的危险现象。这些无政府无纪律的恶劣作风是不能允许的。”接着，罗荣桓就违反集中统一、无政府无纪律这个问题，回顾了东北解放战争历史发展的经验教训。他指出：在进军东北之初，干部来自各方，因领导思想不统一而形成严重的无政府无纪律现象。形成“七七决议”之后，领导思想统一了，但是“无政府无纪律现象在一个时期还普遍存在，在军事指挥，对部队的供应及处理缴获、俘虏等方面，各自为政现象很多。各军区、各纵、各师都有自己的后方，东起图们江，西北到齐齐哈尔一线，都是后方，各有一套，还各有搞生产的一套，各自生财有道。又表现在各自私相授受，统一命令行不通，特别是调马匹、武器行不通，如 1947 年缴获敌人很多武器，有一个师在佳木斯就存了三千多条枪，我们要调配些给地方武装，但要不出来，他们自己却可私相授受……经过 1947 年夏季攻势后的政治整训，进行了政策学习，规定了编制，无政府无纪律现象有某些克服，但还很不彻底”。以致到辽沈战役中“还是发生了不少问题。事前不请示的，如打沈阳处理敌军五十三师‘起义’的问题，有的领导同志不经请示就自行允诺。辽西战场上有的单位擅自决定没收俘虏的私人财物。事后不报告的，如锦州外围的紫荆山，打下来又丢掉了，这个单位爱面子，隐瞒起来，要到再次打下来才报告。不执行命令的，如决定撤销某些指挥机构的命令，拖延不执行；有的为避免伤亡，不积极配合友军作战；还有延迟了对锦州飞机场的控制等。这次会议，开展了批评与自我批评，有的问题已经作出了结论。但还有个别同志没有作自我检讨，希望在这次会议上很好地作一番自我批评”。

在报告中，罗荣桓着重强调：为了执行南下作战的任务，必须坚决贯彻执行七届二中全会决议，继续开展反对无政府无纪律现象的斗争。在南下的艰苦困难的情况下，无政府无纪律现象更容易发生，比如在新区，供应问题会遇到困难，这就要防止乱抓乱要。在打了胜仗之后，轻敌思想也是要严重注意的。他说：我们许多同志经过几十年的斗争，但不要自负。毛主席多次讲：要告诉同志们，不要把过去的功绩看得太过分，今后的任务，更加艰巨。中国革命还只是走了第一步，全国胜利只打下了个基础。将来进了洋房了，没有文化的还要学文化。把过去的功劳看得了不起，就是故步自封。昨天，一个同志写来一封信，他算了一大堆账，讲了他的历史功绩，结论是上级为什么对他“不信任”，说今天是他应该坐第几把交椅的问题。毛主席讲：胜利后有没有问题？有的。有人过分强调过去的功绩，了不起，争功劳，一定要一个好位子，没有表扬就不满意，这种情绪就是胜利后的大问题，是很错误的。我们有些同志还不如戈尔洛夫[①]，戈尔洛夫有党性，有组织性纪律性，相信党，服从党的调动。说这些同志是戈尔洛夫是表扬

① 戈尔洛夫是苏联剧本《前线》中一个高傲自大、故步自封的前线总指挥。

他，不是降低了他。我们有些同志背着一个包袱，就是“功臣自满”。这个包袱是完全可以卸下来的。革命道路还长得很。孙中山还革命了 40 年，我们最多也只 20 多年。功臣自满的包袱太重，就走不动，过长江就会过不去，或者掉下水去，是很危险的，所以防止自满这个问题非常重要。

罗荣桓的报告使与会干部受到很大教育。这次会议对于纠正某些干部，尤其是某些高级干部由于打胜仗而产生的居功骄傲情绪和无政府无纪律现象起了重大作用，为大军南下，将革命进行到底，作了思想上组织上的充分准备。

高干会议结束后不久，遵照中央军委的命令，第四野战军从 4 月 11 日起，由平津地区分别出发南下。

然而，罗荣桓到天津视察时却病倒了。他只有一个右肾，又有高血压、心脏病、动脉硬化，经过辽沈、平津两大战役的紧张工作，身体再也支持不住了。一次在同人谈话时，突然晕倒。中共中央和毛泽东很快就知道了罗荣桓的病情，决定派保健医生黄树则赴津为他治疗。黄是抗战前协和医学院的学生，卢沟桥事变后参加八路军，长期在延安为中央领导人看病。黄临行前，毛泽东给罗荣桓写了一封亲笔信，托黄带交。在信中，毛泽东要罗在天津安心养病，暂时不要随军南下。毛泽东还用“留得青山在，不愁没柴烧”这样的谚语安慰他。

黄见到罗荣桓，便将信递过去。罗荣桓一见是毛主席的信，立即拆阅。看完信后，他便习惯性地向黄问长问短。他听到黄的口音，问道：“你是平津一带的人吧？”

黄答：“我就是天津人。”

“哦，天津老家还有人吗？”

“还有老母亲在。”

“那你今天就回去看看，明天再来。我这里没有什么事。”

黄摇摇头，随即打开随身带来的药箱，取出听诊器和血压表，给罗荣桓作检查。检查完，罗荣桓又催黄走，经再三催促，到晚间，黄看看没有什么事了，又嘱咐了护士几句，才回去。

过了一天，黄树则将天津著名的内科教授朱宪彝老先生请来为罗荣桓看病。朱为罗作了检查后，向黄树则和罗荣桓身边的工作人员发出了“预后不良”的警报。朱关照大家，一定要让罗静心养病，不能够再劳神了。

然而，罗荣桓身在养病，心却牵挂着部队工作。

有一次，朱德到了天津，担任天津市公安局局长的许建国陪着他到各处参观。罗荣桓知道了，心里很不安，连忙把许建国找来，对他说：“你这个局长！朱老总哪个不认得？天津的情况那样复杂，你带他到处跑，出了问题你负得了责任？”

天津街上，有很多留守单位的骡马大车，是供给部、卫生部和其他部队从东北带来的。牲口满街拉粪，市民很有意见。罗荣桓了解到这一情况，找有关负责人说：“大车为什么要进城？搞得满街是粪！不要说老百姓嫌脏，这也显得我们解放军不文明嘛！”他要求把各单位的大车骡马，一律放到城外去。

随军南下的东北骡马大车十几万辆，好多牲口到南方后，拉稀的拉稀，死亡的死亡，罗荣桓吩咐发电报给四野后勤部长周纯全进行调查，原来是因为吃谷草的东北牲口，到了南方吃不惯稻草；牲口在外露宿，风吹雨淋，水土不服。罗荣桓让在天津的后勤部政委陈沂发电报给林彪，建议将十几万辆大车全部送回东北。他对陈沂说：

“十几万辆大车就有几十万匹牲口，这些牲口回东北，对东北的农业生产有很大帮助。东北人民支援战争贡献很大，历史上要大书特书。牲口到南方不适应，应该全部回去。”

一次，何长工去看罗荣桓，罗荣桓说：“部队南下，仗还是有得打的。要警惕那个广西兵团，就是李宗仁、白崇禧的两广部队。这些着短裤、穿草鞋的兵，打仗蛮顽强，又善于爬山。从湖北的武胜关到湖南的武陵山脉，恐怕就要同这些两广部队作战。部队要有思想准备，尤其是指挥员，更要心中有底，要准备付出一定伤亡的代价。”

这个时候，四野许多部队的留守处驻在天津。留守人员中，大部分是团以上干部的家属，因为孩子拖累，无法随军南下。照顾好这些干部家属，就可以减少在前方打仗的干部的牵挂。素来以关心爱护干部著称的罗荣桓，从来都是把这类干部生活问题放在他的工作范围之内加以考虑的。他把后勤部第二部长李聚奎找来，说：“大部队已经南下了，后方这一摊子交给你，担子是不轻的。有的人把管理家属小孩看成是鸡毛蒜皮的小事，是非常错误的，这可不是小事，一定要把它做好。那些女同志和娃娃们，连着前方干部的心，如果出了岔子就没法向前方交代。干部在前方打仗，他们的老婆孩子留在后方，就靠组织照顾了。你要向各留守处的领导讲，必须把他们照管好，吃饭、住房、医疗、子女教育，都要一件件落实。这是义不容辞的，也是对战斗胜利的一份贡献嘛！”他不仅这样要求部队，而且对一些干部的家庭生活问题，亲自去处理。当2月间罗荣桓还在北平的时候，一次，他在北京饭店遇到来开会的第四十军一一八师政治部主任刘振华，得知他的妻子在北平就要临产，便立刻派罗生特大夫为她作检查，关照赶快送她进医院，又安慰刘振华和他的妻子，叫他们不必紧张。他说：“不要怕，孩子总归要生下来的，又增加了革命后代，是值得庆贺的事嘛！”后来果然母子平安，夫妻二人非常感谢罗政委的亲切关怀。

# 第二十四章　新中国建立后第一任总政治部主任

## 第一节　出任总政治部主任，组建总干部部

1949 年 5 月，中共中央决定成立华中局及华中军区，罗荣桓任华中局第二书记兼军区第一政治委员。他因病未随军南下，回到北平继续休养，住在颐和园中的清华轩。8 月间，中央决定，新中国成立后将由他出任最高人民检察署检察长。罗荣桓向中央反映，自己身体不好，恐不能胜任。但他推辞不得，便决定留在北平。随后他举家从颐和园迁至南池子 18 号。这个院子虽然东面临街，但当时汽车很少，环境还算安静。罗荣桓全家在这里一直住到 1954 年秋天。

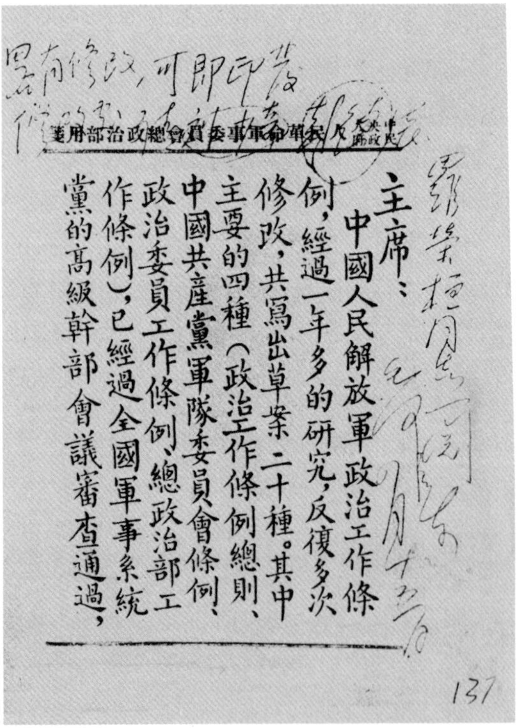
人民革命軍事委員會總政治部用箋

主席：

中國人民解放軍政治工作條例，經過一年多的研究，反復多次修改，共寫出草案二十種。其中主要的四種（政治工作條例總則、中國共產黨軍隊委員會條例、政治委員工作條例、總政治部工作條例），已經過全國軍事系統黨的高級幹部會議審查通過，

罗荣桓请毛泽东主席审阅《中国人民解放军政治工作条例》（草案）的信件

9 月 20 日，罗荣桓出席了政治协商会议第一届全国委员会第一次会议，当选为中央人民政府委员，并被任命为最高检察署检察长。接着，他在参加了开国大典后，便忙于抓检察署的机构建设，从部队调了一批干部，建立了全国和各省市的检察机关。

由于罗荣桓从红军建军起，便从事政治工作，亲自参加了创建解放军一整套政治工作制度的实践，积累了丰富的经验，在党内和军内有崇高的威望，1950 年 4 月，中央又决定由他出任总政治部主任，并指定他负责着手筹建总干部管理部，由他兼任部长。于是，他便请李六如、蓝公武副检察长多管一些检察署的工作，而将自己的主要精力放在组建总政和总干方面。

人民军队的总政治部早在 1931

年 2 月即已建立，当时叫工农红军总政治部，1933 年 6 月到 1934 年 9 月间，罗荣桓曾任总政动员部部长。红军改编为八路军后，总政就是八路军政治部，也是中共中央军委总政治部。

无论是抗战时期，还是解放战争时期，与部队分散在各解放区的情况相适应，总政的机构很小，直到进入北平，仍是这样。当罗荣桓接任主任时，机关只有一二十个人。这时，全国大部分地区都已解放，军队从干部配备、组织编制、各项制度、武器装备、工作计划都开始走向统一，需要加强集中领导，建立健全的领导机构。

罗荣桓一上任首先抓的就是配备领导干部。为了使领导机关能够迅速熟悉和掌握在不同地区作战的各部队的历史和现实状况，交流各部队的经验，在配备干部时，罗荣桓在坚持“德才兼备”条件的同时，特别注意掌握“五湖四海”的原则。在他的建议下，中央军委任命傅钟（原在红四方面军、延安总部）和肖华（原在红一方面军、第一一五师、第四野战军）任副主任。后来，又调甘泗淇（原在红二方面军、第一二〇师、第一野战军）任副主任。

接着就是研究和确定总政和全军各级政治机关组织机构的设置。罗荣桓、傅钟、肖华等认为，政治机关除需保留并加强原有的组织部、宣传部、保卫部、联络部以外，应根据新中国成立以后的具体需要，增设新的部门。

随着总干部管理部的建立，组织部门已将干部工作划分出去。为了管理好政治工作干部，在总政设立了政治干部管理部（简称“干部部”）。

解放军的成员绝大部分是青年，青年工作有着光荣的传统。早在罗荣桓担任红四军政委时，部队便普遍建立了共青团组织，以后又设立了青年部，但抗战后一度取消。在罗荣桓倡议下，政治部将青年工作从组织部门划分出来，恢复了青年部门。

新中国建立以后，随着开展文娱体育活动的需要及文体活动设施的增加，文学艺术水平的提高，电影放映的经常化，文艺出版、体育等事业的发展，迫切需要有专管文化工作的部门。在罗荣桓倡议下，将文化工作从宣传部划分出来，成立了文化部，提出了“面向连队，为兵服务”的方针，接着又延揽了一批优秀的作家、作曲家、画家、导演、演员、运动员，陆续建立了八一电影制片厂，包括歌舞、话剧、歌剧、杂技、曲艺团（有一个时期还有越剧、评剧和京剧团）在内的文工团，军乐团，解放军文艺社，八一体工大队等单位，对繁荣军队的文学艺术和体育事业作出了贡献，在国际国内都发生了较大的影响。1952 年 8 月，在北京举行了第一届全军体育运动大会和文艺会演，检阅了部队体育和文艺活动的成绩，对部队文体活动更广泛、更深入的开展，起了重大推动作用。

为了加强宣传教育工作，总政治部还先后建立了八一杂志社、解放军报社、解放军画报社和军事博物馆等单位。

总政的部、处长也从各野战军选调。组织部副部长由原在一野工作的朱明担任（后任部长），宣传部长由原在二野工作的刘志坚担任，保卫部副部长由原在华北野战军工作的蔡顺礼（后任部长）担任，青年部长由原在华北和第一野战军工作的王宗槐担任，政治干部管理部副部长由王宗槐兼任，文化部长由原在第四野战军的陈沂担任，联络部副部长由原在第三野战军的黄远担任，秘书长由延安时代总政治部的魏传统担任。

1950 年 9 月，总干部管理部正式成立。9 月 13 日，朱德出席了总干全体干部会议并讲了话。他在阐明了干部工作的艰巨任务后说："正因为干部部从事的是件伟大的工作，必须建立，并归毛主席领导，由罗荣桓同志当部长（他在我军是很有信仰的），因此希望大家都下决心来长期地办。"总干部部同样依据"五湖四海"的原则组建了领导班子。第四野战军的赖传珠[①]和第一野战军的徐立清担任副部长，不久又调二野的宋任穷和华北野战军的甘渭汉任副部长。总干部部有了从各野战军调来的领导干部，就可以做到熟悉并合理调配、使用各方面的干部。

1950 年 9 月 25 日至 9 月 30 日，全国战斗英雄代表会议在北京召开。罗荣桓是会议的主席团成员，他在会议结束时致了闭幕辞。这是一次对解放战争中作出突出贡献的战斗英雄、工作模范、民兵英雄进行表彰，以鼓励全军发扬革命英雄主义精神，推动各项工作完成的盛会，是一次承先启后、继往开来的盛会。

1950 年 10 月 19 日，中国人民志愿军出国作战。罗荣桓坚决拥护中共中央关于抗美援朝的决策。他对出国参战部队非常关心。他主持总政治部具体组织了抗美援朝的政治工作，开展了抗美援朝保家卫国的爱国主义和国际主义宣传运动，做好国内部队轮换出国参战的动员工作，调配志愿军的高级政治工作干部，加强志愿军政治工作的研究，组织全国规模的慰问志愿军的活动，开展瓦解敌军

罗荣桓陪同朱德总司令会见战斗英雄代表。第二排右二为张经武，左一为肖华

① 赖传珠 1946 年 9 月以前在三野的前身新四军工作。

和管理俘虏的工作，等等。

在抗美援朝期间，志愿军一些负责干部路过北京看望罗荣桓，他都要详细了解出国部队的情况并提出做好出国部队政治工作的意见。

出国作战，这在中国人民军队的历史上是第一次。罗荣桓认为，出国部队要做好政治思想工作，必须充分注意这一特点。1951 年，志愿军政治部主任杜平率志愿军战斗英雄归国观礼代表团回国参加国庆观礼。在京期间，罗荣桓多次同杜谈了这一问题。他说：志愿军必须做好团结工作，对内要团结各大军区去的部队，对外要尊重朝鲜劳动党和政府，团结人民军，做好群众工作。要比在国内更加注意三大纪律八项注意。杜平提出，由于语言不通，群众工作比国内难做。罗荣桓对他说："志愿军语言不通，做群众工作有困难，可以用挑水、扫地等行动去做，要通过广大指战员爱护朝鲜人民、爱护朝鲜的一草一木的实际行动去做。这种行动本身是比言辞更好的宣传工作。为了使指战员都能用实际行动做好群众工作，必须在部队进行深入的国际主义教育，使大家认识到做好群众工作，不仅体现了军民一致的原则，而且是维护中朝两国两党团结的大事。"

50 年代初期，在解放战争后期作战和抗美援朝的同时，部队正逐步转入和平时期的整编训练：由单一兵种发展成多军兵种的合成军队，由分散走向集中，由农村开进城市，由住民房到进驻营房……，正处于承先启后的转变时期，工作十分繁重。

当时的代理总参谋长聂荣臻在回忆录中说：

> 战争还没有完全结束，特别是向西南进军和大规模的剿匪，任务还很重，沿海的一些重要岛屿还有待解放，又要进军西藏。军队一方面要向现代化正规化迈进，要加强军兵种和军事院校的建设；另一方面又因为大规模的战争已渐趋结束，军队要精简整编，成建制的众多部队要转入到生产建设中去。军队工作真可以说是千头万绪。尤其是朝鲜战争爆发以后的 1950 年下半年到 1952 年上半年，就更为紧张。

在这种紧张繁忙的工作中，罗荣桓和聂荣臻密切配合，妥善周到地处理了许许多多复杂的问题。对此，聂荣臻回忆道：

> 精简整编和组建新的领导机构，都涉及到人的问题，许多事情离不开总政治部。在完成这项工作中，总参与总政配合得很好。当时罗荣桓同志是总政治部主任和总干部部长，我们思想一致，很多问题两人商量一下就定了，从来没有扯皮现象。这是大规模精简整编和组建新的领导机构得以顺利进行的重要原因之一。

罗荣桓在平津战役后便累倒了，但他同病魔进行了顽强斗争。为了能使高血压、心绞痛得到缓解，他每天坚持散步。他身体虚弱，且比较胖，走起路来步

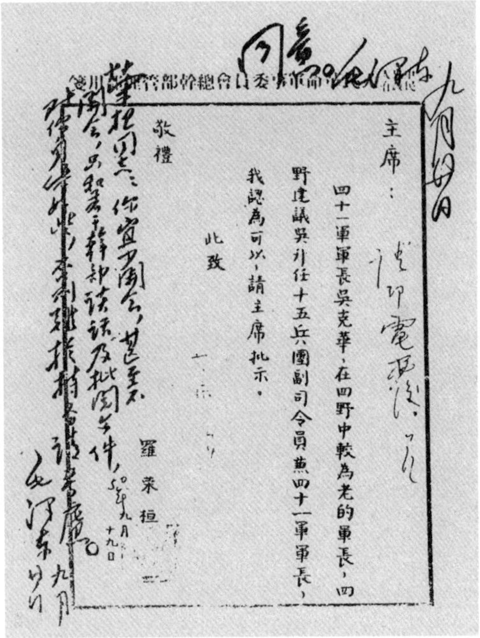

主席：

四十一軍軍長吳克華，在四野中較為老的軍長，四野建議吳升任十五兵團副司令員兼四十一軍軍長，我認為可以，請主席批示。

此致

敬禮

羅榮桓

毛泽东在罗荣桓关于建议升任吴克华为十五兵团副司令员的报告上批示

履沉重。但每天都要走足一小时，方法是在路上记住一个标志，一定要坚持走到那里才回头。出任总政治部主任和总干部部部长以后，他又带病工作，担子很重，经常到位于西皮市街（原址在现在的人民大会堂一带）的总政机关办公，到中南海居仁堂参加军委召开的会议……然而，他的病体毕竟经不起拼命般的操劳。他的病时常发作，有时一个会开完了，他就得靠在沙发上休息好长时间，才能缓过劲来。

罗荣桓带病坚持繁重工作的情况，引起毛泽东极大的关注。1950 年 9 月 20 日，他在罗荣桓署名上报的一份干部任命报告上写道：

“荣桓同志，你宜少开会，甚至不开会，只和若干干部谈话及批阅文件，对你身体好些，否则难于持久，请考虑。”

毛泽东的批示体现了党的亲切关怀，罗荣桓对此自然非常感激，同时，也使他感到自己的责任重大。他仍然在带病坚持领导总政和总干的全盘工作，掌握大政方针。为了充分发扬他的助手们的主动性、创造性，同时也是为了使自己不致陷于忙乱的事务之中，罗荣桓大胆放手，让他周围的干部各司其职，请肖华主持总政日常工作，请赖传珠、徐立清等管总干的日常工作，自己腾出时间来多考虑军队建设的一些重大问题。当时肖华、赖传珠等凡遇重要的电报、文件，都送请罗荣桓审阅批示，至于工作中一般性的问题，就各自负责解决了。

## 第二节　精简整编和组建领导机构

新中国建立初期，罗荣桓的工作千头万绪，却都围绕着一个中心，这就是军队的现代化、正规化建设。

军队建设首先碰到的一个问题是精简整编。1949 年底，解放军已发展到 550 万人，但是除了少量海、空军和特种兵外，绝大部分是步兵。部队一方面是数量太多，与和平建设时期不相适应；另一方面是单一陆军，现代化程度很低，与现代战争不相适应。因此，部队按中央要求既要精简 150 万人，使总的数量不超过 400 万，又要加强各军兵种的建设。总政和总干，在罗荣桓领导下，会同总参谋部，从 1950 年下半年开始，便通盘筹划和领导了部队整编和调配干部组建军兵种的重任。

为了能顺利而妥善地搞好整编复员，罗荣桓请肖华等首先组织总政机关对部队进行了调查研究。在调查中，了解到有些战士不愿复员，发牢骚说："打仗的时候用得着我们，和平了就不要我们了。"有些老弱病残的人担心回到农村生活没有保障……但是有一些干部又认为全国解放了，该"刀枪入库，马放南山"，准备解甲归田，过上"三十亩地一头牛，老婆孩子热炕头"的安定生活。

针对这些情况，罗荣桓让总政机关起草了《关于部队整编复员的政治指示》（以下简称《政治指示》），要求各级领导机关首先要做深入的思想动员，使指战员懂得，紧缩部队编制是为了减轻人民负担，克服当前的财政困难，有利于国民经济的根本好转。同时也是为了从根本上加强军队的建设。《政治指示》号召广大指战员，留在部队的要做保卫祖国的好战士，转到地方的要做模范公民，在生产建设中起带头作用。

《政治指示》还要求在加强思想教育的同时，各级领导一定要采取对指战员对国家负责到底的态度，对每一个人都要慎重地作出适当安排，做到留的安心，走的满意，各得其所，决不能推出了事。

由于方针正确，工作细致，在几个月内，全军顺利地完成了近 100 万人复员、转业的巨大工作，并为以后几年整编部队的工作提供了宝贵的经验。

整编部队的另一项重要内容，就是要加强领导机关和各军兵种的建设。

从新中国建立开始，解放军在原来的陆军步兵的基础上，陆续组建了空军、海军、炮兵、装甲兵、防空部队、公安部队、工程兵、铁道兵、防化兵、通信兵的领导机关及部队，需要大批领导干部和各类技术干部。这些干部主要依靠解放军自己培训。因此，兴办各类军事学校便提到议事日程上来。

以培训师、团以上领导干部为目标，1951 年 1 月成立了军事学院，1953 年 1 月成立了总高级步兵学校，1953 年 2 月成立了后勤学院，1956 年 3 月成立了政治学院。为了培育高级军事工程人才，1953 年 9 月成立了军事工程学院。

为了培养各级各类技术干部，又先后成立了航空、海军、炮兵、装甲兵、防空兵、工程兵、通讯、测绘、军需、军械、军医、兽医等各级各类技术院校。

无论是建立各级领导机关和各军兵种，还是兴办院校，关键都是要首先配备好这些单位和部门的领导干部。罗荣桓作为总干部管理部部长，及时就军队各领导机关和院校高级干部的升迁调补向中央军委和毛泽东反映情况，提出建议，从而成为军委在"用干部"这件事上的得力助手。

从组建总干部管理部开始，罗荣桓就强调要坚持党管干部的原则。选调配备干部，他总是要求按照任人唯贤的条件请各军区选调，并征求从各野战军调来的部长们的意见，力求照顾到各个野战军以及历史上各个大军区和各个方面军的干部。按照这样的要求，1951 年总干部管理部从全军抽调了三万多名干部，使各总部、各军兵种、各院校的领导机构迅速而妥善地建立和健全起来。

为了正确地使用干部，罗荣桓要求各级领导干部和干部工作部门，要全面地考核了解干部，要有联系群众、公道正派的作风。他指示总干部部，不要只从档案材料上去了解干部，而要从实践中了解干部。他认为只有通过检查工作，个别谈话，听取干部的上级、同级、下级的反映，把各方面的看法综合起来，才能了解干部全面实际的情况，才能对干部使用提出比较正确的意见。对此，罗荣桓自己一贯身体力行。他经常找干部谈话，了解他们的思想和工作，听取他们的意见。在新中国建立初期，在配备总部、各军区、各军兵种、各院校领导干部时，他曾同许多干部作了谈话。这些干部多年后回忆起来仍然感到亲切和温暖。

罗荣桓历来非常重视选拔新生力量。他说，配备干部不要一律看资格，主要看干部的德才，看有没有发展前途。这是个带方向性的问题。在他授意起草的总干部部1951年工作总结中，就批评了那种提拔干部只看何时入伍的论资排辈的现象，要求大胆破格地提拔那些德才兼备的年轻干部，而不要受资历的限制。

1950年和1951年，为了培养各类专业人才，加速人民解放军现代化正规化建设，在罗荣桓的倡议下，又在抗美援朝中号召大中学生参加军事学校，吸收了大量青年知识分子。他们中很多人后来成为军队建设的骨干。

## 第三节 向文化进军和政治理论教育

建设现代化的军队，必须提高指战员的军事素养。罗荣桓从当时解放军的实际状况出发，认为要提高部队的军事素养，首先应当抓文化教育。

解放军指战员主要来自工农。在旧社会，他们为了生活而在死亡线上挣扎，绝大多数人没有读书识字的机会，参加革命后，戎马倥偬，虽然也学了一些文化，但零零碎碎，不成系统。因此，在新中国成立初期，指战员的文化水平普遍偏低。据统计，在战士中初小以下文化程度的占80%；在干部中，高小以下文化程度的占68%，其中仅文盲和半文盲就占了30%。不少连队找个文书、司务长都很困难。部队装备了一些新式武器，干部战士学习技术也很吃力。1950年6月，国民党空军轰炸上海。驻沪防空部队虽然已经装备了比较先进的高射炮，可是干部战士文化水平低，对它的性能和数据计算还不能熟练掌握，有时在战斗中就错过了战机，不能充分发挥武器作用。这种文化水平低的状况和现代化建军的要求，显然是一个突出矛盾。军队的文化素质如果不提高到一定的水平，现代化建设就会落空。

罗荣桓紧紧抓住提高文化水平这一实现军队现代化建设的突破口。1950年，他主持总政制定了《关于在军队中实施文化教育的指示》(以下简称《文教指示》)，经毛泽东审阅并详细修改后，于8月1日由军委主席毛泽东签署颁发全军。决定全军除执行规定的作战任务和生产任务外，必须在一个相当时期内，着重学习文化，以提高文化为首要任务，使军队形成一个巨大的学校。《文教指示》规定部队文化教育的方针是："速成的、联系实际的、但又是正规的。"其中"但又是正规的"六个字为毛泽东所加。这个方针要求部队要从实际出发，在较短的时间内，学到实际有用的而又有系统的文化知识。

这是向文化进军的一次大战役，罗荣桓所领导的总政治部就是这次战役的

罗荣桓视察部队图书馆

指挥部。为了保证这项战略任务的胜利完成，全军各级政治机关进行了深入细致的、规模巨大的思想动员工作和组织保证工作。“建军备战学文化”成为深入人心的口号。在很短时间内，全军调配了文化教员五万多人，陆续开办了速成小学200多所，速成中学60多所，抽调大批骨干包括有丰富战斗经验的老干部和英雄模范离职学习。在职人员也按文化水平组织不同班次参加学习。总政治部统一制定了具体的教育实施方案，编印了几百万册各种文化学习课本，连学习用的纸张、黑板等物质保证也都作了具体安排。

1950年10月，抗美援朝战争开始。罗荣桓除了同聂荣臻共同商量和处理大量军委日常工作外，对部队的文化教育仍然紧抓不放。在他授意下，总政治部提出了1951年文化教育实施方案。在要求文化教育应该围绕战争和战备需要的同时，继续强调，在任何环境下，文化教育都是军队建设不可缺少的一个方面，提高文化对提高军事政治水平，完成作战和战备任务都有重要的意义。

1951年12月，中央军委决定，从1952年6月至1953年5月，全军教育训练，除海、空军及雷达部队有文化者外，均执行以文化教育为主的方针，开展以扫盲为重点的学习运动，要求在一年内，扫除指战员中的文盲，并将初小和高小毕业者分别提高到高小毕业和初中一年级的程度。为此，1952年，中央军委又发出了《部队文化教育大纲》。部队迅速掀起了向文化进军的热潮。

这个时期，少数单位出现了行政管理和军事纪律松懈的现象。有一个营在进行军事演习的时候，一个小时队伍还集合不起来。有个连队火炮长期不擦，竟让小鸟在炮筒里垒了窝。有的干部反映，这是因为文化教育搞多了。罗荣桓对这种情况作了具体的分析。他认为，不应该把严格的军事管理与完成文化教育的任务对立起来。纪律松懈最主要的原因是长期存在游击习气，在工作中缺乏严格的要求，不重视建立正规的生活秩序。当然，这和某些领导干部对文化教育这个正确的方针在执行上发生了若干偏差，工作单打一，只抓文化学习，以及过多地抽干部离职学习也有关系。因此，解决的办法首先是加强教育，提高严格执行军事纪律的自觉性，同时也要学会科学地安排工作。

这时，中南军区政治部主任陶铸到部队作了调查。他在调查报告中指出，纪律松懈的现象过去也有，并不是文化教育的必然结果。加强军事管理是必要的，但不能因此就放松了文化教育。罗荣桓建议军委将陶铸的调查报告批转全军，在批示中重申：以文化教育作为一个时期部队训练中心这一方针一定要坚持下去，一定要取得成果。要在加强军事管理的同时，继续把全军的文化教育向前推进。这一做法得到了毛泽东的支持。

由于充分发动了群众，在"向文化进军"中涌现出许多有创造性的好经验。西南军区某军文化干事祁建华总结出了速成识字法，能在大约150课时，使一般文盲初步会认会讲1500到2000单字，受到群众的欢迎。总政治部很快向全军推广了这个经验。接着，速成写字教学法、速成写作教学法、速成算术教学法等行之有效的经验也相继涌现，总政治部也都及时作了介绍交流。这些来自群众实践的经验，缩短了教学进程，取得了比较好的效果。

在普遍推广和运用各种"速成"经验的同时，罗荣桓又多次授意总政治部发出文电，提出，必须全面地、正确地理解和贯彻文化教育的方针。所谓速成，不只要"速"，更要"成"。要防止贪多冒进，只搞突击不注意巩固，只看眼前的需要不重视学习的系统性等偏向。各种"速成"的方法，都是在一定问题、一定程度上起作用，不能片面夸大，使它变成反科学的东西。所谓联系实际，应该从发展上去联系，不应该是短视的实用主义，这样才能适应现代化建设的需要。

在文化进军中，罗荣桓始终抓住干部这个重点。除了各级速成学校吸收大批干部学文化以外，1953年底，根据罗荣桓的建议，军委专门开办了一个高干文化班，轮训了一批军以上高级干部。

到了1953年，经过全军上下两年多的努力，部队文化水平状况发生了显著的变化。全军由原来80%人员是初小以下文化水平普遍达到初小毕业以上，干部绝大多数达到高小毕业至初中的水平。到1953年下半年以后，文化教育逐步转入经常化，在巩固的基础上坚持下去，继续提高。

罗荣桓在领导"向文化进军"的同时，又抓了组织全军干部系统学习革命理论的工作。

在战争年代，部队中思想教育尽管非常及时、活跃，但主要是讲政策、讲形势和任务，解决干部战士的一些现实思想问题。因受到条件限制，当时很难系统进行政治理论教育。新中国成立以后，军队进入了正规化、现代化建设的新阶段，只靠临时的突击性的时事政策教育和宣传鼓动就很不够了，还需要使广大干部懂得更多的革命理论，用以指导自己的思想和行动。

1950年底，总政治部召开了全军第一次宣教文化工作会议。罗荣桓在会上指出，必须在各级干部中有指导有系统地进行马列主义、毛泽东思想的政治理论教育。这是提高干部政治觉悟水平和工作能力的根本建设，是提高部队战斗力，完成各项战斗任务的重要保证。1951 年 1 月，总政治部根据罗荣桓的意见，制定了部队政治教育的规划，规定把政治理论教育作为政治工作的一项主要任务，建立在职干部学习制度，加强学习领导。干部按实际水平分别编组，规定初级班以阶级观点教育与爱国主义、国际主义教育为主；中级班学习社会发展史、列宁主义基础、党的建设；高级班学习毛泽东著作、联共党史、政治经济学、思想方法论等。

1951 年 11 月，全军第二次宣教文化教育工作会议按照罗荣桓的意见，提出了“系统的、联系实际的、稳步前进的”干部理论教育方针。1952 年 11 月，傅钟副主任在全军学校政治理论教育座谈会上具体解释了这一方针。针对有些干部以为系统学习理论“不能解决实际问题”而产生急躁情绪的状况，他明确指出：“理论学习往往并不能像‘立竿见影’那样，所以，过分性急的要求是办不到的。”傅钟这一篇讲话发表在《八一》杂志上。当时，谁也不能料到九年后，当林彪大搞实用主义，提出学习毛泽东著作要立竿见影后，傅钟这一段无可非议的话竟成为一条“罪状”。

1953 年 6 月，总政治部又发布了部队干部政治理论教育基本计划大纲。“大纲”根据罗荣桓的意见，要求有计划地学习中共党史，以党史为线索，系统地学习《毛泽东选集》。

为了解决部队中缺乏理论骨干的问题，总政治部在 1951 年和 1954 年先后开办了理论教员训练班和宣传干部训练班。宣传干部训练班设在北京颐和园北宫门外的大有庄。生活条件虽然很差，但靠近中共中央党校，学习条件是很好的。4 月 24 日，训练班正式开学，肖华代表罗荣桓出席开学典礼，勉励大家认真读书思考，注意运用理论原则去分析回答实际问题。训练班聘请了著名的理论家杨献珍、范文澜、艾思奇等担任教员。还组织学员到天津、大连、鞍山、沈阳等地的工厂参观调查，使大家看到社会主义大生产的力量和前途。训练班为部队培养了八百多名理论骨干。与此同时，各大军区也先后按总政要求举办训练班，共培训了几千名骨干。

有了正确的方针、明确的规划和一定数量的理论学习骨干，部队在向文化进军之后，又掀起了学习理论的高潮。几年间，广大干部普遍学习了社会发展史、中共党史和政治经济学，取得了较好效果。

# 第二十五章　在建设现代化正规化革命军队的征途中

## 第一节　创办政治学院

中国人民解放军各类院校陆续兴办后，有一些政工干部给总政治部写信，希望能有一个提高政工干部政治理论水平和文化科学知识水平的场所。各大军区也纷纷要求成立政治干部学校，轮训和培养政工干部。罗荣桓考虑，要在现代化正规化建设的新形势下，保持和发扬人民军队的光荣传统，做好政治工作，就必须有大批能适合军队现代化正规化建设需要的、具有一定的政治理论水平和文化科学知识的政治工作干部。培养这样的干部，像战争年代那样，仅仅依靠实际锻炼已经不够了。必须要有继承红大和抗大传统的，以培养各级政治干部为宗旨的院校。为此，1951 年 12 月 3 日，罗荣桓和傅钟、肖华向毛泽东报告说：

> 此次整编部队，可以节余大量政治工作干部，部队中亦深感连、营政工干部质量低。为保存和提高政工干部，各大军区均要求成立一个能收 500 至 1000 学员的政治干部学校，专门培养营、连级政工干部，并要求军委开办一轮训师、团级政工干部的高级政治干部学校。我们感到此事极为需要，特呈请审核批准。

第二天，毛泽东签署同意，周恩来、刘少奇、朱德都表示赞同。于是，在罗荣桓领导下，筹办政治学院的工作便立即开始。首先，建立了由罗荣桓任主任、肖华和政治干部部副部长王宗槐等七人参加的筹备委员会。校址定在北京西郊永定路的一片砂石地区。经过规划设计，1953 年 6 月 4 日破土动工。

1954 年，罗荣桓建议调曾在抗大长期任政治部主任的东北军区政治部主任莫文骅来政治学院工作。

莫文骅一上班，罗荣桓便将他请到自己家里，研究办院方针。罗荣桓认为，在新的历史时期，学院培养的干部要能担负人民解放军现代化正规化建设中的领导工作，就必须从中国军队的实际出发，学习马克思列宁主义理论。要以研究中国革命问题为主，以研究人民军队政治工作建设为重点，贯彻理论联系实际的教学方针。通过学习理论，把广大干部在长期战争中积累的经验总结起来，变为全军共同财富。他要求学院要像毛泽东 1939 年为抗大题词所说的那样，具有“坚定正确的政治方向，艰苦朴素的工作作风，灵活机动的战略战术”；具有“团结、紧张、严肃、活泼”的优良校风。

罗荣桓指定莫文骅按上述思想制定了《办院基本方案》，这一方案于 8 月间由军委会议通过。

1954 年 11 月 11 日，中央军委任命罗荣桓兼任政治学院院长，肖华兼任第一副院长，莫文骅任第二副院长兼教育长。

1955 年 2 月 19 日，政治学院速成系第一期举行开课仪式。罗荣桓和新近到任的总政第一副主任谭政（原任中南军区第三政委）以及傅钟、肖华等总政领导人早早地就来到政治学院。他们在莫文骅陪同下，参观了几座已经竣工的学员楼、教学楼，还有用席子搭成的临时食堂，然后来到也是由席子搭成的大棚子里参加速成系的开课式。

罗荣桓在全体学员的热烈掌声中走上了临时用木板搭成的主席台，巡视着台下一排排坐得整整齐齐的学员，其中有好多人他很熟悉。他们经过战争烽火的洗礼，如今已由放牛娃、红小鬼变成了指挥一个军、一个师的政工干部。硝烟虽然在他们的眼角磨出了细细的鱼尾纹，但是他们仍然很年轻。他们现在刚刚洗去征尘，又坐到课堂上来了……。他再看看坐在他身边的谭政、肖华、傅钟、莫文骅，不能不回忆起将近 20 年前在保安、在延安的日日夜夜……

大会开始，莫文骅请罗荣桓院长讲话。在经久不息的掌声中，罗荣桓缓缓地走上讲台。他双手下按，笑眯眯地说：“自己人嘛！拍几下就是了，何必拍这么长时间呢。”

掌声止歇，台下响起一阵像微风一样的轻轻的笑声。罗荣桓首先就速成系开

罗荣桓在政治学院第一期速成系开学典礼上讲话。左一为谭政，左二为彭德怀，右一为吴玉章

学说了几句话，他满怀深情地回忆道：

> 政治学校过去是有过的。红军时代的末期是红大，也就是红军大学。那时，我和谭政、莫文骅同志都是那里的学生。抗日开始改为抗大。就是抗日军政大学。傅钟副主任曾担任抗大的政治部主任。在保安的红大，比起今天的政治学院来，是两个不同的阶段，政治学院比起过去的红大规模大得多了。那时，没有专职的领导干部，领导干部同时就是学员。那时，既没有好的教室也没有好的宿舍，没有饭堂，吃饭和上课在一个地方。课堂里只有教员有一张桌子，学生用的凳子就是石头。生活非常艰苦。比起政治学院来差得太远了。虽然那样的困难，但我们感到非常愉快。也的确学到了不少东西。许多高级干部都在政治上、思想上提高了一步。

他反复强调，在保安那个时候，条件尽管和现在是不可比较，但那个学校的艰苦朴素的优良作风，却是我们应该遵循和学习的。

接着罗荣桓指出，政治学院的任务是培养合乎部队正规化建设和国家社会主义建设需要的高级政治干部。罗荣桓要求政治学院开展对我军现代化正规化建设新时期的政治工作的研究，将军队政治工作“在现有的基础上提高一步，把它更加充实起来，总结起来”，以适应部队现代化正规化建设的要求。

速成系开课后，政治学院的建筑工程继续加紧进行。罗荣桓不断前来看望。他看到一座座大楼拔地而起，非常高兴。1955 年 10 月，实行军衔制以后不几天，罗荣桓又乘车直奔西郊。车刚过永定路，远远地只见校门内外是一排排整齐的队伍。司机老牟减了速，罗荣桓仔细一看，原来学院的领导干部、教员、学员都佩戴军衔，列队站在大路两旁。罗荣桓毫无思想准备，开始吃了一惊，继而恍然大悟：哦，这是按条令规定的礼节迎候他呢！他吩咐停车。下车后和迎上前来的几位领导干部一一行礼、握手，然后便大步匆匆走过欢迎队伍。

一进办公室，他就对学院的一些领导干部说：“这样可不好啊！知道我是学院的院长，怎么还对我来这一套，这不是搞形式吗？这没有什么意思。相反，它还有副作用，起码会影响学员的学习和干部们的工作。以后无论如何不要再搞这个了。”一位干部解释说：“这是条例规定的礼仪……”罗荣桓不以为然地摇摇头说：“那个规定是对外的。我们自己人不要搞这一套。”

过了几天，罗荣桓又来到政治学院。这次虽然未组织列队夹道欢迎，但学院党委的常委们和各部门负责人还是来到校门口迎候。于是，他又和颜悦色地对大家说：“上一次是我没跟你们讲清楚，这次又来这一套了。虽然规模没有上一次大，这样也不好。这种形式主义的东西脱离群众，没有一点用处。你们不这样搞，今后我仍然可以经常来，想找谁就找谁，想干什么就干什么，也不影响你们的工作，彼此都不受拘束。一搞形式，我反而受约束了。”

从那以后，罗荣桓到政治学院，就再也不举行迎候仪式了。即使是开学、授旗这样隆重的典礼，彭德怀、罗荣桓等许多领导人来到学院，也再未组织列队欢迎。有时，罗荣桓来学院干脆事先连招呼都不打，直接到基层去、到群众中去了解情况，最后再到办公室找领导干部谈。

几年里，罗荣桓到政治学院相当频繁。尽管十年浩劫已使很多资料散失了，但现在政治学院仍然保存着罗荣桓多次在该院的讲话记录稿，其中仅 1958 年 9 月一个月就有四次讲话。至于罗荣桓来学院虽然讲了话但没有记录，或记录已经散失的那就更多了。

罗荣桓对政治学院的领导主要是抓大政方针。他强调要培养和树立理论联系实际的良好学风，这是贯穿在罗荣桓对政治学院的领导工作中的一条红线。他曾经多次从各个侧面精辟地论述了这一问题。他认为政治学院是搞理论的，首先要搞清楚什么是理论，他说：什么叫理论？……我们有些干部感到神秘莫测。实际上理论并不神秘，它并不是从天上掉下来的，而是从实践中来的，在实践过程中，经过综合、概括上升为理论。理论来自实践，而又回到实践中为实践服务，并在实践中得到证明、补充和发展。

应当怎样学习理论呢？他说：我们要从书本上学到马克思主义的基本知识，以帮助我们认识事物，掌握事物发展的规律。但是，书本上的东西，往往只是一些概念。决不能单纯满足于书本的学习，把书本上的东西变成死的教条，把抽象的概念公式化。因此学习理论，应该特别强调联系实际。

针对学校学习的特点，罗荣桓提出，要特别注意防止教条主义。罗荣桓认为，教条主义的特征是“把理论与实践分裂开来了”。他愤慨地说：“如果把理论看成静止的东西，那三分钱也不值。”他尖锐指出：“教条主义是最迷信的。迷信死人，不相信活人；迷信过去，不相信现在；迷信现成的公式，不相信发展。”

他认为，学习毛主席著作同学习马克思、恩格斯、列宁的著作一样，也不能采用教条主义的态度。应当学习马列主义的精神实质，而不是个别词句。他说：我们对于毛主席的著作的学习，也还是提倡实事求是，不提倡迷信。毛主席著作本身就是反对迷信的，毛主席如果不破除迷信，不破除对共产国际、对斯大林的迷信，也就不可能创造性地发展马列主义。学习毛主席的东西，也不要迷信，不要只对毛主席著作中的个别词句发生兴趣，而是要领会其精神实质。

“学习毛主席著作也不要迷信”，这是合乎逻辑的结论。既然马列主义要发展，毛泽东思想当然也要发展。既然不能只对马列著作中的个别词句发生兴趣，当然也不能只对毛主席著作中的个别词句发生兴趣。“学习毛主席著作也不要迷信”，这又是发人深省的警钟。然而到了后来，林彪大搞对毛泽东的个人崇拜，这句话就被指责为反对毛主席的重要“罪状”了。

在学习毛主席著作时，怎样才能领会其精神实质呢？罗荣桓认为，这就必须了解毛泽东撰写每一篇著作的历史背景，弄清毛泽东的某一论断是何时在何种条件下针对什么问题而发的。他说：学习毛主席著作不联系历史问题，不联系中国革命，不联系党的历史，很难学好。毛主席著作要结合中共党史来讲，政治工作要结合战争历史来讲。后来，罗荣桓将这种学习方法归纳为“一条线五结合”：学习毛泽东著作以中共党史为线索；学习毛泽东著作和选读马克思、恩格斯、列宁、斯大林的主要著作相结合；学习毛泽东著作和学习党的路线、政策、决议相结合；学习毛泽东著作和学习当前国际国内形势与军队建设相结合；通读毛泽东著作和专题研究相结合；经常性理论教育和政治运动相结合。

随着时间的推移，“五结合”中的有些内容，如“经常性理论教育和政治运动相结合”已不再适用，但罗荣桓提出的“一条线”的学习方法却具有强大的生命力。它成为后来同林彪在关于如何学习毛主席著作的争论中罗荣桓的重要论点。1977 年 7 月 21 日，邓小平在党的十届三中全会的讲话中指出：“我们可以看到，毛泽东同志在这一个时间，这一个条件，对某一个问题所讲的话是正确的，在另外一个时间，另外一个条件，对同样的问题讲的话也是正确的；但是在不同的时间、条件对同样的问题讲的话，有时分寸不同，着重点不同，甚至一些提法也不同。所以我们不能够只从个别词句来理解毛泽东思想，而必须从毛泽东思想的整个体系去获得正确的理解。”①

罗荣桓提出“一条线”的学习方法正是为了从具体历史条件的背景下把握毛泽东思想的精神实质。

要让学员学好党史，首先要求提高教员的党史水平。为此，他指派学院的领导干部和教员到朱德、董必武、林伯渠等老一辈无产阶级革命家那里聆听他们讲党史、讲军史，把他们的讲话速记下来，整理成资料。同时，他还亲自向教员们讲古田会议前后我军的历史，一共讲了三次。他讲最后一次时已经病重住院。教员们来到医院，医生只准讲半小时。时间一到，医生便前来劝阻。罗荣桓高兴地说：“我今天精神很好，可以再谈一会。”又过了半小时，听讲的教员们怕影响他的健康，劝他不要讲了。可是罗荣桓兴犹未尽，又讲了半小时。在医生和教员们再三请求下，他才停下来，还一再说：“以后再谈，以后再谈。”他的这三次谈话如今已成为进行党史军史教育和革命传统教育的宝贵资料。②

## 第二节　提倡学习苏军经验要切合中国军队的实际

解放军的现代化正规化建设，同中国社会主义建设一样，一开始便面临着没有经验的问题。20 世纪 50 年代初期，西方各国对新生的中华人民共和国采取敌视态度，只有社会主义的苏联同中国友好，向中国出售较为现代化的装备，愿意帮助中国。因此，中共中央号召“一定要把苏联先进经验学到手”。显然，这一号召也适用于军队。

学习苏军经验，对于解放军的现代化正规化建设有很大的作用。解放军从苏

①《邓小平文选》第 2 卷，人民出版社 1994 年版，第 42—43 页。
② 参见《罗帅谈古田会议和我军政治工作》，《解放军报》1983 年 12 月 16 日。

军学得了掌握较为现代化军事装备的军事技术和指挥、管理的知识。

为了学习苏军经验，从1950年开始，总政和总干都聘请了苏联顾问。

苏联顾问对解放军的政治工作建设和干部工作建设曾提出不少有益的建议。但是由于苏联军队和中国军队的发展历史、传统和特点有很大差别，苏军的政治工作和干部工作经验并不完全适用于中国军队，苏联顾问的意见也并不完全适合中国军队的实际。而他们中有的人又常常认为他们的意见是正确的，非按他们的意见做不可，这样，分歧和矛盾就不可避免了。

罗荣桓很注意处理好同苏联顾问的关系，十分尊重他们。但牵涉到工作中的是非问题，有时又非争不可。1950年秋天，罗荣桓、赖传珠、徐立清等便同驻总干部部的顾问在许多问题上发生了不同看法。

例如，关于干部的任免权限问题，苏联顾问要求实行更大的集中，即：团无任免权，师可任免排级，军任免连级，军区任免营到副团级，正团到副师级由总干部部长任免。各特种兵司令与总干部部长有同样任免权限。

罗荣桓认为，苏联顾问的意见可能是适合苏军情况的，但却并不切合中国军队的实际。中国军队干部大都是从下面生长起来的，总干部部尚不可能掌握全军的干部情况，因此任免不能过分集中。应以团任排级，师任连级，军任营级，军区任团级为宜。师以上干部仍应由军委主席任免。总干部部长则不必要有任免权。

罗荣桓等还认为，从人民军队任免干部的传统和当时实际状况看，大军区司令员大都是中央委员或政治局委员，级别要高于特种兵司令。因此特种兵司令的任免权限不应高于大军区，而应与大军区相当或再低一级。

罗荣桓等就上述问题向苏联顾问说明了中方的理由，希望他们注意中国的特点。但是那位顾问坚持己见。罗荣桓便于10月27日向毛泽东报告说："以上不同意见，一时甚难说服顾问同志同意，请予批示。"这一报告引起毛泽东的重视。他收到报告后，立即转给周恩来，并批示："同意你们的意见，请周考虑在适当时机与新来军事代表一谈。"

10月30日，周恩来批示："荣桓同志，请将此报告抄我一份，以便在适当时机提出。"

当时，在不少单位都发生过类似的同苏联顾问发生意见分歧的事。对此，罗荣桓认为，这也不能完全责怪苏联顾问。他们学的就是那一套，问题倒在我们自己。我们应当按照毛泽东历来倡导的实事求是的原则，学习苏联经验一定要结合中国的实际，万不可像十年内战时期犯"左"倾错误的同志那样，采取教条主义态度。他说："不能认为人家一切东西都是好的。可能有些东西在他们那里是好的，在我们的条件下就不一定适合。我们今后不是在苏联领土上作战，苏联的某些东西硬搬来就不行。"他认为："我们应当是以我为主，在我们自己原来的基础上，接受苏联先进经验。"因此，当下面反映这类同苏联顾问发生意见分歧的事情时，罗荣桓都能冷静对待，弄清情况，进行具体分析，而不要求一味听从顾问的意见。

当时，也有一些干部在学习外国经验时，存在着不加鉴别、不结合中国军队实际的问题。

1952年，解放军准备实行正规化的义务兵役制、军官薪金制和军衔制（简称“三大制度”）。有的干部认为，搞正规化建设，苏军有现成的条令、条例，我们拿过来，一切按条令、规章办事就可以了，不必再强调党的绝对领导。他们主张，可以按苏军的做法，取消政治委员，实行单一首长制。1953年初，在罗荣桓主持下，由总政起草的《政治工作条例》草稿发出征求意见时，有一位干部写信给总政治部，认为单一首长制是“不久的将来就要实现的原则和方向”，不应再强调加强政治委员制度与政治工作制度，因此他不同意条例草稿中关于“党对军队的领导是通过各级党的组织、政治委员与政治机关进行的”等提法，认为这样提法贬低了军事干部和军事机关的地位。

又如，在1953年5月颁布的以苏军条令为蓝本的《中国人民解放军内务条令（草案）》中就规定，只有营长、连长是营、连的首长，不承认政治教导员、政治指导员是首长。在坦克连队中，坦克里没有连指导员的位置。还有人主张把政治委员改为副职，或各级政治委员都兼任政治部（处）主任，只管具体业务工作。

罗荣桓不同意这些意见。1953年夏季，罗荣桓在北戴河疗养。主持军委日常工作的彭德怀来看望他，他向彭德怀提出了自己的看法，说：“现在有些同志认为政治工作制度过时了，政治委员作用不大了，要学习苏联，搞一长制。如果那样做，从井冈山时期就搞起来的政治工作传统不就丢掉了吗？”

彭德怀认真倾听了罗荣桓的肺腑之言。他感到罗荣桓讲得很有道理，从而更增强了在实行“三大制度”时，要坚持党对军队绝对领导、坚持党委制、坚持军队政治工作制度和发扬我军光荣传统的决心。

1953年12月7日至1954年1月26日，由彭德怀主持召开了全国军事系统党的高级干部会议。会议讨论了彭德怀的报告和聂荣臻、肖华所作的副报告。

肖华的副报告题为《关于军队政治工作建设的几个问题》。这是由罗荣桓主持讨论定稿的。因为罗荣桓当时病重，由肖华代作报告。

报告指出：“我军越是向现代化正规化建设前进，装备加强了，兵种复杂了，分工精细了，技术提高了，就越要加强党委的统一的集体的领导。根据我军的经验和情况来看，如果把这种复杂的新工作新任务，完全委之于单个的首长，减弱了党的领导与保证，一定会手忙脚乱，漏洞百出。因此，党委制在我军中必须长期定下来。这是在新的历史时期，贯彻执行党的总路线和建设现代化革命军队的一个重大保证。”

会议经过认真充分的讨论，认识得到了统一，军队党的各级委员会必须坚持实行党委统一的集体领导下的首长分工负责制。会后，由于罗荣桓身体不好，中共中央决定由陈毅、罗瑞卿、谭政主持修改《中国人民解放军政治工作条例》（以下简称《条例》）。1954年4月15日，经中共中央和中央军委批准，这一条例正式颁布实行。

《条例》总结了我军独有的丰富的建军经验，简明而系统地阐述了毛泽东提出的人民解放军一整套政治工作的方针和方法，对军队政治工作的性质、任务、职责、组织形式、工作作风以及与各方面的关系，都作了明确的规定。

《条例》中关于“政治工作是我军的生命线”一语，原先在送审稿中是有的，在审阅过程中一度被删。毛泽东审阅时，又亲笔将这句话加上了。[①]《中国人民解放军政治工作条例》的制定是中国人民解放军历史上的一件大事，标志着军队现代化正规化建设迈出了学习外来经验与实践相结合的新的一步，保证了军队的现代化正规化建设有了一个正确的道路和方向。

当然，《条例》的颁布也并不意味着万事大吉。部队在现代化正规化建设中机械搬用外来经验而忽视自身光荣传统的现象仍有发生。1955 年至 1956 年间，罗荣桓抱病到部队视察，亲自了解了许多这方面的情况。

为了克服这一类忽视和削弱人民军队光荣传统的倾向，1955 年 8 月 1 日，在即将实行军衔制的时候，他撰写了《继续发扬我军的光荣传统》一文，明确指出：“目前部队中，削弱我军光荣传统的现象是存在的，并且有某些滋长，这是一个极端危险的倾向。”

文章列举了一些把严格纪律、严格管理与说服教育对立起来，把军队正规化与必要的民主对立起来，以致损害官兵一致的现象；还有进驻营房后，不积极参加地方群众工作，损害军民一致的现象；以及铺张浪费、官僚主义、形式主义等与人民军队光荣传统和领导作风不相容的东西。

文章分析了产生这些削弱光荣传统现象的原因，指出：“我们有些同志对于我军过渡到高级阶段时，哪些是属于我军幼年时代的东西需要去掉它，哪些是属于我军建军原则和光荣传统的，需要继续发扬它，缺乏明确、清楚的分析和辨别。”

文章明确指出：“我军建军原则和光荣传统，是马克思列宁主义与中国革命实践相结合的产物，是经过我军几十年流血斗争所取得的宝贵经验，……是完全适合中国情况和我军特点的。”“我军装备的改变，若干制度的改变，进一步正规化的措施，等等，都是不能违背也绝不应违背我军的建军原则的。”

1956 年夏季，罗荣桓和邓小平、贺龙、聂荣臻、黄克诚等一道参观了几个特种兵举办的展览会。会后他在政治学院的一次讲话中深有感触地说：

最近举办了一些展览会，有好多新创造。像防空军的展览会就有 280 多件合理化建议，绝大多数是班长、排长、士兵创造的。有些合理化建议还是很复杂的呀！我们的一些战士和干部原来文化程度并不高，为什么他们把现代的科学技术接受过来，并且还有所创造呢？就是因为我们有民主，有群众路线，其他什么理由也解释不通这个问题。

有的人说军队现代化了，就可以不要民主了。我们说，现代化没有民主

① 见毛泽东修改的《中国人民解放军政治工作条例》（送审稿）。

也不行，没有民主，科学技术也学不好。学习首先要发挥大家的积极性，而且官也不是什么科学知识都知道，既要领导大家学，还要和大家一起学。不发动群众不行，没有民主不行！我们几个人看完了展览会得出了这个结论。①

罗荣桓在这次谈话中还认为，在实行正规化制度时，应当把军事工作中的高度集中统一和严格的军事命令同政治工作中的发扬民主紧密结合起来。作为军事指挥干部，为保证部队步调一致，必须采用行政命令的手段，而作为政治工作干部，则应强调说服教育和发扬民主。他说："军队中的军事工作是要用命令的形式，例如出操，军事工作干部就要发出立正、向右看齐的口令。为了保持战斗部队的高度集中统一，保证战斗行动的一致，指挥员、军事工作人员就要用这种形式。而政治工作却是在发扬民主的基础上，用群众路线的方法，用说服教育、提高觉悟、提高自觉性的方法，来达到同一目的。军事工作和政治工作是有区别的，又是统一的。军事指挥员下命令是适合军事工作需要的，却又有一定的局限性。政治工作是可以弥补军事工作的局限性的。有的政治指导员和连长争权力、争高低，说连长能下命令，政治干部为什么不能下命令？其实用说服教育的方法，使战士听了你的话，自觉地把你的话变成命令一样去执行，这多么宝贵呀！"②

## 第三节　在实行军衔制中

1954年，中国人民解放军准备实行军衔制。这在人民军队历史上是第一次，是军队干部制度的一项重大改革。

按照中共中央规定，授予元帅、大将军衔的人员名单由中央确定。

当罗荣桓得知中共中央准备提名授予他元帅军衔时，立即给党中央和毛泽东写信，说明自己参加革命较晚，对革命贡献不大，恳切地请求不要授给他这样高的军衔。

中央没有采纳他的意见。他和朱德、彭德怀等十位解放军高级将领因对创建和领导人民武装力量、领导战役兵团作战功勋卓著，在1955年9月23日，经全国人民代表大会第二十二次会议决定，被授予元帅军衔。命令公布之后，他没有将这看成是个人的荣誉。他对总政治部的一些干部说："我是总政治部主任。给我授元帅衔，这主要是党中央和人民给予我们军队政治工作者的崇高荣誉。"

按干部任免权限，授予上将至少将军衔人员名单由总干部部和总政政治干部部分别提出，报请中央军委批准授予；授予校官军衔人员名单由各总部、各军兵种和各大军区提出，报总干部部和总政政治干部部在全军统一衡量。

由总干部部和总政政治干部部负责提出名单的少将至上将共有一千余人。他

---

①《罗帅谈古田会议和我军政治工作》，《解放军报》1983年12月16日。
②《罗帅谈古田会议和我军政治工作》，《解放军报》1983年12月16日。

们绝大部分入伍于红军时代，也有少数人入伍于抗日战争时期，还有一些少数民族干部及起义将领。他们在战争年代在不同地区作战，立下了战功，为革命事业和军队建设作出了贡献。新中国建立后，任职和级别有高有低，德才表现也有差异。在评定军衔时，对这一千多名部队骨干，如何能做到公平合理，基本上符合本人状况，从而进一步调动广大干部的积极性，增强党内和军内的团结，是一件意义重大而又十分复杂细致的工作。面对这种情况，罗荣桓在评衔过程中始终不渝地坚持公道合理、实事求是，又照顾“五湖四海”的原则。对每人应授什么军衔，主要是根据现任职务，对军队建设的贡献、战功和现实德才表现，并适当考虑个人资历，同时又作全面衡量。罗荣桓要求干部部门按上述原则，首先选出各类人员的标杆，然后按每个人的具体情况反复进行衡量比较，最后提出评定军衔等级的意见。对于拟授予中将、上将的 234 人，罗荣桓亲自主持逐一研究讨论。有了问题随时向军委请示，然后由他亲自提出名单。少将这一级的评定，罗荣桓委托赖传珠、徐立清和肖华、王宗槐等负责，遇到难以确定的问题，再由罗荣桓主持会商解决。

评衔很重要的依据是干部当时的级别和职务。但由于干部各自的情况不同，不能完全按当时每人的职级机械套衔。因此按职级评衔存在很大的伸缩性。例如同为少将，有正师级的，有军级的，还有准兵团级的。对一些级高而评衔相对偏低的干部，罗荣桓亲自谈话，做好说服解释工作，说明原委，引导他们正确认识自己，照顾大局，以个人利益服从革命利益。

在军队高级干部中，有少数人资格较老，有重大战功，但历史上又屡犯错误。如何评定他们的军衔也是一个需慎重对待的问题。有一位曾参加过南昌起义的老干部，历任重要职务，但在处理个人生活问题上屡有失当，进城以后，又犯有不服从组织分配的错误。罗荣桓曾经亲自找他谈话，批评了他的严重错误，严肃地警告他，如果不改，就要给他以严厉处分。但在评定他的军衔时，罗荣桓全面地分析了这位干部的功过，还是主张授予他中将军衔。罗荣桓说：“这样才能服众，对他本人也是一个促进。如果过于严刻，就会产生不良影响。”授衔之后，这位干部本人深深感到了党对他的教育和关怀，大家也感到这样做比较实际。

经过一年多繁忙的工作，授予将级军衔人员的名单终于全部经军委审查批准了。1955 年 9 月初，在罗荣桓主持下，军委召开了授衔工作总结会议。彭德怀、刘伯承、贺龙、陈毅、徐向前、聂荣臻、叶剑英等都出席了会议。在会上，罗荣桓宣读了少将以上人员名单，赖传珠作了授衔准备工作的总结报告。

1955 年 9 月 27 日，罗荣桓出席了由中华人民共和国主席毛泽东授予元帅军衔和勋章的典礼。朱德、刘少奇、周恩来以及党和国家的其他领导人、各民主党派、各人民团体代表、北京市的代表、中国人民解放军驻京机关和部队军官、中国人民志愿军国庆观礼代表共 1300 余人出席了这一隆重典礼。朱德、彭德怀、林彪、刘伯承、贺龙、陈毅、罗荣桓、徐向前、聂荣臻、叶剑英十人被授予元帅军衔。授予元帅军衔礼成以后，彭真宣读了中华人民共和国主席授予中国人民解放军在中国人民革命战争时期有功人员勋章的命令，朱德等 73 人被授予一级八一勋章、一级独立自由勋章和一级解放勋章。罗荣桓也是其中之一。当日下午，国务院隆重举行了授予中国人民解放军将官军衔典礼，国务院秘书长习仲勋宣读了中华人民共和国国务院总理授予中国人民解放军将官军衔的命令，周恩来总理把授予大将、上将、中将、少将军衔的命令状分别颁发给粟裕等在京的将官。随后，各总部、各军兵种、各军区也分别举行了授衔、授勋仪式。在国庆节阅兵时，军队官兵都穿着佩戴军衔的新式制服，军容整齐壮观，面貌焕然一新。

## 第四节　一身正气的监委书记

新中国成立以后，罗荣桓非常重视党的纪律检查工作。总政治部一成立，他不仅让组织部分管此项工作，而且身体力行，亲自去抓。他十分注意广大干部、特别是高级干部的道德品质教育。他要求一切干部都要遵纪守法，接受党和群众的监督。

针对胜利以后少数高级干部腐化堕落、违法乱纪、不接受群众的批评和党的教育、无视党纪国法的情况，在中央的一次会议上，他建议要专门发指示，认真解决这个问题。根据他的意见，1954 年 8 月 8 日，中央军委发出了《关于制止某些高级干部腐化堕落违法乱纪行为的指示》，点名批判了一些干部的严重错误，指出这些人违法乱纪，损害了党和军队的声誉和革命事业，必须严肃处理。对那些明知故犯屡教不改的人，不论其职位多高，必须给以纪律制裁。对那些包庇犯重大错误干部的组织和个人，也要进行必要的查究。这一指示强调要加强党对高级干部的领导与监督，开展党委内部和高级干部之间的批评与自我批评，驳斥了把个人腐化堕落说成是“生活小节”、不是政治原则问题的错误观点，要求克服自由主义，保证一切党的高级干部在各方面接受党的组织和群众的监督。

这一指示在全军引起了强烈的反响。师以上党委专门召开会议，进行讨论，开展批评和自我批评，揭发了一些人思想作风方面的问题。在全军对 160 余名犯有道德品质错误的高、中级干部分别情况给予批评教育或党纪处分。有一位军长由于屡教不改，被撤销职务并开除党籍。这一指示使全军干部受到了一次深刻的教育，也挽救了许多犯有错误的干部。

1955 年 3 月，中国共产党全国代表会议鉴于高岗、饶漱石反党联盟事件的教训，决定将中央和地方党的纪律检查委员会相应地改为中央和地方党的监察委员会。1955 年 9 月，根据中共中央决定，中国人民解放军党的监察委员会组成，由罗荣桓任书记，谭政和宋任穷任副书记。

罗荣桓任监委书记直到他逝世。[①] 他经常主持召开监察委员会会议，研究中共七届二中全会精神的贯彻，对军队党员、干部，特别是高级干部遵纪守法的检

① 1957 年 2 月至 1961 年初，由谭政任解放军党的监察委员会书记。1961 年初，罗荣桓再次任书记。

查、监督和教育，讨论和处理重大案件。他要求对犯错误的干部既要热情帮助挽救，又要坚持原则，严格纪律。既不能单靠处分去解决问题，又不能姑息迁就，不要纪律。对于各级党委和监委，他认为首先要强调坚持原则。

20 世纪 60 年代，由于有些单位党委对个别高级干部违法乱纪的案件不敢处理，导致矛盾激化，发生政治事故。有一个师长因奸污部属的妻子被部属打死。

针对这一问题，1962 年 11 月 17 日，罗荣桓在全军组织部长会议上指出，道德品质问题要引起注意。此人被打死主要是道德品质问题引起的，有些道德品质问题不注意，就会发展成刑事问题，也会被反革命利用。他说："现在有些党委在对待腐化堕落、蜕化变质这方面问题的处理上缺乏严肃的原则空气，有的则是毫无原则。对于团以下干部的问题还敢管，对于某些高级干部的问题则不敢管，个别的甚至包起来，谁也不讲。"他十分愤慨地说："边境的部队在前线流血牺牲，他们却在后方搞腐化堕落这一套，怎么行！"

他认为，对待这种问题"不能大事化小，小事化了。要化，看你怎样化法。经过批评斗争，改正了错误，就能够把大事化小。化要经过工作去化，要有原则。根本不讲，根本不批评，采取包起来的办法是化不了的，其结果是小事酿成大事，最后甚至是不可收拾。"

同时，他又认为对犯错误的人处理要慎重。就在上面那一段话后面，他紧接着又说："当然，处理要注意方式，要实事求是。"

他认为严肃党纪之"严肃"，就是实事求是，不仅仅指坚持原则，它也包含慎重的意思。他 1961 年 6 月 22 日在解放军党的监察委员会第三届第一次全体会议上说：党的纪律是严肃的，不要拿一点错误否定一个人的一切。对于犯了错误的人，要感化，有时也要给处分，但不宜过重，更不要轻易给予留党察看、开除党籍处分。

他认为，对犯错误者，处分本身固然也是一种教育，但是更要热情帮助，不能推出门不管。上面提到的那位被开除党籍的军长，总政将他分配到一个单位工作。这个单位的领导人不想要，罗荣桓对他们说："不要不行，你们可以教育他，改造他。人是可以改造好的。"后来这位干部在工作中改正了自己的错误。

# 第二十六章　思想修养中的重大课题

## 第一节　过好“亲属关”

新中国建立前夕，中共七届二中全会告诫全党：务必使同志们继续地保持谦虚谨慎、不骄不躁的作风，务必使同志们继续地保持艰苦奋斗的作风，防止产生骄傲情绪、以功臣自居的情绪、停顿起来不求进步的情绪、贪图享乐不愿再过艰苦生活的情绪，警惕资产阶级糖衣炮弹的攻击。这是新的历史时期党的干部特别是高级干部思想修养中的重大课题。为了达到这一要求，后来周恩来又提出，党的干部要过好“五关”，即过好思想关、政治关、社会关、亲属关和生活关。罗荣桓是党和国家的领导人之一，在处理家庭生活及亲属关系方面，也足为大家的表率。

还是在 1949 年国庆大典刚刚结束的时候，从湖南前线传来了捷报：衡（阳）宝（庆）战役胜利结束，罗荣桓的家乡衡山县宣告解放。如何处理好同亲属关系的问题，便摆到了罗荣桓的面前。罗荣桓参加红军后，曾向家里写了两封信，当时家里的人害怕受迫害，看完信后立即烧掉了。第三封信是罗荣桓抗战初期在山西赵城写给他的哥哥罗晏清的。当时正值国共第二次合作，所以这封信得以保存下来。罗荣桓在信中说：

> 现随军北上抗战，以后对家庭更无法顾及。非我无情，实处此国难当前，奈何！弟十年志之所在，想久已谅解，无详述之必要。玉英小孩蒙兄等爱护，当表示感谢。还希继续维持，使她能够有所成就，不致陷于无知无识，弟虽战死沙场毫无顾虑。

从那以后，罗荣桓同老家便又断了音讯。衡山解放以后，他当然十分关心在他离家时尚不足一岁的女儿罗玉英的下落，但他考虑到也许会有许多亲属来找他，其中很可能有人以为他当了大官，来向他谋个一官半职或提出其他不切实际的要求，因此，在 1949 年 11 月间，他打电话给刚刚到职的衡阳铁路局局长郭维城，说：“衡阳是我的家乡。会有很多人想通过你上北京来找我。你要做工作，劝他们不要到北京来。不能让他们免费坐火车。”不久，果然有一些人以罗荣桓的亲戚的名义找郭维城，要求免票乘车进京，都被郭一一婉言谢绝。

罗荣桓家庭的音讯很快传来了，头一个信息是关于他的弟弟罗湘的。

罗湘比罗荣桓小三岁，同罗荣桓最后一次见面是在1926年秋季的广州。当时，国民党左派和右派斗争已日趋尖锐。罗荣桓同罗湘分手时，再三嘱咐罗湘，参加政治活动时要明辨是非，不要上自称是总理信徒的右派的当。罗湘在黄埔毕业后进了国民党军队。罗荣桓1929年在龙岩曾写信劝他离开国民党军队回家种田，但他未听。直到1946年，他才逐渐认识到国民党的腐败。当上司任命他当一名铁路上的课长时，他未接受，拂袖回乡。1949年3月，在解放战争节节胜利的形势下，他在衡山拉起了一支有80多支步枪、40挺轻机枪的队伍，号称中国人民解放军湘东支队，并同国民党的地方部队打了几仗。受解放军湘东支队这一番号的吸引，衡山进步青年纷纷投奔，这一部队迅速发展到8000多人。解放大军南下时，这支队伍又主动帮助筹粮筹款，做了一些有益的事情。解放军第四十六军一三七师将其整编后，了解到支队的负责人是罗荣桓的弟弟，以为这是地下党组织的游击队，领导机关便准备任命罗湘为该师副政委。电报转到罗荣桓手里。罗荣桓对该部说明，罗湘并非共产党员，自然不能任副政委。他认为，罗湘首先需要学习，改造思想，然后才谈得上分配工作的问题。在他的建议下，罗湘被送到军政大学学习，结业后分配到河南省政协工作，晚年曾任河南省政协委员，直到1984年逝世。

罗荣桓得到的第二个信息是关于他的二哥罗晏清的。

罗晏清比罗荣桓大九岁。罗荣桓读书时，他在杂货铺帮助罗国理经营。1929年罗国理逝世，罗晏清继承了父亲的家业，当了族长。1937年，罗荣桓得知自己的女儿仍然住在老家时，对这位兄长表示了感激之情。

衡山解放后，在进行征粮工作时，驻南湾地区的工作队得知罗晏清家是殷实富户，征粮数额较大。第四十军军长罗舜初在来京时向罗荣桓谈及此事，罗荣桓立即充分肯定了当地工作队的做法。

1949年底，罗晏清带着自己的两个儿子陪同罗玉英和她的丈夫陈卓到了武汉，中南军区副司令员萧劲光一面给予热情接待，一面发报通知罗荣桓。与此同时，罗玉英也给她父亲写了一封信，要求到北京来。罗荣桓从罗玉英的信的字里行间看出她也受到亲友一些旧思想的影响，认为爸爸当了大官，自己可以进北京享享福。便回信写道："你爸爸二十余年来是在为人民服务，已成终身职业，而不会如你想的是在做官，更没有财可发。你爸爸的生活，除享受国家规定的待遇外，一无私有。你弟妹们的上学是由国家直接供给，不要我负担，我亦无法负担。因此陈卓等来此，也只能帮其进入学校，不能对我有其他依靠。"

1950年1月，罗晏清一行七人来到北京。罗荣桓看到已长大成人的女儿，看到了女婿、外孙和侄子，很是高兴。他介绍陈卓和两个侄子进入华北军政大学学习。罗玉英由于文化水平较低，便留在家里补习文化，到年底，进了速成中学的预备班。后来，他们四人中一人当了空军军官，三人成了国家干部。实行薪金制后，罗荣桓又让林月琴每月从薪金中拿出30元交给罗玉英，让她用以赡养她母亲。至于罗晏清，孩子们进学校后，在京还住了一段时间。他自从出来以后，沿途被当成上宾招待，慢慢地也就感到心安理得。当警卫员、通信员为他做事时，他爱理不理，有时还支使警卫员干活。罗荣桓看不下去，严肃地对他说："我们的警卫员、通信员都是革命同志，是为人民服务的。你怎么能对他们摆那个绅士架子！"后来便动员他回去，在土改中接受群众的教育。

罗荣桓虽然对他的二哥要求比较严格，但他却一贯以乐于和善于联系群众而著称。他的家里客人不断，其中不仅有高级干部，而且有一般干部、工人和农民。他家门前，不仅有卧车，而且常常停放了不少自行车。有人写诗赞道：

革命友谊重山河，
首长关怀暖心窝。
帅府门前客不断，
单车倒比汽车多。

对这些客人，他都一视同仁，热情接待。到了开饭时间，他必定要留下客人同他一桌吃饭，即便是对于临时到他院内干活的花工、瓦工，也是如此。对于外地来的客人，他都要请秘书给安排住处。就在罗晏清走后不久，衡山老家来了一位老人，他当过长工，当1926年底罗荣桓在家从事农民运动时，他是农会委员。解放后，特地到北京来看望罗荣桓。罗荣桓热情招待了他，给他安排住处，让秘书陪着到故宫、北海、动物园、颐和园等地方参观游览。老人走时，他给买好火车票，请司机将他送往车站。他自己亲自送到大门口。事后，他对孩子们说："这些人虽然不是亲戚，但思想感情一致，比亲兄弟还亲。他们来看我完全是出于真心，出于阶级感情。"

## 第二节　简朴的生活，高尚的情操

从1949年9月到1954年秋天，罗荣桓全家住在北京南池子18号。

在战争年代，罗荣桓历来是随遇而安。在井冈山上，风餐露宿、曲肱而枕是家常便饭。中央根据地内的祠堂、庙宇、草棚、茅舍，长征路上藏民的牛屎房，陕北的窑洞，沂蒙山的庄稼院，他都住过。到后来，大连日本式的和哈尔滨俄罗斯式的小洋楼，他也住过。嫌房子少、设备不好，则是从来没有的事。他虽然自幼立志要当一名土木工程师，可从来也不曾想过给自己设计一所什么样的住宅或在室内应该有什么样的陈设。

他家搬到南池子18号后，按照老习惯，室内一切照旧。然而，他对于室内那几个博古架和架上的一些古玩摆设，却感到有些碍事，怕孩子给打坏了，便让秘书通知中共中央办公厅，将它们统统搬走。这样房间也显得豁亮一些。然而这所住宅住上罗荣桓一家，再加上秘书、司机、警卫员，仍然显得小了。可是，罗

1947 年，罗荣桓从莫斯科回到哈尔滨时，与妻子林月琴及子女和工作人员合影

荣桓夫妇并未提出什么。倒是管理部门看不过去，为了办公的方便，在院子里为秘书加盖了一间房子，在院旁盖了一间车库。房子加盖好不久，反贪污、反浪费、反官僚主义的“三反”运动开始了。罗荣桓在要求部队和总政机关认真检查的同时，对自己院子里加盖了房屋的事作了检讨，认为这是浪费。总政副主任傅钟、肖华等都认为，房子并不是他叫盖的，不同意他作检讨。他却说，虽然不是我叫盖的，可是我也没有制止，仍然向中央写了书面检讨。

然而，房子比较狭小毕竟是客观存在的问题，尽管罗荣桓不以为意，可来到罗家的许多客人都有此感觉。1953 年底，军委高干会议期间，邓小平来看望他，看到院子里加盖了车库和秘书办公室，连散步的地方也没有了；他又看到罗荣桓近年来连得两女，老家的大女儿和女婿、外孙也来到北京，还收养了一些无依无靠的亲属的孩子，房子显得太挤了。在邓小平的建议下，1954 年秋天，罗荣桓又举家搬到东交民巷新 8 号，与贺龙、陈毅、张鼎丞为邻。罗荣桓在这里一直住到他逝世。

罗荣桓不仅在住房等生活问题上从来不提什么个人要求，而且在名誉、地位面前，都始终保持着一个无产阶级革命家的高尚情操。他经常说，人民群众是领导干部身上的血液，领导干部脱离了群众，生命就要枯竭。因此，一个革命者想的应该是怎样为人民多做一些有益的事情，而不能要求额外的照顾，增加人民的负担。

1956 年，在党的八届一中全会上，罗荣桓当选为中央政治局委员以后，中央办公厅按规定要给他增派工作人员，增加车辆。他一概拒绝。他说：“我现在身体不好，具体工作管的不多，有一个秘书管管文件就行了。”但是，警卫部门提出，首长外出时需派警卫车，家里警卫工作也应加强，要在他家增派副官和警卫人员。他仍不同意。经过反复商量，最后他只同意增加一名副官。他虽然担任许多领导职务，秘书一直只有一人。为了照顾秘书的学习和休息，罗荣桓还常常亲自签收文件。按照当时的规定，在他家里可以放映专场电影，但他坚决反对这样做。有一次他不在家，放映队来放了一场电影，他知道以后很不高兴，不仅批评了身边工作人员，还把总政文化部的负责人找来说："我们为什么不能出去看电影呢？你们放什么好片子可以打电话通知我，我想看就去，不想看就算，以后不准再到家里来放。"从此以后他家里再也没有演过电影。

有一年夏天，罗荣桓在北戴河疗养。北京军区副司令萧文玖去看他，见他住的房子已年久失修，室内也比较潮湿，便问罗荣桓，为什么不找管理部门给修一修。罗荣桓说："这就蛮好了。"萧文玖看不过，回去后便嘱咐北戴河的军区疗养院派工人去进行了修理。一天晚上，通知罗荣桓到剧场看河北梆子演出。他带着几个孩子去得晚了一些，场内座位已经坐满了，在剧场里转了一圈也没有找到位子，只好走了出来。孩子们不高兴地埋怨组织晚会的人没有安排好，他却笑吟吟地说："看不成就不看嘛！出来散散步不是也很好吗？"他在家养病时，一天，精神好一些，想到公园散步，于是来到许久没来的颐和园。望着湖光山色，顿觉心旷神怡。他叫跟来的警卫员租条小船划划。可是警卫员身上没有带钱，司机老牟也没有带，他自己更是从来身上不带钱的。公园的保卫人员就要了一条船给他们划。他心里一直记着这个事。几天后他再一次来到西郊，便吩咐老牟把车子开到颐和园去还租船的钱。

罗荣桓长期身体不好，但他从不因为自己有病而要求什么特殊的照顾。有一次他住医院回来，发现家里多了四张躺椅，就问秘书："哪里来的躺椅呀？"秘书回答："总后送来的。""给钱了吗？""没有。"他一听没付钱马上要秘书退回去。秘书解释说："总后的首长说，因为您有病，办完公好靠着休息休息。"他说："乱弹琴，我一个人害病，用得着四张躺椅吗？都给我搬回去。"秘书很为难，不想去退。他最后说："不退也成，一定要照原价给钱，用我的薪金。"这样照价付钱以后，躺椅才留了下来。他常常因心脏病发作而卧床不起。医生为了他在床上看文件、读书、找人谈话方便些，就从北京医院借来一张摇床。他对医生说："医院有许多病人比我更需要，怎么能把医院的床搬到自己家里来呢？"林月琴怕医生为难，就婉转地问："你不同意借，咱们自己出钱做一张可以吧？"最后还是林月琴拿了400元钱到上海订制了一张摇床。罗荣桓把公和私分得特别清。有一次，他到政治学院去。院务部的干部让老牟带回一小包学院自己栽培的蘑菇，说是让首长尝尝鲜。罗荣桓吃饭时看到了蘑菇，问是从哪里弄来的，家里人告诉了他。为这件事，他专门向秘书交代，让他教育司机、警卫员等工作人员，今后外出绝对不允许接受别人送的任何东西。

他在东交民巷的住所靠近某机关的后院。有一次那里修理锅炉，整天敲得震天响。警卫员怕影响他休息，就去找人家提意见。他知道后对秘书说：要批评警卫员，这样做很不好，我休息怎么能影响人家的工作呢？他在杭州时，有一天去北高峰游览。因为山比较高，警卫部门准备了一副滑竿跟在后面。走到半路，医生说："路不好走了。请首长坐滑竿吧。"罗荣桓直摆手，头也不回，拄着拐杖径直走上山去。回到住处后，他对医生说："你这个同志搞什么名堂，我是出来休息游览的，怎么能叫人抬呢？"医生解释说："你身体不好，抬滑竿的人都是我们自己的同志，又不是雇的人。"他连连摇头，很严肃地说："不对。不用说叫我坐了，让他们跟在后头也不应该，想也不应该这样想嘛！"

罗荣桓时时把自己看做群众中的一员，很愿意接近群众。他不赞成领导干部警卫森严，同群众隔绝的做法。到外地视察时，他常常一个人信步走到街上去。有一次，他从汉口乘船去南京。上船后发现这一层船舱就只有他和几个随行人员。一问，原来警卫部门同售票处打了招呼，其他的票都没有卖。他不满意地把警卫人员找来批评说："我看你们搞警卫工作的恨不得把我们锁进保险柜里。我们接近群众有什么不可以？"他出外视察都是轻车简从，厌恶前呼后拥、迎来送往等繁文缛礼。有一次，他乘飞机去昆明，刚走出舱门，只见机场上黑压压站了一群人，原来云南省党、政、军负责人大都到了，还带来许多工作人员。他很不高兴，倚着飞机门对站在舷梯旁的几位负责人说："以后你们再来这么多人，我就不下飞机，原机飞回去。"

罗荣桓无论是对高级干部还是普通干部，无论是对职工或战士，都是一视同仁，赤诚率真，没有丝毫架子，使大家感到如家人般的亲切。政治学院的花工老张，每年都要到罗荣桓院长的住地帮助整理花木，他没有想到一个普通工人到了元帅家里就像到了自己家里一样。第一次去时，罗荣桓不在家，林月琴请他到客厅里坐，又拿烟又倒茶，还端来糖果请他吃。走时，又送到大门外。第二次去时，老张正和另两个工人在院内补栽树木，罗荣桓从外面回来看到了，立刻问秘书："饭准备好没有，同志们都饿了吧，快请到屋里吃饭。"老张客气地回答说："我们不饿。"可是罗荣桓一定要他们去吃，只好一起吃了一顿。三年困难时期，粮食比较紧张，老张他们去整理花木时就自己带上饭。但工作完了，罗荣桓夫妇还是要留他们一起吃饭，怎么也推辞不掉。林月琴说："我们吃什么就给你们吃什么，又不是什么特殊招待。"罗荣桓也说："再困难也不在你们吃这一顿饭嘛。"老张回忆这些经历时说："这样的高级首长对我们工人是如此亲切关怀，这在旧社会是做梦也想不到啊！"

司机牟耐意从解放战争时期就在罗荣桓处开车，十多年间和罗荣桓相处得就像一家人一样。他说，罗元帅对同志不仅关心，而且尊重，因为革命工作没有高低贵贱之分。服务人员工作中有点缺点，从不挑剔训斥。有一次，罗荣桓去人民大会堂开会，老牟以为要开很长时间，把他送到后就跑出去参观去了。会议很快结束，罗荣桓走出会场找不到汽车。后来警卫人员帮他找到车子，他坐在车上又等了半个多小时，司机才回来。老牟心里很不安，可是罗荣桓只问他到哪里去了，还问他参观得怎么样，没有说别的，但老牟一直记着工作中的这个缺点。

罗荣桓埋头工作，不愿出头露面，更反对对他个人的宣传和颂扬。照相、题词、上主席台之类的活动，他都尽可能地回避。1956 年，湖南衡山中学给他写过一封信，学校为了表达对老一辈无产阶级革命家的崇敬，准备将校名改为"荣桓中学”。他立即亲自写信婉言谢绝，并希望学校领导学生努力学习，多宣传人民群众的英雄事迹。有一次《解放军报》发表的一则关于民兵工作的消息，有几处提到罗荣桓元帅的活动和指示。他看了就给欧阳文总编辑打电话说：“罗荣桓给了你们什么贿赂啊？为什么左一个罗荣桓元帅，右一个罗荣桓元帅的宣传，这样做没有必要嘛！工作又不是我一个人做的。”

## 第三节　慈祥而要求严格的父亲

1955 年 5 月末，一向充满欢乐的罗荣桓家里，气氛显得有些沉重。刚刚满 15 岁的女儿南下病情恶化了。南下，是 1940 年第一一五师从鲁南山区南下郯（城）马（头）地区的时候诞生的。

南下很聪明，在学校学习功课很好。罗荣桓十分喜爱她。可是这个天真活泼的小姑娘一年前生了恶性骨瘤。林月琴和秘书等工作人员怕罗荣桓难过，一开始没有告诉他，但时间长了他就知道了。不久，南下做了截肢手术。手术后，南下拄着拐，行动不便。罗荣桓鼓励她同疾病作斗争，同时，对她要求仍然很严格。看病，罗荣桓总是让她上医院，从不请医生到家里来看。周围的工作人员为了减轻她的病痛，分散她的注意力，弄来邮票让她集邮。她很听话，默默地同疾病作顽强的斗争。可是，到 1955 年四五月间，发现她的癌肿已转移到肺部，病势危重，住进了医院。尽管医生用了各种办法医治，最后病魔还是夺去了她年轻的生命。

守在医院里的林月琴对女儿的夭折悲痛万分，同样使她焦急的是怎样把这不幸的消息告诉孩子的父亲。罗荣桓也有病，怎么能让他再承受如此强烈的刺激呢？林月琴只好和卫生部保健局黄树则局长商量：“南下是荣桓最喜欢的孩子，是不是先不要告诉他？”黄树则也觉得很不好办，说：“你也不要太难过，我先去罗主任那里看一看。”

来到罗荣桓家里，黄树则像往常一样先问饮食起居，又东拉西扯地闲谈，就是不知道对南下的事怎样提才好。过了好半天，还是罗荣桓打破了僵局：“树则同志，你来的意思我晓得，是不是南下不行了？”黄树则无言地点了点头，一时也想不起应该讲一些什么样的话来安慰罗荣桓。罗荣桓默默无语，抬起头看着窗外庭院内的落花，慢慢地说：“在战争年代，要养活一个小孩子是很不容易的，不少干部把孩子丢了。那时有一个干部，孩子死了，难过得掉眼泪。我就跟他讲：在战争中牺牲人是平常的事，自己的战友亲人死了，当然很悲痛，但是还要继续战斗，继续前进嘛！南下是战争年代生的，她能活到解放后，已经是不容易了。”

罗荣桓在战争年代就已经失去过两个孩子。一个叫北屯，1938 年在延安出生时，罗荣桓已经奔赴前线。孩子出生后才几个月，林月琴也被调到八路军驻西安办事处，孩子便寄养在山沟里一户老乡家里。1938 年 9 月，罗荣桓到延安参加中共中央六届六中全会扩大会议期间，曾抽空去看了孩子。当时那户老乡已对孩子产生了感情，想将孩子要了去。罗荣桓未同意。罗荣桓回前线后，开始从后方传来消息，说是那户老乡搬家了，接着又说孩子已经病死。另一个是1941年在山东出生的女儿罗林，也寄养在老乡家里。由于生活条件艰苦，一岁多就死去了。罗荣桓一家，像许许多多革命者的家庭一样，为革命作出过很大的牺牲。

新中国成立以后，条件比过去好多了。但是罗荣桓和林月琴永远忘不了烽火连天的艰苦岁月，并常常用当时那种艰苦奋斗的精神来教育孩子们。

南下的哥哥罗东进是1939年第一一五师以东进支队的名义由山西挺进山东时出生的。他还不到一岁，就随一一五师的供给部、卫生部机关，由挑夫从山西挑到山东。到了山东以后，由于环境紧张，他一直寄养在老乡家里。直到他五岁时，山东形势好转，才把他接回来。罗荣桓经常对他和南下说："你们是老乡用高粱煎饼和地瓜喂养大的，可千万不要忘本啊！"他教育孩子，不能因为自己是干部子弟而有优越感。要和工农子弟打成一片，常到同学家里走一走，看看人家是怎样生活的。更要和那些家庭有困难的孩子们接近，多帮助他们，吃饭穿衣要首先想到他们。东进读中学时，有一次过团日，带同学们回家取留声机。罗荣桓见到了热情欢迎，拍拍他们的肩膀，亲热地问长问短。这些同学回忆起这一位没有一点架子的元帅来，至今仍十分怀念。由于罗荣桓夫妇的教育，他的几个孩子在学校里都同大家一样，毫无特殊之处。

罗荣桓在家里是一位慈祥的父亲。有时他坐在藤椅上休息，孩子们在一旁奔跑嬉笑，林月琴怕影响他而去制止，他总是缓缓地说："算啦，算啦，由他们去吧。孩子嘛！"

在工作之余，罗荣桓常喜欢和孩子们谈谈玩玩，问问他们学习和思想情况，帮助他们算一道数学题，或者纠正纠正他们的英语发音。有时还和他们下一盘象棋。孩子学习得了好成绩，他特别高兴。女儿巧巧画了一张大公鸡，很像个样子，他高兴地把这张画挂在客厅里，一直挂了很久。

但是，对于孩子们的思想作风，他要求很严格。有一年冬天，林月琴给东进买了顶棉布帽子，东进嫌样了不好看不愿戴，要买一顶皮的。他知道了，把东进狠狠批评了一顿："小小年纪就讲究这讲究那，这还了得！"他告诉林月琴以后对孩子的生活不要过多操心，在政治思想上要多关心一点，他曾经说："教育孩子是件麻烦的事情，急躁不行，夸奖太多了也不好。不过有一条，做父母的完全可以办到，那就是，只要发现他们有一点不好的苗头就指出来，要他们改正，不让它发展下去。"东进和南下上小学时，子弟学校离家很远，每星期回家一次，都是机关用大轿车集体接送，他从来不准派小车去接。有一个星期六，学校放学晚了，家里人派车去接了一次。他发现后把全家叫到一起，严肃地对孩子们说："这样不好，汽车是组织上给我工作用的，不是接送你们上学的，你们平时已经享受了不少你们不应当享受的待遇，如果再不自觉就不好了，那样会害了你们自己。"他又吩咐工作人员："以后绝对不准用小车接送孩子，让他们搭公共汽车也是个锻炼嘛！"后来有一次东进、南下放学回家，没有搭上公共汽车，天很晚了还没有到家。家里担心路上出了什么事，罗荣桓也有点着急了。这时两个孩子满头大汗，一身尘土走进门来。问清原因后，罗荣桓高兴地表扬他们说：“好，好，你们做得对，今天你们搭不上车走着回来，不怕苦，不怕累，这种精神要发扬，要长久地保持下去。”

1959年，罗东进考上了哈尔滨军事工程学院。临走前，罗荣桓嘱咐儿子说：“你要走了，爸爸妈妈很为你高兴，希望你在学校接受正规的军事科学技术教育，在政治上更快地进步，将来为我们的国防建设作一点贡献，为人民做一点有益的事，而绝不是要你当什么官，出来摆威风。”他鼓励罗东进说：“现在我们的科学技术还很落后。你们要长志气，为国家搞出点成就来。”随后又拿起笔写了几行字，交给东进随身带着：“学习专业与学习政治相结合。政治是确定方向，没有方向的航行是会误入迷途。紧密地联系同学，互相协作，达到一齐提高。警戒孤僻自大，也不要自卑无信心。遵守军事纪律，养成大我无畏精神。”

罗东进每次放假回家，罗荣桓都要详细询问他的学习、劳动、联系群众的情况。发现缺点，马上提出来。第一学期，东进电工课考试成绩不太好，罗荣桓便写信询问他：“是否分散了精力，学习受影响？或是有空头政治的倾向？”接着罗荣桓谆谆告诫道：“你要再三认识，力求避免。你学不成专业，就没有实现党和国家的期望……”以后东进学习有了进步，罗荣桓马上又写信勉励他继续努力，要他牢记“虚心使人进步，骄傲使人落后”的道理。

有一年放寒假，罗东进乘火车回家，车上乘客太多，罗东进看到一位老大爷没有座位，便主动让座，自己挤在过道里站了一天一夜，劳累和风寒使得他得了感冒。回家后，罗荣桓了解了他生病的原因，说：“东进，你做得很对呀，能关心别人，能吃苦这很好。我们像你这么大，哪有火车坐呀！”

对于从老家出来的大女儿罗玉英，罗荣桓要求也非常严格。罗玉英刚来北京时，曾拿了一条破了的裤子上街去补。罗荣桓看到后立即批评道：“为什么不自己补啊？可千万不要忘本啊！”他还经常嘱咐她和陈卓：“你们不但要工作好，学习好，还要教育好子女。”

1954年，罗玉英要分配工作了。对子女要求十分严格的罗荣桓并没有为她在城里机关找一个工作，却要求她到基层去锻炼。不久组织上便分配她到郊区一个农场工作，条件较艰苦，交通也不便，周末她都要步行十多里然后乘公共汽车回家。在农场，她进步很快，第二年便加入了共产党。

罗荣桓不仅对自己的子女，对其他青年人的成长也关怀备至。家乡亲友有些孩子找来，他都尽力帮助他们，前后由他供养读书学习的就有十七八人。林月琴有一个侄女叫林保住，父母离了婚，她来到了北京。林月琴考虑家里孩子已经很多了，想让她返回老家去。罗荣桓说：“现在叫这孩子回去，还不是当个童养媳，我们多养一个孩子还养得起，把她留下来吧。”罗荣桓为她改名林立，鼓励她要学好本领，自立自强，成为一个对国家有用的人才。

# 第二十七章　在“左”倾浪潮袭来的时候

## 第一节　在反右派运动中

1956年，由于劳累过度，罗荣桓心绞痛反复发作，有时一天几次。发作时，吃一点药，休息一下便挺过去了。时间一长，罗荣桓担心贻误工作，准备辞去总政主任的职务。他对林月琴说：“一个人在其位，就得谋其政。你在那个位置上，人家有事就请示你，你又没有那么多精力去了解情况，这会影响工作，还不如把事情交给身体好的同志去做，对革命对自己都有好处。何况，我专做政治学院院长，可以集中精力搞得更好一些。”当时只有54岁的罗荣桓，经过反复考虑，1956年9月2日，终于提笔写道：

> 彭转军委并报中央主席：
>
> 　　我长期身体不好，不能工作，而又挂名很多，精神上极感不安，请求解除我总政治部主任及总干部长等职以免妨碍工作。

罗荣桓建议由谭政接替总政治部主任职务。

谭政同罗荣桓一样，从红军初创时期起，便做政治工作。他也是古田会议的参加者之一。他担任陕甘宁晋绥联防军副政委兼政治部主任时，于1944年4月11日在西北局高干会上作了《关于军队政治工作问题》的报告。这一报告是在毛泽东、周恩来指导下，经过广泛调查研究，由谭政起草的。报告总结了人民军队政治工作的历史经验，是人民军队政治工作的重要文献。解放战争时期，谭政是东北人民解放军的政治部主任。新中国建立以后担任中南军区第三政委。1955年春到总政任副主任。他具有丰富的政治工作经验，长期以来是罗荣桓的得力助手。

彭德怀接到罗荣桓的信后，感到事关重大，需从长计议。他考虑八大即将开会，可在会议期间向毛泽东主席报告后再说，便将信先压了下来。

9月15日，中国共产党第八次全国代表大会开幕。罗荣桓出席了大会并被选入主席团。26日，大会选举中央委员，罗荣桓当选。28日在八届一中全会上，由毛泽东提名，罗荣桓当选为中央政治局委员。

10月2日，彭德怀将罗荣桓的信批给军委秘书长黄克诚：“抄送军委委员阅，准备在军委会上讨论一下。原稿转呈主席。”

中央军委经过反复研究，考虑到罗荣桓的健康状况，同意他的请求，并决定由谭政任总政治部主任，肖华任总干部部部长（不久，总干部部与总政合并）。这两项提名在12月29日经全国人民代表大会常委会第五十二次会议通过。

罗荣桓辞去总政治部和总干部部的职务后，日常工作的负担减轻了。但是他被选为政治局委员，感到肩上的责任更加重了，需要用更多的时间到群众中去走一走，接触一点实际，发现了问题可以及时向中央反映。

1956年和1957年之交，他去湖南、广东、福建视察，并顺便回到阔别30年的故乡衡山县城，第一次也是最后一次游览了慕名已久的南岳衡山。

1957年，极少数资产阶级右派分子向党和新生的社会主义制度猖狂进攻。下半年，全国开展了反右派斗争。这一斗争是完全必要和正确的，但在斗争中出现了严重扩大化的错误，一大批人被错划为右派分子，其中也有罗荣桓所熟悉的人。

在反右派斗争中，罗荣桓强调划右派一定要十分慎重，实事求是。他曾在政治学院说：不能因为说了一两句错话就成了右派。右派是有思想体系的，他们把一切事物都看右了。他们反对社会主义，反对党的路线政策。如果因为对某个问题有意见或说了点错话就成了右派，以后谁还敢讲真话？因为他的干预，政治学院少划了许多右派。

在总政治部所划右派中，最著名的是文化部长陈沂。他是人民解放军中唯一被划成右派的将军。

陈沂在山东、在四野、在总政治部，都在罗荣桓领导下工作。罗荣桓对陈非常熟悉，他听说陈被划为右派分子后，表示了不同的意见。他说：陈沂虽然有某些缺点错误，但他所领导的全军文化工作是有很大成绩的。他还曾向中央反映了陈沂的问题。但是，在当时的政治形势下，陈沂仍然被错划为右派。

1958年3月下旬的一天，陈沂同他的妻子马楠一道，到罗荣桓家去。他们进门后，林月琴迎了出来，告诉他们，罗荣桓在楼上，请他们上楼。陈沂夫妇脚步有点迟疑。林月琴亲切地对他们说：“你们上去吧，没有关系。他在等着你们。”

陈沂夫妇一进屋，只见罗荣桓像往常一样，正坐在沙发上沉思。罗荣桓听到脚步声，把眼光落到来人身上，马上立起身，顺手拿起茶几上的眼镜，带上，看了一看，缓缓地说：“是你们啊！”然后招呼他们坐下。这时，马楠一下子哭了。

罗荣桓摇摇头劝慰说：“不要这样。”

当时，陈沂划右派已经定案，罗荣桓作为党员，个人要服从组织。他虽有不同意见，却不能向陈沂夫妇说明，于是，便以向前看的态度，用鼓励的口气说：

“陈沂，跌倒了，再爬起来嘛！要有个政治家的风度。”他又转向仍在抽泣的马楠：

“马楠，你呢，要冷静下来，不要弄得两个人都陷了进去。”

听了罗荣桓这样讲，陈沂感到自己的思想包袱已经不那么沉重了。

“不过，你这个同志要很好地吸取教训。古人说，祸兮福所倚，福兮祸所伏，你只要努力，就会把坏事变成好事，可能因祸得福。”

听到老首长称呼自己是“同志”，听到他暖人心脾的话语，陈沂激动得连连点头。

后来陈沂始终将罗荣桓对自己的鞭策和鼓励铭记在心，成为鼓舞自己度过逆境中漫长岁月的巨大精神力量。

陈沂被分配到黑龙江一个马场监督劳动后不久，马楠也调到黑龙江的哈尔滨市工作。以后，马楠每次进京去看罗荣桓，他都要留马楠吃饭，仍然亲如家人。当他听说陈沂每月只有 28 元生活费时，不禁皱起了眉头。他对总参谋长黄克诚谈起此事，黄也认为这种做法不对。后来陈沂的生活待遇才有所改善。

1958 年，陈沂给罗荣桓送来了他写的长篇小说《白山黑水》。罗荣桓让秘书转告陈沂：“小说收到了。几十万字，不是一下子就能写好了的，可以多征求一些意见。修改了可以出版嘛！”

这时，他又询问有关同志，得知陈沂仍未摘帽时，立即说：“怎么现在还不摘帽子，人家还要生活嘛！”

在中央发出关于分期分批摘掉右派分子帽子的指示后，在中央领导人和罗荣桓等的关怀下，黑龙江省委给陈沂摘了帽子。紧接着，《解放军文艺》选刊了《白山黑水》的一些章节。与此同时，林月琴对陈沂的孩子说：“你爸爸的问题，罗伯伯说了，要分两步走。第一步先摘帽子、定级、分配工作。第二步再甄别改正。”

1962 年，总政已准备给陈沂和其他几位错划为右派的干部甄别改正。但是，由于在中共八届十中全会上提出了要强调“阶级、阶级矛盾和阶级斗争”，这件事又搁了下来。

## 第二节　在“大跃进”中

1958 年 1 月，毛泽东在南宁会议上批判了“反冒进”，进而又提出“大跃进”。5 月，“鼓足干劲，力争上游，多快好省地建设社会主义”的总路线为八大二次会议正式通过。8 月，北戴河会议决定在全国范围内建立人民公社。于是，便有了总路线、“大跃进”、人民公社这“三面红旗”。一时间，以高指标、瞎指挥、浮夸风和“共产风”为主要标志的“左”倾错误严重泛滥开来。

罗荣桓因为有病，没有参加上述各次会议，但是他十分关注这场遍及全国的轰轰烈烈的“大跃进”和人民公社运动。

那时，北京南面不远的徐水县，曾被称为“快步进入共产主义”的典型。九十月间，成千上万的人涌到那里去参观学习。罗荣桓同贺龙、聂荣臻也结伴去了一趟。所到之处，他们看到村子里的街道打扫得很干净，墙上都粉刷了白灰，上面写有“人有多大胆，地有多大产”之类的口号，画有其大如牛的肥猪和几个人才抬得动的大白菜。

他们来到幼儿园，只见一群为了迎接参观而穿上新衣服的孩子面无表情地欢

1958年，罗荣桓（右一）与贺龙（左一）、聂荣臻在河北省徐水县视察农业生产情况

迎着一队队参观者。当人们问他们吃什么时，便异口同声、像背诵似地说："吃饺子、烙饼。"

罗荣桓一行也参观了可以看出是临时凑成的、里面坐着几位老大爷、老太太的"敬老院"。房里尽管打扫得很干净，床上都铺了洁白的床单，然而，四面萧然，缺乏居家过日子的气氛。罗荣桓离开这里时，对聂荣臻说："这样的敬老院，我可不来住。"

第二年6月，罗荣桓在政治学院的一次座谈会上回忆徐水之行说：去年9月份以后，公社化的浪潮来了。全面跃进的形势看起来也比较热闹。有些人的头脑发热了，下面也热得非常厉害。那徐水，简直是"共产主义"了。我到徐水看了，就觉得不是那么回事，只不过是在那里的墙上写了一些诗，画了一些画，猪圈里养了几头大猪，别的也没有什么……

罗荣桓还和贺龙、聂荣臻等一道去天津胜芳参观了据说是亩产20万斤的密植高产卫星田。他们来到这一块将几十亩水稻集中移栽来的田地跟前，弯下腰，用手杖捅一捅那密不透风的稻棵，仔细观看了地头上放着的一排鼓风机和拉起的电灯。罗荣桓问陪同参观的公社书记："为什么要用鼓风机吹？"公社书记答："不吹，空气不流通，稻子就会腐烂。"罗荣桓点点头，又接着问："是不是所有的田地都能用上鼓风机？"公社书记摇摇头说："不是。"罗荣桓直率地说："那你们这块试验田，既然不能推广，这试验还不能算是成功。"旁边一位同志开玩笑地说："可要鼓气，不要泄气呀！"罗荣桓笑了一笑说："这个气还是少鼓一点为好。我们总还懂得点科学嘛！种田不讲科学不行。"

这场不讲科学、不讲客观经济规律的运动很快露出恶果。为了总结经验教训，纠正"左"的错误，从11月到翌年6月，中共中央在郑州、武昌、南宁、上海等地召开了一系列会议。其中，罗荣桓出席了于11月底在武昌召开的中共八届六中全会。他表示坚决拥护会议重申党的实事求是作风，纠正“共产风”、浮夸风的方针。他曾多次同聂荣臻、贺龙等议论，刮“共产风”、吃饭不要钱都是严重脱离实际的。

由于1958年下半年的“左”倾错误来势迅猛，严重破坏了生产。因此，1959年春荒时节，农村形势很糟，有的地方饿死了人。这种情况反映到部队，便在干部战士中出现了大量的思想问题，需要加以解决。当时，罗荣桓已专任政治学院院长，他便亲自到学院去了解学员的思想动态，并针对学员中存在的思想问题作形势报告和讲话。从5月18日到6月8日，他共讲了三次。

当时，毛泽东已在实际工作中逐步纠正一些“左”倾错误的做法；但是，这都是在肯定“三面红旗”的前提下进行的。受历史条件的限制，罗荣桓在讲话中也是首先肯定跃进，然后再具体分析存在的问题。他在6月5日学院召开的一次座谈会上便首先说：“1958年肯定是跃进。”然后说：“但缺点也不少，教训是很大的。粮食7500亿斤，现在看来是不可靠的，没那么多，根据各省核实、上报的数字，大致有5000多亿斤。按照5000多亿斤粮，也不致像现在这样紧张。”

接着，他分析了粮食紧张的原因。他说：那时以为粮食过了关，放开肚皮吃饭，吃了5个月，大概吃了1000亿斤。6亿人口，多吃几口饭还不容易，有些地方就吃空了。本来就有虚报，再加上吃了5个月，还有全民大炼钢铁，几千万人上山，到哪吃哪，秋收还未收好，如河南有50%的粮食未收到手，所以即使全国有7500亿斤粮食也非紧张不可。

在谈到去年的教训时，针对浮夸风，罗荣桓讲了“讲真话”的问题，他说：“现在看，粮食越紧张的地方，越是去年放卫星的地方，不紧张的倒是去年插白旗的地方，所以毛主席说，要讲真话。”为什么会说假话呢？罗荣桓指出，“上面一要，下面强迫命令，再下面就弄虚作假。”他举了河南的例子，那里要求农民积多少吨肥料，搞不出来，农民只好挑黄土充数。

针对“共产风”，罗荣桓讲了所有制问题。他说：“农业方面基本是所有制问题，现在又恢复了自留地，小队、生产队都有部分所有制，基本恢复高级社一套。农民还是农民，那时热潮一来以为要到共产主义社会了，什么也不归个人所有了，于是农民到处杀鸡宰羊，有的户一晚杀了八九口猪。”

在6月8日政治学院速成系八、九、十班毕业典礼的讲话中，罗荣桓还联系到了历史上党内的“左”倾错误问题，他说：去年一听增产了多少倍，头脑就发热了。毛主席经常教育我们，要我们保持冷静的头脑，头脑不要发热。过去王明、李立三他们看到革命力量有了发展，头脑一热，就搞全国暴动，结果白区损失100%，苏区损失90%。他认为，应当吸取历史教训，“既要有冲天的干劲，又必须有科学分析的头脑”。

在1958年“左”的指导思想的影响下，在军队内部也开展了错误的反“教条主义”运动。罗荣桓在学习苏军经验问题上不赞成照抄照搬的教条主义态度，同时也不赞成把批评实际工作中的错误说成是反“教条主义”的路线斗争，用教条主义这顶帽子整人。

这一年5月间，以反“教条主义”为目的的军委扩大会议召开，被错误批判的刘伯承（当时任南京军事学院院长）奉命进京，下榻于东交民巷8号4号楼，与罗荣桓比邻而居。罗荣桓立即前往问候，并与刘伯承亲切交谈。后来，刘伯承要求到大会发言，作自我批评。刘伯承夫人汪荣华高血压病复发。罗荣桓知道后，立即叫林月琴陪她去医院看病，同时让林转告汪，叫她告诉刘帅，不要紧张，没有什么大不了的，要注意保重身体。有些事说一说就行了。这种事（指搞批判的政治运动）在我们这个党内是常会碰到的。

军委扩大会议结束以后，在全军普遍开展了错误的反“教条主义”运动，其中又以院校为重点，到处都在插红旗、拔白旗，政治学院也要反“教条主义”。

自从反右派斗争开展以来，在政治学院，按照中共中央规定，哲学、政治经济学等基本理论课程已经停课，全院唯一的一门课是社会主义教育，即按毛泽东的《关于正确处理人民内部矛盾的问题》的章节设置若干专题，结合学一点马列的语录和报刊有关文章。这种学习，内容主要是当时的一些实际问题，怎么谈得上教条主义呢？但是，全军院校“一刀切”，政治学院也得“反”。于是，“大鸣大放，贴大字报”，把学院主持日常工作的领导干部作为批判对象。罗荣桓作为政治学院院长，立即出来说话，他亲自到政治学院了解情况，纠正了运动造成的极端民主化的现象，化解了这场“批判”。但是，这种内耗性的“斗争”仍没有完结。1959年四五月间，在政治学院又围绕要不要在教学中“设置对立面”展开了争论。“设置对立面”，这也是毛泽东在中共八大二次会议上提出的一个口号。与此同时，毛泽东还提出了“插红旗、拔白旗”，批判“观潮派”和“秋后算账派”。一时间，这些“左”的口号风靡全国，压抑了许多正确的意见，损害了党的民主集中制，为“左”倾错误的发展开辟了道路。

这些口号传到政治学院后，要不要在学员中“树立对立面”，便成为一个有争议的问题。在当时“左”的观点盛行的形势下，不赞成者有被扣上反毛泽东思想的帽子的危险，最后问题提到了罗荣桓那里。1959年6月5日，罗荣桓在政治学院明确指出：“学习中间要提倡自由思想。不要怕，有什么想法就讲什么。自由思想、辩论，要提倡。对立面，事实上客观存在，哪个问题都有对立面。但不要为对立面而去找对立面，不要这样提，就是提倡自由思想。首先提找对立面，谁也怕当对立面。这顾虑要解除。提倡自由思想，精神就舒畅些了。”

## 第三节　主持民兵工作

1959年7月，在庐山会议上，彭德怀直言获咎，被错误地当做右倾机会主义分子而遭受批判。罗荣桓因病未出席这次会议。

会议期间，彭真从庐山打电话给罗荣桓，通报了会议情况，并说，毛主席准备让林彪接替彭德怀国防部长的职务并征求未出席会议同志的意见。罗荣桓说，国防部长外事任务较重，林彪身体不好，似不宜担任这一职务。罗荣桓建议由贺龙任国防部长。彭真向毛泽东报告了罗荣桓的意见，然而未被采纳。9月，组成新的军委，林彪出任国防部长并主持军委日常工作。罗荣桓作为军委委员，分管民兵建设。12月，军委成立民兵工作组，罗荣桓担任组长，张爱萍、甘泗淇任副组长。总参谋部、总政治部、中共中央农村工作部、教育部、国家体委、全国总工会、共青团中央各出一名领导干部任工作组成员。①

民兵工作，既是我军的传家宝，也是罗荣桓的老本行。在军委民兵工作组第一次会议上，他说：“我们是靠民兵起家的。”“第一次国内革命战争时期，毛主席就在两湖农民中搞起赤卫队。秋收起义，毛主席领导我们在井冈山建立根据地，红军就是在赤卫队基础上搞起来的。以后，毛主席提出正规军、地方军、赤卫队相结合，构成了根据地武装斗争的有利形势。在江西中央苏区，又建立了少年先锋队，那时的少先队就是现在的基干民兵，成团成营地扩军就是靠赤卫队、少先队。抗日战争时期，民兵有了更大的发展，配合部队作战，独立坚持游击战争、坚持地方斗争。解放战争时期，民兵更普遍了，部队扩充兵员主要从民兵中来。日本投降后，我们在山东整编，很快就搞出了50个团；在东北也搞了两批，一批50个团，一批80个团，② 这些都是靠民兵搞起来的。”

罗荣桓这一段话，扼要地叙述了中国民兵的发展史，实际上也正是他本人从事民兵工作的经历。

罗荣桓分管民兵工作后，首先召集总参动员部长傅秋涛和总政群众工作部长谷景生汇报情况，然后于1959年11月主持起草了以军委名义致中共中央的《关于民兵工作问题的请示报告》。

报告首先提出，要提高对现代战争中民兵战略地位和作用的认识：“现代战争将是导弹与氢武器③ 的战争，它对于国家的政治、经济、军事中心，工矿重点，交通枢纽地区的破坏是很大的。我们对付这种战争，必须实行全民防御，建立全民防御网，而这种全民防御网，又必须依靠民兵。民兵工作搞好了，就可以减少常备军，腾出钱来搞特种技术武器，培养干部，培养技术兵。至于战时所需要的大量的步兵，可以从民兵中动员，要多少就有多少。”“因此，民兵工作在我国国防建设上，是有重大战略意义的。”

报告根据罗荣桓的意见提出，民兵工作应将重点放在政治经济中心地区、重点厂矿、交通枢纽和陆海边防地区。后来，罗荣桓曾多次论及这一问题。他明确了民兵的战略布局和工作重点，从战略高度解决了民兵工作的指导方针。这是新中国成立以后民兵工作的重要发展，也是罗荣桓对民兵建设作出的贡献。

---

① 1961年7月，军委民兵工作组扩大为军委人民武装委员会，罗荣桓任主任。

② 两批实际达164个团。

③ 当时用语，即核武器。

报告还提出了加强对民兵工作的领导问题。

罗荣桓接手民兵工作，是在庐山会议之后。这时，民兵工作同其他领域的工作一样，也已经走过一段曲折的道路。1958 年 8 月，中共中央政治局北戴河扩大会议在通过《中共中央关于在农村建立人民公社问题的决议》以后，还通过了《中共中央关于民兵问题的决定》，提出，民兵是工农商学兵五位一体的人民公社的一个不可缺少的部分，人民公社运动为实现全民皆兵提供了空前优越的条件。9 月间，毛泽东又提出要“大办民兵师”。“全民皆兵”和“大办民兵师”这两个口号虽然起到了激发广大群众爱国热忱和推动民兵建设的作用，但是它已被纳入“大跃进”这个大框框内，同当时提出的钢铁、交通、文教、邮电、卫生等一系列“大办”一样，浮夸色彩甚浓。庐山会议之后，纠正“左”倾错误的进程被打断，又开展了“反右倾”运动。浮夸、说假话等不良倾向依旧盛行。林彪主持军委日常工作后，对此更是推波助澜。这种情况也不能不影响到民兵工作。罗荣桓一出任军委民兵工作组组长，便不得不用很大的精力来排除“左”的干扰，尽量减少其对民兵工作的破坏作用。

1960 年 1 月，在中共中央召开的上海会议上，林彪作关于国防问题的报告，提出了要建立 600 个基干民兵师的任务。

组织基干民兵，罗荣桓是赞成的，1960 年 2 月，在广州召开的军委扩大会议民兵座谈会上，罗荣桓提出了把兵役制作为基干民兵升级受训的制度。他说：“基干民兵升级到部队，受训三年，退伍回到民兵中去。这两个制度结合为一体是好的。”罗荣桓这一思想实际上就是使民兵和预备役相结合。中共十一届三中全会拨乱反正之后的动员工作，虽然具体做法同罗荣桓说的不完全相同，但仍然是按罗荣桓提出的民兵和预备役相结合的思路做的。①

但是，他不赞成马上就组建 600 个基干民兵师。在上述座谈会上他坦率地说：“现在要搞 600 个师，今年要编当然也可以编起来，也可能会像邓克明同志②讲的，流于形式。”

26 年前，罗荣桓在中央根据地任总政动员部长时，“左”倾冒险主义领导就提出过“扩大百万铁的红军”的不切实际的口号。为了完成指标，许多地方或者以填花名册的办法来搪塞，或者强迫命令。结果编是编了不少部队，但水分甚多，流于形式。现在要搞 600 个师不也同样如此吗？罗荣桓接着说：

“究竟怎样搞法，怎么分布，都要作很好的研究。首先要服从生产，搞不好，就会像彭德怀所说的，会增加农村‘五多’③，所以大家要仔细地考虑一下。”

最后，罗荣桓说：“现在民兵已提到战略地位。林总在上海会议上讲了三四个钟点，你们回去又给省委一讲，这就更紧张起来了。因此，大家要注意工作方

---

①《当代中国民兵》，中国社会科学出版社 1988 年版，第 105 页。

② 当时的江西省军区司令员。

③ 似指表报多、文件多、会议多、蹲在机关多、一般号召多。

1960 年 4 月，罗荣桓在全国民兵代表会议上致开幕词

法。”“现在，要求我们的是脚踏实地地做工作，确确实实地为战争做好准备，而不是要求我们广泛进行宣传。这种哑巴工作是完全符合客观形势的。希望大家要特别注意工作方法问题。”

为了总结交流经验，推动民兵建设，在罗荣桓的主持下，全国民兵代表会议于 1960 年 4 月 18 日在北京开幕。来自全国的在保卫海防、边防，保卫生产，维护治安的斗争中作出突出贡献的民兵代表，以及过去战争年代功勋卓著的老民兵、老赤卫队员共 6161 人出席了大会。罗荣桓在开幕词中指出，大会的任务就是为了要进一步调动全国千百万民兵的革命积极性，发扬民兵的光荣传统，发挥民兵组织的作用，加速祖国的社会主义建设和加强国防建设。他号召各地民兵要继续努力学习毛泽东思想，学习生产知识、科学知识、军事知识，开展体育活动。要求人民解放军应该更加关心民兵的建设，更积极地把自己的军事本领和优良作风传授给民兵。

这次会议的目的在于推动民兵建设，然而，由于当时整个形势是仍然在“反右倾”的错误轨道上滑行，民兵工作中的浮夸风也就不可能从根本上得到纠正。全国民兵代表会议后不久，总参动员部汇总全国民兵的数字是 2.4 亿，其中基干民兵有 0.9 亿。对这两个惊人数字，罗荣桓持怀疑态度。1960 年 10 月，他对傅秋涛明确说：这两个数字“不能完全相信，我看要打六折，里面一定有浮夸”。

1960 年冬，中共中央和毛泽东决定对国民经济实行“调整、巩固、充实、提高”的方针。党的实事求是的作风又开始恢复。在这一有利形势下，1961 年 4 月，总参谋部动员部召开了民兵工作专业座谈会。会议期间，罗荣桓作了三次指示，提出要重新检查贯彻“全民皆兵”和“大办民兵师”口号的问题，重新核实民兵的数字。他说：“主席提出‘全民皆兵’，这是一个战略口号，是在反对帝国主义形势下提出的。‘大办民兵师’也是主席提出的，是达到全民皆兵的一个具体措施，大办民兵师需要有个步骤才能做到。要大办，究竟怎样大办？弄到下边，既然是‘全民皆兵’，一上名册就行了。”又说，“全国民兵代表大会轰起来了”，“以后不到两个月就有2.4亿，数字是假的。我曾说过四六开的，有的地方是倒四六开。究竟民兵有多少，是个谜”。

他认为不应再把“全民皆兵”作为行动口号。他说：“我们不能天天喊‘全民皆兵’。你们的报告中还是强调全民皆兵。全民皆兵是我们的目的。不是现在马上就能够做到的。……你天天‘全民皆兵’，下边就造假名册……现在看来，在和平建设时期搞几亿民兵，特别是在没有民兵工作传统的新地区……”他没有将这句话说完，又换了一个角度说：“县武装部搞几点，分区搞几点，省军区搞几点，大军区搞几点，把力量集中使用，分散了搞不出名堂来。”

罗荣桓主张，把那些充满水分的、不切实际的数字坚决改正过来。但有的干部思想不通。他们认为大办民兵师是毛主席的号召。民兵不占编制、不发军衣、不吃公粮，多搞点没什么。罗荣桓说：与其大而无当，不如搞一点实在的。对他们做了耐心的说服工作。为了把民兵的数字压下来，罗荣桓建议，提高参加民兵的年龄下限和降低参加民兵的年龄上限。根据他的建议，1961年12月中共中央、国务院颁布的《民兵工作条例》修改了参加民兵的年龄条件，男性公民压缩了5岁，女性公民压缩了15岁，仅此一项民兵数量即减少了几千万。

自从主持民兵工作以后，罗荣桓就十分注意抓民兵工作的落实，要求抓重点，反对一般化、大呼隆的工作作风。在《中央军委关于民兵问题的请示报告》中，明确提出民兵工作的重点应放在政治、经济、军事中心地区，工矿区，交通枢纽地区，边防地区和沿海重要岛屿。后来，罗荣桓对此又多次作了具体解释。

在城市中，他认为民兵工作应以工厂、学校为重点。他说：“城市民兵工作，主要是抓工厂、学校。工厂第一，学校第二，别的松一点也可以。”在工人民兵中，他又提出：“要以训练特种兵为主，要将航空、航海俱乐部的工作抓紧，要运用国防体协这个组织去推动工作，要多搞滑翔、跳伞、划船、舢板活动、摩托车赛跑，无线电训练也要搞，这是我们的强大的后备力量。”对于机关、街道中的民兵，他认为不必强调。他说：“机关的民兵，国庆检阅、五一示威有点意义，不要强调，也不必取消。一般地轰，徒然费力气，分散了力量，不能总结经验，城市的街道也不要搞，麻烦得很。”

他认为，许多同志都有搞农村民兵工作的丰富经验，但对城市民兵工作，却是新问题。他将这一现象称为“老兵新传”，希望大家多总结城市民兵工作的经验。

罗荣桓关于全国民兵以城市等要害地区为重点，而城市又以工厂、学校为重点，在工厂民兵中又以训练特种兵为主的思想，减少了各地区由于实行“全民皆兵”乃一哄而起的大呼隆现象，从而使民兵工作能够比较落实。

为了抓落实，罗荣桓强调民兵工作要接受地方党委统一领导，服从生产，结合中心工作。

1961年2月，罗荣桓在视察部队时说：“搞民兵工作必须紧紧掌握一条原则：在各级地方党委的领导下，结合中心去开展工作。”他又说：“省军区就是省委的军事部，省军区要给省委当好参谋。省军区、军分区政治部的工作要跟省委、地委的中心工作很好地结合起来。”

他明确指出：“学校民兵工作主要是促进提高教学质量，工厂民兵工作主要是促进工业生产质量。学校和工厂的民兵工作，都要在不妨碍教学质量和工业质量的前提下去进行。”为了抓民兵工作的落实，他要求民兵训练的形式要小型、多样、灵活、业余并结合生产和业务。

1960 年 4 月，在全国民兵代表会议期间，召开了民兵工作座谈会。罗荣桓在发言中非常具体地论述了民兵训练问题。他说：“民兵训练要采取多种多样的方法，要和生产组织相结合，利用业余时间，不要妨碍生产，不要想一口吃成一个胖子”；“要结合国防体育，搞射击、滑翔、跳伞等比赛。学校可以利用暑假、寒假组织野营。机关、企业可以利用工间操的时间，搞一些小口径步枪瞄准，用假日打打靶”。“如果光等集中起来搞制式教练，那样味道就不大了”。“农村可以利用农闲的机会，在县以下搞一点集会，一年举行一两次。”对于有些人民武装部门训练民兵时机械搬用部队的一套，占用生产、工作和学习时间过多、过长，有的甚至让学校停课一周搞野营，罗荣桓提出了批评。他指出：“这样下去，民兵工作是不会落实的，是做不好的。”他说：“野营活动也要搞小型的，搞一天、半天、几十分钟都可以，这样既不影响生产、工作和学习，又不影响群众休息。总之，民兵训练的方式方法要生动活泼，要注意劳逸结合，要坚决反对形式主义。要搞些有实际内容又与本行业务相结合的训练活动。”

罗荣桓坚决反对动用民兵处理人民内部矛盾。

1960 年，由于形势不稳定，有的地方干部群众关系比较紧张，有的地方甚至出现了抢粮事件。有些干部就动用民兵来对待群众。对此，罗荣桓坚决反对。他说：“用民兵搞强迫命令、处理人民内部矛盾问题，要抵制，坚决不执行……”“凡是人民内部的问题，要是使用民兵、动用民兵，就是犯法。”

在这期间，在罗荣桓亲自领导下，民兵工作由于注意了重新认识“全民皆兵”和“大办民兵师”的口号，注意了纠正浮夸风和强迫命令风，强调了抓重点，服从地方党委统一领导，结合中心工作和服从生产，民兵训练形式要小型、多样、灵活、业余并结合生产和工作，严禁动用民兵处理人民内部问题，因而民兵工作逐渐落实。随着国民经济的调整，城市、边防、海岛等重点地区的民兵工作搞得比较扎实，从而为 1962 年粉碎窜犯大陆的国民党武装特务，为维持社会治安，为巩固海防边防作出了贡献。

# 第二十八章　再任总政治部主任

## 第一节　复　出

1960年秋天，林彪主持军委日常工作一年后，发动了对总政治部主任谭政的批判斗争。

林彪整谭政的原因主要是他感到谭政主持总政工作的内容和方法都同他格格不入。早在1959年9月，林彪就在军委扩大会议上说："……学习毛泽东著作，这是捷径。这并不是捧场，不是吹毛主席的。这是告诉你们一个学习的简便的窍门。"到1960年九十月间，林彪又提出了毛泽东思想"站在现代思想的顶峰"，要"带着问题学"、"立竿见影"，使个人崇拜进一步升温。然而，谭政对这一套的接受却十分迟缓，他主张系统地完整地学习马列和毛主席著作。林彪则把谭政的主张指斥为"糊涂观点"和"教条主义"。

谭政十分重视部队的科学文化教育。1959年1月，他主持制定了《中国人民解放军总政治部关于在干部中普及中等教育和高等教育的指示》，规定十年内，使全军大多数干部在现有水平的基础上，按本人业务需要，在专业知识方面，达到大专教育水平。于是，全军继50年代初期的文化大进军之后，又掀起一个向科学文化大进军的热潮。林彪为了推行愚兵政策，以制造个人迷信，认为部队干部的文化能写写信、算算四则题就足够了。谭政要求普及中高等教育，林彪便给他扣上"使政治工作方向发生严重的偏差"的帽子。

接着，上纲上线，批判的调子越来越高，且挂且联，波及的范围越来越大。根据林彪定的调子，谭政被说成是彭德怀"军事俱乐部"①里的"政治部主任"，他和总政组织部长刘其人、宣传部长姜思毅、《解放军报》总编辑欧阳文和秘书长白文华被诬陷为组成了"反党宗派集团"。总政副主任傅钟和甘泗淇也被捎带"批判"。

1960年底，根据林彪的意见，谭政被降为总政治部副主任。毛泽东将总参谋长罗瑞卿和总政副主任肖华请到中南海去商量由谁来接替谭政任总政治部主

---

① 1959年8月，中共中央在庐山召开八届八中全会，彭德怀、黄克诚、张闻天、周小舟等人被错误地定为"右倾机会主义反党集团"，又被错误地称为"军事俱乐部"。

任。罗瑞卿和肖华都建议由罗荣桓复出，毛泽东立即同意。于是中央决定，由罗荣桓重新出任总政治部主任。

任命罗荣桓为总政治部主任，并不合林彪的意。他竟然一直不让在报纸上公布。

对于罗荣桓，这一切都使他感到突然。10 月间的军委扩大会议，他因病没有参加。批判谭政，事先林彪对他连招呼也不打一个。

罗荣桓认为，谭政尽管在工作上也会存在这样那样的缺点，但是不会反党反毛主席。罗荣桓在政治学院的一次会议上曾用迷惑不解的口吻说："他（指谭政）跟主席工作那么多年了嘛，怎么会发生反对毛主席的问题？"然而，在当时的历史条件下，从组织原则上讲，他仍然要服从中央军委作出的决定。

谭政被降职后，罗荣桓同他谈话，鼓励他说："要振作精神，抬起头来，继续工作嘛！不要这样垂头丧气的。"

谭政望着这位秋收起义前即已相识的老战友，有点困惑地说："我现在又能干什么呢？"

"你可以下去搞调查研究，发现了问题就及时向中央和军委报告。"罗荣桓热情地向他建议。

谭政采纳了这位老战友的建议。这时谭政分工管后勤政治工作，他到成都的一个军工厂蹲点五个月，到武汉一个被服厂蹲点三个月，带回大量第一手材料，写成了调查报告，准备向军委汇报。然而由于种种原因，日程却迟迟没有安排上。罗荣桓又找军委秘书长罗瑞卿说："谭政蹲了几个月的点，这种精神是可嘉的。他带回了许多第一手材料，有很多的意见，应该组织听一次汇报。"不久，罗瑞卿按照罗荣桓的意见，组织了总参、总政、总后等有关领导和部门专门听取谭政的汇报，讨论了军工生产中存在的问题，研究和制定了改进措施。这对于谭政继续坚持工作是很大的鼓励和支持。

对于受谭政牵连的总政其他干部，罗荣桓同样很关心。原宣传部长姜思毅刚刚被降为副部长，罗荣桓便指定由他带一个工作组到西安电讯工程学院蹲点，进行调查研究。姜思毅在西安蹲点四个月。1961 年 9 月，罗荣桓专门把他请到自己家中，听取他的汇报，并将他的关于改进军事院校政治教育的合理建议吸收进了总政拟订的《院校政治教育方案》之中。

罗荣桓不仅对谭政等予以保护，而且对于其他一些受到"左"的错误伤害的干部也尽力帮助他们解脱。1959 年庐山会议以后，原海军第二副司令员罗舜初受株连，被错误地说成是"彭、黄反党、反中央、反毛主席的右倾机会主义路线在海军的坚决拥护者和执行者"，被免职送到政治学院学习。在学习期间填写十部履历书，罗舜初请示肖华，在反右倾中受批判要不要填写。肖华请示罗荣桓后答复：不要填写。1961 年底，罗舜初即将从政治学院毕业，罗荣桓建议任命他为负责搞电子工业技术的国防部第十研究院院长。但有人反映，罗舜初在政治学院学习期间，对庐山会议和 1960 年军委扩大会议这些大是大非问题不表态，不宜去十院这样的要害部门。有的干部还说罗舜初抗战时期在山东就同黎玉“搞在一起”。[①]罗荣桓得悉后，明确表示：这样讲不好，仍坚持要罗舜初去十院工作。主管国防科技工作的聂荣臻同意罗荣桓的意见。不久，军委任命罗舜初为十院院长。

## 第二节　提出向地方反映情况问题建议的前前后后

1960年，罗荣桓再任总政治部主任的时候，中国正处在严重的经济困难之中。国民经济严重失调，生产力下降，人民生活十分困苦。部队广大指战员对于由“左”倾错误所造成的工作中的失误，意见很多。罗荣桓认为，要稳定部队的情绪，纠正这些失误，必须实事求是地向中央反映情况。1960年10月28日，他在政治学院干部会议上说：“我们军队有一些人不太关心地方工作。过去部队每到一个地方就进行社会调查，了解情况，现在根本没有了。在山东，农村劳动力减少了20%，牲口由600万降到200万。许多土地荒掉了。部队为什么不反映情况？……这样大的灾荒，一平二调共产风，不反映怎么行！”

11月2日上午9时，总参动员部部长傅秋涛一行三人到罗荣桓家里，向他汇报晋、冀、鲁、豫、辽和北京六省市民兵工作座谈会的情况。汇报中，傅秋涛反映，某省军区一位副司令员今年8月带了动员处长等人到一个县检查工作，了解到该县非正常死亡人数，回来后未向党委反映。有一个秘书问动员处长为什么不反映，动员处长说：“首长不敢反映，我也不反映。”

听了傅秋涛的话，罗荣桓的心情很沉重。他严肃地指出，不反映情况，“其实是党性问题”。他说：“中央的政策、指示，现在有些贯彻不下去。比如三级所有，中央早有决定，他就是不办。在这种情况下你反映了情况还能划你右派？这是个党性的问题，也是个群众观念的问题。”

送走傅秋涛后，罗荣桓的思绪仍沉浸在刚才的谈话之中，当晚夜不能寐。

第二天，中共中央发布了由周恩来主持起草的《关于农村人民公社当前政策问题的紧急指示信》（简称“十二条”），决定在全国农村开展以贯彻这一指示信为中心内容的整风整社运动，以“坚决反对：（一）贪污，（二）浪费，（三）官僚主义。彻底纠正‘共产风’、浮夸风和命令风。反对干部特殊化。反对干部引用私人、徇私舞弊、打骂群众的国民党作风”。

收到这一信件后，罗荣桓立即打电话将肖华请来，研究在军队如何贯彻，决定发一个关于做好驻灾区部队和家在灾区人员政治思想工作的指示。他还针对指战员对农村工作中刮“共产风”、强迫命令风、浮夸风、瞎指挥风和干部特殊化风有不少反映的情况，要求肖华以总政治部名义向中共中央写个建议：“各地驻军除接受当地党委领导、在当地党委领导下直接参加一些地方工作、虚心学习地

① 黎玉在山东工作时，1948年曾受饶漱石、康生的打击被无端加上许多莫须有的罪名。1986年3月，山东省委和中共中央已为黎玉平反。

方工作经验外，还应经常关心地方工作，及时向当地党委反映驻地附近人民群众的政治思想动态、地方工作中执行中央指示的情况和急需解决的问题。军队各级政治机关应把这一工作当成是自己执行工作队任务的一项重要内容。”

这一建议于1960年11月7日上报后，很快得到了中共中央书记处的同意。总政立即向部队作了传达。

但是，此事却引起了林彪的不快。

林彪曾经规定：由于他有病，不常在京，总参谋长、总政主任可以不经过他而直接向党中央、毛主席请示。然而谁个如果真的这样做了，或者虽然并没有这样做而被林彪怀疑这样做了，谁个就要倒霉。后来贺龙、罗瑞卿等被整，无不与此有关。

林彪认为罗荣桓越过了他擅自向中央请示问题，是对他的不敬。于是，在11月10日，他向毛泽东写了一个报告。报告首先抽象地肯定了一句：“这个建议的出发点是好的。”然后说：“……这个通令发下去后，各地驻军与地方党委的关系容易弄坏，对于党的统一领导等不利，造成军队在党外来干预党的工作的情况。”“军队干部很容易受家庭和富裕中农的影响，对地方工作妄加非议，而形成主观主义的乱讲。军队有很多干部的资格比当地负责干部老，结果形成老资格出来干涉地方工作，会使党的干部受到很大压力，以致可能发生全国性的军队与地方对立，造成军队对地方妄议的潮流，而不利于工作。”

虽然罗荣桓的意见是正确的，但在1960年党内民主生活已不正常的情况下，林彪的意见却一度得到重视。11月15日，毛泽东在起草《关于彻底纠正“五风”问题的指示》，正确地提出“必须在几个月内下决心彻底纠正十分错误的共产风、浮夸风、命令风、干部特殊化风和对生产瞎指挥风”的同时，又对肖华批示：“照林彪同志意见办理。”

既然毛泽东已经批了，罗荣桓和总政机关都得遵照执行，这件事也就了结了。可是，在林彪那里事情并没有完。他把这件事当做了抓在手里的一根“辫子”。后来，到1961年6月间，他又一次将它翻腾了出来。

## 第三节 对林彪关于学习毛主席著作方针的异议

林彪把攻击的矛头指向罗荣桓，在他一手策划的“批谭事件”中已经露出了端倪。由于历史条件的限制，罗荣桓当时对林彪的意图还不可能看清，但也并非毫无感觉。在批判谭政之后，傅钟于1952年发表的一篇文章被翻腾出来并遭到批判。针对此事，1960年10月28日，罗荣桓在政治学院讲话时意味深长地说：“傅钟同志在1952年发表一篇文章，说学习理论要先学后联，不能立竿见影，登在《八一》杂志上。这样说，是我在总政治部当主任的时候了。”他没有再说下去，但话的意思很清楚：傅钟发表这篇文章时，谭政还在中南军区，账自然不能算在谭政名下，那么，是不是要找后台啊？至于学理论究竟能不能“立竿见影”，罗荣桓在这次讲话中还没有表态。但是他针对林彪攻击“系统的”学习是“教条主义”却讲了一段话，现在保存下来的讲话记录稿如下：

> 什么叫系统？从实际出发研究理论，而不是从经验主义出发。以经验主义的态度学理论不行。看问题不要带片面性，所以许多东西都要很好解释。

这是一份原始记录，语句记得不够完整，但意思很清楚。一开始，罗荣桓用问答式给系统（学习）下了个定义，认为“从实际出发研究理论，而不是从经验主义出发”就叫做“系统学习”。由此可见，系统学习并非教条主义，而反对系统学其实倒是经验主义。罗荣桓所说“看问题不要带片面性，所以许多东西都要很好解释”，显然是不指名地也是比较委婉地表示了对林彪攻击系统学习为“糊涂观念”的异议。

罗荣桓认为，系统学习和从实际出发是一致的。因此，系统学习毛主席著作就要从中国革命的实际出发。中国革命的实际表现为中国共产党生动活泼、有血有肉的历史。所以，学习毛主席著作就要结合学习中国共产党的历史，以党史为线索学习毛主席著作。这就是从50年代起，罗荣桓不断提倡的“一条线”的学习方法。

罗荣桓认为，只有按照“一条线”的学习方法，才能了解毛泽东某一论断是在何种历史条件下针对什么问题而发，才能学到毛泽东思想的立场、观点、方法，而不是个别词句。这种学习方法同林彪的“带着问题学”是水火不相容的。

然而，林彪在错误的道路上却是越走越远了。1961年1月，他在提出“带着问题学”和“立竿见影”后又添加了几句话拼凑了一套所谓学习方法，后来被吹嘘为“三十字方针”[①]，于是，林彪这一套在形态上更加完备了。为了坚持毛泽东思想的精神实质，罗荣桓不得不表明自己的态度。他在一二月间在听取总政各位副主任、各部负责人汇报时，多次从各个侧面就如何学习毛主席著作问题谈了自己的看法。

1961年1月，济南军区政委梁必业调到总政任副主任，罗荣桓在同他谈话时指出：“带着问题学，就是要到毛选中去找答案。这样提不适当。比如两口子吵架，发生了问题，如何到毛选中去找答案？还是应当学习立场、观点、方法。”梁必业在总政办公会议上传达了罗荣桓的意见。

对林彪的“顶峰”论，罗荣桓也明确表示不赞成。他在听取总政干部部长甘渭汉汇报干部工作后说：“把毛泽东思想说成是当代思想的顶峰，那就没有发展了？毛泽东思想同马列主义是一样的。马列主义向前发展了，毛泽东思想也要随着时代的发展而发展嘛！”

1961年1月27日，在总政召开的青年工作座谈会上，罗荣桓作了多次即席讲话。他说：“学毛著必须反对教条主义，要好好学习《改造我们的学习》。小平

---

① 即“带着问题学，活学活用，学用结合，急用先学，立竿见影，在‘用’字上狠下工夫”。

1961 年 1 月，重任中国人民解放军总政治部主任时的罗荣桓

同志讲，对毛选宣传要反对庸俗化。只喊口号不行，不能各取所需。这个问题一定要注意。”他还说：“如何学习毛泽东思想，是学习词句，还是学习立场、观点、方法，这是严肃的政治问题”，“对毛著引证要认真负责，不能不理解就去引，只当做招牌”，“要防止借宣传毛主席来突出自己”。

1961 年 2 月 2 日，罗荣桓在肖华、刘志坚、徐立清、梁必业陪同下，接见了《解放军报》副主编以上的干部，对报社工作发表了许多重要意见。他从正面阐述了应当如何学习毛泽东思想的问题，反复强调：“要领会毛主席思想的精神实质，不要满足于引证某些词句。”他说：“对马恩列斯不要教条主义，对毛主席思想也不能教条主义，不能只引证某些词句。毛主席的文章很少引证马克思、恩格斯怎么说的，但他讲的是马列主义的精神实质。”

在这次接见时，罗荣桓还提出了“对林总的宣传要认真负责”的问题。他认为，把林彪“随便讲的一些话”，“不分场合报道出来，是不好的”。他说：“今天这样讲，明天可能不这样讲。客观认识是反反复复的。就那么准确？那就难了。”

从罗荣桓这些讲话可以看出，他和林彪在如何学习毛主席著作问题上的分歧已经越来越明显了。

## 第四节　深入部队进行调查研究

1961 年 1 月中旬，在中共八届九中全会上，毛泽东提出了“大兴调查研究之风”的号召，罗荣桓积极响应。他不当总政主任已有三年多了。这三年多部队情况有很大变化。尤其是当国家正处于暂时困难之中，指战员们的思想动态如何，部队工作究竟存在些什么问题，他都需要再摸一摸。于是，他不顾重病在身，决定亲自到部队中作一些调查研究。

1961 年 2 月 4 日中午，罗荣桓和贺龙一道乘火车顺京沪线南下。

第二天下午两点多钟，车到浦口，那时还没有长江大桥，火车需要轮渡。南京军区司令员许世友、副政委萧望东、政治部主任鲍先志已经渡江来到车上迎接，并利用火车轮渡的一个多小时向两位元帅汇报部队情况。他们谈了贯彻军委扩大会议精神的情况，开展两忆三查（忆阶级苦、忆民族苦，查立场、查斗志、查工作）的情况和部队的生产、生活情况。罗荣桓和贺龙坐在沙发上静静地听着，贺龙的烟斗里不时发出轻微的嗞啦嗞啦的响声。

汇报中，许世友反映："现在南京部队干部每人每月只能吃到 31 斤粮食，没有肉吃，油水很少，特别是团以下干部，年纪比较轻，每天带着部队搞训练，跋山涉水，晚上还要搞夜间训练，体力普遍下降……"

许世友说到这里，停了下来。车厢里一片沉默，似乎空气都增加了重量。

在罗荣桓手边的茶几上放置着一叠裁好的白纸和几支削好的铅笔。听许世友汇报时，罗荣桓拿了一张纸，用铅笔在上面写了"31 斤"几个字，他见许世友不讲了，便又问了一句：

"干部战士情绪怎么样？"

"大家情绪都很好，没有听到什么怨言。"许世友回答道。

罗荣桓非常了解许世友，知道这个耿直爽快的人是不轻易在上级面前叫困难的。他既讲了，就说明这是必须予以高度重视的情况。罗荣桓看了看许世友，正准备说话，贺龙站了起来，将拿着烟斗的右手向前一伸，十分严肃地说：

"这个问题可要注意哟！军队是我们国家的命根子，没有人民的军队便没有人民的一切。过去我们靠军队打天下，今天还要靠它来保卫社会主义建设。干部是我们最宝贵的财富，可不能把他们的身体搞垮了噢！"

罗荣桓接着说："贺老总说得很对。你反映了一个重要情况，这可能是一个全军带普遍性的问题，要很快解决。""我们的干部是很好的，他们懂得体谅国家的困难。越是这样，我们做领导的就越要关心他们。各级党委要把部队的生产和生活当做一件大事来抓。"说到这里，他沉吟了一下，又接着说："如果一下子解决有困难，宁可机关干部少吃一点，把粮食省出来，也要让下面的干部吃饱。"说完，他又拿起铅笔在"31 斤"下面画了两道粗粗的黑道。

车到东岸，下车前，罗荣桓又对许世友等叮嘱道："关于部队营养不足和体力下降的情况，你们要派人去作一次专门调查，写出报告。要具体，有典型材料，能看出问题。报告写好送给总政，然后通报全军，让大家都来注意解决这个问题。"

这时，除了怎样学习毛主席著作外，应当如何解决部队因暂时困难而引起的思想问题，也时时在罗荣桓的脑际萦回。

在南京，罗荣桓和贺龙同去一个警卫部队的连队，了解战士的生活，看了伙房和食堂。当他们了解到由于连队搞了些生产，养了猪，种了菜，伙食还差不多时，心里才稍感宽慰。在同战士谈话时，罗荣桓又问起学习毛主席著作的问题。

他问战士们："林副主席最近提出了'带着问题学'，你们是怎么样理解的？"当时，林彪那一套还刚刚提出，背语录、背"老三篇"[①]等也还没有兴起，因此他们对罗荣桓提出的问题都答不上来。停了半晌，一位指导员吞吞吐吐地说：

"我们支委开了好几次会研究学毛选问题。但是我们水平低，研究来研究去也不知道该怎么学才能立竿见影。"

贺龙把手一挥："上面是那么讲的。你们下面学的时候，要灵活运用嘛！"

罗荣桓接着说："毛主席的著作，你们要认真学习，注意联系实际，领会精神实质。"他沉吟了一下，"至于'见影'不'见影'，究竟何时可以'见影'，那是以后学习成效的问题，先不要考虑它。"

2 月 6 日，罗荣桓、贺龙到达上海。第二天，他们将驻上海的陆海空三军负责同志请来介绍情况。

汇报中，上海警备区副司令员方中铎说，在暂时困难面前，有些战士因为家乡遭了灾、乡亲们挨了饿或者是社队干部作风不好而说怪话，有的连队干部就说这是"反对三面红旗"，将这些战士划为落后分子。罗荣桓十分明确地说："在战士中不准划'类'。把若干战士划为落后分子，不仅没有好处，而且副作用很大。"

贺龙接着说："对哟，可不要因为人家讲了几句怪话就说人家是落后分子。现在说几句，可能以后还要多一些咧。因为现在才 2 月份，难过的日子还在后头。南方 5 月小麦登场，到北方，六七月小麦才能登场。"

罗荣桓又说："怪话说得多的，往往是阶级出身好的，他们没有多少顾忌，敢说话，敢暴露思想，'怪话'可能多一些。倒是那些中农、上中农出身的，比较谨慎，往往不多说，可并不见得没有意见，而是有顾虑，不敢讲。因此，不要把战士说些怪话就说成是落后分子。不能随便戴帽子。"

"帽子可是不能随便戴。"贺龙说，"戴得不好就不舒服。我们不能伤了感情。要重视战士的自尊心。一定要强调说服教育，不能压服。逼得太厉害了，就会铤而走险！"

罗荣桓说："政治工作干部，特别是政治指导员，一定要与战士有浓厚的感情。要把战士当做自己的亲兄弟。做到战士心里有话，都愿意并且敢于向指导员说。如果战士有话，闷在心里，不敢或不愿对指导员、对支部讲，那不能说明别的，只能说明我们的工作没有做到家，我们的工作落后了。所以落后不在于群众，而在于领导……现在国家还有困难，粮食不够吃，吃不到肉，菜也很少。战士们每天那样辛苦还能很好地进行训练、从事生产，做到这一点就不简单了，怎么还能喊他们落后分子呢？"

后来，总政治部根据罗荣桓的意见，向各单位打了招呼：在文件、报纸和口头上，取消"落后分子"的称呼。必要时，相对于"先进"这一词汇，改用"后进"的提法。

---

① 指毛泽东的三篇文章：《为人民服务》《纪念白求恩》《愚公移山》。

2月13日，阴历腊月二十八，正是家家户户准备过春节的时候，罗荣桓和贺龙又风尘仆仆赶到福州。第二天是除夕，他们顾不上休息，便将福州军区的领导干部请来汇报海防工作和民兵工作情况。

春节期间，他们经泉州来到厦门前线。正月初三，罗荣桓冒着敌人炮击的危险，攀登陡峭的山崖，来到前沿阵地看望战士。随后，他在一个师里召开指导员座谈会，听取了汇报，并就如何搞好连队政治思想工作、管理教育和怎样抓生活等几个方面，同这几位新中国成立以后才参军的新一代的指导员娓娓而谈，亲自传授自己做连队工作的切身体会。

罗荣桓说："现在部队的战士是义务兵，人员流动很大，哪儿的人都有。往往一个连队有几个省的人。战士们都和自己的家乡保持着千丝万缕的联系。地方上发生的事情，会很迅速地反映到部队中来。因此，要想做好连队政治思想工作，指导员不但要熟悉本连每一个战士的家庭、历史、思想情况，而且还要知道战士家乡的情况，知道哪一个地区近来发生了一些什么事情。否则就无法回答战士们提出的问题，领导上被动，成了'马后炮'，政治思想工作就不可能做好。"

座谈会结束后，工作人员整理了题为《贺元帅、罗元帅视察部队时的指示》的记录，其中根据当时流行的说法，提到社会上阶级斗争形势比较复杂，"敌我性质的斗争又往往是和人民内部矛盾纠缠在一起"，这种情况会通过各种途径反映到部队中来。罗荣桓审阅后，提出两点意见：一、记录稿中尽量少提他的名字和军衔；二、此稿暂时不要发表，因为有些问题还要考虑考虑。比如，正确处理两类不同性质的矛盾在连队提合适不合适？他认为，在连队不宜提敌我矛盾。罗荣桓这一考虑和当时流行的"社会上的阶级斗争也必然大量反映到部队中来"的看法是不一致的。可是，罗荣桓这一实事求是的看法，并未得到应有的重视。更不可思议的是，他在这次座谈会上依据毛泽东"大兴调查研究之风"和林彪创造四好连队（思想、作风、训练和生活管理四个方面）的口号提出的"四抓一调查"（抓思想，抓训练，抓作风，抓生活，大兴调查研究之风）在几个月后竟无端遭到林彪的攻击。

2月下旬，罗荣桓、贺龙到达南昌，听取了江西省军区负责人的汇报，视察了南昌步兵学校。3月初又到达长沙。

3月1日，罗荣桓在长沙接见几位连营干部时，又向他们提出了在南京已经提过的问题：如何带着问题学？怎样才能立竿见影？3月6日，罗荣桓视察了长沙第一政治干部学校，会见了校长相炜等领导干部，又重新提出这两个问题，并就如何学习毛主席著作发表了自己的看法。他说："学毛选，你们要根据不同对象提出不同要求。学员中有很大一批是新中国成立以后入伍的，要多学点党史，不然，毛选就读不进去，就感觉不到什么问题，读起来也不亲切。如果知道在哪些重要的历史关头，毛主席都有一些什么主张，这就领会深刻了。所以我主张你们首先讲讲党史，以党史为线索去学习毛选。"

罗荣桓还指出，学习毛泽东思想，应根据不同对象提出不同要求。他说，听说在南昌有一个部队每人买了一部毛选，这种热情是好的，但是不是都读得懂啊？对战士，应该多搞一点传统教育，这也是毛泽东思想嘛！学习毛泽东思想不能只用一个办法、一把尺子去要求，那样做就是教条主义了。

这时，罗荣桓除了考虑“带着问题学”和“立竿见影”外，对林彪主张“背一点东西”，把毛选中“最精辟最重要的话背下来”也发生怀疑。他认为，背诵的办法容易把毛主席著作教条化，而马列主义、毛泽东思想同教条主义从来都是格格不入的。在这次谈话中，他尖锐指出：“用教条主义态度对待毛泽东思想，那根本是牛头不对马嘴！”

座谈会结束后，罗荣桓仍然在继续思考关于“背一点东西”的问题。第二天清晨散步时，他走着走着，突然停下脚步回过头来问随行人员：“读毛主席的书，只记住那么几句话，能解决问题吗？”随行人员并不知道此时罗荣桓已同林彪在如何学习毛泽东思想问题上产生了原则分歧，都感到他问得很突然，但罗荣桓所提问题答案是明显的。因此都以摇头作答。过了一会儿，罗荣桓又吩咐道：“告诉昨天我们去的那个学校，组织学员学习毛主席著作时，不能只对书中的个别词句，一两句话发生兴趣，要注意学习毛主席分析问题的立场、观点、方法，领会精神实质……马列主义从来就是反对教条、反对迷信的。”

一个多月的调查过程，显然已使罗荣桓明确认识到，林彪的提法背离了党的理论联系实际的学风，从根本上违背了毛泽东思想实事求是的精神实质。如果听任其发展下去，将对部队建设产生严重的不良后果。以后的问题就是要向林彪提出意见了。

# 第二十九章　同林彪的一次原则斗争

## 第一节　在军委常委会议上

1961年3月22日，罗荣桓回到北京。过了几天，《解放军报》总编辑李逸民带了和谷岩写的一篇关于他和贺龙元师视察部队的新闻稿小样来到罗荣桓家里，请他审阅。

罗荣桓看了这篇报道的内容，第一段是讲搞好调查研究，第二段是讲学习毛主席著作。报道写道："对学员提学习要求要区别对象、区别水平，不要作一般化的要求，用一把尺子去要求。对于没有党史知识的学员，可以先讲点党史，以党史为线索去学习毛主席著作……"

这一段文字基本上是按照他在长沙政干校讲的原话整理的。罗荣桓又反复看了两遍，然后把稿子放到茶几上，沉思起来。

李逸民生怕这篇稿子因为提到他的名字而被他否定，心中有些忐忑不安。不料，这次罗荣桓却非常干脆，他沉吟了一会，然后拿起铅笔，在小样上只改了几个字，便交给李逸民，同意发表。

李逸民见状若有所悟，他联想起今年2月2日他调到报社不久，罗荣桓在报社副主编以上干部会议上的讲话中，特别强调学习毛主席著作要领会精神实质，不要断章取义。李逸民对此讲话印象很深，感到这一提法同林彪提出的背警句、"带着问题学"、"立竿见影"等明显不一致。或许正因为这是一个原则问题，必须旗帜鲜明，罗主任这一次才破例同意发表这一篇提到他名字的报道吧。

3月28日，上述新闻稿在《解放军报》头版明显位置发表。

就在这时，罗荣桓接到了在哈尔滨军事工程学院学习的罗东进的来信。在信中，罗东进向父亲汇报了自己学习毛主席著作的情况。同当时盛行的做法一样，他在信中也列数了自己读了哪些著作，并不尽适当地引用了毛主席有关的言论。罗东进还就如何进一步搞好毛主席著作学习这一问题向父亲请教。

罗东进这一封信向罗荣桓提供了一个重要的信息，林彪那一套把毛泽东思想庸俗化、教条化的主张，提出的时间虽然不长，但已经开始在部队起作用了。对此，罗荣桓不能不感到忧虑。于是，他打开墨盒，用毛笔郑重其事地给儿子写回信。他写这一封信既可以关照罗东进在学习毛主席著作时不要走偏方向，同时也可以起到把问题考虑得更为周到一些的作用。他由于有病，平时批阅文件都是用铅笔或开始流行的圆珠笔，用毛笔荒疏已久，写字时手有点抖。他写道：

东进：

你四月八日来信收到，你所提出的问题，我简略答复如下：

理论学习必须联系实际，因为理论是来自实践，而又去指导实践，再为实践所证实、所补充。如果理论离开实践，就会成为空谈，成为死的东西。学毛主席的著作，亦不要只满足一些现成的词句或条文，最要紧的是了解其实质与精神。

所谓带着问题去学毛主席著作，绝不能只是从书本上找现成的答案。历史是向前发展的，事物是多样性的。因此也就不可能要求前人给我们写成万应药方。

罗荣桓又看了一遍罗东进的信，在信中，东进还提到他和同学在一些问题的看法上有分歧。于是，罗荣桓又拿起笔写道：

你同同志们对问题的看法有些不一致，也是很自然的……因此，同志们互相交换意见，交换不同的看法，甚至必须经过争论，才会有可能取得一致。

在同学、同志之间交换不同看法甚至争论是很正常的，对林彪又何尝不可以这样做呢？

罗荣桓把信又从头到尾看了一遍。这封信的内容涉及树立理论联系实际的学风，关系到儿子的健康成长，非常要紧，然而他的字却不可能写得太工整，于是他又在信笺的右上角写了两行小字："字迹潦草，你仔细看。因我久不写字，手发抖。"

到 4 月下旬，传来了林彪视察部队的指示："《解放军报》应经常选登毛主席有关语录。"与此同时，罗荣桓接到通知，军委将于 30 日召开一次常委会议，其中有一项议程是讨论《合成军队战斗条例概则》（草案）。会前，罗荣桓审阅了这个草案，看到这份军事文件也套用了林彪"带着问题学"那几句话。他在这几句话下用铅笔画上了粗粗的一道，决定带病去出席会议。

4 月 30 日上午，军委常委第二十六次会议在三座门俱乐部二楼第七会议室召开。出席这次会议的军委常委有林彪、贺龙、罗荣桓、叶剑英、罗瑞卿。列席的有刘亚楼、张爱萍、彭绍辉、梁必业、张令彬、周希汉、封永顺。

会议由林彪主持，前面几个议程很顺利地通过了，接下去讨论到《合成军队战斗条例概则》的草案时，林彪问大家还有什么意见。停了一会，罗荣桓发言：

"'带着问题学'毛选，这句话要考虑，这句话有毛病。"

林彪对这句发明权属于他的话佯作不知地问道："这句话在哪里呀？"

罗荣桓示意坐在他斜对面的总政副主任梁必业将“概则”的有关段落读了一遍。

林彪感到十分难堪，可又不便发作，便问道：

“那你说应该怎么学呀？”

罗荣桓坦率地说：“应当是学习毛主席著作的精神实质。‘带着问题学’这句话改掉为好。”

罗荣桓讲完后，林彪半晌不吭声。几分钟过去了，无人发言。林彪只好说：“不好，就去掉嘛！”

罗荣桓接着说：

“还是去掉好。学习毛主席著作一定要从根本上学，融会贯通，要学习立场、观点、方法，紧密联系实际……”

“好吧，散会！”林彪没等罗荣桓说完，便打断了他的话，宣布散会，接着便站起身，拂袖而去。

与会者面对林彪的突然发作，都怔了。罗荣桓对于林彪如此粗暴无礼，非常生气。他尽力克制自己的怒气，手有点发抖地将文件装进公文包，然后步履沉重地离开了会议室……

回家以后，罗荣桓心情十分不好，他几天来一直思考这个问题。散步时还不时自言自语：“讨论问题嘛，为什么这个样子！”“难道学几条语录，就能把部队建设搞好？”林月琴问他是怎么回事，他又摇头不语。

5 月 1 日，按照林彪的指示，《解放军报》开始在报眼刊登毛主席语录，要求内容与当天报纸版面相吻合，以便大家“活学活用”。为了完成这一任务，报社抽出专人每天查找语录。但有时把毛选从头翻到尾，也找不到合适的。语录一连登了几天后，就难以为继了。李逸民感到这是林副主席交代的任务，不选又不行，选又选不出，十分为难，便又去向罗荣桓请示。罗荣桓立即明确答复：办报纸主要是贯彻毛主席《对晋绥日报编辑人员的谈话》的精神，贯彻群众路线，坚持真理，要有生动、鲜明、尖锐、毫不吞吞吐吐的战斗风格。至于毛主席语录，找几条可以，找不到也可以。毛主席著作不可能对现在的什么事情都谈到。要学习精神实质，不能像和尚念经，敲破了木鱼，还不知道西天佛祖在哪里呢！

听罗荣桓这么一说，李逸民如释重负，高高兴兴地走了。但罗荣桓仍沉浸在思考之中。

对这一个重大原则问题，既然林彪听不进不同意见，那就只好向中央反映了。于是，罗荣桓拿起了电话机，要通了总书记邓小平的电话。

去年 12 月，刘少奇、邓小平率中共代表团出席八十一个共产党和工人党会议后从国外归来，当时罗荣桓身体很不好，但他不顾医护人员的劝阻，仍然去机场迎接。由于机场人很多，他只是同邓小平匆匆握了一下手便回来了。平日，他知道总书记日理万机，工作异常繁忙，不便去打扰，但现在已经同林彪在原则问题上发生了分歧，只好向他报告了。

邓小平接了电话后，感到罗荣桓所反映的问题十分重要，便拿到中共中央书记处会议上讨论。大家赞成罗荣桓的意见，此事给邓小平留下了深刻的印象。多年后的1975年，他从江西返回北京，住在招待所里，便约见了林月琴和她的三个孩子。经过九年动乱，孩子们见到这位罗荣桓的挚友，历尽磨难依然健壮的邓叔叔，都含着热泪。邓小平满怀感情地对罗东进等说：要记住你们的爸爸，他是真正维护毛泽东思想的，他反对“活学活用”完全正确，我和他的观点是一样的。1975年9月，邓小平在农村工作座谈会上回忆道：“林彪把毛泽东思想庸俗化的那套做法，罗荣桓同志首先表示不同意，说学习毛主席著作要学精神实质。当时书记处讨论，赞成罗荣桓同志的这个意见。”①

1977年5月，在需要端正党的思想路线的关键时刻，邓小平又提起这件事。他说：“‘两个凡是’不行”，“毛泽东思想是个思想体系。我和罗荣桓同志曾经同林彪作过斗争，批评他把毛泽东思想庸俗化，而不是把毛泽东思想当作体系来看待。我们要高举旗帜，就是要学习和运用这个思想体系”。②

邓小平这几段话对1961年他和罗荣桓同林彪的这场斗争的意义作了恰如其分的历史评价。

## 第二节　林彪的报复

林彪自从4月30日怒气冲冲离开会场后，一直十分烦躁，他在算计要对罗荣桓进行报复。

一天，海军一位干部来到林彪住处向林汇报工作。此时，毛家湾林彪住宅正在修缮，林彪全家暂住在西郊新六所。林彪在起居室内接见。这间房子很大，但是只摆了几个沙发和一张写字台。窗户都挂了厚厚的窗帘。屋里既显得空荡荡，又显得阴森森。林彪埋坐在沙发里，眯着眼在听汇报。中间，罗瑞卿来到，林彪示意罗瑞卿在他旁边的一张沙发上就座。海军那位干部在汇报中说到罗帅在福建前线曾对部队指示，1961年工作的中心是“四抓一调查”时，林彪打断了他的话，大声说道：

“什么四抓一调查！这种话哪年都不犯错误。但是，什么问题也不能解决。”

“四抓”本是林彪自己所提“创造四好连队”的内容，“大兴调查研究之风”是毛主席当时的号召。这究竟有什么错，会惹得他发这么大的火。他们哪里知道，这只是一个由头。果然，接下去林彪就咬牙切齿地说：

“罗荣桓的思想可不对头呢！他躲着我，主张军队向地方开炮，这不是反党吗？”

听到林彪给罗荣桓扣“反党”的帽子，罗瑞卿等都以沉默表示不同意。

---

①《邓小平文选》第2卷，人民出版社1994年版，第36页。

②《邓小平文选》第2卷，人民出版社1994年版，第38—39页。

林彪见他们两人都不表态，突然转过脸来对着坐在他身旁的罗瑞卿说：“听说你也是这样主张，我就反对你们！”

风暴突如其来，罗瑞卿毫无思想准备。但是他看过总政给中央的报告，那根本与“开炮”风马牛不相及，便直截了当地回答：“我没有。”

林彪咄咄逼人地反问：“没有？怎么没有？有文件为证。”

罗瑞卿只好说：“要是查到我有此主张，我就承担责任。”

海军那位干部见此情景，因为不了解情况，也不便说什么，便起身告辞。林彪一面同他握手，一面说：“就照我刚才说的搞，别的都不要听，一个新生事物，总是有人反对的。”

后来，罗瑞卿在“文化大革命”中因受林彪陷害被监禁，于1972年所写的揭发林彪的材料说：“当时，我感到他对罗（荣桓）和我的意见大了，今天一棍子打两人，无非借题发挥，可究竟为什么，却摸不着头脑。”那么，林彪所说的“新生事物”究竟指什么呢？现在了解了事情的前因后果，可以想见，林彪的所谓“新生事物”就是指“带着问题学”那一套。而他所以大发脾气，则是借题发挥，对4月30日的事情进行报复。

第二天一大早，林彪又给罗瑞卿打电话说，为了保护罗荣桓的健康，他昨天对罗荣桓的“批评”现在不要公开。他关照罗瑞卿不要向任何人讲。

所谓“为了保护罗荣桓的健康”，这显然是一个幌子。由于罗荣桓在党内有崇高的威信，林彪实际上是怕整罗荣桓非但不会得到毛泽东的批准，弄不好还可能搬起石头砸了自己的脚。果然，后来在1962年七千人大会[①]提出发扬党内民主之后，毛泽东曾两次表示，他并不赞成林彪禁止军队向地方反映意见的主张。

第一次是在1962年麦收之后。一天，罗瑞卿在上海参加一个会议，和杨得志、许世友、韩先楚一块聊天。大家都认为这一年的麦子长得很好，超过了前两年。许世友等一方面为农村形势的好转而感到高兴，一方面也对地方某些干部前几年大刮“共产风”、浮夸风、命令风，如今又太悲观的现象，有一些议论。由于林彪有不准对地方工作提意见的“禁令”，罗瑞卿便打招呼说：“我同意你们的看法，但是这些事就在小范围议议算了，不要扩大。”事后罗瑞卿到杭州时向毛泽东谈起这件事，毛泽东立即指出：“为什么不能议论？他们都是华东局委员，有的还是中央委员，他们有意见，你说，为什么不能提？我就不同意林彪的那个意见，说军队干部对地方干部有意见不能提。”

第二次是在1965年，罗荣桓业已逝世。毛泽东在武昌又讲了一次不赞成林彪这个意见。罗瑞卿按照林彪要他经常通气的要求，将毛泽东的原话记录送给林彪看了。这又引起林彪的不快，从而成为促使当年年底林彪向罗瑞卿下毒手的原因之一。

林彪一面嘱咐罗瑞卿等不要“公开”他对罗荣桓的“批评”，一面继续攻击

---

① 指1962年1月11日至2月7日中共中央在北京举行的扩大的工作会议。

罗荣桓。他在同另一些干部谈话时，除了给罗荣桓扣上“反党”的帽子外，还说罗荣桓反对“带着问题学”就是反对毛主席。他也同样关照这些干部，为了照顾罗荣桓的健康，不要告诉任何人云云。当时，罗荣桓病已很重。那些听到林彪攻击罗荣桓的干部自然不便于也不忍心向他提这件事。因此，罗荣桓直到去世也没有料到，林彪竟在他背后向他施放那样恶毒的暗箭。

由于罗荣桓挺身而出，首先反对了林彪把毛泽东神化，把毛泽东思想庸俗化、教条化的那一套，而由邓小平主持的中央书记处又明确表示支持罗荣桓的主张，林彪深知这将成为他夺取党和国家最高权力的极大障碍。因此，他对邓小平、罗荣桓便耿耿于怀、恨之入骨。到十年动乱开始的时候，邓小平遭到严重打击，罗荣桓尽管逝世已近三年，林彪对他仍不放过，而叶群在其间又起了特别恶劣的作用。“文化大革命”初期，她在策动大整贺龙夫妇、罗瑞卿夫妇的同时，也把毒手伸向罗荣桓的夫人林月琴。1966 年 8 月 25 日，她让空军司令吴法宪带头给林月琴写了一张大字报，以林月琴喜欢钓鱼为由，给林扣上“意志颓废”的帽子。接着，林彪办公室支部贴出大字报表示支持吴的“革命行动”。

1966 年 12 月，在叶群授意下，有些人在总参谋部的一个批判会上，无中生有地说林月琴组织了一个“寡妇集团”。接着，林月琴被软禁，她的弟弟、民航局的一位一般干部林宁被诬陷为特务而被迫害致死。

1967 年 2 月 14 日，由叶群导演的这一幕闹剧发展到了最高潮。她亲自出台，在京西宾馆召开的总政治部一次会议上指名攻击罗荣桓“反党”、“反毛主席”；并通过全军文革小组工作人员之口在向群众解答问题时，把罗荣桓和已被贬黜到福建的谭政并列为在总政工作做得较少、较差的主任。接着，罗荣桓长期领导的总政治部被林彪一伙打成了“阎王殿”而“彻底砸烂”。

时间是最公正的审判官，林彪一伙早已被钉上历史的耻辱柱，而罗荣桓的高风亮节，随着岁月的推移，越发显现其璀璨的光辉。人们在十年动乱中见识了林彪“万岁不离口，语录不离手，当面说好话，背后下毒手”的丑恶嘴脸之后，在经历了实践是检验真理的唯一标准的讨论，破除了“两个凡是”之后，便更加怀念罗荣桓这一位曾经挺身而出，同林彪进行原则斗争的先驱者。

## 第三节　实事求是，发扬民主

罗荣桓所以要肖华以总政名义向中央写报告，提出按组织系统反映对地方工作的意见，其基本精神是要发扬党的民主作风。他的建议虽然被林彪粗暴地否定了，但他仍然坚持这一基本精神。

1961 年 5 月，全军管理教育工作会议在京召开，罗荣桓作了重要讲话，着重讲了机关、院校思想政治工作的一些问题。

同这次讲话可以称为姐妹篇的是这一年 6 月 6 日他在政治学院的一次座谈会上的讲话。两次讲话内容相近，而后一次讲话由于范围小、不拘形式，问题谈得更加深入。

罗荣桓这时所以注意到了机关、院校，同当时许多单位内民主生活不正常有密切关系。自从庐山会议错误地批判了彭德怀之后，各机关、院校也开展了“反右倾机会主义”的斗争，使用大鸣大放、大字报或小字报的方式，把一些实事求是反映农村情况、对“左”的东西提出批评和疑问的干部打成了“右倾机会主义分子”，这就使许多干部不敢讲话，心情不舒畅，严重削弱了党内的民主生活。针对这一情况，他这两次讲话的主题就是，实事求是，发扬民主，让人讲话。

当时，在干部中经常议论的话题主要是农村形势。有些人认为，农村形势不好，刮五风，中央也有责任。但有些干部则认为这种态度是右倾，有点像右派进攻。一扣这个帽子，大家便不敢说话了，但口服心不服，思想不通。针对这一情况，罗荣桓在讲话中明确指出：中央有没有责任？农村搞得那样，中央老早就承认有责任，没有登报就是了。① 中央搞了“十二条”还不行，又搞“六十条”② 就是承认有责任。中央并没有把责任都推到下面去，主要是中央负责。

罗荣桓这一实事求是的看法对于那些敢于讲真话的同志无疑是一个支持和解脱。

当时，中共中央在肯定“三面红旗”的前提下，正在逐步纠正一平二调、刮“共产风”等“左”的错误。对于这种纠正，罗荣桓积极拥护。他在这些讲话中，依据中共中央文件的精神，具体分析了“三面红旗”中存在的问题。

关于总路线，他在肯定“多快好省”口号的同时，又着重指出：问题是在执行中间只讲多快，不讲好省。在工业方面，战线拉得很长，只讲产值，不讲规格品种。在农业方面也是这样，比如兴修水利，只讲多修，不讲配套。

关于“大跃进”，他认为，许多指标过高了。“什么卫星田，一亩五万斤，就是那样吹起来了。”他说，大跃进要有个边，不能没有止境，不能不讲条件。

关于人民公社，他针对公社的“一大二公”指出：“共产主义风格也要有一个边，不计报酬的劳动不对。”“大肆宣传不计报酬的劳动，不促成平均主义、一平二调才有鬼呢！”

他认为，这几年许多干部所以思想不通，除了在进行思想教育时没有实事求是地分析形势，讲清楚存在的问题以外，另一个原因就是思想斗争过火。在两次讲话中，他都具体分析了思想斗争过火的具体表现。

他首先讲了“大鸣大放大字报”。这是毛泽东在反右派时提倡的，称之为“大民主”。然而，历史，尤其是后来十年动乱的历史却证明，它非但不是什么民

---

① 1960 年 11 月 28 日，由毛泽东起草的中共中央对《甘肃省委关于贯彻中央紧急指示信的第四次报告》的批示中写道：“毛泽东同志对这个报告看了两遍……他自己说，他是同一切愿意改正错误的同志同命运、共呼吸的。他说，他自己也曾犯了错误，一定要改正。”

② 指 1961 年 3 月，在中共中央工作会议上讨论和规定的《农村人民公社工作条例（草案）》。五六月间，中共中央在北京举行的工作会议上，又对此条例进行了修改，形成此条例的修正草案。1962 年 9 月，在八届十中全会上通过了此条例的修正草案。

主，而且严重破坏了人民群众和革命队伍中的民主生活。当时罗荣桓还不可能提出废止“大民主”的问题，但是认为应该严格限制其使用的范围。他大声疾呼：进行思想教育动不动贴大字报就是受不了！他明确指出：在经常的思想工作中，在解决思想问题时，不能采用大鸣大放大字报的方式，应该搞得细致一点，和风细雨，细水长流。应该提倡在干部之间开展谈心活动。

他还分析了关于思想批判从严、组织处理从宽的问题。这是毛泽东提出的一个对待犯错误的同志的原则。然而，在当时“左”的思想影响下，不仅把坚持实事求是说成是“右倾”，而且还把“批判从严”搞成了打棍子、戴帽子和抓辫子。罗荣桓在政治学院十分沉重地说：“过去打击面太大了，抓住一两句话就整人家。不出问题则已，一出问题就算总账，这样搞哪个人能受得了？因此伤了感情了。”罗荣桓认为，对批判从严有必要作正确解释。他说：“所谓从严，不是一上来‘连珠炮’一轰，弄得犯错误的同志晕头转向。对于思想错误要具体分析性质、根源，要看一个人的本质，不要把每一句话、每一个现象都罗列起来，不要采取围攻的形式，不要算总账。这样效果不好。”

在总政 1961 年 1 月 25 日的部务会议上，他还说：“要很好研究执行中央‘处理从宽’的方针。这是一个很重要的方针。毛主席历来对犯错误的同志是这样做的。这是行之有效的方针，是毛主席建党思想的一部分。”他对有些干部不愿执行这一方针十分不满，告诫这些干部“要认真执行这一方针，不要把自己装得很‘左’”。

1961 年 6 月 22 日，罗荣桓在解放军党的监察委员会第三次会议的讲话中还提出：“党的监察委员会不能只是执行纪律，而且还要维护民主。”他说，有些党的组织就听不得反面意见，只强调执行纪律，不强调有提意见的自由，这样就出现了党内民主生活不正常的现象。因此，必须维护党的民主。

他认为，对思想性质的问题不能压服。他说：“你斗他，他不承认，结果形成僵局，再去压服，弄得思想问题总也不能解决。我们要与人为善，处理思想问题不能简单化。对于干部不要光看到他的缺点，也要看到他的优点。不要攻其一点，不及其余。现在有些干部心情不愉快，思想敞不开，与方法不好有关系。”

## 第四节　在政治和业务关系上同林彪的分歧

罗荣桓同林彪除了在学习毛主席著作这个党风和学风的根本问题上有原则分歧外，在政治和业务、红和专的关系上，观点也不一致。

1960 年 9 月，林彪提出了“四个第一”，即“人的因素第一，政治工作第一，思想工作第一，活的思想第一”，把政治工作强调到了不适当的地位。

由于“四个第一”当时已为毛泽东所肯定，并被写进了 1960 年《中共中央军委扩大会议关于加强军队政治思想工作的决议》，所以罗荣桓只能尽力从好的方面来理解和解释，力求赋予这一提法以正确的含义，从而减轻其对军队建设的危害。

到1961年夏天，军委扩大会议决议的贯彻已经七八个月了。罗荣桓看了一些反映院校情况的文件，听取了姜思毅在西安电讯工程学院蹲点的情况汇报，感到当时各院校普遍存在的问题是只强调“红”而忽视、贬低“专”。这种贬低已经到了令人不能容忍的地步，罗荣桓称之为“仇视专”。其表现是“白专道路”、“单纯军事观点”、“单纯技术观点”的帽子满天飞，教学质量下降。在政治和业务的关系上，只强调政治挂帅而不提政治工作对业务的保证作用。政治工作中脱离实际的形式主义倾向和一般化的作风大大增长。

针对上述情况，罗荣桓提出，要很好地解释和领会1960年的军委扩大会议决议。如何解释和领会呢？他认为，关键是要运用毛主席的思想——实事求是的思想。

在1961年9月召开的全军院校教育工作会议和11月召开的全军政治工作会议上，罗荣桓在他所作的重要讲话中都做了这种重新解释的工作。

他怎样解释“四个第一”呢？他说：“‘军委扩大会议决议’上有‘四个第一’，政治要与各种具体实践相结合，才有个第一嘛！不结合你怎么叫第一呢？”“如果不把‘四个第一’和具体实际相结合，光提第一，那当然不对。”

在政治和业务的关系上，他坚持政治工作要保证业务的完成。他说：“……高等军事学院，是学指挥打仗的；军事工程学院，是学尖端技术的；通信学院也是学尖端技术的。教学目的很明确。政治工作首先要保证专业的学习。”“我们部队的高级技术学校，培养专门人才，这是一个政治任务，学校政治工作要保证这个任务完成。”他赞成主管国防科技工作的聂荣臻提出的，科技部门的党支部起保证作用的提法。他说：在科技院校和单位中，支部的作用就是要保证教学方针的贯彻，保证科学研究项目的完成。

政治和业务的关系在科研和院校等知识分子集中的单位常表现为红与专的关系。

早在这一年8月，罗东进回家过暑假，罗荣桓在和他谈话时，了解到在军事工程学院这所专门培养科技人才的学校中，学员们对红与专的问题认识就相当混乱，片面强调红，忽视专业学习。学校里还搞什么满堂红活动，各支部都作了一天读多少毛主席著作、多长时间通读一遍的计划，搞技术作业也要引两句毛主席的语录。可是认真说来，究竟什么是红，红又为了什么，这些青年人并不清楚。一天晚上，罗荣桓和罗东进以及他的几个同学一起谈起了红和专的问题。他对这些青年人说：“你们这些人的责任是很大的，如果将来发生战争，就得要你们拿出东西来。你们这些人的政治任务就是要专，要使自己成为社会主义的专家。红不是空洞的东西，而是要落实到实际工作和斗争中去，对你们学习国防科学技术的人来说，就是要落实到专业上。谁要是真正的红，谁就应当成为一个真正的又红又专的专家，为我国的国防工业作出一些贡献。我们现在非常缺乏专家，我们有许多现代化的企业没有搞好，或是搞坏了，其中一个原因就是缺少专家，缺少科学知识。”他再三鼓励青年们，一定要下决心努力把专业学好。

在全军院校教育工作会议上，他又着重分析了红与专的关系。他说：“红，主要是一个方向问题。红要带领专，要保证专的实现，要帮助专，实现专的要求。一切政治工作离不开这个目的，不应当只强调红，不强调专。红与专不能脱节。专业技术院校如果不用更多的时间学专业技术，就专不了。不专，红是空红。”在讨论总政草拟的《院校政治教育方案》时，他当场指示：在方案上加一句：“‘红’要落实到‘专’。”他又要求负责文字修改的姜思毅将加了这一句话的段落读给他听。

他针对一些人丢下专业下农村的现象说：“军事工程学院是搞尖端技术的，不要天天叫那些青年学生下农村嘛！……主要还是搞你那个尖端，落实在那个尖端学习上。”他还批评了有些院校丢下专业，光学毛选的偏向。他说：“毛选一般都要学……但要区别不同对象，提出不同要求。……有些高等院校，不搞他的专业，甚至像聂总讲的，有些人不敢看专业书了，那就很不好了。”

在红与专的关系上反映出来的另一个问题就是对待知识分子的态度。在院校教育工作会议上有些同志提出，现在在军队院校的科学研究机关的知识分子是不是资产阶级知识分子？有的人认为只有工农出身的，我们自己培养的才能算革命知识分子。罗荣桓明确回答，应该一律称为革命知识分子。他说：“这些人都是经过挑选的，他已经跟着党走了，已经参了军搞尖端，有什么理由还要讲他是资产阶级知识分子呢？”

对“四个第一”中所谓“抓活思想”的问题，罗荣桓也有另一种解释。他说：现在，在有些院校就事论事抓表面现象，甚至抓鸡毛蒜皮，好像抓活思想就排斥了基本理论学习，这也是不对的。抓活思想并不排斥书本知识，尤其是院校，是要多读书的。有的院校提出，强调读书恐怕要回到老路上去。我看，教员就是应该多读点书。

当时，林彪还提出了个“抓两头”，但实际上却只强调上头，叫做上头开方，下头吃药；上头发令，下头就“闻风而动”。对此，罗荣桓很不赞成。他说：“关于抓两头，现在有的只抓一头，抓高头。高头是要抓的……问题是怎么结合。抓高头的东西要指导实践，同时，在实践中对高头的东西提出补充……这是很自然的道理。如果只抓上头的，那就是硬搬硬套，消化不了，就要害肠胃病。”他认为，对“闻风而动”也应当很好作解释。他说：“闻风而动不是要你去乱动，而应当是对上面的决定全面领会，结合具体情况，采取有力措施去贯彻。”

林彪强调上面开方，忽视下面的实际，只抓共性的东西，必然导致政治工作一般化、大呼隆的现象，罗荣桓对此作了尖锐的批评。他认为，在院校和科研单位不能把部队的一套工作方法统统搬去。他说：“你把老教授也拉去开革命军人委员会，那方法是不适当的”，“现在科研部门政治干部的工作方法要来个改变，要适应这种工作对象，适应整个院校教学工作的需要。不要瞎指挥，不要不懂装懂。那些尖端部门的技术问题，就是要尊重专家，向专家学习”。

罗荣桓还认为，即使在连队，也不能运用一般化的工作方法。他指出：几年来，学生入伍的比重越来越大，在连队管理方面却出现了新问题，这就是缺乏管这些有一定文化水平的士兵的经验。他说：据说有个别连队把人家新兵带的书、提琴都收了。他们想，到部队像进学校一样，所以带来许多学习的东西，一来你就把它收了，那怎么行呢？他说，对这些有文化的战士，“不仅是不能封锁，还要开放，要适应他们的要求。比如读书就应该满足，当然要有选择，不要统统去看爱情小说”。

对于这些有文化的学生兵，罗荣桓寄予殷切的希望。他满怀热情地预见道：“他们经过士兵生活的锻炼，又有文化，恐怕我们大部分连排干部和高等军事技术学校的学生要从这些人中培养出来。这是很好的现象，不要怕麻烦。”

由于分歧日益扩大，林彪对罗荣桓越来越不满了。他终于恶狠狠地说：“什么林（彪）罗（荣桓），林罗要分开，林罗从来不是一起的。”

罗荣桓以坚忍不拔的毅力和顽强的革命精神忘我工作，为我军的革命化、正规化、现代化建设贡献出了自己的一生

到了1963年，新华社要发表人民解放军领导人的名单。罗瑞卿和肖华都主张公布罗荣桓的任命，林彪仍然不同意。罗荣桓知道后，感慨地说：“看来我这个总政治部主任还是不合法的。”

对于林彪的欺侮，罗荣桓为了党的团结，可以忍耐，可以委曲求全。但是同林彪的原则分歧，却是不能调和的。这正是林彪三番两次打击罗荣桓，直到罗荣桓逝世后仍不放过他的原因。

# 第三十章　人类庄严一典型

## 第一节　同疾病作斗争

“有一分精力，就要为党多做一点工作。”这是罗荣桓经常说的一句话。多年来，他在担负繁重的工作的同时，一直在同疾病进行顽强的斗争。有的医生劝他注意养生之道，他回答说：“注意养生当然很重要，不过对于革命者来说，养生不是人生的目的，所以不能用清静无为的办法来解决养生问题，应该把养生当做保证工作效能的一个条件。争取长寿，是为了在革命事业上给后代做出更多的成果。”1961 年，医生曾根据他的病情建议他最好在一个比较长的时期内离开工作，完全休息。他听了这个建议，好几天心情不愉快。他说：“我这个病既然是长期的，就应该长期对待。长时期一点事情不做，怎么过得下去呢？到哪一天为止呢？其实多少做些工作，精神反而好些，身体也会好些。”中共中央和毛泽东考虑到罗荣桓的身体状况，决定他每天接见干部不超过两批，每批不超过一小时。

因此，他虽然重病在身，仍然要找人谈话，批阅文件，读书看报。医生劝他多搞点娱乐活动，听听音乐、打打扑克，可是他对这些都不那么感兴趣，总是摇摇头谢绝了。有时医生为了转移他的注意力，反复动员他。他便带着几分歉意地

罗荣桓与妻子林月琴在昆明市植物园游览

笑一笑说："我是个不会休息的人，在娱乐方面没什么爱好，这是一个缺点。青年人可不要学我。"接着他又说："娱乐是必要的，可是你们也要注意适可而止。乐而忘返乃至玩物丧志就不好了。"

在战争年代，有时战友们打扑克，三缺一的时候，他推脱不掉，也只好过去摸两把。但是他的注意力怎么也集中不到牌上来，加上眼睛不好，有人就当他的面在牌上做手脚，而他往往是浑然不觉，发觉了也是一笑置之。新中国成立以后，他除了偶尔同孩子们玩两把"憋七"外，基本上就不打扑克了。

对于罗荣桓的健康，同他住地相邻的贺龙十分关心。贺龙去看望他时，常对他热情地宣传钓鱼对身心健康的好处。罗荣桓一开始不想去，贺龙又邀来聂荣臻一道劝驾。盛情难却，罗荣桓便去了。贺龙一路上向他讲解钓鱼的 ABC，到了龙潭湖后，又帮他撒鱼饵做窝子、往鱼钩上装饵……。罗荣桓下竿不久，就有一条大鱼上钩了，咬着鱼钩拼命往深水里钻。罗荣桓没有思想准备，被猛地拉了一个趔趄。贺龙见状，忙放下自己的钓竿，一边说着"老罗，莫慌，我来我来"，一边便以同他的年龄很不相称的敏捷跑过来，接过罗荣桓的钓竿，一面放线一面说，"这叫放长线，钓大鱼。"罗荣桓站在岸上，兴致勃勃地看着贺龙放线收线，反复多次，经过二三十分钟，才把鱼钓上来。一称，有 17 斤。罗荣桓为钓上这么大的鱼而感到兴奋和新奇，可又怕龙潭湖公园吃了亏。当他了解到每季度交几十块钱钓鱼费，鱼钓多了就交给公园时，才解除了这个顾虑。从那以后，罗荣桓开始对钓鱼发生兴趣了。但是他钓鱼时，有时思考问题，常常是鱼咬钩了都忘了提竿。贺龙便诙谐地对他说："老罗，姜太公钓鱼是愿者上钩。可是你呀，鱼咬钩了也不提竿。"罗荣桓听了也不禁哑然失笑。比较起来，他最喜欢的仍然是工作。有一次，他为疾病所苦，几乎是坐卧不宁。服药之后，比较好些，但仍然很不舒服，林月琴给他打开收音机，拿来画报，都解除不了他的苦恼。忽然，外面有通信员送文件来了，他立刻喜形于色，高兴地说："对喽，快拿文件来看吧！"文件到手，他马上忘记了病痛，沉浸在工作的愉快之中。

罗荣桓在湖边垂钓

1963年春，罗荣桓与夫人林月琴、孩子在一起

罗荣桓认为，同疾病作斗争最好的办法就是运动。多年来，不论在什么地方，他都坚持黎明即起，在清晨新鲜的空气中散步一小时。开始有的医生担心他活动量太大，他就在每次散步之后量量血压脉搏，用事实证明适当的活动对身体并没有坏处，来说服医生。遇上雨雪天气不能到外面去，他也要在室内做一做自己编的一套体操。管理部门知道他有每天散步的习惯，准备将他住地院内的一排平房改造一下，搞一条走廊。但是他坚决不同意。只是在他病重住院后，管理部门才乘机将走廊修好。然而，这条走廊却一次也没有响起过他的足音。

作为一个住医院的病人，罗荣桓是最自觉、最守纪律的。他尊重医护人员，积极配合治疗，而且处处为医护人员着想。经常为他看病的保健医生大都是一些刚刚从学校毕业不久的青年人。罗荣桓总是鼓励他们大胆工作，从来不提出请专家教授专门来给他看病，也不要求用什么特殊的药物。他经常心绞痛，可是一用硝酸甘油就又引起头痛。医生遇到这种情况，用药有思想顾虑。他说："没关系，该用什么药就用什么药嘛！"医生、护士为他做点事，他总是很不安地说："我病了，使你们得不到休息，真对不起。"1962年，罗荣桓病情越来越重。但他仍然尽量注意不麻烦医护人员。他很少按床头的电铃呼叫医护人员。一到晚间，他就叫医护人员去休息。一些本应由医护人员做的事，比如搀扶去盥洗室等，都是由林月琴做。在同疾病进行顽强斗争的过程中，他同医护人员结下了深厚的友谊，他精神好一些的时候，常常和医生、护士谈心，讲自己青年时代怎样由相信读书救国转变到信仰共产主义，走上革命的道路；鼓励大家保持革命精神，努力学习，作出更大的贡献。他还对护士们说：“在医疗战线上，护士是在第一线。这项工作需要细致、耐心、热心，没有高度的政治觉悟和责任心，真是不行啊！我看，如果把这项工作做到了家，也确实是了不起的专家。你们既是战士又是专家。”医护人员都非常敬重这位坦诚待人的长者。

## 第二节 弥 留

1963 年 9 月 28 日，罗荣桓因病情严重再次住进北京医院。这次不只血压不稳，心脏不好，肾功能也不行了。他以无比坚强的毅力同疾病进行着最后的斗争。

肾功能衰竭引起尿毒症，非蛋白氮指数高达 110、120（一般超过 100 人就要昏迷）。当时医院没有人工肾的设备，只能采取腹膜透析的办法，就是向腹内注射 1000 毫升生理盐水，停半小时再抽出来。盐水注进去，肚子胀得像鼓一样，看的人都觉得受不了，他却一声不吭，默默地忍受着。由于尿中毒，浑身奇痒，有时把皮肤挠破了也止不住。为了止痒只好做热敷，常常烫出泡来，他也一句话不讲，更不责怪别人。

最痛苦的是尿毒刺激肠胃，不能吃饭，吃了就吐。医生想尽一切办法，也不能制止呕吐。人不吃饭怎么行呢？他以坚强的意志，把饭一口一口吞下去，一面吃一面和旁边的人谈话，以分散精神，减少痛苦。吃下去又吐出来，吐完了再继续吃。一顿饭有时要吃四五次。每当勉强吃下一点东西没有再吐的时候，他就带着胜利的笑容说:“又打了一个胜仗。看起来，对于病也得要抗，不抗是不行的。”

随着病情的发展，他已经很难起床了，但是他还是一次一次地挣扎着要坐起来，反复地说：“让我坐起来，站起来，能站起来就胜利了。”那时医院里设备还很不齐全，为了能使他下床活动，林月琴把家里的一把旧靠椅装上四个轮子，搬到医院里让他坐，推着他在走廊里转一转。走廊里静悄悄的，过惯了戎马生涯和紧张生活的元帅，是多么想从这里走出去，再投身到火热的斗争中去啊！千千万万的战士是多么盼望他继续率领大家向现代化进军啊！

病痛的折磨常常使他陷入昏迷状态。同志们焦急万分，可是他醒过来却宽慰大家说：“人总是要死的，这是新陈代谢，自然规律嘛！”他的许多老战友、党和国家的领导人、元帅和将军们络绎不绝地来看他，他都关心地嘱咐他们要保重身体，为党多做一些工作。朱德来到病床前，满怀期望地说：“荣桓同志，你还要继续和疾病作斗争啊！”他望着这位老领导、老战友，平静地说：“是要和疾病作斗争，可是这一次恐怕是斗不赢了。实在斗不过去，也只好这样了。”

12 月 1 日，哈尔滨军事工程学院领导通知罗东进立即返京，罗东进的脑子嗡地一下，顿时紧张起来。他想，以往父亲多次发病，可从来没让自己请过一天假。罗东进心情沉重地连夜赶回北京，当他来到罗荣桓的病床前时，罗荣桓已陷入昏迷状态。由于缺氧，他的手和嘴唇都紫了。罗东进在床前守候着，半晌，罗荣桓醒了过来。他睁开眼睛，认出了儿子，便有几分不悦。他带着责问的口气十分吃力地说：“为什么没有放假就回来了？我的病有医生护士照顾，你要安心学习，不该请假回来看我。”东进含着眼泪解释说，别的同学父母病重，也是允许请假回家探视的。医生护士也在旁边说，应该回来看看。可是罗荣桓还是摇摇头说：“东进，你是革命干部的孩子，对自己应当要求更严格……”

自从罗荣桓病重住院以来，林月琴就在病房临时搭了一张小床，日夜守在那里。焦虑和劳累使她变得憔悴多了。看着二十多年风雨同舟、携手并肩的战友和亲人受着疾病的折磨，林月琴的心都要碎了。可是她还是要强忍着悲伤，以自己的坚强意志和体贴入微的照顾给亲人以安慰和力量。罗荣桓很理解妻子的心情，他以同样的坚强意志忍受着病痛，以减轻亲人的忧虑。

在最后的日子里，罗荣桓仍然挂念着国家大事和党的工作。12 月 14 日，周恩来和陈毅访问阿拉伯联合共和国起程后，罗荣桓问身边的同志：“周总理他们到了没有？”当别人告诉他已经到达开罗时，他微笑着点点头。在这一刹那，他好像完全忘掉了自己的病痛。由济南军区调来北京担任炮兵司令员的吴克华来看望他。他一见吴的面就高兴地说：“啊，你来了。我前天还在想，怎么你现在还没有到呢？”因为他清楚地记得吴克华的调令是 20 天以前下的。吴克华连忙回答：“我已经来了十天了，因为你身体不好，所以没来看你。”罗荣桓吃力地点点头，再三叮嘱吴克华：“来了好好工作，组建好部队。”政治学院院长莫文骅等人来看望老院长。他拉着莫文骅的手说：“我恐怕不行了，你们一定要把政治学院办好。”12 月 15 日，他的病情更为恶化。自从他报病危以来，毛泽东、刘少奇、朱德、陈云、邓小平对他的病情都非常关切，指示医院大力组织抢救。12 月中旬，为了准备给他输血，总参、总政许多身体健康，血型为 O 型的青壮年军官自愿组织起来守候着……。下午，罗荣桓又苏醒过来，看看床前的林月琴和孩子们，他拉着林月琴的手，对这位经过长征的红军女战士，他没有更多的话要嘱咐了，只是说：“我死以后，分给我的房子不要再住了，搬到一般的房子去，不要特殊。”他又慈祥地一个一个看看自己的孩子，嘱咐他们说：“我一生选择了革命的道路，这一步是走对了，你们要记住这一点。我没有遗产留给你们，没有什么可以分给你们的。爸爸就留给你们一句话，坚信共产主义这一伟大真理，永远干革命。”随后又昏迷过去。昏迷中，他还在不断地重复着说：“我革命这么多年，选定一条，就是要跟着毛主席走。”

“跟着毛主席走！”这个口号曾经起到团结全党夺取革命胜利的历史作用，但又易于被曲解以至带上个人崇拜的色彩。到了 60 年代，究竟怎样才算得上是“跟着毛主席走”，仍是各有各的理解。是坚持学习和掌握毛泽东思想的精髓和实质——实事求是，还是对毛主席搞个人崇拜，搞“背警句”、“活学活用”那一套？这个争论当时并没有解决。罗荣桓坚定地相信，他的主张是符合毛泽东思想的，是正确的。因此，他在弥留之际，还要反复地强调这一点。

听着罗荣桓对妻子林月琴和孩子们的嘱咐，在他身边的工作人员无不热泪盈眶。当时主持他的医疗工作的中央保健局长黄树则后来写道：

罗荣桓同志病危之时，对其子女，谆谆告诫。现按其意，写为短诗。

我尽力争取不死，
继续为革命奋斗，
如果死已经来临，
我也决不畏惧，绝不发愁。
我给你们留下的只是党的事业，
别的什么都没有。
我的遗嘱是一句话，
永远跟着共产党走，
跟着毛主席走！

## 第三节 逝 世

1963年12月16日，凛冽的北风不时呜咽着、呼啸着掠过古城。下午2时37分，中国人民伟大的儿子、无产阶级忠诚的战士罗荣桓，在他的战友贺龙、张爱萍、甘泗淇、梁必业、萧向荣以及他的夫人林月琴和孩子们的守护下，心脏停止了跳动。

这天晚间，毛泽东在中南海颐年堂会议室召集会议听取聂荣臻等汇报十年科学技术规划。开会前，毛泽东提议大家起立为罗荣桓默哀。默哀毕，毛泽东说道："罗荣桓同志是1902年生的。这个同志有一个优点，很有原则性，对敌人狠，对同志有意见，背后少说，当面多说，不背地议论人，一生始终如一。一个人几十年如一日不容易，原则性强，对党忠诚。对党的团结起了很大的作用。"

出席这次汇报会议的罗瑞卿随即打电话给他的夫人郝治平，传达了毛泽东讲的话，叫她转告林月琴，劝林珍摄节哀。

会后，毛泽东悲痛逾常，几天内夜不能寐，写成七律《吊罗荣桓同志》：

记得当年草上飞，
红军队里每相违。
长征不是难堪日，
战锦方为大问题。
斥鷃每闻欺大鸟，
昆鸡长笑老鹰非。
君今不幸离人世，
国有疑难可问谁？

罗荣桓逝世，引起全党全军全国人民的巨大悲痛。许多人纷纷写悼诗、挽联，写信、发电报以表示悼念之情。

朱德在《悼罗荣桓同志》中写道：

起义鄂南即治军，
忠诚革命贯平生。
身经百战摧强敌，
留得丰功万古存。

叶剑英写道：

毕生战斗明敌我，
人类庄严一典型。
大业方兴公竟逝，
哀歌声里起雷霆。

叶剑英是1961年4月30日军委常委会的出席者之一，他亲眼看到罗荣桓挺身而出反对林彪那一套的情景。后来到了1975年，邓小平从江西回来以后，叶剑英在他的寓所请邓小平、聂荣臻、林月琴和贺龙夫人薛明吃饭。席间，他和邓小平、聂荣臻几次提到林彪是靠小本本起家的，罗荣桓反对林彪是完全正确的。他在1978年的全军政治工作会议上又回忆说："罗荣桓同志在世时，就同林彪作过针锋相对的斗争。罗荣桓同志对我军的政治工作有重大建树，是我们总政治部的一位好主任，是我们大家学习的榜样。"

1963年12月19日，毛泽东、刘少奇、朱德、董必武、邓小平，以及在京的中共中央政治局委员、书记处书记、人大常委会副委员长、副总理、政协和国防委员会的副主席以及解放军的高级将领，来到北京医院，向安卧在白菊花和长青草中的罗荣桓的遗体告别。赋闲住在京郊挂甲屯的彭德怀，也特地赶来向自己的老战友的遗体鞠躬致敬。处于当时的情况，他去吊唁没有见报。接着，从19日到21日，首都各界六万多人络绎不绝地来到设在劳动人民文化宫的罗荣桓的灵堂吊唁。

12月22日，首都各界在人民大会堂举行隆重的公祭大会。会场上布满了苍松翠柏和花圈挽联。在肃穆、悲哀的气氛中由中共中央副主席、国家主席刘少奇主祭，中共中央总书记邓小平代表中共中央、国务院和人大常委会致悼词。悼词说：

罗荣桓同志的一生，是一个光荣的共产党员战斗的光辉的一生。在他英勇奋斗的36年中，在长期的革命战争中，在社会主义革命和社会主义建设的斗争中，他始终坚定不移地高举马克思列宁主义的旗帜，站在以毛泽东同志为代表的正确路线方面，坚决维护党的利益，维护党的团结，反对右的和

“左”的机会主义，表现了共产党员的高度原则精神。

罗荣桓同志是人民解放军的杰出的领导人之一。在长期的革命战争中，在中国人民解放军进一步革命化、现代化的建设中，他都始终坚决地贯彻了毛泽东同志的政治路线和军事路线，贯彻了毛泽东同志的人民战争、人民军队的光辉思想，为中国人民革命的胜利，为我军政治工作的建设，树立了不朽的功勋。最近几年来，在进一步贯彻毛泽东同志全民皆兵的思想和大办民兵的工作方面，也取得了卓越的成就。

罗荣桓同志在一生的工作和斗争中，充分体现了马克思列宁主义的党和人民革命军队的作风，他从来相信人民群众的伟大力量，最善于动员、组织群众和依靠群众，最善于团结干部。他对革命胜利具有无限的信心和高度的革命乐观主义精神。不论是在艰苦战斗的岁月里，还是在和平建设时期，他总是和人民群众、和广大士兵同呼吸、共命运，表现了无产阶级革命战士的高贵品质，在我党我军中享有很高的威信。

罗荣桓同志对中国人民解放事业的不可磨灭的贡献，全党全军和全国人民都将永远不忘。他的坚定的无产阶级立场、伟大的革命斗争精神和深入实际、联系群众、艰苦朴素的作风，永远值得全党、全军和全国人民学习。

……

安息吧，罗荣桓同志！

# 生平大事年表
# （1902—1963）

**1902 年**

■ 1902 年 11 月 26 日（农历壬寅年十月二十七日）诞生于湖南省衡山县寒水乡鱼形镇南湾村（今衡东县），谱名罗慎镇，字雅怀，号宗人。
祖父罗汇吾，贫农，一生以教书为业，家有一斗谷的田地。
父亲罗国理，当过教师，后开杂货铺，并担任黑田罗氏的征首和乡团总，1908 年家境破落。
母亲贺氏，娘家世代为长工。

**1910—1916 年　8—14 岁**

■ 8 岁入私塾，1914 年进入本村罗氏岳英小学，1917 年夏毕业。

**1919 年　17 岁**

■ 秋天　到长沙协均中学（原名谊群补习学校）读书。年底，参加了长沙反对军阀张敬尧和抵制日货的运动。

**1921 年　19 岁**

■ 夏　在家乡邀集土字、梦字两地区的同学成立土梦学友联合会，被选为会长。并利用岳英小学校舍，办农民夜校。

**1923 年　21 岁**

■ 4 月　在长沙参加了郭亮组织的湖南外交后援会号召的对日经济绝交的演讲和搜查日货的活动。
■ 6 月 1 日　日本水兵在长沙枪杀进行爱国活动的群众，制造了“六一惨案”。4 日，他参加了长沙各界悼念死难者和反日活动，被列入“不法学生”黑名单，被迫返乡，随即赴北京补习功课。
■ 7 月　考入山东私立青岛大学工科预科。就读期间，曾和几个同学组织

"三民实业社"进行抵制日货活动。

**1925年　23岁**

■ 4月　青岛日本纱厂工人罢工，遭到日本资本家和军阀张宗昌的镇压。罗荣桓等组织青岛大学罢课，募集资金支援工人斗争，并受青岛学联委托，到北京进行宣传活动。

**1926年　24岁**

■ 夏　到广州报考中山大学工学院，未被录取。秋，他回湖南家乡，参加了当地农民运动。

**1927年　25岁**

■ 4月　到武汉中山大学理学院就读，参加了中国共产主义青年团，任团支委组织干事。不久，转为中国共产党党员。

■ 7月　被中共湖北省委派往鄂南通城县从事农民运动。

■ 8月20日　组织通城秋收暴动，任通城、崇阳农民自卫军党代表。

■ 8月底　率通城、崇阳农民武装一百余人到达江西修水县，与没赶上南昌起义而来修水的国民革命军第四集团军第二方面军警卫团合编，不久该团被编为工农革命军第一师第一团。

■ 9月9日　湘赣暴动开始，但很快受挫，部队向浏阳方向转移，途中任团部参谋。

■ 9月19日　部队到文家市集结，根据毛泽东的决定，部队向湖南、江西边界地区进军。

■ 9月29日　部队在江西永新县三湾村改编，罗荣桓任特务连党代表。

■ 10月　部队向井冈山进军，在宁冈古城参加了毛泽东主持召开的前委扩大会议，会议决定团结争取井冈山王佐、袁文才两支农民武装。

**1928年　26岁**

■ 年初　任三营九连、八连党代表，参加了宣传群众、组织群众、创建井冈山革命根据地的斗争，亲自实践了毛泽东提出的各项建军原则，参加了我军政治工作的创建。

■ 4月　毛泽东率领的工农革命军与朱德率领的南昌起义保存下来的部队和湘南农军在宁冈砻市会师，组成中国工农革命军第四军，罗荣桓任第十一师第三十一团三营党代表。

■ 8月　中共湖南省委代表乘毛泽东不在，促使红四军二十八团、二十九团冒进湘南，造成"八月失败"。毛泽东带罗荣桓领导的三十一团三营到湘南接应受挫的二十八团。

**1929年　27岁**

■ 1月14日　随红四军下井冈山，向赣南进军。

■ 3月　红四军前委决定在赣南、闽西边境地区分兵游击，发动群众。三十一团被编为第三纵队，三营被编为九支队，罗荣桓任九支队党代表。

■ 6月至10月　带领三纵队九支队参加了攻打龙岩、出击闽中和广东东江地区的各次战斗。

■ 10月30日　在攻打梅县时腰部负伤。

■ 12月28日　中共红四军第九次代表大会在上杭古田召开。罗荣桓参加了大会并被选为前委委员。

**1930年　28岁**

■ 1月　调任二纵队党代表。为贯彻古田会议决议，加强党的建设和思想建设，进行了艰苦细致的工作。

■ 6月　根据中共中央的决定，成立了红一军团。朱德任军团长，毛泽东任军团政治委员。罗荣桓代理红四军政治委员。

■ 8月23日　一、三军团在浏阳永和市会师，组建一方面军。红军决定强攻长沙。罗荣桓任红四军军委书记、政治委员。

■ 9月10日　奉命与林彪一起指挥红四军参加攻打长沙，未克。

■ 9月13日　部队从长沙撤退。

■ 10月4日　红四军攻占吉安城。

■ 11月　参加峡江县罗坊会议，在会议上发言支持毛泽东关于放弃打南昌，移师赣江以东，诱敌深入，在根据地内作战，以粉碎敌人“围剿”的主张。

■ 12月　一方面军各部队开展肃清AB团活动，罗荣桓坚持实事求是，解救了许多被抓的指战员。

■ 12月30日　在第一次反“围剿”中，红四军在龙冈西北地区，切断了敌十八师师部与后备旅的联系，与红三军阵地相联结，使敌陷入重围。

■ 12月30日　红军全歼敌十八师，活捉师长张辉瓒。接着又追击逃敌，歼敌五十师之一半。

**1931年　29岁**

■ 5月　参加第二次反“围剿”，率红四军参加了富田、白沙、中村、广昌四次重要战斗。

■ 8月　参加第三次反“围剿”。良村等地战斗后，部队转移途中遭敌袭击，一些伤员、俘虏和缴获的枪械受到损失。随后，被免去军委书记职务，由林彪接任。

**1932 年　30 岁**

■ 3 月　根据毛泽东的意见，一军团和五军团的十五军组成东路军，罗荣桓任一军团（兼东路军）政治部主任。

■ 4 月　随东路军向福建进军。

■ 4 月 20 日　参与指挥攻打漳州战役，打开漳州后，他积极组织部队发动群众筹款。

**1933 年　31 岁**

■ 3 月　参加第四次反“围剿”。反“围剿”中，以一军团政治部主任罗荣桓、副主任李卓然的名义发出《红一军团官家僚以后政治工作指示》，全面总结了反“围剿”中的政治工作。

■ 4 月 14 日　调任江西军区政治部主任，后又调任总政治部任巡视员、动员部长。

■ 7 月　兼任总政治部扩红突击队总队长，为红军的扩充作出了贡献。

■ 8 月 2 日　在《红星报》上发表《瑞京兴国第一批野营的检查》一文，指出了组织赤卫军、少先队进行野营训练的必要。

**1934 年　32 岁**

■ 1 月 5 日　中共中央作出《关于扩大红军突击月总结的决定》，宣布将罗荣桓等扩红突击队领导者列入光荣红版予以表彰。

■ 1 月 21 日　第二次苏维埃代表大会在瑞金沙洲坝召开，罗荣桓由于扩红工作成绩突出，在会上受表扬并获得银质奖章。会上，被选为苏维埃中央执行委员会候补委员。

■ 3 月 25 日　在《红星报》上发表《赤少队突击运动的初步检查》一文。指出扩大人民武装要做好艰苦深入的宣传鼓动工作，克服强迫命令、抄写名册与会议举手通过的做法。

■ 9 月 21 日　红八军团组成，任该军团政治部主任。

■ 10 月　随部队参加长征。

■ 12 月 13 日　八军团因战斗减员而撤销，调任总政治部巡视员。

**1935 年　33 岁**

■ 8 月　随中央红军的后卫三军团过草地北上。

■ 9 月 10 日　到达俄界，任红一军团政治部副主任。

**1936 年　34 岁**

■ 2 月 10 日　一军团政治部以主任朱瑞、副主任罗荣桓的名义发出《关于目前政治工作的指示》，要求部队加强政治动员和训练教育工作。

■ 2月　一军团按照军委的指示东渡黄河。罗荣桓率政治部部分人员提前渡河，布置部队开进中的政治工作。

■ 5月上旬　红军回师陕北。

■ 6月　调红军大学学习，同时任一科政治委员。

**1937年　35岁**

■ 1月　任红军后方政治部主任。

■ 5月　与林月琴结婚。

■ 7月7日　抗日战争爆发。

■ 7月10日　任一军团政治部主任。

■ 8月25日　红军改编为国民革命军第八路军，任第一一五师政训处主任，后改为政治部主任。

■ 9月　率领一一五师政治部、骑兵营、教导大队等单位，在阜平、曲阳、灵寿一带发动群众，创建抗日根据地。

**1938年　36岁**

■ 年初　率政治部等南下到达晋西南赵城与司令部会合。

■ 3月　林彪被阎锡山部队误伤，离职休养，由陈光代理师长，随后罗荣桓任一一五师政治委员。

■ 3月　与代师长陈光率三四三旅，开进蒲县大宁公路，在午城、井沟等地与日军一〇八师团激战，歼灭大量敌人，迫使敌人后撤，保卫了黄河渡口。

■ 4月　与陈光率部到达晋西汾阳、孝义一带，开辟吕梁山抗日根据地。

■ 8月　根据中共中央和十八集团军总司令部决定，派肖华率部分部队东进冀鲁边区，开辟和扩大根据地。

■ 9月　敌一〇八师团沿汾离公路西犯，企图西渡黄河。他和陈光指挥部队先后在薛公岭、油坊坪、王家池伏击敌人，毙伤敌一千二百余人，巩固了吕梁山根据地，保卫了陕甘宁边区。

■ 9月　在延安参加中共六届六中全会，在会上汇报了抗战以来一一五师工作情况和经验。中央在会上提出“派兵去山东”。根据中央决定，一一五师派六八五团向山东开进，开辟（微山）湖西根据地。

■ 12月　与陈光率领师直与六八六团等部队到达晋东南，组成东进支队，向山东进军。

**1939年　37岁**

■ 3月　东进支队进入鲁西郓城地区。全歼郓城西北樊坝伪军一个团，扩大了八路军的影响。

■ 5月11日　在肥城以南之陆房地区，一一五师部队冲破敌之包围，并歼敌一部。陆房战斗后，他派东进支队大部，东越津浦路进入鲁南地区。

■ 8月　山东成立军政委员会，统一领导该地区党政军民工作，朱瑞为书记，徐向前、罗荣桓等为委员。这个月里，罗荣桓与陈光指挥部队在梁山地区歼灭日军长田敏江少佐以下三百余人。

■ 10月　过津浦路，进入鲁南。

■ 11月　赶赴（微山）湖西地区，及时处理了该区错误的“肃托”事件，挽救了湖西抗日根据地。

■ 12月26日　在干部会议上提出把抱犊崮山区建立为八路军单独的根据地。

**1940年　38岁**

■ 1月　指挥一一五师和农民自卫团，挤走国民党顽固派费县县长李长胜，解放崮口。

■ 2至3月　与陈光指挥三打白彦，歼敌800余人。

■ 9月　一一五师在鲁南天宝山区的桃峪召开高级干部会议。在会上，他总结了对敌顽斗争的“插、争、挤、打、统、反”六字方针，提出了“建设铁的模范党军”的号召和具体措施。

■ 10月　一一五师将部队编成六个教导旅，分布于苏鲁豫皖、鲁南、滨海、鲁西、湖西、冀鲁边等地，师属主力部队和地方武装发展到近七万人。

**1941年　39岁**

■ 1月7日　就皖南事变的发生，一一五师发出支援新四军动员令。

■ 2月1日　罗荣桓等一一五师全体将士致电中共中央，就皖南事变问题表示坚决拥护中共中央主张，克服投降内战危机。

■ 3月　军委批准以陈光、罗荣桓、肖华、陈士榘、梁必业组成一一五师军政委员会。

■ 8月1日　一一五师在滨海区临沭县蛟龙湾举行“八一军政大检阅”，罗荣桓在会上作了报告。根据中共中央书记处指示，山东分局由朱瑞、罗荣桓、黎玉、陈光组成，朱瑞为书记；山东纵队归一一五师首长指挥，配合作战；组织新的山东军政委员会，罗荣桓、黎玉、陈光、肖华、陈士榘、罗舜初、江华七人为委员，罗荣桓为书记。

■ 11月　侵华日军第十二军司令官土桥一次亲自指挥日伪军五万余人，向山东根据地中心沂蒙山区进攻。

■ 11月5日　率山东党政军机关巧妙而果断地突出了重围，随后率领部队又回到沂蒙地区广泛开展游击战争，粉碎了敌人的“扫荡”。

**1942年　40岁**

■ 1月　军委指示，一一五师统一指挥全山东部队（包括山东军区）。

■ 3月15日　在莒县以南石板村，主持召开了一一五师连队政治工作会议，对连队政治工作的职责、作风和方法等问题作了系统的阐述。

■ 4月　刘少奇由苏北到山东，指导山东分局进行了四年工作总结，肯定了山东斗争的成绩，指出了山东党的领导的主要问题。罗荣桓对改进山东工作，提出了许多重要意见。

■ 8月　在山东分局党刊《斗争生活》和一一五师《战士月刊》上分别发表《坚持我们的边沿游击区》和《准备打破敌人紧缩包围封锁我们根据地》。

■ 11月　指挥教二旅运用“翻边战术”乘日伪军开赴沂蒙山区的机会，在赣榆、东海一带的海陵地区攻克敌伪据点16处，粉碎了敌人对这一地区的蚕食。

■ 11月　在《战士月刊》上发表《克服在游击战争中认识上的一些偏差》。

■ 12月　到前线，参加指挥第三次甲子山战役，收复甲子山区。《战士月刊》发表了他写的《一九四二年的政治工作总结与一九四三年的政治工作任务》。

**1943年　41岁**

■ 3月12日　中央军委任命罗荣桓为山东军区司令员兼政治委员，一一五师政治委员、代师长。

■ 3月13日　在山东军政工作会议上作《分散性游击战争与对敌政治攻势问题》的报告。

■ 4月24日　向部队发出保卫夏收与反蚕食战役的命令。

■ 6月　蒋介石命李仙洲部入鲁接收东北军于学忠部防地。罗荣桓根据毛泽东“发展进步势力，争取中间势力，孤立顽固势力”的方针，对于部撤出山东给予便利，同时阻滞了李部入鲁。从而大大改善了我军在山东的态势。

■ 7月23日　与黎玉联名在《大众日报》上发表《我们能坚持，我们也能胜利》一文，分析了山东形势，指出抗战的光明前途。

■ 7月24日　发布训令，要求各地加强小部队建设，更好地开展分散性、群众性游击战争。

■ 8月3日　在《大众日报》发表《纪念我军建军十六周年要认识“八一”的历史教训》。

■ 8月　朱瑞去延安，中央任命罗荣桓为山东分局书记。

■ 10月9日　与黎玉、肖华联名发布《山东军区反“扫荡”紧急动员令》，部署反“扫荡”。随后，又具体指挥部队进行反“扫荡”斗争，很快粉碎了敌人的进攻。

**1944年　42岁**

■ 3月　利用日军在太平洋作战失利，兵力大批外调的形势，指挥了山东战场的攻势作战。

在春季攻势中，山东八路军一举歼灭伪军吴化文部7000余人，控制战略要地鲁山地区。

■ 4月　发布训令，要求各部队着手培育大批战斗英雄，发挥勇猛、顽强、迅速、灵活的战术与不怕死的白刃搏斗精神。

■ 5月　领导了山东战场的夏季攻势。

■ 6月15日　在《斗争生活》上发表《紧紧掌握对敌斗争，巩固成绩，反对自满》。

在碑廓镇主持山东军区军事会议，在由下而上总结经验的基础上，他作了《关于军工会议的总结报告》，总结了对敌斗争经验，确定了今后的军事方针，统一了作战指导思想，对于山东八路军的建设具有重要的意义。

■ 7月1日　发表纪念建党二十三周年文章——《学习毛泽东同志的思想》，科学地、实事求是地评价了毛泽东思想。

■ 7月7日　在《大众日报》发表《纪念“七七”》。

■ 8月12日　与黎玉答复了毛泽东7月28日向各战略区电问的十个问题（整风、时事教育、整训部队、民兵工作、城市工作等）。后来毛泽东复电说：“你们的路线是正确的。”

领导山东部队发起秋季攻势，相继解放利津、沂水、文登、荣城等地。争取了伪军王道、莫正民等部起义。

■ 9月18日　罗荣桓等山东军区首长发布《加速反攻准备的紧急动员令》，要求立即在全区军民中进行深入的战备思想动员，开展政治攻势，做好战斗、生产、物资等各项准备工作。

■ 12月　在整风中，提出在敌后不宜搞“抢救”及“民主运动”，经请示中央同意，制止了一些单位出现的混乱现象。

**1945年　43岁**

■ 1月3日　在山东分局、军区直属队干部会上，作《一九四四年的过去和一九四五年的到来》的报告，总结了1944年的斗争经验，要求在新的一年全面贯彻党中央对解放区的各项号召。

■ 1月17日　在罗荣桓主持下，山东军区发出《关于一九四五年山东我军主要作战方向的指示》，确定以开辟胶济路东段两侧为主攻方向，以便将胶东、渤海、鲁中、滨海各区打成一片。为了贯彻这一战略意图，山东八路军发起春季攻势。鲁南军区全歼伪和平救国军第十军，击毙伪军长荣子恒，解放泗水城；胶东军区歼灭伪军赵保原部1.2万人；3月鲁中军区解放蒙阴县城。

■ 4月　主持制订了山东军区5、6、7三个月作战计划，开展夏季攻势。根据这一计划，渤海军区讨伐伪军张景月部，歼敌2700多人；鲁南讨伐伪军张里元部，歼敌2000余人；鲁中讨伐伪军厉文礼部，歼敌6000余人；滨海军区讨伐伪军张步云部，歼敌4000余人。通过这些行动，山东解放区扩大了2万余平方公里，使山东形势发生了有利的变化。

■ 4月　中国共产党第七次全国代表大会在延安召开，罗荣桓因工作关系未出席，被选为中央委员会委员。

■ 7月7日　在《大众日报》上发表《处在总反攻前夜的山东解放区》一文，指出山东解放区已有1700万人口，28万八路军正规军和游击队，50万民兵与几百万人民自卫武装，这是经过七年苦斗创造出来的，为即将到来的总反攻创造了十分有利的局面。

■ 8月1日　发表《学习朱总司令〈论解放区战场〉，贯彻我们的练兵》的文章。

■ 8月10日　日本政府发出乞降照会。

■ 8月11日　延安总部发出向敌占区进攻的命令。同一天，罗荣桓主持召开山东分局和山东军区高级干部联席会议，讨论部署了反攻的进军任务。

■ 8月13日　与黎玉、肖华联名发布动员令，命令各部队紧急动员起来，完成对敌人的最后一击，迫其投降。

■ 8月至9月　罗荣桓等指挥部队分5路向山东敌占城市和交通要道进军，先后解放了46座县城、6处港口、35个火车站，歼敌伪军6万余人。不久，根据军委“东北方面主要靠山东出兵”的指示，罗荣桓等组织山东部队6万余人，地方干部4000余人，分三批经海、陆两路北上东北。

■ 10月24日　率指挥机关去东北，11月到达沈阳。

■ 10月31日　就任东北人民自治军第二政治委员。

■ 12月　就任东北民主联军副政治委员。

**1946年　44岁**

■ 3月　因病去大连治疗，病中致电东北局，提出东北战争要作较长时间准备，不要把和平估计过急，应全面发展自己，全力支持长期战争。

■ 5月　回到东北民主联军总部。

■ 6月11日　林彪、彭真、罗荣桓等致电各兵团并报中共中央，要求指战员勿因敌占我一些城市而恐慌，要主动放弃一些城市，诱使敌人分散，换取歼敌机会。16日，中央决定组成新的东北局，林彪为书记，彭真、罗荣桓、陈云为副书记。

■ 7月　出席东北局在哈尔滨召开的会议。会后因病情严重，转赴莫斯科治疗，做了一侧肾脏切除手术。

**1947年　45岁**

■ 6月　不顾苏联医生要他长期疗养的建议，出院回国。

■ 7月　根据罗荣桓的意见，东北局有组织、有计划地建设二线兵团，保证主力部队有充足的后备兵力。他直接领导了这项工作，在一年多的时间里，组成了164个独立团，共37万多人。这一重大措施，对推动东北解放战争的胜利发展，有着深远的战略意义。

■ 8月26日　《东北日报》根据他的指示，刊登了辽东军区诉苦教育的经验，发表了《部队教育的方向》的社论。

■ 9月14日　与林彪等指挥东北民主联军发起秋季攻势。到11月初歼敌6.9万余人，克城17座，粉碎了敌人“倚托重点、向外扩张”的战略方针。

■ 12月　东北民主联军发起冬季攻势。

**1948年　46岁**

■ 1月　东北民主联军奉命改称东北人民解放军。

■ 2月2日　在东北人民解放军总部召开的政治工作会议上作报告，总结了部队政治工作经验。

■ 3月　在东北人民解放军后勤工作会议上作报告，要求后勤单位要加强党的领导，把政治工作贯彻到各个系统中。在东北野战军召开的参谋会上作报告，提出了关于今后建军及正规化问题。

与林彪指挥东北人民解放军发动的冬季攻势结束。这次攻势共歼敌15.6万余人，使国民党占领区缩小到只占东北全境1%。

■ 5月　根据罗荣桓的意见，东北人民解放军颁布了《入城纪律守则》共八条，后来中央军委将这一守则转发全军。

■ 6月15日　到长春前线主持召开了会议，明确了我军对长春守敌要采取长围久困、展开政治攻势与经济封锁，使其军心动摇而后再攻的方针。

■ 8月14日　东北军区和野战军分开，罗荣桓任东北军区第一副政治委员兼野战军政治委员。

■ 9月　中央军委发出了《关于辽沈战役的作战方针》，指示“置长、沈两敌于不顾”，“确立攻占锦、榆、唐三点并全部控制该线的决心”，以封闭国民党军队于东北境内，然后加以歼灭。遵照军委指示，他和林彪等指挥东北野战军发起规模巨大的辽沈战役。

■ 10月2日　因敌人四个师在葫芦岛登陆，林彪一度犹豫，要回师打长春。在罗荣桓的劝说下，很快又坚定了打锦州的决心。锦州战役开始前，林彪、罗荣桓亲临前线对攻城进行部署。

■ 10月14日　东北野战军对锦州守敌发起总攻，15日攻克锦州。

■ 11月8日　主持起草向中央的综合报告，总结了辽沈战役的情况。

■ 11月9日　东北全境解放。

■ 11月23日　遵照中央军委指示，东北野战军开始向关内开进。

■ 11月30日　与林彪率野战军指挥机关离开沈阳向冀东挺进。

■ 12 月 11 日　毛泽东电示林彪、罗荣桓规定了平津战役的作战方针。

■ 12 月 17 日　奉中央电召到河北西柏坡中央驻地，参加研究今后作战的方针。

■ 12 月 22 日　平津前线司令部以司令员林彪、政治委员罗荣桓的名义发出布告，宣布解放北平、天津诸城市的《约法八章》。

**1949 年　47 岁**

■ 1 月 10 日　中央指示由林彪、罗荣桓、聂荣臻组成平津战役总前委，统一管理军事、政治、经济等各项工作。开始同傅作义派出的代表进行谈判。

■ 1 月 15 日　天津解放。16 日，与林彪致函傅作义，劝他接受和平改编方案。

■ 1 月 31 日　北平和平解放。

■ 2 月 21 日　在傅作义接受和平改编部队师以上军官会议上讲话，指出，改编不只是改旗易帜，换个番号，而是将为大地主大资产阶级服务的军队改变为人民军队，是立场上的根本改变。

■ 3 月 2 日　主持中共同傅作义、董其武方面关于和平解放绥远问题的谈判。绥远于 9 月 19 日和平解放。

■ 3 月　为贯彻中共七届二中全会精神，第四野战军召开师以上干部会议，他作报告，着重讲了反对无政府主义、无纪律现象的问题。

■ 4 月 11 日　第四野战军部队遵照中央军委命令出发南下，他因病留天津治疗，随后到达北平。

■ 6 月 7 日　根据中共中央决定，华中局和华中军区成立，罗荣桓任华中局第二书记兼军区第一政治委员。

■ 9 月 21 日　中国人民政治协商会议第一次全体会议开幕，罗荣桓参加了会议并被选入大会主席团。

■ 9 月 30 日　当选为中央人民政府委员，并担任最高人民检察署检察长。

■ 10 月 1 日　中华人民共和国成立，与党和国家领导人一起参加了开国大典。

■ 10 月 19 日　在中央人民政府委员会第三次会议上，被选为政务院法律委员会委员。

**1950 年　48 岁**

■ 4 月　人民革命军事委员会总政治部成立，罗荣桓任主任。

■ 6 月 6 日　出席了中共七届三中全会，讨论土地改革、解放军整编等问题。

■ 7 月 7 日　总政治部发出《关于部队整编复员的政治工作指示》，在军委和总政的正确领导下，全军迅速地顺利完成了 150 万武装人员复员的巨大工作。

■ 8 月　军委颁发了他主持制定的部队文化教育方针和规划。

■ 9 月 4 日　军委总干部管理部正式成立，他兼任总干部管理部部长。

- 9月30日 在全国战斗英雄代表大会上致闭幕词。会后，总政治部向中共中央的总结报告中提出，在部队思想建设上亟待加强爱国主义教育和对帝国主义侵略阴谋及战争威胁认识的教育。在部队应重视大力推行英模和立功运动。中央将报告批转全军执行。
- 10月 在全军青年工作会议上作总结报告，提出为建设强大国防军，展开普遍建团，为争取达到百万团员而斗争的任务。
- 10月19日 中国人民志愿军入朝作战。

**1951年 49岁**

- 3月10日 军委决定出版《八一》杂志，他任刊物指导委员会副书记。
- 11月20日 在全军第二次宣教文化工作会议总结讲话中，要求贯彻速成的、联系实际的，但又是正规的文化教育方针。
- 12月 写信向中共中央建议，军委开办轮训师团级政治工作干部的高级政治干部学校。毛泽东、周恩来、朱德批示同意。
- 12月25日 向中共中央、毛泽东报告总干部管理部成立一年来的工作情况。报告说：全军先后抽调10多万干部建设各特种兵学校和领导机关，近20万名干部调到学校学习。有4万人转业到政府企业、财政系统工作。

**1952年 50岁**

- 8月14日 向中央军委报告全军文化教育情况。到7月底止，全军已有200万人投入文化学习，开办速成中学50多所，小学220多所，文盲迅速消灭，好学上进蔚然成风。

**1953年 51岁**

- 12月7日 军委在彭德怀主持下，召开全国军事系统党的高级干部会议，确定了人民解放军正规化现代化建设的各项制度和方针。会议坚持了在军队内部实行党委集体领导下的首长分工负责制，坚持了人民解放军传统的政治工作制度。他参与了这些重要决策。

**1954年 52岁**

- 2月 中共中央召开七届四中全会，揭露高岗的反党阴谋活动，罗荣桓因病未出席会议，作了书面发言。
- 4月15日 组织领导起草的《中国人民解放军政治工作条例（草案）》，经中央军委批准正式颁布实施。
- 6月19日 被中央人民政府第三十二次会议任命为中国人民革命军事委员会副主席。
- 8月3日 被东北军区选为出席全国人民代表大会代表。

■ 8月24日　军委批准政治学院根据罗荣桓指示起草的《办院基本方案》。
■ 9月15日　出席第一届全国人民代表大会第一次会议，并被选入大会主席团。
■ 9月27日　被选为第一届全国人民代表大会常务委员会副委员长。
■ 9月29日　被任命为国防委员会副主席。

**1955年　53岁**

■ 2月　兼任政治学院院长，政治学院开课。
■ 8月　在《八一》杂志上发表《继续发扬我军的光荣传统》一文。
■ 9月　任中国人民解放军监察委员会书记。
■ 9月23日　被全国人民代表大会常务委员会授予中华人民共和国元帅军衔和一级八一勋章、一级独立自由勋章和一级解放勋章。

**1956年　54岁**

■ 6月15日　出席第一届全国人民代表大会第三次会议，并担任大会主席团成员。
■ 9月2日　向中共中央和中央军委写信，因健康原因，请求解除他总政治部主任及总干部管理部部长职务。中央批准了他的请求。
■ 9月15日　出席党的第八次全国代表大会，被选为中央委员会委员和中央政治局委员。
■ 10月17日至11月3日　同政治学院工作人员谈古田会议的前后经过。

**1957年　55岁**

■ 1月　到湖南、广东、海南、福建等地视察。
■ 4月20日　指示《解放军报》：一、要多抓思想工作；二、贯彻正确处理人民内部矛盾以及百花齐放、百家争鸣的方针；三、反对教条主义。
■ 6月26日　出席第一届全国人民代表大会第四次会议，并担任主席团成员。
■ 8月　为《解放军报》题词："发扬人民解放军与人民同甘共苦的传统作风，为建设美好的社会主义社会而奋斗。"
■ 9月　为《解放军三十年》征文撰写了《秋收起义和我军初创时期》一文。

**1958年　56岁**

■ 2月1日　出席第一届全国人民代表大会第五次会议，担任主席团成员。
■ 4月29日　在政治学院干部会议上讲话，要求政治学院搞好社会主义教育，学院党委要改进领导方法，集中力量抓好教学。
■ 11月28日　出席了中共八届六中全会会议。

**1959 年 57 岁**

■ 2 月 到湖南等地视察。

■ 4 月 18 日 参加第二届全国人民代表大会，被选为人大常委会副委员长，继续被任命为国防委员会副主席。

■ 6 月 5 日 任第四野战军战史编审委员会主任委员。

■ 8 月 中共八届八中全会召开，他因病未出席。会议决定由林彪担任国防部长。

■ 9 月 中共中央决定组成新的军委，他任军委委员，分管民兵建设工作。

■ 11 月 2 日 到空军部队视察。

■ 11 月 22 日 主持起草了军委关于民兵工作问题向中共中央的请示报告，建议把民兵工作重点放在政治经济中心、工矿、交通枢纽地区和海陆边防地区以及沿海岛屿。中央将报告批转全国执行。

■ 12 月 到安徽、上海等地视察。

■ 12 月 14 日 中央军委决定建立民兵工作小组，他任组长。

**1960 年 58 岁**

■ 1 月 指示《解放军报》要宣传毛泽东思想，提倡干部通读毛主席著作，在宣传上不要简单化、庸俗化。

■ 3 月 30 日 出席了第二届全国人民代表大会第二次会议，担任大会主席团成员。

■ 4 月 18 日 全国民兵代表会议开幕，罗荣桓致开幕词。

■ 10 月 为政治学院《思想战线》杂志创刊题词：“要提高马列主义理论，必须联系实际，避免无的放矢。”

**1961 年 59 岁**

■ 1 月 再次出任总政治部主任。

■ 2 月 到南京、福州、上海、杭州、南昌等地部队视察。

■ 3 月 到长沙政治干部学校和工程学院视察。

■ 4 月 30 日 在第二十六次军委常委会讨论《合成军队战斗条例概则》时，他当着林彪的面指出“带着问题学毛选”的提法不妥。在这前后，他还多次反对林彪将学习毛主席著作庸俗化、简单化的错误主张。

■ 5 月 18 日 在全军管理教育工作会议上指出，在经常性的思想工作中，在解决思想认识问题时，不能采取大鸣大放大字报的办法。

■ 7 月 18 日 军委民兵工作小组扩大为人民武装委员会，他任主任。

■ 8 月 5 日 为《解放军报民兵专刊》题词：“加强民兵国防教育，把民兵组织落实到生产基层中。”

■ 10 月 4 日 在全军政治工作会议总结讲话中提出，红与专问题，要落实在专业上，只讲红不落实在专上也是空的。

- 11月15日　在全军组织工作会议上指出，组织部门的任务主要是抓党的组织建设。连队工作靠党支部的领导，党支部搞好了，中心工作才能搞好。党的建设主要抓教育，提高党员质量，健全和活跃党的生活。

**1962年　60岁**

- 3月27日　第二届全国人民代表大会召开第三次会议，他担任主席团成员。
- 10月10日　主持召开军委人民武装委员会第四次会议。
- 11月　在全军组织部长会议上强调指出，党委建设要着重解决民主集中制、原则空气和团结三个方面的问题。发展党员要强调质量，从组织教育培养入手，要重视党员干部的道德品质问题。

**1963年　61岁**

- 2月16日　在全军政治工作会议上讲话强调，加强党委工作，主要是贯彻民主集中制的问题。党委内部既要加强团结，又要坚持原则。
- 9月28日　因病重住院。在病危时还嘱咐政治学院的领导，一定要把政治学院办好。
- 12月16日　在北京逝世。
- 12月19日　毛泽东等中央领导向罗荣桓遗体告别。
- 12月22日　首都各界一万人在人民大会堂公祭罗荣桓。刘少奇主祭，邓小平致悼词。

# 后　记

在中央军委和总政治部的关怀指导下，经过长时间的努力，《罗荣桓传》现已完稿，并作为《当代中国人物传记》丛书之一出版。

邓小平同志为本书题写了书名。

撰写本书依据的主要是中央档案馆、军委档案馆所保存的有关罗荣桓同志的数千份档案资料。军事博物馆亦为本书提供了部分图片资料。同时，《罗荣桓传》编写组还对罗荣桓同志生前战友聂荣臻、粟裕、黄克诚、谭政、宋任穷、何长工、杨勇、肖华、江华、张爱萍、许世友、冯文彬、童小鹏、王建安、陈士榘等三百余人进行了数百次采访，查阅了大量报刊图书，力求尽可能广泛地搜集资料，认真进行分析鉴别和取舍。

本书是集体劳动的成果。全书由刘汉指导写作并多次审阅修改书稿。首先，由黄瑶、李维民、潘天嘉、白刃、杨国庆、李志经分工写出第一稿。黄瑶写青少年和红军时期，李维民写抗日战争前期（1937 年 7 月至 1942 年），潘天嘉写抗日战争后期（1943 年至 1945 年 9 月），杨国庆和白刃写解放战争时期，黄瑶、李志经和杨国庆写新中国成立以后部分。这四部分共有近 80 万字。然后由黄瑶写成第二稿，并根据新掌握的材料和各方面的意见进行多次修改和增删。在修改过程中，梁必业、陈沂、刘居英、华楠、李伟、辛国治、薛真、尹健、李圭、高七、江靖飞、宋群、牛荫西、李翔、陈文渊等同志和军事科学院军史研究部审阅了书稿，并提出具体的修改意见。《当代中国》丛书国防军事卷编辑委员会办公室（总政宣传部编研室）对写作进行了指导，并多次主持召开书稿讨论会。为本书出版做了很多工作的还有陈去疾、孙剑云、毕秀芝、邹世勇、赵文翰、王洪、赵守忠、刘群法、王宏伟、黄敏等同志。

由于水平所限，书中不当之处，请读者批评指正。

《罗荣桓传》编写组